André Hille

Nachdenken über Freiheit – Das Ureigene der Theologie

NACHDENKEN ÜBER FREIHEIT – DAS UREIGENE DER THEOLOGIE

Der Open Theism im Gespräch mit
dem Denken von Thomas Pröpper

 Aschendorff
Verlag

Printed in Germany

ISBN 978-3-402-25072-3
ISBN 978-3-402-25073-0 (E-Book-PDF)
DOI https://doi.org/10.17438/978-3-402-25073-0

INHALTSVERZEICHNIS

VORWORT

Das vorliegende Werk „Nachdenken über Freiheit – das Ureigene der Theologie. Der Open Theism im Gespräch mit dem Denken von Thomas Pröpper" wurde im Sommersemester 2023 von der Katholisch-theologischen Fakultät der Universität Münster als Dissertation angenommen.

An erster Stelle gilt mein herzlicher und wichtigster Dank meiner Doktormutter und akademischen Lehrerin Prof'in. Dr. Dr. h. c. Dorothea Sattler. Ihre wohlwollend-herzliche, kompetente und unermüdlich-geduldige Begleitung haben einen kaum zu überschätzenden Beitrag auf dem nicht immer leichten (biographischen) Weg zur Promotion geleistet. Ebenso gilt Herrn Prof. Dr. Dr. Bernhard Nitsche Dank, sowohl für die Erstellung des Zweitgutachtens als auch für die hilfreichen thematischen Gespräche und theologisch kompetenten Hinweise. Bedanken möchte ich mich in diesem Zusammenhang auch bei den Kommilitoninnen und Kommilitonen des Doktorandenkolloquiums, das in angenehmer Atmosphäre wertvollen Raum für persönliche Begegnung und theologische Anregungen bot. Allen Familienmitgliedern, die mir auf die ein oder andere Weise bei der Abfassung geholfen haben, gilt ebenso herzlicher Dank.

Auf diesem Weg danke ich auch dem Bischöflichen Studierendenwerk Münster und dem Bistum Münster für die Unterstützung des Promotionsvorhabens in räumlicher und finanzieller Hinsicht. Für einen großzügigen Druckkostenzuschuss bedanke ich mich sowohl beim Bistum Münster als auch beim Erzbistum Paderborn. Als ehemaliger Bewohner des Thomas-Morus-Kollegs und Ehrenamtlicher leistete das Interesse der Mitbewohner an theologischen Fragen einen motivierenden Beitrag bei der Abfassung. Besonderer Dank gilt hier Herrn Dr. Adrian Schütte, der mich bei der Korrektur des Textes unterstützte und wertvolle organisatorische Hinweise gab.

Für die Gewährung eines Abschlussstipendiums richte ich meine Dankbarkeit an die Katholisch-theologische Fakultät der Universität Münster, die für eine Beschleunigung des „Endspurts" auf der Zielgeraden der Promotion sorgte. Herrn Dr. Kröger vom Verlag Aschendorff in Münster gilt Dank für die unkomplizierte Kommunikation und gute Kooperation. In Anlehnung an Cicero darf ich nun also sagen: „Iucundi sunt acti labores."

I. EINLEITUNG: ANNÄHERUNG AN DIE THEMATIK UND KLÄRUNG DES VORHABENS[1]

„Theology has labored under a heavy burden. The philosophy available to the early church was rather unsuitable for rendering the Christian idea of God. Theology has needed new points of departure, new thinking which could better express the personal reality of the God of the Bible in philosophical ways. In its own way, the Greek vision was a powerful one and it continues to challenge us today. But what are needed now are philosophical resources that can handle deeply revelation-based ideas like incarnation, suffering, relationality and perfection in change."[2]

„I still look for philosophical resources to help us express our distinctive vision of God. In particular, we need a philosophy which values change and can imagine God, not as distant from the world and immobile, but as intimately involved with the world and dynamic. At the same time, we do not want the open view to be negatively impacted by modern philosophy in the way that conventional theism was negatively impacted by ancient philosophy. We seek an apologetic breakthrough but not at the price of unwise accomodations. In this matter of alleging accomodation though, let him who is without sin cast the first stone."[3]

„[S]o liegt die Bedeutung des Freiheitsdenkens für das Verständnis des Geschichts- und Offenbarungshandelns Gottes grundlegend darin, daß es um der Freiheit Gottes wie des Menschen willen, ohne die Gottes Liebe als solche weder den Menschen erreichen noch der Mensch Gottes Verherrlichung und Ehre sein könnte, die Geschichte zwischen beiden ernsthaft als offene zu denken verlangt und auch ermöglicht. So einzigartig nämlich, um dies schon vorwegzunehmen, Gottes Allmacht gegenüber jeder endlichen, gegensatzabhängigen und

1 Der „Open Theism" wird in dieser Studie auch abgekürzt mit „OT", die Theologische Anthropologie Pröppers auch mit „TA", bzw. mit „TA1" für den ersten und „TA2" für den zweiten Teilband. Darüber hinaus werden Literaturangaben bei der ersten Nennung ausführlich, bei fortlaufender Erwähnung mit Kurztiteln angegeben. Kapiteleröffnungszitate werden grundsätzlich kursiv gesetzt. Bei der Formulierung „Freiheit als das Ureigene der Theologie" beim Titel der vorliegenden Studie handelt es sich um ein abgewandeltes Zitat von Thomas Pröpper, vgl. TA, 494: „Eine Theologie, die sich auf das Freiheitsdenken einläßt, ist bei ihrer ureigenen Sache."
2 PINNOCK, Clark: Most Moved Mover. A Theology of God's Openness, Grand Rapids 2001, 118f.
3 PINNOCK: Most Moved Mover, 114.

abhängig haltenden Macht schon darin erscheint, daß sie freie, auch zu ihm sich verhaltende Wesen hervorbringt und sein lassen kann, so wenig kann es ihr widersprechen, daß er selber sich dazu bestimmte, sich von ihnen bestimmen zu lassen, und eine entsprechend offene Geschichte mit ihnen riskierte (...), die ihm gleichwohl nicht entgleitet, verfällt oder zersplittert, sondern in Gottes originärer Innovationsmacht, deren Möglichkeiten niemals erschöpft sind, ihre verheißungsvolle Zukunft behält und ihre Kontinuität aus der steten, einsatzwilligen Treue seines unbedingt entschiedenen universalen Heilswillen gewinnt."[4]

Die gewählten Eröffnungszitate deuten auf das Desiderat der vorliegenden Studie, insofern das von Thomas Pröpper vertretene Freiheitsdenken sich den vom OT vertretenen Ansichten zuordnen und dieser sich somit anthropologisch einsehbar machen lassen könnte. Gerade so wäre ein Ansatz für ein kohärentes und konsistentes „Zusammendenken" beider Denkrichtungen erreicht, ist die Wahl zum Freiheitsdenken bei Pröpper aus ähnlichen Motiven begründet, die der OT vertritt. Worin genau das Desiderat und die vielversprechenden Konvergenzen bestehen könnten, sei im Folgenden erläutert.

Das christliche Glaubensbekenntnis ist von der Vorstellung geprägt, dass Gott eine liebende Beziehung zu seinen Geschöpfen will. Das Vertrauen auf einen Gott, der auf Gebete reagiert und dem seine Schöpfung nicht nur nicht gleichgültig, sondern für den sie wesentlich und bleibend Adressat seines Heilsplans ist, ist Wesensmerkmal und Identitätsbestandteil des Christentums. Gott will die Beziehung zum Menschen, er hat sich ihn als Adressaten seiner Botschaft geschaffen. Auch wenn diese Vorstellungen der Theologie vertraut sind und in der Vorstellung der Offenbarung verbürgte Gestalt gefunden haben in der Person Jesu Christi, so haben sich doch gerade im Gespräch mit der (klassischen) Philosophie Reibungspunkte in bestimmten Themenfeldern ergeben, die zum Anlass genommen wurden, um dem klassischen Theismus denkerische Alternativen aufzuzeigen: Eine dieser vielversprechenden Alternativen ist der vor allem im US-amerikanischen Raum anzutreffende Open Theism.

Diese theologische Richtung, die in der deutschsprachigen Theologie noch nicht sehr bekannt ist, hat es sich zur Aufgabe gemacht, klassische Gotteseigenschaften im Hinblick auf das Verhältnis von Gott-Mensch- bzw. Gott-Welt zu revidieren, bzw. zu modifizieren. Anlass für diese kritische Revision seien, so die Vertreter[5] dieser Denkrichtung, bestimmte Konsistenzprobleme, die dem

---

4   PRÖPPER, Thomas: Theologische Anthropologie, I/II, Freiburg i. Br. 2011 (beide Bände als Sonderausgabe 2015 seitenidentisch erschienen), 608 f.

5   Aus Gründen der besseren Lesbarkeit wird auf die gleichzeitige Verwendung der *Sprachformen männlich, weiblich und divers* (m/w/d) verzichtet. Sämtliche Personenbezeichnungen gelten gleichermaßen für alle Geschlechter.

klassischen Theismus anhaften würden und vor allem von Augustinus und Thomas von Aquin in die heutige Gestalt des Gottesbildes eingebracht worden seien. Vor diesem Hintergrund haben es sich die Offenen Theisten zur Aufgabe gemacht, „herkömmliche Gottesvorstellungen" zu modifizieren, indem sie vor allem das *biblische* Gottesbild und die menschliche Willensfreiheit stärker als zuvor in das theologische Denken mit einbeziehen. Auf diese Weise wird der Aspekt der Beziehung zwischen Gott und Mensch zu einem Kerngedanken im Open Theism, der die Freiheit derjenigen ernst nimmt, die an dieser Beziehung *partizipieren*. Diese Annahme hat unmittelbare Folgen für das Gottesbild, insofern als das Vorhandensein echter menschlicher Freiheit etwa die Frage nach sich zieht, inwiefern Gott seinen Heilsplan für die Schöpfung noch verwirklichen kann. Ausdrücklich wird von den Vertretern dieser Position, etwa Clark Pinnock, John Sanders oder Richard Rice betont, dass Gott freiwillig seine Allmacht eingeschränkt habe, um menschliche Freiheit und damit eine offene Beziehung zu ermöglichen. Gilt dies aber, muss zugleich eingestanden werden, dass die Möglichkeit zu dieser Beziehung auch vom Menschen ausgeschlagen werden kann und so Gottes Beziehungswille womöglich enttäuscht wird. Neben dem hiermit angedeuteten Begriff des Risikos, der einen festen Platz in der Konzeption des Open Theism einnimmt, handelt es sich bei den weiteren streitbaren Themen dieser Konzeption etwa um die Vereinbarkeit von menschlicher Freiheit und göttlicher Allwissenheit, die Frage nach dem Verhältnis Gottes zur Zeit oder von menschlicher Freiheit zu göttlicher Allmacht.

Der Open Theism ist inzwischen zu wachsender Popularität auch auf dem europäischen Kontinent gelangt. Diese Strömung, die seit den Jahren ab 1980 als philosophisch-theologische Richtung erkennbar wurde, hat ihre Wurzeln bereits bei Jakobus Arminius. Ab dem 19. Jahrhundert werden auch Einflüsse aus der methodistischen Theologie erkennbar und dann als Fortschreibung des Arminianismus in Verbindung mit der Oxforder Schule und ihrer Rede von der Zeitlichkeit Gottes gebracht. In Entsprechung zur relativen Unbekanntheit des Open Theism hat die Erschließung seiner Ansichten und Konzeptionen in Europa bisher noch in eher zurückhaltender Form stattgefunden. Die Relevanz der „Offenheit Gottes" als Name für den „Open Theism" lässt sich am Werk „The Openness of God"[6] festmachen, das 1994 erschien und das erstmals eine Differenzierung zwischen historischer, systematisch-theologischer, praktisch-theolo-

---

6   PINNOCK, Clark / RICE, Richard / SANDERS, John / HASKER, William / BASINGER, David (Hgg.): The Openness of God. A Biblical Challenge to the Traditional Understanding of God, Downers Grove 1994. Ob es sich beim Begriff „Open Theism" um eine Selbst- oder Fremdbezeichnung handelt, ist ungeklärt. Obwohl Richard Rice diesen Begriff erstmals erwähnte, vermutet Schmid, dass er von den Kritikern des OT stammt und danach von den eigenen Vertretern übernommen wurde, vgl. SCHMID, Manuel: Kämpfen um den Gott der Bibel. Die bewegte Geschichte des Offenen Theismus, Gießen 2020, 62, Anm. 34.

gischer und philosophischer Perspektive durch verschiedene Vertreter des Open Theism vornimmt. Es folgten (auszugsweise) die erste Auflage von „The God Who Risks" (Sanders, 1998), „Most Moved Mover" (Pinnock, 2001) und „God of the Possible" (Boyd, 2000), die vor allem eine systematisch-theologische Reflexion unternahmen. 2007 brachte Sanders seine Ausführungen zur göttlichen Vorsehung in „The God Who Risks" auf den aktuellen Stand. Zudem folgten zahlreiche Veröffentlichungen etwa zu den Themen Vorherwissen Gottes im OT, seinem Bezug zum Theodizeeproblem und zum Verhältnis zur Prozesstheologie.[7] Richard Rice hat 2020 in „The Future of Open Theism: From Antecedents to Opportunities"[8] einen zusammenfassenden Überblick über die Geschichte und bestimmte Themen des Open Theism vorgelegt, der auch eine Übersicht über die unterschiedlichen Ansichten der Offenen Theisten beinhaltet. In der deutschsprachigen Theologie hat Johannes Grössl 2015 eine Studie[9] vorgelegt, die es sich zur Aufgabe gemacht hat, insbesondere die metaphysischen Bedingungen des Open Theism zu erörtern. Eine erste umfangreichere Vermittlungsarbeit mit dem kontinentaleuropäischen Denken findet hier statt, indem etwa die ontologischen Implikate des Open Theism eruiert werden und auch eine Gegenüberstellung zur traditionellen katholischen Dogmatik vorgenommen wird. Des Weiteren hat Lisanne Teuchert 2018 eine Studie[10] zum Open Theism vorgelegt, die ihn vor allem auf *eschatologische* Aspekte hin analysiert. Zuvor erwähnte 2012 Denis Schmelter den OT in seinem Werk „Gottes Handeln und die Risikologik der Liebe"[11], in dem er den OT als möglichen Lösungsansatz für die Problematik des *Bittgebets* in Anschlag bringt, während eine neuere Studie von Manuel Schmid

---

7   Vgl. exemplarisch BASINGER, David: The Case for Freewill Theism. A Philosophical Assessment, Downers Grove 1996; BOYD, Gregory: Satan and the Problem of Evil. Constructing a Trinitarian Warfare Theodicy, Downers Grove 2001; COBB, John B. Jr./PINNOCK, Clark (Hgg.): Searching for an Adequate God: A Dialogue Between Process and Free Will Theists, Grand Rapids 2000.

8   RICE, Richard: The Future of Open Theism. From Antecedents to Oppurtunities, Downers Grove 2020.

9   GRÖSSL, Johannes: Die Freiheit des Menschen als Risiko Gottes – Der Offene Theismus als Konzeption der Vereinbarkeit von göttlicher Allwissenheit und menschlicher Freiheit, Münster 2015. So ist bei Grössl der bisherige Forschungsstand vor allem durch eine philosophisch-theologische Debatte im Horizont der Gotteslehre geprägt. Die Themen der Vereinbarkeit von göttlicher Allwissenheit, die Reflexion über Gottes Vorherwissen oder auch die Thematik einer risikobehafteten Schöpfung werden intensiv diskutiert, insbesondere die Erkenntnisse analytischer Philosophie angelsächsischer Provenienz sind Gegenstand der Reflexion.

10   TEUCHERT, Lisanne: Gottes transformatives Handeln. Eschatologische Perspektivierung der Vorsehungslehre bei Romano Guardini, Christian Link und dem „Open theism", Göttingen 2018.

11   SCHMELTER, Denis: Gottes Handeln und die Risikologik der Liebe. Zur rationalen Vertretbarkeit des Glaubens an Bittgebetserhörungen, Marburg 2012.

mit dem Namen „Gott ist ein Abenteurer"[12] 2019 vorgelegt wurde, der den Open
Theism in einem breiteren Umfang als bisher geschehen mit *bibeltheologischen*
Erkenntnissen ins Gespräch zu bringen versucht. Schmid ist es auch, der die
Entstehung des Open Theism (gerade auch aus werkgenetischer Sicht) in seinem
Werk „Kämpfen um den Gott der Bibel: Die bewegte Geschichte des Offenen
Theismus"[13] von 2020 in seiner durchaus kontroversen Form nachzuzeichnen
versucht.

I.1 Ein zu bearbeitendes Desiderat

Es gibt die Ansicht, dass theologische Konzepte ihre Plausibilität und Kohärenz
gerade im Hinblick auf ihre vorausgesetzte Anthropologie gewinnen. Vor diesem
Hintergrund erkenne ich ein Desiderat, das der OT aufweist: Als eine theologische Richtung, die sich einerseits zur Achtung menschlicher Freiheit verpflichtet
und sie expressis verbis in ihre Aussagen über Gott mit einbezieht, steht ihre Untersuchung aus ausdrücklich theologisch-anthropologischer Perspektive noch
aus. Umso erstaunlicher muss darum die Tatsache erscheinen, dass die Frage
nach den vorausgesetzten *anthropologischen Bedingungen und Kategorien*, die
der OT in seinem Denken beansprucht, noch nicht hinreichend geklärt ist. Dieser Befund wird zudem noch dadurch verstärkt, dass Offene Theisten bemüht
sind, *philosophische* Anliegen in ihr Konzept mit einfließen zu lassen[14], sichtbar
etwa an der Übernahme des libertarischen Freiheitsbegriffs.[15] Auch wenn es sich
nicht um eine vollständig „homogene" Gruppe von Vertretern handelt, lässt sich
doch festhalten, dass dem OT eine weitgehende konzeptionelle Identität zugesprochen werden kann, die sich insbesondere in diesem Verständnis von Freiheit
zeigt. Dieses soll – auch mithilfe der insbesondere im deutschsprachigen Raum
erschienenen Sekundärliteratur – innerhalb der vorliegenden systematisch-
theologischen (nicht werkgenetischen) Studie in seinen weiteren Zusammenhängen erschlossen werden. Ist damit aber das Verhältnis von göttlicher und
menschlicher Freiheit schon hinreichend geklärt? Neben den philosophischen

---

12 SCHMID, Manuel: Gott ist ein Abenteurer. Der Offene Theismus und die Herausforderungen biblischer Gottesrede, Göttingen 2019.

13 SCHMID, Manuel: Kämpfen um den Gott der Bibel. Die bewegte Geschichte des Offenen
Theismus, Gießen 2020.

14 Einige Offene Theisten vertreten ihr Modell dezidiert aus philosophischer Motivation,
vgl. GRÖSSL: Freiheit als Risiko Gottes, 16.

15 Hiermit ist diejenige Auffassung von Freiheit gemeint, die ein Anderskönnen des Menschen auch unter identischen Voraussetzungen annimmt. Diese Position wird in Kapitel
II.2.1 referiert.

Überlegungen ist für den OT eine Orientierung an den *biblischen* Wahrheiten ebenso zentral.

So könnte sich für die Offenen Theisten die Frage stellen, was ein Gesprächspartner zu sagen hätte, der ebendiese philosophischen und biblischen Einsichten ernst nimmt und auf ihrer Basis Überlegungen zu einer theologischen Anthropologie anstellt, die sich einem *Freiheitsdenken* verpflichtet weiß. Zwar sind die Entwürfe der Offenen Theisten in Kenntnis und Anlehnung der insbesondere in der Analytischen Philosophie ausgetragenen Debatte um die menschliche Freiheit entwickelt worden, sodass die in diesem Kontext verhandelten Konstitutiva von Freiheit rezipiert werden. Gleichwohl stellt sich die Frage, welche Implikate menschlicher Freiheit der OT noch nicht zum Gegenstand der Reflexion gemacht hat, weshalb die kontinentaleuropäische bzw. deutschsprachige Theologie ein potenziell aussichtsreicher Gesprächspartner wäre, ist letzterer doch ein Denken vertraut, in dem der Begriff „Freiheit" schulbildend geworden ist. Ein wissenschaftlicher Austausch, der bis dato zwischen beiden Disputanten noch nicht stattgefunden hat, könnte Fragen beantworten, die etwa so lauten würden: wie kann (libertarische) Freiheit philosophisch vergewissert werden oder welche anthropologischen Kategorien sind nötig, um etwa auch auf die für den OT so zentrale Frage zu antworten, ob und wie eine reziproke Beziehung zwischen Schöpfer und Geschöpf gedacht werden könne. Die theologisch richtige und bedeutsame These, dass Gott eine liebende Beziehung zu seinen Geschöpfen will, wird vom OT sogar als Kerngedanke vertreten. Dies stellt zunächst einmal eine genuin theologische, nicht anthropologische Aussage dar. Für die konkrete Gestalt und das faktische Vorhandensein dieser Beziehung sind dann jedoch auch bestimmte Aussagen über den *Menschen* zu machen: Denkerisch einholen und philosophisch rückbinden lässt sich dies widerspruchsfrei nur, wenn auch im Menschen eine *Anlage* für die göttliche Liebe als legitimiert ausgewiesen werden kann und wenn der Frage nachgegangen wird, welche Dispositionen von Seiten des *Menschen* für die Annahme von Gottes Erlösungsangebot bestehen. Anderenfalls ließe sich nicht konsistent denken, wie genau die göttliche Liebe ihren Adressaten erreichen kann und die Rede von Gottes Beziehungswillen läuft Gefahr, defizitär und zur bloßen Behauptung, zur ad-hoc Annahme zu werden. Zugespitzt gefragt: Mit welcher anthropologischen Fundierung lassen sich die Aussagen des Open Theism untermauern? Entspricht ein Bild vom freien Menschen dem OT? Welches theologisch-anthropologische Konzept kann sich als (mindestens) kompatibel erweisen mit den Ansichten des OT, der ja seinerseits Aussagen über den Menschen macht? Wird hinreichend zwischen göttlicher und menschlicher Freiheit differenziert?

Gerade die Orientierung an den Erkenntnissen der Philosophie und dem vom OT so bezeichneten biblischen Gottesbild lässt nun insofern den Diskurs mit demjenigen Theologen umso aussichtsreicher und passender erscheinen, von dem vor einiger Zeit eine *Theologische Anthropologie* vorgelegt wurde. Sie nimmt exakt die genannten Anliegen und Desiderate als Orientierungsmaßgabe auf und etabliert so eine Denkform, die *erstens* dafür geeignet sein könnte, die auch für den OT so zentrale Frage nach der Beziehungswirklichkeit oder auch noch der Anlage des Menschen zu Gott einlösen zu können und *zweitens* auch die eigenen Aussagen auf den Prüfstand zu bringen, die den OT als theologische Richtung kennzeichnen. So hat Thomas Pröpper mit seiner zweibändigen „Theologischen Anthropologie" im Jahr 2011 ein über 1500-seitiges Werk vorgelegt, das als Summe seiner Bemühungen den gewählten transzendentallogischen Ansatz im Freiheitsdenken umfassend entfaltet, um von ihm ausgehend die Erschließungskraft für anthropologische, sünden- und gnadentheologische Einsichten zu erproben. Pröpper hat seine Überlegungen zum Freiheitsbegriff erstmals im Hinblick auf die Soteriologie in seiner Dissertation 1985 grundgelegt, die den Titel trägt: „Erlösungsglaube und Freiheitsgeschichte. Eine Skizze zur Soteriologie"[16]. Neben zahlreichen Einzelstudien zum Denken Pröppers erschien im Jahr 2001 das Werk „Evangelium und freie Vernunft"[17], gefolgt von der Festschrift von 2006 mit dem Titel „Freiheit Gottes und der Menschen"[18]. Zuvor hatten Georg Essen „Die Freiheit Jesu. Der neuchalkedonische Enhypostasiebegriff im Horizont neuzeitlicher Subjekt- und Personphilosophie"[19] (2001) und Magnus Striet „Offenbares Geheimnis. Zur Kritik der negativen Theologie"[20] (2003) in ihren Habilitationsschriften das Freiheitsdenken Pröppers rezipiert und auf die vorgenannten Themen bezogen. Magnus Lerch hat mit seiner Dissertation aus dem Jahr 2015 mit dem Namen „Selbstmitteilung Gottes. Herausforderungen einer freiheitstheoretischen Offenbarungstheologie"[21] zum einen den Begriff der Selbstoffenbarung, bzw. Selbstmitteilung Gottes im Horizont von Pröppers Denken beleuchtet und die bereits erwähnten Werke von Essen und Striet in die Ausführungen der „Theologischen Anthropologie" Pröppers neu einzuordnen versucht. Eine neuere Veröffentlichung (2021) von Frank Ewerszumrode behandelt vor allem die Verbindung zwischen pneumatologischer und soteriologischer

---

16 PRÖPPER, Thomas: Erlösungsglaube und Freiheitsgeschichte. Eine Skizze zur Soteriologie, München ²1988.

17 PRÖPPER, Thomas: Evangelium und freie Vernunft. Konturen einer theologischen Hermeneutik, Freiburg i. Br. 2001.

18 BÖHNKE, Michael / BONGARDT, Michael / ESSEN, Georg / WERBICK, Jürgen (Hgg.): Freiheit Gottes und der Menschen. Festschrift für Thomas Pröpper, Regensburg 2006.

19 ESSEN, Georg: Die Freiheit Jesu. Der neuchalkedonische Enhypostasiebegriff im Horizont neuzeitlicher Subjekt- und Personphilosophie, Regensburg 2001.

20 STRIET, Magnus: Offenbares Geheimnis. Zur Kritik der negativen Theologie, Regensburg 2003.

21 LERCH, Magnus: Selbstmitteilung Gottes. Herausforderungen einer freiheitstheoretischen Offenbarungstheologie, Regensburg 2015.

Dimension von Pröppers Ansatz und trägt daher den Titel „Der Geist, der uns mit Gott verbindet"[22].

Der Rekurs auf die Theologie *Thomas Pröppers* bietet eine Möglichkeit, auf die angedeuteten Fragen antworten zu können, die durch die Orientierung an der Freiheit aufgeworfen werden. Denn seine Konzeption stellt die denkerischen Mittel dafür bereit, die Frage nach dem Verständnis und dem Verhältnis von menschlicher und göttlicher Freiheit zu beantworten. Die angesprochene Denkform meint die *Kategorie der Freiheit*, die die Theologie von Pröpper viele Jahre geprägt hat und welche die Erkenntnisse neuzeitlicher Philosophie rezipiert, insbesondere das Denken von Johann Gottlieb Fichte. Thomas Pröpper wählt für die Explikation seiner Soteriologie, die sich wiederum aus einer Freiheitsanalyse speist, die Methode der transzendentalen Reduktion. So wird das Pröppersche Denken fundiert und begleitet von Hermann Krings[23], dessen Name wie kein anderer mit der Transzendentallogik verbunden ist und auf dessen philosophischer Grundlage sich die Theologie von Thomas Pröpper verstehen lässt: Er entwirft vor dem Hintergrund der Freiheitsthematik das Bild vom Menschen als „Freund Gottes" und fragt konkret danach, welche Bedingungen im Menschen erfüllt sein müssen, um eine Responsivität – ein wechselseitiges Antwortenkönnen – zwischen Mensch und Gott denken zu können. Gerade auch die Frage nach dem Entspringen des Gottesgedankens im Menschen ist im Kontext theologischer und philosophischer Reflexion Gegenstand, ebenso etwa auch die moralische Verantwortlichkeit des Menschen, die oft von Offenen Theisten als notwendige Bedingung von Freiheit deklariert und explizit verhandelt wird, und wozu Pröpper die Möglichkeit bietet, Aspekte klarer zu sehen. Sowohl die Desiderate und Probleme, welche der OT aufweist als auch eine für sie infrage kommende Lösung werden von Klaus Müller so angedeutet, wenn er im Blick auf die Studie von Grössl festhält:

> „Die transzendental fundierte Freiheitstheologie Th. Pröppers, die für diese Fragen ausgesprochen einschlägig wäre und die der Vf. ausweislich der Bibliographie wahrgenommen hat, sowie die ebenfalls in diesem Kontext einschlägige Zimzum-Lehre der Kabbala bringt der Vf. an dieser Stelle nicht ins Spiel."[24]

---

22 EWERSZUMRODE, Frank: Der Geist, der uns mit Gott verbindet: Ein Entwurf zur Verbindung von Pneumatologie und Soteriologie, Paderborn 2021.

23 KRINGS, Hermann: Transzendentale Logik, München 1964.

24 MÜLLER, Klaus: Rez. zu GRÖSSL, Johannes: Die Freiheit des Menschen als Risiko Gottes. Der offene Theismus als Konzeption der Vereinbarkeit von menschlicher Freiheit und göttlicher Allwissenheit. Münster 2015, in: Theologische Literaturzeitung, 141 (2016), Sp. 677–679, 678 f.

Beide Denkrichtungen – Open Theism und die Theologie von Pröpper – sind gegenwärtig virulent im theologischen Fachdiskurs. Eine Studie, die versucht, sie miteinander ins Gespräch zu bringen, liegt wie bereits erwähnt bisher noch nicht vor. Die vorliegende Arbeit soll darum zum Ziel haben, den Offenen Theismus mit dem Denken von Pröpper in ein Gespräch zu bringen. Dieses Anliegen lässt sich bereits mit dem generellen Anspruch der Systematischen Theologie begründen, verschiedene Konzeptionen zu analysieren, zu synthetisieren und auf Basis einer ergebnisorientierten vorangegangenen Diskussion kritisch zu hinterfragen.

Die hier vorgestellten Bezüge und Gemeinsamkeiten sind zunächst nur angedeutete und unkonkrete Beispiele dafür, dass die Konzeption des OT im Dialog der deutschsprachigen Theologie ertragreich sein kann – ein Anspruch, welcher aus wissenschaftstheoretischer Sicht insbesondere im Blick auf die Freiheitsthematik angeraten ist und eine Aufgabe darstellt, die bisher noch nicht im Rahmen einer Studie angestrebt wurde. Zwar weisen beide Richtungen, soweit sei vorgegriffen, Identitäten dahingehend auf, dass sie dieselben „Abstoßpunkte" besitzen, d.h. sie häufiger darin übereinkommen, an welchen Punkten die klassische Theologie auf Problematiken stößt, etwa bei der Frage nach der Rolle klassischer Metaphysik (vor allem das platonische und aristotelische Denken) oder der Frage, ob die Geschichte als offene zu denken ist. Doch dies wäre zunächst nur eine „negative" Übereinkunft, d.h. aus der Perspektive einer gemeinsamen Überzeugung der Abgrenzung.

Beide Konzeptionen haben eine Vorstellung von Freiheit, die sie explizit in ihren Überlegungen voraussetzen bzw. berücksichtigen. Pröppers Eigenart besteht jedoch darin, dass er diesen Umstand philosophisch anders begründet als der OT, sodass sich abzeichnet, dass Pröpper ein anthropologisches Theoriekonzept bietet, welches dafür geeignet sein könnte, die Ansichten des OT einerseits fundieren und anderseits erweitern zu können. Damit ist angedeutet, dass der aussichtsreiche Versuch unternommen werden kann, auf Grundlage des Freiheitsdenkens ein systematisches Fundament für den OT zu entwerfen und nicht nur lose Zusammenhänge herstellen zu können. Kann es gelingen, mithilfe von Pröppers Denken dem Open Theism einen in theologisch-anthropologischer Perspektive sichereren argumentativen Status zukommen zu lassen?

Kurzum: Es kann und darf zumindest schon festgehalten werden, dass das Denken Pröppers und die Ansichten des OT sich aus einer ähnlichen Motivation speisen: Beide machen das Moment einer echten Beziehung des Menschen zu Gott stark. Aus diesem Grund legt sich die TA Pröppers besonders nah als Gesprächspartner für den OT, können doch mit der Freiheit als ähnlich gelagertem Ausgangspunkt Anknüpfungspunkte für einen Diskurs entstehen. Ernsthafte Versuche, die Einsichten der Pröpperschule und die Vorstellungen des OT miteinander in ein Gespräch zu bringen, sind im wissenschaftlichen Diskurs noch nicht unternommen worden.

I.2 Inhaltlicher Vorausblick

Warum bietet sich gerade das Denken *Thomas Pröppers* und keiner anderen Position theologischer Anthropologie an, um einen Beitrag in Form einer Studie zu leisten? Obwohl oben bereits angedeutet, führt diese Frage bei ausführlicher Beantwortung bereits unmittelbar in die zentrale Inhalte beider Positionen hinein: Die Thematik der Freiheit ist Dreh- und Angelpunkt, quasi der architektonische Grundstein für die Systematik beider Denkrichtungen: Beide Seiten gehen von einem liebenden Gott aus (was man freilich wohl auch tun muss, will man ein zentrales Axiom christlich-jüdischer Identität ernstnehmen), der in authentischer Beziehung mit seinen Geschöpfen stehen will. Weil diese Beziehung eine Beziehung der *Liebe* ist und diese per definitionem mit Zwang unvereinbar ist, muss Freiheit vorausgesetzt werden – und zwar sowohl auf Seiten Gottes wie auf Seiten des Menschen: Ohne Freiheit wäre die Schöpfung bzw. die Offenbarung letztlich ein Vorgang, der den Menschen nicht in die Pflicht nimmt, ihn nicht erreicht und die ontologische Differenz zwischen Gott und Mensch nicht mehr sicherstellen zu vermag. Dies aber widerspricht der Annahme beider Konzeptionen (und auch dem Gottesbild generell), dass Gott sich in der Person Jesu Christi in Freiheit dem Menschen gezeigt und geoffenbart hat, was aber andererseits auch voraussetzt, dass der Mensch auch als *empfänglich* für die Gnade Gottes gedacht werden muss. Für Pröpper ist die Freiheit des Menschen nur der Ort, an dem die Gottesidee gewissermaßen *entspringt*, nicht aber schon fraglos vorausgesetzt werden darf. Ungeachtet der Affinität vieler Vertreter des OT zu philosophischen Konzeptionen darf im Pröpperschen Sinn konstatiert werden: „Der Mensch existiert *wesentlich*, aber auch ‚nur‘ als *Frage* nach Gott; er verfügt nicht immer schon über ein Wissen um die Existenz Gottes, wohl aber ist seine Freiheit der Ort, an dem die Sehnsucht nach Gott sich entzünden kann."[25] Der Unterschied zum OT besteht also darin, dass nicht erst der faktische Gebrauch der Freiheit in äußerlich bleibenden Taten sie theologisch legitimiert, sondern bereits dann beansprucht ist, wo der Mensch sich eine von ihm distinkte Wirklichkeit vorstellt.

Hier deutet sich bereits an, wie Pröppers Freiheitsverständnis sich von dem des OT unterscheidet: Pröppers Überlegungen beginnen in der Instanz autonomer Philosophie, nämlich mithilfe der bereits erwähnten *transzendentalphilosophischen* Argumentation. Gemäß der transzendentalen Analyse der Freiheit und der für Pröpper typischen Unterscheidung von formal unbedingter und material bedingter Freiheit lässt sich ein Anerkennungsgeschehen subjektiver Freiheit(en)

---

25 LERCH, Magnus: Empfänglich für Gott? Der (mögliche) Gottesbezug des Menschen, in: LERCH, Magnus / LANGENFELD, Aaron: Theologische Anthropologie, Paderborn 2018, 73 – 91, 87.

denken, welches nach Pröpper sowohl als möglich als auch als relevant für das Menschsein gedacht werden kann. Auf dieser Basis entwirft er ein Gottesbild, das auf Anerkennungsverhältnissen basiert – dem wird nachzugehen sein.

Bedenkt man den Umstand, dass Pröpper zunächst einmal das *Wie* der *möglichen* Gottesbeziehung des Menschen, d.h. seine Ansprechbarkeit für Gott freiheitstheoretisch thematisiert, der OT sich dagegen bei der Explikation seiner Inhalte aber lediglich damit begnügt, die Freiheit zwar stets zu bedenken und ihr eine Art Vetorecht zugesteht, wird erneut deutlich, warum sich eine Studie mit der o.g. Thematik lohnen kann: Die logisch vorauszusetzende conditio sine qua non für eine faktische Gottesbeziehung des Menschen ist die Anlage zu ihr, die Pröpper auch als *Ansprechbarkeit* bezeichnet. Müsste also nicht einem Denken, das gerade diese Gottesbeziehung und darum die Freiheit von Gott und Mensch voraussetzt, umso mehr daran gelegen sein, dass zunächst einmal diese *Anlage* als Ansprechbarkeit auch hinreichend formuliert und systematisch tragfähig gesichert ist? Hier zeigt sich nun sehr deutlich und besonders evident: Kann Pröppers TA helfen, die anthropologischen Implikate des OT zu identifizieren, seinen Ansichten ein anthropologisches Korrelat, eine argumentative Stütze zu geben und somit inhaltliche Lücken zu schließen, *wenn* sie sich als miteinander kompatibel erweisen? Dies ist an dieser Stelle noch keineswegs entschieden und auch soll nicht der Eindruck erweckt werden, dass dies vom Autor bereits vorausgesetzt würde.

I.3 Das konkrete Vorhaben

Ausführlich sollen in der von mir konzipierten Studie diejenigen Aspekte behandelt werden, die noch nicht wissenschaftlicher Forschungsgegenstand waren, jedoch einer Untersuchung bedürfen. Um die Anliegen des Open Theism klarer wahrzunehmen, sollen im *II. Kapitel* die Inhalte zur Sprache kommen, die sein Profil bilden und für ihn typisch sind. Der OT wird in seiner Gesamtgestalt berücksichtigt. Besondere Aufmerksamkeit sollen jedoch – dem Desiderat der Studie geschuldet – diejenigen Inhalte erhalten, deren Klärung Relevanz im Hinblick auf die Rede von der „Freiheit" haben. Ich werde dabei gebündelt insbesondere diejenigen Aspekte darstellen, für die sich ein Gespräch anbietet. Gleichzeitig soll jedoch der systematische Gesamtzusammenhang des jeweils entfalteten Aspekts in der Gesamtkonzeption des OT nicht vernachlässigt werden. Die Studie wird aus inhaltlicher Sicht mit dem OT beginnen, da auf diese Weise eine Identifikation der Desiderate möglich ist. Der OT soll zunächst vorbehaltlos und in seiner ihm *eigenen* Kohärenz dargestellt werden.

In einem weiteren Schritt soll im *III. Kapitel* die Theologische Anthropologie von Pröpper in ihren argumentativen Grundzügen nachgezeichnet werden. In

Form eines kommentierten Referats werden hier vor allem der Gedanke der Gottebenbildlichkeit und seiner philosophischen Implikationen vorgestellt, was mit dem ersten Teilband von Pröppers Theologischer Anthropologe korrespondiert – vor allem mit dessen letzten Unterkapitel. Die Darstellung des zweiten Teilbandes der TA beginnt mit grundsätzlichen Überlegungen Pröppers zum Sündenbegriff und dessen Verhältnis zur Ethik, gefolgt vom Begriff der göttlichen Selbstmitteilung in Jesus Christus, die dann einmündet in die konkret anthropologischen Fragen der *Ankunft der göttlichen Gnade* beim Menschen und der *eschatologischen Rolle der Freiheit*. Den Schluss des Kapitels bildet eine eigene Stellungnahme zur Frage, ob sich Pröppers Freiheitsdenken als Gottesbeweis verstehen lässt. Mit dem *Kapitel III* sind somit diejenigen Inhalte formuliert, die sich für ein Gespräch mit dem OT besonders eignen können. Es soll ausdrücklich keine neue „Pröpper-Studie" vorgelegt werden, die von seinem Denken ausgehend neues Wissen erschließen soll, sondern vielmehr soll das von Pröpper vorgelegte philosophische und anthropologische Instrumentarium nach Feststellung der Überhangprobleme des OT als Gesprächspartner fungieren, um herauszufinden, ob sich Lösungswege im Hinblick auf die identifizierten Desiderate eröffnen.

In einem auswertenden *Kapitel IV,* in dem die Freiheitskonzeptionen des OT dem der TA gegenübergestellt werden sollen, wird folgender (Leit-)Frage nachgegangen: Was leistet das Denken von Thomas Pröpper im Hinblick auf die Ansichten des Open Theism, oder anders gewendet: Wie ließen sich OT und TA zusammendenken und welche Argumente würden in einem Gespräch ausgetauscht? Konkret könnte etwa so gefragt werden: Ist der im OT vorausgesetzte Begriff menschlicher Freiheit in jeder Hinsicht kompatibel mit dem Verständnis göttlicher Allmacht oder bietet das Denken Pröppers weiterführende denkerische Kategorien für diese und andere Fragen? Ist der Begriff „libertarisch" insgesamt hinreichend bestimmt und somit argumentativ *belastbar,* um ihn als konsistente Grundlage und Operator u. a. dafür zu benutzen, den wiederum stark gemachten Aspekt des Beziehungsgedankens zwischen Gott und Mensch erläutern zu können und auf dieser Basis weitere Aspekte plausibel zu machen, wie etwa die namensgebende Offenheit der Zukunft im Handeln Gottes im Sinne des OT? Ist damit wiederum der im OT vielbeachtete Aspekt des *Risikos* nicht aber geradezu *bestärkt,* oder muss er unter Voraussetzung von Pröppers Anthropologie revidiert werden? Wie kann weiterhin die *gnadentheologische Aussage* des OT in Verbindung mit dem Denken von Pröpper plausibilisiert werden, dass Gott nicht immer das bekommt, was er für und vom Menschen will? Worin bestehen Gemeinsamkeiten und worin liegen die Unterschiede zwischen der *Freiheit Gottes und der Freiheit des Menschen*? Wie muss vom anthropologischen Standpunkt her die seitens des Open Theism viel behandelte Frage beantwortet werden, was Freiheit für das *Ende* der Schöpfungsgeschichte bedeutet? Wie muss es aus Sicht

Pröppers bewertet werden, dass gemäß dem OT Gott seine Macht wiedererlangt und er damit ein eschatologisches Risiko ausschließen kann? Welche Rolle spielt die (menschliche) Freiheit dabei, ist sie in jeder Hinsicht *nur im Sinne eines Risikos* zu verstehen oder darf sie in diesem Geschehen gar nicht mehr als solche vorausgesetzt werden?

In einer abschließenden Betrachtung – *Kapitel V* – sollen die Ergebnisse der Studie noch einmal gebündelt, systematisiert und schlussendlich geprüft werden, ob und inwiefern das eingangs formulierte Anliegen der Arbeit eingelöst werden konnte: Welchen Ertrag hat die Studie im Hinblick auf ihre Ausgangsfrage erbracht?

Es wird zu prüfen sein, inwiefern sich neue Erkenntnisse im Hinblick auf die zentralen Motive des Offenen Theismus ergeben, welche „stützende Kraft" und welches argumentative Erschließungspotenzial der Open Theism durch eine Verbindung mit Pröpper erhält und auch, ob manche Ansichten revidiert werden müssen. Auch in umgekehrter Richtung kann gefragt werden: Treten auch Aspekte hervor, von denen die Theologie Pröppers lernen kann, bzw. die in seiner Theologie zu wenig Beachtung finden oder unterbestimmt sind? Die Studie kann darum helfen, einen begründeten Standpunkt bei den genannten Fragen einzunehmen, indem sie nach der Darstellung des OT seine Überhangprobleme verdeutlicht, die dann auf Grundlage des folgenden Kapitels über die TA Pröppers aufeinander bezogen werden, um im Idealfall gewinnbringende Erträge hervorbringen zu können.

Zudem möchte die vorliegende Studie einen Beitrag zur Antwort auf die Frage leisten, welche bleibende Bedeutung die „Anthropologische Wende" in der Theologie hat: Aussagen über den Menschen, die Anthropologie als solche ist es, die mit der Neuzeit zum argumentativen Austragungsort von Philosophie und Theologie avancierte. Während Friedrich Nietzsche den Menschen als „noch nicht festgestellte[s] Thier"[26] titulierte und durch und durch als bestimmt vom Willen zur Macht-Prozessen sah, so war es zuvor das Diktum Ludwig Feuerbachs, der sein Denken im Sinne der berühmten Projektionshypothese zuspitzt, um jedwedes Aufkeimen des Gottesgedankens inklusive seiner Genese im Menschen als Illusion zu entlarven. Aus katholisch-theologischer Sicht wären dem etwa die Aussagen des 2. Vatikanischen Konzil entgegenzuhalten, die eine Wende zum Menschen insinuieren, exemplarisch sichtbar etwa in der Anerkennung der Religions- und Gewissensfreiheit.[27] Diese Akzentverschiebung hin zum Wesen des Menschen war keineswegs selbstverständlich – noch bis zum

---

26 NIETZSCHE, Friedrich: Werke. Kritische Gesamtausgabe, COLLI, Giorgio / MONTINARI, Mazzino (Hgg), Abteilung 6, Band 2: Jenseits von Gut und Böse, Berlin 1968, Jenseits von Gut und Böse, Drittes Hauptstück, das religiöse Wesen, 79.

27 So formuliert in den entsprechenden Dokumenten „Dignitatis humanae" und „Nostra Aetate".

Ende des 19. Jahrhunderts galt die Religionsfreiheit innerkatholisch als Irrtum, Übel.[28] Hier deutet sich bereits an, dass die Frage des Menschen nicht nur innerhalb *zweier* wissenschaftlicher Disziplinen, also etwa Philosophie und Theologie, durchaus unterschiedlich beantwortet werden kann, sondern sogar innerhalb *derselben* Disziplin: Auffassungen über den Menschen sind nicht von statischer, sondern dynamischer Natur. Während man als Theologe nun konform mit den Aussagen des 2. Vatikanums ein positives Bild des Menschen voraussetzen darf und zudem das Diktum Karl Rahners zutreffend ist, dass es ein Irrtum sei, „man könne über Gott theologisch etwas aussagen, ohne damit auch schon über den Menschen etwas zu sagen"[29], ist es umso unverständlicher, dass das theologische Denken die als allgemeinhin bezeichnete „anthropologische Wende" erst mit Verspätung vollzogen hat, weshalb ihre Bearbeitung nun umso weniger Aufschub duldet. Gelingt das formulierte Gesamtvorhaben dieser Studie, könnte sie zudem als Beitrag (evtl. im Sinne einer Initialzündung) für eine *Vermittlung* zwischen hauptsächlich amerikanischer und deutschsprachiger, bzw. europäischer Theologie gelten.

---

28 So Papst Gregor XVI in seiner Enzyklika „Mirari vos" (1832), vgl. DH 2730 – 2732, 2731.

29 RAHNER, Karl: Theologie und Anthropologie, in: Sämtliche Werke, Band 22/1a: Dogmatik nach dem Konzil, LEHMANN, Karl/METZ, Johann Baptist/RAFFELT, Albert/VORGRIMLER, Herbert/BATLOGG, Andreas R. (Hgg.), Freiburg i.Br. 2013, 283 – 300, 283. Als einer der ersten Theologen, die Theologie unter dieser Berücksichtigung trieben, gilt mit Sicherheit Karl Rahner mit einem seiner zentralen Werke „Hörer des Wortes". Vgl. zur Relevanz theologischer Anthropologie in der Dogmatik auch STOSCH, Klaus von: Einführung in die Systematische Theologie, Paderborn ⁴2019, 220: „Die theologische Anthropologie behandelt die Lehre vom Menschen. Sie ist in den letzten Jahrzehnten immer mehr zu einem zentralen Traktat der Dogmatik geworden. Die theologische Anthropologie fragt nach der Bedeutung des Offenbarungshandelns Gottes für den Menschen (...). Karl Rahner hat herausgestellt, dass in diesem Ansatz der Mensch sowohl existenziell als auch erkenntnistheoretisch der Ausgangspunkt allen theologischen Denkens ist, sodass man begründet dafür argumentieren kann, dass es keinen Traktat der Dogmatik geben kann, der nicht anthropo-relational entfaltet werden müsste."

II. NACHDENKEN ÜBER FREIHEIT IM OPEN THEISM

„Unter Inanspruchnahme libertarischer Willensfreiheit als Basiskategorie plädieren Vertreter des Open-View-Theismus für eine real-personale Reziprozität im Verhältnis zwischen Gott und Mensch, der deshalb eine besondere Dignität eignet, weil sie dem Wesen Gottes insofern gemäß ist, als echte Liebe sich gerade dadurch auszeichnet, dass sie die Andersheit des Anderen unbedingt bejaht und somit auch dessen Freiheit unter allen Umständen achtet. Damit geht einher, dass Gott durchaus responsiv agiert und von seiner Allmacht, die auch Allwissenheit impliziert, grundsätzlich nur Gebrauch macht, wenn dadurch das Eigensein der Geschöpfe unangetastet und deren selbstwirksames ‚Ursache-Sein' nicht außer Kraft gesetzt oder in seiner Selbstregulativität durcheinandergebracht wird. Aufgrund dieser radikalen Respektierung der Freiheit seiner Geschöpfe kann Gott von diesen durchaus ‚überrascht' werden, weil sich Entwicklungen ergeben können, die Gott zwar wissen könnte, wenn er es wollte, aber auf deren Kenntnis er verzichtet, gerade weil und solange er die Andersheit seiner willensfreien Partner bejaht. Charakteristisches Signum willensfreier Akte ist ja deren Unvorhersehbarkeit, und die Existenz libertarischer Willensfreiheit kann sinnvollerweise am ehesten im Rahmen einer indeterministischen Ontologie behauptet werden, die eine zumindest teilweise offene Zukunft voraussetzt. Weil und solange Gott diese Beschaffenheit der Welt um der Ermöglichung willensfreien Agierens seiner Geschöpfe willen so belässt, ist freilich seine Kenntnis des Zukünftigen beschränkt."[1]

II.1 Grundanliegen des Open Theism

Die Vorstellung einer freiheitlichen Beziehung zwischen Gott und Mensch ist ein zentraler Gedanke christlicher Theologie. So ist es Aufgabe insbesondere der systematisch-theologischen Fächer, konsistente und kohärente Konzepte vorzulegen, wie das Gott-Welt-Verhältnis unter dem Vorzeichen der Geschichtssensibilität Gottes zu denken ist. In diesem Sinne hat die theologische Bewegung „Open Theism"[2] in den drei vergangenen Jahrzehnten wichtige Beiträge erbracht. Mit

---

1 SCHMELTER: Gottes Handeln und die Risikologik der Liebe, 72.
2 Es sei daran erinnert, dass der OT nicht eine derart „gleichförmige" Gruppe von Vertretern ist, wie es sich begrifflich nahelegen könnte. Da innerhalb der vorliegenden systematisch-theologischen Untersuchung der Libertarismus von besonderer Relevanz ist, der im OT grundlegend vorausgesetzt wird („Open Theists affirm a libertarian view of freedom"

Clark Pinnock als einem ihrer bekanntesten Repräsentanten erwuchs der Open Theism bzw. Open View Theism zu einer theologischen Richtung, die vor allem von einer Gruppe von Theologen repräsentiert wird, deren evangelikale Prägung den meisten ihrer Vertreter gemein ist. Zu ihnen zählen Clark Pinnock, Richard Rice, John Sanders, Gregory Boyd, William Hasker und andere.[3] Gleichwohl sind diese Denker verschiedenen konfessionellen Prägungen zuzuordnen, was

[https://iep.utm.edu / o-theism/]), wird vereinfacht die Bezeichnung „OT" verwendet. Da die Sekundärliteratur im Hinblick auf die Fragestellung der vorliegenden Arbeit häufig aussichtsreiche und weiterführende Inhalte aufweist, wird auf sie vermehrt rekurriert.

3   Clark H. Pinnock (1937 – 2010) lässt sich zu den einflussreichsten Vertretern zählen, die die Entwicklung des OT mitbestimmt haben. Als Hochschullehrer in Nordamerika kam er in Kontakt mit dem Evangelikalismus und vertrat zunächst die Position der Fehlerlosigkeit biblischer Aussagen, ehe er später hiervon abwich und sich zunehmend dem Arminianismus zuwandte. Der Gedanke der Offenheit der Geschichte und der Ernstnahme menschlicher Freiheit veranlassten ihn somit dazu, in den späten 1970er bzw. 1980er Jahren zentrale calvinistische Ansichten zu revidieren.

Richard Rice (geboren 1944) hat bereits im Jahr 1980 einen ersten Entwurf seiner biblisch-theologischen Auffassung der „Openness of God" vorgelegt. Er war es auch, der diesen Begriff in besonderer Weise prägte und die Inkompatibilität libertarischer Freiheit mit einem umfassenden Vorauswissen Gottes mithilfe der Annahme einer Offenheit Gottes zu umgehen versuchte. Dies brachte ihm scharfe Kritik etwa aus adventistischen Gruppierungen ein, insofern als diese Wert legen auf eine Theologie der Prophetie, die sich jedoch mit der Annahme einer auch für Gott offenen Geschichte mitunter schwer in Verbindung bringen lässt. Krisen im Familienleben haben Rice am starken Begriff einer göttlichen Vorsehung zweifeln lassen und begünstigten so seine Sicht einer Offenheit Gottes. Nach seinem Studium der Theologie 1969 erfuhr er Einfluss von der prozesstheologischen Position, über die auch seine Dissertation handelt. 1974 erhielt Rice die Berufung auf einen Lehrstuhl für Theologie und Religionsphilosophie in Kalifornien.

John Sanders (geboren 1956) nahm sein Theologiestudium 1975 in Minnesota auf, wo er sich insbesondere mit Fragen zur Vorsehungslehre befasste. Bedingt durch den Unfalltod seines Bruders wuchs sein Vorbehalt gegenüber einem klassischen Gottesbild, welches eine Unwandelbarkeit und Leidensunfähigkeit vertritt. Durch den Einfluss des „Bostoner Personalismus", einer Denkform, die personales Bewusstsein als ontologische Grundkategorie in Gott verankert, sowie durch die Prozessphilosophie begann Sanders seine Sicht eines offenen Gottes zu konzeptionieren. Im Rahmen seiner Assistenz-Professur ab 1980 in Minnesota widmete er sich insbesondere der alttestamentlichen Theologie, die nachhaltigen Einfluss auf seine weitere Arbeit ausübte. 1985 traf er auf einer Konferenz Clark Pinnock, mit dem Sanders fortan zusammenarbeitete.

Gregory Boyd (geboren 1957) kam erst nach Veröffentlichung von „The Openness of God" dieser Gruppierung hinzu. Der katholischen Konfession angehörend, wuchs Boyd in Ohio auf und besuchte eine katholische Schule, an der er Opfer von körperlicher Gewalt wurde und litt zudem an ADHS. Im Jugendalter fand er Interesse insbesondere an philosophischen Fragen, ehe er nach einer spirituellen Erfahrung 1976 seine Studien in Philosophie und Theologie begann, welche er 1988 mit der Promotion in Princeton abschloss. In seiner Dissertation befasst er sich mit der Prozessphilosophie in Verbindung mit der göttlichen Trinität, die dann auch seine Affinität zu einer offenen Sicht Gottes weiter vorantreibt.

jedoch ihre tendenzielle Affinität zu einer wörtlichen Auslegung der biblischen Schriften nicht berührt. Aus werkgenetischer Sicht gilt „The Openness of God"[4] als einflussreiches Gründungsmanifest des Open Theism und ist 1994 erschienen. Ein ausdrückliches Anliegen der Vertreter ist es, den christlichen Glauben zugänglich zu machen und ihn einer möglichst großen Anzahl Menschen zu eröffnen. Diese theologische Position hat viel Aufmerksamkeit auf sich gezogen und durch ihr inhaltliches Profil neue Perspektiven entwickelt bzw. alte Selbstverständlichkeiten in Frage gestellt.[5]

II.1.1 Profilskizze

Der „Offene Theismus" ist ein in der deutschsprachigen Theologie noch wenig beachtetes Phänomen, da er vor allem im angelsächsischen Raum beheimatet ist. Doch welche Motivation ist es, die die Autoren des Open Theism dazu veranlasst, ein alternatives Gottesbild zu propagieren, das zumindest ihrer eigenen Einschätzung nach besser geeignet sei, zentrale Aspekte des christlichen Glaubens zu explizieren?

Die Vertreter des Offenen Theismus haben den selbst gesetzten Anspruch, der Heiligen Schrift treu zu bleiben und biblische Aussagen entweder als Fundierung ihrer Gedanken oder als Ansatzpunkt für Diskussionen zu sehen, sollten diese dem Konzept des Open Theism widersprechen. So plädiert Clark Pinnock dafür, dass die Heilige Schrift grundsätzlich dazu geeignet sei, aus ihr Eigenschaften

---

William Hasker (geboren 1935) wuchs in einem baptistisch geprägten Umfeld auf und besuchte das Wheaton College nahe Chicago. 1966 wurde er zum Professor berufen, ehe er im Jahr 2000 emeritiert wurde. Einer seiner Interessensschwerpunkte ist der (theologische) Determinismus, von dem er sich bereits als Student distanziert. Stattdessen aber forschte er umfassend hauptsächlich zur menschlichen Freiheit und der Theodizeefrage. Zudem ist für Hasker die Frage nach dem göttlichen Vorauswissen besonders prägend. Obwohl er den Eternalismus für plausibel hielt, sah er dessen biblisch-theologische „Anwendbarkeit" ab Ende der 1970er Jahre kontinuierlich schwinden. Die offen-theistische Lösung für die Frage nach der Vereinbarkeit göttlichen Wissens mit der menschlichen Freiheit war für Hasker eine aussichtsreiche Position. Die Begegnung mit David Basinger führte zu einem steten Austausch gerade auch über philosophische Fragen, die der eigenen Konzeption zugrunde lagen.

4   PINNOCK, Clark / RICE, Richard / SANDERS, John / HASKER, William / BASINGER, David (Hgg.): The Openness of God. A Biblical Challenge to the Traditional Understanding of God, Downers Grove 1994.

5   „I did not for a moment imagine in 1994 that our book on 'the openness of God' would create such interest and provoke such controversy, particularly in the evangelical community. I suppose it did so because it was a fresh proposal with a certain appeal and because it created an agenda that others had to reply to." PINNOCK: Most Moved Mover, ix (Preface).

Gottes ableiten zu können und dass diese dann auch mit den überlieferten Ansichten in ein Verhältnis gesetzt werden sollten: „We must let Scripture speak to our definitions of the attributes of God."[6] Gleichzeitig jedoch soll einerseits eine zu starke Betonung der Metaphorik der Aussagen sowie andererseits ein unkritisches, allzu wörtliches Verständnis biblischer Aussagen vermieden werden. Auf diese Weise fungiert die Bibel als Bezugspunkt für theologische Aussagen, als „heuristisches Prinzip", das jedoch keinesfalls den einzigen Referenzrahmen für die Offenen Theisten darstellt. Sie ist zwar der *erste*, jedoch nicht der *einzige* Bezugspunkt der theologischen Position[7], was sich auch darin zeigt, dass bestimmte Vertreter, die zum „harten Kern" des OT gehören, nicht primär der theologischen, sondern der *philosophischen* Disziplin angehören, wozu etwa William Hasker oder Alan Rhoda zählen.[8]

Von zentraler systematischer Bedeutung ist der Gedanke der Offenheit Gottes, die sich auf den zukünftigen Verlauf der Geschichte der Menschen bezieht. Auch für Gott als allwissendes Wesen gibt es Propositionen, die selbst er nicht wissen kann. Hierzu zählen Aussagen über die Zukunft, die zumindest teilweise als eine *offene* gedacht werden muss, wenn in ihr Wesen existieren sollen, die freiheitlich handeln. Unter Wahrung menschlicher Freiheit sei – so die Vertreter des OT – eine *libertarische* Freiheit vorauszusetzen: Nur durch die von den Menschen in ihrer Freiheit wählbare Alternative im eigenen Handeln kann eine von Liebe geprägte Beziehung zwischen Menschen und Gott konsequent gedacht werden. So erklärt sich auch die exponierte Position der libertarischen Freiheit und der aus ihr zu ziehenden Konsequenzen, wie im Eingangszitat dieses Hauptkapitels angedeutet: In Abgrenzung zu traditionellen Gottesvorstellungen lehnt der OT mindestens einige der klassischen Attribute als teilweise nicht haltbar ab und fordert eine Revision. Diese seien vor allem durch die zu starke Fokussierung auf das hellenistische Gedankengut bzw. auf die Begrifflichkeiten antiker Philosophie bedingt und verfälschen das angemessene Verständnis des biblischen Gottes. So ergeben sich Differenzen zur klassischen Theologie: Zentrale Eigenschaften bzw. Vorstellungen Gottes, beispielsweise die Immutabilität (Unveränderbarkeit), Atemporalität (Überzeitlichkeit) und Allursächlichkeit erfordern eine tiefgreifende Umdeutung oder Preisgabe solcher Vorstellungen.

---

6   Pinnock: Most Moved Mover, 64.
7   Vgl. Pinnock: Most Moved Mover, 21.
8   Rhoda beispielsweise untersucht, in welchen Hinsichten von einer offenen Zukunft gesprochen werden kann und wie diese sich zueinander verhalten. Vgl. Rhoda, Alan: The Fivefold Openness of The Future, in: Hasker, William/Oord, Thomas Jay/Zimmerman, Dean (Hgg.): God in an Open Universe. Science, Metaphysics, and Open Theism, Eugene 2011, 69–93.

Während Prozesstheologen wie Charles Hartshorne[9] als ihrem wohl bekanntesten Vertreter die klassische Vorstellung eines überzeitlichen und unveränderlichen Gottes problematisieren und letztlich aufgeben, sind die Konzepte des Open Theism vom Gedanken eines freiwilligen, zeitweiligen, *nicht metaphysisch notwendigen* Verzichts Gottes auf seine Unabhängigkeit von der Schöpfung geprägt. Das so denkbare Freiheitsverhältnis zwischen Gott und Mensch gilt als unverzichtbar, um einen Gott der Liebe denken zu können. Die von Gott ermöglichte Freiheit ist Bedingung der Möglichkeit für eine Beziehung zwischen Gott und Mensch in Liebe. Eine entscheidende Differenz zwischen dem Open Theism und der Gotteslehre der Tradition besteht nicht in der bloßen Existenz der Freiheit des Menschen[10], sondern in der Annahme, dass Gott um die vom Menschen in Freiheit gewirkten Taten vor deren Vollzug bzw. Zustandekommen nicht wissen kann: Gott kann heute nicht wissen, was ein in Freiheit handelnder Mensch morgen *tatsächlich* tut. Damit aber stellt sich die Frage nach dem *Begriff* der Allwissenheit Gottes mit Dringlichkeit, um nur *ein* Beispiel für die Neufassungen bestimmter Gotteseigenschaften anzudeuten, die der OT vornimmt. Analoges gilt für damit in Zusammenhang stehende Aussagen in der Gotteslehre.

Bevor in den nachfolgenden Kapiteln der Konnex zwischen vorausgesetztem Freiheitsbegriff und bestimmten Gotteseigenschaften näher aufgezeigt und auf diese Weise die für den OT typischen Ansichten vorgestellt werden sollen, gilt es zunächst, kurz und nur exemplarisch auf die biblisch einschlägigen Stellen hinzuweisen, die die Offenen Theisten als Anlass dafür nehmen, (vor einer systematisch-theologischen Reflexion sozusagen im engen Sinne) von einer *Offenheit* Gottes zu sprechen.

II.1.2 Biblische Vergewisserung

Die Vertreter des OT erheben die Aussagen der Heiligen Schrift zum zentralen Kriterium zur Begründung ihrer Position. Hierbei konzentrieren sie sich besonders auf den Inhalt jener Texte, die sich mit den Begriffen der *Hoffnung*, *Enttäuschung* und *Reue* Gottes beschreiben lassen. Diese sollen nicht als exklu-

---

9 Vgl. einführend zum Denken Hartshornes ENXING, Julia / MÜLLER, Klaus (Hg.): Perfect changes. Die Religionsphilosophie Charles Hartshornes, Regensburg 2012.

10 Eine wichtige Ergänzung wäre hier dahingehend zu machen, dass auch der klassische Theismus die von Gott gewährte Freiheit an den Menschen zwar nicht leugnet, das dabei angenommene Verständnis von Freiheit zumeist jedoch nicht der Idee einer *libertarischen* Freiheit entspricht. Es sei an dieser Stelle bereits angedeutet, welche Schwierigkeiten der vorausgesetzte Freiheitsbegriff mit sich bringt im Hinblick auf das Verhältnis Gott - Mensch.

sive Belegstellen missverstanden werden, die in Art einer unmittelbar evidenten Ansicht die Position des OT verdeutlichen, sondern nur als besonders geeignete Stellen zur Veranschaulichung des Motivs für die Rede von einem *offenen Gott* fungieren. Mit der kurzen Behandlung biblischer Motive soll dem bei den Offenen Theisten häufig vorkommenden Phänomen Rechnung getragen werden, dass auch in ihren Werken häufig zunächst der biblische Befund als Begründung für die eigene Position in Anspruch genommen wird. Obgleich der OT auch aus religionsphilosophischen Motiven vertreten und in Kreisen der Philosophie debattiert wird[11], so handelt es sich bei ihm de facto zunächst um einen *bibeltheologischen* Entwurf, der jedoch in enger Bezugnahme auf philosophische Wahrheiten plausibilisiert und abgeglichen wird. Die zugrundeliegenden biblischen Befunde für die Begründung des zentralen Motivs der Offenheit Gottes sind bei allen Vertretern nahezu identisch, wenn auch teilweise anders gewichtet und gewertet.[12]

Gott kann als potenzieller Träger neuer Erfahrungen begriffen werden, insofern er als lernfähig beschrieben wird. Diese Aussage macht jedoch nur unter der Voraussetzung einer offenen Zukunft Sinn, insofern als etwas wirklich „Neues" auch für Gott unbekannt sein muss, was per definitionem nicht in einem bereits vorgefertigten Raum der Geschichte stattfinden kann. Anders formuliert: Die Bedingung dafür, überhaupt von Neuem sprechen zu können, das Gott erfahren kann, setzt eine auch von ihm bis zu einem gewissen Grad unbekannte und darum offene Zukunft voraus. Ein sehr oft gewähltes Motiv für diese erste Gruppe von Belegstellen ist die Prophetie, insofern hier die Beauftragung einer Person durch Gott noch keinen Erfolg garantiert und die Aufnahme durch das Volk oder andere Adressaten ihrerseits offen ist. Aus diesem Grunde sind auch „wenn-dann"-Aussagen für diesen Aspekt typisch (Jer 7,5) die also nur bestimmte *Möglichkeiten* über nicht-definitive Zukunftsverläufe aufzeigen. So erweckt beispielsweise die Berufungserzählung des Mose den Anschein, auch Gott wisse

---

11   Bereits früh scheint die Begründung hierfür in der Nichtvereinbarkeit göttlicher Eigenschaften mit dem freien Willen des Menschen zu liegen, was etwa am Beispiel des umfassenden göttlichen Vorherwissens deutlich wird, vgl. HASKER, William / SANDERS, John: Open Theism – Progress and Prospects, in: Theologische Literaturzeitung, 142 (2017), Sp. 859–872, 861: „There are multiple routes to open theism, multiple ways in which various thinkers have been moved to take up this position. There is no doubt, however, that for many philosophers the impulse to adopt the position has come by way of the conviction that there is a logical incompatibility between comprehensive and infallible divine foreknowledge and free will for human beings."

12   Während Boyd vor allem den Aspekt der Offenheit und Unhintergehbarkeit der Geschichte akzentuiert, prägt und betont John Sanders den Begriff des Risikos, den er im Befund biblischer Texte aufzuweisen versucht und ihn auf die Geschichte Gottes mit den Menschen bezieht. Beiden Autoren ist jedoch die Fokussierung auf die Relationalität zwischen Gott und Mensch ein wichtiges Anliegen.

nicht, ob das Volk Mose gleich glauben wird; Gott besitzt darum mehrere Pläne „ready-at-hand", um zum gewünschten Erfolg zu kommen. Gott ist zwar in der Lage, antizipieren zu können; das de facto eintretende Ereignis ist aber auch für ihn noch nicht ersichtlich. Dabei befinden sich die Aussagen Gottes im Modus der Hoffnung, was zur Folge hat, dass auffallend viele Aussagen mit dem Wort „vielleicht" versehen sind, etwa in Jer 26,3, was ebenfalls die auch für Gott offene und darum nicht feststehende Zukunft noch einmal unterstreicht.

Ein zweites biblisches Motiv, das für die Offenen Theisten zentral ist, besteht in der Enttäuschung Gottes. Sie ist das Gegenstück zur Hoffnung Gottes, insofern als er bestimmte Erwartungen an die Menschen hatte, seine Pläne jedoch durchkreuzt werden können. Die Enttäuschung Gottes ergibt sich gewissermaßen aus der retrospektiven Betrachtung Gottes vom tatsächlichen Geschehen aus rückblickend auf seine Erwartungen, während es beim ersten Motiv umgekehrt verlief. Somit sind Erwartung und Enttäuschung komplementäre Begriffe, was gerade auch aus dem alltäglichen Leben des Menschen gut nachvollziehbar sein sollte, ist doch gerade in ihm die zeitliche Abfolge der Ereignisse, die der Erwartung und Enttäuschung korrespondieren, gegenwärtig.[13] So kann etwa das neutestamentliche Beispiel der Verweigerung der Taufe durch die Pharisäer (Lk 7,30) und damit die nicht vorhandene Bußbereitschaft als Beispiel für die Durchkreuzung des göttlichen Planes bzw. für die nicht erfüllte göttliche Erwartung gelten. Auch hier werden bestimmte Szenarien durchgespielt, in denen Gottes Anstrengungen, Menschen zur Buße zu ermutigen, deutlich werden.

Das letzte in diesem Zusammenhang zu nennende Motiv ist die Reue Gottes, die letztlich eine Fortsetzung oder Sinnspitze der beiden vorangegangenen Motive darstellt. Sie ist besonders gut fassbar im Horizont menschlichen Fehlverhaltens, welches Gott zur Reue darüber veranlasst, den Menschen überhaupt erschaffen zu haben; Gott zweifelt in fundamentalerer Weise an seiner Entscheidung. Gottes eigene Entscheidungen sind somit Anlass zur Reue, was besonders deutlich etwa in Gen 6,5 und Gen 6,6 ersichtlich ist, wo explizit von der Reue Gottes die Rede ist und ausgelöst wird durch die Boshaftigkeit der Geschöpfe und deren Trachten nach Bösem. Typisch für den Aspekt der Reue sind auch hier Aussagen über die Änderungen göttlicher Pläne, die dann jedoch in einer Redeweise stattfinden, die eine definitive Entscheidung impliziert und nicht nur im Modus eines „wenn-dann" getätigt wird. So kann auch die Ankündigung der Zerstörung der Stadt Ninive als Beispiel für die Reue Gottes gelten, da hier Gott

---

13 Vgl. RICE, Richard: Biblical Support for a New Perspective, in: PINNOCK, Clark/RICE, Richard/SANDERS, John/HASKER, William/BASINGER, David (Hgg.): The Openness of God: A Biblical Challenge to the Traditional Understanding of God, Downers Grove 1994, 11–58, 36: „To say that God acts, therefore, it makes sense to use the words *before* and *after* when we talk about him. God makes decisions and then he acts. He decides before he acts, he acts after he decides."

keine konditionale, sondern eine definitive Aussage trifft, dann aber doch noch von der Umkehr seiner Bewohner überrascht wird, sodass diese Stelle nicht nur die Reue, sondern auch das für den OT typische Moment des *Überraschtwerdenkönnens Gottes* besonders zugespitzt darstellt.[14] Diese Rede vom reumütigen Gott indiziert die zentrale These des OT, nämlich die Offenheit der Geschichte, welche die Reue erst „sinnvoll" erscheinen lässt, würde doch ein festgelegter Geschichtsverlauf nicht zur vorausschauenden *Erwartungshaltung* Gottes passen, die ja angesichts der Enttäuschung erst zur Reue führt. Vielmehr wären ihm alle eintretenden Ereignisse bereits bekannt, die dann für Reue keine denkerische Möglichkeit mehr böten. Die Offenheit der Geschichte ist damit unabdingbare Voraussetzung für die Erwartung, Enttäuschung und schließlich die Reue, die darum als miteinander in Zusammenhang stehend gedacht werden können.

II.1.3 Historische Spuren

Um den Offenen Theismus in seiner *heutigen* Gestalt verstehen zu können, sollen im Folgenden die historischen Hintergründe dieser Bewegung kurz nachgezeichnet werden. Auf diese Weise können die Grundlagen für einen angemessenen Nachvollzug seiner weiter zu verfolgenden Anliegen gelegt werden. Die argumentative Basis der Repräsentanten des OT wird so deutlicher.

Der heutige Open Theism als religionsphilosophische Denkrichtung hat seine Ursprünge vorwiegend in den Gedanken des Reformators Jakobus Arminius.[15] Dieser lehnte die Lehre der doppelten Prädestination, die ihre Wurzeln im Denken von Augustinus und Jean Calvin hat, ab und stimmte mit der heute gängigen Auffassung der Vertreter des Open Theism überein, dass der Inhalt des göttlichen Wissens im Hinblick auf die Vorsehung begrenzt werde durch das, was die mit Freiheit begabten Geschöpfe tun. Diesem eher linken und liberalen Flügel des Evangelikalismus sind beinahe alle Vertreter des OT zuzuordnen, sodass sie auch als postkonservative Evangelikale gelten können, während die eher konservative Fraktion calvinistisch-puritanisch geprägt ist. Theologisch schlägt sich diese Aufspaltung in der Betonung der Liebe Gottes im postkonservativen Lager und der Betonung der Souveränität und der Sündenverfallenheit des Menschen im konservativen Lager nieder. Der OT hat innerhalb des Evangelikalismus die inneren Divergenzen verdeutlicht und ist als ein Katalysator für eine tiefreichende Spaltung verstehbar: „An der Kontroverse um den Offenen Theismus verhärten sich die alten Fronten zwischen dem ‚linken', pietistisch-ar-

---

14 Vgl. Schmid: Gott ist ein Abenteurer, 60.
15 Vgl. hierzu Rice: The Future of Open Theism, 11 f.

minianisch orientierten und dem ‚rechten‘, puritanisch-calvinistisch geprägten Flügel des Evangelikalismus in einem bisher unerreichten Maße."[16]

Die konsequente Abweichung von der Lehre von der doppelten Prädestination hatte nicht zur Folge, dass auch andere Gottesprädikate durch die Arminianer revidiert wurden, sondern vielmehr übernahmen sie – mit wichtigen Einschränkungen – die traditionellen göttlichen Eigenschaften wie Unveränderlichkeit, Apathie und Ewigkeit. Formal gefasst meint dies, dass Gott von der Schöpfung insofern abhängig ist, als er angesichts der freien Willensentscheidungen seiner Geschöpfe sein Wissen im Hinblick auf Vorherzusehendes einbüßt. Demnach achtet Gott „freiwillig" die Freiheitsentscheidungen seiner Geschöpfe. Der Offene Theismus ist also vor diesem Hintergrund als eine Bewegung zugleich der *Rezeption und Korrektur* der Tradition zu kennzeichnen, da zwar bestimmte traditionelle Eigenschaften von ihm revidiert werden, er jedoch an anderen weiterhin konsequent festhält: Im Hinblick auf das traditionelle Gottesbild haben es sich die Vertreter des Offenen Theismus zur Aufgabe gemacht, eine logisch-kohärente Systematik ihrer Position unter Berücksichtigung der Abweichungen der ihr entgegen stehenden Ansichten vorzulegen, wobei das schon erwähnte Werk „The Openness of God" aus dem Jahr 1994 als systematisches Grundlagenwerk gilt. Alle fünf Beitragende sind dem vor allem in den USA sehr präsenten Evangelikalismus zuzuordnen. Diese Art des kohärenten Weiterführens[17] ursprünglich arminianischen Gedankengutes bewirkte scharfe Kritik der Gegenseite auf sich: Laut ihrer Einschätzung ist die intendierte Fortsetzung der offen theistischen Theologie kein erstrebenswertes Ziel etwa im wissenschaftlichen Sinn, sondern das stetige Vorantreiben einer fatalen Irrlehre. In den Jahren um den Jahrtausendwechsel kam es zu einem Höhepunkt der Kontroverse, als die Debatte um den Offenen Theismus als drohende Gefahr eines evangelikalen *Megashifts* aufgefasst wurde, dem zügig und entschieden Einhalt geboten

---

16 SCHMID: Gott ist ein Abenteurer, 25.

17 Dem lässt sich gut Pinnocks Aussage zuordnen, dass der OT generell zur Absicht habe, den ohnehin schon vom Arminianismus eingeleiteten Schritt zur Überwindung klassischer Positionen fortzusetzen und weiterzutreiben: „Thus, the Arminian initiative, itself already an important revision in the conventional doctrine of God, is taken a step further by openness theism, in the direction, we think, of greater coherence." PINNOCK: Most Moved Mover, 13. Exemplarisch für ein Desiderat, das innerhalb der Tradition von Wesley und Arminius bestehe, benennt Pinnock deren Festhalten an den klassischen Kategorien der Unveränderlichkeit, Ewigkeit und Allwissenheit, *trotz* Betonung der menschlichen Freiheit. Inwiefern die Kompatibilität dieser Kategorien jedoch Modifikationen geradezu erzwingen, sollen die nachfolgenden Überlegungen dieses Kapitels jedoch erst noch erweisen. Nichtsdestoweniger benennt Pinnock hier ein durchaus treffendes Beispiel für die vom OT vorzunehmende Plausibilisierung und Kohärenzierung, vgl. auch PINNOCK: Most Moved Mover, 106.

werden müsse.[18] So lassen sich bereits zu dieser Zeit die *Ursprungsmotive auch der Kritik* am OT ausmachen, die sich vor allem im Vorwurf der Leugnung der Anbetungswürdigkeit, der Souveränität und Heiligkeit Gottes zusammenfassen lässt. In unterschiedlichen Formen wurde Kritik gegen den OT vorgebracht, die allerdings insofern eine Tendenz zur Generalisierung aufweist, als sie sich nicht auf den „festen Kern" des OT bezog, sondern grundsätzlich auf sämtliche Arminianer, die nicht in unmittelbarer inhaltlicher Nähe zum OT stehen müssen. Grob zusammenfassen lassen sich die Kritikpunkte in dem Vorwurf, der OT würde Gott und seine Macht schmälern:

> „As Ware's comments illustrate, the most vigorous objections to open theism arise from the perception that it lessens God's power and denies God's omniscience. Unless God's power is all-determining—unless God decides everything—opponents argue, God is less than what God could and should be."[19]

Der methodistischen Konfession, die eng mit dem Gedankengut von John Wesley verbunden ist, lag immer schon an einem fruchtbaren theologischen Disput, welcher insbesondere das Vorherwissen Gottes bedachte. So sind sich etwa die methodistischen Theologen John Miley und Joel Hayes darin einig, dass auch für Gott kein Wissen über zukünftige kontingente Ereignisse möglich ist – eine Auffassung, die eines der Kernmerkmale des Offenen Theismus darstellt.

Neben dem Methodismus des 19. Jahrhunderts sind auch andere Denkrichtungen als Quelle für den Offenen Theismus auszumachen, welche innerhalb der britischen Religionsphilosophie zu verorten sind. Die Philosophen Arthur Prior und Peter Geach vertraten mit unterschiedlichen Argumentationsstrategien die Auffassung, dass die Zukunft faktisch als „offen" zu denken ist. Neben Prior und Geach ist der Oxforder Philosoph John Lucas zu nennen, welcher u. a. die These vertritt, dass eine Willensfreiheit offene Zukunft notwendig voraussetzt, einen überzeitlichen und einen auch um die Zukunft wissenden Gott jedoch ausschließt. Viele Referenzen in den Werken der Offenen Theisten lassen den Schluss zu, dass sie in Kenntnis der Ansichten der Oxforder Schule hinsichtlich der Rede von der Zeitlichkeit Gottes gewesen sind.

Neben dem Ziel, das arminianische Gedankengut einer größeren Plausibilität zuzuführen, kann auch noch ein anderer Aspekt angeführt werden, der sich bereits auf die konkret zu verhandelnden Inhalte des calvinistisch-puritanischen

---

18   Zu den entschiedensten Kritikern des OT zählen etwa Bruce Ware, John Frame, John Piper, Norman Geisler und Al Mohler, die sich dem zu dieser Zeit sich formierenden Neo-Calvinismus zurechnen lassen. Bekannte Werke sind etwa WARE, Bruce: God's Lesser Glory. The Diminished God of Open Theism, Wheaton 2000 oder FRAME, John M.: No Other God. A Response to Open Theism, Phillipsburg 2001.

19   RICE: The Future of Open Theism, 59.

Evangelikalismus bezieht. In diesem Zusammenhang sind es insbesondere die Themen der Vorherbestimmung, des theologischen Determinismus und der Nicht-Affizierbarkeit Gottes, die „glaubenspraktische Implikationen"[20] bei manchen Vertretern des OT haben offenkundig werden lassen, die sie zu einer Ablehnung bzw. Revision derartiger Ansichten veranlassten.[21] Die in diesem Zusammenhang ausgetragene Debatte wurde lange Zeit in einem mehr als nur polemischen Ton geführt. Die Kritiker des OT bemühen teils bizarre Vergleiche zur Herabwürdigung seiner Ansichten. Vorgeworfen wurde eine Art vermeintlicher „Doppelmoral", da der OT die Neudeutungen nicht konsequent genug vornehme. Auch die denkerische Verwandtschaft mit der Prozesstheologie war Anlass zur Kritik. Es wird bereits unabhängig von der konkreten Argumentation des OT ein Generalverdacht über die Unzulänglichkeit dieser Position durch die Kritiker geäußert.

Nach dem historischen Abriss und der kurzen Andeutung, worin die angenommene „Offenheit Gottes" besteht, wie sie biblisch verankert ist und daher besondere Aufmerksamkeit erfährt, kann dazu übergegangen werden, in *systematisch-theologischer Perspektive den stark gemachten Freiheitsgedanken des Menschen zu beleuchten und dann seine Rolle bei der Neufassung der Eigenschaften Gottes nachzuzeichnen.*[22] Die (menschliche) Freiheit stellt in diesem Anliegen stets eine explizite oder implizite Voraussetzung dar, sodass ersichtlich werden wird, dass praktisch kein Thema, das mit der Beziehung zwischen Gott und Mensch zu tun hat, nicht von diesem Aspekt erfasst ist. So soll zunächst der vom Open Theism vorausgesetzte Freiheitsbegriff selbst expliziert werden, da von ihm ausgehend bestimmte Aussagen in der Gotteslehre zu machen sind.

Zuvor jedoch soll auf die für den OT zentrale These gewissermaßen als Zwischenschritt hingewiesen werden, dass die Verwendung griechisch-römischer Begriffskategorien aus der Philosophie die eigentliche Botschaft der Bibel, bzw. des Christentums verfälscht habe. Dadurch kann bereits dafür sensibilisiert werden, dass sich gemäß der Offenen Theisten bestimmte Ansichten des von ihnen so genannten „klassischen Theismus" etabliert haben, ohne einen Anhalt

---

20 SCHMID: Gott ist ein Abenteurer, 26. An dieser Stelle deutet sich auch der für den OT typische Zusammenhang zwischen theologischer Plausibilität der eigenen Ansichten und den damit verbundenen lebensnahen Konsequenzen an. Es ist seinen Vertretern ein explizites Anliegen, den Glauben in einem rational-missionarischen Sinn zu plausibilisieren, um ihn so zugänglich zu machen und den Menschen nahezubringen.

21 Besonders eindrücklich schildert John Sanders diese Erfahrung, wenn er vom Unfalltod seines Bruders berichtet und sich weigert, diesen als ewige und von Gott vorausbestimmte Wahrheit zu verstehen, vgl. SANDERS, John: The God Who Risks: A Theology of Divine Providence, Downers Grove ²2007, 12 f.

22 Da vor allem John Sanders und Clark Pinnock im Open Theism diese Aufgabe einer systematisch-theologischen Reflexion übernommen haben, wird die Darstellung sich zum Großteil auf ihre Werke stützen, vgl. SCHMID: Gott ist ein Abenteurer, 156.

in der Heiligen Schrift beanspruchen zu können. Diese Zwischenüberlegungen sind ein erster Schritt bei der Darstellung der genuin offen theistischen Position.

II.1.4 Die antike Philosophie als Last für den Open Theism

Wenn die Offenen Theisten die biblische Gottesrede zum heuristischen Zentrum ihrer Aussagen machen, stellt sich die Frage, warum die Ansichten des OT erst verhältnismäßig spät in den theologischen Diskurs eingebracht worden sind und nicht bereits zuvor eine solche Richtung vertreten wurde. Eine Antwort auf diese Frage kann damit gegeben werden, dass nach Ansicht der Offenen Theisten die von ihnen beanspruchten Bibelstellen im Lichte des griechisch-philosophischen Denkens interpretiert wurden. Die Botschaft(en) der Bibel seien demnach durch derartige Einflüsse verfremdet worden und hätten zumindest vereinzelt Vorstellungen hervorgebracht, die mit dem Gott der Bibel nichts (mehr) gemein haben und unvereinbar nebeneinander stünden: „These two ideals, the Hellenic and the biblical, cannot really be fused successfully. A decision needs to be made whether to go with one or the other, with the philosophers or with God's self-disclosure in Jesus Christ."[23] Demnach verfestigte sich im Gefolge des platonischen und aristotelischen Denkens eine Umdeutung, die den Gott der Bibel zu einem Gott metaphysischer Begriffe machte. Somit kann es nicht verwundern, dass die zunächst vor aller philosophischen Reflexion in der Bibel benannten Eigenschaften Gottes mit hellenistischen Vorstellungen verbunden wurden, die dann besonders unter der Prämisse der Absolutheit[24] Gottes standen und darum gerade den klassischen Vorstellungen seiner Allmacht und Allwissenheit Vorschub leisteten.

Auf die Frage, warum die vermeintlich aussagekräftigen biblischen Perikopen, die der OT für sich proklamiert, von seinen Gegnern als unzureichende Argumentationsgrundlage wahrgenommen werden, antworten die Offenen Theisten mit einem Anthropomorphismus-Vorwurf. Dieser sei ursächlich dafür, dass zentrale Aussagen im Sinne des OT nicht als Beleg für diese Position wahrgenommen werden und stattdessen als bloß uneigentliche und darum unzutreffende Rede über Gott abgetan werden.[25] Hier zeigt sich auch eine durchaus wertende Interpretation anthropomorpher Rede, die die Offenen Theisten ihren Kontrahenten unverhohlen vorwerfen, ungeachtet des Umstandes, dass jedwede

---

23   Pɪɴɴᴏᴄᴋ: Most Moved Mover, 7.
24   „Absolut" meint auch gerade das Gegenteil eines relationalen oder relativen Begriffs, sondern betont mehr das für sich oder in sich stehende, das „los-gelöste" vom anderen und definiert seine Größe sozusagen „ex sese". Vgl. hierzu Pɪɴɴᴏᴄᴋ: Most Moved Mover, 79 f.
25   Vgl. Sᴄʜᴍɪᴅ: Gott ist ein Abenteurer, 155.

Rede über Gott in gewisser Hinsicht anthropomorph sein *muss*, insofern sie in menschlichen Kategorien und sprachlichen Mustern getätigt wird. Zur Kompatibilität mit den klassischen Gottesvorstellungen auf der Grundlage griechischer Philosophie komme es gemäß der Offenen Theisten, weil

> „die Kategorie des Anthropomorphismus mit der Idee der *accomodatio Dei* auf ebenso eindrucksvolle wie verhängnisvolle Weise zu einer hermeneutischen Strategie [verknüpft wird; A. H.], mit deren Hilfe die prekären Bibeltexte theologisch entschärft und in den ‚klassischen', griechisch-philosophisch formatierten Gottesbegriff eingepasst werden können."[26]

Diese Anschuldigungen weisen die Kritiker des OT jedoch vehement zurück, dies zumeist auf pauschalisierende Weise und ohne auf eventuell vorhandene begriffliche Unterschiede der in Frage stehenden Inhalte und deren Voraussetzungen einzugehen. Demgegenüber nehmen praktisch alle Offenen Theisten das Vorhandensein eines die biblischen Schriften missdeutenden hellenistischen Einflusses auf das Denken der Kirchenväter an, was de facto auch nicht verwundern kann, war deren Lebenswelt doch stark vom griechischen Denken geprägt und führte darum beinahe unausweichlich zur Aufnahme dieser Kategorien in ihr Denken: „The early church fathers lived in the intellectual atmosphere where Greek philosophy (especially middle Platonism) dominated."[27] Neben Sanders schließen sich auch Pinnock und Boyd der Hellenisierungsthese[28] an, Pinnock

---

26 SCHMID: Gott ist ein Abenteurer, 92 f.
27 SANDERS, John: Historical Considerations, in: PINNOCK, Clark u.a. (Hgg.): The Openness of God. A Biblical Challenge to the Traditional Understanding of God, Downers Grove 1994, 59–100, 59. Auch die anderen Beitragenden dieses Werks stimmen dem zu, sodass die Hellenisierungsthese keineswegs nur im Teil der historischen Rückbetrachtung vorausgesetzt und bedacht ist, sondern scheinbar so einhellig von den Offenen Theisten zumindest zu einem kleinsten gemeinsamen Nenner vorausgesetzt ist, dass dessen Auswirkungen auch und erst recht in den Folgekapiteln des Bandes sichtbar erscheinen. Während Pinnock dort explizit und augenscheinlich entschieden darum bemüht ist, die vom Hellenismus hervorgerufenen Verzerrungen zu überwinden („I want to overcome any distortions caused by excessive Hellenization and allow biblical teaching to operate more normatively"), spricht William Hasker in eher allgemeiner Weise darüber, dass die damalige Philosophie durchaus dafür verantwortlich zu machen sei, den Gott der Heiligen Schrift „verdunkelt" zu haben, sie aber darum nun trotzdem dazu beitragen könne, mit neuen Inhalten an einer Wiederherstellung mitzuwirken. PINNOCK, Clark: Systematic Theology, in: PINNOCK, Clark u.a. (Hgg.): The Openness of God. A Biblical Challenge to the Traditional Understanding of God, Downers Grove 1994, 101–125, 101 und vgl. HASKER, William: A Philosophical Perspective, in: The Openness of God, 126–154, 126.
28 So die von Adolf von Harnack eingeführte zur Pauschalisierung tendierende Behauptung, dass die Kategorien des Hellenismus die Wahrheiten des Christentums insgesamt verdunkeln würden. Vgl. HARNACK, Adolf von: Die Entstehung der christlichen Theologie und des kirchlichen Dogmas, Gotha 1927, 78.

führt in seinem Werk „Most Moved Mover" in einem über fünfzigseitigen Abschnitt aus, wie der Hellenismus Einfluss nahm und wie die daraus anzustrebende Überwindung zugunsten der eigenen Position erfolgen kann:

> „We need to let God's own self-relevation dominate our thinking rather that what natural reason and tradition tell us that God must be like. Preunderstandings, preconceptions and control beliefs that are part of the biblical-classical synthesis threaten to control our interpretation of the Bible. That grip must be broken."[29]

Die Person des Augustinus kann als Beispiel für die Präsenz des neuplatonischen Einflusses gelten, während Thomas von Aquin diese Rolle für das Mittelalter einnimmt, indem er seine so wirkmächtige „Summa theologiae" verfasste und damit eine nachhaltig prägende Synthese philosophisch-theologischer Gedanken vorlegte. Das in ihr enthaltene metaphysische Denken des Aristoteles war es auch, das bis heute bestimmte Schwierigkeiten im theologischen Denken verursacht, wenn vom Unbewegten Beweger die Rede ist. Eine wie auch immer zu denkende Bewegung innerhalb der göttlichen Person oder auch ein jedwedes Werden scheint unter dieser Voraussetzung theoretisch unmöglich. Stattdessen aber erscheint Gott auf diese Weise als metaphysische Größe, dem bestimmte bis heute geltende Eigenschaften wie die der Unbeweglichkeit, Unveränderlichkeit oder auch Unaffizierbarkeit geradezu zukommen „müssen", da er im Rahmen antiker und mittelalterlicher philosophischer Konzepte nicht als beweglich gedacht werden kann oder darf.

Wichtig bei der Analyse der Rolle, die die Hellenisierungsthese im Denken der Offenen Theisten spielt, ist die differenzierte Betrachtung dessen, welche Schlüsse sie aus diesem Umstand ziehen. Eine pauschale Kritik oder Verabschiedung jedweden Gedankens, der sich aus dieser Kritik *speist*, findet sich nicht. Die Thesen in der Gotteslehre im OT sind darum auch nicht als bloße Komplementär-Konzepte derjenigen Position anzusehen, von der ihre Vertreter sich abgrenzen. Vielmehr ist, wie bereits angedeutet, von einer differenzierten Korrektur oder Kohärenzbemühung im Gottesbild auszugehen, die zwar oft mit Kritik am antik-hellenistischen Gedankengut einhergeht, ohne sie jedoch generell in Abrede zu stellen. Zu beachten ist in diesem Zusammenhang die Schwierigkeit der

---

29 PINNOCK: Most Moved Mover, 79. Vgl. auch ähnlich zugespitzt: PINNOCK: Most Moved Mover, 104: „It is a tragedy of Christian theology that, having begun with a revelation of the living God, our thinking should have turned away to notions of God that are alien to the original message. It is ironical that, having challenged metaphysical inertness and sheer power so effectively in the New Testament itself, theology should have so soon returned to these very errors."

Heterogenität des Begriffs „Hellenismus". So weist Pinnock darauf hin, dass die Tradition durchaus ihre Berechtigung habe und nicht ignoriert werden dürfe.

Die systematische Schnittstelle, die nun erreicht ist, besteht *einerseits* darin, dass die Offenen Theisten in unterschiedlicher Ausprägung einen Hellenismus überwinden wollen und seine Behandlung nun eine Art Abstoßpunkt dargestellt hat, der nun umgekehrt das Negativkriterium für die Neudeutung des OT offengelegt hat. *Andererseits* ist in mehr konkreter Hinsicht indirekt ein Argument dafür vorgelegt, inwiefern die griechische Philosophie die klassischen Gottesprädikate geradezu evoziert und dass umgekehrt eine Revision in der Gotteslehre zumindest teilweise mit einer Verabschiedung der ihr zugrundeliegenden klassischen Philosophie einhergehen müsse. Die Ausführungen dieses kurzen Abschnittes haben die Berechtigung ihrer Erwähnung an dieser Stelle daher, dass sie sozusagen pars-pro-toto die Kontrastfolie dessen gezeichnet haben, was nun im folgenden Abschnitt Thema sein wird: Das von den Offenen Theisten präferierte Modell wird im Sinne einer offenen und dynamischen Beziehung zwischen Gott und Mensch verstanden, das ihrer Ansicht nach weit besser den eigenen Ansprüchen eines biblischen Gottesbildes gerecht werde:

> „In order to bring out the truth of God's rule over the world, the dynamic character of his nature and the openness of his loving relationships more effectively, myself and some colleagues offered the ‚openness of God' model, so-called because it was an appealing and unused term. In it we portrayed God as a triune communion who seeks relationships of love with human beings, having bestowed opon them genuine freedom for this purpose."[30]

Entgegen den klassischen Auffassungen, die – so die Offenen Theisten – Gott als „unnahbar" deklarieren, sei dieser vielmehr in modernen Kategorien zu denken, bei denen die *Freiheit* die zentrale Stellung einnimmt. Diese Spur nimmt das sich anschließende Unterkapitel auf, was den für den OT typischen libertarischen Freiheitsbegriff und die damit verbundene Personalität Gottes beleuchtet.

II.2 Implikate einer freiheitlich-personalen Beziehung mit Gott

Die Behandlung der Freiheitsthematik ist innerhalb einer theologischen Dissertation, die den Open Theism behandelt, von zentraler Bedeutung. Freiheit zu haben, ist conditio sine qua non bei der Rede von Liebe in der Beziehung zwischen Gott und Mensch. Ohnehin ist in grundsätzlicher Hinsicht Freiheit nach christlicher Vorstellung ein bedeutungsträchtiger Begriff. Die Frage nach

---

30 Pinnock: Most Moved Mover, 3.

der Willensfreiheit des Menschen hat ökumenische Relevanz. Die römisch-katholische Theologie neigt zur Verteidigung wahrer Freiheit des Menschen trotz seiner Sündigkeit. Die Fähigkeit zur Sünde und die Einsicht in das Getane, wie umgekehrt die Reue und Buße lassen sich nur konsistent denken, wenn sie unter freiheitlichen Vorzeichen verstanden werden. Das reflexive Antizipieren von Handlungsergebnissen und das zumindest gelegentlich vorhandene Gegebensein von Alternativen[31] lässt auf eine *moralische Verantwortung* des Menschen schließen, was wiederum für den christlichen Glauben relevant ist, setzt er doch Werte voraus, die das Verhältnis zu Mitmenschen und zu sich selbst handlungswirksam werden lassen sollen.

Noch grundsätzlicher darf das Vorhandensein von Freiheit angenommen werden, wenn sie auch unabhängig vom theologischen Denken vorausgesetzt wird: In den letzten Jahren wurde in der wissenschaftlichen Diskussion besprochen, dass im Falle der möglichen Preisgabe der Freiheit die Konsequenzen für den Bereich der Moralität und damit auch des Rechts gezogen werden sollen: Ohne Freiheit keine Verwerflichkeit, ohne Verwerflichkeit keine Strafe.[32] Verantwortlichkeit kann nur prädiziert werden, wenn jemand Macht über das hatte oder hat, was ein Ereignis eintreten lässt oder nicht.[33] Wird aber an der Wirklichkeit oder zumindest der Möglichkeit der Freiheit festgehalten – und gerade das *Gegebensein* von Recht und Gesetzen wie auch andere Aspekte des gesellschaftlichen Lebens scheinen dies vorauszusetzen – stellt sich die Frage, wie ihr „Sitz im Leben" des Menschen im Sinne einer Vergewisserung beschrieben werden kann. Ein oft anzutreffender Zugang zu dieser Frage kann im Modus der Selbstwahrnehmung ausgemacht werden: Oft scheint es der Fall zu sein, dass man sich bei einer vergangenen Freiheitsentscheidung dazu in der Lage fühlte, eine andere Handlungsoption hätte wählen zu können, was natürlich zur Voraussetzung hätte haben müssen, dass es diese Möglichkeit tatsächlich gegeben hat. Hier begegnet ein erster äußerst zentraler Aspekt menschlicher Freiheit: Ihr Vorhandensein erfordert bestimmte ontologische Gegebenheiten, anders formuliert: Die Auffassung darüber, ob und welche Konzeption von Freiheit vorausgesetzt wird, impliziert auch bestimmte philosophische Vorannahmen.[34] Diese wiederum können jedoch nicht die Möglichkeit bieten, deduktiv[35] das Vorhandensein von Freiheit

---

31   Vgl. die Ausführungen in Kapitel II.2.1.1
32   Häufig wird im Falle der Bestreitung der Freiheit auf die daraus zu ziehenden Konsequenzen hingewiesen. Die Abschaffung eines Strafrechtssystems ist ein oft gewähltes Beispiel.
33   Vgl. GRÖSSL: Freiheit als Risiko Gottes, 48 f.
34   Vgl. KREINER, Armin: Das wahre Antlitz Gottes – oder was wir meinen, wenn wir Gott sagen, Freiburg i. Br. 2006, 344.
35   Deduktiv herleitbar wäre Freiheit dann, „wenn sie aufgrund konkreter Ausgangsbedingungen und allgemeiner Gesetzmäßigkeiten so und nicht anders erfolgen mußte, wobei

zu *beweisen*, was nämlich der intuitiv plausiblen Annahme der zur Willensfreiheit dazugehörigen Offenheit der Ereignisse entgegen stehen würde: Eine starke Konzeption von Willensfreiheit würde voraussetzen, dass nicht festgelegt ist, wie ein Mensch in einer bestimmten Situation tatsächlich handelt.[36] Eine Beweisbarkeit von Willensfreiheit ist damit aufgrund der Linearität des zeitlichen Verlaufs der Welt jedoch unmöglich: Das Zustandebringen von (identischen) Bedingungen zu Beweiszwecken der Willensfreiheit, um damit die vorangegangene These zu verifizieren, ist undenkbar. Damit aber kann bestenfalls ihr *Vorhandensein verteidigt werden*, indem etwa Gründe dafür angegeben werden können, warum die Widerlegung der Willensfreiheit nicht zulässig sei.

Seinen Willen dagegen auf etwas zu richten, ihm einen Inhalt geben zu können, der nicht (nur) von externen, der Person verschiedenen Faktoren hervorgerufen wird, könnte dabei als *positive* Bestimmung der Willensfreiheit fungieren. Im Wörterbuch theologischer Grundbegriffe wird „Freiheit" daher so bestimmt:

> „Das Wort ‚Freiheit' bezeichnet im alltagssprachlichen Gebrauch die Möglichkeit, ohne äußere Hindernisse zwischen unterschiedlichen Möglichkeiten wählen und auf Basis der so getroffenen Entscheidung handeln zu können. (...) In einem umfassenderen Sinn bedeutet ‚Freiheit' die grundlegende Wesenseigenschaft des Menschen, unabhängig von seiner Eingebundenheit in die Gesetze der Natur, sein Denken und Handeln selbst zu bestimmen."[37]

Ein erster Zugang zum Begriff der Freiheit wurde so zu erreichen versucht und einige zentrale Aspekte angedeutet. Es ist aber eine bestimmte Form der Freiheit, die die Offenen Theisten beanspruchen und dessen Begriff nun weiterer Erläuterung bedarf. Zudem sollen die angesprochenen Implikate weiter ausgeführt werden.

---

die Frage nach der faktischen Erkennbarkeit bzw. Berechenbarkeit der Entscheidungen zweitrangig ist." Vgl. KREINER, Armin: Gott im Leid. zur Stichhaltigkeit der Theodizee-Argumente, Freiburg i. Br. 1997, 216.

36 Vgl. STOSCH, Klaus von: Theodizee, Paderborn 2013, 94: „Das Wesen von Freiheit kann *per definitionem* nicht so bestimmt sein, dass der Ausgang ihrer Selbstbestimmung sichergestellt ist."

37 BAAB, Florian: „Freiheit", in: DÜRNBERGER, Martin / DOCKTER, Cornelia / LANGENFELD, Aaron (Hgg.): Theologische Grundbegriffe. Ein Handbuch, Paderborn 2021, 62f, 62. Vgl. auch SCHMELTER: Gottes Handeln und die Risikologik der Liebe, 76: „Als frei kann darum ein solcher Mensch bezeichnet werden, der sein Leben insofern selber in der Hand hat, als er es gemäß seinem eigenen Willen gestalten kann."

II.2.1 Der libertarische Freiheitsbegriff[38] – und eine besondere Akzentsetzung

Die Vertreter des Open Theism setzen einen *libertarischen*[39] Freiheitsbegriff für ihre Konzeption voraus: „God, in sovereign freedom, decided not to tightly control human affairs by exercising general providence and granting us libertarian freedom (the ability to do otherwise than we did even in the same circumstances)"[40]. Dieses Freiheitsverständnis sei gewissermaßen die conditio sine qua non dafür, dass der von ihnen so stark gemachte Aspekt der realen Beziehung zu Gott gedacht werden kann. Denn nur dann, wenn ich im Sinne libertarischer Freiheit frei dafür bin, mich für oder gegen eine Beziehung zu Gott zu entscheiden, kann diese auch als *authentische* Beziehung der Liebe verstanden werden. Aus diesem Grund ist eine eingehende Klärung auch der Implikate dieses Begriffs erforderlich, um die Ansichten des OT angemessen nachvollziehen zu können. Von Stosch wählt zunächst folgende treffende Bezeichnung:

> „Libertarier gehen also davon aus, dass es freie Entscheidungen des Menschen gibt, die durch den genetischen Code, die Erziehung des Menschen und alle äußeren Umstände einer Entscheidung *nicht* [Hervorhebung: A.H.] vorherbestimmt sind. In der Sicht des Libertarismus ist der Mensch also erst im eigentlichen Sinne frei, wenn er nicht nur tun kann, was er will, sondern wenn er auch wollen kann, was er will."[41]

Wäre hingegen Freiheit bereits dann gegeben, wenn der Mensch nur tun kann, was er will, lässt sich von *kompatibilistischer* Freiheit sprechen, die eine Vereinbarkeit von Freiheit mit der kausalen Geschlossenheit des Weltenverlaufs annimmt – etwa im Sinne eines Determinismus oder Fatalismus.[42] Würde man auf dieser Basis eine Gottesbeziehung akzeptieren, müsste aber gelten, dass Freiheit

---

38 Da der libertarische Freiheitsbegriff in der Sekundärliteratur oft genauer und anschaulicher erläutert wird als in den Werken der Offenen Theisten selbst, wird in den Literaturangaben auf die entsprechenden Werke rekurriert. Hier ist insbesondere die von Johannes Grössl vorgenommene Erschließungsarbeit der philosophischen Implikate der Ansichten des OT hervorzuheben.

39 Vgl. etwa auch PINNOCK: Most Moved Mover, 127.

40 SANDERS: The God Who Risks, 198; vgl. RICE: The Future of Open Theism, 7. Grundsätzlich hält Derek Pereboom fest, dass die libertarische Position neuerdings nicht nur in der christlichen, sondern insgesamt in den monotheistischen Religionen zu finden sei, vgl. PEREBOOM, Derek: Theological Determinism and the Relationship with God, in: McCANN, Hugh (ed.): Free Will and Classical Theism. The Significance of Freedom in Perfect Being Theology, New York 2017, 201–219, 201.

41 STOSCH: Theodizee, 70; vgl. KREINER: Gott im Leid, 215.

42 Vgl. GRÖSSL: Freiheit als Risiko Gottes, 63.

bereits dann in einem belastbaren Sinn ausreichend wäre, wenn sie als bloße *Handlungsfreiheit* interpretiert wird, d.h. Gott den Menschen nicht zwingt.[43] „Eine freie Person wäre demnach eine Person, die sowohl die Handlung a als auch die Handlung b ausüben kann, weil sie nicht durch Zwang an der Ausübung von a oder b gehindert wird."[44] Eine echte Möglichkeit für oder gegen die *Wahl* der Gottesbeziehung besteht in diesem Fall jedoch nicht, da der Begriff der Handlungsfreiheit sie nicht in einem starken Sinn begrifflich zu erfassen vermag: Freiheit sei bereits dann gegeben, wenn man tun kann, was man will. Eine kausale Determinierung steht zu dieser Auffassung nicht im Widerspruch. Die Extremform dieser kausalen Konzeption lässt sich darum als *Determinismus* begreifen, insofern determiniert ist, dass eine kausale Ursache im Weltenverlauf ausreichende Bedingung für die weiteren Zustände der nachfolgenden Ereignisse ist.

„Wenn der universale Determinismus wahr wäre, wäre der Weltlauf ein für alle Mal festgelegt. Es gäbe an jedem Punkt nur eine einzige Möglichkeit des Weiterverlaufs. Wie sollte es in einer solchen Welt etwas für uns zu entscheiden geben? Das Vermögen der freien Entscheidung wäre eine Selbsttäuschung oder eine *Façon de parler*. Die Zukunft wäre kein offener Raum von Möglichkeiten, sondern durch vergangene Zustände und Naturgesetze alternativlos festgelegt."[45]

Zwar hätte Gott auch eine deterministisch festgelegte Welt erschaffen können. Entgegen einem kausal geschlossenen oder determinierten Weltbild, das keinen Raum für Freiheit denkbar sein lässt, meint libertarische Willensfreiheit aber, dass Menschen in der Lage sind, Entscheidungen und Handlungen *selbst* hervorzubringen. Mit dieser letztgenannten Behauptung muss aber zugleich ein Indeterminismus vorausgesetzt werden, wenn Freiheit möglich sein soll: „In jedem Fall lautet die These des Libertariers nicht, dass Freiheit im Nichtdeterminiertsein *besteht*, sondern dass sie es *erfordert*. Indeterminismus ist keine positive Erläuterung von ‚freie Entscheidung', sondern er ist nur für das *Nihil obstat* zuständig."[46] Somit ergibt sich, dass sich eine Beziehung im *kompatibilistischen* Sinne aber gar nicht als solche ausbuchstabieren ließe, ist das Gegenüber Gottes doch gar nicht mit dem ausgestattet, was der Begriff der libertarischen Freiheit beinhaltet, um echte Liebe denken zu können. Theologisch gewendet scheint die

---

43 Vgl. STOSCH, Klaus von: Gott – Macht – Geschichte. Versuch einer theodizeesensiblen Rede vom Handeln Gottes in der Welt, Freiburg 2006, 234.

44 STOSCH: Gott – Macht – Geschichte, 237.

45 KEIL, Geert: Willensfreiheit, Berlin / Boston ³2017, 11.

46 KEIL: Willensfreiheit, 137.

freie Annahme oder Verweigerung der Gottesbeziehung, auf die der OT viel Wert
legt, doch prima facie eine Bedingung von echter Liebe zu sein.

Mit dieser für den OT typischen Annahme freier Ablehnung oder Verweigerung der Gottesbeziehung ist allerdings nicht der einzige Aspekt angesprochen,
der neben anderen zum Begriff libertarischer Freiheit dazugehört und darum
systematischer Erläuterung bedarf. Die libertarische Freiheit in o. g. Version
sichert mit ihrer Formulierung wie gesehen die Annahme, dass ein Mensch
unter *gleichen* Bedingungen anders hätte handeln können.[47] Die nachfolgenden
Ausführungen explizieren darum diesen und zwei weitere bereits angedeutete
Implikate des libertarischen Freiheitsbegriffs und tragen so dem Umstand Rechnung, den freiheitstheoretischen Ausgangspunkt des OT weiter zu verdeutlichen.

> „Von libertarischen Positionen wird gewöhnlich verlangt, dass sie alle drei
> Komponenten in einer starken Form als zur Willensfreiheit gehörig vertei-
> digt. Denn für Libertarier ist eine Person nur dann frei, wenn sie unter iden-
> tischen Bedingungen auch hätte anders handeln können, die Entscheidung
> zugleich aus verständlichen Gründen erfolgt und die handelnde Person selbst
> Ursprung der Entscheidung ist."[48]

Mit diesen Andeutungen ist übergeleitet zu der nun anstehenden Aufgabe, die
notwendigen Implikate des auch für den OT zentralen Freiheitsbegriffs vorzustellen. Wie sind die erwähnten Aspekte dem Begriff libertarischer Freiheit
zuzuordnen?

II.2.1.1 Die Voraussetzung des Anderskönnens

Zwar ist die Fähigkeit zum Anderskönnen intuitiv plausibel, jedoch keineswegs
fraglos vorauszusetzen und sogar die umstrittenste der hier vorgestellten Komponenten, sodass nachfolgend auch ein wichtiger Einwand gegen diesen Aspekt
des Libertarismus referiert werden soll. Gleichwohl stellt das Anderskönnen so
etwas wie eine Minimalbedingung für Freiheit dar, insofern ohne sie das freie
Wählen einer bestimmten Handlung unter mehreren Alternativen undenkbar
bleibt, was das Anderskönnen zu einer notwendigen Bedingung von Freiheit
erhebt. Die Existenz der Willensfreiheit scheint zu implizieren, dass auch bei

---

47 Während Geert Keil unter libertarischer Freiheit vor allem einen fähigkeitsbasierten
   Freiheitsbegriff versteht, setzt Grössl einen „restriktiven" Libertarismus voraus, vgl.
   KEIL, Geert: Besteht libertarische Freiheit darin, beste Gründe in den Wind zu schlagen?
   in: STOSCH, Klaus von / WENDEL, Saskia / BREUL, Martin / LANGENFELD, Aaron (Hgg.):
   Streit um die Freiheit. Philosophische und theologische Perspektiven, Paderborn 2019,
   23 – 39, 23; vgl. GRÖSSL: Freiheit als Risiko Gottes, 229 f.
48 STOSCH: Gott – Macht – Geschichte, 236.

jeder noch so alltäglichen Handlung stets die Möglichkeit einer Alternative offen gestanden haben müsste. Diese Annahme argumentiert jedoch aus der Perspektive der Selbstwahrnehmung, die nicht mehr im Objektbereich der Wirklichkeit liegt und darum argumentativ angreifbar ist.[49]

Ungeachtet dessen, wie man hier plädieren würde, ist jedoch die theoretische Forderung nach der „Komponente des Anderskönnens die Minimalvoraussetzung" dafür, „um überhaupt eine Handlung sinnvollerweise als frei charakterisieren zu können."[50] Demnach muss das Anderskönnen so gedacht werden, dass eine reale Möglichkeit gegeben ist, sich in derselben Situation auch anders verhalten zu können oder auch die Handlung gar nicht erst stattfinden lassen zu müssen:

> „Anderskönnen unter gegebenen Bedingungen impliziert, dass zu keinem Zeitpunkt vor dem tatsächlichen Handlungsbeginn feststeht, ob die Handlung stattfinden wird. In kausaler Terminologie: Es gibt vor Handlungsbeginn keine kausal hinreichenden Bedingungen für das Stattfinden der Handlung. Der Person ist es stets noch möglich, die Handlung zu unterlassen, weiterzuüberlegen und sich umzuentscheiden."[51]

Die Voraussetzung des Anderskönnens löst also die These ein, dass eine bestimmte Offenheit der Zukunft, genauer: dass eine nicht-Determination des Weltenverlaufs in dem Sinne gelten müsse, dass mindestens stets mehr als *eine* Möglichkeit des tatsächlichen Verlaufs hätte offenstehen müssen, weshalb die libertarische Freiheit auch als *„two-way-power"*[52] bezeichnet wird.

Die Frage, ob das Vermögen des Anderskönnens nur unter libertarischen oder auch hinreichend unter kompatibilistischen Vorzeichen gesichert sei, kann unter Zuhilfenahme eines Gedankenexperiments beantwortet werden, das Klaus von Stosch mit dem Szenario einer Elfmetersituation im Fußball beschreibt, bei dem der Spieler kein Tor erzielt. Ein Kompatibilist könnte argumentieren, dass der Satz „(A) Eine Person hätte anders handeln können [dann; A. H.] richtig inter-

---

49 So steht Armin Kreiner diesem Aspekt verhalten positiv gegenüber: KREINER: Gott im Leid, 243: „Als Gegeneinwand dürfte in erster Linie der Rekurs auf die Selbstwahrnehmung in Frage kommen, d. h. der Rekurs auf den wahrgenommenen Unterschied zwischen Handlungen, zu denen wir uns irgendwie genötigt oder gezwungen fühlten, und Entscheidungen, bei denen wir das Gefühl oder den Eindruck hatten, ohne weiteres auch anders wählen zu können und möglicherweise auch zu sollen. Dieses Zeugnis der Selbstwahrnehmung ist zwar keineswegs untrüglich, aber das vermutlich nach wie vor stärkste Indiz für die Existenz der Willensfreiheit." In dieser Frage jedoch ist von Stosch skeptischer, vgl. STOSCH: Gott – Macht – Geschichte, 246.

50 SCHMELTER: Gottes Handeln und die Risikologik der Liebe, 81.

51 KEIL: Willensfreiheit, 110.

52 KEIL: Besteht libertarische Freiheit darin, beste Gründe in den Wind zu schlagen?, 23.

pretiert wird, wenn er folgende konditionale Form erhält: (K) Eine Person hätte anders gehandelt, wenn sie anders gewollt hätte"[53]. Bezogen auf das Sportbeispiel ergibt sich, dass der Kompatibilist Freiheit dann als ausreichend voraussetzen würde (die man an dieser Stelle als Handlungsfreiheit bzw. Freiheit als Abwesenheit von Zwang definieren kann), wenn der Spieler sich zu etwas anderem als der de facto getroffenen Entscheidung entschieden hätte, z. B. den Ball in eine andere Richtung zu schießen, den Elfmeter auf andere Art zu verwandeln oder ein Treffer durch die für den Schützen günstigen Bedingungen des Spielfeldes erzielt worden wäre – das „hätte natürlich der Fall sein können, aber selbst bei den Verhältnissen, wie sie nun einmal waren, hätte er treffen können."[54] Darum muss vorausgesetzt werden, dass der Schütze auch genau in der *beschriebenen* Situation die Freiheit hätte besitzen müssen, den Elfmeter zu verwandeln. Libertarische Freiheit meint darum, nicht nur in anderen, sondern auch in *gleichen* Situationen anders handeln zu können:

> „And it seems that a theory that is workable for a free will defender or for a free will theodicist must interpret these abilities to do otherwise *not* in a conditional sense—that is, not in the sense that the agent would have done otherwise had some condition been different (for instance, had she had different values, or had she wanted to do otherwise, or had the natural laws been different)—but instead in a categorical sense: the agent must be able to do otherwise given exactly how she is at the time of (directly) free action, and given exactly what has come before, and given the laws of nature just as they are."[55]

Es reicht nicht aus, die Komponente des Anderskönnens bereits dann als gesichert zu unterstellen, wenn man sie im Sinne der Abhängigkeit von Konditionen begreift. Denn das würde bedeuten, dass der Spieler nur in anderen Situationen anders hätte handeln können, bzw. dass der Elfmeter verwandelt worden wäre,

---

53 STOSCH: Gott – Macht – Geschichte, 237. Vgl. KEIL: Willensfreiheit, 14: „Die Auffassung, dass eine wünschenswerte Art von Willensfreiheit die Fähigkeit der vernünftigen Willensbildung und -umsetzung einschließt, wird sowohl von Kompatibilisten als auch von Libertariern vertreten. Uneins sind beide Lager über die Frage, ob diese Fähigkeit das Bestehen alternativer Möglichkeiten erfordert, ob sie also durch den Determinismus angetastet würde oder nicht. Ein zentraler Streitpunkt ist hier das Verständnis von *Können* und *Anderskönnen*. Von Moore ist ein anspruchsloser Begriff des Anderskönnens vorgeschlagen worden, dem zufolge ‚Er hätte anders handeln können' nichts anderes bedeutet als ‚Er hätte anders gehandelt, wenn er sich anders entschieden hätte'. Diese sogenannte *konditionale Analyse des Könnens* ist mit dem Determinismus vereinbar. Allerdings ist sie schwerwiegenden Einwänden ausgesetzt".
54 STOSCH: Gott – Macht – Geschichte, 237.
55 EKSTROM, Laura: God, Suffering, and the Value of Free Will, Oxford 2021, 42 f.

hätte der Schütze sich anders entschieden. Willensfreiheit ist aber nicht schon dann gegeben, wenn Anderskönnen so interpretiert wird, dass man *anders gewollt* hätte. Wäre hingegen diese Interpretation gültig, wäre Handlungsfreiheit völlig ausreichend, um sinnvollerweise von Freiheit sprechen zu können. Hier zeigt sich, warum diese Position als „kompatibilistisch" zu kennzeichnen ist: Sie ist deswegen mit einem determinierten Weltbild vereinbar, weil der Determinismus die Handlungsfreiheit nicht aufhebt: „Eine Handlung kann durch welche Ursachen auch immer determiniert sein, frei ist sie, wenn der Handelnde so handeln kann, wie er handeln will."[56]

Dass dies jedoch nicht der Fall ist und darum die Handlungsfreiheit durch die Willensfreiheit ergänzt werden muss, tritt klar zutage, wenn man sich bestimmte Personengruppen vergegenwärtigt, bei denen nur die Handlungsfreiheit zutrifft, wie Drogenabhängige oder Menschen mit bestimmten Formen psychischer Erkrankungen.[57] Auch bei ihnen kann Handlungsfreiheit prädiziert werden, da widerspruchsfrei formuliert werden kann, dass sie anders handeln könnten, wenn sie anders gewollt hätten. Es ist hier aber begrifflich nicht ausreichend, um sinnvollerweise Freiheit in einem empathischen Sinn fassen zu können. Dies wird unter der Voraussetzung des libertarischen Freiheitsbegriffs offenkundig:

„Auch für Zwangsneurotiker oder Suchtkranke trifft zu, dass sie anders handeln könnten, wenn sie dies wollten. Dennoch ist ein zwanghaftes oder suchtkrankes Verhalten nicht frei, und zwar offenbar deshalb nicht, weil

---

56 Kreiner: Antlitz Gottes, 356. Vgl. zum Zusammenhang von Kompatibilismus und Determinismus auch Kane, Robert: The Intelligibility and Significance of a Traditional Libertarian Free Will in the Context of Modern Science and Secular Learning, in: Stosch, Klaus von / Wendel, Saskia / Breul, Martin / Langenfeld, Aaron (Hgg.): Streit um die Freiheit. Philosophische und theologische Perspektiven, Paderborn 2019, 5–21, 9.

57 Vgl. Schmelter: Gottes Handeln und die Risikologik der Liebe, 83–87, Anm. 189–202. Schmelter macht an diesen Stellen auf sehr eindringliche Weise auf die Folgen für die genannten Personengruppen aufmerksam. Sein eigentlicher Verdienst in diesem Zusammenhang besteht aber darin, dass er zurecht auf die *„Schnittmengen" oder den unterschiedlichen Grad an Handlungs- und Willensfreiheit* bei diesen Personengruppen hinweist und es womöglich nicht schon damit getan ist, lediglich das *idealtypische* bloße Vorhandensein beider Aspekte vorauszusetzen, was Schmelter am Beispiel des Suchtkranken deutlich macht, der entgegen des bisher erweckten Eindrucks durchaus in den Zustand versetzt sein kann, seinen Willen darauf zu richten, sich kein Rauschgift mehr zu zuzuführen, jedoch an der letztlichen Umsetzung dieses Willens scheitern kann, sodass gleichwohl die vorausgesetzte Differenzierung zwischen Handlungsfreiheit und die für die libertarische Position zwingend erforderliche Ergänzung des „Anderskönnens" gültig bleibt: „Bis zu solch nahezu totaler Destruktion der Persönlichkeit mitsamt deren eigenem Willen gilt jedoch auch für einen Suchtkranken, dass er sehr wohl wollen kann, was er wollen will, obschon er möglicherweise nicht (mehr) dazu imstande ist, zu *tun*, was er will." Schmelter: Gottes Handeln und die Risikologik der Liebe, 87. Vgl. ähnlich auch Keil: Besteht libertarische Freiheit darin, beste Gründe in den Wind zu schlagen?, 31.

die Betroffenen unter den gleichen Bedingungen eben nicht anders handeln können."[58]

In Entsprechung zur oben genannten Formalisierung muss also durch die Zusatzannahme sichergestellt werden, dass „die Person auch anders hätte wollen oder wählen können."[59] Erst so ist ein libertarischer Freiheitsbegriff erreicht, der die Handlungsfreiheit und die Willensfreiheit zusammendenkt und darum die erwähnten Probleme umgeht.

Das Anderskönnen impliziert logischerweise das Vorhandensein alternativer Möglichkeiten. Während der vorausgesetzte Begriff libertarischer Freiheit zwar zunächst eine einzelne Handlung meint, die unter den gleichen Bedingungen auch anders hätte gewählt werden können, ist mit dem Prinzip des Anderskönnens bzw. dem Prinzip alternativer Möglichkeiten auch ein Aspekt von Willensfreiheit angesprochen, der eher *prozessualen* Charakter hat. Prominent sind in diesem Zusammenhang die auf Robert Kane zurückgehenden „self-forming actions"[60], die das Vermögen bezeichnen, dass Freiheitsentscheidungen den Charakter einer Person bzw. zukünftige Freiheitsentscheidungen formen können: „Free will is not just about free action, though it involves free action. It is about *self-formation*, about the formation of our 'wills' or how we got to be the kinds of persons we are with the characters, motives and purposes we now have."[61] Einzelne Freiheitsentscheidungen sind also sozusagen mehr als die Summe ihrer Teile: Sie sind auch das Ergebnis dessen, was eine Person sich in vorangegangenen Handlungen zur (freiheitlichen) Grundlage für nachfolgende Entscheidungen gemacht hat. Diese Grundlage kann z. B. der Wunsch sein, seine Handlungen in einer positiven oder negativen Hinsicht aufzulösen: Wenn der Träger einer Freiheitsentscheidung in einzelnen Situationen sich für eine bestimmte Handlung entschieden hat, ist es wahrscheinlich, dass er in einer ähnlichen Situation erneut so entscheidet. Wichtig für das korrekte Verständnis dieser subjektformenden Handlungen ist aber die Annahme, auch mögliche unfreie Handlungen nicht gegen das grundsätzlich unabhängig davon geltende Prinzip des Anderskönnens und -wollens auszuspielen: „Abermals gilt also auch hier, dass Freiheit grundsätzlich und auf lange Sicht mit dem Element des Anderskönnens verwoben ist, aktual aber auch eine Handlung ohne alternative Handlungsoption als frei gekennzeichnet werden kann."[62]

Mit ausgesagt ist mit diesem Prinzip auch, dass Freiheit nicht auf einzelne Handlungen beschränkt sein muss. Eine Person, die etwa nicht mit Geld umge-

---

58 KREINER: Antlitz Gottes, 356.
59 STOSCH: Gott – Macht – Geschichte, 238. Vgl. auch KEIL: Willensfreiheit, 109.
60 Vgl. KANE: Robert: The Significance of Free Will, New York / Oxford 1996, 124 f.
61 KANE: Traditional Libertarian Free Will, 8.
62 STOSCH: Gott – Macht – Geschichte, 242.

hen kann, weil sie unter einer Kaufsucht leidet, könnte zwar beim Spaziergang durch die Innenstadt ihrer Sucht leicht erlegen sein. Trotzdem könnte sie beispielsweise im Wissen darum, dass sie Geld bei diesem Spaziergang ausgeben wird, ihre Geldbörse zuhause lassen oder auch grundsätzlich ihre Finanzen durch eine Person mit höherer finanzieller Verantwortung verwalten lassen.

„Betrachtet man die Freiheit eines Menschen also nicht als einmaliges Ereignis, sondern in einer langfristigen Perspektive [sic!] ist das Element alternativer Möglichkeiten für die Zuschreibung von Freiheit unverzichtbar. Ja, betont man statt der alternativen Handlungsmöglichkeiten das Moment sich so oder anders zu bestimmten Verhältnissen einstellen zu können, wird deutlich, dass es sich beim Moment des Anderskönnens um eine elementare Komponente menschlicher Willensfreiheit handelt, die auch bei noch so starker Einschränkung der Handlungsfreiheit nicht eliminiert werden kann."[63]

Gegen die Behauptung, dass der vom OT vorausgesetzte Libertarismus alternative Möglichkeiten einschließen müsse, wird häufig der von Harry Frankfurt geltend gemachte Einwand vorgebracht, dass auch eine Handlung, die de facto keine Alternativen denkbar sein ließ, Freiheit bzw. Verantwortlichkeit nichtsdestoweniger bleibend vorausgesetzt sein lassen kann. Er illustriert diese Ansicht ebenfalls anhand eines Gedankenexperimentes, in welchem ein Neurochirurg namens Black einer Person namens Jones ein Implantat ins Gehirn einpflanzt, welches Jones dazu bringen kann, gemäß Blacks Willen zu handeln. Sollte Jones sich dagegen weigern, würde das Implantat aber die entsprechende Tat auslösen. Damit aber hat die Person de facto keine Möglichkeit, anders als Black es will zu handeln – entweder entscheidet sich die Person frei zur gewollten Tat oder mithilfe des Implantats. Entscheidend sei nach Frankfurt nun, dass Jones auch dann für die Tat verantwortlich zu machen sei, wenn Jones (wie im Beispiel) keine faktische Möglichkeit besaß, sich dem Willen von Black zu widersetzen. Das aber würde darauf hinauslaufen, dass das Prinzip alternativer Möglichkeiten eben nicht zwangsläufig Bestandteil eines Freiheitsbegriffs sein müsse[64], denn warum sollte man der Person im Gedankenexperiment die Freiheit, bzw.

---

63 STOSCH: Gott – Macht – Geschichte, 243. Für Kane ist die Behauptung der freiheitlichen self-forming-actions das stärkste Argument für die Ablehnung eines Determinismus: „This is so because determinism implies that given the conditions of the universe at any time, including all the conditions of your self *and your existing will*, there is only one causally possible future." (Vgl. KANE: Traditional Libertarian Free Will, 9). Zum Zusammenhang zwischen Indeterminismus, self-forming-actions (SFA) und den neuronalen Bedingungen vgl. KANE: Traditional Libertarian Free Will, 13 – 17.
64 Vgl. KEIL: Willensfreiheit, 81: „Damit sei gezeigt, dass moralische Verantwortlichkeit keine alternativen Möglichkeiten erfordert."

Verantwortung absprechen, nur weil sie keine Alternativen in ihrem Handeln besaß?: „This, then, is why the principle of alternate possibilities is mistaken. It asserts that a person bears no moral responsibility-that is, he is to be excused-for having performed an action if there were circumstances that made it impossible for him to avoid performing it."[65] Diesem Einwand kann allerdings entgegnet werden, dass gerade der angesprochene prozesshafte Charakter der Freiheit das Vorhandensein alternativer Möglichkeiten zumindest in einigen Situationen geradezu einfordert, da es ansonsten nicht möglich wäre, eine Persönlichkeit oder einen Charakter ausbilden zu können[66].

Darüber hinaus haben sich in der Debatte um diesen von Frankfurt skizzierten Gedankengang laut Geert Keil vor allem zwei Arten der Kritik bzw. Schwierigkeiten hervorgetan: *Erstens* das Dilemma, entweder einen deterministischen oder indeterministischen Freiheitsbegriff vorauszusetzen. Um ein Dilemma handelt es sich aus dem Grund, weil in beiden Fällen das Argument Frankfurts letztendlich zusammenbricht: ein deterministischer Freiheitsbegriff könnte per definitionem nicht mehr einlösen, dass eine Handlung von Jones frei vorgenommen wird, während ein indeterministischer Freiheitsbegriff zwar die Freiheit zu retten vermag, nicht aber erklärt, wie Black noch „begründet" den Willen manipulieren kann. Denn es könnte kein quantifizierbares *Anzeichen* identifiziert werden, das messbar wäre und Jones' intendierte Handlung anzeigen würde. *Zweitens* kann gegen Frankfurts Argument das Vorhandensein sog. „Flickers of freedom" geltend gemacht werden: Die Rede ist von einem Phänomen, welches ein „Aufscheinen" oder „Aufflackern" von Freiheitsmomenten beschreibt, die im Gedankenexperiment zuallererst Bedingung der Möglichkeit dafür sind, dass Black ein Anzeichen erhalten könne:

> „Diesem Argument zufolge hat Jones entgegen Frankfurts Situationsbeschreibung bei näherer Betrachtung doch einen Entscheidungsspielraum, wenn auch einen sehr kleinen. Ganz kurz vor der eventuellen Intervention habe Jones eine Wahl, und diese Wahl *erzeuge* erst das Anzeichen. Man kann dies so ausdrücken, dass er anders hätte *überlegen* und *wollen* können, und dass er auch hätte *versuchen* können, anders zu entscheiden."[67]

65 FRANKFURT, Harry: Alternate Possibilities and Moral Responsibility, in: The Journal of Philosophy 66 (1969), 829–839, 837.
66 Vgl. STOSCH: Gott – Macht – Geschichte, 240 f.
67 KEIL: Willensfreiheit, 84. Ohne Annahme der „flickers" bliebe die Beantwortung der Frage schwierig, wie Black denn wissen könnte, wie das Anzeichen zustandekommt bzw., worin dieses bestehe, vgl. auch GRÖSSL: Freiheit als Risiko Gottes, 75.

Auch wenn gegen dieses Argument häufig vorgebracht wird, dass es nicht „robust" genug sei[68], einen starken Begriff von Freiheit zu verteidigen, ist dieser Einwand zumindest laut Keils Einschätzung nicht zulässig: „Dass für diesen Freiheitsfunken wenig Zeit bleibt und dass er empirisch schwer festzustellen sein mag, ist freiheitstheoretisch nicht von Belang."[69] Dem ist gerade auch deswegen zuzustimmen, weil mit dem Begriff der „Flickers of freedom" ja ein zentrales Moment der libertarischen Freiheit als gesichert, bzw. besser: ein irreduzibles Moment von ihr als *bleibend vorhanden* gelten kann: die Unbedingtheit, die gerade in der Alternativenoffenheit des Andershandelnkönnens deutlich wird.

Wie bereits erwähnt ist es ein zentraler Aspekt libertarischer Freiheit, sie als das Vermögen, unter den gleichen Bedingungen auch anders handeln zu können, zu erfassen. Diese Formulierung impliziert nun offenbar eine Forderung, die sie selbst nicht einzulösen vermag, denn es ist wie bereits erwähnt aus logischen und empirischen Gründen nicht möglich, genau gleiche Bedingungen im engeren Sinn mehr als einmal herzustellen. Dies ergibt sich bereits daraus, dass jede Situation aufgrund ihrer Verortung im linearen Geschehen der Zeit nur einmalig stattfinden kann.

„Der Bezug auf den Zeitpunkt der Handlung ist entscheidend, denn mit dem Handlungsbeginn ist der Freiheitsspielraum natürlich vernichtet. Das Stattfinden der Handlung verschließt vorher bestehende alternative Möglichkeiten, denn niemand kann einmal faktisch Gewordenes ungeschehen machen."[70]

Interessant ist aber der Aspekt, dass die Tatsache, Freiheit aufgrund der Unmöglichkeit, identische Zirkumstanzien für ihren Ausgang herstellen zu können, in einer anderen Hinsicht ein Indiz für die Existenz von Freiheit darstellt. Denn etwa Grössl – der den Freiheitsgedanken im OT in seinem Werk unter noch weiterführenden Aspekten beleuchtet – betont ja gerade, dass die lineare Eindimensionalität der Zeit es bedingt, überhaupt nur eine endliche Entscheidung treffen zu können.[71] Gerade diese Asymmetrie von Zeit, die vorausgesetzt werden muss,

---

68 Vgl. zur diesbezüglichen Kritik des Flickers-of-Freedom Argumentes im Sinne einer Unzulänglichkeit in ihrem Begriff: FISCHER, John Martin: The Metaphysics of Free Will. An Essay on Control, Oxford 1994, besonders Kapitel 7.

69 KEIL: Willensfreiheit, 84.

70 KEIL: Willensfreiheit, 110.

71 Vgl. GRÖSSL: Freiheit als Risiko Gottes, 58: „Niemand kann seine vergangenen Entscheidungen widerrufen (im Sinne von ungeschehen machen); wäre dies der Fall, würde man niemals eine endgültige Entscheidung treffen. Freiheit benötigt daher eine asymmetrische Vorstellung der Zeit, in der wir die Zukunft, aber nicht die Vergangenheit beeinflussen können."

um zwar die zukünftige, nicht aber vergangene Ereignisse bewirken und verändern zu können[72], macht die getroffene Handlung darum zu einer endgültigen Entscheidung, die gerade in ihrer Endlichkeit ihren darum auch *ethischen* Ernst anzeigt: Würde ich niemals eine endgültige Entscheidung treffen, wäre auch moralische Verantwortung nicht denkbar. Gerade weil die *Endgültigkeit* einer Entscheidung *Moralität* aber denkerisch *evoziert*, ist auch Freiheit eine conditio sine qua non für sie. Denn ohne freie Möglichkeit bliebe die Endgültigkeit ein leerer Begriff und Moralität nicht mehr ein Inbegriff des ethisch Gesollten.

II.2.1.2 Die Intelligibilität des Entscheidens

Ein weiteres Implikat des für den OT relevanten Freiheitsbegriffs ist die *Intelligibilität*. Dies kann mit dem Begriff *objektiver Rationalität* veranschaulicht werden, wie er etwa im Rechtssystem vorkommt. Während jedoch im Zuge der Bestreitung der Freiheit häufig für eine Abschaffung oder Neufassung des Strafrechts plädiert wurde, besteht der Zusammenhang hier jedoch darin, dass die Allgemeingültigkeit eines Gesetzes nicht davon abhängt, ob jeder Mensch in dessen Geltungsbereich diesem zustimmen könnte. Vielmehr ist eine objektive Rationalität vorausgesetzt, die theoretisch in subjektiver Perspektive als ungerecht empfunden werden könnte.[73]

Eine Handlung kann nicht schon dann als frei bezeichnet werden, wenn das vorangegangene Kriterium des Anderskönnens behauptet ist. Denn dieses sagt noch nichts darüber aus, wie und nach welchen *Kriterien* man die konkrete Handlung bewerten soll. Eine nach zufälligen Motiven gewählte Handlung wirksam werden zu lassen, kann ebenso wenig Ausdruck eines starken Begriffs von Willensfreiheit sein wie ein bloßes Handeln nach Affekten[74], Trieben oder Instinkten, wie es bei Tieren der Fall ist. Das bloße Vorhandensein von Alterna-

---

72 Vgl. KEIL: Willensfreiheit, 112: „Der Bezug auf die Vergangenheit bringt eine Komplikation ins Spiel, die mit dem Freiheitsproblem nichts zu tun hat, nämlich den Umstand, dass man die Vergangenheit nicht ändern kann. (...) Unsere Fähigkeit, etwas zu tun oder zu entscheiden, richtet sich immer auf die Zukunft, nicht auf die Vergangenheit."

73 Vgl. GRÖSSL: Freiheit als Risiko Gottes, 59, Anm. 27.

74 Darum ist auch dafür zu plädieren, dass bestimmte Gefühle oder Neigungen die Freiheitsentscheidungen nicht per se verhindern, sondern ein Mindestmaß an Macht darüber vorausgesetzt bleiben muss, was mit diesen Affekten weiter geschieht (vgl. KEIL: Willensfreiheit, 3). Hiermit ist dann auch ein Prinzip namhaft gemacht, das es erlaubt, gegen die Position zu argumentieren, die behauptet, dass der Mensch ein *pures* Triebwesen ist bzw. dass bestimmte starke Emotionen häufig zu unfreien Willensakten führen. Zudem ist aufgezeigt, dass ein solches Argument auch dazu missbraucht werden kann, für die Abschaffung eines Strafrechtssystems zu plädieren, da niemand für eine Handlung verantwortlich gemacht werden kann, wenn er sie auch hätte unterlassen können, bzw. er nicht durch sie determiniert gehandelt hat.

tiven reicht darum nicht, um Willensfreiheit in einem starken Sinn vertreten zu können. Denn in diesem Falle wäre Wahlfreiheit wiederum völlig ausreichend, um Willensfreiheit in einem belastbaren Sinn denken zu können. Um aber den konkreten Akt als willensfreien klassifizieren zu können, muss er als unterscheidbar vom Zufall und von Willkür gelten:

„If, for example, a choice occurred by virtue of some undetermined quantum events in one's brain, it would seem a fluke or accident rather than a responsible choice. Such undetermined events occuring in our brains or bodies would not seem to enhance our freedom and control over actions, but rather diminish our freedom and control, and hence our responsibility."[75]

Zu diesem Zweck ist ein weiteres Moment der libertarischen Freiheit angesprochen, die Intelligibilität. „Diejenige Freiheit, an der uns gelegen sein sollte, äußert sich nicht im spontanen Auftreten erratischer Willkürakte, sondern in einer vernünftiger Überlegung zugänglichen Willensbildung."[76] Sie beschreibt die Voraussetzung, dass eine Person nach ihr bekannten, nachvollziehbaren, vernünftigen Gründen handeln muss, die jedoch keinen determinierenden Charakter besitzen dürfen, da anderenfalls das Moment des Anderskönnens zugunsten einer prinzipiellen Prognostizierbarkeit der Entscheidung eliminiert wäre. Damit näherte man sich als Libertarier gefährlich nah dem Kompatibilismus an, der Freiheit und determinierende Gründe als miteinander vereinbar ansieht.

Aus libertarischer Sicht kann allerdings erwidert werden, dass die vermeintlich determinierenden Gründe stets subjektiv wahrgenommen werden und darum mindestens nicht für jede Person in der gleichen Weise zwingend erscheinen. Dann aber kann streng genommen nicht mehr von *determinierenden* Gründen gesprochen werden[77], was auch durch den Aspekt sichergestellt ist, dass das Subjekt in libertarischer Sicht in die Lage versetzt werden kann, sich zu diesen auf es einwirkenden Gründen noch einmal in Beziehung zu setzen und eigenständig neue Gründe in Anschlag zu bringen, die ihrerseits eine motivierende Kraft für die Willensentscheidung sein können.[78]

---

75 KANE: Traditional Libertarian Free Will, 11.
76 KEIL: Willensfreiheit, 188.
77 „Aus Sicht eines ereigniskausalen Libertarismus ist das Verursachtsein unserer Handlungen durch mentale Ereignisse oder ihre physiologischen Substrate nicht freiheitsgefährdend, sofern Kausalität eine nichtdeterministische Relation ist." (KEIL: Willensfreiheit, 157).
78 Mit diesem „Vermögen der Indifferenz" ist darum auch ein Instrumentarium gegeben, auf das Paradoxon zu antworten, das zwischen der Rationalität bzw. Irrationalität und der Unfreiheit bzw. Freiheit entsteht, wenn diese Gegenüberstellung als Dichotomie verstanden wird, vgl. GRÖSSL: Freiheit als Risiko Gottes, 60.

Damit ist explizit mit ausgesagt, dass diese Gründe durchaus eine Verortung im Subjekt zwingend voraussetzen und darum die Annahme unhaltbar ist, dass sämtliche vernünftigen Prozesse der Willensbildung vollkommen unverursacht und „aus-dem-Nichts" heraus entstehen würden. Vielmehr gilt, dass stets bestimmte Momente wirksam sind, die prima facie der Bildung bzw. Ausübung des Willens entgegenstehen können. Die eigene Biographie etwa kann als langer Prozess bestimmter Willensentscheidungen gelten, der wiederum von bestimmten prägenden Umständen beeinflusst ist, wie Erziehung, Sozialisation oder kulturellen Aspekten. „Prägend" und „beeinflusst" darf aber keinesfalls als determinierend missverstanden werden, da diese Zirkumstanzien zumindest nach dem Modell libertarischer Freiheit nicht die „Macht" besitzen, den freien Willen aufzuheben. Damit aber muss festgehalten werden, dass ein Mindestmaß an (libertarischer) Freiheit stets vorausgesetzt bleiben muss, anderenfalls könnte kein Kriterium namhaft gemacht werden, sich den genannten externen Einflüssen zu widersetzen.

Kurzum: Die Intelligibilität des freien Willens macht dafür sensibel, dass bestimmte Vorbedingungen, die in die Bildung oder Ausübung des freien Willens mit einspielen können, diesen nicht determinieren müssen. Der Grund dafür liegt darin, dass die Intelligibilität den Aufweis dafür erbringen kann, dass die vernünftigen Gründe, die eine Person in ihrem Handeln wirksam werden lassen kann, nichts mit einer Determination oder Aufhebung des freien Willens gemein haben. Vielmehr müssen diese vorhanden sein, um etwa überhaupt von einer ethischen Relevanz oder Sittlichkeit der Freiheitsentscheidungen sprechen zu können. Der Aspekt der Unverursachtheit ist von der *Art* der Verursachung einer Handlung zu unterscheiden. Denn alle Handlungen sind in einem gewissen Sinn *verursacht*, wenn sie nicht „aus dem Nichts" kommen sollen.[79] Wäre eine Handlung in diesem Sinne strikt grundlos, würde der Begriff der Willensfreiheit das aufheben, was er zu explizieren versucht, weil eine grundlose Handlung sich dem Bereich der Willkür nähern würde. Ein sittlich relevanter Freiheitsbegriff wäre dann zum Scheitern verurteilt, weil die Verursachung nach dem Zufallsprinzip den Aspekt einer sittlichen Verantwortlichkeit unterminieren würde.[80] Somit kann nicht eine buchstäblich „absolute" Unverursachtheit der Handlung das Widerlager eines Determinismus bilden, sondern die Tatsache, dass die Ursachenkette im Handelnden so verortet werden muss, dass sie „im Handlungssubjekt bzw. in der kausal nicht weiter reduzierbaren Spontaneität der Person enden"[81] muss.

79 Vgl. KREINER: Gott im Leid, 216.
80 Vgl. KEIL: Willensfreiheit, 131.
81 KREINER: Gott im Leid, 217. Vgl. zu diesem schon bei David Hume zu findenden Argument KEIL: Willensfreiheit, 115 f.

Daher muss die Ursache der Handlung nicht im „Objektbereich" der Ereignisse, sondern im Handelnden selber liegend gedacht werden. Mit Verweis auf John Locke ist daher festzuhalten, dass nicht die Freiheit des *Willens*, sondern die der *Person* den Kern des Arguments ausmacht. Ganz auf dieser Linie liegend löst Geert Keil diese Behauptung ein, wenn er bezugnehmend auf Locke (und Leibniz) schreibt:

> „Ich habe dafür argumentiert, dass eine wohlverstandene libertarische Freiheit nicht darin *besteht*, gute Gründe in den Wind zu schlagen, diese Möglichkeit aber *einschließt*. Eine Freiheitsauffassung, die ausschließlich eine vernünftige Wahl zulässt und jede andere auf ein Unvermögen zurückführt, ist so unplausibel wie eine, die die Freiheit mit dem Unvermögen der vernunftwidrigen Wahl zusammenfallen lässt."[82]

Entsprechend ist in der Annahme libertarischer Freiheit eine Handlung „nicht schon dann als frei zu bezeichnen, wenn sie dem Willen des Handelnden nicht widerspricht, sondern erst dann, wenn der Handelnde selbst die Ursache seiner Entscheidung ist"[83]. Diesen Aspekt verfolgt der nachfolgende Abschnitt weiter.

II.2.1.3 Die Urheberschaft des Akteurs

Während die Komponente der Intelligibilität der Freiheit ihre Unterscheidung von irrationaler Willkür sicherzustellen versuchte, tritt nun bei der Frage der Urheberschaft die *Verortung* des Willens in der Person in den Fokus, die dann eine freie Handlung verursacht. Denn „vom Zufall lässt sich ein solches Ereignis nur unterscheiden, wenn die tatsächliche Richtung [des Geschichtsverlaufs; A. H.] auch durch einen handelnden Akteur bestimmt oder mitbestimmt wird."[84] Freiheit ist demnach im libertarischen Sinn nur denkbar, wenn das Subjekt als Träger der Entscheidung widerspruchsfrei gedacht werden kann und sich auf diese Weise von einer „Determination" äußerer Faktoren unterscheidet. William Hasker formuliert treffend:

> „For libertarians, compatibilism does not provide a sufficient account of genuine free will. For a person to be free in making a decision, it must be *completely within that person's power* either to make the decision in question as is actually done or to make some other decision, *under exactly the same circumstances.*

---

82 KEIL: Besteht libertarische Freiheit darin, beste Gründe in den Wind zu schlagen?, 39.
83 KREINER: Gott im Leid, 217.
84 GRÖSSL: Freiheit als Risiko Gottes, 57. Vgl. auch KANE: Traditional Libertarian Free Will, 19.

There cannot, then, be prior determining causes of any kind *either* internal or external to the agent. This does not mean that actions are taken randomly or without reasons. There are reasons for our actions, but the reasons do not determine that the actions are taken in one particular way, for there are often countervailing reasons for taking a different course of action.“[85]

Wie also kann es gelingen, die Intelligibilität einer Entscheidung zu denken, *ohne* diese etwa als Resultat einer bloßen Charakterbildung oder nur von den unmittelbar wirkenden Motivationen geleitet zu sehen?

An dieser Stelle ist zunächst die Akteurskausalität zu nennen, die nicht die naturhaften Kausalitäten meint, sondern diejenige Kausalität, die auf die handelnde Person zu beziehen ist und damit irreduzibler Ausgangspunkt der Handlung ist. Die *ontologische* Bedingung für dieses Setzen neuer Kausalitäten besteht in der Offenheit der Zukunft, einem indeterminierten Teil, der die Freiheitsentscheidung zuallererst als solche klassifiziert. Aus diesem Grunde ist der Indeterminismus auch nur die Einlösung der These, dass echte Freiheit bestimmte ontologische Anforderungen an die Wirklichkeit „stellt“. Nur unter der Bedingung, dass der Mensch ein gewisses Maß an „Macht“ über die Zukunft besitzt und diese akzidentell kontingent ist, also „gestaltet“ werden kann, kann von einer echten Freiheit die Rede sein[86] – womit dann allerdings wieder auf das Problem der Intelligibilität zurückverwiesen ist. Denn den Beginn einer Reihe von Ereignissen im Subjekt zu verorten, erlaubt es zwar, bestimmte Dinge hervorbringen zu können, was gerade im OT und generell in theistischer Sicht eindeutig positiv zu bewerten ist. Andererseits lässt sie das Subjekt als eine Art absoluten Nullpunkt einer Entscheidung erscheinen, was natürlich sofort an den Ausgangspunkt der vorangegangenen Überlegung zurückwirft: Wie müssen dann die oben genannten rationalen Gründe bewertet werden, wenn sie „Gründe“ sind, die eine Handlung zwar zur Getanen machen, diese aber trotzdem keinen deterministischen Charakter besitzen dürfen?

Der Schlüssel zur Beantwortung dieser Frage liegt in der Betrachtung des *Verhältnisses* der hier zugrundeliegenden Größen[87]: Wenn gilt, dass Freiheit auch

---

85 HASKER / SANDERS: Open Theism – Progress and Prospects, 862.

86 Vgl. GRÖSSL: Freiheit als Risiko Gottes, 58. Vgl. hierzu auch den zugrunde zulegenden Begriff der „potestativen Kontingenz“, GRÖSSL: Freiheit als Risiko Gottes, 57: „Ein Ereignis ist potestativ kontingent, wenn jemand eine solche Macht [zur Entscheidung über den Eintritt eines Ereignisses; A. H.] hat oder hatte.“

87 In diesem Sinne kann auch Robert Kanes Annahme bestimmter Minimalbedingungen verstanden werden, die bei den freiheitlichen self-forming-actions vorausgesetzt sein dürfen, auch wenn Momente von Glück bzw. Zufälligkeit vorhanden sein können, diese aber ein Mindestmaß an individueller Urheberschaft nicht eliminieren. Vgl. KANE: Traditional Libertarian Free Will, 19.

schon dann gegeben ist, wenn sie auch nur ein geringes Maß an indeterminiertem Moment beinhaltet, dann kann ein Willensakt auch dann als frei bestimmt werden, wenn „das handelnde Subjekt auch in mannigfacher und prinzipiell aufklärbarer Hinsicht determiniert ist"[88]. Unter dieser Voraussetzung wird dann auch deutlich, dass eine Willensentscheidung zugleich begleitet werden kann von intelligiblen Faktoren wie Vorüberlegungen, Hinterfragen der Konsequenzen und Motivik und nichtsdestoweniger im irreduziblen freien Akt des Subjekts gründet. Ein „archimedischer Punkt" einer willensfreien Entscheidung im Sinne eines Wollens „aus dem Nichts" ist damit genauso wenig ausgesagt wie das andere Extrem des vollständigen Bedingtseins.

> „Bei einem Suchtkranken wird man z. B. nicht mehr davon sprechen können, dass er ultimative Kontrolle über seine Entscheidungen hat. Umgekehrt wird auch ein gesunder Mensch immer durch mannigfache Vorgegebenheiten in seiner Freiheit beeinflusst, so dass sich seine freie Urheberschaft nicht chemisch rein beschreiben und schon gar nicht beweisen lässt."[89]

Die Gründe für die Annahme der Existenz der Willensfreiheit liegen damit sozusagen in der *Mitte* beider Größen, bzw. anders formuliert: Die Reihe der „*mit*-bedingenden"[90] Aspekte einer freien Entscheidung heben „das Moment der *Irreduzibilität* eines willensfreien Aktes"[91] nicht auf, da die Freiheit als selbst ergriffene und sich entschließende gedacht werden kann, wenn ein nicht determiniertes und damit unbedingtes Element von Freiheit erhalten bleibt, das sie damit zur libertarischen Freiheit macht:

> „Indeterminismus ist nicht die Behauptung, dass unter gegebenen Bedingungen Beliebiges geschehen kann. Viele Optionen sind durch die jeweiligen Vorbedingungen und andere Faktoren ausgeschlossen, aber solange mehr als eine offenbleibt, gibt es einen Freiheitsspielraum."[92]

Ähnlich wie bei der Komponente der Intelligibilität kann die so vorauszusetzende Offenheit der Zukunft auch als Offenheit dessen gelten, wonach, d. h. nach welchen Gründen der Handelnde seine Entscheidung wirksam werden lässt. Auch hier können die Beweggründe einer Entscheidung von der Person gewichtet und auch potenziell als neue generiert werden.

---

88 STOSCH: Gott – Macht – Geschichte, 248.
89 STOSCH: Gott – Macht – Geschichte, 249 f.
90 SCHMELTER: Gottes Handeln und die Risikologik der Liebe, 96.
91 SCHMELTER: Gottes Handeln und die Risikologik der Liebe, 96.
92 KEIL: Willensfreiheit, 167.

Die drei hier erläuterten Komponenten libertarischer Willensfreiheit fungieren nicht als voneinander isolierte Aspekte, sondern sind stets in unterschiedlichem Ausmaß vorauszusetzen, will man am Prinzip der libertarischen Freiheit festhalten.

Eine systematische Verwiesenheit der referierten Implikate des libertarischen Freiheitsbegriffs zeigt sich etwa darin, dass die subjekt-formenden Entscheidungen, die beim ersten Punkt der alternativen Handlungsmöglichkeiten zur Sprache kamen, auch die Komponenten der Intelligibilität und der Urheberschaft tangieren. Denn so kann etwa die Fähigkeit, mit hindernisüberwindenden Situationen umzugehen[93] oder auch grundsätzlich die Resilienz eines Menschen einen Einfluss darauf haben, wie er künftig in derartigen Situationen handeln wird.

Das Referieren der Implikate des Libertarismus sollte dem Umstand Rechnung tragen, einen robusten Freiheitsbegriff zu erreichen. Diesen setzen die Offenen Theisten voraus, um den für sie so zentralen Gedanken einer freien Liebesbeziehung zu Gott denken zu können.

II.2.2 Personalität Gottes

Vor dem Hintergrund der bisherigen Überlegungen lässt sich ein weiterer Aspekt einfügen, auf den die Offenen Theisten in ihrer Konzeption Wert legen: Sie begreifen Gott als ein *personales* Wesen. Diese Auskunft kann gerade nach den Reflexionen über das biblisch orientierte Denken des OT nicht verwundern. So begreift Pinnock etwa Gott „as a triune, loving person, reliable and flexible, sensitive and resourceful, patient and wise, everlasting and all-knowing."[94] So wird Gott verstanden als ontologisch verschieden von der Welt, ihr jedoch in Liebe zugewandt und mit Intention für die Schöpfung. Als Wesen, das in Beziehung sein will mit Geschöpfen, wird Gott von den Offenen Theisten als personal angesehen. Als Gegenbegriff fungiert etwa bei Pinnock die Rede von einem „Absolutismus" Gottes, der seiner Ansicht nach vor allem im herkömmlichen, bzw. klassischen Theismus beheimatet ist.[95]

Stattdessen aber wird Gott als Liebe charakterisiert, die geschöpflichen Anteil gewinnen will und darum wechselseitig geschehen muss. Auch hier zeigen sich erneut die Schwierigkeiten, die im griechisch beeinflussten Denken der klassischen Theologie auftraten. Eine in diesem Sinne eher statische Metaphysik kann nur schwer erklären, wie ein an Prozessen beteiligter, „dynamischer" Gott, der

---

93 Vgl. hierzu KEIL: Willensfreiheit, 133.
94 PINNOCK: Most Moved Mover, 79.
95 Vgl. PINNOCK: Most Moved Mover, 80.

in der Bibel beschrieben wird, sich von der Welt und den mit Freiheit begabten Geschöpfen affizieren lassen kann und will.

Demgegenüber beschreibt das christliche Gottesbild eine göttliche Gemeinschaft in der Dreieinigkeit. Weil Gott immer schon die Liebe in drei Personen ist, will er „seine" Gemeinschaft der Liebe der Welt anteilig werden lassen: „God was antecedently relational as triune creator and projected a world where personal relationships with creatures would be possible."[96] Diese Relationalität gehört auch und gerade für die Offenen Theisten zum Wesen Gottes, der immer schon Liebe ist, die als überfließend gedacht werden kann und darum auch im Schöpfungsakt zum Ausdruck kam. Diese dreieine Gemeinschaft der Liebe in der Trinität lässt gut verstehen, warum der OT Wert legt auf ein dynamisches und relationales Gottesbild. Die Folgen, die die Vertreter des OT aus dem Begriff des libertarischen Begriffs bis hierher ziehen, sind m. E. durchaus zutreffend.

Nachdem der für den OT so zentrale Begriff der libertarischen Freiheit vorgestellt wurde, ist die systematische Grundlage dafür bereitgestellt, auf seiner Basis zu den Neudeutungen in der Gotteslehre des OT überzugehen, was durch die Ausführungen zur Personalität Gottes bereits grundgelegt ist. Anders formuliert, haben die vorangegangenen Überlegungen das erläutert, was gewissermaßen der hermeneutische Schlüssel ist für die von Liebe geprägte Beziehung zwischen Menschen und Gott. Auf Grundlage dieser Präsumtion ergeben sich zwangsläufig Anfragen an die seit dem Altertum formulierten Gotteseigenschaften, lagen ihr doch, wie im Abschnitt über den Hellenismus dargelegt, andere denkerische Voraussetzungen zugrunde. Wie also stellt sich die originelle Neudeutung klassischer Gotteseigenschaften im Lichte des OT dar?

II.3 Freiheit und Allmacht Gottes

„We must not define omnipotence as the power to determine everything but rather as the power that enables God to deal with any situation that arises. Plainly God is not at the moment all in all—this has yet to happen when the kingdom comes (1 Cor 15:28). God's power presently is more subtle, much greater in fact than the coercive power of a puppeteer. Monopoly power is easy to manage—more difficult is a power that makes free agents and governs a universe where creatures can disobey. Omnipotence does not mean that nothing can go contrary to God's will (our sins go against it) but that God is able to deal with any circumstance that may arise. The idea that it means a divine decree

---

96 Pinnock: Most Moved Mover, 83.

*and total control is an alarming concept and contrary to the Scriptures. Total
control is not a higher view of God's power but a diminution of it.*"[97]

Es wäre falsch zu behaupten, dass der OT mit seinen Ansichten ein originelles
und in jeder Hinsicht neues Konzept vorlegen würde. Oft lässt sich dieses nämlich konzipieren als eine Art „Mittelweg" zwischen der traditionellen Auffassung
einerseits und der Zubilligung bestimmter Einsichten an eine andere theistische
Denkform andererseits. Ein gutes Beispiel hierfür ist der Begriff der göttlichen
Allmacht. Anders als in der Prozesstheologie wird die Schöpfung mit ihren
Kreaturen nicht als metaphysisch notwendig aufgefasst.[98] Vielmehr wird dem
klassischen Dogma der creatio ex nihilo vom OT keine Absage erteilt – die Welt
bleibt eine aus Gottes Allmacht frei erschaffene. Diese Übernahme zweier Gedanken ist auch der Grund dafür, warum Armin Kreiner den Open Theism als
„Kompromissposition"[99] zwischen der klassischen Position und der Prozesstheologie bezeichnet. Gott kann alles logisch Widerspruchsfreie tun und auch jederzeit aktualisieren, verzichtet jedoch zur Wahrung geschöpflicher Freiheit auf einen offenkundigen und menschliche Freiheit verunmöglichenden Eingriff. Unter
dieser Voraussetzung ist der Allmachtsbegriff anders denkerisch eingeholt als bei
der Erschaffung von unfreien Wesen – worauf das obige Eingangszitat hindeutet.
    Auf Basis dieser nur teilweise revidierten Grundposition wird dann nach
Ansicht des OT erst sichergestellt, dass Gott der Welt die ihr intendierte Autonomie schenken kann, die als ontologisch von Gott differenter Adressat Ausdruck
seiner Liebe ist: „God's project involves the creation of significant others who are
ontologically distinct from himself and upon whom he showers his caring love in
the expectation that they will respond in love."[100] Diese Verschiedenheit ist ferner
nötig, um den Menschen als Adressaten im eigentlichen Sinne der göttlichen
Liebe denken zu können: Gäbe es keine Trennung, von der die Freiheit quasi
ein Ausdruck ist, müssten Schöpfung und Kreaturen eher als Bestandteil oder
Aspekt Gottes aufgefasst werden, was den Begriff der Autonomie unterminieren
würde:

> „God made creatures capable of doing much good, and much bad. He made
> them able to make moral choices, not predetermined by prior causes. (...) God
> sovereignly created responsible free beings and wants them to be creative in
> their own way. Here is a point of appeal of open theism. It is positive about
> human significance."[101]

---

97 Pinnock: Systematic Theology, 114.
98 Vgl. Sanders: The God Who Risks, 162.
99 Kreiner: Antlitz Gottes, 338.
100 Sanders: The God Who Risks, 174.
101 Pinnock: Most Moved Mover, 126.

Erst so kann der Mensch in eine echte Beziehung mit Gott treten, die von den Vertretern des OT als wechselseitig aufgefasst wird: Der Mensch ist nicht nur Adressat Gottes, sondern soll beispielsweise auch im Gebet Gott antworten. Umgekehrt ist auch Gott nicht nur einseitiger Geber oder Ermöglicher der Beziehung, sondern lässt sich durchaus auch vom Menschen bestimmen, was dem vorausgesetzten und beanspruchten Freiheitsbegriff in gewisser Hinsicht auch *entspricht*: Eine echte Würdigung des ontologisch Anderen in Form eines wechselseitigen Verhältnisses, wie es etwa Ausdruck findet in der christlichen Gebetspraxis, kann als Einlösung der genannten Aspekte gelten. Würde Gott stattdessen unter bestimmten ausrechenbaren Bedingungen in den Weltenverlauf eingreifen, würde er die geschenkte Freiheit antasten bzw. revidieren, und zwar bereits deswegen, weil die epistemische Distanz aufgehoben wäre, die der geschaffene Mensch aber annehmen müsse, um Gott echtes Vertrauen schenken zu können.[102] Der Mensch soll und kann im Gebet bitten. Gott bleibt frei in seinem Handeln.

II.3.1 Eine Konzession an die Prozesstheologie

Wenn man diejenigen Positionen betrachtet, von denen sich der OT abgrenzt, kann man zunächst die *Prozesstheologie* nennen. Gleichwohl gilt, dass der OT jedoch die Annahme teilt, dass Gott mithilfe der Überredung wirkt („to lure"). Die Affirmation dieser intuitiv-nachvollziehbaren Vorstellung macht deutlich, dass den Anhängern des OT sehr daran gelegen ist, ein Gottesbild zu kommunizieren, das sich durch Verständlichkeit auszeichnet und sich „wesentlich besser zur allgemeinen Welterfahrung [zuordnen lässt; A. H.], die nicht den Eindruck erweckt, als greife Gott permanent oder auch nur häufig auf wunderbare Weise in den innerweltlichen Ereignisverlauf ein."[103] Denn je widerspruchsfreier sich ein Gottesbild in die Welterfahrung eines Subjekts integrieren lässt, desto besser ist es dafür geeignet, ihr „Hauptanliegen"[104] einzulösen, welches ein „missionarisch-intellektuelles"[105] ist. Kurz gesagt: der Vorteil für die Vertreter des OT besteht darin, dass sich die Vorstellung eines lockenden Gottes gut dazu eignet, den gelebten Glauben zu plausibilisieren und so kommunikabel zu machen. Wichtig bei der Aussage, dass Gott in lockender Weise handelt, ist jedoch festzuhalten,

---

102 Darum spricht etwa der Religionswissenschaftlicher John Hick von einer epistemischen Mehrdeutigkeit der Welt, in der er gerade die Bedingung dafür sieht, das Verhältnis zwischen Mensch und Gott als von Vertrauen geprägtes zu verstehen. Vgl. etwa STOSCH: Gott – Macht – Geschichte, 255.

103 KREINER: Antlitz Gottes, 337.

104 GRÖSSL: Freiheit als Risiko Gottes, 13.

105 GRÖSSL: Freiheit als Risiko Gottes, 13.

dass dieser Umstand innerhalb der Prozesstheologie *metaphysische* Gründe hat. Innerhalb der Prozesstheologie kann Gott gar nicht anders als auf diese lockende Weise handeln – Zwang könnte er selbst dann nicht anwenden, wenn er wollte. Die theologisch sicherlich zutreffende These, dass ein Gott der Liebe (und das ist er sowohl aus Sicht der Prozesstheologie und des OT) nur mit *Mitteln* der Liebe handeln könne, muss jedoch so aufgefasst werden, dass dies zwar auch in der Prozesstheologie zutrifft, er dort jedoch eben auch auf diesen modus operandi *beschränkt bleibt* – er hat in diesem Modell überhaupt keine andere Möglichkeit zu wirken: „God is creative only in the sense that God ‚creates‘ as *we* act, since this God cannot unilaterally act on the world. God does not coerce us but ‚lures‘ the world by love (eros) toward his purposes."[106]

II.3.2 Bezug zum Theodizeeproblem

Immer dann, wenn von menschlicher und göttlicher Freiheit (insbesondere in deren Korrelation) die Rede ist, legt sich ein Bezug zum Theodizeeproblem nah. War es im Kontext analytischer Philosophie insbesondere die free-will-defense[107], die besonders pointiert die Korrelation von Leid und Freiheit zum Ausdruck brachte, so war es im theologie-historischen Kontext allen voran die Gestalt des Augustinus, die den Konnex zwischen Freiheit und Leid zum Gegenstand der theologischen Reflexion machte. Im Horizont des OT ist der Bezug zum Theodizeeproblem explizit vorhanden, da der OT *einerseits* die Schwächen des klassischen Theismus, von denen er sich abgrenzen will, explizit benennt: „Conventional theism tends to make God the author of evil because evil arises in a world controlled directly or indirectly by him. Whatever happens is thought to be God's will so it is difficult to see there can be genuine evil."[108] *Andererseits* wird eine „OT-typische" Fortschreibung der free-will-defense vorgenommen.

Was zunächst die Abgrenzung von der Prozesstheologie betrifft, so liegt nach prozesstheologischem Verständnis hier nur vermeintlich eine Lösung beim

---

106 SANDERS: The God Who Risks, 162.
107 Hiermit ist die mit dem Namen Alvin Plantingas verbundene Argumentation gemeint, die herauszustellen versucht, leidverursachende menschliche Freiheitsentscheidungen als von Gott ungewollte Folge gewährter Freiheit auszuweisen. Vgl. hierzu: STOSCH: Einführung in die Systematische Theologie, 119–126.
108 PINNOCK: Most Moved Mover, 176 f. Vgl. zu diesem gravierenden Problem, das sich gerade in einem philosophischen oder theologischen Determinismus zeigt, auch STOSCH: Theodizee, 71: „Denn wird die geschöpfliche Freiheit so konzipiert, dass sie mit einem deterministischen Weltbild kompatibel ist, fällt jede menschliche Verfehlung unmittelbar auf Gott zurück. Gott hat dann nicht nur die Letztverantwortung für das Grauen, das Menschen einander antun, sondern hat es selber gewollt und hervorgebracht - eine Position, die angesichts von Auschwitz den Gottesglauben sofort ad absurdum führt."

Theodizeeproblem vor: Wenn eingestanden wird, dass Gott nicht in der Lage ist, unilateral in den Weltenverlauf einzugreifen, stellt sich das Theodizeeproblem zumindest nicht mehr in der Version, warum ein allmächtiger Gott Leid durch (interventionistisches) Eingreifen nicht verhindere.

Der Horizont des Theodizeeproblems ist es jedoch auch, der die Schwächen der Prozesstheologie aufdeckt: Die Vorstellung von einem Gott, der aus metaphysischen Gründen nicht dazu in der Lage ist, in den Weltenverlauf einzugreifen, lässt zwar augenscheinlich das Theodizeeproblem (das im Kern ja ein Widerspruchsproblem ist) nicht aufkommen, da sich die Frage nach dem Eingreifen Gottes nicht stellen *kann*. Das aber hieße zugleich, dass ein Gott, insbesondere gemäß des *klassischen* Allmachtsprädikats nicht mehr als allmächtig gelten kann, was wiederum gravierende Folgen hat: Ein so verstandener Gott besitzt keine Macht, auf irgendeine Weise auf Gebete zu reagieren und entspricht wohl kaum der Anselmschen Maxime des IQM[109]. Die bei der Prozesstheologie vorausgesetzte Schöpfungsidee hat zudem die Gleichursprünglichkeit von Gott und Welt als Grundlage, sodass auch die für die christliche Identität so zentrale Idee der *Schöpfung aus dem Nichts*[110] nur noch schwer, wenn überhaupt noch gedacht werden kann.

Zugleich gestehen die Offenen Theisten jedoch der Prozesstheologie zu, dass sie die Schwächen, die vom (von den Vertretern des OT so bezeichneten) klassischen oder konventionellen Theismus[111] herrühren, besehen[112], benannt und auch den Versuch unternommen hat, diese zu revidieren, bzw. neu zu bewerten. Zu diesen Defiziten zählt vor allem die Schwierigkeit, dass der klassische Theismus erhebliche Probleme bezüglich der Frage habe, wie Gott als perfektes Wesen auf die Akte kreatürlicher Freiheit und Autonomie reagiere und diese beiden Größen miteinander in Beziehung gesetzt werden können.[113] „Die kausale Beeinflussung verlaufe hier einseitig von Gott zur Welt, eine umgekehrte Beeinflussung

---

109 Mit „IQM" ist die Denkregel des Anselm von Canterbury gemeint, der Gott als „id quo maius cogitari nequit" beschreibt, dt.: Gott ist dasjenige, „worüber hinaus Größeres nicht gedacht werden kann." ANSELM VON CANTERBURY: Proslogion. Untersuchungen, lateinisch-deutsch, übersetzt von SCHMITT, Franciscus Salesius (Hg.), Stuttgart ²1984, Kapitel II. Vgl. zum Anselmschen Gottesbegriff STOSCH: Einführung in die Systematische Theologie, 19–24.

110 Vgl. MÜLLER, Gerhard Ludwig: Katholische Dogmatik, Freiburg i. Br. ¹⁰2016, 156.

111 So wird gemeinhin diejenige theologische Richtung, bzw. Denken bezeichnet, das insbesondere auf Augustinus und Thomas von Aquin zurückgehe. Letzterer habe insbesondere die Unveränderlichkeit Gottes im Blick, die eine echte Beziehung zwischen Gott und Mensch gefährde, vgl. PINNOCK: Most Moved Mover, 8.

112 Vgl. SANDERS: The God Who Risks, 163.

113 Vgl. zu den ruinösen Folgen solcher Gottesvorstellungen PINNOCK: Most Moved Mover, 3: „God is not dead, but some of the ways we have presented God are dead. By distancing God so far from the world and from human affairs, theology has prepared the way for secularism and atheism."

werde entweder explizit ausgeschlossen oder lasse sich nicht mehr plausibel und kohärent integrieren."[114] Ebenso ist festzuhalten, dass der klassische Theismus zwar die Souveränität Gottes einlösen kann, dafür aber nicht den *Vorzug* der Prozesstheologie bietet, ein responsorisch-wechselseitiges Verhältnis, eine von Liebe geprägte Beziehung zwischen Gott und Mensch denken zu können, denn es hafte dem klassischen Theismus eine Weise von Wirkmacht in der Schöpfung an, die nur von Gott ausgeht und daher als eindimensional aufgefasst werden muss. Ein zu starkes Einwirken Gottes auf den Weltenverlauf, wie es im klassischen Theismus der Fall sei, komme dann dem Gedanken gleich, dass Gott auch Autor des Übels ist – dies ist wohl der augenscheinlichste Abstoßpunkt bzw. das gewichtigste Argument gegen den klassischen Theismus und für die eigene Alternative im Kontext des Theodizeeproblems. Gott sei in diesem Modell haftbar zu machen für das Leid in der Welt.

Die von der Prozesstheologie geäußerte Kritik am klassischen Theismus sei sachlich zutreffend, so der OT, jedoch in ihrer Endgestalt problematisch: Sie kann nicht mehr die Vorzüge eines im klassischen Sinn allmächtigen Gottes bieten. Das Allmachtsprädikat in herkömmlicher Form schlichtweg beizubehalten sei jedoch ebenfalls problematisch, da dies auch die Übernahme denkerischer Altlasten bedeute. Die Frage, die sich stellt, ist nun, ob sich die Vorzüge beider Positionen vereinen ließen, ohne sich in Inkohärenzen im Gottesbild zu verfangen.

Es handelt sich nach Armin Kreiner beim OT um eine „Kompromissposition" – aus folgenden Gründen: Einerseits stimmen die Vertreter des OT den Prozesstheologen zu, dass der konventionelle Theismus in bestimmten Hinsichten inkohärent sei. Andererseits ist das von ihnen propagierte Modell der Prozesstheologie in seiner umgesetzten Form so sehr von Kritik motiviert, dass wiederum gültige Ansichten des klassischen Theismus verworfen werden, obwohl dies nicht zwingend nötig sei, um ein systematisches tragfähiges Gesamtkonzept einer „Gotteslehre" beibehalten zu können. Somit ergibt sich, dass der OT gewissermaßen als *Mitte* zwischen Prozesstheologie und klassischem Theismus bezeichnet werden kann: um einerseits die legitime Kritik der Prozesstheologen aufzunehmen und diese mit den klassischen Prädikaten Gottes andererseits zu vermitteln, bzw. diese nicht zu revidieren.

Treffend am Begriff des Kompromisses ist sicherlich, dass er verdeutlicht, dass Aspekte beider zu verhandelnden Positionen im Begriff enthalten sind. Andererseits kann er aber auch leicht die Konnotation erhalten, nicht das Optimum, nicht das bestmögliche Ergebnis aus einer zu verhandelnden Fragestellung erschöpfend zum Ausdruck zu bringen. Es hängt natürlich davon ab, wieviel Plausibilität man dem OT beimisst bzw. ob man ihm den Vorzug gegenüber den anderen Positionen gibt; wenn aber gilt, dass der OT zumindest

---

114 KREINER: Antlitz Gottes, 338.

in groben Zügen kohärent und kommensurabel in den Punkten ist, aus dessen Genese er sich speist, also Kritik des klassischen Theismus einerseits und Aufnahme bestimmter Erkenntnisse der Prozesstheologie andererseits, dann halte ich es für treffender, den OT weniger als Kompromissposition, sondern eher als *Revisions*position zu bezeichnen. Ein Kompromiss suggeriert eine womöglich nicht optimale Alternative zwischen gleichen Möglichkeiten und bescheidet sich womöglich auch nur mit einer Lösung, die die wenigsten Widersprüche, nicht aber auch positiv-korrigierende Aspekte beinhaltet. Wenn aber dem OT die angedeutete Neuauslotung etwa der Allmacht mit der kreatürlichen Freiheit gelingt, d.h. diese Lösung zumindest widerspruchsfrei denkbar ist, dann ist m.E. der Begriff des Kompromisses wenig zielführend, da er den stattgefundenen Revisionsprozess unterminiert.

Die „ausgelotete" Lösung, die der OT im Hinblick auf das Theodizeeproblem bietet, besteht nun darin, dass der klassische Allmachtsgedanke erhalten bleibt, also nicht im Sinne der prozesstheologischen Position umgedeutet oder preisgegeben wird. Damit bleiben natürlich auch die Vorzüge erhalten, die der klassische Begriff der Allmacht bietet. Denn die Probleme, die die Prozesstheologie an dieser Stelle bezüglich der Allmacht evoziert, werden umgangen: Gott könnte theoretisch noch auf allen, auch der höchsten Ebene seiner Handlungsmöglichkeiten[115] eingreifen, verzichtet aber darauf, da er – wie es an dieser Stelle nun typisch für die Prozesstheologie ist – einem lockenden und überredenden Handeln den Vorzug gibt: Gemäß der prozesstheologischen Deutung muss Gott auf diese Weise handeln, da es seinem Wesen als Liebe entspricht; er hat gar keine andere Wahl, da die genannten metaphysischen Gründe innerhalb der Prozesstheologie jedwedes unilaterale Eingreifen unmöglich machen. Aus Sicht des OT stellt die „freiwillige Zurücknahme" Gottes einerseits und das Beibehalten des klassischen Allmachtsgedanken andererseits dem Begriff nach keinen Widerspruch dar. Als problematisch lassen sich jedoch dann die Konsequenzen aus dieser neuen Sichtweise beschreiben: Die Aussage einer freiwilligen Zurücknahme Gottes als Ausdruck seiner Liebe gerät dann in argumentative Schwierigkeiten, wenn man dasselbe Muster auf die Geschöpfe überträgt: „Anderen in Notsituationen nicht helfend beizustehen, obwohl man dies könnte, gilt zumindest im zwischenmenschlichen Bereich als alles andere als ein Ausdruck von Liebe."[116] Dieses Problem verselbstständigt sich und potenziert sich natürlich augenscheinlich insbesondere dann, wenn man sich nur die Katastrophen vergegenwärtigt, die in der Weltgeschichte stattgefunden haben und immer noch stattfinden. An dieser Stelle tritt nun auch die Frage auf, ob der Zweck die Mittel heilige: Darf Gott zur

---

115 Vgl. die tabellarische Übersicht zu den Stufen göttlichen Handelns in: STOSCH: Einführung in die Systematische Theologie, 90 f.
116 KREINER: Antlitz Gottes, 341.

Realisierung seines Zieles mit der Schöpfung wirklich radikale Freiheit gewähren? Der Verweis darauf, dass es eine Preisgabe der Möglichkeit zur Beziehung mit Gott wäre, würde er den Machtverzicht widerrufen und eingreifen scheint, zumindest prima facie, nicht legitim. Denn betrachtet man die Fülle des Leids bzw. die Menschen, die von ihm betroffen sind (und womöglich gerade deswegen auch die Gottesbeziehung aufgegeben haben), scheint es überhaupt keinen Wert zu geben, der dies legitimiert – dies jedoch wäre eine weiterführende Frage, die an dieser Stelle nicht weiter behandelt werden kann.

Der augenscheinliche Vorteil der OT-Position besteht zunächst einmal darin, dass die eschatologischen Konsequenzen als Perspektive der Hoffnung bestehen bleiben: Nur ein Gott, der allmächtig ist, kann garantieren, dass die Schöpfung einer definitiven Zerstörung nicht anheimfallen muss. Die Prozesstheologie mag zwar das Theodizeeproblem durch die Preisgabe des Allmachtsprädikats gelöst haben, dafür begegnet nun ein anderes Problem, das die Eschatologie betrifft: Bei der Preisgabe der Allmacht stellt sich gleichzeitig die Frage, ob Gott noch die Macht hat, den Zustand eines Daseins hervorzurufen, welches den Tod überdauert. Was in christlicher Perspektive zweifellos zum eigenen Profil gehört, durch einen allmächtigen Gott verbürgte Hoffnung auf Versöhnung, Trocknung der Tränen der Leidenden und Auferstehung, wird bei Annahme eines nichtallmächtigen Gottes, wie ihn die Prozesstheologie proklamiert, mindestens fraglich: „Nur ein allmächtiger Gott kann garantieren, dass das eschatologische Ziel erreicht wird. Nur ein allmächtiger Gott kann das Risiko eines letzten Scheiterns ausschließen. Wäre Gott nicht allmächtig, bliebe der Ausgang der Geschichte des Universums unsicher."[117] Auf der Grundlage dieser Überlegungen ist nun umso klarer, worin der Vorteil des klassischen Theismus besteht: Wird das Allmachtsprädikat beibehalten, ergeben sich zumindest in oben genannter *eschatologischer* Perspektive keine Probleme, sondern Hoffnungsperspektiven.

Der argumentative Vorteil des OT besteht gegenüber der Prozesstheologie also darin, dass gerade deswegen, weil Gott im OT die Welt nicht aus metaphysischer Notwendigkeit, sondern als Ausdruck von freier Liebe erschafft, das Allmachtsprädikat *nicht aufgegeben* werden muss. Anders gewendet: Der OT kann deswegen an der Allmacht festhalten, weil die metaphysische Beschränkung, aufgrund derer die Welt gemäß Prozesstheologie in ihr Dasein gelangte, nicht gilt, bzw. diese vom OT nicht affirmiert wird. Mit der Prozesstheologie

---

117 KREINER: Antlitz Gottes, 343. Ob sich diese durchaus prägnant pointiert formulierten Sätze vollumfänglich bewahrheiten, wird sich im Laufe dieser Arbeit erst noch erweisen müssen. Zuzugeben ist Kreiner aber, dass Allmacht quasi die conditio sine qua non *für die Garantie* ist, eine „Macht, die der Macht der Vergänglichkeit widerstehen kann", zu besitzen (Vgl. KREINER: Antlitz Gottes, 343).

kann an dem Modell eines lockenden Gottes festgehalten werden, ohne dies als *ausschließliche* Möglichkeit seines Wirkens einräumen zu müssen. Ein allmächtiger Gott handelt, wenn er ein Gott der Liebe ist, mit Mitteln der Liebe, doch er ist hierauf nicht beschränkt.[118] Wäre er es, wäre der Begriff der Allmacht wieder preisgegeben. Das Mittel der Überredung ist nur seine Präferenz, die die Freiheit der Geschöpfe wahrt.

An dieser Stelle schließt sich nun die eingangs erwähnte Rezeption der free-will-defense durch den OT sachlogisch an. Denn die stetige Betonung der Möglichkeit einer echten Beziehung zwischen Gott und Mensch setzt eine Freiheit voraus, die für die Behandlung der Theodizee von Relevanz ist:

„The open view of God helps with the problem of evil. It yields ‚a logic of love‘ theodicy that can be sketched along these lines:

(a) God created for the sake of loving relationships.
(b) This required giving real freedom to the creature that it not be a robot.
(c) Freedom, however, entails risk in the event that love is not reciprocated.
(d) Herein lies the possibility of moral and certain natural evils – those which appear irredeemeably malicious and demonic.
(e) God does not abandon the world but pledges a victory over the powers of darkness. In such a theodicy, God does not will evil but wills love and, therefore, freedom that opens the door to things going right or wrong.
(f) Though God does not protect us from ourselves, God is there redeeming every situation, though exactly how, we may not yet always know.“[119]

Unter der Voraussetzung, dass Gott nichts logisch Widersprüchliches tun kann und ebenso nicht entgegen seiner Natur handeln kann, lässt sich der Gedanke fassen, dass Gott eine liebende Beziehung zum Menschen will, die Freiheit logisch voraussetzen muss. Daraus folgt, dass Gott Freiheit gewähren muss, was dann wiederum zur Folge hat, dass der Ausgang bzw. die Umsetzung dieser Entscheidungen offen sein muss. Trifft dies aber zu, dann ist Gott zumindest als Urheber des moralischen Übels „freigesprochen“[120], da er dies nicht bewirkt hat. Die „Kette der Verantwortlichkeit“[121] endet einzig und allein beim einzelnen Menschen, der sich für eine konkrete Form der Umsetzung seiner Freiheit entschieden hat. Gott durfte aus Sicht des OT dieses Risiko eingehen, da er die echte

---

118 Vgl. PINNOCK: Most Moved Mover, 94.
119 PINNOCK: Most Moved Mover, 131 f.
120 Vgl. STOSCH: Gott – Macht – Geschichte, 230, Anm. 185.
121 Vgl. KREINER: Antlitz Gottes, 354 f.

Liebe des Menschen gewinnen will und auch die Gefahr besteht, dass diese Liebe ausgeschlagen werden kann:

> „God took a risk when he made this kind of a world since freedom entails the possibility, if not the necessity, of genuine evil because love can be refused. Risk was involved in creating this kind of non-divine order because rebellion and defection are possibilities. Evil was not what God willed, though he did make it possible by giving freedom for the sake of love."[122]

Sanders formuliert treffend, dass das hier beschriebene Phänomen auch als „„logic-of-love defense""[123] bezeichnet werden kann, womit auch *begrifflich* die argumentative Nähe zur free-will-defense deutlich wird.

Man bemerkt also im Horizont des Theodizeeproblems deutlich, dass der OT zur „Gattung" des free-will-theism gehört, insofern seine Konzeption sich leicht in die Kategorien der free-will-defense integrieren lässt. Wenn Gottes Ziel darin besteht, eine Beziehung zum Menschen zu gewinnen und er dem Menschen darum Freiheit gewährt, lässt sich der argumentative Kern der free-will-defense praktisch „sachlogisch bruchlos" anschließen.

II.3.3 Inhaltliche Akzentverschiebungen des Allmachtsbegriffs im Open Theism

Die vorangegangenen Ausführungen sollten verdeutlichen, warum das Allmachtsprädikat entgegen entsprechender Vorwürfe der Gegner des OT nicht aufgegeben, sondern im Sinne des OT beibehalten werden soll. Damit ist jedoch nicht eine exakte Übernahme dessen gemeint, was Allmacht auch in den Richtungen bezeichnet, von denen sich der OT abgrenzt. Vielmehr soll diese Gotteseigenschaft (wie ebenso auch andere) vor dem Hintergrund biblischer Inhalte gedeutet werden, die den Offenen Theisten zufolge erst das eigentlich korrekte, den metaphysischen Prämissen der Tradition entgegenstehende Gottesbild insgesamt zeichnen: „Let us not treat the attributes of God independently of the Bible but view the biblical metaphors as reality-depicting descriptions of the living God, whose very being is self-giving love."[124] Neben Abgrenzungen von der bereits erwähnten Prozesstheologie macht etwa John Sanders im Kontext seines Allmachtsverständnisses auf verschiedene Arten der Rede von diesem Gottesprädikat aufmerksam, die seiner Meinung nach der offen-theistischen Position

---

122 PINNOCK: Most Moved Mover, 132.
123 SANDERS: The God Who Risks, 268.
124 PINNOCK: Most Moved Mover, 27.

entgegenstehen. Um letztgenannte besser zu verstehen, soll darum zunächst mit der Darstellung der Gegenposition(en) begonnen werden, um sodann die systematische Eigenheit des Allmachtsprädikats im OT besser nachvollziehen zu können.

II.3.3.1 Abgrenzungen und Klarstellungen

Betrachtet man zunächst den Befund der Evangelien bzw. die Texte des Paulus, so ist von einer Regentschaft Gottes, der Allmacht zukommen soll, aufgrund des Kreuzigungsereignisses wenig zu spüren. Gerade im Lichte des alttestamentlichen Verständnisses und auch des griechischen Denkens ist ein Gott, der am Kreuz stirbt, alles andere als allmächtig und darum auch nicht in irgendeiner Weise als herrschend zu denken. Das Verständnis der griechischen Philosophie hinsichtlich des Göttlichen stand dem Kreuzestod Jesu diametral entgegen: „An incarnate and dying Son of God was foolishness to his Greek contemporaries. The gospel story made God sound weak and foolish to those who had preconceived notions of what is fitting for God to do."[125]

Abstrakt und grundsätzlich formuliert kann im Hinblick auf Allmacht festgehalten werden, „dass eine Person dann allmächtig ist, wenn sie jeden möglichen Zustand hervorbringen kann, von dem gilt, dass es logisch möglich und ihrem Wesen entsprechend ist, dass sie diesen Zustand hervorbringt."[126] Das genannte Zitat bietet einen Anschlusspunkt dafür, die Allmacht im Sinne des OT auszudeuten. Denn seiner Ansicht nach ist es gerade das *Wesen* Gottes, das die Liebe ist und darum die Schöpfung als Raum dieser Liebe begreifen will. Gottes Ziel der Schöpfung ist das Gewinnen des Menschen, die Erwiderung seiner Liebe. Gerade aber weil die Schöpfung als freie interpretiert werden muss, ereignen sich in ihr aber auch Dinge, die Gott nicht intendierte. Dies tritt klar zutage, wenn man sich die Ursprungsmotive des OT vergegenwärtigt, die ja wie gesehen auf eine bibeltheologische Besinnung gründen. So sind es allen voran die biblisch stark gemachten Motive der *Reue, Frustration und Lernbereitschaft* Gottes, die bereits suggerieren, dass die Geschichte zwischen Gott und Mensch nicht frei von Fehlern ist, sondern als risikobehaftet gelten muss: „The biblical understanding of almightiness does not entail that everything happens precisely as God desires because it is defined in terms of the sort of project God has decided to establish—a project in which God takes contingency seriously."[127]

---

125 SANDERS: The God Who Risks, 188.
126 GRÖSSL, Johannes: „Allmacht", in: DÜRNBERGER, Martin/DOCKTER, Cornelia/LANGENFELD, Aaron (Hgg.): Theologische Grundbegriffe. Ein Handbuch, Paderborn 2021, 18f, 18.
127 SANDERS: The God Who Risks, 192.

Kritiker des OT wie Bruce Ware halten fest, dass eine derartige Abwertung Gottes zu weit gehe und darum untragbar sei. Eine Position, wie sie der OT vertrete, beschreibe nicht mehr den Gott, der noch die Ehre der Anbetung verdienen würde, da ihm das nach Ware so zentrale Prädikat der absoluten Kontrolle bzw. Souveränität fehle: „Compared to the exalted fullness of God revealed in Scripture and affirmed in the classical tradition, the openness God has limited knowledge, limited power, limited wisdom, limited control, limited sovereignty, and hence, limited glory."[128] Die Begrenzungen, die der OT unrechtmäßigerweise vornehme, stünden also ihrerseits entgegen bestimmter bibeltheologischer Ansichten und insgesamt gegen den klassischen Theismus. Allmacht wird also von Bruce Ware als vollständiges Kontrollieren jedes Schöpfungsaktes durch Gott verstanden, sodass es nichts gibt, was nicht in seinen Machtbereich fällt, ihn darum als ultimativen Herrscher über das Universum legitimiere und ihn ergo als verehrungswürdig auszeichnet. Umgekehrt sei der Gott des OT nicht in diesem Sinn allmächtig, was seine Souveränität einschränke und sozusagen ineins damit auch den ihm gebührenden Ruhm, sodass der Zusammenhang dieser Aspekte als einseitiges Gefälle deutlich wird.

„This being the case, it follows that the openness model may be charged with a gravely serious assault against the very deity and glory of God. Since the higher the risk, the lower the control, and since the lower the control, the lower is the basis by which God's deity and glory are established, open theism's minimizing of God's control while elevating human freedom and divine risk produce a conception of a God with a lesser claim to deity and a lesser right to glory."[129]

Warum sollte ein Gott, der nicht alles unter Kontrolle hat, bzw. ohnmächtig ist, weniger oder auch nur im selben Maße von seinen Geschöpfen angebetet werden als ein alles kontrollierender Gott? Ware würde darauf antworten, dass Allmacht, verstanden im Sinne absoluter Kontrolle bzw. Souveränität[130], erst eine Sicherheit für Schöpfung und Geschöpfe angemessen zu denken vermag, die der Gott des OT niemals erreichen kann. „Controlling everything that occurs is God's self-chosen basis for upholding his deity. So, contrary to openness proponents, God takes no risks."[131] Auffallend ist, dass sowohl manche Vertreter

---

128 WARE: God's Lesser Glory, 146.
129 WARE: God's Lesser Glory, 153 f.
130 Schmid beobachtet, dass bei Ware und auch bei Millard Ericksson die Termini „Souveränität" und „totale Kontrolle" bzw. „Souveränität" und „Herrschaftsgewalt" quasi synonym gebraucht werden, vgl. SCHMID: Gott ist ein Abenteurer, 165, Anm. 30.
131 WARE: God's Lesser Glory, 151. Vgl. auch die Überlegungen von John M. Frame, der aus der Kontrolle Gottes auch über das menschliche Leben und dessen Erlösung ableitet, dass sich „great developments" in der Geschichte ereigneten: „But God does not control only

als auch manche Kritiker des OT vom Motiv der Selbstwahl Gottes ausgehen, sei es für die Vorstellung einer totalen Kontrolle oder einer Begrenzung bzw. Rücknahme der Allmacht.

Wie bereits erwähnt führt die Betonung der Allmacht in dem Sinne, wie sie die Kritiker des OT sehen, aber nach Auffassung der Offenen Theisten zu Problemen. Denn ein alles kontrollierender Gott, dessen Allmacht keinen Schranken unterliegt, sei dann nicht nur mit- oder alleinverantwortlich für das Übel der Welt, vielmehr ist bereits die Genese eines solchen Allmachtsbegriffs, welcher sich aus metaphysischen Vorannahmen speist, hochproblematisch und nicht mit dem Gottes-, bzw. Allmachtsbegriff der *Bibel* vereinbar. So wird zwar die Annahme, dass Gott alles logisch Mögliche tun kann, ausdrücklich beibehalten. Wenn vom OT übereinstimmend mit dem theologischen Mainstream zuerkannt wird, dass Allmacht darin besteht, alles logisch Mögliche (und möglicherweise nichts moralisch Verwerfliches) tun zu können, dann stellt sich wie von selbst die Frage, warum Gott gerade diese Welt erschaffen hat, in der wir uns offenbar befinden.[132] Dies beantworten die Offenen Theisten damit, dass es – entsprechend ihrer Wertschätzung biblischer Wahrheiten – Gottes Anliegen ist, eine Welt zu erschaffen, die „dem Wesen Gottes entspricht, wie es sich in seiner biblisch bezeugten Geschichte mit dem Menschen offenbart."[133] So versuchen die Vertreter des OT aus bestimmten biblischen Passagen Eigenschaften Gottes abzuleiten, die das Verhältnis von Gott zur Welt und zu den Menschen betreffen.[134] Häufig ist dabei vom Wesen Gottes und der Art seiner *Zugewandtheit* zur Welt und zu seinen Geschöpfen die Rede:

„Finally, and most importantly, in the face of a scary world, the open view offers the same comfort that the New Testament offers. With Scripture, the open view affirms that God's character is unambiguously loving and thus that he is on your side. He doesn't ordain evil. This view affirms that, regard-

the course of nature and the great events of history. (...) God controls all natural events in detail, even including apparently random events. He controls the history of nations and of human salvation. But these, in turn, govern to a large extent the events of our daily lives. Conversely, if God does not control a vast number of individual human lives, it is hard to imagine how he would be able to control the great developments of history." FRAME: No Other God, 61 f.

132 Vgl. BOYD, Gregory: Is God to Blame? Beyond Pat Answers to the Problem of Suffering, Downers Grove 2003, 178: Der Grund dafür, warum Gott keine deterministische Welt erschaffen hat, obwohl er dies gekonnt hätte, besteht wiederum in der Ermöglichung von Freiheit und Selbstbestimmung des Menschen durch Gott.

133 SCHMID: Gott ist ein Abenteurer, 166.

134 Vgl. SANDERS: The God Who Risks, 188.

less of what happens to you, your eternal relationship with the Lord is secure (Rom. 8:31 – 39).“[135]

Es gelte darum, die vorfindliche Welt als diejenige auszuweisen, in der Gott sich auch gemäß der exemplarisch vorgebrachten biblischen Erzählungen gezeigt und insofern sein Wirken geoffenbart hat. Dies gelte auch und erst recht im Hinblick auf das Prädikat der Allmacht, insofern sie nach Überzeugung der Offenen Theisten es Gott ermöglicht, den Menschen als sein Gegenüber zu *bemächtigen*. Hiermit ist ein inhaltlicher und systematischer Schlüsselgedanke dessen erreicht, was die Vertreter des OT – neben der Fähigkeit Gottes, alles logisch Mögliche tun zu können – *konkret* unter der Allmacht Gottes verstehen. Auch aus dieser Perspektive wird erneut klar, dass der Gott des OT sich im Hinblick auf das Prädikat der Allmacht *nicht* mit der Vorstellung eines alles kontrollierenden Herrschers über Himmel und Erde decken kann. Vielmehr wird hier das Leitmotiv stark gemacht, dass Gott der Grund dafür ist, warum Menschen mit Freiheit begabt und als Gottes Gegenüber gedacht werden können:

> „Open theists believe that God had a choice when it came to creation. God could have created a world in which God determines everything that happens. But open theists believe that God also had the option of creating a world in which (at least some of) the creatures would make choices of their own, undetermined by God. In other words, God could create a world in which there are creatures who enjoy libertarian freedom and whose choices are not foreknown to God.“[136]

Erst in dieser Verstehensweise kann Gott den Menschen angemessen an sich selbst und der Bundesgeschichte anteilhaft werden lassen, indem Gott die Freiheit seines Geschöpfes achtet. Für dieses Verständnis ist darum ein Gottesprädikat nicht angemessen, das Allmacht bloß als alles kontrollierenden, unfehlbar wirkenden Kontrollzwang denkt, der auf monarchische Weise die Macht anderer Entitäten unterdrückt. Vielmehr erscheint die Allmacht Gottes als ins Dasein setzende Macht, die dafür verantwortlich zeichnet, dass die zur Freiheit befähigten Geschöpfe als ontologisch von Gott unterschiedene existieren und seine Liebe erwidern können. Wie Schmid treffend bemerkt, muss Allmacht

---

135 BOYD, Gregory: God of the Possible. A Biblical Introduction to the Open View of God, Grand Rapids 2000, 155. Vgl. in mehr soteriologischer Wendung auch BOYD: God of the Possible, 155f: „Furthermore, the open view affirms that Christ will be with us to provide a peace that ,surpasses all understandings‘ whatever may come our way (Phil. 4:7). It affirms that whatever happens, God will work with us to bring a redemptive purpose out of the event (Rom 8:28).“
136 RICE: The Future of Open Theism, 130.

im OT begriffen werden als „Macht, die sich in der *Ermächtigung anderer* zur Teilnahme an der Bundesgeschichte Gottes betätigt und sich an der *zwangfreien Einflussnahme* auf die Geschöpfe erweist."[137]

Wenn nun aber ein klassisches Verständnis von Allmacht durch die Offenen Theisten verworfen wird, dann ist damit teilweise auch über andere Aspekte entschieden, die mit diesem abgelehnten Allmachtsbegriff verbunden bzw. von ihm abhängig sind. Hierzu gehört der Gedanke, dass die Geschichte nicht immer so verläuft, wie Gott es will bzw. dass Gott nicht immer das erhält, was er intendiert. Das aber würde bedeuten, dass Gottes Absichten frustriert werden können und das, was er für seine Schöpfung bzw. den Menschen intendierte, fehlschlagen kann. Darum ist an dieser Stelle die Verbindung zwischen Allmachtsbegriff und Risiko in der Vorsehung angedeutet, was ausführlicher jedoch erst in Unterkapitel II.6 besprochen wird.

II.3.3.2 Göttliche Allmacht als Omnikompetenz

Ganz im Sinne der bisherigen Überlegungen, die deutlich gemacht haben sollten, dass gemäß der offen-theistischen Vorstellung Gott die menschliche Freiheit durchaus achtet und ihr darum ein nicht geringes Maß an Einfluss auf das Weltgeschehen zubilligt, kann nun zu einem Gedanken übergeleitet werden, der systematisch mit einer echten und authentischen Geschichte zwischen Gott und Mensch zusammenhängt.

Der OT macht den Gedanken stark, dass die Vorsehung Gottes nicht im Sinne eines vordefinierten Planes für die Welt missverstanden werden darf. Andernfalls drohe erneut die Gefahr eines Determinismus oder Fatalismus, der die menschliche Freiheit und das Beziehungsgefüge zwischen Gott und Mensch unangemessen zu verstellen vermag. Stattdessen aber entwickeln die Open Theists einen Gedanken, der umgekehrt ganz im Zeichen des von ihnen proklamierten Geschichtsverständnisses steht und sich einfügt in den Gedanken von dessen

---

137 SCHMID: Gott ist ein Abenteurer, 166 f. Der angedeutete Begriff der „Zwanglosigkeit" in Gottes Handeln lässt sich auch gut mit der typisch offen-theistischen Vorstellung eines *lockenden* Gottes vereinbaren.
Der offene Theist Thomas Jay Oord versteht den Begriff der Kenosis ganz in diesem Sinne: „*Almighty* is not coercive. God does not arbitrarily give power. Instead, God's empowering gifts derive from the divine nature of love. This means God necessarily rather than arbitrarily shares power with creation. Kenotic love palliates sovereign power. As the Almighty One, God always exerts might through the self-giving kenosis of uncontrolling love." OORD, Thomas Jay. The Uncontrolling Love of God: An Open and Relational Account of Providence, Downers Grove 2015, 190.

risikobehafteten[138] Verlauf: gemeint ist die Rede von der Omnikompetenz[139] Gottes, die es ihm ermöglicht, auf jedwede Situation bestmöglich zu reagieren. Er kann durch keine Situation überfordert oder überwältigt werden, vielmehr verfügt Gott stets über so zahlreiche und angemessene Alternativen, dass er nie planlos vor Hindernissen oder Problemen zurückbleibt: „God is omnicompetent, resourceful and wise enough to take our moves into account, mighty enough to act and faithful enough to persist. If one of God's plans fails, he has others ready at hand and finds other ways of redeeming our world."[140] Es zeigt sich, dass Sanders zwar von einer Omnikompetenz ausgeht, jedoch die Rolle des Menschen in diesem Zusammenhang nicht unterschlägt. Das entspricht dem OT insofern, als er die Verantwortung und Freiheit der menschlichen Geschöpfe ernst nimmt und sie darum auch bei der Überwindung der Ereignisse in die Pflicht nimmt, die der Durchsetzung Gottes auf Erden nach Vorstellung des OT noch entgegenstehen. Die Omnikompetenz Gottes ist zudem mit dem Gedanken einer (nahezu) perfekten Prognosefähigkeit verbunden, denn nur ein Gott, der alle möglichen Zukunftsverläufe und die Bedingungen für deren Aktualisierung kennt, kann als stets omnikompetenter Akteur gelten.

Besonders deutlich wird dieser Gedanke in dem bekannten Bild von Peter Geach, der Gott als Schachspieler sieht und gegen den Menschen spielt. Die Regeln des Spiels sind für beide Kontrahenten gleich und Gott hat keinen direkten Einfluss darauf, die Freiheit des Menschen beim Schachzug anzutasten. Analog einem Großmeister im Schach hat Gott jedoch die weitaus besseren Kompetenzen im Spiel, die jedoch an dieser Stelle als Prognose- oder Analysefähigkeiten begriffen werden müssen. Dem Zug des Menschen kann Gott mit zahlreichen taktischen Varianten begegnen, da er jeden möglichen Spielverlauf kennt: „Omnikompetenz bedeutet dann, dass Gott für jeden möglichen Schachzug eines einzelnen Menschen, eines geschichtlichen oder naturalen Ereignisses den entsprechenden Gegenzug kennt und durchführt, der ihn auf lange Sicht zum Sieg führt."[141] Sanders ist sich den Schwierigkeiten dieser Analogie bewusst, wenn er etwa darauf hinweist, dass die Spielbeteiligung der Kontrahenten als je für sich isoliert betrachtet problematisch ist. Denn das Bild des Schachspiels schließt eine echte, facettenreiche Deutung der Beziehung zwischen Gott und Mensch aus: „But the grand-master analogy lacks the genuinely relational qualities of the other analogies suggested above (...). In fact, it is doubtful that the chess-master analogy adequately handles the nature of the personal relationship between God

---

138 Vgl. etwa PINNOCK: Most Moved Mover, 35: „History is a drama with profound risks and enormous dynamics."
139 Vgl. TEUCHERT: Gottes transformatives Handeln, 132.
140 SANDERS: The God Who Risks, 247.
141 TEUCHERT: Gottes transformatives Handeln, 136.

and humans".[142] Es wird also nicht die prinzipielle Möglichkeit bestritten, dass Gott durchaus sehr gute und über jedes menschliche Maß weit hinausgehende Fähigkeit besitzen könnte, den Spiel- bzw. Weltverlauf als Möglichkeit vorauszusehen. Aber die im Bild nicht vorhandene denkerische Möglichkeit des *Zusammen*spiels bzw. der *Kooperation* wird angemahnt – was bei einem Spiel, bei dem es nur einen Sieger geben kann (bzw. im Falle des Schachs sogar die Möglichkeit des Remis besteht), freilich nicht vorgesehen ist.

Ein anderer Aspekt, der jedoch mit der Prognosefähigkeit eng zusammenhängt, besteht darin, dass bei Annahme eines bestmöglichen Wissens über zukünftige Verläufe dieses Wissen gefährlich nahe an das Phänomen des Vorherwissens heranreicht. Teuchert beschreibt das hier zu tage tretende Problem so:

„Wenn Gott so gute Prognosen über die potentiellen Entscheidungen der Menschen aufstellen kann, dass er immer noch überlegen reagieren kann, dann setzt das ein so flächendeckendes Durchdringen der geschichtlichen Mechanismen voraus, dass die tatsächlich eintretende Zukunft, als eine von vielen Varianten, vollständig durch das Modell abgedeckt wird. Dass Gott Enttäuschung und Überraschung erlebe, wie im Open Theism mit großer Emphase aus dem biblischen Zeugnis abgeleitet wird, sei dann kaum noch vorstellbar. Der Open Theism nehme also die Offenheit, die er sich selbst zum Programm macht, selbst nicht so ernst, wie sie sich in der Konsequenz zeigt."[143]

Gegen diesen Einwand muss aber festgehalten werden, dass eine bloße Prognosefähigkeit *nicht* identisch mit Vorherwissen ist. Auch bei Kenntnis aller möglichen Weltenverläufe darf die mögliche und die tatsächliche Wirklichkeit nicht miteinander identifiziert bzw. verwechselt werden, sondern muss streng entkoppelt bleiben. Das Problem des Vorherwissens Gottes angesichts der menschlichen Freiheit besteht ja nicht darin, dass Gott weiß, was Menschen tun *könnten*, sondern darin, dass definitives göttliches Vorher*wissen* menschliche Freiheit unmöglich macht. Wird also der qualitative Unterschied zwischen möglicher und tatsächlicher Wirklichkeit, bzw. deren Prognostizierbarkeit hier nicht unrechtmäßigerweise eingeebnet? Genau diese Unterscheidung scheint auch Schmelter zu meinen, wenn er zwar Gott eine nicht zu überbietende Prognosekompetenz zubilligt, gleichzeitig aber streng zwischen Realem und Potenziellem unterscheidet:

---

142 SANDERS: The God Who Risks, 244.
143 TEUCHERT: Gottes transformatives Handeln, 137.

„Insofern hat Gott hinsichtlich der Zukunft durchaus einen ‚Überblick‘ über das, was werden *könnte*. Eine *Möglichkeit* ist aber *per definitionem* etwas (noch) nicht Reales. Eine Möglichkeit kann darum von Gott nicht im Vorhinein als realisiert erkannt sein – eine ‚im Vorhinein als realisiert gewusste Möglichkeit‘ ist ein Oxymoron –, zumal wenn ihre faktische Realisierung von dem irreduziblen Entschluss eines autonomen Subjektes abhängt."[144]

Gerade also dann, wenn von menschlicher Freiheit die Rede ist, müssen die genannten Kategorien auseinandergehalten werden. Noch pointierter wird dieser Punkt von Gregory Boyd formuliert:

„Our omniscient Creator knows us perfectly, far better than we even know ourselves. Hence, we can assume that he is able to predict our behavior far more extensively and accurately than we could predict it ourselves. This does not mean that everything we will ever do is predictable, for our present character doesn't determine all of our future. But it does mean that our behavior is predictable to the extent that our character is solidified and future circumstances that will affect us are in place."[145]

An dieser Stelle sollen die Ausführungen zum Allmachtsbegriff zunächst genügen. Bereits bei der Erwähnung von Peter Geach ist jedoch der systematische Konnex angedeutet, der zwischen Allmacht und Allwissenheit Gottes besteht. Was der OT unter letztgenannter versteht, ist Gegenstand des nachfolgenden Unterkapitels.

II.4 Freiheit und Allwissenheit Gottes

„How could a temporal flow be timelessly known or postulated ahead of time if freedom is involved? In fact, God as temporal knows the world successively and does not know future acts, which are freely chosen in a libertarian sense.

---

144 Schmelter: Gottes Handeln und die Risikologik der Liebe, 335.
145 Boyd: God of The Possible, 35. Interessanterweise führt Boyd hier also neben anderen zukünftigen Begleiterscheinungen den Charakter eines Menschen an, um bestimmte Voraussagen für Gott als möglich zu denken. Ironischerweise wird aber gerade die *Bildung* des Charakters als eine Art besonderer Locus für die Realität der Freiheit benannt (vgl. Abschnitt II.2.1), wenn man den restriktiven Libertarismus auf diese Weise versteht. Liegt damit erneut ein Konsistenzproblem zwischen menschlicher Freiheit und Voraussehbarkeit vor? M. E. muss dies nicht zwingend der Fall sein, da ja die Freiheit in Einzelentscheidungen nicht eliminiert ist, wodurch sie auch für Gott letzten Endes nicht wissbar ist und ein unbedingtes Moment von Freiheit erhalten bleibt.

The absence of such knowledge does not negate God's omniscience because he still knows every possible choice and every possible consequence of it. The open view of God holds that he knows all that can be known of past, present, what is possible in the future and what he plans to do. But the future is open to what God and humankind will yet freely decide to do. This seems to be the biblical picture – the future is partly settled and partly unsettled."[146]

Das einleitende Zitat von Clark Pinnock erinnert einerseits an bereits behandelte Aspekte zum libertarischen Freiheitsbegriff, macht aber andererseits gerade auch auf die Punkte aufmerksam, die im Kontext der *Allwissenheitsthematik* noch ungeklärt sind.

Unter der Voraussetzung, dass die Offenen Theisten die Allwissenheit Gottes nicht preisgeben, sie jedoch gleichzeitig an der menschlichen Freiheit im libertarischen Sinn festhalten, ergibt sich ein Widerspruch zum klassischen Begriff der Allwissenheit. Während in der Tradition die Allwissenheit Gottes auch auf die menschlichen Freiheitsentscheidungen angewandt wurde, sieht der OT hier ein Konsistenzproblem, wenn die Allwissenheit in einem solchen Sinn verstanden wird. Der eigentliche Nukleus dieses Problems begegnet, wenn man sich das Spezifikum des libertarischen Freiheitsverständnisses vergegenwärtigt, in dem Freiheit dann gegeben ist, wenn eine Person unter den gleichen Bedingungen auch anders handeln könnte. Wird diesem Freiheitsverständnis aber zugestimmt, kann jedoch nicht mehr von einer göttlichen Allwissenheit im klassischen Sinne gesprochen werden, insofern dieses per definitionem unfehlbar ist und darum auch ein Wissen um den Ausgang einer menschlichen Entscheidung im o.g. Sinn einschließen müsste, was aber dem Libertarismus entgehen steht. Wenn Gott umgekehrt eine Entscheidung vorherweiß, kann es sich per definitionem nicht mehr um eine libertarische Freiheitsentscheidung handeln, insofern als ein Wissen impliziert, wie der Ausgang dieser Freiheitsentscheidung ist:

„Wenn Gott heute weiß, wie P sich morgen entscheiden wird, dann scheint P keine Möglichkeit mehr zu haben, sich morgen anders zu entscheiden, denn eine andere Entscheidung würde bedeuten, dass Gott sich geirrt hat, was per definitionem Allwissenheit ausschließen würde. Wenn P aber keine Möglichkeit hat, sich anders zu entscheiden, dann könnte seine Entscheidung zwar nach wie vor von ihm verursacht sein. Sie kann aber nicht mehr als frei bezeichnet werden, vorausgesetzt, eine Entscheidung ist wirklich nur dann frei, wenn grundsätzlich die Möglichkeit besteht, sich auch anders zu entscheiden."[147]

---

146 PINNOCK: Most Moved Mover, 101.
147 KREINER: Antlitz Gottes, 345.

Ist der angedeutete Konflikt zwischen Allwissenheit Gottes und menschlicher Freiheit unlösbar? Wenn die Offenen Theisten davon ausgehen, dass es Freiheit im libertarischen Sinne gibt, stellen sie damit auch bestimmte Behauptungen über die Wirklichkeit auf, insofern die Realität der Freiheit bestimmte ontologische Vorbedingungen erfüllen muss: „It seems clear that open theism, and in general libertarian views of free will, presuppose presentism or some similar view, and are incompatible with eternalism."[148] Daher verwundert es nicht, dass einige Offene Theisten ihre Konzeption nicht nur als theologische, sondern auch als philosophische Position vertreten. Denn der für den OT so zentrale Gedanke der Freiheit setzt ihrer Ansicht nach eine Offenheit der Zukunft voraus, die Alan Rhoda fünffach differenziert, wenn er von einer ontischen, epistemischen, alethischen, kausalen und providentiellen Offenheit spricht.[149] Dem OT ist wie gesehen die Betonung der Freiheit ein wichtiges Anliegen, da die Menschen durch sie u. a. in die Lage versetzt werden können, die eigene Zukunft in Freiheit mitzugestalten, die als offene gedacht werden muss. Trifft dies zu, ist damit auch das Verhältnis angesprochen, in dem Menschen zur Zeit stehen, sodass diesem Gedanken kurz nachgegangen werden soll.

Die gängige Unterscheidung im philosophischen Nachdenken über die Zeit besteht in der Differenzierung zwischen A- und B-Theorie der Zeit. Gemäß der A-Theorie wird ein Zeitpunkt durch sein Verhältnis zur Vergangenheit, Gegenwart und Zukunft definiert, wobei der Gegenwart besondere ontologische Bedeutung zukommt, insofern sie aus menschlicher Perspektive das „Jetzt" zwischen Vergangenem und Zukünftigem ist. Die Gegenwart ist darum aus raumzeitlicher Sicht punktförmig und damit objektiv, als absoluter „Punkt" bestimmbar. Demgegenüber begreift die B-Theorie Zeit als nur relative Abfolge von Ereignissen, sodass hier nicht von einer objektiven Gegenwart gesprochen werden kann. Vielmehr sind in diesem Modell Vergangenheit, Gegenwart und Zukunft nur Bezeichnungen der „Relationen zwischen zwei existierenden Weltzuständen und jeder Zeitpunkt ist aus seiner Sicht auf gleichwertige Weise für sich die Gegenwart."[150] Eine echte Distinktion zwischen den zeitlichen Stufen ist im Rahmen der B-Theorie nicht gangbar. Damit aber kann sie für die Annahme der Wirklichkeit libertarischer Freiheit nicht in Frage kommen:

---

148 HASKER / SANDERS: Open Theism – Progress and Prospects, 864.
149 Vgl. RHODA: The Fivefold Openness of The Future, 70–77. Ähnlich argumentiert auch Gregory Boyd, der von einer „fundamentalen Annahme" von Freiheit spricht, die immer schon vorausgesetzt ist: „With every decision, we reveal the fundamental assumption that the future is partly open and is in part up to us to create." BOYD: God of the Possible, 90 f.
150 GRÖSSL: Freiheit als Risiko Gottes, 141 f.

„This is so because libertarianism requires a *metaphysical asymmetry* between past and future that eternalism denies. The future, for libertarianism, contains genuine alternative possibilities, different ways the future could be, as a result of free decisions that have yet to be made. The past, in contrast, contains no such alternatives: the alternatives may have been there once, but the opportunity for »the road not taken« is gone, never to return."[151]

Der letztgenannte Gedanke des Zitats macht erneut quasi via negativa auf das Fehlen einer wichtigen Bedingung libertarischer Freiheit aufmerksam: Das Vorhandensein von Alternativen muss zumindest zu einem Zeitpunkt möglich gewesen sein – was eine Offenheit der Zukunft implizierte. Auch wenn diese Möglichkeit nun nicht mehr besteht, macht das Zitat deutlich, dass das Vorhandensein alternativer Möglichkeiten aus Sicht verschiedener Zeitstufen logisch widerspruchsfrei „durchdekliniert" werden kann, jedoch nur unter der Voraussetzung einer A-Theorie, bzw. eines Präsentismus. An dieser Stelle wird deutlich, dass eine B-Theorie aus gewichtigen Gründen nicht mit den Ansichten des OT vereinbar ist, insofern er eine echte Offenheit der Zukunft im ontischen Sinne voraussetzt und sich damit für eine A-Theorie der Zeit aussprechen *muss*, die die Annahme einer bereits existierenden Zukunft zugunsten der ontologisch erforderlichen Freiheit der Geschöpfe ablehnt. Vielmehr wird besagter Präsentismus angenommen, der aussagt, dass ausschließlich die Gegenwart als Realität existiert:

„According to presentism, which is arguably the view of common sense, what really exists at any given moment is what exists *now, at that moment*: the past is the realm of what *did exist*, but exists no longer, and the future the realm of what *does not yet exist*, though it may *come to exist*."[152]

Für die Zukunft folgt daraus, dass sie *ontisch* und nicht bloß epistemisch offen sein muss, weil eine bloße Unmöglichkeit der Kenntnis der Zukunft keine hinreichende Bedingung für ihre tatsächliche Einflussnahme durch die Menschen ist.

An dieser Stelle ist nun der Punkt erreicht, die Nichtwidersprüchlichkeit der Allwissenheit Gottes mit der Offenheit der Zukunft bzw. Freiheit des menschlichen Willens zu vermitteln. Die Betrachtung der ontologischen Voraussetzungen und der A-Theorie der Zeit sollte deutlich gemacht haben, dass die Zukunft auch für ein allwissendes Wesen *nicht* gewusst werden kann, wenn für sie gilt, dass sie aus *logischen* Gründen nicht gewusst werden kann. Dies wiederum ist der Fall, weil sie als alethisch offene gedacht werden muss:

---

151 HASKER / SANDERS: Open Theism – Progress and Prospects, 864.
152 HASKER / SANDERS: Open Theism – Progress and Prospects, 864.

„Es ist logisch unmöglich, dass Sätze über zukünftige Ereignisse, insofern deren Eintreten kausal offen ist, bezüglich ihres Wahrheitswertes [d. h. alethisch; A. H.] bereits [heute] festgelegt sind."[153] Versteht man diesen Umstand zusätzlich unter der Prämisse, dass auch Gottes Existenz von den Offenen Theisten unter den Vorzeichen des skizzierten Präsentismus verstanden wird, stehen nun die denkerischen Mittel bereit, das vieldiskutierte Problem der Vereinbarkeit von göttlicher Allwissenheit von zukünftigen Ereignissen, die auch menschliche Entscheidungen umfassen, zu lösen:

> „Wenn nun Gott selbst zeitlich ist und sowohl unsere als auch Gottes Zukunft noch nicht existiert und wenn daher Propositionen über zukünftige Ereignisse keine Wahrheitswerte aufweisen, dann stellt es für Gott keine Einschränkung seiner Allwissenheit dar, die logisch nicht wissbare Zukunft nicht zu kennen. Ein Offener Theist vertritt also die Ansicht, dass Gott die Zukunft nicht kennt, weil sie – auch für Ihn – noch nicht existiert."[154]

Wenn also der Begriff der Allwissenheit Gottes unter diesen Voraussetzungen aufrechterhalten werden kann, ist damit implizit mit ausgesagt, dass der Wahrheitswert von Propositionen dann auch in sein Wissen gelangen muss. Gott ist demnach bereits allwissend, wenn er für jeden Moment der *Gegenwart* all-

---

153 GRÖSSL: Freiheit als Risiko Gottes, 150. Vgl. auch KREINER: Antlitz Gottes, 358: „Aus der Offenheit der Zukunft folgt, dass Aussagen über zukünftige freie Entscheidungen gegenwärtig keinen Wahrheitswert besitzen und damit weder wahr noch falsch sind. Auch ein allwissendes Wesen kann deshalb gegenwärtig nicht wissen, ob diese Aussagen wahr oder falsch sind. Allwissenheit bezieht sich nur auf zu einem bestimmten Zeitpunkt wahre oder falsche Aussagen. Aussagen über zukünftige kontingente Ereignisse sind aber gegenwärtig weder das eine oder das andere."

154 GRÖSSL: Freiheit als Risiko Gottes, 150. Eine ähnliche Denkfigur, die ihren Ausgangspunkt vom logisch Möglichen nimmt, wird angewandt beim Allmachtsgedanken: Wenn Gott nur alles logisch Mögliche tun kann, dann kann seine Allmacht nicht dadurch eingeschränkt sein, dass er keine logisch widersprüchlichen Dinge vollbringen kann, wie einen eckigen Kreis zu erschaffen. Wäre es anders, würde man die Begrifflichkeiten der Logik aufweichen, was dazu führen würde, dass das, was Gott aus logischer Perspektive tun kann, nicht mehr identisch ist mit dem, was überhaupt logisch machbar wäre. Hieraus würde die Gefahr entstehen, dass die auch die grundsätzlichen Regeln, unter denen Theologie betrieben wird, gefährdet werden (vgl. etwa SANDERS: The God Who Risks, 190). Vielmehr muss um der Konsistenz des Allmachtsbegriffs willen gelten, dass das, was für Gott machbar ist, identisch ist mit dem, was auch überhaupt logisch machbar ist. Wenn Kreiner bemerkt, dass die Allwissenheit aus der Allmacht folge, ist also erst recht verständlich, dass ein allmächtiger Gott nur logisch wissbare Propositionen kennen kann (vgl. KREINER: Antlitz Gottes, 344). Ebenso ist es kein logischer Widerspruch zur Allmacht Gottes, dass Gott Wesen mit libertarischer Freiheit erschaffen kann und seine Allwissenheit sich dann nicht mehr auf das erstrecken kann, was diese Wesen im Gebrauch dieser Freiheit tun werden.

wissend ist. Denn die A-Theorie der Zeit und die damit verbundene Annahme eines Präsentismus haben ja aufgezeigt, dass (spätestens) der objektive Punkt der Gegenwart der zeitliche Index sein muss, an dem Gott vollständiges Wissen über alle wahren Propositionen erlangen muss, um Allwissenheit von ihm prädizieren zu können. Wird nun der vorausgesetzte Begriff libertarischer Freiheit in dieses Denkmuster eingefügt, ergibt sich, dass auch freiheitliche Entscheidungen sich diesem Umstand quasi „einordnen", d. h. auch (und erst recht) von ihnen gelten muss, dass sie kontingent sind – dass das, was sie verursachen und bewirken, nicht vollständig vom Verlauf der Geschichte determiniert ist, darum eine echte Offenheit der Zukunft erfordert, dessen Gestalt auch von einem allwissenden Wesen nicht gewusst werden kann.

II.4.1 Das göttliche Wissen um die Zukunft

Es entspricht nicht der Auffassung des OT, davon zu sprechen, dass die Zukunft in *jeglicher* Hinsicht offen und damit auch in *jeglicher* Hinsicht für Gottes Wissen verschlossen wäre. Demgegenüber bestehen die Offenen Theisten darauf, einen bereits festgesetzten, und anderseits einen offenen Teil der Zukunft anzunehmen: „Open theists (...) hold that the future consists partly of settled realities and partly of unsettled realities."[155] Der nichtfestgesetzte Teil der Zukunft ist vor allem derjenige, um derentwillen Gott menschliche Freiheit gewährt hat – nicht um der Freiheit selbst willen, sondern um die Bedingung(en) für eine freie Beziehung zwischen Gott und Mensch möglich zu machen. Wie gesehen kennt Gott alle Propositionen, die gegenwärtig wahr sind. Bezogen auf die Kenntnis der Zukunft ergibt sich, dass er den feststehenden und den noch offenen Teil jeweils nur *als* solche erkennt, sodass er auch alle gegenwärtig möglichen Weltverläufe „nur" als Möglichkeiten und Wahrscheinlichkeiten kennt.[156] Die Zukunft wird –

---

155 Boyd: God of the Possible, 16. Boyd legt in diesem Werk verschiedene biblische Beispieltexte vor, die seiner Meinung nach unter dem Motiv der Offenheit Gottes stehen und infolgedessen eine offene Zukunft zur Voraussetzung haben müssen: Vgl. Boyd: God of the Possible, 54: „I will argue that the passages that constitute this motif strongly suggest that the future is partly open and that God knows it as such." So unterscheidet er auf Basis unterschiedlicher Belegstellen weiter etwa zwischen der Reue Gottes, seine Erfahrung mit Frustration und Unbekanntem, aber auch mit einem Überraschtwerden. Vgl. Boyd: God of the Possible, 55–87.

156 Vgl. Sanders: The God Who Risks, 206. Interessant ist hier allerdings, dass Sanders in diesem Zusammenhang von Gottes *„foresight"* spricht und er sei darum „never caught off-guard." (Sanders: The God Who Risks, 206). Hier könnten Kritiker einwenden, dass die Kategorie des Vorauswissens der Zukunft „durch die Hintertür" wieder eingeführt bzw. vorausgesetzt wird. Denn wenn Gott wirklich nie völlig überrascht werden könnte, stellt sich die Frage, ob sich dies wirklich aufrechterhalten lässt, wenn Gott nur die Mög-

hierin besteht ein zentraler Gedanke im OT – idealerweise *kooperativ* von Gott und Mensch hervorgebracht und gestaltet, stets unter dem Gedanken der frei zu wählenden Beziehung.

Für den Befund, dass ein Teil der Zukunft bereits feststehe, während ein anderer als offen gedacht werden muss, spricht laut Boyd auch die Selbstwahrnehmung der Freiheit. So seien Überlegungen über Vorhaben nur dann sinnvoll, wenn sie der genannten Unterscheidung zwischen „partly open" und „partly settled" entsprächen. Einerseits würden ernsthafte Pläne und Absichten nicht mehr in die Realität umgesetzt werden können, wenn davon ausgegangen werden müsste, dass etwa die Gesetze der Physik sich willkürlich ändern könnten. Auch der OT nimmt an, dass die Naturgesetze Gegenstand von Gottes Wissen sind. Andererseits muss davon ausgegangen werden, dass bestimmte Ereignisse zwar auf physikalischer, nicht aber auf mentaler Ebene determiniert sind, um eine wirklich freie Entscheidung zu treffen. Es verhält sich in der Tat so, dass beide genannten Voraussetzungen gegeben sein müssen, um ein sinnvolles Handeln denken zu können:

> „Hence, the fact that we obviously do decide between options suggests that at some level we all assume that the future is *partly* open and *partly* closed. The open view simply recognizes this commonsense feature of life and says that it more or less reflects the way things really are. Far from being contradictory, it's the only view that fits with our experience and the Bible's admonitions for us to make godly choices about the future."[157]

Nichtsdestoweniger bleibt das Prädikat der Allwissenheit im skizzierten Sinn auch hinsichtlich der Zukunft unproblematisch, da Gott sie eben als entweder feststehende oder nur mögliche Ereignisse kennt: „Hence, precisely because they also hold that God knows all of reality perfectly, open theists believe that God knows the future as consisting of both unsettled possibilities and settled certainties."[158] Ohne diese Bedingungen wäre die Wirklichkeit der Freiheit und

---

lichkeiten der Zukunft kennt. Plakativ formuliert: Reicht umfassende Kenntnis über die *mögliche* Zukunft schon aus, um nie überrascht zu werden? Wieviel Kenntnis über die nur mögliche Zukunft ist umgekehrt „erforderlich", um nie überrascht zu werden?

157 BOYD: God of the Possible, 32 f.

158 BOYD: God of the Possible, 16. Auch u. a. Sanders geht davon aus, dass Gott bestimmte festgesetzte Ereignisse, die sich in der Zukunft ereignen, bereits kennt. Diese haben zwar gegenwärtig noch keine ontologische Existenz, sind jedoch definitiv festgelegt; vgl. SANDERS: The God Who Risks, 208: „God knows that some events are determined to occur. (...) In other words, God has anticipatory knowledge of determined events." Diese Behauptung ist in der Tat kein Widerspruch zu dem bereits Ausgeführten, weil bestimmte Ereignisse in der Zukunft nicht kontingent sind und darum von Gott gewusst werden können. Wenn Sanders etwa das Beispiel wählt, dass Gott um den Mondzyklus in diesem

darum auch die Möglichkeit einer echten Beziehung der Liebe zu Gott wie auch zu Mitmenschen undenkbar. Auch eine echte, ethisch relevante Möglichkeit zur aktiven Mitgestaltung der geschichtlichen Zukunft wäre ausgeschlossen. Insofern als die theoretische Möglichkeit aber besteht, den libertarischen Freiheitsbegriff mit den zuvor herausgearbeiteten (metaphysischen) Überlegungen zu vereinbaren, bleibt der Begriff der Allwissenheit Gottes im Sinne des OT gleichsam widerspruchsfrei erhalten,

> „indem Allwissenheit (parallel zur Allmacht) so definiert wird, dass Gott a) alles weiß, was logisch zu wissen möglich ist und b) es keine wahre Proposition gibt, die Gott nicht weiß. Aus dieser Definition und einer inkompatibilistischen Freiheitsauffassung folgt, dass Propositionen über die kontingente Zukunft keinen Wahrheitswert besitzen und daher Gott, ohne dass seine Allwissenheit dadurch eingeschränkt wird, kein Wissen über diese Propositionen besitzt und nicht besitzen kann."[159]

Aussagen über die Zukunft besitzen keinen Wahrheitswert, weil es (noch) keine Fakten gibt, die sie als wahr oder falsch klassifizieren könnten. Nicht in der Gegenwart oder Vergangenheit existierende Ereignisse bzw. deren Wahrheitswert können aber auch für ein allwissendes Wesen nicht gewusst werden[160], freie Entscheidungen eingeschlossen: „If God does not foreknow future free actions, it is not because his knowledge of the future is in any sense incomplete. It's because there is, in this view, *nothing definite there for God to know!*"[161]

Aus diesem Grund ist auch eine Entscheidung in der Frage getroffen, ob Gott sich nur aufgrund seiner eigenen freien *Entscheidung* zu einer Unkenntnis der Zukunft entschlossen hat oder ob er nicht vielmehr die Welt so eingerichtet hat, dass die Zukunft auch für ihn selbst *logisch* nicht wissbar ist („Voluntary" vs. „Involuntary Nescience"[162]). Denn mit dieser letztgenannten Annahme ist die

---

Monat *weiß*, dann deswegen, weil er *heute* weiß, dass es keinen Weltenverlauf gibt, in dem sich der Mondzyklus von einem anderen Weltenverlauf unterscheidet. Vgl. hierzu auch GRÖSSL: Freiheit als Risiko Gottes, 153.

159 GRÖSSL: Freiheit als Risiko Gottes, 157. Vgl. auch KREINER: Antlitz Gottes, 358.

160 Vgl. GRÖSSL: Freiheit als Risiko Gottes, 177 f.: „Trotz allem kann der Offene Theist durch dessen metaphysische Postulate zwar nicht an der Überzeitlichkeit und Unveränderbarkeit Gottes, jedoch an der Allwissenheit Gottes festhalten. Wenn Allwissenheit bedeutet, dass Gott den Wahrheitswert jeder wahren Proposition kennt, dann ist ein Gott auch dann allwissend, wenn er die Zukunft nicht vollständig kennt, vorausgesetzt Propositionen über die Zukunft besitzen heute keinen Wahrheitswert."

161 BOYD: God of the Possible, 16. Vgl. auch SANDERS: The God Who Risks, 206: „Because the future is not real, God is not ignorant of some reality. There is nothing ‚there' to be known."

162 http://www.alanrhoda.net/blog/2006/02/four-versions-of-open-theism.html.

Offenheit der Zukunft nicht ernst genommen, die ihr aber per definitionem im OT zukommt. Stattdessen wird sie anders verstanden, da sie nicht über die *alethische*, sondern über die *epistemische* Kontingenz definiert wird: „Eine Aussage A über ein zukünftiges Ereignis E sei kontingent* zum Zeitpunkt t, wenn Gott zum Zeitpunkt t nicht weiß, ob E eintreten wird.“[163] Gott weiß aber bestimmte Aspekte der Zukunft nicht deswegen nicht, weil er sie nicht erkennen kann oder will, sondern er weiß deswegen nicht um sie, weil ihr Eintreten kausal-alethisch offen ist. Die angedeutete Akzentverschiebung des ontischen auf den epistemischen Status führt damit zu der Konsequenz, dass die Allwissenheit nicht mehr durch „Wissbares“, sondern „Erkennbares“ definiert wird, was jedoch nicht gangbar ist, weil umgekehrt alles Erkennbare auch gerade für Gott wissbar sein muss, damit er allmächtig bleibt. Alles Wissbare kann aber nur alles „Wahre“ sein, sodass schlussendlich gelten muss: „Es ist logisch unmöglich, dass Sätze über zukünftige Ereignisse, insofern deren Eintreten kausal offen ist, bezüglich ihres Wahrheitswertes bereits festgelegt sind.“[164] An diesem Punkt zeigt sich erneut die bereits angedeutete systematische Kongruenz zwischen Logik und Allmacht und Logik und Allwissenheit, insofern auch letztgenannte am „logischen Maßstab“ begriffen werden kann:

> „For open theists, the logic of omniscience is parallel to that of omnipotence. Most theologians who attribute omnipotence to God—from Thomas Aquinas to C. S. Lewis—define it, not as the ability to do anything, period (fill in the blank with anything you please) but as the ability to do things that fall within the range of logical possibility. (...) If it makes good sense to define omnipotence in terms of logical possibility, it makes good sense to define omniscience the same way. Omnipotence does not include what is logically undoable; omniscience does not include what is logically unknowable.“[165]

Diese für den OT typische Ansicht unterscheidet sich eklatant von der klassischen Auffassung göttlicher Allwissenheit und wird mitunter mit dem Begriff „dynamischer Allwissenheit“ bzw. „dynamic omniscience“ ausgedrückt. Wie die Bezeichnung bereits suggerieren kann, grenzt sich ein solches Verständnis ab von einem ursprünglich unveränderlichen und umfassenden Wissen Gottes. Worin diese Unterschiede bestehen und wie genau diese für den OT typische Auffassung zu verstehen ist, ist Gegenstand der nachfolgenden Überlegungen.

---

163 GRÖSSL, Johannes: Gott als Liebe denken – Anliegen und Optionen des Offenen Theismus, in: Neue Zeitschrift für Systematische Theologie und Religionsphilosophie, 54 (2012), 469–488, 480.
164 GRÖSSL: Gott als Liebe denken, 480.
165 RICE: The Future of Open Theism, 129.

II.4.2 Die dynamische Allwissenheit Gottes

Wird zugegeben, dass Gottes maximales Wissen sich stets auf den jeweiligen Gegenwartspunkt der Zeit bezieht und diese Zeit voranschreitet, in der zudem Menschen freiheitliche Entscheidungen treffen, dann kann Gott zumindest in dieser Hinsicht nicht unveränderlich sein: „Das Wissen eines in diesem Sinn allwissenden Wesens verändert sich mit der Zeit. Und diese Veränderungen werden von Seiten der Schöpfung verursacht. Das Wissen eines überzeitlichen bzw. unveränderlichen Wesens kann sich aber definitionsgemäß nicht verändern."[166] Damit ist der argumentative Weg bereitet, den für den OT typischen Begriff der „dynamischen Allwissenheit", bzw. „dynamic omniscience" einzuführen. Hiermit werden die zuvor erwähnten Begriffe „settled" bzw. „unsettled future" vorausgesetzt, wie auch die A-Theorie der Zeit. Denn wenn Gottes Allwissenheit sich jedem jetzigen Zeitpunkt anpasst, muss ihm eine gewisse „Dynamik" zugesprochen werden. Umgekehrt bliebe eine dynamische Allwissenheit ausgeschlossen, wenn auf Unveränderlichkeit insistiert würde. Die Offenen Theisten nehmen jedoch an, dass Gott durchaus eine dynamische Allwissenheit besitzt, während sie die Unveränderlichkeit in dem Sinne interpretieren, dass Gott nur seinem *Wesen* nach unveränderlich ist, nicht aber hinsichtlich seiner *Treue*[167].

Wenn freie Entscheidungen bzw. eine offene Zukunft denkbar sein sollen, gibt es sukzessiv neue wahre Propositionen, die Gott im Sinne des OT wissen muss, weil er sich gewissermaßen selbst zusammen mit seinen Geschöpfen in dieser Zeit befindet: „God, at least since creation, experiences temporal succession and relates to one event after another."[168] Dieser Umstand ergibt sich wie gesehen daraus, dass Gott sich frei dazu entschieden hat, eine solche Welt zu erschaffen, die die ontologischen Eigenheiten aufweist, um geschöpfliche Freiheit im Sinne des OT zu ermöglichen[169]. Andererseits ist jedoch ein umfassendes Wissen um zukünftige Ereignisse unter diesen Voraussetzungen unmöglich. Vielmehr erfährt Gott gewissermaßen parallel zum Voranschreiten der Welt seinerseits auf sukzessive Weise den jeweiligen Jetzt-Moment.

Aus systematischer Sicht ist die Annahme einer dynamischen Allwissenheit Gottes das positiv formulierte Gegenstück der metaphysischen und auch theologischen Annahme, dass auch ein allwissendes Wesen nur Dinge wissen kann,

---

166 Kreiner: Antlitz Gottes, 359.
167 Dieser Aspekt wird noch Gegenstand weiterer Reflexionen sein.
168 Sanders: The God Who Risks, 206.
169 Ohne an dieser Stelle weiter darauf einzugehen, geht Sanders davon aus, dass sich die Position der dynamischen Allwissenheit gut mit dem Inkarnationsgedanken und dem Wesen Gottes vertrage und ausserdem besser als andere Konzeptionen bestimmte Themenfelder der freewill-Tradition fundieren könne, „such as conditional election, resistible grace, divine love and the value of prayer." Vgl. Sanders: The God Who Risks, 207.

die unter der Voraussetzung einer dreifachen Zeitstruktur mit Vergangenheit, Gegenwart und Zukunft wissbar sind: „Also, dynamic omniscience is committed to three dimensionalism and the denial that the future already is an existing reality."[170] Gottes dynamische Allwissenheit ist sozusagen das offen-theistische Gegenstück derjenigen philosophischen Aussage, dass auch ein allwissendes Wesen nur die Vergangenheit und den jeweiligen Jetzt-Moment definitv wissen kann, während der nicht festgesetzte Teil der Zukunft nur als Möglichkeit wissbar bleibt: „In fact, God as temporal knows the world successively and does not know future acts, which are freely chosen in a libertarian sense."[171]

II.4.3 Gottes Allwissenheit als seine Allweisheit

Vor dem Hintergrund der biblischen Orientierung der Offenen Theisten sollen die nachfolgenden Ausführungen nun ein weiteres Motiv referieren, das ebenfalls ganz im Sinne der Neudeutung der Allwissenheit Gottes steht: das Motiv der Allweisheit.

Nach den bisherigen Ausführungen über die für die Offenen Theisten typische Allwissenheitskonzeption sollte die Differenz zu einem im klassischen Sinne allwissenden Gott aufgezeigt werden, der nicht nur auf das Wissen der Vergangenheit und Gegenwart beschränkt ist, sondern definitive und umfassende Kenntnis des Weltenverlaufs besitzt, einschließlich menschlicher Freiheitsentscheidungen und der kontingenten Zukunft. Ausgehend von dieser denkerischen Position erklärt sich nun die *Kritik* an der Allwissenheit des Gottes im *OT*, insofern dieser – im Unterschied zur klassisch-theistischen Position – keineswegs mehr souverän über den Weltenverlauf herrschen könne und er stattdessen ihm gegenüber als ohnmächtig erscheine.[172] Zudem wird von Kritikern angemahnt, dass bereits das für den OT typische Bild eines Gottes, der Überraschungen und Reue erleben könne, als *symptomatisch* für ein schwaches Gottesbild gelten kann, das kaum noch etwas mit Geschichtsmächtigkeit und Anbetungswürdigkeit zu tun habe.[173] Besonders aber der erstgenannte Zusammenhang zwischen Allwissenheit und Leitung der Weltgeschichte wird von den Kritikern des OT häufig vorgebracht,

---

170 SANDERS: The God Who Risks, 206.
171 PINNOCK: Most Moved Mover, 101.
172 Einer der in diesem Zusammenhang zu nennende schärfsten Kritiker ist Bruce Ware, der ausdrücklich auf einem traditionellen Allwissenheitsverständnis insistiert und hieraus gerade die Souveränität Gottes als uneingeschränkter Herrscher über die Welt versteht; umgekehrt wirft er dem OT vor, diese beiden vermeintlich voneinander abhängigen Parameter nicht mehr aufeinander beziehen zu können.
173 Vgl. SCHMID: Gott ist ein Abenteurer, 165.

um die vermeintlich unrechtmäßige Beschneidung der göttlichen Allwissenheit zu verdeutlichen:

> „If God knows all future choices and actions, then it follows that those choices and actions are not free, that the meaningfulness of human behavior is destroyed, that genuine providential governance of the world is undermined, that real relationship with God is rendered only apparent and illusory, and that in the end a fundamentally determinist model of the God/creature relation, much like that advocated in versions of Calvinism, cannot be avoided."[174].

Demgegenüber meinen aber die Vertreter des OT, mit ihrer Konzeption das im Hinblick auf den biblischen Befund angemessenere Bild der Allwissenheit zu vertreten, da dort nicht selten von Überraschungen, Reue und Enttäuschung Gottes die Rede sei.[175]

Der eigentliche Kern des für den OT typischen Allwissenheitsbegriffs aber zeigt sich gerade darin, dass seine Vertreter ihn geradezu von seinem Verhältnis zum Weltenverlauf herleiten:

> „In establishing and carrying out his project, God is resourceful, proficient and innovative. In his relationships with humans God has been adept at solving problems that arose and overcoming obstacles that stood in the way of the accomplishment of the divine project. God has demonstrated in history that he has all the wisdom necessary to work with the sort of world he decided to create, despite the fact that things do not always go as God desires".[176]

Was also auf Seiten der Kritiker des OT als defizitäre Macht angemahnt wurde, wird von seinen Vertretern zu einem systematischen Kern der vertretenen Konzeption erhoben: Neben der modifizierten Kenntnis Gottes über die Zukunft als Kenntnis von Möglichkeiten und Wahrscheinlichkeiten sei nach Ansicht des OT seine Allweisheit die Voraussetzung dafür, dass Gott seinen Geschöpfen echte *Begleitung*[177] in eine offene Zukunft bieten könne. Auf diese Weise besitze er die Kompetenz, den Widrigkeiten des Lebens zu begegnen und seine Kenntnis der umfassenden Realität auch im Sinne seiner Geschöpfe zu beanspruchen:

> „Sie [die Offenen Theisten; A. H.] bestimmen den Begriff der Allwissenheit nämlich im weiteren Sinne der *unübertrefflichen Weisheit Gottes* inmitten

---

174 WARE: God's Lesser Glory, 41.
175 Vgl. die Ausführungen zu Beginn dieses Hauptkapitels.
176 SANDERS: The God Who Risks, 182.
177 Vgl. PINNOCK: Most Moved Mover, 125: „He wills the creature to co-exist with him and to stand alongside him as the beloved covenant partner."

der Wendungen der Weltgeschichte und der Herausforderungen der menschlichen Existenz. Der allwissende Gott zeichnet sich nicht allein durch sein erschöpfendes Wissen aus, sondern vielmehr durch seine Fähigkeit und Bereitschaft, den Menschen *im Gebrauch dieses Wissens* durch die Unsicherheiten des Lebens zu begleiten und in eine offene Zukunft zu führen."[178]

Dieses Verständnis ist einerseits mit den vorangegangenen Ausführungen der dynamischen Allwissenheit kompatibel und speist sich andererseits aus dem sozusagen noch fundamentaleren Grundgedanken der „openness of God". Die Offenheit der Zukunft auch für Gott widerspricht nicht dem Prädikat der Allwissenheit, wenn diese als umfassende Kenntnis alles Wissbaren gedeutet wird, womit im Rahmen einer A-Theorie der Zeit aber nur der jeweilige Jetzt-Moment und damit die Gegenwart gemeint sein kann.

II.4.4 Freiheit und Zeitlichkeit Gottes

Die Ausführungen über das spezifische Verständnis des OT bezüglich der Allwissenheit Gottes und den dahinterstehenden ontologischen Überlegungen münden nun direkt in die Problemkonstellation des Verhältnisses von Gott und Zeit: ein allwissender Gott, der die Zukunft nicht kennt, kann jedenfalls nicht mehr dem traditionellen Modell entsprechen, nach dem er umfassende Kenntnis über diese besitzt. Stattdessen aber kann eine wie auch immer zu fassende Zeitlichkeit Gottes umso weniger abgelehnt werden, je fundamentaler der für den OT typische Gedanke einer „give-and-take relationship"[179] zwischen Schöpfer und Geschöpf ist: „Closely related to the open theist affirmation of presentism is the conviction that God is not timelessly eternal, but rather undergoes a succession of states and thus is temporal."[180] Aus diesem Grund propagiert der OT ein Gottesbild, das besonders die Freiheit und deren Implikationen betont. Denn nicht von ungefähr erhoben sich ja die Probleme, die in diesem Zusammenhang den klassischen Theismus, bzw. genauer, den *Eternalismus* belasten[181]: Wie kann

---

178 SCHMID: Gott ist ein Abenteurer, 160 f.

179 „According to the openness model, God in grace sovereignly granted humans significant freedom to cooperate with or to work against God's will for their lives and to enter into dynamic, give-and-take relationships with himself. It places the emphasis upon the genuine interactions that take place between God and human beings: how we respond to God's initiatives and how he responds to our responses." PINNOCK: Most Moved Mover, 4.

180 HASKER / SANDERS: Open Theism – Progress and Prospects, 864.

181 Vgl. SATTLER, Dorothea: Der Ewige und seine Zeit für uns. Überlegungen zu einer Grundfrage der christlichen Gotteslehre, in: Geist und Leben, 73 (2000), 37 – 48, 38 f.: „Der Begriff ‚Eternalismus' ist zu einem Synonym für eine Gottesvorstellung geworden,

ein ewiger, der Zeit enthobener Gott, als ein der Welt und dem Geschöpf zugewandter gedacht werden? Entspricht eine solche Vorstellung der biblischen Überlieferung? Ist eine Revision zwingend vorzunehmen oder liegen im traditionellen Verständnis von Gott im Verhältnis zur Zeit nicht auch Potenziale, die für den OT fruchtbar gemacht werden können? Antworten auf diese Fragen und eine Darstellung des für den OT typischen Verständnisses von Gottes Verhältnis zur Zeit versucht der nachfolgende Teil vorzunehmen.

Eine erste Annäherung an die Frage, wie das Verhältnis Gottes zur Zeit *grundsätzlich* gedacht werden kann, besteht in der Unterscheidung zwischen der *eternalistischen* Sichtweise einerseits, die Gott als außerhalb der Zeit stehend begreift (näherhin als außer-, über- oder unzeitlich) und andererseits der *temporalistischen* Sichtweise, mit der Gott auch als immerwährend in der Zeit wirkend gedacht wird und weder von einem Anfang noch einem Ende der Zeit Gottes ausgegangen wird.[182] Seit Augustinus wurde stets die Zeitlosigkeit Gottes präferiert, da mit ihr ausgeschlossen werden sollte, dass eine Zeitlichkeit und damit eine Veränderbarkeit – beide Begriffe sind eng miteinander verbunden – in den Gottesbegriff Eingang finden sollte, denn nach platonischem Denken (das zur Zeit des Augustinus eine wichtige Rolle spielte) kann eine Veränderung entweder nur zum besseren oder schlechterem geschehen, was in beiden Fällen als ein Mangel in Gott betrachtet werden müsste: „Würde sich Gott zum Besseren verändern, hätte es eine Zeit gegeben [sic!] in der er nicht perfekt war; würde sich Gott zum Schlechteren verändern, würde es eine Zeit geben, in der er nicht mehr perfekt ist."[183] Die Lösung aus diesem (scheinbaren) Dilemma kann darum nur in der Annahme vollständiger Zeitlosigkeit bestehen. Diese Position wird jedoch von den Offenen Theisten abgelehnt, und zwar aus gewichtigen Gründen[184], die gleichsam zusammenfallen mit der Kritik an der Konzeption des Boethius.

---

bei der der Gedanke der Starre, der Leblosigkeit, der fernen Abgehobenheit vorherrscht. Ein Gott aber, der nicht selbst auch dem Wechsel der Zeit unterliegt, ist der Gefühllosigkeit verdächtig, der Apathie; er wird angeklagt, keinen Anteil zu nehmen am leidvollen Geschick der Geschöpfe; ein regungsloser, immutabler, immobiler Gott, ein Gott ohne äußere und innere Bewegung, ein in diesem Sinn als ‚ewig‘ bezeichneter Gott hat es schwer in unserer Zeit, die sich erneut von der Theodizee-Frage tief erschüttert zeigt."

182 Vgl. Pɪɴɴᴏᴄᴋ: Most Moved Mover, 96 f.

183 Gʀössʟ: Freiheit als Risiko Gottes, 171.

184 Vgl. Gʀössʟ: Freiheit als Risiko Gottes, 161: „Offene Theisten lehnen den Eternalismus aus mehreren Gründen ab. Einerseits glauben sie, (...) dass das Problem der Vereinbarkeit von Gottes Allwissen und menschlicher Freiheit nicht gelöst werden kann, eventuell sogar verschlimmert wird. Doch dies ist nicht der einzige Grund, warum Offene Theisten die Atemporalität Gottes ablehnen: Im Eternalismus sehen sie eine Gefahr für Gottes Personalität, seine Beziehungsfähigkeit, seinen freien Willen, sein Mitleiden und sogar für seine Allwissenheit." Vgl. auch Pɪɴɴᴏᴄᴋ: Most Moved Mover, 96: „Scripture presents God as temporally everlasting, not timelessly eternal."

Diese soll zunächst behandelt werden, um dann konkret auf die Einwände des OT einzugehen.

Ein einflussreiches Modell, das häufig in der theologischen Tradition zur Explikation der göttlichen Perspektive auf die Zeit bemüht wurde, ist das des *Boethius*. Gemäß diesem Denkmodell nimmt Gott einen Standpunkt außerhalb der Zeit ein, von dem aus er das Weltgeschehen so überblickt, als wenn sich jedes sich dort ereignende Geschehen gleichzeitig abspielte. Für Boethius ist Ewigkeit „interminabilis vitae tota simul et perfecta possessio"[185], das Besitzen des ganzen und gleichzeitig vollkommenen Lebens. Eine für das menschliche Wahrnehmen typische Unterscheidung zwischen Vorher und Nachher ist in diesem Verständnis nicht enthalten, da dies eine irgendwie zu konzipierende Zeitlichkeit Gottes implizieren würde. Vielmehr laufen in der boethianischen Version für Gott alle Ereignisse synchron ab, weshalb diese Ansicht auch häufig mit dem Bild eines (göttlichen) Beobachters beschrieben wird, der von einer erhöhten Position eines Gipfels herab eine vorbeiziehende Prozession wahrnimmt. Demgegenüber würde sich die menschliche Wahrnehmung lediglich auf die Wahrnehmung des jeweiligen Jetzt-Ereignisses beschränken, das in diesem Sinne zeitlich punktförmig gedacht werden muss. Da vom Standpunkt Gottes aber nicht von einer zeitlichen Sukzessivität gesprochen werden kann, „ist seine Wahrnehmung nicht auf einen Zeitkorridor beschränkt, sondern erstreckt sich auf die *Gesamtheit* aller Zeit."[186]

Mit diesem Modell ist jedoch gleichzeitig mit ausgesagt, dass Gott prinzipiell der Zeit und damit auch in einem gewissen Sinn der Welt enthoben ist. Dies scheint dann legitim, wenn die Zeit und alles in ihr Befindliche als irgendwie defizitär und darum nicht göttlich aufgefasst werden. Dem Gedanken, dass Gott von etwas anderem als ihm selbst umschlossen oder restringiert werden könne, wird die Position entgegen gestellt, dass sämtliche defizitären Aspekte, die mit einer Zeitlichkeit einhergehen, durch den Gedanken der Zeitlosigkeit zu eliminieren seien. Damit ist dann aber auch erneut auf den Gedanken der Unveränderlichkeit verwiesen, da dieser in enger Verbindung mit der Zeitlosigkeit steht. „We tend to think of time as an imperfection due to its transience. A strongly immutable being is free of such imperfections and a being that never changes in any respect is timeless."[187] Hier lassen sich erneut Gedanken aus dem griechischen Denken einfügen, insofern in ihm die Vorstellung beheimatet ist, dass Zeitlichkeit häufig in einem zirkulären Sinn begriffen wird, dem man als kontingente, endliche Entität entfliehen muss, um nicht Zeit seines Lebens als „Gefangener" in der Zeit zu gelten. Gott wird prinzipiell dieser Gefahr ausgesetzt, wenn man ihn auch nur

---

185 BOETHIUS: Trost der Philosophie / Consolatio philosophiae. Lateinisch-deutsch, übersetzt von GIGON, Olof / GEGENSCHATZ, Ernst (Hgg.), Düsseldorf ⁶2002, liber quintus, 262.
186 SCHMELTER: Gottes Handeln und die Risikologik der Liebe, 343.
187 SANDERS: The God Who Risks, 202.

in die Nähe einer Zeitlichkeit rückt. „Linguisticually it just sounds bad to say God is ‚in time‘ since it sounds like time is bigger than God, ‚boxing him in‘ and hence, limiting him.“[188] Boethius Lösung erscheint als eine Art Radikalposition, die die Gefahren einer Verzeitlichung in jeder Hinsicht vermeiden will, indem sie hinausläuft auf eine „Konzeptualisierung von Ewigkeit als einer Art sakrosankter Enthobenheit Gottes von jeglicher zeitlicher Entwicklung.“[189]

Die Absolutheit Gottes könne *so* zwar sichergestellt werden, andererseits bleiben für den OT andere Hinsichten unterbelichtet, die aber gerade eine Zeitlichkeit *erfordern*. Zu diesen Aspekten zählt insbesondere das reaktive Verhalten Gottes auf die Welt. Es gehört zum jüdisch-christlichen Vorstellungsbild, dass Gott der Welt zugewandt ist, auf sie eingeht und etwa auch auf die Bitten und Sorgen seiner Geschöpfe reagiert: „To act in time God must somehow be in time.“[190] All dies ist aber keinem Gott möglich, der nach einem eternalistischen Ewigkeitsverständnis begriffen wird. Dass jedoch die Einflussnahme Gottes in die Welt noch keinen wahren Widerspruch zu seiner Transzendenz oder eine Infragestellung seiner Absolutheit zur Folge haben muss, wird etwa von Schulte klargestellt:

> „Die Welt wird uns von der Heiligen Schrift her vorgestellt als jener ‚Raum‘, in welchem Jahwe mit der Menschheit das gemeinsame Leben führt, ohne daß deswegen Gott oder dieses Leben ‚weltlich‘ im Sinne von ‚geschöpflich‘ oder ‚endlich‘ zu nennen oder Gott selbst ‚in‘ diesem ‚Raum‘ aufgrund räumlicher Abgrenzung ‚lokalisiert‘ oder auch nur ‚lokalisierbar‘ zu fassen wäre; der Unermeßlichkeit Gottes in ihrem theologisch überkommenen Verständnis widerspricht es keineswegs, Gott wegen seiner ‚*Über*weltlichkeit‘ (Nicht-Geschaffenheit) das *In*-der-Welt-Sein gemäß seiner göttlichen Freiheit zuzugestehen.“[191]

Ist dieser Punkt zutreffend, verliert womöglich aber die boethianische Position an Plausibilität, da sich ihr vermeintlicher Vorteil der Wahrung der radikalen Transzendenz Gottes als haltlos erweist. Es stellt sich die Frage, ob die These radikaler Synchronizität aller Ereignisse für Gott ein Handeln Gottes plausibilisieren kann, das man als „verlaufsartig“ oder reaktiv bestimmen könnte oder sich nicht vielmehr beschränkt auf eine einmalige Setzung der Welt, die aber dann in einen Determinismus münden könnte, weil sich in der Zukunft per definitionem

---

188 Sanders: The God Who Risks, 202.
189 Schmelter: Gottes Handeln und die Risikologik der Liebe, 345.
190 Pinnock: Most Moved Mover, 97.
191 Schulte, Raphael: Wie ist Gottes Wirken in Welt und Geschichte theologisch zu verstehen?, in: Schneider, Theodor / Ulrich, Lothar (Hgg.): Vorsehung und Handeln Gottes, Freiburg i. Br. 1988, 116–167, 137.

nichts ereignen kann, was für Gott nicht schon erkennbar und darum „wahr" ist. Wenn es aber keinen logischen Bruch gibt zwischen der Zugewandtheit Gottes zur Welt und der Wahrung seiner absoluten Transzendenz[192], dann ist ein Gott umso größer und damit mit der Anselmschen Denkregel des IQM kompatibel, wenn er auch Macht über die Zeit besitzt und das Weltgeschehen ihm nicht aus den Händen gleitet. Ein Eingreifen bleibt damit genauso denkerisch möglich wie auch seine Souveränität und Unabhängigkeit über bzw. von der Zeit. Nichtsdestoweniger war das boethianische Verständnis theologiegeschichtlich überaus wirkmächtig, was angesichts seiner zweifellos enthaltenen Aporien verwundern kann, die mit Schmelter in dreifacher Hinsicht zusammengefasst werden können[193]:

Erstens steht die Konzeption eines zeitlosen Gottes in offenkundigem Widerspruch zum *biblischen* Gott, der gerade auch von den Offenen Theisten als „alive, dynamic, personal, changing, free, and relational"[194] beschrieben wird. Eine echte Zugewandtheit und Betroffenheit Gottes in Bezug auf seine Schöpfung und seine erschaffenen Wesen stehen als gesamtbiblisches Zeugnis einem Gott gegenüber, der nach den denkerischen Voraussetzungen des Hellenismus konzipiert wurde und als solcher Eingang in die christliche Theologie fand. Zweitens ist die Vorstellung der Zeitlosigkeit Gottes praktisch unvereinbar mit einer *relationalen Dynamik* Gottes, die aber unabdingbar ist für eine praktisch-theologisch tragfähige Position geistlichen Lebens, was deutlich wird, wenn man etwa die Gebetspraxis[195] oder das Theodizeeproblem[196] bedenkt. Drittens scheint es intuitiv plausibel zu sein, dass die echte Ernstnahme geschöpflicher Freiheit im Verlauf einer echten Geschichte, die unter dem Vorzeichen der Ermöglichung von Beziehung steht, weitaus besser mit der Anselmschen Maxime in Einklang zu bringen ist als ein Gott, der völlig beziehungslos und unveränderlich apathisch der Schöpfung gegenüber steht. Sattler fragt mit guten Gründen:

> „Die Rede vom ‚ewigen' Gott scheint nicht nur Gott zu einem an der Geschichte Unbeteiligten zu machen, dieses Konzept könnte auch die Freiheit der Geschöpfe in Frage stellen. Wenn der ewige Gott immer schon um alles

---

192 Vgl. PINNOCK: Systematic Theology, 105: „It is important to recognize that God (according to the Bible) is both transcendent (that is, self-sufficient, the Creator of the world, ontologically other than creation, sovereign and eternal) and at the same time immanent (that is, present to the world, active within history, involved, relational and temporal)."

193 Vgl. SCHMELTER: Gottes Handeln und die Risikologik der Liebe, 346.

194 BOYD: God of the Possible, 132.

195 Die Gebetspraxis wäre ein sinnloses Unterfangen, wenn zu einem Gott gebetet werden würde, der unveränderlich und zeitlos wäre, da er sich durch das wie auch immer vorgetragene Anliegen des Betenden ohnehin nicht betreffen lassen könnte. Vgl. GRÖSSL: Freiheit als Risiko Gottes, 26 f.

196 Vgl. STOSCH: Einführung in die Systematische Theologie, 222.

weiß und für alles sorgt, wie sollten Geschöpfe Gott dann noch überraschen, im Guten wie im Bösen? Hätte das Fürbittgebet aber überhaupt einen Sinn, wenn wir nicht meinten, noch Einfluß nehmen zu können auf Gottes Entscheide, da auch für Gott noch Offenheiten bestehen?"[197]

Pinnock beispielsweise steht einer Zeitlosigkeit Gottes generell kritisch gegenüber, wenn er von „many difficulties from a theological standpoint"[198] spricht und bereits Schwierigkeiten in der Begrifflichkeit „Zeitlosigkeit" sieht, insofern jedes Denken an bestimmte zeitliche Bedingungen geknüpft ist, die unhintergehbar und voraussetzungsreich sind.[199] Dieser Punkt ist insofern beachtenswert, als er natürlich gerade für das systematische Theologietreiben dazu anmahnt, sich stets der genannten Voraussetzungen bewusst zu sein und daran erinnert, dass theologisches Nachdenken nie voraussetzungslos vorgenommen wird.

Richard Rice hat mit guten Gründen dafür argumentiert, das biblische Geschehen als Beziehungsort zwischen Gott und Mensch zu begreifen, der von Dynamik und Relationalität geprägt ist.[200] Aus systematisch-theologischer Sicht entspricht dieser Befund der Rede von der Personalität Gottes, die es ermöglicht, die Schöpfung zuallererst als freie denken zu können, was überaus wichtig ist, um etwa eine (metaphysische) Notwendigkeit auszuschließen, die weitere Aporien nach sich ziehen würde. Personalität ist Voraussetzung für diesen freien Entschluss, für die creatio ex nihilo. Analog deutet bereits die Annahme geschöpflicher Freiheit auf eine Zeitlichkeit Gottes hin. Denn wenn echte, d. h. libertarische Freiheit vorausgesetzt wird, kann sie ihren Ursprung nur auf geschöpflicher Seite haben. Gott gewährt echte Freiheit, er ist darum nicht mehr Urheber eines Willensakts, was gerade die Ernsthaftigkeit und moralische Relevanz der Freiheit ausmacht. Die konkrete Umsetzung einer Willensentscheidung erfährt Gott gemäß OT aber erst im Nachhinein, d. h. in dem Moment, in der es zeitlich überhaupt erst möglich, d. h. darum auch für ihn möglich ist, dieses Wissen erlangen zu können. Auf diese Weise wurde wie gesehen das Phänomen der dynamischen Allwissenheit konzipiert. Doch diese Annahme ist analog wie die vorausgesetzte libertarische Freiheit voraussetzungsreich, genauer: nicht jede Konzeption von Ewigkeit ist kompatibel mit ihr. Um eine Rezeptivität Gottes denken zu können, muss Gott als irgendwie zeitlich gedacht werden. Ausschlaggebend für diese Annahme ist weniger die Wahrnehmung der offenkundigen

---

197 SATTLER: Der Ewige und seine Zeit für uns, 39.
198 PINNOCK: Systematic Theology, 120.
199 Vgl. PINNOCK: Systematic Theology, 120: „First, it is hard to form any idea of what timelessness might mean, since all of our thinking is temporally conditioned."
200 Vgl. RICE: Biblical Support for a New Perspective, 57 f.

Widersprüche, die der Eternalismus mit sich bringt[201], sondern vielmehr die Annahme der Personalität Gottes, die der Open Theism ja gerade mit seiner Betonung des Beziehungsgedanken stark macht. Die von Gott gewollte Beziehung zum Menschen ist der Grund, warum er nach theistischer Position überhaupt existiert, insofern er ein ontologisch anderes Gegenüber und darum als potenzieller Partner Gottes gilt. Eine echte Beziehung der Liebe muss aber per definitionem unter der Voraussetzung der Liebe stattfinden, sodass der Entschluss zur Erschaffung des Menschen gleichsam als radikal frei gedacht werden muss: „Für Offene Theisten setzt bereits die Annahme, dass Gott durch freien Entschluss die Welt erschaffen hat, Gottes Personalität und Zeitlichkeit voraus. Nur Personen könnten freie Entschlüsse treffen und jede Handlung gehe mit einer Veränderung des Handelnden einher."[202] Damit steht der denkerische Weg offen, die Schöpfung als frei denken zu können. Die Annahme, dass ein Gott das Leiden seiner Geschöpfe mitfühlt, kann unter der Voraussetzung eines zeitlosen Gottes genauso wenig konzipiert werden wie ein gütiges Wesen, das dem Menschen Raum gegeben hat, um sich selbst bitten und ansprechen zu lassen.

All diese Aspekte nimmt der OT sehr ernst, sodass an dieser Stelle der Weg offensteht, sich kritisch-distanzierend von der Vorstellung eines zeit*losen* Gottes abzugrenzen. Stattdessen aber ist mit der Annahme eines allwissenden Gottes, der seinen Geschöpfen echte Freiheit gewährt und mit ihnen „in der Zeit steht", zugleich die Eigenschaft der Unveränderlichkeit Gottes angesprochen.

II.5 Freiheit und Unveränderlichkeit

„Believers know that God is unchangeable in changeable ways as they relate to him, but the tradition, under the influence of Greek philosophy, has had difficulty admitting any kind of change in God. It has tended to exaggerate God's unchangeability at the expense of his ability to be changeable in personal relationships. Tradition has taken the truth of God's unchangeableness too far in the direction of immobility and inflexibility. God has been made to appear to be a solitary, narcissistic being, while the truth that God enters into real relationships is obscured and the biblical portrait of God is distorted. A God that cannot change at all is not the Lord presented by Scripture. If God cannot change at all, how does he act in certain places and at certain times? How could

---

201 Vgl. hierzu etwa HASKER/SANDERS: Open Theism – Progress and Prospects, 864: „For eternalism, in contrast, the future is fixed just as much as the past, although our cognitive limitations often preclude our seeing at a given time what may transpire at a later time. Eternalism is incompatible with free will – at least, with libertarian free will."

202 GRÖSSL: Freiheit als Risiko Gottes, 163.

he grieve over something that has happened? How could he hear and respond to
prayers? God is immutable in his essence but flexible in his dealings. He could
have avoided change by not making a dynamic world and getting involved with
it, bout out of his love for us he has voluntarily subjected himself to change."[203]

Die vorangegangenen Reflexionen haben eine in hohem Maße vom klassischen
Theismus unterschiedene Konzeption in das Gespräch eingebracht. Insgesamt
lässt sich das Gottesbild des OT als dynamisch, der Welt und seinen Geschöpfen
zugewandt und nicht primär von philosophischen Vorbestimmungen ausbuchstabieren. Damit ist bereits zu dem in diesem Unterkapitel zu behandelnden The-
menpunkt übergeleitet, dessen Brisanz sich gerade aus den Fragen im einleitenden
Zitat von Pinnock her speist: Gemeint ist die göttliche Eigenschaft der *Unverän-*
derlichkeit, die sich zunächst als spannungsreich beschreiben lässt, insofern als sie
zugleich als denkerisches Resultat der klassischen Metaphysik einerseits und als
kaum vertretbare Eigenschaft Gottes für den OT andererseits gelten muss. Umso
auffälliger ist darum die Tatsache, dass die Offenen Theisten diese Prädikation
mit freilich wichtigen Modifikationen übernehmen, was geradezu zwingend
erscheinen muss, wollen sie an ihren sonstigen Ansichten, die ja ihrerseits Abweichungen vom klassischen Theismus darstellen, festhalten. Die zuvor dargestellten
Positionen bezüglich der Gotteseigenschaften im OT sind gemäß der „Grundein-
stellung" dieser Richtung in hohem Maße biblisch fundiert und darum auch mit
zahlreichen Belegstellen angeführt. Die klassische Vorstellung der Immutabilitas
Dei steht, so die Offenen Theisten, dem Gott der Bibel diametral entgegen.

Um die angesprochene Divergenz der hier gegenüberliegenden Positionen zu
verstehen, sei zunächst ein kurzer rückwärtsgewandter Rekurs auf das platonische Denken vorgenommen, das mit seiner Eigenart, so Boyd, in hohem Maße
zum Begriff der Unveränderlichkeit Gottes beigetragen habe. Nach Platon sei
eine zeitlose und darum nicht veränderliche Realität stets besser als der Bereich
der Zeit und Veränderung. Letzteres würde ein Defizit im Göttlichen zum Ausdruck bringen. Jeglicher Wandel sei defizitär, was direkte Auswirkungen auf den
Gottesbegriff nehmen musste, sobald diese Vorstellung Eingang ins christliche
Denken der frühen Kirche fand:

„We have thus been subtly conditioned to assume that possibilities, openness,
change, and contingency are 'beneath' God. As with Plato, we tend to assume
that they are only aspects of the 'lower' reality where imperfect humans live.
We experience the future as somewhat open only because we are limited
beings."[204]

---

203 PINNOCK: Most Moved Mover, 87.
204 BOYD: God of the Possible, 130.

Gemäß diesem Denken sei der Unterschied zwischen Gott und Mensch also in einem fundamentalen, nicht bloß in einem irgendwie graduellen Sinn zu begreifen. Die von uns in Anspruch genommenen Kategorien sind darum gar nicht erst auf Gott anwendbar, da sie einem völlig anderen „Bereich" zuzuordnen und darum kategorial falsch sind. So sei etwa die Behauptung, dass die Zukunft auch für Gott teilweise offen sein muss, nach einem platonischen Denken völlig unverständlich, da es für ein zeitloses und unwandelbares Wesen keine damit zugrundeliegende *Unterscheidung* zwischen offener und geschlossener Zukunft geben kann, erst recht kein sukzessives Erfahren von Wahrheiten:

> „Indeed, if one holds the classical view of divine foreknowledge consistently, it is difficult to see how God could even distinguish his foreknowledge of the event from the actual occurence of it. *Any* change between God's foreknowing and God's experience implies that *something* was added to God's knowledge."[205]

Stattdessen ist ein ewig-unwandelbares Wesen im platonischen Sinn nur im Besitz solcher Wahrheiten, die per definitionem nicht veränderbar und darum nicht offen sein können. Boyd meint demgegenüber biblisch und philosophisch aufweisen zu können, dass je höher ein Wesen sich in der Seinsordnung befinde, es umso mehr von den Begriffen wie Veränderlichkeit und Dynamik geprägt ist. Daraus folgt, dass sich zumindest in dieser Hinsicht Gott und Mensch scheinbar nur hinsichtlich des Grades unterscheiden, nicht jedoch in qualitativer Weise. Damit aber muss Boyd einem platonischen Denken eine Absage erteilen, welches auch nur die kleinste denkbare Veränderung im Wesen Gottes als defizitär denken muss und damit sich kaum *mehr* unterscheiden kann vom Gott der Offenen Theisten, einem „God of the possible, who is capable of discovery, risk, novelty, and adventure."[206]

So zeichne nach Gregory Boyd die Bibel ein in hohem Maße von Dynamik, Relation und Sukzessivität gezeichnetes Gottesbild, das seine Zugewandtheit, seine Reue, sein Überraschtwerdenkönnen oder auch ganz grundsätzlich ein göttliches Reagieren(können) auf die Anliegen und Handlungen der Menschen bezeuge und damit eine Unveränderlichkeit Gottes zumindest in einem starken und eng gefassten Sinn systematisch kaum gangbar erscheinen lasse, denn sonst „bleibe ihm *per definitionem* kein Raum zur Erfahrung von Zeitlichkeit oder zur Beeinflussung durch äußere Anstöße"[207]. Besonders deutlich tritt dies beispielsweise auch bei der o. g. Allwissenheit Gottes hervor. Eine Unveränderlichkeit im

---

205 BOYD: God of the Possible, 130.
206 BOYD: God of the Possible, 131.
207 SCHMID: Gott ist ein Abenteurer, 171.

wörtlichen Sinne kann nicht mit einer Veränderung im Wissen kompatibel sein,
wodurch die These eines sukzessiven Dazulernens Gottes, wie die Vertreter des
OT es begreifen, aufgegeben werden müsste. Damit wird dann auch dasjenige
hinfällig, was durch die dynamische Allwissenheit im OT festgehalten werden
sollte: eine offene Zukunft, die um der menschlichen Freiheit willen von Gott
gewährt wurde. Diese Freiheit wird aber unter der Voraussetzung einer starken
Unveränderlichkeit zu einer Absurdität, da das durch sie anzustrebende Liebesverhältnis mit Gott ihn streng genommen gar nicht *affizieren* kann. Damit aber
verliert auch die Fundamentalannahme der libertarischen Freiheit im OT ihre
Plausibilität, wurde sie doch gerade um der Authentizität der Beziehung vorausgesetzt. So scheint es, dass sich die Modifikation der Unveränderlichkeit für
die Offenen Theisten auch gerade als konsequente Weiterführung oder Durchsetzung ihrer offenen Sicht Gottes ausnimmt, um die systematische Kohärenz
der eigenen Position sicherzustellen.[208] Es zeigt sich aber auch, dass innerhalb
einer Gotteslehre bestimmte Eigenschaften nicht einfach willkürlich verändert
werden können, ohne die Plausibilität inhaltlich und systematisch verwandter
Aspekte zu tangieren und womöglich im ungünstigsten Fall zu einem widersprüchlichen Gesamtbild zu kommen. Vielmehr müssen bei einer Modifikation
systematische Konsequenzen gezogen werden, die dann wiederum unter dem
Kriterium der Plausibilität stehen müssen.

Ein derartiger Gedanke scheint auch im Blick von Clark Pinnock zu sein,
wenn er davon spricht, dass das „Paket", das der konventionelle Theismus auf
Basis der Unbeweglichkeitsaussagen über Gott schnüre, sehr eng sei.[209] Diese
Metapher verdeutlicht gut die systematische Verwandtschaft und innere Bezogenheit bestimmter klassischer Gottesattribute, die nach Ansicht des OT der
klassisch-griechischen Philosophie entstammen, allen voran die Rede von Unveränderlichkeit, Unbewegbarkeit bzw. Nicht-Affizierbarkeit Gottes. So wie also
die Offenen Theisten ihr Gottesbild mit den dazu erforderlichen Modifikationen
zeichnen und dafür teilweise weitreichende Umdeutungen der angrenzenden
Gotteseigenschaften vornehmen müssen, so ist auch die klassische Gottesvorstellung durchzogen von bestimmten Prädikationen, die untereinander in einem
kohärenten Verhältnis stehen und darum je für sich genommen auch aus diesem
System heraus ihre Gültigkeit beziehen: „The conventional package of attributes
is tightly woven. You cannot deny one, such as impassibility, without casting
doubt cast on others, like immutability. It's like pulling on a thread and unrave-

---

208 Die Offenen Theisten scheinen damit zumindest in dieser Hinsicht den von ihnen selbst
zum Maßstab erhobenen Anspruch zu einem guten Teil eingelöst zu haben: „Serious
theologians value coherence and intelligibility in their work. They want, as far as possible,
a model of God that is not only biblical and traditional but also timely and compelling."
Pinnock: Most Moved Mover, 22.
209 Vgl. Pinnock: Most Moved Mover, 77.

ling a sweater."[210] Gleichwohl gebe es laut Pinnock jedoch auch Schnittmengen zwischen dem Bekenntnis zu klassischen Eigenschaften und der Wahrnehmung zu ihrer Reformbedürftigkeit, was, so Boyd, bereits an den verschiedenen Varianten des klassischen Theismus ersichtlich sei.[211]

An dieser Stelle ist es sinnvoll, den für die Offenen Theisten typischen Weg der Umdeutung der Unveränderlichkeit Gottes zu erläutern. Denn auch sie wollen diese ja nicht radikal preisgeben, sondern sie vor allem im Lichte der für sie so zentralen Quelle der Bibel interpretiert wissen. Was also ergibt sich unter dieser Voraussetzung für den Begriff der Unveränderlichkeit Gottes? Die von den Offenen Theisten vorgenommene Neuinterpretation, die die Unveränderlichkeit nicht aufgibt, besteht nun darin, dass sie diese unter einem anderen Gesichtspunkt betrachten, was analog ja bereits auch schon bei anderen Eigenschaften der Fall war. Die Unveränderlichkeit Gottes wird unter Berücksichtigung der Personalität Gottes umgedeutet, womit ein rein klassisch-metaphysischer Deutungsrahmen überwunden ist und damit auch die Fixierung auf die entsprechenden Unveränderlichkeitsattributionen innerhalb des konventionellen Theismus. Demnach zeichnet das biblische Zeugnis das Bild eines Gottes, dessen positive Absichten und dessen Charakter durchaus im Sinne einer *Unveränderlichkeit* verstanden werden sollen, diese aber zugleich im Modus seiner Zugewandtheit zur Schöpfung als reagierende, handelnde, wahrnehmende göttliche Reaktion gedacht werden muss. Ist dieser Gedanke wirklich so wenig aussichtsreich, wie die Kritiker des OT behaupten oder liefern die Offene Theisten nachvollziehbare Argumente für eine Neudeutung der Unveränderlichkeit Gottes?

II.5.1 Unveränderlichkeit als „changeable faithfulness"

Aus biblischer Sicht besteht ein augenscheinliches Argument gegen die Unveränderlichkeit darin, dass auch Gott als affiziert von bestimmten Emotionen gedacht werden muss, zu denen Richard Rice für das Alte Testament etwa Freude, Kummer, Wut und Reue zählt.[212] Diese Beschreibungen erhielten ihre Legitimation vor allem aufgrund ihrer Häufigkeit im alttestamentlichen Befund und ihrer definierenden Funktion hinsichtlich des Gottseins Gottes.

---

210 PINNOCK: Most Moved Mover, 77.
211 Vgl. PINNOCK: Most Moved Mover, 77.
212 Vgl. RICE: Biblical Support For a New Perspective, 22; vgl. auch die einleitenden Anmerkungen zu Beginn dieses Hauptkapitels.

Weniger biblisch und dafür mehr systematisch pointiert, spricht Clark Pinnock von einer „changeable faithfulness"[213] Gottes. Verdeutlichen lässt sich diese Zuschreibung, wenn man sie erneut analog der dichotomen Unterscheidung zwischen unveränderbar und veränderbar versteht. Gott sei demnach absolut treu und zuverlässig, während er jedoch in konkreten Situationen flexibel hinsichtlich der Umsetzung seiner Intentionen bleibt. Die Bedingungen und Umstände können somit durchaus Anlass dafür sein, andere Möglichkeiten zu betrachten, ohne dass damit eine Willkür oder Launenhaftigkeit ausgedrückt sei. Pinnock wählt hier das sehr zutreffende Bild eines treuen Freundes[214], der Begleiter und auch in jeder Situation fraglos verlässlich ist. Dieses Bild ist m. E. auch deswegen gut geeignet, weil es verdeutlicht, dass die *Eigenarten* der beteiligten Personen erhalten bleiben: Echte Freundschaft kennt zumindest unter idealen Umständen kein *qualitatives* Gefälle bestimmter Charakter- oder Wesenseigenschaften innerhalb dieser Freundschaft und unter ihren Beteiligten: „God is necessary and changeless in nature but (...) his nature is that of a temporal and personal agent."[215] Im Bild kommt zur Sprache, dass die Bedingungen für die Freundschaft für alle Personen dieselben oder zumindest analog sind. Dem lässt sich zuordnen, dass etwa der Beziehungswille Gottes stets gleichbleibend vorhanden ist, während die Beziehung selbst per definitionem ein dynamisches Geschehen ist. Darum scheint auch die folgende Aussage Boyds angemessen und nicht widersprüchlich: „In God's case, we might say that *who God is* does not change but *what God experiences* changes. God's nature does not change but his activities and relationships are dynamic. God's character is stable but God is not static when it comes to associating with creation."[216] Die nicht-statische Haltung muss er besitzen, wenn er in ein dynamisches Geschehen mit den Menschen in der Geschichte eintreten will. Gott erfährt sowohl sich selbst innerhalb dieses Prozesses als auch stetig neue Dinge. Dies ist dem Umstand geschuldet, dass Gott dem Menschen Raum für seine echte Freiheit gegeben hat und mit der er durch sie wirklich neue Dinge hervorbringen kann.[217] Trotzdem bleibt das göttliche Wesen immer gleich, welches im Rahmen einer offenen Geschichte jedoch

---

213 PINNOCK: Most Moved Mover, 85. Auch wenn dieser Begriff eher mit „veränderlicher Treue" zu übersetzen wäre, meint er in der Sache tendenziell dasselbe wie die scheinbar leicht abgewandelten Bezeichnungen der anderen Vertreter des OT. So bezeichnet Sanders diesen Aspekt als „Faithful freedom", vgl. SANDERS: The God Who Risks, 184 – 188.
214 PINNOCK: Most Moved Mover, 87.
215 PINNOCK: Most Moved Mover, 85.
216 PINNOCK: Most Moved Mover, 85.
217 So wie beim Problem der Allwissenheit Gottes und menschlicher Freiheit die Aussage gilt, dass kein mit Freiheit begabtes Wesen bewerkstelligen kann, dass Gott sich in seiner Allwissenheit irrt, so muss nun umgekehrt gelten, dass diese Wesen zumindest teilweise Gottes Wissen beeinflussen können und Gott darum zumindest in dieser Hinsicht zwingend als veränderlich gedacht werden *muss*.

notwendigerweise Veränderungen unterworfen sein muss, wenn die liebende Zuwendung zum Menschen in seiner je einzelnen Lebensgeschichte tatsächlich gedacht werden soll: „In history, God realises his nature as the One who loves by loving creatures in particular settings and ways."[218] Als in der Person Jesu Christi geoffenbarter und in der heiligen Dreifaltigkeit bekannter kann Gott als in Freiheit liebende Person keinen Veränderungen unterworfen sein, ebenso wenig kann er sich hinsichtlich seiner Haltung ändern, den Menschen immer liebend zugewandt sein zu wollen. In diesen Aspekten gelte die Unveränderlichkeit also weiterhin und mit Recht. Aus Sicht der gläubigen Geschöpfe ist Gott absolut treu und verlässlich, er ist der „God of grace and glory which believers know him to be and absolutely depend on."[219] Immer dann, wenn Gott konkret mit der Schöpfung in Kontakt kommt, kann durchaus davon gesprochen werden, dass auch er Veränderungen unterliegt, während seine Natur unveränderlich ist. „That is why I say that God is characterized by changeable faithfulness and is not immutable in every respect."[220] Der Denkfehler, dem die klassische Theologie unterlegen sei, bestehe darum in der zu starken Betonung griechischer Denkformen und damit der Unveränderlichkeit, was letztlich dazu geführt habe, dass eine echte, authentisch und von Dynamik geprägte Beziehung zwischen Gott und Mensch nicht hinreichend gedacht werden könne. Gleichzeitig wäre es jedoch auch nicht zielführend, Gott in jeglicher Hinsicht das Prädikat der Unveränderlichkeit abzusprechen, so räumen Vertreter des OT ein. Stattdessen gelte es, die Unveränderlichkeit wie auch die Veränderlichkeit Gottes im Lichte des biblischen Zeugnisses kohärent aufeinander zu beziehen. Es verhält sich nicht so, dass der OT eine Unveränderlichkeit in jedwedem Sinn preisgibt, etwa um sich besonders deutlich vom konventionellen Theismus abzugrenzen, sondern vielmehr so, dass danach gefragt wird, wann und inwiefern eine Rede von der Unveränderlichkeit bzw. Veränderlichkeit Gottes angemessen vorgenommen werden könne.

> „The difference between them [conventional theism and open theism; A. H.] is not that one views God as changeless while the other doesn't. The difference is that everything about God must be changeless for the traditional view, whereas the open view sees God as both changeless and changeable."[221]

---

218 PINNOCK: Most Moved Mover, 86.
219 PINNOCK: Most Moved Mover, 86.
220 PINNOCK: Most Moved Mover, 87.
221 RICE: Biblical Support for a New Perspective, 48. Vgl. auch SCHMID: Gott ist ein Abenteurer, 172: „Vielmehr sind sie [die Offenen Theisten; A. H.] bemüht, das Verständnis der Unveränderlichkeit Gottes im Horizont der biblischen Bezeugung der Treue Gottes zu differenzieren und damit näherzubestimmen, in welcher Hinsicht die Rede von der Unveränderlichkeit Gottes angemessen ist – und in welcher Hinsicht gerade von der Veränderlichkeit Gottes gesprochen werden sollte."

Wie sollte all das, was im OT mit der Kategorie der Freiheit und dem aktiven Bezogensein Gottes auf die Welt zuvor stark gemacht wurde, denkbar sein, wenn Gott sich nicht ändern könnte? Eine strikte Unveränderlichkeit lässt jedwedes Reagieren und Handeln Gottes, jede irgendwie denkbare Handlungsweise, die die geschöpfliche Freiheit ernst nimmt, obsolet erscheinen, indem sie sich in ein Begriffskonvolut verfängt, das eine freiheitliche Beziehung zwischen Gott und Mensch verunmöglicht. Wenn aber gilt, dass Gott bewusst und frei Minimalbedingungen geschaffen hat, um Menschen Raum für ihre Freiheit zu geben, dann gilt Analoges auch für seine Veränderlichkeit. Auch sie muss dann begriffen werden als von Gott freiwillig eingegangener, zum Zwecke der menschlichen Freiheit notwendig dazugehöriger Begleitumstand, der von Gott auch sich selbst gegenüber gewährt werden musste. Ein radikal unveränderlicher Gott sei, so Pinnock, nicht besser als einer, der grundsätzlich die Möglichkeit zur Veränderung besitze. Laut Pinnock scheint bei der Rede von der Unveränderlichkeit Gottes zu einseitig und zu sehr in philosophischen Kategorien argumentiert worden zu sein, sodass die Zugewandtheit oder auch nur die Bezogenheit Gottes zur Schöpfung offenbar keine Kategorie war, die man mit dem philosophischen Gedankengut zumindest hätte vermitteln können.

Gott ist veränderbar hinsichtlich des Kontakts mit seiner Schöpfung. Dies zeigt sich nicht nur darin, dass ihm bewusst ist, welche Änderungen im offenen Raum der Geschichte stattfinden, sondern auch gerade in seiner gleichbleibenden guten Intention für die Schöpfung, die flexible Wege zu ihrer Realisierung vornehmen muss. So kann Gott auf sich ändernde Umstände reagieren, seine Handlungsweisen entsprechend anpassen und alternative Wege wählen. Auf diese Weise wird ein Gottesbild gezeichnet, das einerseits die Dynamik der Geschichte ernst nimmt und Gott andererseits nicht als irgendwie launisch oder wankelmütig hervortritt. Das durch die klassische Metaphysik klar von den Offenen Theisten benannte Problem der Unveränderlichkeit, die einen statischen Gott zeichnet, ist darum einerseits überwunden, wie auch das andere Extrem einer totalen Gleichgültigkeit oder Indifferenz bei der Zugewandtheit Gottes zur Welt[222]. Vielmehr müssen beide Aspekte als sich ergänzend betrachtet werden: Die *Treue* Gottes ist ihrem Begriff nach das Wesen Gottes, das unveränderlich ist. Gleichzeitig lässt Gott sich in der Dynamik des reziproken Geschehens mit der Welt durch diese Treue leiten, indem er sie in seinem Handeln wirksam werden lässt, jedoch in einer flexiblen Art der angepassten Konkretion. Beide Aspekte sind wichtig festzuhalten, gerade weil sie in systematischer Perspektive erst dann ihre volle Geltung erhalten, wenn man sie komplementär betrachtet. Der OT mahnt an, dass lange Zeit im theologischen Denken ein Extrem das

---

222 Vgl. etwa SANDERS: The God Who Risks, 177.

absolute Übergewicht erhalten hat. Pinnock wählt in diesem Zusammenhang das m. E. sehr anschauliche und zutreffende Bild Gottes als Tanzpartner:

> „I love to think that God is like the partner in a dance. As we act out our steps God is always there, leaping at just the right moments, steadying at others, and keeping perfect balance with the living reality that we are. Let us celebrate both the faithfulness of God our true friend (stable and unchanging) and the responsiveness of God (sensitive and caring) who is at our side in every changing circumstance, responding to every need."[223]

Erst unter der Voraussetzung, dass beide hier verhandelten Größen – Treue und situationsgemäße Sorge – so miteinander in Beziehung gesetzt werden, dass sie als einander bedingend und ergänzend betrachtet werden, ist das angemessene Verständnis der Unveränderlichkeit im Sinne des OT erreicht. Beide Voraussetzungen stellen gleichsam die konstituierende Justierung für Gottes Handeln in der Geschichte dar und bilden miteinander eine chiastische Struktur:

> „Far from creating a conflict in God, these different aspects of divinity are closely related. The reason that God is open to change in some respects is the fact that in other respects he never changes. It is God's nature to love, to love without measure and without interruption. And precisely because this God's essential nature, he must be sensitive and responsive to the creaturely world. Everything that happens in it has an effect on him. Because God's love *never* changes, God's experience *must* change. In other words, it is part of God's unchanging nature to change."[224]

Während also die Unveränderlichkeit bezüglich Gottes *Treue* festgehalten werden darf, so ergibt sich geradezu aus ihr, dass er zur konkreten *Aktualisierung* dieser Treue als veränderlich gedacht werden muss. Beide Begriffe, auf diese Weise zusammengedacht, sind darum weder ein Oxymoron noch hölzerne Eisen, sondern vielmehr Ausdruck der

> „Vollkommenheit Gottes als die *Vollkommenheit seiner Liebe*, welche die Verhältnisbestimmung von Unveränderlichkeit und Veränderlichkeit Gottes im Offenen Theismus leitet: Eben *weil* Gottes Charakter oder Natur sich unveränderlich durch Liebe auszeichnet, verlangt ihm die bewegte Geschichte der Menschheit eine hohe Fähigkeit und Bereitschaft zur Veränderung ab."[225]

---

223 PINNOCK: Most Moved Mover, 88.
224 RICE: Biblical Support For a New Perspective, 48.
225 SCHMID: Gott ist ein Abenteurer, 174.

Auch das in diesem Kapitel verhandelte Problem der Unveränderlichkeit Gottes kann unter Zuhilfenahme der Anselmschen Denkregel des IQM betrachtet werden. Es treten dann – wie etwa schon bei der Allmacht – erneut Fragen auf, die man unter verschiedenen Akzentsetzungen stellen und auch beantworten kann, wenn die klassische Form der Unveränderlichkeit mit dem Argument verteidigt wird, dass ein unüberbietbar vollkommenes Wesen darum keine Veränderungen in sich haben kann, weil solche einen Mangel innerhalb seines Begriffs voraussetzten.[226] Demgegenüber würden die Offenen Theisten entgegnen, dass ein solcher Gottesbegriff zu sehr auf die Übertragbarkeit philosophischer Begrifflichkeiten abziele und darum einem personalen und zeitlich gedachtem Gott, wie er in der Bibel bezeugt ist, nicht gerecht wird.

II.5.2 Give-and-take relationships

Von den Argumenten, die gegen eine Unveränderlichkeit sprechen, scheint ein Aspekt besondere Relevanz aufzuweisen, da durch ihn die klassische Annahme der Unveränderlichkeit in eine ausweglose Aporie zu laufen scheint: gemeint sind die für den OT typischen give-and-take relationships, die ein wechselseitiges Handeln auf Seiten Gottes wie auf Seiten des Menschen voraussetzen.[227] Ein wie auch immer gedachtes Einwirken oder Reagieren Gottes innerhalb eines Netzwerks scheint grundlegend der Annahme der Unveränderlichkeit zu widersprechen.[228] Denn ein so gedachtes Modell setzt eine Veränderlichkeit Gottes und auch der Zukunft gleichermaßen voraus, insofern etwa beim Bittgebet häufig um das Zustandekommen einer Änderung der Verhältnisse gebeten wird. Eine in diesem Zusammenhang angenommene Unveränderlichkeit würde diesen Zusammenhang ad absurdum führen, da sie jedwedes vom Beter erhoffte Eingreifen Gottes unverständlich machen würde, der im Falle tatsächlicher Unveränderlichkeit sich weder von seinen Geschöpfen affizieren lassen noch eine Änderung im Weltenverlauf vornehmen könnte. „Loving relationships cannot be thought of in static terms because they are intrinsically dynamic. God is affected by the objects of his love and made vulnerable by them."[229] Es stellt sich die Frage nach der noch bleibenden Notwendigkeit des Gebets. Traditionellerweise möchte Gott in diesem mit seinen geliebten Geschöpfen in echter und authentischer Beziehung stehen – wie aber sollte sich diese ausnehmen im Falle seiner Unveränderlichkeit?

---

226 Vgl. Schmid: Gott ist ein Abenteurer, 173 f.
227 Vgl. Pinnock: Most Moved Mover, 35 f.
228 Vgl. Stosch: Gott – Macht – Geschichte, 55.
229 Pinnock: Most Moved Mover, 82.

II.6 Freiheit als Risiko Gottes

„In this study the overarching theological model has been that of relational theism: A personal God enters into loving reciprocal relationships with human persons. A key image employed to elucidate this model is that of risk taker. (...) What sorts of conditions must be met for an adequate understanding of providence? A Christian doctrine of providence must affirm (1) God's loving care for the creatures wherein he seeks their greatest well-being, (2) God's involvement with us in the flow of history and (3) God's intended goals for the creation. The model of God as risk taker in attempting to achieve his goal of creation affirms these conditions."[230]

Aus dem Gottesbegriff ergibt sich, dass Gott für die Schöpfung eine positive Intention besitzt: Angesichts seiner moralischen Perfektion und seiner Liebe gegenüber dem Menschen kann ihm dessen Geschichte mit ihren Widerfahrnissen nicht schlechterdings gleichgültig sein. Daher begleitet Gott nach christlicher Vorstellung den Weltenverlauf als ihr Souverän und sorgt dafür, dass die Welt zu ihrem Ziel gelangt, welches er für sie „vorsieht": Hiermit ist der Begriff der *Providentia*, der Vorsehung erreicht, dessen spezifische Ausformung im OT durch das o.g. Eingangszitat schon angedeutet wurde und nun entfaltet werden soll. Anders formuliert: Der Übergang zu den Überlegungen, die sich mit dem theologisch bedeutsamen Begriff der Vorsehung befassen, ist nun insofern erreicht, als „der Vorsehungsbegriff – zumindest in seinen eher traditionellen Verwendungen – nichts anderes als eine Explikation der Begriffe der Allmacht und Allwissenheit darstellt."[231] Gerade auch für den OT gilt dies nun umso mehr, denn die Frage, wie eine Vorsehung unter den Umständen der *Modifikation* der oben genannten Eigenschaften Gottes zu konzipieren sei, stellt sich nun umso nachdrücklicher. Aus diesem Grund verwundert es nicht, dass die Thematik der Vorsehung innerhalb des OT gewissermaßen eine Schlüsselrolle einnimmt. So tituliert John Sanders sein Werk über die Vorsehung bezeichnenderweise als „The God Who Risks" mit dem Untertitel „A Theology of Divine Providence". Wie genau aber erhält der für den OT so typische Begriff des *Risikos* Einzug in dessen Vorsehungslehre?

Ein erster Hinweis hierauf kann gegeben werden, wenn man sich den klassischen Begriff der Vorsehung vor Augen führt: Auf Basis seiner Allmacht und seines Allwissens ist Gott dazu in der Lage, seinen Plan für die Schöpfung um-

---

230 SANDERS: The God Who Risks, 173.
231 KREINER: Antlitz Gottes, 361. M. E. kann man den Vorsehungsbegriff auch als eine Art „Nervenzentrum" oder Knotenpunkt (gerade der Ansichten des OT) verstehen, in dem sich bereits gefasste Eigenschaften Gottes bewähren können und müssen.

zusetzen. Dies kann gemäß traditionellem Verständnis dadurch gewährleistet werden, dass Gott in seiner überragenden Weisheit und Macht alle Ereignisse steuern kann, weil er wie ein Monarch über sie herrscht – menschliche Handlungen eingeschlossen. Während Gott hier oft als absoluter Souverän aufgefasst wird, der niemals der Gefahr ausgesetzt ist, dass die intendierten Ziele für seine Schöpfung nicht erreicht werden können, betont der OT, dass Gott durchaus ein Risiko mit diesem Unterfangen eingegangen ist.

Denn die starke Betonung der menschlichen Freiheit macht es „fraglich, ob und inwiefern ein Gott, der freiwillig darauf verzichtet, alle Ereignisse zu bestimmen, zu kontrollieren und vorauszusehen, seine Schöpfungsabsichten verwirklichen kann.“[232] Dieser Verzicht bezog sich wie gesehen u.a. auf definitives Wissen über die *Zukunft* und muss zwingend sein, wenn sie in nicht unerheblichem Maße von den mit Freiheit begabten Geschöpfen mitgestaltet werden soll und Aussagen über sie keinen Wahrheitswert besitzen. Wie genau auch die *Implikate* der libertarischen Freiheit ein Risiko Gottes evozieren, ist Gegenstand der folgenden Überlegungen.

II.6.1 Der Zusammenhang von gewährter Freiheit und Risiko

Die traditionelle, vor allem durch Sicherheit und Vorauswissen geprägte Auffassung von Vorsehung kann unter den Bedingungen des OT nicht mehr aufrechterhalten werden, was unter Berücksichtigung der vorangegangenen Überlegungen dieses Hauptkapitels nicht verwundern kann: Das libertarische Verständnis, welches die Unbedingtheit einer Entscheidung denkerisch absichern möchte, verunmöglicht gleichzeitig eine Verursachung durch jemanden oder etwas *anderen* als den Träger dieser Freiheit. Anders gewendet: Das libertarische Freiheitsverständnis mit all seinen Elementen ist der Grund dafür[233], den stark gemachten Gedanken der Beziehung des Menschen zu Gott fassen zu können – sie ist per definitionem notwendige Bedingung für praktisch alle Arten der (Liebes-) Beziehung. Daraus muss dann aber die Konsequenz gezogen werden, dass Gott nicht mehr der Garant für die Durchsetzung des Heilsplans im strengen und eigentlichen Sinne sein kann. Denn wie sollte, so könnte die Gegenfrage gestellt werden, auch nur für den Eintritt *eines* Ereignisses eine Garantie bestehen, wenn libertarische Freiheit es verbietet, das *Ergebnis* einer Handlung vorauszuwissen? Wie kann der Begriff „Freiheit" überhaupt noch haltbar sein, wenn Garantien

---

232 KREINER: Antlitz Gottes, 361.
233 Die Offenen Theisten sehen auch die bisherige Auseinandersetzung der Theologie mit dem Theodizeeproblem als Grund dafür, ein libertarisches Freiheitskonzept zu vertreten, lassen sich mit ihm, bzw. der free-will-defense, doch einige Fallstricke in dieser Frage vermeiden, vgl. etwa BOYD: God of The Possible, 98–103.

in Bezug auf den Weltverlauf möglich wären? Sanders bietet einen prägnanten Lösungsvorschlag:

> „Because God, in sovereign freedom, decided not to tightly control human affairs by exercising general providence and granting us libertarian freedom (the ability to do otherwise than we did even in the same circumstances), God took the risk that history would not go exactly as he desires. Humans can rebel or become collaborators with God by either accepting or rejecting divine initiatives.“[234]

Der Begriff libertarischer Freiheit hat, wie oben erläutert, bestimmte ontologische Vorannahmen bzw. Anforderungen an die Wirklichkeit zur Bedingung seiner Möglichkeit. Selbst wenn man zugibt, dass nur bestimmte Ereignisse festgesetzt sind, so ergeben sich doch Schwierigkeiten dann, wenn man versucht, den vermeintlich feststehenden Teil der Zukunft, also den, der von Gott gewusst werden kann, mit dem Teil in Beziehung zu setzen, der offen ist und in dessen Raum libertarische Freiheit vorausgesetzt werden darf. Denn zumindest ein Mindestmaß an Offenheit muss ja der libertarischen Freiheit geschuldet sein und kann darum wie gesehen auch nicht von Gott gewusst werden. Um jedoch nicht in Konsistenzprobleme zu geraten und damit die Basis der eigenen Konzeption angreifbar zu machen, muss Gott daher als „*Risk-Taker*" gelten: Echte Freiheit schließt auf diese Weise ein, dass sie in moralisch verwerflicher Weise verwendet werden kann bzw. in einem Sinn, der Gottes Willen widerstrebt. „In dieser Sicht hat sich Gott mit der Schöpfung auf ein riskantes Spiel eingelassen, dessen Verlauf und Ausgang nicht ausschließlich von seinem Willen, sondern auch von den freien Entscheidungen seiner kreatürlichen Mitspieler abhängen."[235] Neben dieser ziemlich allgemein gehaltenen Formulierung impliziert eine libertarische Freiheit daher ganz konkret immer auch das Risiko, dass die Beziehung zu Gott, die gemäß des OT nur im Modus des freien Angebots stattfindet, vom Menschen auch *ausgeschlagen* werden kann.

Einerseits gilt auch hier die für die Modifikation der Allwissenheit herangezogene These, dass Gott nicht wisse, was seine Geschöpfe in Freiheit tun werden, sodass es ihr Begriff impliziert, dass Gott ein Risiko eingegangen ist. Dieses Risiko liegt im Begriff der Freiheit selbst: da echte Freiheit einschließt, dass ihr Ausgang, bzw. die spezifische Form ihrer Umsetzung nicht feststeht, kann sie doch auch Formen annehmen, die Gottes Intention ihrer Realisierung widersprechen. Dies gilt jedoch nur für den libertarischen Freiheitsbegriff, denn dieser ist per definitionem mit einem deterministischen Verständnis von Frei-

---

234 SANDERS: The God Who Risks, 198.
235 KREINER: Antlitz Gottes, 362.

heit unvereinbar[236], was sich unter vorsehungstheologischen Gesichtspunkten insbesondere am Begriff der Vorher*bestimmung* zeigt: „A compatibilist view of free will is congenial to varieties of theology that feature absolute divine predestination of all that occurs, a belief that is categorically rejected by open theists."[237]

In sozusagen umgekehrter Annäherungsrichtung impliziert der Begriff Freiheit aber auch, dass sie selbst bei ihrem Missbrauch durch den Menschen nicht einfach willkürlich durch Gott revoziert werden darf: Müsste damit gerechnet werden, dass Freiheit zu jedem beliebigen Zeitpunkt aufgehoben werden kann, können aber Aspekte einer Freiheit, die sich etwa auf die Identitätsbildung beziehen, nicht mehr gedacht werden.[238]

Andererseits beinhaltet der christlich-theologisch zentrale Begriff der Vorsehung auch, dass Gott auch gewissermaßen Herr der Geschichte ist, bleibt und sie ihm nicht in jeder Hinsicht aus den Händen gleitet[239]: Gott will aufgrund seiner Güte einen positiven Ausgang seiner Schöpfung. Und er kann zumindest im klassischen Modell der Vorsehung diese Ziele auch unter Garantie erreichen: er ist der Souverän, der die Geschichte kontrolliert.

Hier zeigt sich nun ein Dilemma: Entweder kontrolliert Gott im Sinne der Providentia den Weltenverlauf so, dass die Geschichte in jedem Fall ihr Ziel erreicht und Gottes Intuitionen sich bewahrheiten. Dann aber wäre menschliche Freiheit in ihrer libertarischen Form nicht mehr ernst genommen, da ihr zugrundeliegender Begriff ja die Offenheit einer Geschichte und das ungewisse Ergebnis einer Handlung gerade impliziert.

Nimmt Gott allerdings die Freiheit seiner Geschöpfe radikal ernst, kann er zumindest im traditionellen Sinne nicht mehr als Souverän in einem empathischen Sinn gedacht werden, der Kontrolle so ausübt, dass sie die Schöpfungsziele

---

236 „The only way I know of to avoid a risk-taking God is to affirm some form of theological determinism that renders it impossible for humans to thwart or hinder God's plans for each and every specifc event that takes place in creation." SANDERS: The God Who Risks, 176. Damit soll nicht ausgesagt sein, dass es durchaus abwechselnde Formen von Freiheit geben kann, d.h. libertarische Freiheit nicht immer gegeben sein muss. Vgl. dazu die Ausführungen zu Beginn dieses Hauptkapitels.

Durchgehend ausschließlich deterministische Freiheit würde es aber erlauben, eine Handlung sowohl als frei kennzeichnen zu können und zugleich ihr Festgelegtsein und in eins damit ihre Erkennbarkeit durch Gott widerspruchsfrei denken zu können.

237 HASKER / SANDERS: Open Theism – Progress and Prospects, 862.

238 Dieser Aspekt kann auch als theologische Einlösung der philosophischen These gelten, dass Freiheit auch (und gerade) ein prozessuales Phänomen ist (vgl. die Überlegungen in Kap. II.2.1). Dies ist v. a. evident, wenn man an den Vorgang der Abwägung von Gründen oder auch an den Aspekt der Identitätsbildung eines Menschen denkt. Theologischerseits wäre hier z. B. die sog. Soul-making-theodicy zu nennen.

239 Hier kann bei kritischer Lesart bereits die berechtigte Rückfrage gestellt werden, ob ein solches Entgleiten nicht schon längst stattgefunden habe und der Gedanke, dass Gott Souverän über den Geschichtsverlauf bleibt, nicht bereits verworfen werden muss.

an der menschlichen Freiheit vorbei *sicherzustellen* vermag. Das Gleichgewicht zwischen der Kontrolle, die Gott ausübt, und der Freiheit, die er Menschen schenkt, gleicht m.E. dem *Bild einer Wippe*, die entweder auf der einen Seite oben und auf der anderen Seite unten ist oder umgekehrt – ein proportionales Freiheitsverhältnis, in dem Mensch und Gott zugleich frei sind, ist hier nicht denkbar, da entweder Gott kontrolliert und der Mensch ohnmächtig ist oder umgekehrt. In diesem Sinne seien laut dem OT-Kritiker Bruce Ware dann entsprechende Konsequenzen zu ziehen:

> „Since the higher the risk, the lower the control, and since the lower the control, the lower the basis by which God's deity and glory are established, open theism's minimizing of God's control while elevating human freedom and divine risk produce a conception of a God with a lesser claim to deity and a lesser right to glory."[240]

Gerade die menschliche Freiheit ist es aber, die den Begriff des Risikos tatsächlich unumgänglich zu machen scheint, da sie es ist, die im Fall der ihr gebührenden und auch einzuräumenden Ernstnahme das Erreichen bestimmter Ziele für die Schöpfung zumindest gefährdet.[241] Dies gilt auch unabhängig davon, von welcher Perspektive aus sich ihrem Begriff angenähert wird. So wäre es zum einen möglich, die Vorsehungslehre in ihrer klassischen Gestalt aufzugreifen, sie im Lichte des OT einer Prüfung zu unterziehen, um dann den Begriff des Risikos zu erreichen. Oder es bestünde die Möglichkeit, den zugrunde liegenden Begriff der menschlichen Freiheit auf seine inhärenten und letztwirksamen Implikate hin zu untersuchen. In beiden Fällen wird man die Konsequenz ziehen und so die Position einnehmen müssen, dass es zumindest möglich ist, dass bestimmte Ziele, die ein allmächtiges Wesen für die Schöpfung intendiert, nicht (mehr) erreicht werden können. Dies gilt jedoch nur dann, wenn ein Freiheitsbegriff vorausgesetzt wird, der als *libertarisch* zu kennzeichnen ist.

Auf einen kompatibilistischen Begriff von Freiheit muss dies nicht zutreffen, da es in diesem Fall ja ein Prinzip gäbe (etwa den Determinismus oder auch ein Eingreifen Gottes auf welche Art auch immer), das die Schöpfungsziele als bleibend erreichbar kennzeichnen könnte, *ohne* die menschliche Freiheit zu beschränken. Der kompatibilistische Freiheitsbegriff lässt also den Begriff eines wie auch immer zu fassenden Risikos *nicht* aufkommen: Warum sollte ein allmächtiger Gott ein Risiko eingehen, bzw. worin sollte dieses *bestehen*, wenn der Begriff einer Allmacht bzw. einer Vorsehungslehre mit dem kompatibel ist, was (kompatibilistische) Freiheit meint und damit Handlungen bzw. Ereignisse von

240 WARE: No Other God, 153 f.
241 Vgl. GRÖSSL: Freiheit als Risiko Gottes, 263.

Gott voraussehbar bzw. vorausbestimmbar sind, ohne dass menschliche Freiheit übergangen oder angetastet wird?[242] Oder anders gewendet: Wenn der kompatibilistische Freiheitsbegriff darin besteht, dass festgesetzt ist, was der Mensch will und auf diese Weise mit einem theologischen Determinismus vereinbar ist, fällt jede Freiheitsentscheidung auf Gott und sein Wirken zurück, sie fällt zumindest nicht mehr in den Bereich *echter* menschlicher Freiheitsentscheidungen. Diese letztgenannte Konsequenz würde einen zentralen Aspekt libertarischer Freiheit unterminieren, während der erstgenannte Aspekt jedoch noch schwerer wiegt: Gott könnte als erste Ursache der menschlichen Handlungen dann auch als Ursache der Verfehlungen gedacht werden, was natürlich gerade in theodizeesensibler Hinsicht problematisch ist.[243]

Auch aus diesen Gründen legt sich nahe, dass das Eingehen des libertarischen „Freiheitsrisikos" notwendig und darum geboten ist, da nach Auffassung des OT wie im Übrigen auch der Prozesstheologie Gott seinen Geschöpfen nicht mit Mitteln des Zwangs gegenübertreten oder wirken will, sondern in der Form des Überredens. Diese Vorstellung kongruiert gut mit dem Diktum, dass ein Gott der Liebe nur mit Mitteln der Liebe wirken kann.[244] Aufmerksam gemacht werden soll darauf, dass Gott freiwillig die Überredung präferiert.

Wenn unterstellt wird, dass Gott Menschen eine Freiheit geschenkt hat, die das Etikett „libertarisch" trägt, dann muss Gott auch jene Handlungen zulassen, die *nicht* seiner Intention oder seinem Willen entsprechen, was aufgrund der postulierten und zugrunde gelegten *Offenheit* der Zukunft zumindest widerspruchsfrei gedacht werden kann. Hier wird nun der Unterschied zum klassischen Theismus besonders deutlich, insofern nicht mehr primär Sicherheit und Souveränität das Gottesbild ausmachen, sondern vielmehr das Gewähren menschlicher Freiheit mit ontologischer Differenz zum Schöpfer, was dann konsequenterweise ein Risiko bezüglich der Umsetzung der von Gott intendierten Ziele für die Schöpfung nach sich zieht:

„Das Konzept von göttlicher Vorsehung beinhaltet, dass Gott den Weltverlauf in irgendeiner Weise lenkt und dadurch garantiert, dass der von ihm gesetzte Zweck der Welt erfüllt wird. Doch dieses Konzept scheint nicht mehr

---

242 Vgl. SANDERS: The God Who Risks, 206.

243 Hier zeigt sich erneut, warum die Offenen Theisten die free-will-defense bejahen, können sie mit ihrer Hilfe doch erklären, warum die libertarische Freiheit von Gott als Ermöglichungsgrund zu einer Beziehung zu ihm zugelassen wird und darum andererseits dieselbe Freiheit auch missbraucht werden kann.

244 Das aber schließt ein mögliches Handeln durch Zwang logisch nicht aus. Nur aufgrund der göttlichen Achtung menschlicher Willensfreiheit verpflichtet sich Gott, keine Mittel des Zwangs anzuwenden, bzw. nur „versteckt" zu handeln, damit auch die epistemische Freiheit nicht angetastet wird.

aufzugehen, wenn man die menschliche Freiheit auf Ereignisse ausdehnt, die eventuell dazu führen können, dass Gott seine Absichten bezüglich unserer Welt nicht mehr vollständig umsetzen kann."[245]

Wenn dies aber fraglich wird, zeichnet sich evidentermaßen ein Unterschied zur traditionellen Vorstellung der Vorsehung ab, insbesondere dann, wenn man mit Kreiner festhält, dass der Vorsehungsbegriff letztlich mit den anderen Gottesprädikaten korreliert. Mit anderen Worten: Gerade in der Thematik der Vorsehung kommt das Verhältnis zwischen göttlicher und menschlicher Freiheit beziehungsweise Kontrolle in besonderem Maße zum Austrag. Während eine *Vorherbestimmung* durch Gott dabei in hohem Grade der menschlichen Freiheit widersprechen würde, bestünde das gegenüberliegende Extrem in einer bloßen Reaktion oder sogar der grundsätzlichen Indifferenz Gottes der Schöpfung gegenüber. Ganz im Fahrwasser des OT fasst Klaus von Stosch den Begriff der Vorsehung so, dass ausdrücklich ein wechselseitiges Verhältnis[246] zwischen Gott und Mensch angenommen werden soll, was die Probleme zu umgehen vermag, die ein bloß einseitiger Begriff von Vorsehung hervorrufen könnte. So propagiert der OT einen Freiheitsbegriff, der ganz im Sinne einer überfließenden Liebe Gottes gedacht werden kann und zugleich den Sinn der Ermächtigung durch Freiheit verdeutlicht: „God does not choose to be alone. He wills the creature to co-exist with him and to stand alongside him as the beloved covenant partner. This is our core identitiy – to be loved by God."[247]

Sicherlich ist die freie Erwiderung des Menschen auf das Beziehungsangebot das wichtigste Ziel für Gott. Der für sie nötige Begriff libertarischer Freiheit wurde im Rahmen dieser Studie mit seinen zentralen ihm inhärenten Aspekten bereits vorgestellt. Wäre er aber schon ausreichend dafür, um die (mögliche) Gottesbeziehung denken zu können, wäre das philosophische Denken, das sich an diesem Begriff abgearbeitet hat, an dieser Stelle bereits ausreichend. Inwiefern ist das bloße Voraussetzen libertarischer Freiheit aber noch nicht hinreichende Bedingung für die tatsächliche Gottesbeziehung? Oder anders formuliert: Welche Aspekte müssen darüber hinaus vorausgesetzt werden, damit von einer Beziehung zu Gott gesprochen werden kann? Und wenn zudem der libertarische Freiheitsbegriff wie gesehen bereits ein Risiko impliziert, er aber noch weitere Voraussetzungen zur Gottesbeziehung erfordert, unterliegen diese dann ihrerseits einem Risiko?

---

245 GRÖSSL: Freiheit als Risiko Gottes, 179.
246 Vgl. STOSCH: Gott – Macht – Geschichte, 347.
247 PINNOCK: Most Moved Mover, 125.

II.6.2 Bedingungen zur Ermöglichung einer freiheitlichen Beziehung

Hält man fest, dass Gott ein Risiko mit der Schöpfung eingegangen ist, muss zur Vermeidung von semantischen Ambivalenzen genau definiert werden, worin die *Ziele* von Gottes Schöpfung bestehen, die dieses Risiko zuallererst als solches spezifizieren und differenzieren. Diese Frage scheint angesichts ihrer zahlreichen Voraussetzungen schwer zu beantworten sein, denn ein Begriff von Vorsehung beziehungsweise seiner Implikate ist mehrdeutig. Im Modus des Vorsehungsbegriffs lässt sich der des Risikos besonders gut entfalten, denn ein solches kann nur entstehen, wenn etwas unter Vorbehalt, weil offen hinsichtlich des Eintritts stehend gedacht wird.[248] Geradezu bezeichnend kann man dabei beobachten, dass eine Bandbreite im Hinblick auf diejenigen Begriffe besteht, die der menschlichen Freiheit entgegenstehen können, beziehungsweise entweder Gott *oder* den Menschen als vordergründig Handelnden darstellen. Einigkeit besteht im OT aber darin, dass ein gemeinsamer Weg zwischen Gott und Mensch vorausgesetzt wird, eine Kooperation beim Erreichen der Ziele, die Sanders an einer Stelle so beschreibt: „Instead, he had a destination in mind and desired to take a journey with us. Both the ultimate goal and the boundaries of the journey are set by the creator, but many of the specifics of the course are set by both God and humans as we travel together in history."[249] Wie dies genauerhin gedacht werden kann, sei nachstehend erläutert. Sanders beschreibt innerhalb seines Vorsehungsbegriffs die von Gott erschaffene Welt mit den Geschöpfen auch als göttliches „Projekt". Er stellt heraus, dass das von ihm vertretene Modell von Vorsehung von einer „generellen Souveränität"[250] ausgeht, die nur bestimmte Dinge im Voraus festlegt und etwa den „Bereich" offenlässt, in dem menschliche Freiheit wirksam werden kann. Menschen hat er mit einem freien Willen ausgestattet, damit sie in Freiheit an der Mitwirkung an diesem Projekt teilhaben können und auf diese Weise eine Beziehung der Liebe zwischen Gott und Mensch entsteht, die von Wechselseitigkeit geprägt ist: „God not only gives, he receives."[251] Unter dieser Prämisse wird deutlich, dass er eine bestimmte Art der Souveränität gewählt hat, die sich dazu entschieden hat, bestimmte Ereignisse in der Geschichte nicht vorauszubestimmen. Darum ist er anpassungsfähig an sich verändernde Umstände und kann seine Pläne dementsprechend modifizieren.[252]

Entgegen der Vorstellung, Gott habe das Risiko um seiner selbst willen gewählt, muss hier die „Logik der Liebe" vorausgesetzt werden, nach der es logisch unmöglich ist, dass eine von Liebe geprägte Beziehung (zwischen Gott und Mensch) risiko*frei* ist. Die Grundbedingungen dieser möglichen Beziehung

---

248 GRÖSSL: Freiheit als Risiko Gottes, 179.
249 SANDERS: The God Who Risks, 198 f.
250 SANDERS: The God Who Risks, 225 f.
251 SANDERS: The God Who Risks, 174.
252 Vgl. SANDERS: The God Who Risks, 174.

sind dann als kontingent zu klassifizieren: „God gifts us with creation, existence and himself. Giving gifts to others means they are no longer yours to control and the receivers may not use them for the good."[253] Um dieses Risiko zu umgehen, hätte Gott aber eine Welt erschaffen müssen, die deterministisch verfasst ist und daher kein Ereignis geschehen kann, das nicht unter Gottes Kontrolle steht. Gleichwohl wäre es unzutreffend, ein in jeder Hinsicht bestehendes Risiko versus eines totalen Determinismus anzunehmen: „God freely chooses to act and determine some things so that not everything is at risk. God acts in order to redeem what was lost in the initial failure. Divine intervention occurs, however, within the rules God freely established because God remains faithful to the project."[254] Darum widerruft Gott das „Projekt" der Schöpfung auch dann nicht, wenn die Möglichkeit zur Sünde besteht. Die Annahme, dass er flexibel in der Erreichung der Ziele der Schöpfung ist, stellt kein Erfordernis dar, sein Wesen in Frage zu stellen. Vielmehr besteht im OT die Vorstellung, dass Gott qua freiheitlicher Beziehung zum Menschen sein Ziel erreichen kann, bei dem es sich richtig verstanden um einen „Divine Purpose with Open Routes"[255] handelt.

Aus dieser Voraussetzung ergeben sich nun einige Konsequenzen, deren Realisierung ebenfalls durch Gott sichergestellt werden müssen, wie auch Grössl festhält. Damit Gott das erreichen kann, was er im Sinne der Vorsehung für seine Schöpfung und seine Geschöpfe beabsichtigt – nach Auffassung des OT eine echte, von erwiderter Liebe geprägte Beziehung – ist das bloße *Vorhandensein* einer libertarischen Freiheit jedoch noch nicht hinreichend. Die Tatsache, dass eine Beziehung der Liebe unter libertarischen Vorzeichen überhaupt gedacht werden kann, erfordert die Annahme weiterer Prämissen, die Grössl systematisiert hat und bezieht sich dabei teilweise auf Aussagen des OT.

Erstens muss Gott sich selbst beschränken insofern, dass er keine Maßnahmen unternimmt, die dem menschlichen Willen *eindeutig* entgegenstehen. Hiermit ist vor allem gemeint, dass Gott nicht ständig in den Weltenverlauf eingreift, nicht mit unterdrückender Macht wirkt und den Menschen den einmal gewährten Willen nicht wieder entzieht: „He made a kind of covenant of non-coercion with creatures, which involved the necessity of his enduring their decisions as free agents for a time."[256] In besonderer Hinsicht gilt dies vom Glauben selbst, insofern er Ausdruck einer Freiheit ist, die auch Gott anerkennen muss. „Wenn Gott uns die Freiheit lässt, an ihn zu glauben oder nicht, dann kann er bei ausbleibendem Glauben nicht die Freiheit zu glauben aufheben und den Glauben erzwingen."[257]

---

253 SANDERS: The God Who Risks, 175.
254 SANDERS: The God Who Risks, 177.
255 SANDERS: The God Who Risks, 244.
256 PINNOCK: Most Moved Mover, 136.
257 GRÖSSL: Freiheit als Risiko Gottes, 183.

Zweitens muss Gott den Menschen offenbaren, dass er ein liebender Gott ist, dies jedoch so, dass zugleich eine Art epistemische oder kognitive Distanz gewahrt ist, die es ermöglicht, das Verhältnis von Gott und Mensch als Ausdruck freier Zustimmung und damit als Vertrauensverhältnis ausbuchstabieren zu können. Nur unter dieser Voraussetzung ist auch die äußere Bedingung dafür eingelöst, die bereits im Freiheitsverhältnis Grund gelegt wird: ein von Vertrauen und Liebe geprägtes Verhältnis zwischen Gott und Mensch. Darum ist dieser zweite Punkt mit dem ersten sehr eng verwandt. Dieser Aspekt ermöglicht also die freie Zustimmung des Menschen und ist so gewissermaßen conditio sine qua non für das freiheitliche Verhältnis.[258] Noch einmal anders formuliert: Zu Beginn dieser Überlegungen wurde festgehalten, dass Gott bestimmte „Vorkehrungen treffen" muss, die man so verstehen könnte, dass sie zumindest in einer offensichtlichen Hinsicht den freien Willen nicht aufheben. Hiermit ist auch die *epistemische* Freiheit gemeint und die darin besteht, sich für oder gegen Gott zu entscheiden. Es gibt bestimmte Möglichkeiten, die Welt auf die eine oder andere Weise zu interpretieren und es muss sie geben, wenn die Entscheidung für Gott Ausdruck von Vertrauen sein soll.[259]

Der dritte Aspekt ergibt sich insofern aus dem zweiten und ist von ihm abhängig, insofern als auch hier das Möglichsein einer Liebe denkbar sein muss und darum jeder Art von Zwang entgegensteht. Gemeint ist, wie schon der zweite Punkt bereits angedeutet hat, besonders ein epistemischer Aspekt. Wenn nämlich Gott, so wie er de facto und an sich ist, sich der Welt zeigen würde, gäbe es eine Art „systematische Asymmetrie", die nicht mehr die Freiheit der Zustimmung des Menschen sicherzustellen zu vermag. An dieser Stelle ist ein Gedanke angesprochen, der auf Sören Kierkegaard zurückgeht und die Geschichte eines Königs meint, der die Liebe eines Mädchens zu gewinnen versucht.[260] Wenn der König das Mädchen zu sich einladen würde, wäre sie womöglich geblendet und beeindruckt von seinem Reichtum und Macht, jedoch vor allem in ihrer Wahl nicht mehr frei, sich für die Liebe des Königs zu entscheiden. Dies aber kann dem König nur gelingen, wenn

---

258 Vgl. exemplarisch SCHMELTER: Gottes Handeln und die Risikologik der Liebe, 269. Dieser Aspekt ist insofern interessant für weitere Überlegungen, als er m. E. in Spannung steht mit einerseits einer kreatürlichen oder natürlichen Theologie oder auch allen Versuchen, vom Weltgeschehen aus einen Gottesbeweis oder Gottesbegriff abzuleiten. Wenn eine radikale (epistemische) Neutralität der Welt besteht, gebe es dann überhaupt noch irgendeine Möglichkeit, von ihr ausgehend auf Gott schließen zu können oder erledigen sich damit alle derartigen Möglichkeiten, weil der Glaube an Gott in eben diesen Versuchen schon vorausgesetzt ist?

259 Denis Schmelter fasst sogar den interessanten Gedanken, dass die Beschaffenheit der Welt aufgrund ihrer epistemischen Distanz, die sie bietet, die Bedingungen dafür bereitstellt, sich positiv oder negativ auf die Phänomene von Liebe und Glück beziehen zu können und diese aufgrunddessen zuallererst in solch einer „mehrdeutigen" Welt wirklich werden können (vgl. SCHMELTER: Gottes Handeln und die Risikologik der Liebe, 274 f.).

260 Vgl. STOSCH: Einführung in die Systematische Theologie, 152–160.

er sich auf dieselbe Stufe wie das Mädchen stellt und sein Königsein ablegt. Nur so kann er die Liebe des Mädchens gewinnen, weil er dann sicher sein kann, dass er die echte Liebe *um ihrer selbst willen* gewinnen kann, nicht die Liebe *um* etwas, die darum eigentlich keine Liebe ist, wenn das Mädchen etwa nur nach besseren Verhältnissen trachtet. „Auch wenn diese Geschichte bereits leicht als Argument für die Inkarnationslehre aufgefasst werden kann, zeigt sie eine wichtige Voraussetzung für Liebe, die Offene Theisten immer wieder betonen: Liebe ist weder mit Zwang noch mit einer Macht-Asymmetrie vereinbar."[261]

Der Gedanke der *Erbsünde* hat in diesen Überlegungen insofern eine Relevanz, als er einerseits ausdrückt, dass die proklamierte Gottesbeziehung, die der OT stark macht, durch den Sündenfall eine bleibende Gefährdung erfahren hat, insofern sie den Menschen in eine Distanz zu Gott gebracht habe, die er von sich selbst aus womöglich nicht zu überwinden vermag. Wie aber passt dieser Befund mit dem Ziel einer Beziehung zwischen Gott und Mensch zusammen? Es scheint, dass sie unter dieser Voraussetzung nur dann überwunden werden kann, wenn der Sündenfall *nicht bereits das definitive und unumkehrbare* Ereignis dessen darstellt, was die Gottesbeziehung unmöglich macht. Nur unter der Bedingung, dass auch durch den Sündenfall eine Beziehung von Gott und Mensch möglich ist und bleibt, muss das Schöpfungsziel einer liebenden Beziehung nicht als sinnlos deklariert werden.[262]

M.E. ist die von Grössl in diesem Kontext vorgenommene Unterscheidung richtig und sinnvoll, das *primäre* Schöpfungsziel in der Hervorbringung einer tatsächlichen von Liebe geprägten Beziehung zu sehen, während das *sekundäre* Schöpfungsziel in dem Vorhandensein der hierzu nötigen Bedingungen besteht. Denn auf diese Weise bleibt einerseits die Differenz zwischen Schöpfer und Geschöpf gewahrt, während ihre Beziehung zugleich als möglich gedacht werden kann – unter der Wahrung vorauszusetzender, beidseitiger Freiheit, sodass die Realisierung der Beziehung tatsächlich besonders vom Menschen abhängt, insofern Gott ihn doch hierfür nur „gewinnen" möchte[263]. Hiermit ist auch mit ausgesagt, dass Gott zwar teilweise das Auftreten beziehungsermöglichender Bedingungen begünstigen kann[264], dies jedoch strikt distinkt ist vom tatsächlichen *Erwidern* des Angebots seiner Liebe durch den Menschen und darum kein Aufheben seiner Freiheit gemeint ist.

Ganz konkret benennt Grössl das Erfahrenhaben sowie das Vermögen zur Annahme des Angebots der Beziehung zu Gott, was er einerseits banal mit dem

---

261 GRÖSSL: Freiheit als Risiko Gottes, 185, mit Verweis auf PINNOCK: Most Moved Mover, 81.
262 An dieser Stelle soll nicht verschwiegen werden, dass es hinsichtlich dieser Thematik teilweise eklatante konfessionelle Unterschiede gibt, etwa innerhalb der katholischen und evangelischen Position.
263 Vgl. in diesem Zusammenhang auch der Begriff des „Lockens", den der OT vertritt.
264 Vgl. SANDERS: The God Who Risks, 182 f.

Wissen um das Gegenüber dieser Beziehung und andererseits mit den Begleit-umständen von Freiheit begründet, die der von ihm vertretene restriktive Li-bertarismus[265] vertritt. Vor dem Hintergrund der Benennung dieser sekundären Ziele und der sehr großen Anzahl möglicher Weltverläufe unter der Vorausset-zung menschlicher Freiheit gibt es nun eine sehr große Bandbreite von Inter-pretationen, unter welchen Bedingungen von einem *Scheitern* der Schöpfung gesprochen werden kann. Denn während die bloße Benennung der primären und sekundären Ziele noch nachvollziehbar erscheint, stellt sich die Frage nach der Quantifizierbarkeit dieser Kriterien, womit auf das Problem verwiesen ist, ob die Schöpfung bereits dann ihr Ziel bzw. ihr Scheitern erreicht hat, wenn nur eine, mehrere oder alle Geschöpfe sich für bzw. gegen die Gottesbeziehung entscheiden. Man könnte dieses Problem auch als ein *kriteriologisches Problem der Personenrelativität* beschreiben, insofern es ja gerade die freie Entscheidung des Einzelnen, des Geschöpfs sein soll, das zum Gelingen oder Scheitern der Schöpfung beiträgt. Wie kann also nun konkret entschieden werden, wann die Schöpfung gescheitert ist und welche Konsequenzen hieraus folgen? Grössl meint ein Nicht-Scheitern dann vertreten zu können, wenn man eine Mindestzahl an Menschen voraussetzen darf, die die Kenntnis und das Vermögen besitzen, das Beziehungsangebot Gottes einzugehen.[266] Sicherlich scheint „mindestens" in der Frage des Scheiterns bzw. Erfüllens ein wichtiges Wort zu sein, da es gleichzeitig die Personenrelativität und eine angemessene Quantität angesichts der großen Zahl möglicher Weltenverläufe zu denken erlaubt. Ungeachtet dessen, dass hier wohl auch ethische Themen angesprochen sind[267], stellt sich aber die Frage, wie die These des OT von seinen Vertretern eingelöst werden kann, dass Gottes Schöpfung nicht scheitern wird: Einige Vertreter nehmen an

---

265 Dieser Begriff bezeichnet eine Auffassung von Freiheit, die nur in wenigen, bestimmten Situationen und Umständen Freiheit voraussetzt, sodass mindestens nicht zu jeder Zeit ein absoluter Libertarismus besteht. Vgl. GRÖSSL: Freiheit als Risiko Gottes, 184–188.

266 Grössl kommt zu dem möglichen Schluss, dass folgende zwei Möglichkeiten als Kriterien für ein Nicht-Scheitern fungieren können: „(e2) In einer bestimmten Zahl von möglichen Weltverläufen erfährt mindestens eine bestimmte Zahl von Geschöpfen vom Liebesan-gebot Gottes und hat das Vermögen, dieses Angebot anzunehmen" sowie „(f2) In jedem möglichen Weltverlauf erfährt mindestens eine bestimmte Zahl von Geschöpfen vom Liebesangebot Gottes und hat das Vermögen, dieses Angebot anzunehmen." GRÖSSL: Freiheit als Risiko Gottes, 191.

267 Diese Fragen könnte man exemplarisch etwa so formulieren: wieviel Scheitern kann eine gelingende Schöpfung vertragen und dürfen diese Werte einfach unreflektiert miteinan-der verrechnet werden? Aus welchen Gründen darf sie als noch nicht gescheitert angese-hen werden, wenn sich auch nur bereits ein einzelner Mensch mit womöglich aus seiner Sicht guten Gründen gegen Gott entschieden hat und was bedeutet das eschatologisch, etwa für die Frage nach einem möglichen apokalyptischen Abbruch der Geschichte? Darf Gott wirklich den freien Willen antasten, auch wenn es keinen Weltenverlauf mehr gibt, in dem der Betroffene zum Glauben kommen kann?

„dass Gott einen ,insgesamt positiven Ausgang' der Schöpfung bzw. seinen ,endgültigen Sieg' garantieren kann, d. h. das Risiko eines Scheiterns der Schöpfung ausschließen kann. Andere Offene Theisten nehmen in Anknüpfung an William James und Peter Geach an, Gott könne, wie ein Schachmeister, zwar nicht wissen, wie das ,Spiel' verlaufen wird, doch trotzdem mit Sicherheit wissen, dass er das Spiel gewinnen würde."[268]

Auch wenn die Schachspielmetapher zwar in der Tat den Sieg Gottes zu denken erlaubt, eröffnet dieses Bild Anschlussfragen, auf die in Kapitel IV.6 näher eingegangen werden soll.

Neben den bisherigen Zielen, die zwischen primär und sekundär unterschieden wurden, ist für die Beantwortung dieser Frage ein weiterer Aspekt einzuführen, der in gewisser Hinsicht unabhängig von der Realisierung der bisherigen Schöpfungsziele besteht und seine Relevanz aus folgendem Umstand erhält:

„Angenommen, Gott vermag es nicht, die Erfüllung der genannten Kriterien des Nicht-Scheiterns zu garantieren: Lässt sich die Botschaft der Offenen Theisten, dass Gott am Ende der Zeit siegen wird und die Zukunft bezüglich dieses Sieges tatsächlich festgelegt ist, auch anders interpretieren? Tatsächlich kann selbst derjenige Offene Theist, der annimmt, Gott könne weder das primäre noch das sekundäre Risiko vermeiden, trotzdem daran festhalten, dass Gott in einer bestimmten Hinsicht kein Risiko eingeht; er muss nur eine weitere Hinsicht einführen."[269]

Bevor die erwähnte Hinsicht referiert wird, seien einige Vorbemerkungen gemacht:

Während einige Vertreter im OT davon ausgehen, dass der Geschichtsverlauf in ein Stadium der Liebe kulminieren werde, die dafür vorgesehene Dauer uns jedoch unbekannt sei, geht anderen Vertretern diese Position nicht weit genug „und [sie; A. H.] postulieren die theoretische Möglichkeit, dass sich ein großer Teil der Menschen endgültig von Gott lossagt."[270] Zwar wäre in einem solchen Fall ein apokalyptischer Abbruch der Geschichte möglich, was jedoch von den meisten Vertretern des OT nicht angenommen wird. Stattdessen wird Gott im OT wie bereits erläutert als unveränderlich treu aufgefasst, was ja auch ein Hauptmovens der Bewegung darstellt. Vor diesem Hintergrund scheint es plausibler, die theoretische Möglichkeit offenzuhalten, dass während der Dauer des „Schöpfungsunternehmens" immer mindestens eine Person zum Glauben

---

268 GRÖSSL: Freiheit als Risiko Gottes, 187.
269 GRÖSSL: Freiheit als Risiko Gottes, 191 f.
270 GRÖSSL: Freiheit als Risiko Gottes, 193.

kommen kann und auf weitere Personen übergreifen kann und Gott gleichzeitig in der Lage ist, Maßnahmen zu ergreifen, die der Freiheit dieser Gruppe nicht entgegenstehen und zu ihrer Vergrößerung führen können.[271]

Während das primäre und sekundäre Schöpfungsziel sich wie gesehen auf die Realisierung der *Gottesbeziehung* bezogen, ist nun an dieser Stelle gerade auch durch den Verweis auf die Schachspielmetapher und den Bezug auf die Ethik (u. a. „darf Gott die Geschichte abbrechen, wenn bestimmte Kriterien des Scheiterns erreicht sind?") zur *eschatologischen* Thematik übergeleitet, womit die oben angedeutete Hinsicht erreicht ist, die Gott ausschließen kann. Kreiner bemerkt zutreffend, dass der Vorteil des OT darin bestehe, dass Gott gemäß dieser Position in eschatologischer Hinsicht seine Macht wiedererlangen werde[272]. Positiv ist dieser Umstand darum zu bewerten, weil er kompatibel zu seinen übrigen Ansichten ist und weiterhin die Möglichkeit bietet, eine Macht zu denken, die aus der Kontingenz zu retten vermag:

> „Nur ein allmächtiger Gott kann das Risiko eines letzten Scheiterns ausschließen. Wäre Gott nicht allmächtig, bliebe der Ausgang der Geschichte des Universums unsicher. Denn er würde letztlich davon abhängen, wie sich die Geschöpfe angesichts der göttlichen Überredung entscheiden."[273]

Der OT gab das Allmachtsprädikat aus berechtigten Gründen nicht preis, was ihm in eschatologischer Hinsicht nun eindeutig zum Vorteil gereicht. Wichtig an dieser Feststellung ist jedoch, dass die creatio ex nihilo und das damit verbundene Gewähren von (libertarischer) Freiheit als *Selbstbeschränkung* verstanden werden müssen. Sanders spricht in diesem Zusammenhang von „self-restraint"[274], indem er diesen Begriff gegen einen Kritiker vorbringt, der befürchtet, dass Gott zwar Freiheit gewähren, jedoch *nicht* wieder zurückerlangen könne. Nur im Modus der Selbstbeschränkung könne sichergestellt werden, dass Gott zwar einerseits einen großen Freiheitsraum gewährt, dies aber so gedacht werden muss, dass hiernach Gott nicht daran gehindert wird, seine Souveränität zurückzuerlangen, sodass diese Bezeichnung gegenüber einer „self-limitation"

---

271 Vgl. GRÖSSL: Freiheit als Risiko Gottes, 193.
272 Vgl. KREINER: Antlitz Gottes, 343.
273 KREINER: Antlitz Gottes, 343. Vgl. auch GRÖSSL: Freiheit als Risiko Gottes, 195: „Zusammenfassend kann man sagen, dass gemäß dem Offenen Theismus Gott zwar zahlreiche Risiken eingeht, doch zumindest eschatologisch garantieren kann, dass er die vollständige Kontrolle über alles zurückerlangt, also im gleichen Sinne Gott ist, wie er es vor der Erschaffung irgendwelcher freien Kreaturen war."
274 SANDERS: The God Who Risks, 241.

zu präferieren sei.[275] Sanders vergleicht diesen Sachverhalt mit dem Bild eines
ehelichen Treueschwurs, in der es dem Außenstehenden so vorkommt, als
würden sich die Ehepartner nur unter dem Zwang ihrer Befolgung des Schwurs
befinden, während der eigentliche Grund zur Einhaltung in der Ein- und Erhaltung der gegenseitigen Liebe gründet:

> „God does not give up power but he does promise to adhere to the creational
> structures he made. Another way of getting at this is to compare it to the
> marriage vow of restricting oneself to one sexual partner. To the outsider it
> may seem that self-restriction is normative whereas, in reality, it is self-giving
> love. Hence, the divine self-restraint should be understood as the restraint of
> love in concern for his creatures."[276]

Bezogen auf die Gott-Mensch-Beziehung ist die Zurücknahme bzw. Selbstbeschränkung Gottes also eine Art Raum-Geben für die Ermöglichung der Gottesbeziehung für den Menschen. Die Zurücknahme ist damit so etwas wie die
vorsehungstheologische Bedingung der Möglichkeit, überhaupt erst eine freiheitliche Entscheidung für oder gegen die Beziehung mit Gott eingehen zu können.
Diese Möglichkeit wurde von Gott eröffnet und ist nach Vorstellung der Offenen
Theisten auch die „Weichenstellung" für die Geschichte mit dem Menschen als
bleibende conditio sine qua non zur real existierenden Beziehung zu Gott. Zudem bemerkt man besonders im ersten Teil des Zitats, dass der einmal geebnete
Weg der Freiheit nicht einfach willkürlich von Gott gewählt wurde, sondern
auch er sich an diese Art „Spielregel" halten kann und will. Trotzdem bleibt
für ihn ein apokalyptisches Eingreifen jederzeit möglich[277], was jedoch einerseits die menschliche Freiheit und damit die Möglichkeit zur Gottesbeziehung
eliminieren würde und andererseits dem Wesen Gottes insofern widerspricht,
insofern er sich aufgrund seiner unverbrüchlichen Treue dazu verpflichtet hat,
die einmal gewährte Freiheit zumindest nicht willkürlich wieder aufzuheben.
An dieser Stelle ist positiv zu würdigen, dass der OT diese beiden letztgenannten
Aspekte widerspruchsfrei einlösen kann: Die Allmacht wird im klassischen Sinn
nicht verabschiedet, sondern ihr Begriff unter Beibehalt der klassischen Sicht
anders pointiert, während sie zugleich im Sinne der für den OT typischen Be-

---

275 Vgl. SANDERS: The God Who Risks, 241. Mit der hier angedeuteten Frage hängt auch die
    Problematik zusammen, auf die Rice aufmerksam macht: „self-limitation" evoziert die
    Gefahr, dass Gott seine Macht an den Menschen „abgibt" und ruft damit erst das hier an-
    gesprochene Problem hervor, dass Gott ohnmächtig den Freiheitsentscheidungen seiner
    Geschöpfe gegenüber stehen könnte. Vgl. RICE: The Future of Open Theism, 131 f.
276 SANDERS: The God Who Risks, 241.
277 Vgl. SANDERS: The God Who Risks, 233: „That is, God could simply put an end to his pro-
    ject and halt all sin now."

griff der Unveränderlichkeit als unverbrüchlicher Treue des göttlichen Wesens zu fassen ist, welches sich in diesem Sinne zur kontinuierlichen Ermöglichung entschieden hat und damit wie oben beschrieben, eine Grundvoraussetzung zur Gottesbeziehung einzulösen vermag. Eine Einschränkung scheint aber ebenso bleibend vorhanden zu sein:

> „Selbstverständlich würde dies nicht für einen Zustand in der Weltgeschichte gelten, von dem Gott weiß, dass die Menschen so stark vom Bösen eingenommen [sind; A.H.], dass es keine mögliche Zukunft gibt, in der irgendein Mensch die Freiheit zum Glauben erlangt. Insbesondere wird dies deutlich, wenn man sich ins Gedächtnis ruft, dass als Schöpfungsziel die Ermöglichung einer Liebesbeziehung von Gott und Geschöpf gesetzt wurde, und menschliche Freiheit nur ein Mittel für das Erreichen dieses Zieles ist. Wenn menschliche Freiheit nicht zu diesem Ziel führt, könnte Gott sie auch einschränken, auch wenn er durch eine solche Einschränkung niemals sein Ziel garantieren kann."[278]

Dass Gott also jetzt bereits Kenntnis über alle möglichen Zukunftsverläufe besitzt, kann von ihm im beschriebenen Sinn also nicht nur zur Ermöglichung und bleibenden Erhaltung der Freiheit verwendet werden, sondern auch zur Aufhebung der Freiheit. Hiermit wäre die oben angesprochene Frage beantwortet, unter welcher Bedingung es für Gott legitim wäre, die Geschichte abzubrechen. Wie aber kann man *denken*, dass Menschen noch existieren können, sie aber so sehr vom Bösen korrumpiert sind, dass sie nicht mehr zum Glauben kommen können, bzw. das Liebesangebot Gottes nicht erwidern können?

Die Antwort auf diese Frage besteht in einer (schon erläuterten) bestimmten Facette des vorausgesetzten Freiheitsbegriffs. Es wäre falsch, Freiheit so zu begreifen, indem man sie nur auf eine einzelne Handlung bezieht. Vielmehr ist mit Freiheit hier erneut ein Vermögen gemeint, das sich über mehrere einzelne Freiheitsentscheidungen wie eine Verlaufsform durchhält und so den Charakter des Trägers dieser Freiheit prägen kann.[279] Auf diese Weise muss Freiheit auch als prozessuales Phänomen verstanden werden, sodass frühere Handlungen womöglich den Ausgang einer freiheitlichen späteren Entscheidung mitprägen. Auch wenn es sicherlich richtig ist, dass niemand frei genannt werden kann, der sich ausschließlich seinem Wesen oder seiner Gewohnheit gemäß verhält,

---

278 GRÖSSL: Freiheit als Risiko Gottes, 194.
279 Vgl. das Kapitel II.2.1.

so ist es doch zutreffend, dass frühere freie Entscheidungen den Charakter eines Menschen mit verändern können – auf positive oder negative Weise.[280]

II.6.3 Schöpfung als Risiko Gottes: Genitivus subiectivus oder obiectivus?[281]

Wenn im Open Theism die Rede davon ist, dass Gott mit der Schöpfung ein Risiko einging, so ist dies erläuterungsbedürftig: Zwar lässt sich dieser Aussage gut der Schöpfungsgedanke zuordnen, er neigt aber dazu, den Aspekt zu verschleiern, dass der so gebrauchte Begriff des Risikos auch *für den Menschen* gelte, der ja das Gegenüber der von Gott ermöglichten Beziehung ist und diese Beziehung ja von wechselseitiger Liebe und Freiheit geprägt vorausgesetzt wird. „An dieser Stelle wird deutlich, dass das Sicheinlassen auf die reziproke Dynamik der interpersonalen Relation zwischen Gott und Mensch nicht nur für Gott ein Risiko bedeutet, sondern auch dem Menschen ein durchaus riskantes Verhalten abverlangt"[282].

Hiermit aber ist in gewisser Hinsicht ein neuer Aspekt angesprochen: Denn wenn auch für die Menschen dasjenige ein Risiko darstellen kann, was auch für Gott risikobehaftet ist, nämlich die freie Entscheidung zur Beziehung, dann ist an dieser Stelle eine neue Kategorie von Risiko angesprochen: Wenn es auch für den Menschen ein Risiko darstellt, in die wechselseitige Dynamik einer Gottesbeziehung einzugehen, dann erhöht sich das Risiko auf Seiten Gottes, insofern ja nun auch Menschen hierdurch eher gefährdet sind, diese Beziehung aufzugeben. Oder anders gewendet: Das Risiko, das Menschen in der Gottesbeziehung laut OT qua Freiheit eingehen, wirkt gewissermaßen als Risiko für Gott auf ihn zurück, da es ja sein Wille ist, dass Menschen sich in Freiheit für ihn entscheiden. Der für diesen Aspekt vom OT eingebrachte Begriff libertarischer Freiheit

---

280 Dass umgekehrt freie Entscheidungen sich nicht auf die konkrete Situation selbst beziehen müssen, zeigt auch das Beispiel des selbst herbeigeführten Rauschzustandes, in dem zwar womöglich nur noch sehr eingeschränkt von Freiheit gesprochen werden kann, obwohl der Träger der Freiheit sich jedoch *in Freiheit* für den Konsum des Rauschmittels entschieden hat. Ob er dann allerdings für seine Taten im *gleichen* Maße verantwortlich gemacht werden kann wie im nüchternen Zustand, ist eine andere Frage. Ein Mindestmaß an Verantwortung kann jedoch sicherlich auch vor Erreichen des Rauschzustands vorausgesetzt werden.

281 Diese Bezeichnung tritt auch bei der Behandlung der Kritik des aristotelischen Gottesbegriff auf, insofern dort ja von der großen Unterschiedenheit zum traditionell christlichen Gott die Rede war. Bei Aristoteles ist die Liebe eines Gottes denkerisch nicht zu erreichen. Die Unterscheidung zwischen Genitivus subiectivus und obiectivus soll auf dieser Grundlage aufgegriffen werden, um die nachfolgenden Ausführungen zu begründen.

282 SCHMELTER: Gottes Handeln und die Risikologik der Liebe, 272, Anm. 877.

ist hier ausdrücklich vorausgesetzt und er muss es sein, sozusagen mit voller Ernsthaftigkeit. Denn er bringt das Risiko auf Seiten des Menschen gut zum Ausdruck, dass sie frei darin sind, diese Beziehung auch zu verweigern – aus welchen Gründen auch immer.

Zumeist wird, wenn vom OT die Rede ist, der Risikobegriff in der Weise benutzt, dass selbiges darin bestehe, *Gott* könne ein Erreichen bestimmter Ziele für die Schöpfung nicht garantieren. Diese seien zwar geschichtsübergreifend, jedoch im Modus der Offenheit zu denken.[283] Gleichwohl hat er im Falle des Scheiterns immer einen weiteren Plan, den er dann anwenden kann – Gott ist nie „caught off-guard"[284]. Grössl differenziert den Risikobegriff in seinem Werk dahingehend, dass er etwa verschiedene Risikoebenen unterscheidet und auch diverse Arten ihrer Gewichtung unter der Betrachtung möglicher Weltenverläufe aufzeigt. Spätestens hier zeigt sich, dass der erreichte Begriff eines Risikos äußerst komplex ist. Es sind zahlreiche Szenarien denkbar, die einen Minimaloder auch Maximalbegriff eines Risiko meinen können. Besonders schwierig wird diese Art „Risiko-Ranking", wenn man noch weitere verschiedene Größen einführt, die als Kriterien zur Beurteilung dieser Risiken herangezogen werden können.

Eine andere Art der Betrachtung, die bisher noch keine Beachtung fand, kann m. E. die Unterscheidung des Risiko Gottes im Sinne des *genitivus subiectivus* und *obiectivus* bieten. Diese aus der Grammatik verschiedener Sprachen entlehnte Unterscheidung wäre nun folgendermaßen auf die theologische Problematik anzuwenden: Im Sinne des genitivus subiectivus wäre Gott derjenige, der zuallererst der Träger und Urheber des Risikos ist. Diese Auffassung ist natürlich dann besonders einleuchtend, wenn man sich nur der Schöpfungsmacht Gottes, dem Dogma der creatio ex nihilo und vor allem der Verdanktheit der Freiheit bewusst wird bzw. klarmacht. Dieser Aspekt scheint keine größeren Schwierigkeiten aufkommen zu lassen. Eine andere Möglichkeit, den Begriff des Risiko Gottes zu definieren bzw. zu akzentuieren, könnte im Sinne des genitivus obiectivus sein: Gott wäre dann nicht mehr (nur) der Träger und Verursacher des Risikos, sondern das Risiko bestünde dann in einem Risiko *für* ihn: Dies wäre dann nach Auffassung der Vertreter des OT, dass Menschen sich in Freiheit gegen eine Beziehung mit Gott entscheiden können. Oft wird Gott als Lebenswirklichkeit wahrgenommen, der die menschliche Hinwendung nicht mehr verdient oder an den aus bestimmten Gründen nicht mehr geglaubt werden kann. Diese Überlegungen sind eng mit der Theodizee verwandt.

---

283 Vgl. SANDERS: The God Who Risks, 244.
284 SANDERS: The God Who Risks, 206. Teuchert bezeichnet den Vorsehungsbegriff im Open Theism darum treffend als Handeln Gottes im „Zick-Zack-Kurs", vgl. TEUCHERT: Gottes transformatives Handeln, 120.

Die Unterscheidung des Risiko Gottes zwischen genitivus subiectivus und obiectivus zielt also einerseits auf Gott als *Urheber* des Risikos und andererseits als „Opfer", „Ziel" oder „Adressat" des Risikos: es ist zugleich „sein" Risiko, wie auch ein Risiko *für* ihn. In der Auseinandersetzung mit den Vertretern des OT wird m. E. der genitivus obiectivus stärker als der subiectivus verhandelt: So etwa bei der Frage, worin das Nichterreichen der Schöpfungsziele bestünde, ob Gott dies verhindern könnte oder zumindest diese Gefahr minimieren könnte – dies freilich unter der Prämisse, dass die menschliche Freiheit nicht angetastet wird.

Nimmt man die menschliche Freiheit radikal ernst, scheint Gott als Souverän dahingehend relativiert, als bestimmte Ziele, die er für die Schöpfung intendiert, zumindest nicht mehr garantiert werden können. Betont man hingegen die Macht Gottes zu stark, scheint der Mensch bzw. dessen Freiheit mindestens relativiert. Festzuhalten ist hier aber folgendes: Die Allmacht Gottes und die menschliche Freiheit ist nicht per se ein Logik- oder Konsistenzproblem: Einem allmächtigen Wesen ist es durchaus möglich, Wesen zu erschaffen, die mit Freiheit ausgestattet sind. Diese Allmacht ist auch nicht dann aufgehoben, wenn Gott sich in seinem Handeln zurücknimmt – gerade das Raumgeben für die Freiheit des Anderen, die der Geschöpfe kann dabei Ausdruck dieser Freiheit sein. Doch auch in diesem Falle ist die göttliche Allmacht (noch) nicht angetastet, da Gott diese Allmacht auch im Falle einer Selbstbeschränkung oder -begrenzung noch aktualisieren kann. Das in Frage stehende Problem entsteht erst, „wenn man die menschliche Freiheit auf Ereignisse ausdehnt, die eventuell dazu führen können, dass Gott seine Absichten bezüglich unserer Welt nicht mehr vollständig umsetzen kann."[285]

Will man also die Vorsehung Gottes und die menschliche Freiheit nicht preisgeben, so stellt sich die Aufgabe, die beiden scheinbar inkonsistenten Inhalte miteinander in Beziehung zu setzen, bzw. ähnlich wie beim Theodizeeproblem[286] die in Frage stehenden Größen in ihrem Verhältnis zueinander zu betrachten, um dann eine angemessene Lösung zu finden. Festzuhalten sei in diesem Zusammenhang aber auch noch, dass der Vorsehungsbegriff unmittelbare Voraussetzungen für die nun anzugehende Thematik aufweist: Fasst man Vorsehung in einem stärkeren oder schwächeren Sinn, ist dann womöglich schon eine Vorentscheidung für ein übergeordnetes Problem getroffen.[287]

Der Aspekt, dass das Risiko Gottes insbesondere darin besteht, dass seine Geschöpfe sich qua gewährter Freiheit auch gegen ihn entscheiden können, muss

---

285 Grössl: Freiheit als Risiko Gottes, 179.
286 Beim Theodizeeproblem taucht diese Thematik in etwas abgewandelter Form auf. Doch auch hier gilt, dass man das Verhältnis von Gott und Welt genauer betrachten oder auch revidieren muss, um Gottes Allmacht, Güte oder die menschliche Freiheit nicht ernsthaft relativieren zu müssen.
287 Vgl. Grössl: Freiheit als Risiko Gottes, 180.

gerade auch dann von Interesse für die Theologie sein, je stärker die ontologische und freiheitliche Differenz zwischen Gott und Mensch gedacht wird – und hat gerade aus diesem Grund in der vorliegenden Studie eine nicht zu unterschätzende Relevanz, wie noch deutlich werden soll. Der Begriff des Risikos kann also nicht nur im Sinne verschiedener Stufen betrachtet werden (man könnte dies den vertikalen Aspekt des Risikos nennen), sondern auch im Lichte der Frage, für wen in welcher *Hinsicht* dieses Risiko besteht (was als horizontaler Risikoaspekt bezeichnet werden könnte).

Auch wenn der Begriff des Risikos fast schon so etwas wie ein Alleinstellungsmerkmal für den Open Theism darstellt, ist folgendes umso verwunderlicher: Gerade dann, wenn man festhält, dass der Begriff „konventioneller Theismus", der ja von den Vertretern des OT gern in Abgrenzung für die eigene Konzeption benutzt wird, nicht so homogen ist wie angenommen, d. h. es auch Richtungen innerhalb der klassischen Lehre gibt, die ein libertarisches Freiheitsverständnis befürworten und stark machen, ist dieser Freiheitsbegriff erst die sachlogische Voraussetzung für den Risikogedanken. So erscheint dieser Begriff also als durchaus erreichbar auch für andere Spielarten im Theismus, die einen libertarischen Freiheitsbegriff voraussetzen. Dem OT kommt aber der Verdienst zu, den Begriff des Risikos als treffende Bezeichnung und Ergebnis der Auswertung und Revision der von ihnen vorgenommenen Neuausrichtung etabliert zu haben (wobei natürlich insbesondere John Sanders zu nennen ist). Hier ist vor allem die Basierung auf dem libertarischen Freiheitsverständnis und die nicht gescheute Ausformulierung einer so zu fassenden Eschatologie hervorzuheben. Der systematische Zusammenhang zwischen Vorsehungslehre, Freiheit und Eschatologie ist gut fassbar. Die Theologie des OT belegt mit dem für sie typischen Begriff des Risikos, dass, wenn man die menschliche Freiheit im theologischen Denken ernst nimmt, man auch die daraus folgenden Konsequenzen ziehen sollte, auch wenn diese in bestimmten Hinsichten zur Revision zwingen und bestimmte zuvor als selbstverständlich vorausgesetzte Wahrheiten revidieren – wie auch sonst könnte die theologische Wissenschaft ihre Redlichkeit aufrecht erhalten?

Wie Grössl zu Recht bemerkt, wurde in der Theologiegeschichte zumeist das Verhältnis der Freiheit zwischen Gott und Mensch als umgekehrt proportional gedacht: wenn Gott handelt, kann der Mensch nicht gleichzeitig handeln. Es ist immer entweder Gott oder der Mensch der handelnde. Ein so verstandenes Freiheitsverhältnis musste darum zwangsläufig zum Bild der Wippe führen, das immer nur Gott oder den Menschen oben oder unten bzw. frei oder unfrei zu denken vermag – wenn auch eine Begegnung auf Augenhöhe möglich sein kann, die jedoch ihrerseits wiederum kein direkt proportionales Freiheitsverhältnis denkbar sein lässt.

II.6.4 Bezug zur Eschatologie

Es ist Armin Kreiner recht zu geben, wenn er festhält: „Der zentrale Vorteil der Kompromissposition [gemeint ist der OT; A. H.] zeigt sich in ihren eschatologischen Konsequenzen.“[288] Denn weil der OT wie gesehen den Allmachtsgedanken nicht aufgibt, wie es die Prozesstheologie tut, behält sie den Vorteil, der auch der klassische Theismus besitzt. Dieser besteht darin, dass der Allmachtsgedanke impliziert, dass Gott spätestens in eschatologischer Hinsicht seine Macht zurückerlangt. In sozusagen risikosensibler Hinsicht würde dies bedeuten, dass Gott zumindest das eschatologische Risiko ausschließen kann, dass er seine Macht *nicht* wiedererlangen könnte.

So richtig diese Beobachtung ist, so sehr stellt sich mit ihr jedoch die Rückfrage nach der dann *noch nötigen* Zustimmung oder Einwilligung der Geschöpfe in die Gottesbeziehung. Gerade die Möglichkeit zu Eröffnung einer liebenden Beziehung war ja wie gesehen eines, wahrscheinlich *das* Hauptmotiv des OT. Wird aber behauptet, dass Gott seine Macht eschatologisch wiedererlangen kann, welche Bedeutung kommt dann noch der Wahl der freien Beziehung zwischen Gott und lebendem Menschen zu? Liegt hier nicht die Gefahr einer Relativierung des so stark gemachten Beziehungsgedankens vor? Wenn Gott aufgrund seiner Allmacht die Geschöpfe auch ohne den „Umweg“ einer Geschichte in den Himmel direkt hinein erschaffen hätte können, muss der Geschichte, in der eine solche Beziehung zwar gedacht werden kann, aber gerade auch unter moralischen Gesichtspunkten ein Eigen- oder Mehrwert zukommen, dessen Behaftetsein mit einem Risiko ihr Vorhandensein rechtfertigen kann. Denn gerade der Begriff des Risikos impliziert, dass ein moralisch guter Gott keine Handlung vornehmen darf, die er nicht auch ohne Inkaufnahme eines Risikos hätte verwirklichen können. Gibt man Kreiners Beobachtung Recht, dass die Allmacht Gottes in eschatologischer Hinsicht dafür verantwortlich zeichnet, dass das Risiko ausgeschlossen werden kann, dass der Ausgang der Geschichte nur von den Entscheidungen der Geschöpfe abhinge, dann stellt sich auch die Frage, wie Gott überhaupt diese Geschichte dann zu ihrem (guten) Ende bringen kann und worin dann der Anteil auch derjenigen Geschöpfe besteht, die sich *nicht* explizit gegen ihn entschieden haben. Welchen Wert kann ein „Sieg“ besitzen, der eschatologisch zwar gedacht werden kann, jedoch *nur Gott* als Sieger hat, insofern kein anderes Geschöpf sein Angebot zur Beziehung angenommen hat (vom Bezug zum Theodizeeproblem noch ganz abgesehen)?

Bisher war vor allem vom primären und sekundären Schöpfungsrisiko die Rede, das eschatologische Risiko wurde hiervon unterschieden. Bejaht man, dass Gott das Risiko ausschließen kann, dass er nie mehr seine ursprüngliche

---

288 KREINER: Antlitz Gottes, 343.

Macht zurückerhält, stellt sich aber unabhängig davon erneut die Frage nach der menschlichen Freiheit. Denn selbst wenn Gott aus dem Tod retten könnte, muss damit Freiheit in der Begegnung mit Jesus Christus noch nicht in jeder Hinsicht eliminiert sein. Gerade das freie Sich-Hinein-Geben in die Wirklichkeit Gottes scheint eine denkerische Voraussetzung zu sein.[289] Was also, wenn man den Geschöpfen auch in einem eschatologischen Sinn weiterhin eine libertarische Freiheit zubilligt? In diesem Falle könnte Gott aber gerade nicht das eschatologische Risiko ausschließen, da er die Freiheit weiterhin auch nach dem Tod anerkennen muss. An dieser Stelle scheint der zunächst als Vorteil geltende kompromisshafte Allmachtsbegriff gefährdet zu sein, denn es stellt sich nun die Frage nach dem eschatologischen Verhältnis der Wiedererlangung der Allmacht und der libertarischen Freiheit:

> „Entweder unsere Freiheit ist endlich, zumindest bezüglich moralisch und theologisch relevanter Handlungen, oder Gott erlangt seine Souveränität nie wieder zurück. In letzterem Falle könnte Gott nicht einmal garantieren, dass nicht jeder Mensch, der einmal den Himmel betreten hat, dort in einem Maße sündigt, die [sic!] ihm einen Verbleib im Himmelreich verunmöglichen."[290]

Das hier angeklungene Dilemma besteht also darin, dass himmlische Freiheit dann nicht mehr als libertarische zu klassifizieren ist, wenn man die Möglichkeit zu sündigen verneint. Gerade dies muss um der Konsistenz des libertarischen Freiheitsbegriff willen als Handlungsalternative aber erhalten bleiben, was im Rahmen dieser Studie bereits gezeigt werden sollte.

Ein möglicher Ausweg aus diesem Dilemma wurde von James Sennett vorgeschlagen, der meint, libertarische Freiheit durchaus behaupten zu können, während die Möglichkeit der Sünde im Himmel ausgeschlossen sei. In seiner Konzeption stellt er eine entsprechende „approximierende Konzeption" von Freiheit vor, in der libertarische und kompatibilistische Freiheit in kausaler Hinsicht zusammengedacht werden sollen: „I will call this conception of compatibilist freedom - under which compatibilist free actions are causally dependent on libertarian free actions - the Proximate Conception."[291] Vor dem Tod sei libertarische Freiheit durchaus vorhanden, die aber so genutzt werden solle, dass sie den Charakter so formt, dass ein Akteur nach dem Leben so durch sie „determiniert" ist, dass er sich in Freiheit stets für das Gute entscheidet. Auf diese Weise ließe sich das Problem lösen: Die Möglichkeit zur Sünde sei ausge-

---

289 Vgl. STOSCH: Einführung in die Systematische Theologie, 218 f.
290 GRÖSSL: Freiheit als Risiko Gottes, 263.
291 SENNETT, James F.: Is There Freedom in Heaven?, in: Faith and Philosophy: Journal of the Society of Christian Philosophers, 16 (1999), 69–82, 75.

räumt, zumindest vor dem Tod habe ein Akteur zumindest in einigen Fällen die Möglichkeit, seinen Charakter durch libertarische Freiheit zu formen:

> „The dilemma of heavenly freedom is resolved if all libertarian free actions contributing to the characters of agents in heaven were performed while those agents were on earth. That is, the characters are formed on earth, but those characters determine only actions for good once the agents enter heaven."[292]

Weil dieser Prozess aber in einem raumzeitlichen Abschnitt stattfindet, der zwar ontologisch anders ist als die himmlische Wirklichkeit, jedoch andererseits nicht völlig unabhängig vom Weltgeschehen ist, ist der irdisch-libertarisch sich formende freie Wille – der sich in einen kompatibilistischen Willen „in Freiheit" umwandelt – eschatologisch relevant:

> „So any world segment in which conditions for general freedom are satisfied is a segment that includes the freedom good. Since heaven is such a world segment, it does not lack the freedom good. Since the presence of proximate compatibilist freedom entails only that there be libertarian free actions in the same world, and not in the same world segment, there need be no libertarian free actions in heaven in order for the freedom good to be manifest."[293]

Träfen diese Bedingungen zu, ließe sich das Dilemma tatsächlich lösen. Die libertarische Freiheit wird beansprucht, um einen kompatibilistischen Freiheitsbegriff zu formen, der darum nicht weniger frei ist, weil er aus dem Libertarismus gewissermaßen „entspringt". Positiv zu würdigen an Sennetts Vorschlag ist auch, dass diese Position sehr gut mit der Auffassung vereinbar ist, dass ein gläubiger Christ seinen Willen so formen soll, dass dieser gottgefällig ist, bzw. in Gott aufgelöst ist.[294] Ebenso kann diese Position die philosophische Voraussetzung der self-forming actions einlösen und eine theologische Relevanz aufzeigen, dies freilich unter der Voraussetzung libertarischer Freiheit, die wie im entsprechenden Teil der Studie erläutert, auch schon dann als gültig vorausgesetzt werden darf, wenn sie auch nur in manchen Situationen zum Tragen kommt. Angefragt aber werden darf aber, ob der geschöpflichen Freiheit mit diesem Freiheitsbegriff nicht zu viel zugemutet wird, etwa wenn die libertarische Freiheit auch zum Negativen genutzt werden kann, sich eine schlechte Angewohnheit anzueignen, aus der ein Mensch sich dann womöglich nicht mehr aus eigener Freiheit entziehen

---

292 SENNETT: Is There Freedom in Heaven?, 75.
293 SENNETT: Is There Freedom in Heaven?, 76.
294 Vgl. GRÖSSL: Freiheit als Risiko Gottes, 52, mit Verweis auf PINNOCK: Most Moved Mover, 170 f.

kann. Zudem scheint es voraussetzungsreich zu sein, wenn libertarische Freiheit einerseits nur in einigen Fällen als vorhanden gedacht wird, aus ihr andererseits aber eschatologisch relevantes abgeleitet wird – endliche Freiheit versus ewiges Ergehen.

Auf Grundlage der bisherigen Überlegungen kann für den Ausschluss mindestens des eschatologischen Risikos im Sinne von Gottes Machtzurückerlangung plädiert werden. Mindestens unterliegt der vorausgesetzte Allmachts- und Freiheitsbegriff keinem begrifflichen oder logischem Widerspruch, um zugleich ein Vermeiden des eschatologischen Scheiterns denken zu können. Die Karikatur des „hand-wringing-God", eines händeringenden, unsicheren Gottes kann zumindest in dieser Hinsicht keine Berechtigung erhalten. Für diese These spricht einerseits der vorausgesetzte Begriff von Freiheit, die immer Freiheit eines Geschöpfes und damit eine endliche ist, darum nicht für alle Zeit vorhanden ist und auch in sich nicht vollkommen, da grundsätzlich bedingt ist. Zweitens besagt der zweite Hauptsatz der Thermodynamik, dass jegliche Komplexität zu einem gewissen Zeitpunkt in der Zukunft verschwinden wird, sodass Geschöpfe insgesamt als endlich zu denken sind und Gott zwar einmal Freiheit und damit auch die Möglichkeit zum Bösen gegeben hat, dies jedoch nur unter zeitlichen Vorzeichen:

„God will overcome wickedness through his wisdom, power and resourcefulness. He allows the creature to wreak havoc on the world for a time but not forever. The gift of freedom was not unlimited in scope or duration and therefore the power to do evil is finite. God can keep his promise even though creatures contribute to history and can resist his will. He can still reinstate his sovereignty over the universe, even though the future is open and even though he respects human freedom. God's own resourcefulness, wisdom, and patience can guarantee the end of history."[295]

Auch Sanders und Boyd nehmen einen solchen endgültigen Sieg Gottes an.[296]

II.7 Zusammenfassung und offene Fragen

Der OT macht wie gesehen den Gedanken der Beziehung zwischen Gott und Mensch zum systematischen Zentrum seiner Aussagen. Dies kann nur mithilfe eines geeigneten Freiheitsbegriffs durchgehalten werden, welcher dafür verantwortlich zeichnet, dass es sich hierbei um eine authentische Beziehung handelt.

---

295 PINNOCK: Most Moved Mover, 139.
296 Vgl. SANDERS: The God Who Risks, 176f; vgl. BOYD: God of the Possible, 145.

Zugleich erfolgt aus der Annahme libertarischer Freiheit eine Modifikation bestimmter Aussagen der Gotteslehre. Folgendes Bild wählt John Frame:

„For the open theist, libertarian free will serves as a kind of grid, through which all other theological assertions must pass – a general criterion for testing the truth of all other doctrines."[297]

Ungeachtet der generellen Schwierigkeit, dass das bezeichnete „Raster" die vertretenen theologischen Annahmen des OT entweder in Gänze oder gar nicht durchlässt und so *keine Abstufungen* im Wahrheitsgehalt theologischer Aussagen zulässt, wird vor allem deutlich, dass die Annahme des freien Willens des Menschen dem Gehalt der anderen theologischen Aussagen zumindest *nicht widersprechen* darf. Vor diesem Hintergrund läuft der Stellenwert der Freiheit auf die Frage zu, ob ein theologisch formulierter Aspekt des OT nur *irgendwie* mit ihr vereinbar sein müsste, was jedoch lediglich einer Art Vetorecht der Freiheit gleichkäme: die theologischen Doktrinen des OT dürften dem Gedanken einer Freiheit nur nicht *entgegenstehen*. Ist damit der menschlichen Freiheit aber schon Genüge getan und ihre systematische Rolle hierauf beschränkt? Handelt es sich hierbei nicht um einen eher losen Zusammenhang zwischen vorausgesetztem Freiheitsbegriff und theologischem Programm, wenn mit Ersterem beansprucht wird, Modifikationen in der Gotteslehre vorzunehmen? Und wird dieser Eindruck nicht noch dadurch verstärkt, dass die Begründung für die Wahl des libertarischen Freiheitsbegriffs sich scheinbar nur aus der Motivation der Offenen Theisten speist, „nur" die Freiwilligkeit zur Beziehung mit Gott sicherzustellen? Zweifellos handelt es sich zwar um eine anthropologische Aussage, wenn der OT konstatiert, dass der Mensch über libertarische Freiheit verfügt. Unklar bleibt an dieser Stelle aber, wie der Mensch überhaupt in die *Lage versetzt* werden kann, vom Liebesangebot Gottes zu erfahren und dieses zu erwidern. Hiermit sind bestimmte anthropologische Fragen angesprochen, die dem Aufgabenbereich der Fundamentaltheologie zufallen. Zwar wurden in II.6.2 bestimmte Anforderungen an die Liebesbeziehung genannt, die Gott ergreifen muss, um die Chance zu erhöhen, dass möglichst viele Menschen von seinem Angebot erfahren. Diese sind jedoch in *anthropologischer Sicht im OT noch nicht eingelöst*, obwohl er sich dieses Umstandes bewusst zu sein scheint: „Hence, love, though limitless, is conditioned by the ability of the other to receive it."[298] Sicherlich muss Gott zu diesem Zweck gewisse Maßnahmen ergreifen, aber wie kann er sicherstellen, dass sein Liebesangebot an den Menschen nicht schlechterdings an ihm in indifferenter Weise *vorbeigeht*? Welche sonstigen anthropologischen Implikate sonst noch relevant sind für die vom OT so stark gemachte Liebesbeziehung zwischen Gott und Mensch ist bis dato noch nicht ersichtlich. Muss hier nicht

---

297 FRAME: No Other God, 119.
298 SANDERS: The God Who Risks, 179.

noch mehr vorausgesetzt werden als das, was mithilfe der alternativenoffenen Freiheit erreicht wurde? Diese Frage stellt sich womöglich erst recht unter den Bedingungen einer libertarischen Freiheit: Denn wenn er einerseits nur auf „lockende", nicht zwingende Weise den Menschen für sein Liebesangebot aufruft, wie kann dann das „Mehr" gedacht werden, das im Menschen vorausgesetzt werden muss, um das wirkliche *Zustandekommen* der Beziehung zwischen Gott und Mensch zu verstehen?

M. E. kann man die Ansichten des OT auch mit folgendem Bild beschreiben: Der OT mit seiner Betonung der menschlichen Freiheit stellt gleichsam den Mittelpunkt eines *Panoptikums*[299] dar: Als Mittelpunkt sind von ihm aus die Modifikationen des OT erreichbar und „in Sichtweite": ein inhaltlich-systematischer Nexus zwischen Freiheit und den bereits modifizierten Gotteseigenschaften kann festgehalten werden. Nichtsdestoweniger macht dieses Bild die nunmehr offenkundigen Desiderate deutlich: Es suggeriert zunächst, dass die angesprochenen Themenfelder, die zentral im OT sind, alle gleich relevant erscheinen würden – sie alle wären gleich weit vom Mittelpunkt des Panoptikums (dem Freiheitsgedanken) entfernt und zeigen daher nicht das unterschiedliche systematische Gefälle ihrer inhaltlichen Voraussetzungen an.[300] Gerade Pinnock hat eine Kohärenz in den Aussagen des OT bzw. grundsätzlich in der Theologie zurecht eingefordert. Darum muss die Rückfrage erlaubt sein, ob sie womöglich *nicht* alle im selben Abstand vom Mittelpunkt stehen (etwa aufgrund des schwankenden höheren argumentativen Aufwands, bzw. der gewichtigeren Voraussetzungen) und vor allem, ob und ggf. welche Aspekte erst denkerisch erreicht werden müssen, um die anderen in ihrem systematischen Zusammenhang, ihrer inhaltlichen Fülle und ihrem Abstand voneinander zu sichten. Hiermit ist die Frage nach dem Verhältnis gestellt, in dem diese Inhalte auch *untereinander* stehen.

Schwerwiegender ist aber ein weiteres Problem: Während die Modifikationen in den Gotteseigenschaften – die dieses Hauptkapitel referieren sollte – vom Zentrum aus zwar sichtbar sind und auch legitim erscheinen können, fehlt ein *philosophisches Fundament*, das angegeben werden kann, um rechtmäßigerweise und einheitlich diese Umdeutungen auch vorzunehmen – bzw. um im Bild zu bleiben: um zu ihnen auf geradem Wege zu gelangen. Denn die Annahme libertarischer Freiheit allein ist dann schon eine theologische Aussage, wenn von ihr prädiziert wird, dass sie dem Menschen *von Gott* gegeben ist. Genuin philosophische Überlegungen, die auch in anthropologischer Hinsicht in den aufgeworfenen Fragen weiterhelfen könnten, wurden bisher nicht vom OT bedacht,

---

299 Dieser Begriff meint an dieser Stelle eine Bauart, die bei Gebäuden wie Gefängnissen angewandt werden kann. Der Gedanke geht zurück auf Jeremy Bentham, dem Begründer des Utilitarismus, und wurde u. a. von Michel Foucault aufgegriffen und weiter gedacht.

300 In diesem Sinne hält Schmid fest, dass es noch keine systematisch ausgefeilte Gotteslehre im OT gibt.

obwohl gerade von Pinnock eingefordert wurde, dass philosophische Kategorien im OT zur Explizierung gefunden werden sollten:

> „Theology has needed new points of departure, new thinking which could better express the personal reality of the God of the Bible in philosophical ways. (...) But what are needed now are philosophical resources that can handle deeply revelation-based ideas like incarnation, suffering, relationality and perfection in change."[301]

So kann der Vergleich mit dem Panoptikum aussichtsreich sein, sowohl für die Verdeutlichung der systematischen Grundstruktur als auch für die Benennung offener Fragen im OT. In demselben Ausmaß, wie es einst Anselm von Canterbury gelang, ein Prinzip zur Bestimmung einschlägiger Gotteseigenschaften zu eruieren, so *neu* stellt sich die Frage nach dessen Geltung im Horizont des Open Theism: Ist beispielsweise der Anselmsche Gottesbegriff und das so zentrale IQM[302] besser mit dem klassischen oder dem neugefassten Allmachts- oder Allwissenheitsbegriff im OT kompatibel? Kreiner bemerkt treffend:

> „Die anselmische Maxime spricht dafür, die Fülle dessen, was Gott vermag und erkennt, im Sinne der Allmacht und Allwissenheit zu interpretieren. Der Begriff eines unüberbietbar vollkommenen Wesens impliziert den Besitz maximaler Macht und Erkenntnis. Beide Begriffe lassen sich allerdings auf sehr unterschiedliche Weise explizieren, weil der Umfang dessen, was maximale Macht und Erkenntnis beinhalten, von weiteren Annahmen abhängen."[303]

Darf mit Plausibilität festgehalten werden, dass unter der Voraussetzung menschlicher Freiheit die Vorzeichen dessen, was im Sinne des Anselmschen IQM besser, lat. „melior" ist, verlagert werden und sich so bisherige Deutungsmuster verändern können? Nach welchen Kriterien aber sollten diese und daran anschließende Fragen beantwortet werden können, bzw. woher sollten diese Antworten ihre Geltung beanspruchen? Anselms Gottesbegriff kann mit Recht auf beide Konzeptionen appliziert werden bzw. von beiden ihnen zugrundeliegenden Voraussetzungen her gebildet werden, ohne dass eine von ihnen eine größere Kompatibilität mit ihm verlangen oder auch nur ein logischer Bruch in den Inhalten ausgemacht werden könnte. Dann aber stellt sich die Frage, ob dies nicht einer Patt-Situation gleichkommt, da ja ein weiteres objektives Kriterium

---

301 PINNOCK: Most Moved Mover, 118 f.
302 Gott ist dem Anselmschen Begriff nach „id quo maius cogitari nequit", „das, worüber hinaus Größeres nicht gedacht werden kann", vgl. ANSELM VON CANTERBURY: Proslogion, Kapitel II.
303 KREINER: Antlitz Gottes, 368.

für oder wider der einen oder anderen Position noch nicht in Anschlag gebracht wurde und beide infrage stehenden Alternativen mehr oder weniger unverbunden und ungelöst nebeneinanderstehen.

Eine lange Zeit vorausgesetzte göttliche Allmacht, die sich ihrer uneingeschränkten Verfügungsgewalt stets bedienen kann, steht mindestens in Spannung zu einer modernen, aufgeklärten Theologie, in der die Moralität etwa in der Anerkennung der free-will-defense Gültigkeit beanspruchen darf. Vollends aporetisch wird eine klassisch gedachte Allmacht aber dann, wenn sie ein *konkurrierendes* Verhältnis mit der menschlichen Macht annimmt, auf dessen Fragwürdigkeit Rice neuerdings aufmerksam gemacht hat:

„There are several problems with this construal of divine and creaturely power. For one thing, it presupposes a zero-sum distribution of power in the world, according to which there is only so much power to go around. Consequently, God can only grant the creatures power by giving up some of his own. And the more power God lets the creatures have, the less power he keeps for himself. But why should we think of power this way? We don't think of God as limiting his happiness or his love, for example, by creating beings who are capable of these qualities. What compels us to think of power this way?"[304]

Es ist zu würdigen, dass der OT dieses zentrale Problem erkannt und Konzeptionen vorgelegt hat, die der Vermeidung dieser Aporie Rechnung tragen. Trotzdem scheinen die Offenen Theisten noch Desiderate offen gelassen zu haben und noch kein tragfähiges Konzept namhaft gemacht zu haben, das ein direkt proportionales Freiheitsverhältnis zwischen Gott und Mensch denken lässt. Wie also könnte auf die von u. a. Pinnock und Rice vorgebrachten Fragen und Desiderate geantwortet und die schon vorgebrachten Gedanken der Offenen Theisten sinnvoll integriert werden? Und was ergibt sich hinsichtlich der Fragen, bei denen auch die Offenen Theisten selbst uneins sind, etwa ob die göttliche Passibilität in einem starken oder schwachen Sinn gedacht werden muss?[305]

Offen geblieben ist bei der Neuinterpretation der Allmacht durch den OT zudem die Frage, welche Bedeutung der Gottesbeziehung im menschlichen Leben noch zukommt, wenn diese in eschatologischer Hinsicht unabhängig davon ohnehin zustande kommen kann. Theologisch gesprochen ist hier nichts Geringeres als der Sinn der Inkarnation Gottes angesprochen, gemäß der nach christlicher Überzeugung die Grundlegung des von Liebe geprägten Verhältnisses zwischen Gott und Mensch durch die Person Jesu Christi grundgelegt

---

304 RICE: The Future of Open Theism, 131 f.
305 Vgl. RHODA, Alan: Generic Open Theism and Some Varieties Thereof, in: Religious Studies, 44 (2008), 225–234, 228.

wurde. Warum sollte Gott an einer freiheitlichen Beziehung mit dem Menschen innerhalb einer Geschichte interessiert sein, wenn er eschatologisch gesehen ohnehin diesen Status aktualisieren kann? Ist also der klassische Allmachtsbegriff wirklich nicht mehr aufrecht zu erhalten angesichts der Einwände, die der OT vorbringt und ist vor allem hiermit schon positiv entschieden über seine Neudeutung durch den OT?

Und erwachsen nicht aus der Vorsehungslehre, die selbstbewusst einen „God Who Risks" behauptet, neue Schwierigkeiten, die der OT womöglich mit seinen eigenen denkerischen Mitteln selbst nicht zu lösen vermag, obwohl die Bezeichnung des Risikos andererseits durchaus zutreffend sein könnte? Von den Vertretern wird zumeist einheitlich vorausgesetzt, dass Gott zwar ein Risiko eingegangen ist, indem er dem Menschen ein großes Maß an Freiheit zugestanden hat, er andererseits aber mit jeder Situation umgehen kann, die aus freier Entscheidung entsteht. In der Rede vom Risiko wird von den Offenen Theisten meist nur die Perspektive *Gottes* beleuchtet, weshalb anthropologische Aussagen die Spannung, die in der Rede vom Risiko enthalten ist, womöglich verändern können. Grundsätzlich ungeklärt ist die Frage, wie der Gedanke des Risikos sich zu den anthropologischen Wahrheiten *verhält*, die mit ihm ja mit ausgesagt sind, wenn von Freiheit die Rede ist. Ist vor diesem Hintergrund Sanders These überzeugend, dass nicht in jeder Hinsicht ein Risiko vorliegt und bestimmte Ziele der Schöpfung garantiert erreicht werden können? Und kann Gott auch unter anthropologischen Gesichtspunkten wirklich der Herr der Geschichte bleiben? Eine *anthropologische* Einlösung der aufgeworfenen Fragen (die sich im Bild des Panoptikums verdichten) steht noch aus. Dies bezieht sich insbesondere auch auf die plakativ erscheinenden Aussagen des OT, etwa der „resourcefulness", der „faithfulness", des Lockens der menschlichen Freiheit oder der Vorstellung Gottes als „Risk-Taker".

Können also noch weitere Argumente dafür gefunden werden, um dem OT eine zumindest gleichberechtigte Rolle neben der klassischen Position zuzusprechen oder bleibt es bei der nüchtern festzustellenden Ausweglosigkeit, dass der OT nur ein „Nebenprodukt" neben der klassischen Position, eine Art Konvolut modifizierender Aussagen über einen offenen Gott ist, das sich durch bloßen „Widerspruchsgeist"[306] dem Kampf gegen bloße Ungereimtheiten im klassischen Theismus verschrieben hat?

Die nun gebündelten Fragen kann ein Freiheitsbegriff, wie er von den Vertretern des OT vorausgesetzt wird, womöglich nur unzureichend beantworten, wenn er bloß dafür in Anschlag gebracht wird, dass mit seiner Hilfe ein bloßes Negativkriterium proklamiert wird. So stellt sich die Frage, ob ein anders akzentuiertes Freiheitsdenken nicht die hier aufgeworfenen Probleme besser

---

306 GRÖSSL: Freiheit als Risiko Gottes, 13.

zu beantworten vermag, indem es über eine bloß ausschließende und filternde Funktion hinausgeht und trotzdem gewisse „denkerische Standards" einlösen und einhalten kann. Könnte nicht auch die Möglichkeit bestehen, dass auch positiv-erschließende[307] Aspekte mit einem Begriff von Freiheit denkerisch nicht nur möglich, sondern auch sinnvoll sind, um etwa den inneren Zusammenhang zwischen den theologischen Positionen des OT aufzuzeigen?

---

307 Damit ist ein Anliegen angesprochen, das Richard Rice als Maßgabe in seinem neueren Werk formuliert hat: „To clear the way for the discussion to follow, therefore, we need to show that there are good reasons to dispense with limit language when considering open theism and employ more positive terminology." RICE: The Future of Open Theism, 124; vgl. auch RICE: The Future of Open Theism, 127: „Open theists can make their points effectively without invoking the notion of limits. More important, the use of such language inevitably obscures the positive features of the divine reality open theism seeks to emphasize."

III. NACHDENKEN ÜBER FREIHEIT IM DENKEN VON THOMAS PRÖPPER[1]

So „habe ich nun die philosophische Erschließung der menschlichen Ansprechbarkeit für Gott (samt ihrer Implikate), sofern sie auch schon vor und unabhängig von den Ausführungen der materialen Dogmatik unternommen werden kann, als die fundamentaltheologische oder einfach die philosophische Aufgabe der theologischen Anthropologie und überhaupt der wissenschaftlichen Glaubensvermittlung bezeichnet, während das Bemühen, die genuin theologischen Inhalte selbst in einer Sprache und einem Denken zu entwickeln, die menschlich vollziehbar und als vernünftig vertretbar sind, ihre hermeneutische Aufgabe ausmacht und eindeutig der Dogmatik zufällt. Gleichwohl läßt sich das eine vom anderen nicht trennen: kommt das Verhältnis von Glaube und Vernunft doch auch in der Dogmatik zum Austrag. Tatsächlich sind beide Aufgaben in angemessener, nämlich systematischer Weise nur zu erfüllen, wenn dabei derselbe philosophische Ansatz zum Zuge gelangt und die Denkmittel einem einheitlich-kohärenten Denken entstammen."[2]

Thomas Pröpper hat mit seiner „Theologischen Anthropologie" sozusagen die Summe seiner Bemühungen vorgelegt, die er im Horizont seines *Freiheitsdenkens* argumentativ entfaltet und die er über viele Jahre als Professor für Dogmatik und theologische Hermeneutik an der Katholisch-Theologischen Fakultät der Universität Münster vorangetrieben hat. Im ersten der zwei Teilbände ist zunächst von der Relevanz der Theologischen Anthropologie für das theologische Denken insgesamt die Rede. An dessen Ende steht in eher fundamentaltheologischer Zielsetzung ein philosophisch tragfähiges Konzept der Beziehung

---

1   Zur Schülerschaft Pröppers gehören etwa Magnus Striet, Georg Essen, Michael Bongardt, Michael Greiner und Saskia Wendel. In diesem Kapitel werde ich mich bei der Darstellung der gebotenen Kürze wegen auf einen kursorischen Durchgang durch die entsprechenden Abschnitte beschränken, um nicht zu sehr von dem methodischen Weg abzukommen, der zum systematischen Schlüsselgedanken bei Pröpper führt und gerade aus diesem Grunde so relevant für die Fragestellung dieser Arbeit ist. In diesem Sinne kann dieses Kapitel als paraphrasierendes Referat gelten. Es sollen diejenigen Aspekte beleuchtet werden, die zum Verständnis des Gesamtzusammenhangs der gewählten Konzeption beitragen, wodurch bestimmte Aspekte, die beispielsweise nur zur Abgrenzung oder negativen Verdeutlichung in der TA behandelt werden, nicht oder nur sehr verkürzt erwähnt werden.
2   PRÖPPER, Thomas: Theologische Anthropologie, Band I und II, Freiburg i. Br. Sonderausgabe 2015, 492 f.

zwischen Gott und Mensch, dessen universal-anthropologische Relevanz durch zwei Aufweise in der TA erstmals entfaltet werden. In strenger Orientierung am philosophischen Denken insbesondere der Neuzeit konzipiert Pröpper einen Entwurf, der es ermöglicht, mit philosophischer Berechtigung die Hinordnung des Menschen auf Gott zu denken, worin Pröpper auch die Möglichkeit zur Gottesbeziehung als gesichert ansieht. Im zweiten Teilband wird dann diese Beziehung zwischen Gott und Mensch an sich thematisiert – freilich unter verschiedenen Gesichtspunkten. Das Kapiteleröffnungszitat deutet bereits an, dass diesen Unternehmungen das Freiheitsdenken als denkerisches Prinzip zugrunde liegt, sodass es unerlässlich erscheint, auch diese Denkform selbst zu referieren, um die aus ihr gewonnenen Aussagen angemessen einordnen zu können.

III.1 Die Theologische Anthropologie als Referenzpunkt für die Fragestellung dieser Studie

Eine vollständige Rekonstruktion der Theologischen Anthropologie unter Berücksichtigung aller ihr zugrunde liegenden philosophischen und theologischen stehenden Prämissen, die mit ihr im Kontext stehen, ist im Rahmen dieser Studie *nicht* intendiert. Gleichwohl ist die Theologische Anthropologie ein Werk, in dem Pröpper sein Freiheitsdenken umfassend und zusammenhängend entfaltet[3]. Hier zeigt sich die Relevanz dieses Werkes für die Fragestellung der vorliegenden Studie, insofern auch die TA ausgeht von einer vorauszusetzenden Freiheit – die ähnlich wie im OT – in engem systematischen Zusammenhang mit der Gottesbeziehung des Menschen steht. Was *genau* das Pröppersche Freiheitsdenken damit dem OT zu sagen haben könnte, ist jedoch noch offen.

Es soll im ersten Teil dieses Hauptkapitels der Versuch unternommen werden, die zwei relevantesten Kapitel der TA1 (Kapitel 3 und 6 der TA1) zu referieren, da sie für den Fragekontext der vorliegenden Studie von besonderer Relevanz sind. Zunächst soll daher dasjenige Kapitel des ersten Teilbandes dargestellt werden, das die *Gottebenbildlichkeit* behandelt. In ihm wird der Gedanke erläutert, wie gedacht werden kann, dass der Mensch eine Anlage zur Gottesbeziehung besitzt und inwiefern sie seine Bestimmung ausmacht. Es sollen besonders diejenigen Aspekte beleuchtet werden, die Pröpper im weiteren Verlauf zu einem Konzept verfugt, das er mit dem Titel *„Gottes möglicher Partner und Freund"*[4] kennzeichnet. Hiermit ist sodann der Abschnitt dieses Hauptkapitels bedacht, in dem das finale Kapitel des ersten Teilbandes der TA dargestellt werden soll.

---

3   Vgl. LERCH: Selbstmitteilung, 30.
4   So die Kapitelüberschrift des sechsten Kapitels des ersten Teilbandes der Theologischen Anthropologie.

In ihm werden die zuvor erreichten Erkenntnisse über die Gottebenbildlichkeit freiheitstheoretisch erschlossen und zudem der von Pröpper erbrachte Möglichkeits- und Relevanzaufweis referiert. So eng der Konnex zwischen Philosophie und Theologie bei Pröpper ist, so streng muss er seiner Systematik nach getrennt werden[5]. War es erst zu Zeiten des zweiten Vatikanums insbesondere Karl Rahner, der die „anthropologische Wende" der Theologie in vollem Umfang umzusetzen begann, so wird man dennoch beklagen müssen, dass diese Entwicklung längst überfällig war[6].

Im zweiten Abschnitt dieses Hauptkapitels werden dann zunächst einige Überlegungen zum Verhältnis zwischen Sünde und Schuld vorgeschaltet, ehe die tatsächliche Gottesgemeinschaft zur Sprache kommen soll. Zu diesem Zweck werden zunächst trinitätstheologische Vergewisserungen referiert, die den „Ausgangspunkt" dafür bieten, im nachfolgenden Unterkapitel der Frage nachzugehen, wie die Gnade auch beim Menschen anzukommen vermag. Die entsprechenden Ausführungen hierzu wurden innerhalb der TA von Michael Greiner vorgenommen, der v. a. die Genese und die bleibende Ungeklärtheit dieses theologisch überaus schwierigen Problems darstellt. Sodann schließt sich ein finales Unterkapitel an, das die menschliche Freiheit auf ihre eschatologischen Konsequenzen hin befragt, genauer: die Frage nach der Freiheit im Modus des freien Vergebens stellt. Damit stehen diese Überlegungen im Kontext des Theodizeeproblems und wurden innerhalb der TA von Magnus Striet abgefasst.

III.2 Zusammenhang zwischen Inhalt und Aufbau der Theologischen Anthropologie

Mit diesen weitläufigen Vorbemerkungen ist bereits angedeutet, wie ernst Pröpper das philosophische Denken nimmt: Seine zu Beginn des Werkes erhobene These, dass der *Mensch zur Bestimmung der Gemeinschaft mit Gott* geschaffen sei, steht im konsequenten Durchgang durch exegetische und philosophische Befunde der neuzeitlichen Philosophie erst noch unter dem Vorbehalt ihrer Bewährung. In diesem Sinne stützt die Struktur von Pröppers Theologischer An-

---

5 Dem korrespondiert auch der Umstand, dass der Mensch philosophiegeschichtlich eher zum Gegenstand der Reflexion geworden ist als in der Theologie.

6 Es wäre indes falsch anzunehmen, dass es nicht auch Vorläufer der anthropologischen Wende gegeben hätte, wozu etwa die weitestgehend vergessene Person von Albert Maria Weiß zählt. In seiner „Apologie des Christentums", die zwar konzedieren muss, im Zuge eines damalig vorherrschenden weltanschaulichen Relevanzverlustes gewissermaßen „aus der Not geboren" zu sein, lässt sich jedoch das erste mal und mit großem Vorbehalt gegenüber der systematischen Differenziertheit so etwas wie eine Urform des theologischen Argumentierens mithilfe anthropologischer Aussagen vermuten.

thropologie ihren Inhalt, genauer: *Sie trägt aufgrund ihres Inhalts ihrem Aufbau Rechnung,* indem sich direkte Konsequenzen zur Struktur des Werkes ergeben. Die Eigenart des Freiheitsdenkens ist darum sichtbar an der formalen Gestalt der Theologischen Anthropologie – ihr Aufbau gliedert sich daher in einen eher *philosophisch-fundamentaltheologischen (erster Teilband=TA1) und einen eher dogmatischen Teil (zweiter Teilband=TA2).*

Der im finalen Kapitel der TA1 hervorgebrachte Bezugsrahmen zwischen Gott und Mensch wird im zweiten Teilband vorausgesetzt, um die tatsächliche Gottesgemeinschaft des Menschen in verschiedenen Facetten zu beleuchten. Hierin kann sich die Erschließungskraft für bestimmte Aspekte der materialen Dogmatik zeigen. Hinsichtlich der Verbindung zwischen erstem und zweitem Teilband legt Pröpper Wert darauf, dass der in der TA1 erreichte Gedankengang mit den Aussagen der Dogmatik in einem *synthetischen verbindbaren und wechselseitig bestimmenden Verhältnis* stehen: Sie zeichnen sich idealerweise durch Kompatibilität aus und können einander zugeordnet werden. Pröppers „Gesamtziel" in der Theologischen Anthropologie besteht darin, mit dem Freiheitsdenken als philosophisch-theologischem und einheitlichem Prinzip die Rede von der möglichen und tatsächlichen Gottesbeziehung zu beleuchten. *Ob und inwiefern diese bisher nur angedeuteten Inhalte nun für den OT von Aussagekraft sind, wird sich – auch der Offenheit des Freiheitsdenkens gemäß – erst noch zeigen müssen!*

III.3 Theologische Einsicht und philosophische Vergewisserung – Erster Teilband der Theologischen Anthropologie

„So sinnvoll Arbeitsteilungen in pragmatischer Hinsicht auch künftig sein werden, so unbefriedigend müßte die Ausführung einer theologischen Anthropologie doch erscheinen, welche die menschliche Bestimmung zur Gottesgemeinschaft mit Gott als Thema des Glaubens erörtert, ohne zu zeigen, wie diese wesentliche Bestimmung des Menschen denn auch gedacht werden könne. Deshalb wird der I. Teil dieses Thema sowohl aus theologischer als auch in philosophischer Perspektive behandeln. In theologischer Perspektive stehen das Thema der ‚Gottebenbildlichkeit des Menschen' (Kap. 3) sowie das Verhältnis von ‚Natur und Gnade' (Kap. 4) zur Diskussion; in philosophischer Hinsicht geht es darum, auf dem Weg einer Auseinandersetzung mit exemplarischen Typen des philosophischen Gottdenkens in der Neuzeit und Gegenwart (Kap. 5) nach einem vertretbaren Ansatz für das Verständnis der Verwiesenheit des Menschen auf Gott zu suchen und die Anforderungen an das Freiheitsdenken, das in dieser Absicht zum Zuge kommen wird (Kap. 6), zu profilieren."[7]

---

7   TA, 107 f.

Die Namensauswahl dieses Kapitels erfolgte aus der Einsicht, dass sich die im ersten Teilband verhandelten Inhalte sowohl aus theologischer als auch aus philosophischer Erkenntnis speisen. Pröpper nennt es die fundamentaltheologische Aufgabe, „überhaupt und grundlegend die Ansprechbarkeit des Menschen für Gott und seine Selbstmitteilung zu zeigen."[8] Um dies aber bewerkstelligen zu können, muss eine Denkform etabliert werden, die bestimmten Kriterien genügen muss, damit sie ihre hermeneutische Aufgabe, die der Dogmatik zukommt, einlösen kann und die darin besteht, die in ihr vorkommenden Inhalte als für den Menschen verständlich und als seiner Vernunft gemäß auszuweisen. Eine solche Denkform nun zu etablieren, ist das Anliegen des ersten Teilbandes der TA Pröppers. Sie vermag es, im dortigen sechsten Kapitel zu einem begründeten Standpunkt zu kommen, indem die Erträge des ersten Teilbandes gebündelt und verfugt werden (vgl. das Eröffnungszitat).

Ein systematischer Ausgangspunkt ist für Pröpper die theologische Aussage, dass der Mensch von Gott gewollt ist und die Beziehung zu ihm die Erfüllung seiner Bestimmung ist. Er bewährt diesen zentralen Aspekt anhand biblischer Erkenntnisse, der schwierigen Frage nach der Freiheit der Gnade und schließlich in Auseinandersetzung mit systematisch-theologischen Bezügen zur neuzeitlichen Philosophie. So formuliert Pröpper am Ende des ersten Teilbandes das Prinzip des Freiheitsdenkens, das die Probleme, Anfragen und Erkenntnisse der vorherigen Kapitel aufnimmt und sodann zunächst einmal auf die von ihm formulierte *fundamentaltheologische* Fragestellung antwortet, wie die Ansprechbarkeit des Menschen für die Frage nach Gott gedacht werden kann und auf diese Weise ein Instrumentarium bereit gestellt wird, das Inhalte der *Dogmatik* so aufzuschlüsseln und vernunftgemäß auszuweisen vermag. Wichtig ist nun, diese beiden Aspekte nicht als voneinander getrennt zu verstehen, sondern wahrzunehmen, dass es sich bei demjenigen Prinzip, das sowohl für die *fundamentaltheologische* und die *dogmatische* Aufgabenstellung angewandt wird, um ein und dasselbe handelt und somit dem Vermögen der Vernunft genügt, eine Einheitlichkeit anzustreben, die dem menschlichen Denken gemäß ist und so die Identität des Subjekts und die Menschlichkeit des Glaubens verbürgen kann: „Tatsächlich sind beide Aufgaben in angemessener, nämlich systematischer Weise nur zu erfüllen, wenn dabei derselbe philosophische Ansatz zum Zuge gelangt und die Denkmittel einem einheitlich-kohärenten Denken entstammen."[9]

Auch wenn de facto die beiden genannten Aufgaben jeweils unterschiedlichen theologischen Disziplinen zugeordnet und daher nicht voneinander zu trennen sind (wie Pröpper mehr als einmal bemerkt), soll der Fokus der Betrachtung zunächst auf dem ersten Teilband liegen, was sich aus zwei Gründen

---

8 TA, 105.
9 TA, 493.

nahelegt: Erstens wird am Ende des ersten Teilbandes dasjenige Prinzip namhaft gemacht und systematisch gesichert, mit welchem eine ohnehin schon freiheits-affine Theologie wie der OT schon vor aller inhaltlichen Überlegung eine Nähe aufweist. Zweitens ist von hier aus ein ähnliches Verfahren möglich, welches Pröpper selbst dann auch im zweiten Teilband unternimmt: die Applikation der erreichten Denkform auf bestimmte Inhalte der Dogmatik – der Unterschied zu Pröpper in der vorliegenden Studie besteht jedoch darin, dass sie nicht wie er die katholische Dogmatik als ihren Gegenstand hat, sondern hauptsächlich die Denkform des OT. Somit ist also legitimiert, warum das beschriebene Vor-gehen fruchtbar sein kann. Methodisch betrachtet soll also das aktuelle Kapitel zunächst den Weg nachzeichnen, den Pröpper bestreitet, um im finalen Kapitel des ersten Teilbandes sein Freiheitsdenken systematisch erschließen zu können.

III.3.1 Psalm 8,5 als Fluchtpunkt der Theologischen Anthropologie

Nach eher grundsätzlichen Überlegungen, die Pröppers Werk der Theologischen Anthropologie einleiteten und vor allem literarische, humanwissenschaftliche und philosophisch-existenzielle Zugänge zur „Unausweichlichkeit und Offen-heit der Frage des Menschen nach sich selbst"[10] andeuteten und an dieser Stelle nicht eigens referiert werden sollen, werden im zweiten Kapitel der TA1 konkret „Ansatz, Thematik und Aufbau der theologischen Anthropologie"[11] dargestellt. Hiermit also ist nun übergeleitet in den Einstieg zu Pröppers theologisch-anthro-pologischen Überlegungen im engeren Sinn.

Das mit der Überschrift „Was ist der Mensch, daß Du seiner gedenkst?"[12] beschriebene Kapitel macht bereits durch seinen Titel auf eine Spannung auf-merksam, die für die Theologie von Relevanz ist: Der große Gott richtet sein Augenmerk auf den Menschen, der sein eigenes Dasein nicht selten wie ein Staubkorn im All zu empfinden vermag. Die in diesem Zusammenhang zitierte alttestamentliche Stelle Ps 8,5 stellt sozusagen eine Grundorientierung hinsicht-lich der Fragerichtung theologischer Anthropologie dar und bildet vorerst den Leitgedanken für die nachfolgenden Ausführungen. Grundsätzlich hält Pröpper fest, dass die genuin theologischen Antworten auf die Frage, was den Menschen ausmache, grundsätzlich zunächst vielmehr methodische als inhaltliche Fragen

---

10 So die Überschrift des Anfangskapitels der TA.
11 TA, 58.
12 Psalm 8,5; TA, 58.

sind. Beide können nicht isoliert voneinander betrachtet werden, sondern verweisen aufeinander und bedingen sich wechselseitig:

> „Die Besonderheit ihres Verständnisses [das der theologischen Anthropologie: A. H.] vom Menschen, das sie darzulegen und zu vertreten hat, ist nämlich nicht erst im *Inhalt* ihrer Antwort auf die gestellte Frage zu finden, sondern wesentlich und bleibend von der Eigenart des *Weges* bestimmt, auf dem sie zu dieser Antwort gelangt."[13]

Eine Antwort auf diese Frage könne aber nicht im Modus der Selbstbetrachtung oder durch Ableitung des für den Menschen Typischen im Vergleich zu den Tieren erreicht werden, sondern ist zunächst einmal unter dem Metakriterium zu betrachten, „daß es *Gott* ist, der sich in Freiheit und von sich aus dem Menschen *zuwendet*."[14] Was aber hat diese Auskunft für Folgen? Eine Antwortmöglichkeit auf die zuvor gestellte Frage bietet sich, wenn man sich Ps 8,5 in sozusagen existenzieller Perspektive vergegenwärtigt:

> „dieses Psalmwort, als *Frage* gelesen, bezeichnet den *Weg*, auf dem theologische Anthropologie ihre Antwort findet: im nachdenkenden Fragen nach den Gedanken *Gottes* über den Menschen, (...) die er nach der Erfahrung des Glaubens selbst kundgetan hat – auf den geschichtlichen Wegen seiner Selbsterschließung und Selbstmitteilung nämlich."[15]

So ergibt sich eine enge Bezogenheit Gottes auf den Menschen, die sich sozusagen analog dort niederschlägt, wo der Mensch nach sich selbst fragt: denn aus theologischer Sicht kann bereits das reflexive Fragenkönnen des Menschen einen Vorgriff auf die Antwort implizieren: „Der Mensch ist der Mensch Gottes, bevorzugter Inhalt seiner Gedanken und Ziel seines erwählenden Handelns. Es ist dasselbe Ereignis, das die Frage des Menschen nach sich selbst anstößt und auch schon die Grundauskunft für sie enthält."[16]

Während der Modus, also die Art und Weise des menschlichen Fragens durchaus variieren kann, so besteht dessen Konstanz doch darin, dass der Mensch „die Frage nicht von sich aus gestellt, sondern sich zuvor als Herausgeforderten, als Berufenen oder auch als Versagenden erfahren"[17] hat. Die *Antwort* freilich ist aus hermeneutischer Sicht stets „aus der Perspektive Gottes" zu betrachten, die damit immer auch als eine Art Maßgabe zu verstehen ist – dahin-

---

13 TA, 58.
14 TA, 59.
15 TA, 59.
16 TA, 59.
17 TA, 60.

gehend, dass der Mensch sie oft aus seiner begrenzten Perspektive nicht oder nur schwerlich einholen kann. Durch Gottes Antwort wird gewissermaßen ein existenzieller Rahmen der eigenen Möglichkeiten des Menschen gezeichnet, in dem der Mensch sich dann zu reflektieren vermag und nicht selten so erst auf seine limitierten Möglichkeiten aufmerksam wird. Denn auf diese Weise

> „erfährt der betroffene Mensch, wer er sein soll, aber von sich aus nicht ist, vielleicht auch nicht sein kann und sehr oft nicht sein möchte. Er erfährt, was aus ihm werden soll, aber von ihm aus nicht werden kann. Er erkennt seine konkreten Grenzen, die eigenen Unmöglichkeiten, aber auch seinen Widerwillen, seine Verfehlung, seine Schwäche und tatsächliche Schuld."[18]

Pröpper illustriert diesen Gedanken des vor-Gott-gestellt-seins und die damit verbundene Einsicht in das eigene Unvermögen bzw. Unwillen anhand Moses Auftrag zur Befreiung aus Ägypten sowie anhand der Propheten Jesaja und Jeremia. Auf Moses Frage, „Wer bin ich, dass ich zum Pharao gehen (...) könnte" (Ex 3,11) antwortet Gott ihm mit seinem Zusagewort, das zugleich die Übersetzung des Gottesnamens ist: „Ich-bin[-da]" (Ex 3,14). Systematisch zusammenfassen lassen sich die Überlegungen damit so: „Die Frage, die der Mensch ist, wird hier akut durch die Nähe des anrufenden Gottes und beantwortet mit der Zusage Gottes."[19]

Falsch wäre es, die angesprochene Fraglichkeit, die der Mensch sich selber ist, mit der ergangenen Antwort bereits als eliminiert zu betrachten. Gleichwohl ist Gottes Antwort so zu verstehen, dass der Mensch durch sie einen ersten Halt, bzw. eine orientierende Justierung hinsichtlich der Frage nach sich selbst erlangen kann – auch dann, wenn sich der unverfügbare Gott ihm nun gezeigt hat und ihn affirmierte. Hierdurch kann er in die Lage versetzt werden, für sich selbst eine verheißende Zukunft erhoffen zu dürfen ebenso, wie er „als von Gott Angenommener, sich *in* seiner Fraglichkeit nun auch selbst übernehmen"[20] kann. Damit ist vor allem ein eher aktives Moment menschlichen Verhaltens angesprochen, das die Logik des Fragens umkehrt: „Gottes Zuwendung qualifiziert ihn unausweichlich zu einem antwortenden Wesen. *Der Mensch existiert vor Gott (coram Deo) und als Antwort auf Gottes anrufendes Wort. Das ist die Grundauskunft biblischer Anthropologie.*"[21] Der systematische Ertrag dieser Ausführungen liege nach Pröpper nun vor allem darin, dass deutlich wird, dass eine *Theologische* Anthropologie sich dadurch auszeichne, dass hierin

---

18 TA, 60.
19 TA, 60.
20 TA, 61.
21 TA, 61.

ein Seinsmodus des Menschen zur Sprache kommt, dessen Eigenart nicht aus dem genuin menschlichen selbst entstammt. Theologische Anthropologie hat als Ausgangspunkt ihrer Aussagen darum immer „im zuvorkommenden und bereits ergangenen Reden und Handeln Gottes"[22] zu ergehen. Damit aber ist vor allem die Kategorie der kontingenten Geschichte angesprochen, in der Gottes Zuwendung sich gleichwohl als *freie* Zuwendung ereignen kann und darum von unbedingter Bedeutung für den Menschen ist. Die mit dieser Aussage impliziten Wesensaussagen über den Menschen bedürfen philosophischer Auskunft und Vergewisserung, wozu Pröpper an dieser Stelle vor allem die *Selbstentzogenheit* des Menschen sowie seine *Verwiesenheit* auf Andere zählt und letztgenannte „gerade auch dann noch in Geltung bleibt, wenn er bis zur Einsicht gelangt ist, daß die Radikalität seiner Frage nach sich selbst ihren angemessenen Ausdruck erst in der Frage nach Gott finden und ihr praktisches Resultat nur die Offenheit für ihn sein kann."[23]

Die zuvor angedeutete Zuwendung Gottes wurde dabei schon durch den Glauben an den Gott Israels vorausgesetzt und ist aus Sicht christlicher Theologie in ihrer Endgültigkeit schon bestimmt durch „Verkündigung, Tod und Auferweckung Jesu"[24], was allerdings klar vom Begriff der Vollendung unterschieden werden müsse, da letztgenannte im Sinne des noch immer sichtbaren Ausstehenden noch nicht erreicht ist. Die *Endgültigkeit* darf jedoch jetzt schon Geltung beanspruchen, insofern ihr der Charakter der *Unbedingtheit* eignet: In der Person Jesu, die in dieser Hinsicht Gottes „Ein-für-alle-Mal"[25] ist, zeigt sich diese unbedingte und zuvorkommende Zuwendung gerade auch für diejenigen, die glauben, dass Gottes Liebe sie nicht mehr erreichen könne. Auch noch in der äußersten Situation des Todes Jesu hat er sich auf die Mittel der Liebe verlassen und in diesem Sinne seine Sendung verstanden, was durch Gottes Auferweckungshandeln bekräftigt wurde und so als Ausdruck seiner liebevollen Treue verstanden werden konnte. „Dieser Erweis ihrer Unbedingtheit ist geschichtlich unüberbietbar, denn er ist – als Erweis ihrer Macht auch noch über den Tod – durch kein geschichtliches Ereignis mehr widerlegbar und insofern Erweis ihrer Endgültigkeit."[26] Durch Jesu Sterben ist seine unbedingte Zuvorkommenheit in seiner Begegnung mit den Menschen nicht preisgegeben, sondern geradezu durch Gottes Liebe qua Auferweckungshandeln *bestätigt*, für jeden Menschen bedingungslos vorausgesetzt und darum dazu legitimiert, universal in Anspruch genommen werden zu dürfen. „Und eben dies ist gemeint, wenn der konkreten

---

22 TA, 61.
23 TA, 63.
24 TA, 63
25 Nitsche, Bernhard: Christologie, Paderborn 2012, 44.
26 TA, 64.

Geschichte dieses einzelnen Menschen ‚end-gültige' und zugleich universale (für *alle* gültige) Bedeutung zuerkannt wird."[27]

Jesus ist also nach Pröppers Verständnis der bleibende Bezugspunkt für die Wahrheit des Glaubens und damit auch für die Wahrheit des Menschen. In seiner Freiheit wird durch ihn auf menschliche Weise offenbar, dass Gott sich selbst für den Menschen bestimmt hat. Umgekehrt bleibt durch die Auferweckung Jesu durch Gott dessen Verkündigung gerade gültig, ist doch nun für uns verständlich, dass Gott ein Gott der Liebe ist, der auch im Tod noch rettet. Zugleich darf der Mensch sich selbst als unbedingt angenommen und unbedingt von Gott geliebt wissen – „und zwar so, daß zugleich sichtbar wurde, wie diese definitive Bestimmung des Menschen durch Gott in ihrer Annahme durch die Menschen zum Ziel kommt: sichtbar an Jesus selbst, sofern er in eins die Zusage Gottes und ihre menschliche Annahme war."[28] Trotz seiner Wesenseinheit mit Gott gilt aber gerade für den hier angesprochenen menschlichen Kontext, dass das wahre Menschsein Jesu so unverkürzt bekannt werden muss und es anderenfalls nicht mehr verständlich wäre

> „(und dieser Aspekt ist nun für die theologische *Anthropologie* entscheidend), daß in ihm ursprünglich verwirklicht und dadurch offenbar wurde, wozu *alle* Menschen berufen sind und schon erschaffen wurden; was sie nach seinem Vorbild sein sollen und – durch ihn ermöglicht – sein können."[29]

Als Mensch unter anderen konnte Jesus also die Botschaft des liebenden Gottes für uns an ihren Adressaten bringen, was allerdings nur unter der Bedingung wirklicher *Göttlichkeit* Jesu schon voraussetzbar wäre, da er ansonsten nur ein besonderer Mensch unter Anderen wäre. Darum spricht Pröpper hier auch von der doppelten Rolle Jesu als „Mittler" und „Vorbild" für uns. Wir aber konnten nur zur Bestimmung gelangen, die Gott für uns vorsah, wenn dieser Gott selbst uns seinen Sohn schickte. Dieses Geschehen selbst unterlag jedoch Gottes *freier* Selbstverfügung, die aber gerade damit „die Möglichkeit einer Entsprechung zu *diesem* Gott überhaupt erst begründet."[30] Denn aus sich selbst heraus war der Mensch ja nicht fähig, die ihm gemäße Bestimmung erkennen zu können, die in Jesus Christus zum Vorschein kam, darum für jeden Menschen gilt und in Anspruch genommen werden kann, weshalb Pröpper an dieser Stelle sowohl von der *„Gratuität"* als auch der *„universalen Bedeutung"*[31] des Christusereignisses spricht, die die theologische Anthropologie stets zu achten habe. Weil an Jesus

27 TA, 64.
28 TA, 65.
29 TA, 66.
30 TA, 67.
31 TA, 67. Vgl. auch NITSCHE: Christologie, 23.

offenbar wird, wozu alle Menschen eingeladen sind und worin ihr „Auf-Gott-hin-Sein" letztlich bestehe, lässt sich auch begreifen, warum Paulus Jesus auch als „ἔσχατος Αδάμ" bezeichnet, ist mit ihm doch verdichtet zum Ausdruck gebracht, dass der Beginn der Geschichte als *Ermöglichung* zu dieser Maßgabe und ihr Ende als ihre *verpflichtende* Justierung zum oben Ausgesagten begriffen werden können.

Von diesen Überlegungen ausgehend wird dann auch der Gedanke der Gott-ebenbildlichkeit erreichbar, der zwar erst im nächsten Unterkapitel referiert, hier jedoch schon angedeutet werden soll, indem sie in einem vorläufigen Sinne bestimmt werden kann

> „als die auszeichnende Bestimmung der Menschen, vor Gott und in sei-
> ner Gemeinschaft zu leben und so – als Gott verbundene und seiner Liebe
> entsprechende Menschen – der bevorzugte Ort seiner Anwesenheit in der
> Schöpfung zu sein: Gottes Sichtbarkeit, die seine Verherrlichung ist, da seine
> Gottheit auf Erden ja allein von Menschen als solche erkannt und anerkannt
> werden kann und erst in ihrer Zustimmung seine Herrschaft der Liebe zum
> Ziel kommt."[32]

Hiermit ist eine erste Orientierung über die christologische Justierung von Pröppers Theologischer Anthropologie erreicht: Das Leben und Sterben Jesu sind der geschichtliche Anhaltspunkt der Definition Gottes für den Menschen als endgültige Liebe, dessen Erfüllung seine Bestimmung ist. Jesu Zuwendung zum Menschen ist dabei Gottes Zuwendung, dessen Geltung für alle Menschen durch den Menschen Jesus deutlich wird, indem er die Bestimmung zur Liebe gelebt und Gott sie in der Auferstehung legitimiert und endgültig offenbart hat.

In *inhaltlicher* Hinsicht folgt aus dem Gedanken der Zuwendung Gottes, die in Jesus Christus geschieht, dass es *erstens* „die *wesentliche Bedeutung der Geschichte Jesu* ausmacht, der *Erweis der unbedingt für die Menschen entschiedenen Liebe Gottes und als solcher Gottes Selbstoffenbarung* zu sein"[33] und *zweitens*, dass „eben diese als Selbstoffenbarung Gottes verstandene Geschichte Jesu, das Grunddatum des christlichen Glaubens, auch als die *Grundwahrheit christlicher Theologie* gelten müsse."[34] Hiermit sind zwei äußerst zentrale und für die weitere Darstellung relevante Aussagen erreicht, die Pröppers Reflexionen leiten und die daher bleibende Beachtung erfordern.

---

32 TA, 67 f.
33 TA, 68.
34 TA, 68.

Zum besseren Verständnis der letzteren These bedarf es zunächst einer Explikation der erstgenannten, was Pröpper in einer sechsstufigen Schrittfolge vornimmt. Die nachfolgenden Ausführungen gelten daher als Ergänzungen.

1.: Entgegen einem *exklusiven* Verständnis des christlichen Wahrheitsanspruchs hält Pröpper fest, dass es auch in anderen Religionen wahre Gotteserkenntnis gebe und es darum keineswegs zielführend sein könne, diese gegen das Christentum „auszuspielen", was nun in besonderer Weise für das Verhältnis zum Judentum gelte. Zwar nahm die geschichtliche Selbstoffenbarung Gottes im Volke Israels ihren Anfang, sie werde aber durch das Christusereignis zu ihrem Höhepunkt geführt, der „es erlaubt und sogar fordert, sie als endgültig zu bezeichnen und im strengen Sinn von Gottes Selbstoffenbarung zu sprechen."[35]

2.: Keinesfalls soll die bisher nicht zur Sprache gekommene Rolle des Heiligen Geistes zugunsten eines Christo-Monismus unterschlagen werden. Wie diese jedoch zu entfalten sei, sei an dieser Stelle erneut nur angedeutet, da die vollständige Explikation sowohl bei Pröpper selbst und darum auch in der vorliegenden Studie erst in einem späteren Abschnitt erfolgt. Als eine vorläufige Bemerkung darf an dieser Stelle allerdings angeführt werden, dass Gott den Menschen im Heiligen Geist „innerlich nahe ist und ihnen sich mitteilt, sie zur Wahrnehmung seiner definitiven Selbstbestimmung in Jesus Christus disponiert und zum Glauben bewegt, die Gläubigen in ihrem Glauben trägt, sie auch miteinander verbindet und in die volle Wahrheit einführt."[36]

3.: Obwohl die vorausgesetzte These selbst noch ihrer Begründung bedarf, darf sie schon teilweise als bewährt gelten, insofern sie den Ereigniszusammenhang von Jesu Geschichte – seiner Verkündigung, seinem Tod und seiner Auferweckung – als besondere Art der Kohärenz zu interpretieren erlaubt, dessen einzelne Ereignisse „sich in ihrer Bedeutung gegenseitig bestimmen und nur als solcher *Bestimmungszusammenhang* [Hervorhebung: A.H.] die vorgeschlagene Gesamtdeutung erlauben."[37] Mit ausgedrückt ist damit, dass das hier gemeinte Zusammenhängende mehr ist als die Summe seiner Teile, i.e. seiner Einzelereignisse. Die integralen Bestandteile von Jesu Leben und Wirken, seinem Sterben und seiner Auferstehung müssen eben in diesem Sinne verstanden werden, da sie anderenfalls ihre Bedeutung als Zusammenhang verlören.

„Alle drei Dimensionen gehören zusammen, keines dieser Elemente darf vernachlässigt werden. Eine harmonisierend schöngeistige Interpretation, welche die Härte des Kreuzestodes ausblendet, wird der Geschichte und

35 TA, 69.
36 TA, 69.
37 TA, 70.

dem Geschick Jesu ebenso wenig gerecht, wie ein Rationalismus, der die Auferweckung Jesu im Tod bestreitet."[38]

Darüber hinaus hält Pröpper an dieser Stelle fest, dass die oben gemachte Erweis-These, auf die sich die hier ausgeführten Erläuterungen beziehen, nur dann sinnvoll zu vertreten sei, wenn sie „von der grundsätzlichen (und geschichtstheoretisch zu vertretenden) Offenheit für ein solches Geschehen"[39] gestützt würde.

4.: Ein weiterer Aspekt betrifft erneut die Endgültigkeit der Offenbarung sowie näherhin den Begriff der *Selbstoffenbarung* Gottes an sich, welche sich als Implikate der oben gesetzten These ausmachen lassen können, deren konkrete Behandlung erneut jedoch erst im zweiten Teilband Pröppers Theologischer Anthropologie vorgenommen wird. Wiederum jedoch kann hier ein inhaltlicher Vorgriff das noch anstehende Programm andeuten: Unter der Voraussetzung, dass von Jesus ausgesagt werden darf, dass er die personifizierte Gestalt der definitiven Liebe Gottes ist, und Liebe per definitionem konkret werden muss, um wahr zu sein, kann nun der Gedanke der Selbstoffenbarung Gottes in Jesus Christus erreicht werden:

> „Sofern in jedem Geschehen unbedingter Liebe der Liebende selbst und als er selbst anwesend ist und in seinem unbedingten Entschluß für den anderen nicht irgendetwas, sondern sich selber ihm mitteilt, erfüllt ein solches Geschehen den Begriff der Selbstoffenbarung, da Subjekt und Inhalt der Mitteilung hier identisch sind."[40]

Das angedeutete Konkretwerden wird hier also verstanden als unvertretbares Real- und Gegenwärtigsein von Gottes Liebe in Jesus Christus. Damit ist er aber mehr als nur ein von Gott noch distinkt zu denkender Vermittler seiner Liebe, sondern vielmehr „*das geschichtliche Dasein des für die Menschen entschiedenen Gottes selbst.*"[41]

5.: Pröpper macht weiterhin darauf aufmerksam, dass es eine zentrale Aufgabe gerade der Theologischen *Anthropologie* sei, die entsprechenden philosophischen Implikate einer Selbstoffenbarung Gottes herauszuarbeiten, um damit ihrer Rechenschaftspflicht der Philosophie gegenüber Genüge zu tun. Zur näheren Begründung sei auf die weiteren Ausführungen dieses Kapitels verwiesen.

---

38 NITSCHE: Christologie, 42.
39 TA, 70.
40 TA, 72. Vgl. hierzu auch LANGENFELD, Aaron: Selbstmitteilung Gottes im Kontext theologischer Anthropologie, in: LERCH, Magnus / LANGENFELD, Aaron: Theologische Anthropologie, Paderborn 2018, 167–185, 167f.
41 TA, 72.

6.: Der bereits erwähnte Zusammenhang zwischen den Ereignissen von Jesu Wirken und Handeln lässt sich insofern als Koinzidenz von Gottes geschichtlichem Offenbarungs- und Heilshandeln begreifen, weil ein Widerspruch zwischen dem Handeln Gottes in Jesus Christus und seinem Wesen die hermeneutische Basis aller weiterer Überlegungen in Frage stellen würde: „In Jesu Verkündigung, Tod und Auferweckung *geschieht* ja, was offenbar wird: eben Gottes seit jeher für die Menschen entschiedene Liebe, in deren unbedingter Zuwendung er nun sich selbst mitteilt, um das Heil der Menschen zu sein.["][42] Hier ist also m. E. die bereits zuvor schon angedeutete Rede von der Liebe, die konkret werden muss, um sich zu zeigen und wahr zu werden, auf ihre Spitze getrieben, denn was schon für die menschliche Liebe allein gilt im Hinblick auf ihre notwendige Konkretion in der Äußerung des Gegenüber, lässt sich nun auch auf die Beziehung Gott – Mensch applizieren:

> „Genauso konnte (...) auch *Gottes* Liebe für die Menschen, ihre aus Freiheit Erwählten, zur eigenen Wahrheit nur werden, indem sie in unsere eben die menschliche Wirklichkeit eintrat und in ihr eine Gestalt fand, die ihrer Unbedingtheit einen angemessenen Ausdruck zu geben vermochte["][43].

Damit ist aber nun erneut vor allem der Aspekt der *Gratuität* angesprochen, da diese Liebe zwar in ihrer beschriebenen Eigenart in der Person Jesu Gestalt findet, dies aber als freies Ereignis gedacht werden muss, das nur als geschehendes wahr ist, sich aber menschlicher Verfügung entzieht und darum als Wahrheit der Liebe nur „*gegebene* ist und als gegebene auch anerkannt *bleiben* muß["][44]. Um diesem Umstand Rechnung zu tragen und das Ereignis der Offenbarung in einer angemessenen Weise zum Ausdruck zu bringen, müssen daher Inhalt und Form dieser Wahrheit einander entsprechen. Für den Akt des Glaubens ergibt sich die folgende Konvergenz: „Dasselbe geschichtliche Ereignis, in dem der Glaube als seinem Ursprung und Fundament gründet, ist auch der erste *Gegenstand* und der ursprüngliche *Inhalt* des Glaubens.["][45]
Nach diesen Erläuterungen sei die zweite, an die erste angeschlossene These nochmals in Erinnerung gerufen, die erstere als „Grundwahrheit christlicher Theologie" begreift. Sie eigne sich in dieser Begrifflichkeit, da sie damit das unverrückbare Fundament des Glaubens und der Theologie meint, gerade auch in ihrer Rolle als Wissenschaft, was Pröpper an dieser Stelle besonders

---

42 TA, 72 f.
43 TA, 73.
44 TA, 73.
45 TA, 74.

deutlich für die Rolle der *systematischen* Theologie aufzuzeigen vermag, besteht ihre vordergründige Aufgabe doch darin,

> „diesem Geschehen, von dem sie herkommt, nachzudenken und das heißt:
> in seine Wahrheit einzudringen und sie zu ergründen, seinen Sinn zu verstehen und ihn jeder Gegenwart zu erschließen, seinen Anspruch und sein
> Angebot zu vertreten und Rechenschaft zu geben von der Hoffnung, die in
> ihm begründet und allen Menschen zugedacht ist."[46]

Umgekehrt ist diese Grundwahrheit auch der „Grund" dafür, dass die einzelnen Disziplinen der Theologie ihr gemeinsames Fundament *in* ihr haben, wobei der Dogmatik eine Schlüsselrolle zukommt und damit die gerade erreichte Bemerkung hinsichtlich der systematischen Theologie als ratifiziert gelten darf – zielt ihre wissenschaftliche Reflexion doch in hohem Maße darauf ab, die Grundwahrheit christlicher Theologie systematisch zu erhellen und ihre Bedeutung je zu aktualisieren. Diese Aufgabe kann sie allerdings nicht wahrnehmen, wenn sie die vorausgesetzte Grundwahrheit als Prinzip begreift, aus dem weitere Aussagen auch deduziert werden könnten. Stattdessen aber gelte es, auch diejenigen Aussagen nicht zu unterschlagen, die sich mit der Grundwahrheit synthetisch verbinden lassen, d. h. beispielsweise nicht schon Glaubensgut im engeren Sinne sind, sondern sich „aus der Betrachtung der Wirklichkeit *sub ratione Dei seipsum revelantis* ergeben: aus der Beziehung aller uns zugänglichen Wahrheit und Wirklichkeit auf die Wahrheit des in der Geschichte selbst offenbaren Gottes."[47]
Auch wenn mit diesen Aussagen das Kerngeschäft der Dogmatik ansatzhaft bestimmt sein mag, bedeutet dies für die vorausgesetzte Grundwahrheit christlicher Theologie, die in diesem Abschnitt referiert wird, keine zeitenthobene und fraglose Gültigkeit in jeder Hinsicht. Vielmehr benennt Pröpper in diesem Zusammenhang zwei Felder, durch die sie sich bewähren könne,

> „nämlich zunächst – wovon schon die Rede war – durch ihre Leistung für
> ein zusammenhängendes Verstehen des über die Geschichte Jesu erreichbaren historischen Wissens; zu bewähren aber auch durch ihre Funktion
> bei der Erschließung und kreativen Aneignung der Tradition und d. h. ins-

---

46 TA, 75.
47 TA, 76 f. Sowohl die lateinische Sprache als auch der Kontext, in dem hier auf Thomas von
    Aquin rekurriert wird, lassen m. E. eher die Übersetzung „des in der Geschichte selbst
    offenbaren*den* Gottes" zu. Denn hiermit wäre die Aktivität Gottes und damit in eins die
    Unverfügbarkeit und die zugrunde liegende Freiheit zu diesem Geschehen besser zum
    Ausdruck gebracht. Vgl. zu Thomas von Aquins Verständnis der Theologie als Wissenschaft S.th. I,1,7.

besondere dadurch, daß sie die Kontinuität der neutestamentlichen und aller späteren Glaubensüberlieferung zu erhellen, ihre Sachlogik zu rekonstruieren und das Wesentliche in ihr kritisch zu identifizieren erlaubt"[48].

Man könnte diese Funktion auch so paraphrasieren, dass sie ein integrativ-kritisches Verständnis dessen ermöglicht, was ihr als theologische Wissenschaft im Ensemble ihrer Teildisziplinen begegnet, sodass sie auf diese Weise ein kohärentes Gesamtgefüge ihrer Inhalte zu konstruieren vermag.

Nachdem an dieser Stelle der von Pröpper erhobene Begriff der Grundwahrheit der christlichen Theologie und seine bleibende Bedeutung referiert wurde, sollen nun seine *anthropologischen Implikate* betrachtet werden, die dann auch den konkreten Inhalt und die Struktur seiner Theologischen Anthropologie betreffen. Er macht an dieser Stelle vor allem darauf aufmerksam, dass die theologische Anthropologie insbesondere den Fragemodus in den Blick zu nehmen habe, „wie der Mensch sich selbst und die Situation, in der Gottes Liebe ihn antrifft und findet, tatsächlich erfährt und wie sie ihm, angesichts dieser Zuwendung Gottes, bewußt wird."[49] Hier eröffnet sich nun ein Zugang zu den angesprochenen Implikaten der erhobenen Grundwahrheit:

1. Zunächst einmal lässt sich folgende theologische Grundaussage eruieren:

> *„Der Mensch, jeder Mensch, ist von Gott selber bedingungslos bejaht und geliebt – und aus der Vorgabe, Gegenwart und Verheißung dieser Liebe sich selbst und seine konkrete Existenz zu bestimmen, ist die Erfüllung seiner wesentlichen Bestimmung: das Ziel, für das er erschaffen wurde."*[50]

Im Hinblick auf den entsprechenden Teil der Theologischen Anthropologie Pröppers legt sich für ihn – anknüpfend an die Traditionsgeschichte – folgende Bezeichnung nahe: „Der begnadete Mensch". So sollen im entsprechenden Abschnitt dieser Studie zentrale Einsichten der *Gnadenlehre* erörtert werden – näherhin unter der Voraussetzung eines Verständnisses von Gnade, das Pröpper an dieser Stelle als „Geschehen der Liebe Gottes zum Menschen"[51] beschreibt.

2. „Die *zweite* Grundauskunft über den Menschen (...) besagt: *Der Mensch, so wie er sich tatsächlich erfährt und im Licht der Offenbarung erkennt, ist Sünder.*"[52]

---

48 TA, 78.
49 TA, 79.
50 TA, 80.
51 TA, 80.
52 TA, 80.

Zum rechten Verständnis dieser Aussage macht Pröpper darauf aufmerksam, dass der Mensch nicht erst „ex post" in dieses Sündenbewusstsein gelange, so als bedürfe er erst nachträglich der Zugewandtheit Gottes, *um* von ihm von dieser Sündenbefallenheit befreit werden zu können. Vielmehr sei der entgegengesetzte Weg zielführender, sodass der Mensch schon „ex ante" sich selbst als Sünder zu erkennen vermag, und zwar in dem Sinne, dass er gerade *im Angesicht Gottes* mit seiner eigenen Unzulänglichkeit, insofern sie Sünde ist, konfrontiert wird:

> „Erst angesichts des begegnenden Gottes und seiner Liebe kann es überhaupt dazu kommen, daß ein Mensch einsieht und eingesteht, daß er faktisch diesem Gott nicht entspricht und es in einer Tiefe, die ihm selbst und seinem guten Willen sehr oft entzogen ist, vielleicht nicht einmal möchte."[53]

Dies kann sich etwa darin zeigen, dass der Mensch eben dieses Vor-Gott-gestellt-Sein nicht anerkennen will und sein Heil ihm nicht zutraut und sich stattdessen selbst und eigenständig bemüht, das eigene Heil zu bewirken und damit Gott aus diesem Gefüge „herauszuhalten": „Sünde ist, ganz schlicht ausgesprochen, daß der Gott Jesu Christi, der Liebe ist, in meinem Dasein nicht zählt."[54]

3. Die menschliche Sünde ist nicht nur Verfehlung gegen Gott, sondern muss auch „als *Selbstwiderspruch* gedacht werden"[55], insofern der Mensch ja seine Bestimmung zu Gemeinschaft mit Gott verfehlt, indem er ihr nicht *entspricht*. Hiermit ist der Zusammenhang zu den ersten beiden Aspekten angezeigt, da sowohl von der Bestimmung zur Gottesbeziehung, die theologisch gesehen das Wesen des Menschen ausmacht, als auch von der „verfehlten Realisierung" dieser Gottesbeziehung als Sünde die Rede ist. Die Sünde betrifft den Menschen als ihn selbst, sie ist nicht etwas ihm Äußeres oder Heteronomes, womit dann auch seine Verantwortlichkeit eingeholt ist. Somit sind die Voraussetzungen erhoben, unter denen die dritte Implikation der Grundwahrheit erhoben werden darf: „*Der Mensch ist erschaffen und bestimmt zur Gemeinschaft mit Gott.*"[56] Auch wenn es sich hierbei um eine theologische Aussage handelt, darf und muss sie unter die Prüfung durch das philosophische

---

53 TA, 80.
54 TA, 81.
55 TA, 81.
56 TA, 82.

Denken fallen, hat diese doch zum Thema, vernunftgemäß das Wesen des Menschen zu reflektieren.

Nachdem die drei zentralen Implikate der eruierten Grundwahrheit bedacht wurden, die so etwas wie die strukturellen Grundpfeiler des Gesamtwerkes von Pröppers TA darstellen, stellt sich nun die Frage, in welcher Reihenfolge sie nachvollziehbar und methodisch sinnvoll *angeordnet* werden können. Vor dem Hintergrund der zuvor erhobenen sachlogischen Implikationen setzt Pröpper die zuletzt genannte voraus, um dann von ihr ausgehend die erstgenannten Themen zu behandeln. Denn wie könnte es anders sein, wenn die theologischen Begriffe „Sünde" und „Gnade" nur unter der Bestimmung des Menschen verständlich werden, dessen Ziel die Gemeinschaft mit Gott ist?

> „Für das Ganze der theologischen Anthropologie ergibt sich somit folgender Aufbau: Der *erste* Teil behandelt ‚Die Bestimmung des Menschen zur Gemeinschaft mit Gott‘, der *zweite* ‚Die Existenz des Menschen in Sünde und Gnade‘ und zwar in Unterteil A ‚Die Sünde des Menschen‘ und in Unterteil B ‚Die Gnade Gottes und der neue Mensch‘".[57]

Die angesprochene Anordnung bedarf nun noch weitergehender Erläuterung. Der erste Teil von Pröppers TA soll also den philosophischen Teil bilden, in dem vor allem die *Ansprechbarkeit* des Menschen für Gott gesichert werden soll, die Pröpper gleichsam als pars-pro-toto für verschiedene Aspekte begreift, die durch das philosophische Denken zugänglich gemacht werden müssen – konkret meint dies,

> „daß zumindest die *Möglichkeit* der Existenz Gottes und zwar eines zur Selbstoffenbarung freien Gottes und überdies die menschliche *Bedeutung* dieser (möglichen oder wirklichen) Selbstoffenbarung, ja sogar (...) ihre den Menschen *unbedingt angehende* Bedeutung aufweisbar sein müssen."[58]

In seiner Bedeutung geschmälert wird dieses Anliegen dadurch, dass die Offenbarung Gottes zeitlich diesem Aufweis ja *vorausgeht*, keinesfalls. Auch in anderen Hinsichten findet die Erfahrung einer Sache oder eines Ereignisses oft vor der Reflexion über sie statt. Zentral ist im Hinblick auf die zu leistende oben genannte Aufgabe, dass die Ansprechbarkeit ausschließlich mit philosophischen Denkmitteln geschieht und darum nur die Vernunft für sie bemüht werden darf.

---

57 TA, 83.
58 TA, 86 f.

Es verhalte sich nicht so wie in der protestantischen Theologie – darauf macht Pröpper aufmerksam – wo es zumeist der Fall sei, dass die Gemeinschaft des Menschen mit Gott zwar das Ziel seiner Erschaffung gewesen sei, jedoch die Sünde derart tief- und weitreichende Folgen hervorgerufen habe, dass damit letztlich keine „Anknüpfungspunkte"[59] gedacht werden könnten, die eine theologische Anthropologie mit einer Offenbarung vermitteln würden. Es müsse, so Pröpper, aber ein letzter „Rest", eben ein wie auch immer zu denkender Anknüpfungspunkt vorausgesetzt werden, da ansonsten die theologischen Konsequenzen geradezu fatal wären. Zusammenfassen lassen sich diese Schwierigkeiten m. E. mit der Bezeichnung der „subjekthaften Kontinuität", die die hier hervortretende Spannung zwischen Gleichheit und Verschiedenheit in der Identität des Menschen zum Ausdruck bringt. Letztere könnte kaum vermieden werden, wenn kein Anknüpfungspunkt mehr gedacht wird, denn

„dann wäre der neue Mensch, den die Gnade konstituiert, nicht nur der *erneuerte* und unerwartet beschenkte, aber dabei doch auch erfüllte und in dieser Vollendung wiederhergestellte Mensch, sondern ein *ganz anderer Mensch* als der alte: ein ganz neues, nicht mehr mit dem früheren identisches *Subjekt*, ja nicht einmal (...) ein Subjekt: müßte doch der Glaube, wenn das ursprüngliche *Gegenüber* des Menschen zu Gott nicht mehr gedacht und denkbar wäre, als bloßes Appendix eines letztlich *gottinternen* Geschehens erscheinen."[60]

Um die Andersheit und Differenz zwischen Gott und Mensch noch voraussetzen zu dürfen und auch noch zwischen göttlichem Gnaden- und Schöpfungshandeln unterscheiden zu können, kann die Annahme einer restlos zerstörenden Sünde nicht gangbar sein, sodass umgekehrt dafür plädiert werden darf, die Ansprechbarkeit des Menschen voraussetzen zu dürfen. Hiermit ist dann erneut die Relevanz der philosophischen Prüfung angesprochen, insofern sie die denkerisch-vernünftige Ausweisbarkeit dieser Ansprechbarkeit zu sichern vermag, von der hier die Rede ist: Denn gerade innerhalb einer theologischen Anthropologie zeigt sich die *menschliche Bedeutung* der Theologie in summa, da für beide doch gilt, „daß ihre Rede von Gott menschlich verständlich und bedeutsam und also anthropologisch zu vermitteln sein müsse."[61] Neben dieser

---

59 Hiermit ist natürlich auch auf den gleichnamigen Streit zwischen Karl Barth und Emil Brunner verwiesen, auf den auch Pröpper an dieser Stelle rekurriert und der verkürzt gesagt zum Gegenstand der Frage hat, ob im Menschen etwas vorausgesetzt werden dürfe, das durch die Gnade noch beansprucht werden darf oder ob die Sünde auch noch diese Möglichkeit bereits eliminiert habe.

60 TA, 88.

61 TA, 89.

kaum zu bestreitenden Forderung kommt eine historische Pointe noch hinzu, wenn man sich vergegenwärtigt, dass eine anthropologisch gewendete Theologie katholischerseits noch nicht zum Abschluss gekommen ist und dessen aktueller Status kurz beleuchtet werden soll.

Dass von der Theologie eine anthropologische Wende eingefordert wird, hat ihren schon angesprochenen historischen Ursprung in der *grundsätzlichen* Wende des Denkens hin zum Menschen überhaupt, wobei es sich um ein neuzeitliches Phänomen handelt. Dessen Ursachen wiederum lagen vor allem in der fraglich und brüchig gewordenen Metaphysik des Kosmos und der nun wie kaum zuvor neu entdeckten Ursprünglichkeit menschlicher Freiheit. Ein genuin christliches Motiv kam in Form der Heilsverkündigung hinzu, welches ja sozusagen in der Natur ihrer Sache den Menschen schon zum Gegenstand hat, redet es doch immer von *seinem* Heil.[62] Damit erfuhr das Menschsein eine Aufwertung, die durch das soeben genannte soteriologische Motiv weitere Anschlussfragen hervorrief und dieses Interesse noch verstärkte.

Die aber für Pröpper und damit für die Reflexionen der vorliegenden Studie ausschlaggebende Auswirkung besteht darin, dass *„sich in der Neuzeit das ganze Gewicht der Gottesfrage auf die Frage des Menschen nach sich selber verlagert.“*[63] Dass in der Antike und im Mittelalter der Gottesgedanke noch durch die Metaphysik und die natürliche Ordnung gesichert werden konnte, wurde durch den Fragegegenstand und die Methodik der neu erstarkenden Naturwissenschaften fraglich, was freilich nicht verwundern kann, können doch weder das Wesen des Menschen noch Gott unter diesen Voraussetzungen vorkommen, sodass Pröpper nüchtern resümiert: „Der methodologische Atheismus der Wissenschaften ist seit langem schon selbstverständlich und als ihr konstitutives Element auch irreversibel.“[64]

Was ergibt sich aus diesem Befund für den Kontext anthropologischer Theologie? Dadurch, dass die zuvor noch wirksamen Sinngebungen der Philosophie und der Ordnung durch die Natur allmählich zerfielen, kam es zu einer denkerischen Hinwendung des Menschen auf sich selbst, sodass auch der Gottesgedanke von dieser Akzentverschiebung affiziert war und er einen neuen Zugang durch die Reflexion *auf den Menschen durch den Menschen* fand.[65] Ebenso argumentierten auch die Vertreter der Religionskritik vom Wesen des Menschen aus, so besonders einschlägig etwa Ludwig Feuerbach, der auch noch den letzten Rest eines

---

62 Vgl. TA, 91. Zu den weiteren Motiven und Ursprüngen der anthropologischen Wende vgl. TA, 91.

63 TA, 92.

64 TA, 93.

65 Pröpper nennt hier exemplarisch Descartes, Kant und Schleiermacher, die auf je ihre Weise das Wesen des Menschen mit dem Gottesgedanken verknüpften und darum den angedeuteten Gedanken der neuzeitlichen anthropologischen Akzentverschiebung zum Ausdruck bringen.

Gottesgedankens im Menschen zu eliminieren versuchte. Anhand dieser kurzen Andeutungen tritt bereits anfanghaft hervor, welche Relevanz die anthropologische Wende der Neuzeit besaß und warum gerade die Theologie – erst recht eine anthropologisch fragende – sich ihr nicht verschließen kann. Formalisieren und verdichten lassen sich die dadurch anstehenden Fragestellungen laut Pröpper so:

> „Gehört es zum *Wesen* des Menschen, sich zum Gedanken eines von Welt und Mensch verschiedenen Gottes erheben zu können? Ist es ein möglicher, ein sinnvoller Gedanke – vereinbar vor allem mit der Gewißheit des Menschen von sich selbst und seiner Freiheit? Und kann mit hinreichenden, vielleicht sogar unabweisbaren Gründen auch die Wirklichkeit dieses Gottes vorausgesetzt werden? Oder handelt es sich dabei, wie eben Feuerbach meinte, um eine theoretische Selbsttäuschung und zugleich eine praktische Selbstentfremdung des Menschen, deren Gründe sich durchschauen und aufklären lassen und im Interesse der Menschheit aufgeklärt werden müssen?"[66]

So war es innerhalb der *katholischen* Theologenzunft erst Karl Rahner, der auf diese Desiderate aufmerksam machte, die die anthropologische Wende notwendigerweise mit sich brachte. Seine Aussage, dass man nichts über Gott aussagen könne, „ohne damit auch schon über den Menschen etwas zu sagen"[67] zeigt ihre Bedeutung etwa besonders deutlich bei der Heilsfrage, insofern in ihr Gott zwar als ihr Ursprung bekannt wird, die Theologie aber zu kurz denkt, wenn sie den Menschen und die Bedingungen seiner Möglichkeit[68], *Adressat* dieses Heils sein zu können ignorieren würde und so seine „Heils*bedeutsamkeit* [Hervorhebung: A.H]"[69] unterschlagen würde.

Gleichwohl stehen dem theologischen Vollzug der anthropologischen Wende der Theologie auch kritische Stimmen gegenüber, etwa wenn behauptet wird,

> „daß Gott, wenn er nur um seiner Bedeutung für den Menschen willen anerkannt werde, für dessen Zwecke funktionalisiert werde und damit auch der Mensch selber um sein Bestes gebracht sei: um seine Fähigkeit nämlich, sich ganz selbstvergessen dem je größeren Gott anheimgeben, vor ihm verweilen und an ihm um seiner selbst willen sich freuen zu können."[70]

---

66 TA, 94.
67 Rahner, Karl: Theologie und Anthropologie, in: Sämtliche Werke, Band 22/1a: Dogmatik nach dem Konzil, Lehmann, Karl/Metz, Johann Baptist/Raffelt, Albert/Vorgrimler, Herbert/Batlogg, Andreas R. (Hgg.), Freiburg i. Br. 2013, 283–300, 283.
68 Vgl. Rahner: Theologie und Anthropologie, 290 f.
69 TA, 95.
70 TA, 98.

Einen weiteren vorgebrachten Kritikpunkt sieht Pröpper in der Position, die Fokussierung der theologischen Reflexion auf den Menschen aufzugeben und stattdessen mehr die Mitgeschöpfe in den Blick zu rücken. Eine Verengung der Perspektive auf den Menschen ignoriere alles Sonstige, was aber ebenfalls und nicht in geringerem Maße Teil von Gottes Werk sei.[71]

Obwohl diese kritischen Stimmen keine nachwirkende Infragestellung der anthropologischen Wende der Theologie darstellen, seien sie trotzdem bleibend zu beachten und dürfen nicht ignoriert werden. Ihre „korrigierend-erdende" Funktion sieht Pröpper eher darin, die bleibende Wachsamkeit gegen eine anthropologische *Reduktion* aufrechtzuerhalten und damit das genuin Theologische in den anthropologischen Aussagen zu sichern: „Hätte die Theologie zum Thema Mensch nicht mehr und noch anderes zu sagen, als was dieser sich schließlich auch selbst sagen könnte, sollte sie auf den Namen *Theo*logie redlicherweise verzichten"[72]. Denn in diesem würde sie letztlich zur bloßen *Anthropo*logie, zur Rede vom Menschen, was dann letztendlich auf das Ergebnis hinausliefe, das schon zuvor durch den Namen Ludwig Feuerbachs angedeutet wurde und den Namen „Projektion" trägt.

Die Wahrheit des Glaubens befindet sich also in dem Spannungsverhältnis, etwas den Menschen Angehendes als solches auszuweisen, *ohne* dieses Andere mit dem Menschen auf welche Weise auch immer differenzlos zu identifizieren. Umgekehrt darf dies aber nicht im Sinne vollständiger Heteronomität zum Menschlichen verstanden werden, so als ob die Wahrheit des Glaubens etwas völlig Neues im Menschen aufdecken würde, das nicht mehr mit ihm selbst vermittelt werden könnte. Denn „wirklich angeeignet, gegenwärtig vollzogen, tatsächlich bedeutsam wird diese Wahrheit erst sein, wenn sie in Beziehung gebracht ist zu allem, was ein Mensch auch sonst über sich denkt: wenn sie anthropologisch vermittelt ist."[73] Zur Bewerkstelligung dieses Programms verhält es sich aber keinesfalls so, dass die Methode, mit der es durchgeführt wird, irrelevant wäre. Die angesprochene Vermittlungsarbeit müsse stattdessen in Konformität mit der Vernunft stehen, die wiederum „ihrerseits in ursprünglich-unbedingter Weise dem *Anspruch der Wahrheit* untersteht."[74] Die Suche nach einem Denken, das diese Ansprüche einzulösen vermag und darum dann auch als „angemessenes" Denken gelten darf, hat ihre Suchrichtung sozusagen durch den Glauben selbst, *fides quaerens intellectum*, bzw. hier besser: fides quaerens *modum intellegendi*. Es ist darum zu betonen, dass eine adäquate Vermittlung des Glaubens ohne eine Kritik der Vernunft nicht auszukommen vermag, im

---

71 Vgl. TA, 98.
72 TA, 99.
73 TA, 99.
74 TA, 100.

Falle des Gelingens jedoch ertragreich sein kann, indem sie die freie Übernahme des Glaubens durch den Menschen zu ermöglichen imstande ist:

> „Ohne diese Bereitschaft jedoch, die den Menschen in sein Wahrheitsgewissen freiläßt und ihn auf das hin anspricht, was ihm die eigene Zustimmung ermöglicht, würden Verkündigung und Theologie ihn zwar immer noch anklagen und Forderungen erheben, ihn aber kaum noch allein kraft ihrer Wahrheit überzeugen und ihn *selber* für sie gewinnen können."[75]

Was den Vorwurf der menschlichen Funktionalisierung Gottes anbelangt und damit gegen die in diesem Abschnitt referierte anthropologische Wende der Theologie vorgebracht wird, ignoriere laut Pröpper die Tatsache, dass es sich nicht um eigentliche Funktionalisierung handeln könne, wenn das Verhältnis zwischen Mensch und Gott angemessen verstanden werde. Dieser Vorwurf suggeriert nämlich ein Verständnis von göttlicher und menschlicher Beziehung von solcher Art, das unter dem Vorzeichen der *Freiheit* und des *Freilassens* des Anderen nicht adäquat gedacht werden könne. Anders formuliert: Wenn schon für die nur *menschliche* Liebe gilt, dass eine Vereinnahmung und egoistische Ver-einseitigung des Anderen dem Begriff der Liebe, der als conditio sine qua non *Freiheit* erfordert, diametral entgegensteht, kann dies auch für die Beziehung zwischen Mensch und Gott gelten. Stimmt man diesem Umstand zu, kann aber der Vorwurf der Funktionalisierung Gottes durch die Menschen zurückgewiesen bzw. relativiert werden: „Seine Unergründlichkeit und Unverfügbarkeit achten und sich ihr überlassen kann ja nicht heißen, daß der Mensch von Gott nichts mehr hofft oder auf die Mitteilung seiner bedingungslosen, verheißungsvollen Liebe nicht setzt."[76] Hier wird m. E. deutlich, was der Vorwurf der Funktionalisierung also eigentlich verwechselt, bzw. nicht klar genug wahrnimmt:

> „Der Versuch, diese Vorgabe in ihrer menschlichen Relevanz zu erschließen, will doch selbst nur der Einweisung auf einen Weg dienen, auf dem der Mensch, der ihr in allem vertraut, seinerseits beansprucht, sein Planen immer wieder durchkreuzt und seiner Glaubensbejahung vielleicht sogar Äußerstes abverlangt wird."[77]

Auch die Kritik, die die Abkehr vom Anthropozentrismus zugunsten einer Hinwendung zur misshandelten Schöpfung einfordert, sei deshalb nicht durchschlagend, wenn sie, so Pröpper, „auf einen Rückfall hinter die anthropologische

---

75 TA, 100.
76 TA, 101.
77 TA, 101.

Wende hinausläuft."[78] Es sei nämlich zumindest plausibel, dass sie genau dies tue, wenn sie einerseits die parasitäre Vereinnahmung der Schöpfung durch den Menschen als unrechtmäßig diskreditiere, das zugrundeliegende Selbstverständnis eines solchen Umgangs mit der Schöpfung aber andererseits Aufklärung und Reflexion durch die (theologische) Anthropologie erwarten dürfe.

Es muss geradezu ironisch anmuten, dass das für Pröpper wohl wichtigste Argument für den Vollzug der anthropologischen Wende der Theologie darin besteht, eine ihrerseits anthropologisch argumentierende Kritik abzuweisen, von der bereits andeutungsweise die Rede war: gemeint ist das Feuerbachsche Denken, das in der Reichweite seiner Religionskritik nun insofern eine neue Radikalität zeigt, als es auch noch die *Genese* jedweden Gottesgedankens mit *anthropologischem* Instrumentarium als Illusion auszuweisen versuchte. Treffen seine Ausführungen zu, kann *bereits an dieser Stelle* konstatiert werden, dass dasjenige, was Pröpper im finalen Kapitel der TA vorzunehmen versucht und in der vorliegenden Studie noch zu referieren sein wird, scheitern *muss*:

> „Denn wenn Feuerbachs Argumente tatsächlich ihrem weitgehenden Anspruch genügen, dann wäre nicht einmal mehr die *Möglichkeit* der Existenz Gottes vertretbar. Und ich sehe nicht, wie man dann auf intellektuell ehrliche Weise noch dem christlichen Glauben anhängen, geschweige denn Theologe sein könnte."[79]

Hiermit ist dann wiederum umso mehr die Relevanz der von der Theologie zu leistenden anthropologischen Wende betont, wie ebenso die Rede vom Menschen als Austragungs- und Bewährungsort für die christliche Wahrheit noch einmal unterstrichen wurde.

Zu diesem Umstand zähle laut Pröpper zudem die Tatsache, dass es für die neuzeitliche Vernunft charakteristisch sei, nicht nur im bloßen Vollzug des Denkens zu agieren, sondern auch noch dieses Denken *selbst* zu reflektieren. Es macht sich selbst zum Reflexionsgegenstand, „um die Reichweite und Geltung, den Status und die Bedingungen seiner Einsichten und Erkenntnisse zu prüfen."[80] Das Wechselspiel zwischen Synthese und Analyse über das, was das Denken reflektiert und dann zu weiterführenden Erkenntnissen führt, kann als Antriebskraft der neuzeitlichen Vernunft bezeichnet werden. Die Vernunft vermag im Zuge dieser Selbstreflexivität aber den einmal beschrittenen Weg nicht willkürlich und nach Belieben wieder verlassen, mit Auswirkungen auf das theologische Denken: „Für das philosophische Bemühen der Theologie be-

78 TA, 101.
79 TA, 102.
80 TA, 103.

deutet dies nicht weniger als die Anforderung, hinter den historisch erreichten Reflexionsgegenstand nicht wieder zurückfallen zu dürfen."[81] Dieser Aspekt ist gerade für die Fragestellung der vorliegenden Arbeit stets in Erinnerung zu rufen, worauf noch zurückzukommen sein wird.[82]

Wird die Aufgabe angegangen, die Inhalte des Glaubens unter den angegebenen Voraussetzungen zu vermitteln, tritt eine zweifache Unterteilung hervor: Erstens ist die Ansprechbarkeit des Menschen mithilfe denkerischer Mittel zu sichern, die noch *keine genuin theologischen* sind. Stattdessen gelte es, „überhaupt und grundlegend die Ansprechbarkeit des Menschen für Gott und seine Selbstmitteilung zu zeigen."[83] Insofern dies in der Intention geschieht, vernunftgemäße Gründe dafür anzugeben, dass diese Ansprechbarkeit nicht sinnlos ist und im Idealfall vorausgesetzt werden darf, könnte man diesen ersten Aufgabenteil als *fundamentaltheologischen* bezeichnen. Gelingt das, was er für den Begriff der Ansprechbarkeit auszuweisen intendiert, kann der zweite Teil der Aufgabe angegangen werden, der darin besteht, „die inhaltlichen Aussagen der Theologie selbst in einer Sprache und einem Denken zu entwickeln, die menschlich vollziehbar und als vernünftig vertretbar sind"[84]. Hier findet die Vermittlung der Glaubenswahrheit mit dem menschlichen Selbstverständnis im engeren Sinne statt, was laut Pröpper der „eigentlich *hermeneutische* Aspekt der anthropologischen Vermittlung des Glaubens"[85] und darum der *Dogmatik* zuzuordnen sei.

Für beide Aufgabenteile sei das Verhältnis zwischen Glaube und Vernunft maßgeblich, was schon daraus erhellt, dass es den Glauben immer nur als konkreten *menschlichen Akt* gebe, der niemals unabhängig von denjenigen Dingen zustande kommt, die der Mensch noch außer ihnen als Wahrheit ansieht. Der Glaube ist darum kein archimedischer Punkt, kein Zustand, der bei jedem Menschen unverändert eintritt und dann seine Subjektivität nicht affizieren würde. „Immer ist das vollzogene Glaubensbewußtsein eine Synthesis aus dem, was Menschen gesagt wird und wie sie es denken."[86] Pröpper verweist hier auf den seines Erachtens in gewisser Hinsicht missverständlichen Begriff der Denkform[87], der es ermöglichen kann, die zu behandelnden Glaubensinhalte durch das „Verstehensraster" dieser Denkform zu betrachten – was dann gewissermaßen wechselseitige Auswirkungen sowohl für die Denkform als auch für die

---

81 TA, 103.
82 Vgl. den Abschnitt am Ende dieses Hauptkapitels, das der Frage nachgeht, ob es sich beim Denken Pröppers um einen Gottesbeweis handelt.
83 TA, 105.
84 TA, 105.
85 TA, 105.
86 TA, 105.
87 Vgl. hierzu die Ausführungen in LERCH, Magnus: Selbstmitteilung Gottes. Herausforderungen einer freiheitstheoretischen Offenbarungstheologie, Regensburg 2015, 44–49.

Inhalte des Glaubens zur Folge habe, die durch sie betrachtet werden. Hier zeigt sich m. E. erneut, warum Pröpper schon zuvor betonte, dass nicht jede beliebige Denkform mit der anstehenden Aufgabe kompatibel ist: Wenn nämlich ein *Bestimmungszusammenhang* vorausgesetzt werden darf zwischen erwähnter Denkform und Glaubenswahrheit (wie Pröpper es tut), dann muss die Wahl zu dieser Denkform bzw. diesem Denken gut begründet sein, damit es das einlösen kann, was von ihm unter den Bedingungen des Mitvollzugs der anthropologischen Wende gefordert wird:

> „Es muß zunächst einmal vernünftig, also in sich konsistent und für die Vernunft als ursprüngliche Instanz wahrer Einsicht vollziehbar sein; zugleich aber muß es der Gegebenheit der Glaubenswahrheit entsprechen und sich für ihr Verstehen als geeignet erweisen, d. h. für sie und sein Bestimmtwerden durch sie offen sein, ihren Inhalt als sinnvoll und als menschlich unbedingt bedeutsam einsehen können und überdies Kategorien bereitstellen, die sich bei seiner Explikation als fruchtbar bewähren."[88]

Im Fall der gelingenden Vermittlung zwischen Denkform und Glaubenswahrheit werden die Inhalte der Letzteren in das zugrunde gelegte Denken hineinübersetzt und so schließlich zu einem Wissen transformiert, das auch mit denjenigen Inhalten widerspruchsfrei zusammengedacht werden kann, die nicht Gegenstand der Theologie sind. Für den Träger dieses Wissens als Subjekt des Glaubens und vernünftigen Wesens ergibt sich, dass beide Aspekte in einem Verständnis kongruieren, das es ihm ermöglicht, dass er „mit sich identisch sein kann."[89]

Die theologische Anthropologie eigne sich gleichwohl zur Prüfung der Angemessenheit der angesprochenen Denkform, da in ihr die menschliche Bestimmung zur Gemeinschaft mit Gott verhandelt werde und diese für die Erschließung und Darstellung des Glaubens – was die hermeneutische Funktion der Dogmatik ausmache – eine grundlegende Voraussetzung der dogmatischen Reflexion sei. Hier zeigen sich die Auswirkungen des Impetus, die die anthropologische Wende des Denkens auf die Theologie ausüben kann: Obwohl die theologische Anthropologie nicht zu den klassischen Traktaten der Dogmatik zu zählen ist, „so gehört eben auch dies [gemeint ist die Entfaltung der menschlichen Bestimmung zur Gottesgemeinschaft; A. H.] zu den Folgen der beschriebenen Entwicklung, die zur irreversiblen Verbindung der Gottesfrage mit der Frage nach dem Menschen geführt hat."[90] Damit spricht Pröpper das

---

88 TA, 106.
89 TA, 106.
90 TA, 107.

Programm an, das er im Rahmen seiner Theologischen Anthropologie im ersten Teilband durchzuführen beabsichtigt und sich darum auch in seiner Struktur niederschlägt. Wenn gelten soll, was die unmittelbar vorangegangenen Ausführungen zur fundamentaltheologischen bzw. dogmatischen Fragestellung zu klären versuchten, muss nun umso verständlicher hervortreten, warum es Pröpper gerade auf die Explikation der Bestimmung des Menschen zur Gottesbeziehung ankommt. „Deshalb wird der I. Teil dieses Thema sowohl aus theologischer als auch in philosophischer Perspektive behandeln."[91]

Im Hinblick auf das Verhältnis zwischen dogmatischem und nichttheologischem Wissen müsse mindestens eine Kompatibilität im Sinne einer Widerspruchsfreiheit bestehen, so Pröpper. Anderenfalls könne der Anspruch der Vernunft nicht mehr eingelöst werden, „die Einheit allen Wissens"[92] zumindest denkerisch offenzuhalten und das nichttheologische Wissen nicht in ein Bestimmungsverhältnis mit dem Glaubensinhalt treten, was aber gerade im Begriff der Theologie enthalten ist, sofern sie die Rede von Gott ist, der alles bestimmenden Wirklichkeit und damit eben auch diejenige Wirklichkeit, die keine theologische ist.[93]

Für die *theologische Anthropologie* ergibt sich – sozusagen auf untergeordneter Ebene – ein analoges Verhältnis zu den *Humanwissenschaften* im Sinne der angesprochenen Nichtwidersprüchlichkeit:

„Weder kann sie im Bereich humanwissenschaftlicher Anthropologie ein Sonderwissen oder besondere Erkenntnisquellen beanspruchen, noch kann sie auf diesem Gebiet einen Katalog von Aussagen aufstellen, zu denen humanwissenschaftliche Forschung nicht gelangen oder denen sie nicht widersprechen dürfe. Solange beide Seiten bei ihrer Sache bleiben und die Reichweite ihrer Methoden und Resultate hermeneutisch und wissenschaftstheoretisch reflektieren, kann es eigentlich nicht zu einem Widerspruch zwischen ihnen kommen."[94]

Bei der Vermittlung von Dogmatik und Humanwissenschaften sei, so Pröpper, zudem die *grundsätzliche* anthropologische Relevanz zu bedenken, die zugrunde gelegt werden müsse, um nicht unterschiedslos jeden Inhalt als potenziell für die Dogmatik von Interesse anzusehen, den die empirisch arbeitenden Humanwissenschaften zutage fördern. Dies könne dadurch umgangen werden, dass man der *menschlichen Freiheit* bei diesem Vermittlungsprozess eine besondere

---

91 TA, 107 f.
92 TA, 109.
93 Vgl. TA, 109.
94 TA, 109. Vgl. zum dialogischen Verhältnis zwischen Theologie und den Naturwissenschaften in aller Kürze: STOSCH: Einführung in die Systematische Theologie, 174 f.

Rolle zuspricht. Auf diese Weise könne nämlich der Gottesgedanke als von der irdischen Wirklichkeit *verschiedene* und durch ihn bestimmte und bestimmbare gedacht werden. Umgekehrt wird die menschliche Freiheit nicht nur in einen Zustand versetzt, sich selbst und das ihr Begegnende

„tatsächlich auf Gott zu beziehen und durch ihn bestimmt zu finden, sondern [wird; A.H.] auch selbst – und zwar in ihrer Bestimmtheit durch ihr Gottesverhältnis – zum Mitbestimmenden der empirischen Verhältnisse, Bezüge und Realitäten, in denen sie sich (als zugleich durch sie bestimmte) vorfindet und ihr wirkliches Dasein hat.“[95]

Es ist also die freie Vernunft in ihrer Selbstreflexion, die zum einen auf generelle Weise Welt, Mensch und Gott zu distinguieren vermag und andererseits den Verweischarakter auf Gott sicherstellen kann, die dem Menschen qua Freiheit zukommt.

Dass die Anthropologie kein Traktat der traditionellen Dogmatik sei und Aussagen über den Menschen stattdessen über die Traktate verteilt seien, zeige erneut, dass eine systematisch kohärente und bündelnde Reflexion über den Menschen in diesem Sinne noch aussteht. Pröpper verweist hier auf Karl Rahner, der auf dieses Desiderat aufmerksam gemacht und zugleich eine Maßgabe formuliert habe, unter der die Bewältigung dieses Programms stehen müsse: die theologische Anthropologie müsse „aus einem ursprünglichen Ansatz heraus“ entwickelt werden und zugleich „der erreichten Erkenntnis des Menschen von sich als ,Subjekt‘“[96] entsprechen.

Dass diese Anforderungen aber beachtet worden sind, kann Pröpper klarmachen, indem er auf den eigenen Ansatz verweist: Die eruierte Grundwahrheit, die Jesus begreift als den Erweis von Gottes unbedingter Liebe zum Menschen, meint die *Ursprünglichkeit* des dogmatisch angestrebten Konzeptes und die daraus erwachsenen Folgen für die inhaltliche Struktur der theologischen Anthropologie. Dem mit der Rede vom *Subjekt* eingeforderten zweiten Anspruch kann Pröpper dadurch gerecht werden, dass die durch das Freiheitsdenken zugänglich gemachten Aussagen über den Menschen begriffen werden können, da sie durch dieses Prinzip „übersetzt“ wurden und auf diese Weise „weiter entfaltet werden sollen.“[97]

Aus methodischer Sicht müsse zudem vor allem darauf geachtet werden, dass die *alttestamentlichen* Aussagen über den Menschen, die vordergründig in den

95 TA, 115f.
96 RAHNER, Karl: „Theologische Anthropologie“, in: Sämtliche Werke, Band 17/1: Enzyklopädische Theologie, LEHMANN, Karl/METZ, Johann Baptist/RAFFELT, Albert/VORGRIMLER, Herbert/BATLOGG, Andreas R. (Hgg.), Freiburg i. Br. 2002, 120–129, 124.
97 TA, 117.

Schöpfungsberichten begegnen, mit der christologischen Orientierung und den Aussagen verknüpft werden, die mit der eruierten Grundwahrheit (Jesus als Erweis von Gottes Liebe) erreicht wurden, sodass die theologische Anthropologie letztlich ein integratives Verständnis all dieser Aspekte ermögliche.

Die drei zentralen Aussagen über den Menschen, die Pröpper erhoben hat (Bestimmung zur Gottesgemeinschaft, Sündersein und Begnadetsein), in diesem Kapitel referiert wurden und auf die Struktur seines Gesamtwerkes der TA verwiesen, sind auch eine Ab- bzw. Eingrenzung des Stoffes, der in den zwei Bänden verhandelt wird. Es kann daher nicht darum gehen, jeden Einzelaspekt der Theologiegeschichte zu beleuchten, sondern sich auf Überblicke und entscheidende systematische Weichenstellungen zu konzentrieren:

> „Ziel ist, auf der Basis des unverzichtbaren geschichtlichen Wissens die wesentlichen Sachfragen gedanklich zu durchdringen, an ihnen die Leistungsfähigkeit des Freiheitsansatzes zu erproben und die Ergebnisse soweit zu konkretisieren, daß ihre menschliche Relevanz einsichtig wird. Den thematischen Mittelpunkt aber wird immer die Existenz des Menschen bilden, sofern sie durch sein Gottesverhältnis bestimmt ist.“[98]

Dies beschreibt auch den Anspruch der vorliegenden Studie insofern angemessen, als keine systematisch kohärente Wiedergabe des Gesamtwerkes der Theologischen Anthropologie erfolgen soll, sondern nur ausgewählte Aspekte beleuchtet werden, insofern sie in direktem Zusammenhang mit den leitenden Fragestellungen meiner Überlegungen stehen.

III.3.2 Die menschliche Bestimmung zur Gottesgemeinschaft als Gottebenbildlichkeit

„Schon im Blick auf die Überschrift dieses Teils [„Die Bestimmung des Menschen zur Gemeinschaft mit Gott“; A. H.] drängt sich ja eine Frage und mit ihr eine Alternative auf, die als erstes der Klärung bedürfen: Ist es möglich und vertretbar, die Gottebenbildlichkeit auf das Gottesverhältnis des Menschen, eben auf seine ‚Gemeinschaft mit Gott‘ zu beziehen? Und darf sie dann, falls dies gerechtfertigt ist, als seine Bestimmung zur Gottesgemeinschaft aufgefaßt werden? Oder ist sie diese Gemeinschaft selbst? Und wie – falls die erste Möglichkeit zutrifft – sind dann beide und ihr Verhältnis zueinander zu denken?“[99]

---

98 TA, 120.
99 TA, 125.

Die Ausführungen in diesem Kapitel sind deswegen von Relevanz für den Gesamtzusammenhang der vorliegenden Arbeit (wie auch für Pröppers Gesamtwerk), weil Pröpper an dieser Stelle – wie zu zeigen sein wird – den Kern des Gottebenbildlichkeitsgedanken herausarbeitet und diesen zu einem späteren Zeitpunkt systematisch entfaltet. Pröpper selbst versteht dieses Kapitel, das in seiner Anthropologie an dritter Stelle steht, „als Präludium sozusagen, in dem die Leitthemen und Grundfragen anklingen, die alle weiteren Ausführungen der theologischen Anthropologie begleiten und im I. Teil besonders thematisch werden."[100] Mit anderen Worten: die Ausführungen in diesem Kapitel sind höchst voraussetzungsreich für den weiteren systematischen Verlauf seiner Anthropologiekonzeption, da die genaue Explikation des Gedankens der Gottebenbildlichkeit des Menschen unmittelbar mit seinem Verhältnis zu Gott verknüpft ist. Wie genau aber lässt sich das *Verhältnis* dieses Verhältnisses zur „*Bestimmung* zur Gottesgemeinschaft"[101] denken, wenn es vorausgesetzt werden darf (vgl. die Fragen im Eröffnungszitat)? Der Begriff der Gottebenbildlichkeit deutet auf künftige Ausformungen der systematischen Konzeption voraus, sodass neben der historischen Relevanz des Begriffes besonders seine Funktion als „Katalysator [deutlich wird; A. H.], an dem die fundamentalen Probleme der theologischen Anthropologie aufbrechen"[102]. An ihm zeigen sich besonders deutlich systematische Verästelungen und Ausdifferenzierungen innerhalb des theologischen Diskurses.

Man könnte also auch sagen, dass an dem Paradigma der Gottebenbildlichkeit sich derjenige Aspekt zeigt, der sozusagen pars-pro-toto für die anthropologische Wende der Theologie auf höherer Ebene gilt: Die Entscheidung über den Menschen und seiner Stellung zu sich und im Gegenüber der Welt entscheidet mit, bzw. steht in Zusammenhang mit Themenfeldern, die von genuin theologischer Seite höchst relevant sind. Die in der theologischen Anthropologie Pröppers vorgestellte Methodik und Exposition ihrer Struktur steht nun zur Bewährung.

III.3.2.1 Hinführende Vorbemerkungen zur Gottebenbildlichkeit

Bei dem Aspekt der Gottebenbildlichkeit handelt es sich um einen Begriff, der ohne seine jüdisch-christlichen Wurzeln in seiner Bedeutung nicht erschließbar wäre und laut Pröpper nicht davor gefeit sei, einer „zunehmenden Erosion"[103] ausgesetzt zu sein. Er macht deutlich, dass das Hauptaugenmerk dieses Abschnittes

---

100 TA, 125.
101 TA, 125.
102 TA, 124.
103 TA, 124.

nur auf die „Aspekte und Probleme"[104] der menschlichen Gottebenbildlichkeit gerichtet sei und nicht auf eine differenzierte systematische Darstellung, was dem Umstand geschuldet ist, „den vorgeschlagenen Ansatz der theologischen Anthropologie zu bewähren und deshalb (...) die für ihren Aufbau grundlegende Unterscheidung im theologieinternen Diskurs zu vertreten."[105] Es wäre nun falsch, anzunehmen, dass erst die *Ausfaltung* des Begriffs der Gottebenbildlichkeit in die Problematik hineinführe. Das Problem begegnet viel eher, und zwar auf Grundlage der Heiligen Schrift, in der „nach zentralen Aussagen des Neuen Testamentes allein Jesus Christus wahrhaftes Ebenbild ist, in das die Menschheit erst hineingestaltet werden soll"[106]; welche Konsequenzen ergeben sich dann aber im Hinblick auf die Zeit *vor und nach* der Person Jesu? Insbesondere sind hiermit die *alttestamentlichen* Aussagen in den Blick gerückt. Und zwar nicht nur im Hinblick auf die Frage, wie diese mit dem neutestamentlichen Befund vereinbar sein könnten, sondern auch insofern, als sie sich auch im Einzelnen hinsichtlich ihres Verständnisses der Gottebenbildlichkeit unterscheiden (und was in der Tat auch deswegen von höchster Brisanz für den jüdisch-christlichen Dialog ist, wenn man sich nur die lange Zeit der Ressentiments vergegenwärtigt, die zwischen den beiden Religionen ohne Zweifel bestand). Zudem ist auch noch das Verhältnis unklar, in dem die tatsächliche, verwirklichte Gottebenbildlichkeit (worin auch immer diese besteht) bzw. die Anlage zu ihr mit der Realität der Sünde steht. Kann sie so tiefreichend sein, dass der wie auch immer zu fassende Begriff der Gottebenbildlichkeit formal oder realiter verloren gehen kann? Und schlussendlich eine besonders einschlägige Frage: Kann und darf es als systematisch sinnvoll gelten, den final erreichten Begriff der Gottebenbildlichkeit des Menschen auf dessen Gemeinschaft mit Gott in Beziehung zu setzen? Besteht die Gottebenbildlichkeit dann schon bereits in ihrer Anlage hierzu, oder ist es erst die realiter sich vollziehende Gottesgemeinschaft?[107] Diesen Fragen gilt es nun nachzugehen.

Was nun konkret den genuin biblischen Befund der Gottebenbildlichkeitsaussagen angeht, so lässt sich zunächst im Alten Testament Gen 1,26 nennen, das Neue Testament erwähnt sie „entweder nur nebenbei oder bereits im Zusammenhang mit dem neuen christologischen Bildbegriff"[108]. Ungeachtet dessen und nichtsdestoweniger könne die *systematische* Theologie es nicht als eine ihr angehende Aufgabe leugnen, einen Begriff der Gottebenbildlichkeit „in einer Weise zu fassen, die nicht nur den alttestamentlichen Befunden, sondern auch den neutestamentlichen Stellen gerecht werden muß und überdies die Fragen

---

104 TA, 124.
105 TA, 124.
106 TA, 125.
107 Vgl. TA, 125.
108 TA, 126.

der Theologiegeschichte nicht außer acht lassen kann."[109] Hierbei gelte es, sich im hermeneutischen Zirkel zu bewegen – was nicht ausschließen muss, dass die systematische Theologie *weiterreichende* Aussagen formuliert, als dies mit den Mitteln der alttestamentlichen Exegese möglich sei, was aber angesichts der historischen Differenz legitim sein kann.

Pröppers Anmerkungen über die biblische Anthropologie sollen an dieser Stelle nur kurz beleuchtet werden, da eine tiefergehende Betrachtung zu sehr von der leitenden Fragestellung abführen würde. Hingewiesen sei daher zunächst darauf, dass Pröpper im gesamtbiblischen Fundus auf die Unterschiede der dort anzutreffenden „Anthropologie" im Vergleich zu einer modernen, methodisch reflektierten und differenzierten aufmerksam macht. Aussagen über den Menschen wie sie beispielsweise im Alten Testament vorzufinden sind, seien stets konkret, in einer bestimmten Situation formuliert und hätten nichts gemein mit einem neuzeitlichen Denken, das kontextenthoben und möglichst objektiv-allgemeingültig operiert.[110] Die Beobachtung, dass der Mensch häufig in Selbst-reflexion sich selbst zum Gegenstand der Frage wird, passt gut zu diesem Befund und auch die Tatsache, dass es häufig Geschichten über einzelne Personen sind, die auf (für das jüdische Denken typische) narrative Weise kommunizieren, so-dass dabei stets ein gottbezogener Redemodus vollzogen wird:

> „Der Mensch, wie er biblisch begegnet und sich selber versteht, ist (...) gerade auch in dem, was ihn als Menschen auszeichnet und sein Eigentliches aus-macht, stets schon in geschichtliche Abläufe involviert und durch geschicht-liche Beziehungen bestimmt: grundlegend durch die Beziehung zu Gott, zu dem er sich als Einzelner und als Glied seines Volkes in Zukehr oder in Abkehr von ihm verhält."[111]

Dass dies Originäre bei einer exegetischen Analyse nicht unterschlagen werden darf, macht Pröpper in einem würdigenden Verweis auf Hans Walter Wolff und Rudolf Pesch deutlich, indem er deren Untersuchungsansätze zur Anthropologie in aller Kürze vorstellt.[112]

Desweiteren ist laut Pröpper in inhaltlicher Hinsicht – sozusagen materialiter – insbesondere der jahwistische Bericht der Menschenerschaffung zu betrachten. Dieser beschreibt den Menschen als geformt vom Boden, aus Staub erschaffen

---

109 TA, 126.
110 Vgl. TA, 129.
111 TA, 130.
112 Vgl. WOLFF, Hans Walter: Anthropologie des Alten Testaments, München 1973, 17, wo die Methodik eines eher *expliziten* Fragemodus gewählt wird, um eine Antwort auf die Frage nach dem Menschen geben zu können, während Pesch eher *ganzheitlich* nach dem Menschen fragt, vgl. TA, 131, Anm. 15.

und durch den Lebenshauch Gottes zum Leben erweckt. Letzteres wird hier nur beim Geschöpf des Menschen erwähnt – bei den Tieren, die Gott auch aus Erde formte, ist hiervon keine Rede. Eher positiv könnte man diese Auffälligkeit als Bezogenheit auf Gott deuten, denn sie

> „weist zwar (wie seine Ersterschaffung) auf die ihn auszeichnende Würde und Gottes besonders engen Bezug zur Lebendigkeit des Menschen, offenbart aber zugleich auch seine *schlechthinnige Abhängigkeit* vom göttlichen Geber, da dieser den Odem jederzeit zurücknehmen und das Leben auslöschen kann"[113].

Besonders deutlich tritt so die Vergänglichkeit des Menschen, das Wissen um seine kontingente Existenz hervor, was auch etymologisch nachwirkt, da sich das lateinische Wort für „Mensch", „homo", sich von „humanitas" ableiten lässt, das hier jedoch nicht mit „Menschlichkeit" im heutigen Sinne zu verstehen ist, sondern eben seine Kontingenz, seine Angewiesenheit und faktische Gebundenheit meint.[114] In diesem Sinne ist es dann das Faktum, dass jeder Mensch sterblich ist, welches besonders im Mittelalter zu einem Bewusstsein geführt habe, dass eben der Tod als das jedem Leben zugehörige und daher das Menschenverbindende sei – unabhängig von gesellschaftlicher Stellung oder anderen lebensweltlichen Faktoren und Einflüssen erschien der Tod nun als unvermeidliches factum brutum.[115] In der Neuzeit jedoch stellt sich insofern ein Umdenken ein, als exemplarisch etwa bei Spinoza und Hobbes diese Zentrierung auf den Tod zugunsten einer Konzentration auf das Leben geschieht, die jedoch gerade bei Hobbes keinesfalls dazu führt, dass der Tod aus dieser Gleichung ausgeklammert wird: Er ist es erst, der dazu führt, dass Prozesse in Gang geraten, die letzten Endes nur verhindern sollen, dass dem damit verbundenen Hang zu Gewalt und Verderben nachgegeben wird. Vielmehr ist die vermeintliche gesellschaftliche Ordnung nur das äußere Abbild eines unterschwelligen Kampfes Jeder gegen Jeden.[116]

Das jahwistische Bild vom Menschen, der in seiner Gestalt vom Erdboden genommen wurde, hat weiterhin die Eigenheit, dass es „eine entmythologisierende Erhellung des menschlichen Wesens vollzieht"[117], insofern nun keine Mythen zur Erklärung für die Dunkelhaftigkeit des eigenen Daseins herangezogen werden, sondern ein Bild, das den Menschen *selbst als verantwortlich* für sein Schicksal zeichnet. So bilden die Mythen nichts mehr ab, was den Menschen in einer fatalen Wirklichkeit unentrinnbar eingesetzt sieht, er stattdessen aber erst nach dem

---

113 TA, 132.
114 Vgl. TA, 133.
115 Vgl. TA, 134.
116 Vgl. TA, 134.
117 TA, 134.

Sündenfall seiner Verantwortung und Einsicht ansichtig wird, dass sein nicht selten leidvoller Zustand nicht von etwas anderem – auch und erst recht nicht von Gott – als vielmehr von ihm selbst her erklärbar ist. Der Unterschied zu mythischen Erzählungen über den Menschen im Vergleich zu Gen 3 besteht also nicht in der Unterschlagung leidvoller Lebenswirklichkeit, sondern darin,

> „daß sie [die jahwistische Erzählung; A. H.] – indem sie die ganze leidvolle Ambivalenz menschlichen Daseins in das Verhältnis zu Gott einbezieht – eine Perspektive eröffnet, in der sich der Mensch in allem dem Schöpfer zuwenden und ihn anrufen kann und die Zukunft nicht mythologisch verschlossen ist."[118]

Wie wirkmächtig und inhaltlich different von dieser Vorstellung ein Mythos sein kann, zeigt eine Erzählung, die nicht die Gleichheit aller Menschen, sondern deren Verschiedenheit herausstellt – gemeint ist ein Mythos, der etwa in Platons *Politeia* begegnet. Nach ihr seien Menschen von unterschiedlichen Arten von Ackerböden genommen und seien daher nicht Resultat des völlig selben „Materials". Die Verortung dieses Mythos im griechischen Denken ist umso bemerkenswerter, insofern die Sophisten „in der antiken Welt zuerst die Gleichheit aller Menschen aufgrund ihrer gemeinsamen Natur propagierten"[119]. So war es erst die römische Stoa, die die heute gültige Bedeutung der humanitas eintrug; namentlich v. a. die Person des Cicero

> „stellte dem ins Wanken geratenen altrömischen Ideal des *homo romanus* das neue und höhere Ideal des *homo humanus* entgegen: das Ideal des geistig gebildeten und sittlich verfeinerten Menschen, der Weisheit, Abgeklärtheit und Güte in sich vereint und so wenig auf seine Herkunft festgelegt ist"[120]

und worin sicherlich eine Parallele zu Ciceros eigener Biographie gesehen werden kann, der als politischer „Selfmade-Man" Karriere machte. Das verbindende Moment des Gedankens der Menschheit bestehe in der „Überwindung des Polytheismus der vielen Völker zugunsten eines philosophischen Pantheismus"[121], etwa die allen Menschen zukommende Vernunftfähigkeit, „die ihrerseits mit dem göttlichen Logos identisch ist, der den gesamten Kosmos durchwaltet."[122] Gemäß einer theologischen, biblischen Fundierung jedoch kann der Verweis auf die kontingente Vernunft nicht genügen. Dem Jahwisten zufolge bestehe die Gemeinsamkeit bzw. Gleichheit aller Menschen wie gesehen in deren „Ge-

---

118 TA, 135 f.
119 TA, 136.
120 TA, 136.
121 TA, 136.
122 TA, 137.

schaffensein durch Gott. Selbst ihre Gottebenbildlichkeit (...) ist noch davon unterfangen: als ihnen *mit* ihrem Wesen *geschenkte* Auszeichnung nämlich, die von Gott durch den Abgrund der Schöpfungsdifferenz ontologisch als sein ‚Bild' unterschieden bleibt."[123] Oder anders formuliert: Die ontologische Schöpfungsdifferenz zwischen Gott und Mensch besteht im Bildcharakter, weil Gott den Menschen nur als Bild seiner selbst erschafft, welches als Gottebenbildlichkeit dem menschlichen Wesen jedoch bereits eingefügt ist. Das Wesen des Menschen als Ebenbild Gottes ist gerade Ausdruck des Geschaffenseins durch Gott und schließt damit eine wie auch immer zu denkende Partizipation am Wesen Gottes durch die radikale Trennung zwischen Schöpfer und Geschöpf aus.

Weiterhin gilt es zu beachten, dass ein von Dualität geprägtes metaphysisches Denken der Bibel völlig fremd ist. Ganz wie im zuvor erläuterten Sinn ist der Mensch Bild Gottes, was sich gerade auch in den hebräischen Bezeichnungen der menschlichen Körperteile zeige: bei ihnen handelt es sich nicht im strengen Sinne um Begriffe für die Körperteile, „sondern [um; A. H.] Aspekte, unter denen jeweils der ganze Mensch gesehen und benannt wird."[124] Anhand des Begriffspaares von *ruah* und *nefesch* kann zudem belegt werden, inwiefern die Verwiesenheit des Menschen auf Gott gedacht werden muss bzw. wie mit diesem Begriffspaar das zuvor gesagte eingelöst werden kann: Während nefesch für den individuellen Menschen mit seinen Bedürfnissen aller Art steht, so meint ruah eher

„den Sitz der höheren Empfindungen und das Prinzip des geistigen Lebens (...), überlagert sich aber, zumal sich auch mit ihm eine Vielzahl von Emotionen und Aktivitäten verbindet, im Funktionsbereich mit der *nefes*, wobei dann allerdings die *nefes* als Wirkung der *ruah*, des von Gott mitgeteilten Lebensgeistes erscheint: Was dem Menschen als *nefes* zu eigen wird, wurde ihm als *ruah* zuteil. Gleichwohl bleibt sie eine wesentlich unverfügbare und nur auf Zeit verliehene Gabe, eine Kraft deshalb auch, die einen Menschen (wie der anwehende Wind) von außen überkommen und dann zu besonderen Leistungen befähigen kann."[125]

Hier wird die Bezogenheit zwischen Mensch und Gott besonders deutlich, denn wird Gott als Kraft erfahren, über die der Mensch niemals verfügen kann und doch erfahrbar ist, dann ist damit die zuvor genannte Schöpfungsdifferenz einerseits eingeholt und das gleichwohl denkbare Wirken Gottes im Menschen in Form des ruah andererseits angesprochen. Auf diese Weise ist er „Ausdruck für die Macht Gottes, die in den Menschen hineingreift, ohne jedoch dessen Einheit

---

123 TA, 137.
124 TA, 137f.
125 TA, 138.

zu zerreißen. Vielmehr wird sichtbar, daß der ganze Mensch ständig von Gott her [und auch vor ihm; A. H.] existiert."[126]

Überhaupt bilden auch andere Begriffe aus dem Alten Testament eine Anthropologie ab, die den Menschen als kontingentes und auf etwas angewiesenes verstehen. Die Hermeneutik dieser Begrifflichkeiten steht ganz im Zeichen einer Offenheit für Gott, eine auf ihn hin zu verstehende Relationalität.[127]

Auch das neutestamentliche (Text-)Zeugnis weist eine den zuvor genannten Begriffen analoge Dopplung vor: *Sarx* bezeichnet nun quasi als pars-pro-toto und analog zu nefes den

> „Menschen, der sich auf sich selbst stellt und in sich einschließt, sich selbst zu beweisen und zu leisten versucht und sich ironischerweise gerade deshalb als ohnmächtiges, ja nichtiges Wesen erweist. (...) *Pneuma* dagegen betrifft (auf der schon im Ersten Testament angebahnten Linie von *ruah*) den Menschen, der sich auf Gott bzw. Christus hin öffnen läßt und von ihm her die Möglichkeit eines neuen Daseins gewinnt".[128]

Wichtig bei dieser Unterscheidung ist nun allerdings, dass beide genannten Alternativen sich nicht ungeordnet gegenüberstehen, sondern sie als echte Alternativen von „*Existenzmöglichkeiten*"[129] interpretiert werden müssen. In diesem liegt nun eine Akzentverschiebung, bzw. -setzung vor, die die Möglichkeiten des Einzelnen betrifft und zwischen denen er entscheiden kann.

Wichtig für das korrekte biblische Verständnis vom Menschen sei es, so Pröpper, wahrzunehmen, dass er „*vor Gott und von Gott her*"[130] existiere. Ganz in dem zuvor explizierten Sinn bleibt zwar eine Schöpfungsdifferenz zwischen Gott und Mensch erhalten, jedoch sind beide Bereiche nicht völlig distinkt voneinander. Gott kann in die Sphäre des Menschen eindringen, umgekehrt kann der Mensch „auch nur im Hinausgehen aus sich selbst zu seiner Bestimmung gelangen"[131], er hat seinen Ursprung nicht ex sese, sondern ist in seiner Anlage immer schon verwiesen auf etwas anderes als sich selbst. Gerade im Modus des Geschöpfseins im Sinne der „Bejahung des Menschen als eines ungeteilten Wesens"[132] wird dann auch das neutestamentliche Zeugnis bestätigt, dass Gott in Jesus Christus wahrhaft Fleisch geworden ist (Inkarnation) und die Auferstehung von den Toten stattgefunden hat. Wie sonst, so könnte gefragt werden, sollte diese Auferstehung

---

126 TA, 139.
127 Vgl. TA, 139.
128 TA, 140.
129 TA, 140.
130 TA, 140.
131 TA, 141.
132 TA, 141.

gedacht werden können, wenn sie nicht in einem Deutungshorizont stünde, der sich aus o. g. *biblischer* Anthropologie speist? Wäre in diesem Sinne etwa ein dualistisches Modell vorausgesetzt, würde eben nicht der *ganze* Mensch, sondern womöglich nur ein Teil oder Aspekt von ihm bleibend aufgehoben sein. Das aber macht die Auferstehungsbotschaft unverständlich, ist es doch gemäß Dogmatik bzw. Soteriologie unstrittig, dass Jesus wahrer Mensch (und wahrer Gott) war, da er anderenfalls nicht als *Erlöser* gelten könne. So zeigt sich, dass ein im o. g. Sinn verdeutlichtes Modell von Anthropologie nicht nur für die Auferstehung, sondern schon für die Inkarnation gelten muss, damit beide ihrerseits in den korrekten Zusammenhang gerückt werden: Indem Gott Mensch wird, unterfängt er bereits den Modus seiner Sendung und Botschaft, indem

> „durch sie die Menschenzuwendung Gottes die Gestalt seiner Gegenwart unter den Menschen annimmt und damit sein Ja zum geschöpflichen Menschen bekräftigt wird, der nur als leiblicher Mensch wirklich Mensch und nur als solcher das Gegenüber Gottes und Empfänger seiner Liebe ist."[133]

Nach diesen kurzen Einordnungen soll nun eine Art synoptische Zusammenschau der *konkreten Gehalte* zunächst der alttestamentlichen Aussagen über die Gottebenbildlichkeit erfolgen, die Pröpper eruiert und dann dahingehend auf ihre Tragfähigkeit überprüft, ob mit einer so gewonnen Prädikation der Kern der Gottebenbildlichkeit erfasst werden kann. Dies schließt freilich auch ein, dass ein so zu gewinnender[134] Begriff der Gottebenbildlichkeit auch neutestamentlich kompatibel sein muss. Denn auch dies stellt eine *conditio sine qua non* dafür dar, „zu einer Wesensaussage über die Gottebenbildlichkeit zu gelangen. Erst mit ihr wäre (...) der Ansatz gewonnen, der dann zu Recht den theologiegeschichtlichen Durchgang orientieren und bei den systematischen Fragen ins Gewicht fallen kann."[135]

Was den alttestamentlichen Textbefund anbelangt, so ist für die Fragestellung zunächst Gen 1,26 f. von Relevanz, die als Belegstelle sozusagen eine hermeneutische Schlüsselrolle für weitere Deutungen einnimmt:

> „Dann sprach Gott: Lasst uns Menschen machen als unser Bild, uns ähnlich! Sie sollen walten über die Fische des Meeres, über die Vögel des Himmels, über das Vieh, über die ganze Erde und über alle Kriechtiere, die auf der Erde kriechen. Gott erschuf den Menschen als sein Bild, als Bild Gottes erschuf er ihn. Männlich und weiblich erschuf er sie."

---

133 TA, 141.
134 Zu gewinnen entweder wie angedeutet auf dem Weg, dass die Aussage(n) des AT selbst schon den weiter bringenden Ansatz bereitstellen oder die Analyse ihrer Aussagen ihn nur implizit enthält.
135 TA, 143.

Im Buch Genesis sind ferner die Stellen 5,1.3 und 9,6 von Bedeutung, da sie die Gottebenbildlichkeit in ihrer Reichweite explizieren. Zuletzt nennt Pröpper Ps 8,6 f., was in Verbindung mit Gen 1,26f „den wichtigsten alttestamentlichen Kommentar zur Grundaussage in Gen 1,26f"[136] darstelle: Als fast auf derselben Stufe mit Gott stehend wird dem Menschen eine Legitimation zur *Herrschaft* zugestanden.

Unter Bezugnahme von Überlegungen Jürgen Moltmanns ist an dieser Stelle für Pröpper nun der Punkt erreicht, an dem der Bildgedanke in systematischer Entfaltung weiterhilft. Zunächst ist festzuhalten, dass Gott als Urheber und insofern das Primat dessen innehat, was später die Bezogenheit des Menschen, seine Beziehung zu Gott ausmache. Denn auffällig ist hier, dass die Schöpfung des Menschen entgegen des priesterschriftlichen Usus „mit einem besonderen *Entschluß*"[137] beginnt: „Lasst uns Menschen machen"[138] drückt eine reifliche Überlegung Gottes aus, die darin ihren Höhepunkt findet, „daß er sein Bild und das heißt ja auch seine *Ehre* in das Erdgeschöpf Mensch setzt und sich damit selbst in die Geschichte seiner Geschöpfe hineinziehen läßt."[139] Eine derartige Selbsteinschränkung Gottes erscheint zumindest für alttestamentliche Theologie wohl eher die Ausnahme als die Regel. Vom zuvor genannten Primat Gottes muss insofern die Rede sein, da das Verhältnis zwischen Gott und Mensch immer erst von Gott ausgeht, um dann erst in Reflexion (und wie genau diese Reflexion zu denken ist, wird im weiteren Verlauf der Arbeit noch aufgezeigt werden) durch den Menschen zu einem Gottesverhältnis des Menschen zu werden. Gott bleibt in jedem Fall der Stifter dieses Verhältnisses und damit der Gottebenbildlichkeit: „Bevor jedenfalls die Gottebenbildlichkeit des Menschen ein anthropologischer Begriff werden kann, ist sie ein *theologischer* Begriff."[140]

Trotz der alleinigen Stiftung des Gottesbezugs durch ihn selbst darf nicht der Verdacht Platz greifen, dass diese auch weiterhin unverändert einseitig erhalten bleibt, und zwar aus folgendem Grund: Selbst wenn Gott mit der Erschaffung des Menschen sein sichtbares Abbild auf Erden schafft und auf diese Weise „sich darin selber entspricht,"[141] so kann spiegelverkehrt der Mensch auch Gott entsprechen, indem er „Gottes Gottheit erkennt und sie anerkennt."[142] Das aber ist dann und ausschließlich dann denkerisch einzuholen, wenn das Geschöpf Gottes – der Mensch – mit etwas ausgestattet ist, das ihn als Menschen

---

136 TA, 144.
137 TA, 145.
138 Das Personalpronomen in der ersten Person Plural könnte auf das Phänomen der „Vestigia trinitatis" deuten.
139 TA, 145.
140 TA, 145.
141 TA, 146.
142 TA, 146.

kennzeichnet: Die Rede ist vom Bewusstsein. Denn wie sonst, so könnte gefragt werden, sollte das Bewusstsein für Gott sinnvoll gedacht werden können, wenn der Mensch nicht „zum Bewußtsein Gottes zu gelangen vermag und für Gott ansprechbar ist, sich zu ihm verhalten und ihm antworten kann, so daß auch dies in seiner Gottebenbildlichkeit impliziert ist: Er ist das freie *Gegenüber* Gottes auf der Erde."[143] Anders formuliert muss folglich das bis hierher skizzierte Problem der Gottebenbildlichkeit in seiner Bildlogik so gedacht werden, dass Gott zwar als Stifter dieses „Bildes" fungiert, der Mensch jedoch sich eben dieses Sachverhaltes bewusst werden kann, was dieses Bewusstsein jedoch seinerseits als ein Akt Gottes vorausgesetzt werden muss. So lässt sich das bezugsreiche Problem der Gottebenbildlichkeit als ein wechselseitiges Verhältnis denken, an dem der Mensch auch Anteil hat und nicht von Gottes Gottsein so übergangen wird, dass er als Subjekt nivelliert oder ausgelöscht wird.

Nur noch angedeutet werden soll, dass Pröpper sodann auf eine Konzeption Gerhard Ebelings rekurriert, die sehr ähnlich argumentiert und praktisch zum selben Ergebnis gelangt, wenn sie die Situation des Menschen vor Gott „als *coram*-Relation bezeichnet und dabei mit Bezug auf die Sprachlichkeit und das Verantwortlichsein des Menschen"[144] abhebt und einen göttlichen Adressaten hat.

Neben diesem ersten Aspekt von Gen 1,26 f. erwähnt Pröpper die „*sozietäre Struktur* des Menschen"[145], welche durch Karl Barth ins Frageinteresse gerückt sei und meint, „das Zueinander von Mann und Frau oder allgemeiner das spezifische Miteinander der Menschen sei der Kern des Bildes"[146]. Ein enges Bezogensein auf andere Menschen lässt sich mit einschlägigen Gedanken Eberhard Jüngels erreichen, nach dem laut Pröpper „zur Imago Dei der elementare und ontologisch ursprüngliche Tatbestand zu rechnen [sei; A. H.], daß der Mensch als Ich eines Du existiert"[147]. Erst im Du werde ich mir selbst als Ich bewusst und kann mich auch zu mir selbst nicht ohne eine vorangegangene Reflexion zum anderen verhalten – der Einzelne und sein Gegenüber befinden sich im Wechselspiel miteinander.[148] Moltmann hingegen mache mehr die Geschlechterdifferenz im anthropologischen Kontext der Gottebenbildlichkeitsaussage zum Thema und erweitert seine Konzeption auch mithilfe der Trinitätslehre dahingehend, dass der einzelne Mensch und damit auch sein unmittelbares soziales Umfeld

---

143 TA, 146.
144 TA, 147 f. Das lateinische Wort coram kann u. a. „vor", „gegenüber", „vor den Augen von" heißen. Je nach Semantik wird so ein unterschiedlicher Aspekt betont.
145 TA, 148.
146 TA, 148.
147 TA, 149.
148 Vgl. Jüngel, Eberhard: Der Gott entsprechende Mensch. Bemerkungen zur Gottebenbildlichkeit des Menschen als Grundfigur theologischer Anthropologie, in: Entsprechungen: Gott – Wahrheit – Mensch. Theologische Erörterungen, München 1980, 290–317, 301.

deswegen zum Abbild Gottes gerechnet werden müsse, da „jeder Mensch entweder Mann *oder* Frau *und* Kind seiner Eltern sei"[149] und dieses so verstandene „anthropologische Dreieck"[150] quasi die Entsprechung, das beziehungsmäßige Analogon zum dreieinen Gott ausmache. Ausdrücklich stellt Pröpper klar, dass es sich bei diesem „sozialen" Aspekt der Mitmenschlichkeit um „eine wesentliche Dimension der Verwirklichung"[151], jedoch noch nicht um den eigentlichen Kern, der Wesensaussage der Gottebenbildlichkeit des Menschen handle, was erst die weiteren Ausführungen zeigen.

Um also in dieser Frage weiter spekulativ vorzudringen, setzt Pröpper nun quasi via negativa an, wenn er bestimmte Eigenschaften nennt, die exklusiv dem Menschen zufallen. Hierzu ließe sich auch der aufrechte Gang zählen, den, so Pröpper, nicht zuletzt Augustinus und Thomas von Aquin in seiner Geltung hervorgehoben haben. Stellt man sich aber die kritische Frage nach der Bedeutung für die Gottebenbildlichkeit, so kann nur darauf verwiesen werden, „daß die aufrechte Haltung des Menschen allenfalls Ausdruck sein kann: eben die ausdrückende Gestalt seines gottebenbildlichen *Wesens*."[152]

Ist von *Ausdruck* die Rede, muss sich natürlich unmittelbar die Frage anschließen, wofür denn dieser stehen soll, womit zu einem weiteren Aspekt übergeleitet ist: Die Frage nach der Herrschaftsstellung des Menschen. Pröpper konstatiert, dass der Auftrag des Menschen zur Herrschaft in biblischer Perspektive zwar gesichert sei, dieser aber gleichwohl nicht einfach mit der Gottebenbildlichkeit identifiziert werden könne. Beide Aspekte haben ihre Wurzel in systematischer Hinsicht jedoch darin, dass sie sich nicht mehr aus einem Denken speisen können, das Gott und eben diese Natur einfach ineinanderschiebt, „sondern die göttliche Wirklichkeit der Wirklichkeit der Welt klar gegenüberstellte"[153]. Andernfalls würde der Auftrag zum Herrschen des Menschen über die Natur unverständlich. Erst eine klare Distinktion begründet also die denkerische Möglichkeit dafür, dass „der Mensch – eben als gottebenbildlicher – gleichsam an die Seite Gottes gerückt und insofern ebenfalls der Welt gegenübergestellt werden konnte."[154]

Was der Aspekt der Herrschaftsstellung des Menschen in neutestamentlicher Wendung meint, wird klar, wenn man die diesbezüglichen Ausführungen Pröppers zur Person Jesu Christi wahrnimmt: Denn „gerade auch die *christologische*

---

149 TA, 151. Zu den entsprechenden Gedanken vgl. MOLTMANN, Jürgen: Gott in der Schöpfung. Ökologische Schöpfungslehre, München ²1985, 222–247.
150 TA, 151.
151 TA, 153.
152 TA, 156.
153 TA, 159.
154 TA, 159. Auch hier deutet sich also das Motiv des Menschen als des freien Gegenübers Gottes an.

Orientierung der theologischen Anthropologie, die in der Einleitung begründet wurde"[155], trete besonders deutlich dann zu tage, wenn man „vor allem *die dialektische Einheit von vollmächtiger Herrschaft und Dienstbereitschaft* [Jesu; A.H.], wie er sie selber gelebt und das Neue Testament sie verstanden hat"[156], in den Blick nimmt. Dieser Begriff der Dienstbereitschaft, richtig verstanden, setze Freiheit voraus *insofern*, als echte Dienstbereitschaft Hilfe am Bedürftigen ist und die eben in dem Bewusstsein, „um die eigene Identität keine Angst"[157] haben zu müssen, als freie gegenwärtig ist. Im Modus der Angst jedoch kann ich nicht frei sein (dieser Konnex ist häufig anzutreffen bei Pröpper, ebenso auch im Denken von Kierkegaard[158]). Nach Jesu eigenem Wort ist er gekommen, um zu dienen. Nur er kann dies in höchster Form, „weil er gewiß ist, dabei sich selbst nicht zu verlieren"[159]. Ein so verstandener Dienst- bzw. Herrschaftsbegriff zeichnet also dafür verantwortlich, dass in der Person Jesu sich die Gottesebenbildlichkeit des Menschen letztlich erfüllt, und zwar deswegen, weil die Angst vor dem Verlust der Identität über ihn keine Macht hat – bedingt durch sein Bewusstsein der Liebe Gottes. So diene (!) Jesus Christus den Menschen in der Motivik des freien Knechts als Vor-Bild, auch und gerade im Sinne einer recht verstandenen Herrschaft.

III.3.2.2 Der inhaltliche Kern der Gottebenbildlichkeit

Die zuvor genannten Aspekte sprechen zwar zentrale Aspekte der Gottebenbildlichkeit an, sie bezeichnen jedoch noch nicht den eigentlichen Nukleus der Gottebenbildlichkeit des Menschen. Um in dieser Frage weiterzukommen, erinnert Pröpper an den Aspekt der „*Herrschaftsstellung* des Menschen"[160] sowie an dessen besondere Stellung als Gegenüber zur Natur. Insbesondere der letztgenannte Aspekt ließe sich nur dann sinnvoll und konsistent denken, wenn grundsätzlich im Menschen „die *besondere Relation Gottes zu ihm*"[161] schon vorausgesetzt werde, „und zwar so, daß er diese Voraussetzung sogar auf bewußte Weise vollziehen muß, wenn er seine Herrschaft als Beauftragung verstehen und in einer Weise ausüben soll, die Gottes Schöpfergüte entspricht."[162] Zum selben Ergebnis komme man, wenn man in intersubjektiven Kategorien denke: der Aspekt der Geschlechtlichkeit des Menschen, die eine besondere Beziehungsqualität unter

---

155 TA, 163.
156 TA, 163.
157 TA, 164.
158 Vgl. STOSCH: Einführung in die Systematische Theologie, 139.
159 TA, 164.
160 TA, 177.
161 TA, 177.
162 TA, 177f.

ihnen ermögliche, da sie es als solche nur unter den Menschen gebe, verweise darauf,

> „eine Entsprechung zu der personalen Relation zu erkennen, in die Gott seinerseits zu den Menschen eintritt, schon eingetreten *ist* oder doch eintreten *kann*: in eine Beziehung, die freilich ihrerseits eine besondere Gottbezogenheit schon des geschöpflichen Menschen als Bedingung ihrer Möglichkeit voraussetzt.“[163]

Anders formuliert: Erst durch die von Gott eröffnete Möglichkeit des Menschen, sich zu ihm in ein affirmatives Verhältnis setzen zu können – was Gottes besonderes Verhältnis zum Menschen gewissermaßen abbildet – ist der Gedanke erreicht, von dem Ort des Erscheinens Gottes innerhalb der Schöpfung sprechen zu können. Der Mensch ist somit (nicht nur, aber in besonderer Hinsicht) „Ort" der Offenbarung Gottes, weil vor allem im Modus der *„reflektierten Erscheinung (...)* ihm die Gottheit Gottes offenbar und *als solche bewußt* werden kann.“[164] Ohne diese „Reflexionsleistung", zu der allein der Mensch als Geschöpf Gottes fähig ist, bliebe das Verständnis seiner Herrschaftsstellung im Sinne der Beauftragung leer und seine Stellung als Gegenüber der Natur unverständlich. Für die Trias von Gott, Mensch und Geschichte ergibt sich, dass erst eine reale Geschichte die Voraussetzung dafür ist, dass der Mensch in diesen Vorgang eingestimmt werden kann und die nur eher theoretisch-mögliche Beziehung zur faktisch-vollzogenen, realen wird. Erst die *offene* Geschichte kann das einlösen, was damit gemeint ist, wenn vom Menschen als Wesen geredet wird, das den Ruf Gottes wahrnehmen und ihm antworten kann. Gott selbst hat diese Geschichte eröffnet und sich von ihr affizieren lassen, „eben weil er in ihr seine Ehre, die Anerkennung seines Gottseins aufs Spiel setzt“[165]. Diese Geschichte lässt so „den Menschen zum *möglichen Partner Gottes* qualifiziert [erscheinen; A. H.]: *zum freien Gegenüber Gottes auf der Erde. Und eben darin, meine ich, dürfte wohl der Kern der Gottebenbildlichkeitsaussage liegen.*“[166]

Pröpper begründet die so erreichte Kernaussage mit biblischen Befunden und den exegetischen Kommentaren diverser Autoren, die er exemplarisch erwähnt.[167] Für den beschrittenen Gedankengang soll an dieser Stelle nur noch festgehalten sein, dass die Gottebenbildlichkeitsaussage von Gen 1,26 f. universal gültig ist „und somit der Bildcharakter des Menschen (auch nach dessen Abfall

---

163 TA, 178.
164 TA, 178 f.
165 TA, 179.
166 TA, 179.
167 Besonders einschlägig sind hier die Erkenntnisse von WESTERMANN, Claus: Genesis, Band 1: Genesis 1–11, Neukirchen-Vluyn ²1976, 203–222, bes. 214–218.

von Gott) als *unverlierbar*"[168] gelten kann. Dies ist nun insofern von Relevanz für eine (theologische) Anthropologie, als „durch die Wesensbestimmung, die wir für die menschliche Gottebenbildlichkeit fanden, das geschöpfliche *Wesen des Menschen* gekennzeichnet ist."[169] Diese Wesensbestimmung ist also eine sozusagen genuin anthropologische Aussage.

Nur noch in knapper Form soll erläutert werden, ob die zuvor proklamierte Aussage über den Kern der Gottebenbildlichkeitsaussage sich mit den neutestamentlichen Zeugnissen verträgt oder ob sich Konflikte ergeben. Das Grundproblem lässt sich etwa so formulieren, dass gefragt werden muss, wie die Gottebenbildlichkeit in der Schöpfung für alle Menschen *einerseits* vorausgesetzt werden dürfe und sie *andererseits* von Paulus[170] allein (!) der Person Jesu Christi zugesprochen wird. Liegt hier nicht ein unüberwindbarer Widerspruch vor? Der Schlüssel zur Beantwortung dieser Frage liegt nun darin, dass die Beziehung beider so unvereinbar scheinenden Aussagen als *Bestimmungsverhältnis* gedacht werden muss. Denn mit diesem Terminus steht der Weg offen, eben nicht mehr zugunsten der einen oder der anderen Aussage tendieren zu müssen, sondern eine Wechselseitigkeit ausdrücken zu können: Gerade dann, wenn gilt, dass die paulinischen Aussagen über Jesus wahr sind, können die Aussagen über die geschöpfliche Gottebenbildlichkeit als deren Voraussetzung und Bestätigung gelten. Im Modus des gottentsprechenden Verhaltens des Menschen ist seine „wesenhafte Ansprechbarkeit und Antwortfähigkeit gegenüber Gott impliziert"[171], quasi mit ausgesagt. Mit der Person Jesu Christi als Mittler dieses realen Entsprechungsverhältnisses[172] bleibt es als solches von Gott begründet denkbar und unterminiert den Aspekt der allgemeinen, universalen Gottebenbildlichkeit nicht. Vielmehr kann nun eingelöst werden, was mit der paulinischen Prädikation des „ἔσχατος Ἀδάμ"[173] auf Jesus gemeint ist: Dass er wie alle Menschen die Anlage dazu besitzt, sie erfüllte und so aber auch erst durch ihn offenbar wurde, „wozu nun *alle* Menschen berufen sind und schon erschaffen wurden: was sie nach seinem Vorbild sein *sollen* und durch ihn ermöglicht, in seiner Nachfolge und Gemeinschaft, werden *können*: seinem Gott (wie er selbst) wahrhaft entsprechende Menschen."[174] Zusammengefasst ist also die Sichtbarkeit dessen, was das gottgewollte und gott-

---

168 TA, 185.
169 TA, 185.
170 Vgl. 2 Kor 4,4 und Kol 1,15, die von Pröpper als relevanteste Stellen genannt werden.
171 TA, 189.
172 Vgl. TA, 189.
173 Vgl. 1 Kor 15,45–49.
174 TA, 189. Vgl. auch NITSCHE: Christologie, 22 f.: „Dass Gott sich in der Geschichte der Menschen selbst bestimmt und konkret wird, dass er nicht nur Menschen als Ebenbilder will, sondern aufgrund dieser gewollten Ebenbildlichkeit des Menschen auch selbst Menschsein von innen heraus ergreift und in Jesus zum Ur-Bild aller menschlichen Ebenbildlichkeit wird, macht das Zentrum des christlichen Glaubens aus."

gefällige Ziel des Menschen ausmacht, in der Person Jesu offenbar geworden und eben darum seine Mittlerrolle bestätigt, ohne die im Menschen ohnehin schon vorhandene Anlage zur Gottesgemeinschaft zu übergehen. Eschatologisch aber bedeutet dies, dass die „*reale Zielbestimmung jener noch offenen menschlichen Wesensmöglichkeit*"[175] angesprochen ist, die in der Person Jesu Christi zu ihrem Höhepunkt gekommen ist. Er ist es, der exemplarisch in seiner Existenz so von Gottes Liebe her und auf sie hin gelebt hat, wie jeder Gläubige es tun sollte und was mit dem „zur *Erfüllung* gelangende[n] Menschsein"[176] gemeint ist. Pröpper begreift also die Person Jesu als Exemplum des eschatologischen Geschehens, das in ihm selbst begonnen hat, die Gläubigen zu *imagines christi* macht und durch deren angenommenes Heilsangebot Gottes Wirken damit auf Erden sichtbar gemacht wird. Der Prozess der Heiligung, der in der Taufe begründet und im Glauben gelebt wird, ist quasi res mixta: „Die eschatologisch bestimmte Gottebenbildlichkeit ist somit unverdienbare Vorgabe, beanspruchende Aufgabe und verbürgte Verheißung zugleich: ein von Gott initiierter realer geschichtlicher Prozeß mit eschatologischer Perspektive."[177] Gänzlich falsch wäre es nun, diesen Prozess als von der Gegenwart isolierten aufzufassen. Denn bereits im heutigen Dasein kann die spürbare Wirkung dessen ausgemacht werden, was noch aussteht. Spürbar ist sie als „Unterbrechung der alles beherrschenden Macht des Todes über das Leben: widerstehende Überwindung der das Dasein lähmenden und die Liebe hindernden Angst."[178] Erst wenn die Angst keine Macht mehr über mich hat, bin ich im eigentlichen Sinn der Liebe fähig. Und diese aufscheinende Freiheit zur Liebe ist unabdingbare Voraussetzung dafür, dass ich Gott ganz und trotzdem bzw. gerade deswegen voll entsprechen kann und so seine Ehre erfülle: „Gottes Liebe – die Ehre des Menschen; Gottes Ehre – der frei ihm entsprechende Mensch."[179]

Neben dem Alten Testament[180] ist es das neutestamentliche Zeugnis, namentlich der Römerbrief, der nun im Hinblick auf die Sündigkeit des Menschen und der Frage danach, wie diese sich zu seiner Gottebenbildlichkeit verhält, folgende Differenzierung bietet: Das Faktum der Sünde sei „nicht als Zerstörung, sondern eher als Perversion und Verkehrung der Gottebenbildlichkeit"[181] zu verstehen, die auch durch das Tun der Sünde nicht unwiderruflich verloren gehen kann. Trotzdem sei es der „Verlust der Herrlichkeit Gottes"[182], der hier tatsächlich stattfinde, so Pröpper in Anschluss an Paulus. Diese Differenzierung wird nun durch *Irenäus*

---

175 TA, 190.
176 TA, 190.
177 TA, 194.
178 TA, 194.
179 Vgl. TA 194.
180 Pröpper nennt hier Gen 5,1–3.
181 TA, 214.
182 TA, 214.

von Lyon aufgegriffen, mit dem Begriffspaar imago (Bild) und similitudo (Ähnlichkeit) terminologisch festgeschrieben und so eine bis heute gültige „Grundoption der katholischen Theologie"[183] bereitgestellt. Mit dem Bildbegriff kann dies noch weiter explizit werden: Während „eikon" oder „imago" „das Abbild des göttlichen Urbildes"[184] bezeichnen und das als menschliches Wesensmerkmal gelten kann, so beschreibt die homoiosis (*nicht:* homousios) bzw. similitudo die *aktualisierte* Gottesgemeinschaft – die Ähnlichwerdung mit Gott – in ihrer anzustrebenden sittlichen Vollkommenheit, die jedoch auf Gottes Gnade angewiesen bleibt. Diese Unterscheidung steht nun unter einer christologischen Justierung dergestalt, dass erst durch Jesus das Abbild, der Mensch, überhaupt zu seiner Bestimmung erst gelangen kann, weil er nun erst um seine *eigentliche* Anlage weiß: „es wird vielmehr durch die Gottähnlichkeit, die Christus auf geschichtlich ursprüngliche Weise verwirklicht, das wesenhafte Bildsein des Menschen auf sein eigentliches, unerwartetes Ziel ausgerichtet und dabei auch selbst überhaupt erst vollends *enthüllt.*"[185] So wird verständlich, wie die menschliche Anlage zur Gemeinschaft mit Gott als Aktualisierung ihrer Bestimmung mit Jesus Christus als ihrer Justierung im Geschichtsverlauf gedacht werden kann und dass die Unterscheidung zwischen imago und similitudo auch so zur Bewährung kommt.

Pröpper warnt vor einer zu vorschnellen Gleichsetzung der Begriffe εἰκὼν und ὁμοίωσις. Auch wenn es Anhaltspunkte dafür gebe, diese mit der Entsprechung von Natur und Gnade oder Natürlichem und Übernatürlichem gleichbedeutend zu verstehen, sei dies aufgrund gänzlich anderer Verstehensvoraussetzungen nicht möglich, also sozusagen ein Anachronismus. Gleichwohl seien die Inhalte, die der grobe Begriffsrahmen der Unterscheidung zwischen εἰκὼν und ὁμοίωσις zeichnet, zutreffend und nützlich:

> „Eindeutig sind freilich die Eckdaten ihrer Bildtheologie [gemeint sind an dieser Stelle Irenäus, Hieronymus und Marius Victorinus; A. H.]: zum einen der absolute Geschenkcharakter der Christusähnlichkeit, zum anderen die Unverlierbarkeit der Bildhaftigkeit, die jedem Menschen von seinem Geschaffensein her zukommt und die durch Christus, da sie in der Sünde entstellt und verborgen war, wiederhergestellt und zu ihrem Ziel geführt wird"[186].

Gemeinsamkeiten im Denken der genannten Personen lassen sich also dann ausmachen, wenn ihre Konzeptionen etwas abstrahiert und auf ihre Implikate hin formalisiert gefasst werden.

---

183 TA, 214.
184 TA, 215.
185 TA, 216.
186 TA, 217.

Weil das platonische Denken eine strengere Unterscheidung zwischen menschlicher Geistnatur und dem Wirken der göttlichen Gnade nicht zuließ, da sie die „dynamische Gottbezogenheit (...) überdies als stets schon im Wirkbereich der Gnade"[187] wirksam und tätig dachten, so sehr verfestigt sich die Vorstellung, dass „das Bild schon als Keim der Vollendung und zu ihr bewegte Sehnsucht gedacht"[188] werden. Denn so entsteht der Eindruck, dass die Vollendung praktisch den Ursprung des Bildes immer schon überlagert. Die Vorstellung eines Bildes, dessen Vollendung im Ursprung bereits implizit enthalten ist, lässt umso weniger eine Differenzierung zwischen Ursprung und Vollendung zu, je mehr einer Seite das wie auch immer zu denkende Übergewicht zugesprochen wird, bzw. je flacher das Gefälle zwischen diesen beiden Größen gedacht wird.[189] Auf diese Weise lassen sich dann auch die Konzeptionen des Origenes und Gregors von Nyssa verstehen, wobei Origenes die menschliche Freiheit als *Vehikel zur eigenmächtigen Vollendung* ansieht, die jedoch ihrer Anlage nach mit der Schöpfung dem Menschen schon geschenkt wurde und Gregor von Nyssa diesen Punkt ähnlich versteht, jedoch noch die Vorstellung vom „idealen und eschatologisch auf Christus hin entworfenen Bildes, das der Mensch eigentlich von der Schöpfung her ist"[190], in seine Theologie impliziert.

An dieser Stelle sollen zwei Theologen genannt werden, die sich besonders gut dieser Unterscheidung zuordnen lassen, da sie ihr gewissermaßen Vorschub leisten, insofern sie ihr „mit ihrem berechtigten Interesse an den geschöpflichen Voraussetzungen des Gnadengeschehens deutlich entgegenkommen"[191]. Hier wäre zunächst *Kyrill von Alexandrien* zu nennen, der das Bildhafte des Menschen „einmal in der auf Gott und die Tugend gerichteten Vernunft, zum anderen als Gabe des Heiligen Geistes und Teilhabe an der göttlichen Natur"[192] verwirklicht sieht. M. E. kann man hier sogar nicht nur eine Doppelung von menschlichen Voraussetzungen und göttlicher Vervollkommnung herauslesen, sondern evtl. sogar schon eine Vorform der Unterscheidung von philosophischer und theologischer Anthropologie, da die genuin menschlichen Voraussetzungen, sich ja gerade aus der philosophischen Reflexion speisen, wenn von der autonomen Vernunft die Rede ist. Trotzdem besteht bei derartigen Versuchen auch die Gefahr, die theologischen Konzeptionen womöglich unrechtmäßig zu verkürzen und zu verfälschen, wenn man sie unreflektiert in vorgefertigte Verstehensraster einzuordnen versucht. Man wird wohl zugeben dürfen, dass den entsprechenden

---

187 TA, 218.
188 TA, 218.
189 Vgl. TA, 218.
190 TA, 219. Der Gedanke von Christus als Zielpunkt der Schöpfung erinnert an die Vorstellung Teilhard de Chardins, der Jesus als Omegapunkt der Evolution auffasst.
191 TA, 219.
192 TA, 219.

Kirchenvätern die Unterscheidung zwischen Philosophie und Theologie geläufig war, sie jedoch natürlich noch nicht in einer wissenschaftlich-methodischen Präsenz zugegen war. Vielmehr gab es in diesem Zusammenhang wohl Grauzonen beider Disziplinen und daher auch Schnittmengen in ihren Inhalten, die nicht explizit diskutiert wurden, weil sie als selbstverständlich galten.[193] Ähnlich wie Kyrill fasst auch Augustinus das Bildhafte des Menschseins auf zweifache Art: Überhaupt *gottesfähig, capax Dei*, ist der Mensch „durch die natürliche Gotteserkenntnis, die seiner metaphysischen Natur als Vernunftwesen entspricht, auf der zweiten [Art oder Ebene; A.H.] wird er *particeps Dei* [also teilhabend oder teilhaftig an Gott; A.H.] durch die übernatürlichen Gaben."[194] Wie bei Origenes fungiert die Freiheit bei Maximus Confessor als Mittel, welches dem Menschen zwar naturhaft schon zu eigen ist, jedoch insofern der Gnade bedarf, insofern erst mit ihr das naturhafte prozesshaft zur Vergöttlichung führt. Die Freiheit ist so stets Teil dieses Prozesses, jedoch nichtsdestoweniger auf die Gnade angewiesen, um das ihr inhärente Höchste erreichen zu können; sie ist auf beiden Ebenen wirksam, jedoch kann sie von sich aus mindestens das Ziel des gnadenhaften Prozesses nicht erreichen. Man kann sich diesen Prozess auch wie eine Kippfigur vorstellen, welches aus unterschiedlichen Perspektiven betrachtet einen anderen Aspekt *innerhalb* des Bildes zeigt: Je nach Perspektive ist etwa ein Hase oder eine Ente zu sehen, trotzdem bleibt das Bild dasselbe. Bezogen auf die Thematik hier ließe sich festhalten, dass die Freiheit in beiden Bildern erhalten bliebe, jedoch zwei unterschiedliche Arten ihrer Gestalt (= zwei Ebenen) vorliegen. Insbesondere ist dasselbe Ausgangsbild (d. h. Freiheit) nötig, um die beiden anderen Bilder sehen zu können – Gottes Gnade kann nicht an der Freiheit vorbei wirksam sein.[195]

In historischer Perspektive setzt die Scholastik des Mittelalters die angebahnte Unterscheidung im Sinne der Dopplung „des Begriffspaares *imago – similitudo* im Licht der Differenzierung des Übernatürlichen vom Natürlichen, die jetzt ihre bewußte Ausbildung findet und für die Theologie selbst strukturbildend wird"[196], fort. In Anlehnung an eine dreifache Differenzierung des Imago-Be-

---

193 Vgl. hierzu exemplarisch TA, 218, Anm. 243: „Aufgrund der für sie [gemeint sind die Kirchenväter; A.H.] selbstverständlichen Bezogenheit der Schöpfungs- auf die Heilsordnung sowie der allenfalls sich erst andeutenden formellen Unterscheidung von Philosophie und Theologie brauchte ihnen eine solche Differenzierung nicht dringlich zu erscheinen."

194 TA, 219.

195 Dass dieser Vergleich auch die systematische Schwierigkeit aufweist, dass in ihm beide Bilder als quasi gleichbedeutend gelten und anders als bei den hier vorgestellten theologischen Modellen, keine Hierarchie gilt, sei noch erwähnt.

196 TA, 220.

griffes und der Frage, ob in jedem Menschen das Ebenbild Gottes auszumachen sei, spitzt Thomas den Bildbegriff so zu:

> „Da nämlich, so Thomas, der Mensch insofern in höchster Weise nach dem Bilde Gottes geformt ist, als die Geistnatur Gott in höchster Weise nachahmen kann, die höchste Nachahmung Gottes durch sie aber in der Nachahmung seiner Selbsterkenntnis und Selbstliebe geschieht"[197],

muss das Ebenbild Gottes, das der Mensch ist, in dreifacher Hinsicht verstanden werden: erstens als natürlich geeignet hierzu, zweitens in seiner durch Gnade bewirkten noch nicht vollkommenen Weise der Gottesliebe und schließlich als Ebenbild der Herrlichkeit Gottes dazu fähig, ihn vollkommen zu lieben.[198]

Auffällig ist hierbei, dass die beiden letztgenannten Aspekte, also die imago gratiae und imago gloriae sich inhaltlich sehr ähneln und nur scheinbar einen graduellen Unterschied besitzen. Erstere war im Vergleich zu letzteren unvollkommen. Bei der Frage des inneren Zusammenhangs dieser beiden zur erstgenannten imago naturae kann diese „das Verständnis der geschöpflichen Gottebenbildlichkeit als der ‚natürlichen‘ Voraussetzung der Begnadung des Menschen nun so eindeutig wie möglich"[199] fixieren. Anders formuliert: Gerade aus der Bekräftigung der letztgenannten Teile der dreifachen Gottebenbildlichkeit wie sie Thomas formulierte und diese der similitudo zugeordnet werden können, so offenkundig erscheint dann die erste Form der Gottebenbildlichkeit als natürliche Eignung für die Rede vom Menschen als imago gratiae und gloriae.

Hinsichtlich der Frage, ob und inwiefern sich dies auch auf Adam applizieren ließe, treten nun seit der Scholastik weitere Begriffe hinzu, die es ermöglichen, weiter zu differenzieren:

> „In der Lehre von Schöpfung, Urstand und Fall des Menschen wird nämlich bei der Frage, ob Adam im Stand der *gratuita* oder nur der *naturalia* erschaffen sei, zwischen einer *imago secundum naturalia* und einer *imago secundum gratuita* unterschieden und mit dieser Begrifflichkeit das Problem der *Urstandsgnade* behandelt."[200]

Diese kommt dem Menschen *zusätzlich* zu seiner ohnehin schon innewohnenden Gottebenbildlichkeit zu, macht die sog. *iustitia originalis*, die Urstandsgerechtigkeit denkerisch möglich und geht durch den Sündenfall dann wieder verloren.[201]

---

197 TA, 221.
198 Vgl. S.th. I,93,4.
199 TA, 222.
200 TA, 222.
201 Vgl. TA, 222.

Zusammenfassend lässt sich festhalten, dass die auf Irenäus zurückgehende unterscheidende Konzeption der Gottebenbildlichkeit die wirkmächtigste ist, was ihren Niederschlag in der noch heute gültigen Fassung in der katholischen Position findet. Die dann jedoch stattfindende Unterscheidung zwischen natürlicher und übernatürlicher Ordnung suggeriert jedoch eher eine Konzeption, in der der eine Bereich nur vom anderen noch abgelöst werden müsse und die Art und Weise ihrer inneren Kohärenz fraglich bleibt:

„Je weiter die gedankliche Ablösung der natürlichen Ordnung voranschritt und beide wie in sich geschlossene Bereiche erscheinen ließ, desto weniger war ihre innere Zuordnung zu erkennen und desto unverständlicher wurde, vor allem, die menschliche Bedeutung des christlichen Glaubens überhaupt."[202]

Je distinkter die einzelnen Aspekte, desto unklarer also ihre Verwiesenheit aufeinander. Trotzdem gab es auch schon aussichtsreiche Versuche, die verloren gegangene Aufeinanderbezogenheit der menschlichen Natur zur göttlichen Gnade und damit auch ihr rechtes Verständnis wieder verständlich zu machen, wobei Pröpper besonders auf Romano Guardini verweist und mit einem längeren Zitat von ihm, welches sich inhaltlich dem dialogischen Personalismus zuordnen lässt, Aussagen über den Menschen zu seinem Gottesverhältnis macht, die die ontologische Differenz beider ebenso wie das spezifisch menschliche beachten und gerade auf diese Weise einen Hinweis darauf gibt, wie Gnade sinnvoll gedacht werden kann, indem sie die angedeuteten Schwierigkeiten auch eines Extrinsezismus vermeidet.[203]

Was die Vorstellung einer „werdenden Gottebenbildlichkeit" angeht, wozu Pröpper exemplarisch die Position des evangelischen Systematikers Wolfhart Pannenberg zählt, sei gesagt, dass eine derartige Position nach dem bereits von Pröpper etablierten Begriff der Gottebenbildlichkeit nur noch in einer ganz bestimmten Hinsicht verstanden werden kann. Es steht nämlich damit nicht mehr der Weg offen, ein *Werden* dieser Gottebenbildlichkeit im Hinblick „auf die geschöpfliche und unverlierbare Bestimmung des Menschen zur Gottesgemeinschaft"[204] zu beziehen, was den zuvor erwähnten Begriff modifizieren würde. Stattdessen rückt hier stärker das andere Implikat von

---

202 TA, 223.
203 Vgl. TA, 224. Die im Werk Pröppers an dieser Stelle folgende Betrachtung der reformatorischen Position soll deswegen übergangen werden, weil ihre Darstellung letztlich nur ein Negativbeispiel für die von Pröpper propagierte Konzeption darstellt. Vgl. auch die Ausführungen zur Begründung der referierten Inhalte zu Beginn dieses Hauptkapitels. Es soll darum nur noch der Begriff einer werdenden Gottebenbildlichkeit erläutert werden.
204 TA, 261.

Pröppers Begriff der Gottebenbildlichkeit in den Blick, nämlich nicht die Anlage des Menschen zur Gemeinschaft mit Gott, sondern „die Verwirklichung dieser Bestimmung, also das Werden der *aktuellen* [Hervorhebung: A. H.] Gottesgemeinschaft"[205]. Die Aussage, „daß diese Anlage schon am Anfang der Menschheitsgeschichte verwirklicht gewesen sein muß"[206] widerspricht dem Konzept einer werdenden Gottebenbildlichkeit noch nicht, insofern ja ein sukzessiver Prozess der Verwirklichung der Gemeinschaft von Gott und Mensch hiermit vereinbar wäre – die Person Jesu Christi wäre dann so etwas wie das unüberbietbare Exempel dieses Prozesses. Dem steht allerdings entgegen, dass sowohl nach katholischer als auch reformatorischer Vorstellung Einigkeit darüber besteht, „daß die Gottebenbildlichkeit im Sinne der aktuellen Gottesgemeinschaft (...) am Anfang der Menschheitsgeschichte schon einmal bestanden hat, nämlich in der Vollkommenheit des Urstands der ersten Menschen vor dem Sündenfall."[207] Diese Vorstellung war sehr nachhaltig wirksam, was sich etwa in den zahlreichen Fantasievorstellungen äußerte, in denen „das eschatologische Zielbild ins protologische Urbild eingezeichnet"[208] wurde. Alle Inhalte, die direkt oder indirekt mit der Wirklichkeit der Sünde zu tun hatten oder irgendwie von ihr affiziert denkbar sein könnten, fanden hierin keinen Platz. Umso widersprüchlicher muss es darum erscheinen, dass ein Gespräch zwischen Theologie und Naturwissenschaften, genauer der Evolutionstheorie an dieser Stelle relativ schnell in eine Aporie führt. Die naturwissenschaftlichen Kenntnisse über die Entstehung des Menschen machen die erwähnte Vorstellung eines Urstandes wenig wahrscheinlich, was direkte Konsequenzen gerade auch auf die Sündenthematik nach sich ziehen muss, denn „viele Probleme stellen sich neu: so vor allem die Frage nach der Möglichkeit, dem Anfang und der Allgemeinheit der Sünde, die uns im zweiten Teil beschäftigen muß."[209]

Historisch betrachtet lässt sich der Beginn des Gedankens einer werdenden Gottebenbildlichkeit zu Beginn der Neuzeit verorten, insofern hier eine Epoche beginnt, in der der Mensch selbst Gegenstand etwa auch philosophischer Reflexion wird. So kommt es zu einer „neuen Selbsterfahrung des Menschen (...), der sich seiner besonderen Stellung innerhalb der Natur bewußt wird, seine Möglichkeiten eines verändernden Weltverhaltens entdeckt und sich zum primären Subjekt der eigenen Geschichte bestimmt."[210] Dem menschlichen Handeln wird jetzt viel zugetraut, es verhält sich zu den Vorfindlichkeiten der Welt in einer freien und kreativen Weise, insofern es ihm möglich ist, neue Dinge aus dem

205 TA, 261.
206 TA, 261.
207 TA, 262.
208 TA, 262.
209 TA, 262.
210 TA, 262.

bereits vorhandenen hervorzubringen. Auch auf das Subjekt des Handelns selbst lässt sich dies beziehen: die Vorstellung vom Menschen, der in der Lage ist, gerade auch sich selbst aus eigener Kraft „immer vollkommener zu machen"[211], wird jetzt vorherrschend. Diese neu entdeckte Freiheit, deren Wege durch die Gegebenheiten der Welt nicht vorgezeichnet sind, sondern gerade darum *als* frei zu deklarieren sind, müssen dabei noch nicht in Konkurrenz zu religiösen Vorstellungen stehen:

> „Inmitten des wohlgeordneten Universums ist er (der Mensch) das nicht festgestellte, sich selbst zur Gestaltung überantwortete Wesen – wobei seine sittlich-religiöse Zielbestimmung jedoch außer Frage steht. Und in diese Perspektive werden nun auch der Gedanke der Gottebenbildlichkeit und die Gestalt Christi eingezeichnet."[212]

Einen Hinweis darauf, wie diese Aspekte nun miteinander in Beziehung stehen und wie die genannte religiöse Pointe ihr zugeordnet werden kann, gibt Pico della Mirandola in seinem Werk „Über die Würde des Menschen":

> „Endlich beschloß der höchste Künstler, daß der, dem er nichts Eigenes geben konnte, Anteil habe an allem, was die einzelnen jeweils für sich gehabt hatten. Also war er zufrieden mit dem Menschen als einem Geschöpf von unbestimmter Gestalt, stellte ihn in die Mitte der Welt und sprach ihn so an: ‚Wir haben dir keinen festen Wohnsitz gegeben, Adam, kein eigenes Aussehen noch irgendeine besondere Gabe, damit du den Wohnsitz, das Aussehen und die Gaben, die du dir selbst aussersiehst, entsprechend deinem Wunsch und Entschluß habest und besitzest. Die Natur der übrigen Geschöpfe ist fest bestimmt, und wird innerhalb von uns vorgeschriebener Gesetze begrenzt. Du sollst dir deine ohne jede Einschränkung und Enge, nach deinem Ermessen, dem ich dich anvertraut habe, selber bestimmen. Ich habe dich in die Mitte der Welt gestellt, damit du dich von dort aus bequemer umsehen kannst, was es auf der Welt gibt. Weder haben wir dich himmlisch noch irdisch, weder sterblich noch unsterblich geschaffen, damit du wie dein eigener, in Ehre frei entscheidender, schöpferischer Bildhauer dich selbst zu der Gestalt ausformst, die du bevorzugst. Du kannst zum Niedrigeren, zum Tierischen entarten; du kannst auch zum Höheren, zum Göttlichen wiedergeboren werden, wenn deine Seele es beschließt.'"[213]

---

211 TA, 263.
212 TA, 263.
213 Pico della Mirandola, Giovanni: De dignitate hominis. Über die Würde des Menschen, lateinisch-deutsch, übersetzt von Baumgarten, Norbert/Buck, August (Hg.), Hamburg 1990, 5–7.

Pico vermengt also den stark gemachten und deutlich im Vordergrund stehenden göttlich *verdankten* Freiheitsgedanken des Menschen und knüpft ihn an seine religiöse Bestimmung, sodass Anspruch und die Maßgabe des Menschen darin bestehen, das Leben im ethisch wertvollen Sinne zu führen. Seinen Höhepunkt erreicht dieser Gedanke in seinem „Zielbild in Jesus Christus, der auch Pico als Gottes wahres Ebenbild gilt: als ein wahres Ebenbild freilich im Sinne der vollendeten Realisierung der Würde des Menschen."[214] Die Würde des Menschen finde laut Pröpper ihre Einlösung in Jesus Christus, insofern er den Anspruch eines ethisch wertvollen Lebens im Sinne Picos, d. h. frei und darum in Würde, zum Ausdruck gebracht und wahr gemacht hat.

Die erwähnte sittlich positive Lebensführung bleibt auch in der Folgezeit im philosophischen Denken erhalten und „gewinnt nun den Sinn der sittlichen Selbstvervollkommnung des Menschen"[215], dessen weitreichende Konsequenzen sich gerade auch darin zeigen, dass dieser Aspekt der Sittlichkeit nun als Vorlage für Interpretationen religiöser Vorstellungen und Begriffe fungiert, indem das richtige Handeln eng auf sie bezogen und teilweise in einen kausalen Zusammenhang gebracht wird.[216] Gerade das Wechselverhältnis beider Größen lässt dann aber die dahinterstehende und übergeordnete Frage nach dem Verhältnis von Glaube und Vernunft, von Theologie und Philosophie aufkommen. Denn je enger dieser Bezug gedacht wird, desto mehr drängt sich die Frage nach dem genuin Eigenen der Relata auf. Wenn die Ethik als ein wesentliches Arbeitsfeld philosophischen Denkens verstanden wird – und dies verhält sich seit ihren Anfängen so – dann fällt es *umso* schwerer, eine Glaubenswahrheit oder einen Offenbarungsinhalt in bleibender Unverfügbarkeit zu denken, *je* enger Ethik (Philosophie) und Glaubensinhalt (Theologie) aufeinander bezogen werden. Pröpper nennt in diesem Zusammenhang Spinoza, der in seinem Beispiel gerade diesen Unterschied zwischen Philosophie und Theologie leichtfertig zu verwischen scheint.[217] Dies führt dann auch dazu, dass ein Philosoph wie Immanuel Kant es der praktischen Vernunft durchaus zutraut, von sich aus zur Erkenntnis des moralisch wertvollen zu gelangen und damit die „Urbildlichkeit Jesu Christi, die nach Paulus (wie wir sahen) primär den Sinn des ermöglichenden Ursprungs und des begründenden Anfangs und erst dann des verpflichtenden Vorbilds hat,"[218] mindestens relativiert zu sein scheint.

So wird dann auch verständlich, dass die Offenbarungsinhalte keine Wahrheiten beinhalten, die der Mensch nicht auch von sich aus erreichen könnte – deren *Bedeutung* besteht dann nur noch darin, dass sie ihm *vor* ihrer Refle-

---

214 TA, 264.
215 TA, 264.
216 Vgl. TA, 264.
217 Vgl. TA, 264.
218 TA, 264.

xion durch die Vernunft zugetragen wurden.[219] Die Offenbarung hat somit eine quasi-maieutische Funktion, die bei Lessing gerade auch in Form der Vorsehung Gottes deutlich wird, insofern hier eine Art Erziehungsverhältnis von Gott zum Menschen angedeutet ist, auf das Letzterer aus Gründen seiner wahren Menschwerdung angewiesen ist.[220] Auf ähnliche Weise versteht auch Herder den Prozess werdender Gottebenbildlichkeit, insofern er den Menschen zwar einerseits als defizitär, gerade darum aber auch als zu Höherem berufen begreift. Trotzdem begegnet ein zuvor genanntes Problem in etwas andersartiger Gestalt nun erneut: Denn je stärker die Sukzessivität der Gottebenbildlichkeit betont wird, desto schwieriger wird es, einen paradiesischen Urstand mit dieser Vorstellung zu vermitteln:

„Keine Spur also mehr von einer Urstandslehre, die von den Reformatoren noch festgehalten und sogar noch ausgestaltet worden war. Vielmehr steht Adam jetzt für den dunklen Anfangspunkt des Prozesses, in dem sich die Menschheit aus triebverfangener Tierheit zu ihrer eigentlichen Bestimmung emporringt.“[221]

Das so gezeichnete gegenläufige Bild wird gerade deshalb provoziert, je stärker der Endpunkt der Geschichte als moralisches Ziel und damit auch ihr Weg dorthin als positiv aufgefasst wird. Dieser ist begleitet vom göttlichen Walten, welches in der Konzeption von Wolfhart Pannenberg aufgegriffen und „so nahe wie möglich an das Verständnis Herders von der menschlichen

---

219 Vgl. LESSING, Gotthold Ephraim: Die Erziehung des Menschengeschlechts, Leipzig 1855, §4, 12.
220 Vgl. TA, 265. Das so konzipierte Bild eines göttlichen Erziehers erinnert an die Paideia-Vorstellung der östlichen Kirchen, die eine wichtige Rolle in der antiken Philosophie und dann auch im spätantiken Christentum spielte.
221 TA, 266. Ein solch verstandener Optimismus gegenüber der Geschichte und dem menschlichen Zutrauen in sie ist bei Herder einerseits durch den theologischen Begriff der Vorsehung, der Providentia motiviert. Andererseits begegnet aus theologischer Sicht auch ein Problem, das jegliche Motivation in die Geschichte in Frage stellen kann: das der Theodizee. Deutlicher als bei Herder oder Lessing ist das auf Immanuel Kant zurückgehende Diktum, dass „[j]ede Generation, versehen mit den Kenntnissen der vorhergehenden, (...) immer mehr eine Erziehung zu Stande bringen [kann; A.H.], die alle Naturanlagen des Menschen proportionierlich und zweckmäßig entwickelt, und so die ganze Menschengattung zu ihrer Bestimmung führt.“ (KANT, Immanuel: Werke VI. Über Pädagogik. Schriften zur Anthropologie, Geschichtsphilosophie, Politik und Pädagogik, WEISCHEDEL, Wilhelm (Hg.), Darmstadt ⁸2016, A 13.), geführt werden soll. Dem stehen jedoch die Ereignisse gegenüber, die gerade im 20. Jahrhundert in Form von zwei Weltkriegen stattgefunden haben und was diese Zeit zweifellos zu einem der grauenhaftesten Jahrhunderte der Weltgeschichte machte, sodass eine solche Konzeption notwendigerweise an Grenzen stoßen muss.

Selbstvervollkommnung"[222] angelehnt wird. Systematisch verdichtet formuliert: Die göttliche Vorsehung, sowie „innere" Faktoren wie das Vernunftwirken, die Tradition und die wechselseitige Belehrung anderer Menschen zeichnen dafür verantwortlich, dass die Verwirklichung dessen gelingen kann, was Gott selbst im Menschen bereits angelegt hat und „also die mit Religion vereinte Humanität ist"[223].

Dass die Gottebenbildlichkeit im Horizont neuzeitlicher Philosophie stark in einem ethischen Sinn gedeutet wurde, kann nun mit einigen Gründen behauptet werden. Nach Kant war es Hegel, der bereits erwähnten obsolet gewordenen Sündenfall und den Urstand wieder aufgriff und im Lichte seiner Philosophie des Geistes deutete:

> „Denn *Hegel* versteht unter der *imago Dei* den Geist, wie er ‚an sich' in der kindlichen Unmittelbarkeit des Menschen zu Gott und Natur schon vorhanden ist, ohne doch zu sich selbst schon gefunden zu haben oder in Hegels Sprache: ohne ‚für sich' geworden zu sein."[224]

Grund für das letztgenannte Fürsichsein ist der Sündenfall, durch den das genannte Begriffspaar getrennt wurde, jedoch so „den notwendigen Anfang des Wissens [markierte; A. H.], in dem allein der Geist sein bewusstes Leben haben kann."[225] Die Einheit des An- und Fürsichseins sei erst beim Wissen des Absoluten von sich gegeben, das Absolute zeige sich im endlichen Geist des Menschen, in seinem Bewusstsein, als wahrer Geist.[226]

Im Kontext evangelischer Theologie war es Schleiermacher, dessen Konzeption ebenfalls den Begriff des Bewusstseins verwendet, jedoch in einer eher doppelten Hinsicht: Die Person Jesu Christi „ist Urbild des wahren Menschen, weil in ihm das Gottesbewußtsein, das an sich im unmittelbaren Selbstbewußtsein jedes Menschen schon wesenhaft angelegt ist, so ursprünglich und so kräftig hervortritt, daß es jeden Augenblick seiner Existenz durchdringt und beherrscht."[227] In diesem Duktus sei dann auch der Begriff der *Erlösung* zu verorten, da die Sünde Ausdruck eines defizitären Gottesbewusstseins der Menschen sei, sodass nur durch Bezugnahme auf den Erlöser Christus dieser Zustand überwunden und die Bestimmung des Menschen eingelöst werden könne: „Also bildet die wahre *imago Dei* das Ziel der Menschheitsentwicklung, geleitet vom Ideal der

---

222 TA, 266.
223 TA, 266.
224 TA, 267.
225 TA, 267.
226 Vgl. TA, 267.
227 TA, 268.

Kulturdurchdringung aus dem schlechthinnigen Gottesbewußtsein heraus."[228]
Diese Konzeption Schleiermachers war sehr wirkmächtig und erfuhr viele systematische Fortschreibungen.

Nach diesen Bemerkungen zu Schleiermacher resümiert Pröpper die Erkenntnisse dieses Kapitels, indem er sie zugleich als mit anderen von ihm bereits genannten systematischen Voraussetzungen als kompatibel, erhellend und erschließend ausweist: Es „kam mir darauf an, die wesenhafte Gottebenbildlichkeit des Menschen als seine unverlierbare Bestimmung zur Gemeinschaft mit Gott zu verstehen"[229], womit Pröpper sich klar von der evangelischen Theologie distanziert, die das systematische Gewicht deutlich auf die Seite Gottes verlagert und darum die ihm gegenüber gebrachte menschliche Zugewandtheit in Freiheit einen nicht derart großen argumentativen Raum wie bei Pröpper selbst einnimmt. Positiv formuliert sei die Bestimmung zur Gemeinschaft mit Gott zu verstehen

„im Sinne einer im geschöpflichen Wesen des Menschen verankerten Ansprechbarkeit für Gott, die durch Gottes freie Zuwendung erfüllt, aber auch vorausgesetzt wird und bei der Realisierung der Gottesgemeinschaft sich ihrer steten Angewiesenheit auf Gottes Gnade bewußt ist."[230]

Hiermit ist die terminologische Fixierung der Gottebenbildlichkeit im Sinne Pröppers angemessen erfasst. Das Verhältnis zwischen Gott und Mensch mutet also im Vergleich zu evangelischen Konzeptionen ausgeglichener und viel mehr von ihrer *bleibenden* Freiheit durchzogen an. Eine in jeglicher Form den Menschen vereinnahmende Handlungsweise Gottes ist von Pröpper bewusst und entschieden vermieden.

Anders formuliert: Dieses Kapitel ist ein Hinweis darauf, dass die teilweise schon einleitend vorausgesetzten Aussagen zumindest anfanghaft als gültig erachtet werden können, insofern die Bestimmung des Menschen zur Gemeinschaft mit Gott sich biblisch nicht nur begründen, sondern sich auch als deren Nukleus und damit als inhaltliche Bestimmung der Gottebenbildlichkeit ausweisen ließ. Ihre Verortung in der Heiligen Schrift und die in diesem Kapitel darum erfolgte Analyse im Gefüge der alt- und neutestamentlichen Aussagen trugen ihrem systematischen Gewicht Rechnung: „Der Begriff der Gottebenbildlichkeit gehört – trotz seines nur vereinzelten und randständigen Auftretens in der Schrift – zu den *biblischen Grundpfeilern* einer theologischen Anthropologie."[231]

---

228 TA, 268.
229 TA, 269.
230 TA, 269.
231 Langenfeld, Aaron: Zur Frage nach der Ansprechbarkeit des Menschen für Gott, in: Lerch, Magnus/Langenfeld, Aaron: Theologische Anthropologie, Paderborn 2018, 145–166, 151.

Ein systematischer Bruch zwischen Altem und Neuem Testament war für diesen Gedanken nicht auszumachen. Im Gesamtzusammenhang von Pröppers Werk ist dieses Kapitel darum so einzuordnen, als es zunächst einmal die eingangs vorausgesetzte anthropologische Grundthese bestätigt und so für die weiteren Ausführungen in den folgenden Kapiteln als aussichtsreich in Anschlag gebracht ist – und damit auch für die Fragestellung der vorliegenden Studie.

In den Überlegungen dieses Kapitels war die traditionelle Unterscheidung zwischen imago und similitudo ein wichtiger Aspekt, deren jeweiliger begrifflicher Inhalt prima facie nicht widersprüchlich ist. Bei einer kritischen Lesart kann sich jedoch die Frage stellen, inwieweit beide Aspekte sich zueinander verhalten und wie die o. g. so wichtige Angewiesenheit, die Pröpper beständig in seiner gesamten TA erwähnt, hiermit vereinbar ist. Das Folge- oder Überhangproblem, welches an dieser Stelle aufbricht, ist die *„Kontroverse über das Verhältnis von Natur und Gnade“*[232], welches innerhalb Pröppers Werk an dieser Stelle folgen würde. Für die Bearbeitung der Fragestellung der vorliegenden Arbeit ist diese Thematik aber nur mittelbar relevant, insofern mit dem an dieser Stelle bereits fixierten Begriff der Gottebenbildlichkeit auch direkt zum wohl systematisch zentralsten Kapitel des ersten Teilbandes übergeleitet werden kann, da dort die zentrale Bestimmung des Menschen zur Gemeinschaft mit Gott weiter entfaltet wird und die beiden vorangegangenen Kapitel 4 und 5 innerhalb von Pröppers TA dort zwar aufgegriffen werden, jedoch schon im Hinblick auf ihre gültigen Erträge referiert werden. Aus diesem Grund scheint es m. E. ausreichend, die entsprechenden Themen lediglich im Lichte der Erkenntnisse des finalen Kapitels des ersten Teilbandes betrachtend zu referieren und keine gesonderte Analyse des vierten und fünften Kapitels der TA1 vorzunehmen.

Zuvor jedoch sei eingegangen auf die philosophische Reformulierung des transzendentallogischen Freiheitsbegriffs, ohne den zentrale Eigenarten des Freiheitsdenken unverständlich blieben und der darum zunächst erörtert werden soll.

III.3.3 Die Einlösung der bisherigen Erträge

Das sechste und damit letzte Kapitel des ersten Teilbandes der TA stellt innerhalb Pröppers eigener Systematik eine Art Angelpunkt im Gesamtgefüge seiner Theologischen Anthropologie dar. Warum und inwiefern sich dies so verhält, soll durch die folgenden Ausführungen verdeutlicht werden. Zu diesem Zweck ist zunächst ein kurzer Rückblick auf die Methodik der TA angeraten, da er

---

232 TA, 270.

gewissermaßen übergeleitet zu dem systematischen und inhaltlichen Kern des finalen Kapitels des ersten Teilbandes.

Die Voraussetzung, unter der die TA grundsätzlich steht, ist die theologische Aussage, dass der Mensch zur Gemeinschaft mit Gott bestimmt ist. Diese Aussage kann nun weiter differenziert werden, indem man die unbedingte Bejahung des Menschen durch Gott als Erfüllung dieser Bestimmung und die menschliche Sünde als Verfehlung dieser Bestimmung begreift. Durch Analyse der „Grundwahrheit des christlichen Glaubens"[233] lässt sich diese anthropologische Aussage der Theologie deduktiv gewinnen und mithilfe biblischer Aussagen des AT wie des NT bestärken. Sie konnte einerseits „so auch in direkter Weise theologisch legitimiert werden"[234], andererseits aber auch „der *philosophischen* Besinnung"[235] zugänglich gemacht werden, da es sich ja auch um einen genuin anthropologischen Inhalt handelt, für dessen Betrachtung die Philosophie besonderes Interesse hegt. Innerhalb der TA1 wird dies explizit in den Kapiteln 4 und 5 vorgenommen, die das Verhältnis der menschlichen Natur zur göttlichen Gnade und bestimmte Modelle einer Gottbezogenheit des Menschen behandeln. Diese Kapitel waren innerhalb der vorliegenden Studie deswegen nicht Thema der Reflexionen, weil sie von Pröpper zumeist problemorientiert und darum schon entsprechend zugespitzt formuliert wurden. Sie werden in diesem Kapitel zwar aufgenommen, eine ausführliche Behandlung wäre jedoch wenig zielführend gewesen, weil im finalen Kapitel der TA1 – dessen Referat nun unmittelbar bevorsteht – ohnehin nur dasjenige rezipiert wird, was als gültiger Ertrag dieser Aspekte bestehen bleibt, sodass es m. E. ausreichend sein kann, auf die jeweils entsprechend tiefergehenden Ausführungen in Pröppers Werk in den Anmerkungen hinzuweisen und sich stattdessen auf die Reflexionen des sechsten und letzten Kapitels der TA zu konzentrieren.

Die nun anstehende Aufgabe besteht darin, die Erkenntnisse der vorangegangenen Überlegungen auszuwerten und miteinander zu verzahnen. Das bisherige Bemühen, das der nun anzugehenden Aufgabe unmittelbar vorausging, folgte der Ansicht, gewissermaßen „implizit" das für Pröpper typische Freiheitsdenken zu etablieren, indem „dieses bei Gelegenheit, sei es als Instanz der Kritik der einschlägigen Positionen oder als Andeutung von Alternativen, auch ausdrücklich ins Spiel kam."[236] Anders formuliert: Bevor es in diesem Kapitel nun darum gehen soll, eine kohärente Konzeption zu formulieren, dienten die vorherigen Überlegungen dazu, auf dieses Unternehmen quasi vorzubereiten, da sie es nahelegten, auf die nun anstehende Aufgabe überzuleiten. Dies stellt sich nun

---

233 TA, 488.
234 TA, 488.
235 TA, 488.
236 TA, 488.

beispielweise so dar, dass das Freiheitsdenken quasi als „verdeckte Verstehens-folie" dazu gedient hat, Schwächen in der Argumentation oder Inkonsistenzen der Überlegungen anderer Konzeptionen bereits aufzeigen zu können. So sollen die nachstehenden Ausführungen die bisherigen Überlegungen bündeln, in sich aufnehmen und bruchlos miteinander verfugen und sie nach der Trennung ihrer gültigen von den ungültigen Elementen in eine *geordnete Kohärenz* bringen – kann das intendierte Konzept diese Ansprüche einlösen?

Pröpper selbst weist darauf hin, dass der gebündelte Begriff „*Ansprechbarkeit*"[237] die zuvor erwähnte Bestimmung des Menschen zur Gottesgemeinschaft gut zum Ausdruck bringe und dafür geeignet sei, die in seinem Begriff liegenden Implikate zu erläutern.

Die Antwortfähigkeit des Menschen: Die vorherigen Überlegungen haben die formal unbedingte Freiheit des Menschen als die „*Instanz seiner Antwortfä-higkeit* im Gegenüber zu Gott"[238] aufzuzeigen versucht. Zur Erlangung dieser Er-kenntnis kann man auch via negativa gelangen: Gälte er nicht, kann nicht mehr verstanden werden, wie ein von Gott unterschiedenes Wesen in die Lage dazu versetzt werden könnte, „Gott als Gott an[zu]erkennen und deshalb Gott auch nur ihm das Höchste: in seiner Liebe sich selbst, schenken"[239] könnte. Dafür, dass die christliche Botschaft der Liebe Gottes überhaupt beim Menschen ankommen soll, gilt darum auch für Gott, dass er die menschliche Freiheit achten muss, um sie und sich selbst nicht zu diskreditieren. Auf diese Weise wird verständlich, wie und warum Form und Inhalt der christlichen Botschaft nicht zwei vonei-nander distinkte Größen sind, sondern die menschliche Freiheit vielmehr die denkerisch notwendige Voraussetzung zur Antwort des Menschen zu Gott ist. Ohne sie bliebe unklar, wie das schöpferische und gnadenhafte Handeln Gottes sich zu der Größe „Mensch" sinnvoll verhalten könnte: Denn nur wenn die Frei-heit mit dem Schöpfungshandeln vorausgesetzt und durch das Gnadenhandeln beansprucht wird, kann gedacht werden, dass es sich jederzeit um „denselben Menschen" handelt, den Gott trotz einem *vor* und *nach* der Gnade anspricht. Die Instanz der menschlichen Freiheit fungiert sozusagen als Schnittstelle oder Scharnier für die „Differenz von Gottes Schöpfungs- und Gnadenhandeln"[240]. Dass Gott die menschliche Freiheit achten muss, damit seine Botschaft zu ihrer vollen Entfaltung gelangen kann, bedeutet wie angedeutet also auch, dass Gott „*sich selber dazu bestimmt hat, sich von der menschlichen Freiheit bestimmen zu lassen*"[241] und dies auch tun „muss", um den Menschen zu erreichen und um dessen Vertrauen, den Menschen in der Instanz seiner freien Affirmation

237 TA, 488.
238 TA, 489.
239 TA, 489.
240 TA, 489.
241 TA, 490.

gewinnen zu können.[242] Nur eine so gedachte Zustimmung zur Liebe Gottes ist auch zugleich die höchste und würdevollste.[243] Wenn Gott aber die Freiheit des Menschen achten muss und er auch auf ihn zu antworten vermag, macht es wenig Sinn, die Umstände, in denen dieses freie Zustimmen stattfindet (die Welt), als nicht frei zu denken. Darum muss die Geschichte, in der dieses Geschehen unweigerlich denkerisch vorausgesetzt wird, ihrerseits als freie betrachtet werden: Die Welt und das Geschehen in ihr *muss* als eine offene Geschichte gedacht werden, mit der Begriffe wie Prädestination und Vorsehung zumindest dann unvereinbar sein müssen, wenn sie so aufgefasst werden, dass für Gottes Achtung der menschlichen Freiheit kein denkerischer Spielraum mehr bleibt. Denn wie könnte einerseits die menschliche Freiheit in ihrer formalen Unbedingtheit mit einer wie auch immer zu fassenden Determinierung weltlicher Ereignisse zusammengedacht werden?

Ein weiteres Merkmal des Begriffs Ansprechbarkeit zielt auf den Aspekt der Hinordnung des Menschen auf ein Ereignis der *Unverfügbarkeit* ab. Dieser Begriff ist angebracht, weil hier ein Geschehen gemeint ist, das nur dann sinnvoll als „frei" bezeichnet werden kann, wenn es aus einer anderen Freiheit als der eigenen entspringt. Die Begriffe „frei" und „unverfügbar" bedingen sich praktisch, ein freies Geschehen kann nicht gleichzeitig verfügbar sein. In die theologische Sprache übersetzt könnte formuliert werden: Wenn Gott die Liebe ist (und das ist wohl eine der grundlegendsten Aussagen des Christentums), dann kann er diese Botschaft nicht anders als auf einem Weg kommunizieren, der dieser Botschaft *gemäß* ist. Dies gilt erst recht dann, wenn Gott dies nur so umsetzen kann, indem er die Instanz der formal unbedingten Freiheit des Menschen achtet. Kurzum: Ein Gott der Liebe kann nur mit Mitteln der Liebe handeln, will er sich selbst als dieser kundtun. Dass das Freiheitsdenken bereits implizit als „Korrektor" fungiert hat, kann im 4. Kapitel der TA1 gesehen werden, wo das Freiheitsdenken einen möglichen Ausweg für das Natur-Gnade-Problem bot, indem man „die Freiheit als inneres Moment der Gnade selbst und das heißt: als ihren ständigen Ursprung"[244] begreift, der es ermöglicht, eben die zuvor genannte Unverfügbarkeit wieder einzuholen und so die Gratuität, also die mögliche, verdankte Erfüllung des Menschen zur Gottesgemeinschaft sicherzustellen: „Nur was aus unverfüg-

---

242 Vgl. Menke, Karl-Heinz: Sünde und Gnade: dem Menschen innerlicher als dieser sich selbst?, in: Böhnke, Michael/Bongardt, Michael/Essen, Georg/Werbick, Jürgen (Hgg.): Freiheit Gottes und der Menschen. Festschrift für Thomas Pröpper, Regensburg 2006, 21–40, 38: „Gott verpflichtet sich in souveräner Freiheit dazu, sich mit keinen anderen Mitteln gegen den einzelnen Menschen oder die Geschichte insgesamt durchzusetzen als mit denen der unbedingten Anerkennung der einmal geschenkten Andersheit der geschöpflichen Freiheit."

243 Vgl. TA, 490.

244 TA, 490f.

barer Freiheit begegnet [d. h. die Gnade Gottes in ihrer Gratuität; A. H.], kann die Freiheit, die wir selbst sind, erfüllen."[245] Diese Unverfügbarkeit meint also nicht, dass dem zwischenmenschlichen Erleben diese Erfahrung gänzlich entzogen ist, genauerhin verhält es sich genau gegenteilig: Die Erfahrung von Liebe setzt quasi als conditio sine qua non voraus, dass diese Liebe aus Freiheit geschieht, um wirklich zu sein. Theologisch gesprochen: Die Gnade ist gerade dadurch, dass sie stets *als* freie geschenkt ist, durch Gratuität gekennzeichnet.

Ein weiteres Implikat des vorausgesetzten Begriffs der Ansprechbarkeit ist die *Verstehbarkeit*. Die theologisch so zentralen Begriffe der Offenbarung und auch der von Pröpper vorausgesetzten Wahrheit, dass Gott sich selber dazu bestimmt habe, sich vom Menschen bestimmen zu lassen, würden ohne Sinn bleiben, wenn nicht gleichzeitig und zuvor vorausgesetzt würde, dass der Mensch

> „das einzige Wesen auf Erden [sei; A. H.], dem die Gottheit Gottes bewußt werden kann, so daß nicht nur Gott sich ihm offenbaren und für ihn sich bestimmen kann, sondern umgekehrt auch der Mensch diese Zuwendung Gottes als solche wahrzunehmen und Gott ausdrücklich anzuerkennen vermag."[246]

Dann aber gilt, dass eine Voraussetzbarkeit und prinzipielle Aufweisbarkeit dessen theoretisch denkbar sein muss, was „zumindest und vor allem anderen die Möglichkeit der Existenz Gottes, eines zur freien Mitteilung fähigen Gottes näherhin"[247] meint. Pröpper rekurriert hier auf das voran gegangene Kapitel, das ja einige Modelle der menschlichen Gottbezogenheit zum Thema hatte. Wichtig hierbei ist es, den Mehrwert des Freiheitsdenkens für die erörterten Modelle festzuhalten: Denn wenn man Pröpper zugibt, dass diese Modelle „mehr zu beweisen versuchten, als es philosophisch noch möglich und theologisch erforderlich scheint"[248], dann lässt sich dieser Befund m. E. auch als eine Art Ungleichgewicht ihrer Kompetenzen beschreiben, für das das Freiheitsdenken einen denkerischen Ausweg bietet, soll heißen: Das Freiheitsdenken vermag es, die Schwächen und Inkonsistenzen der bearbeiteten Modelle *als* Schwächen aufzuzeigen und auf diese Weise auch sicherzustellen, dass Philosophie und Theologie in ihrem je eigenen Kompetenzbereich verbleiben: Denn mithilfe des Freiheitsdenkens bietet sich die Möglichkeit, den theologisch notwendigen *Minimalgehalt*, dessen Bildung und Formulierung der Philosophie zufällt, begrifflich fassbar machen zu können: Indem die freie Vernunft dazu in der Lage ist, restlos alles Kontingente und sich selbst als Kontingentes denken zu können und dies dann auch

---

245 TA, 491.
246 TA, 491.
247 TA, 491.
248 TA, 491.

transzendieren zu können, eignet ihr zugleich die Fähigkeit, nach absoluter Begründung fragen zu können und auf diese Weise die Bildung des Gottesgedankens der Vernunft selbst zuschreiben zu können. Die bis dato eruierten Hinweise, die das Freiheitsdenken angedeutet hat, sind durchaus aussichtsreich, auch wenn die Formulierung einer *kohärenten Konzeption*, die ihre validen Elemente in sich vereint, noch aussteht.

Das letzte, vierte Implikat ergibt sich aus dem bereits Gesagten. Wenn unterstellt wird, dass der Mensch ansprechbar für die christliche Botschaft ist, dann ist damit auch gemeint, dass diese Botschaft, nach christlichem Verständnis, für das gesamte Menschsein von Relevanz ist: Gott ist das für unser Menschsein unbedingt angehende, seine Botschaft betrifft uns universell und existenziell.

Bevor nun die angedeutete Aufgabe bearbeitet und ein zusammenhängendes Konzept vorgestellt werden soll – das bei Pröpper im Dienste des philosophischen Denkens einen Möglichkeitsaufweis für Gottes Dasein leistet – sei noch einmal kurz an den methodischen Standpunkt erinnert, von dem nun Ausgang genommen wird. Auf diese Weise tritt in Deutlichkeit hervor, welchen Stellenwert der unmittelbar anstehende Schritt hat und inwiefern das künftige eine Antwort auf die bereits gestellten Fragen und Probleme sein kann und so den (nun bevorstehenden Fragen-) Kreis schließen soll.

Bereits sehr früh in den Überlegungen der TA macht Pröpper auf eine zentrale Unterscheidung aufmerksam, die sich inhaltlich und methodisch durch das gesamte Werk durchhält: Die Differenzierung zwischen philosophisch / fundamentaltheologischer und hermeneutisch / dogmatischer Fragestellung. Erstere meint die von den genuin theologischen Inhalten noch unabhängigen anthropologischen Überlegungen, die sich mithilfe des philosophischen Denkens erreichen lassen und gerade darum aber dem theologischen Nachdenken nicht gleichgültig sein können: Ist die Philosophie doch, wie Pröpper an vielen Stellen bemerkt, die Hauptbezugsdisziplin der Theologie. Anders formuliert: Diejenigen Aspekte, die im Zuge eines rein philosophischen Nachdenkens nach der Frage, was die menschliche Ansprechbarkeit für Gott meine, haben noch nichts mit theologischen Inhalten sui generis zu tun: Es gilt, rein philosophisch, mit Mitteln der Vernunft, nach den Aspekten einer möglichen Gottesbeziehung oder Ansprechbarkeit für Gott zu suchen. Demgegenüber besteht die Aufgabe der Dogmatik darin, diejenigen Inhalte, die nicht mehr (nur) philosophischen Ursprungs sind, sondern „die genuin theologischen Inhalte selbst in einer Sprache und einem Denken zu entwickeln, die menschlich vollziehbar und als vernünftig vertretbar sind"[249]. So wichtig und zentral diese Unterscheidung ist (m. E. auch gerade für die Anliegen der philosophischen Grundfragen der Theologie allgemein, in der häufig diese nicht vorhandene Bezugnahme zwischen Philosophie und Theologie

---

[249] TA, 492 f.

beklagt wird), so sinnvoll ist es doch auch, die Verwiesenheit beider Aspekte aufeinander zu bedenken: Denn nur, wenn ein und dasselbe philosophische Vorgehen, derselbe methodische Ansatz für beide Aufgabenteile angewandt wird, können „beide Aufgaben in angemessener, nämlich systematischer Weise" erfüllt werden: Ein Variieren innerhalb der Methode kann daher nicht zielführend sein, da es bereits gewissermaßen nicht der Einsicht der menschlichen Vernunft entspricht: ist diese doch auf Identität angelegt, die per definitionem nur aus Einheit bestehen kann und auf Einheit „angelegt" ist: „Was immer ein Mensch für überzeugend und wahr hält, geht daher in sein Verstehen des vernommenen Glaubensinhaltes ein: möchte er doch als Subjekt seines Glaubens wie seines vernünftigen Denkens und Erkennens mit sich identisch sein."[250] Dann aber muss dies erst recht für ein theologisches Denken gelten, da gerade in ihm ja der Status des Glaubens und Fürwahrhaltens zum Ausdruck kommt. Gerade weil der Akt des Glaubens ein genuin menschlicher ist, kann dieser Glaube schon allein darum nicht einem regelgeleiteten Nachdenken verschlossen sein, mehr noch: er muss vernünftig einsichtig sein und das heißt nun auch, dass das methodische Rüstzeug zur Erschließung des Glaubens „einem einheitlich-kohärenten Denken entstammen"[251] muss: *fides quaerens intellectum.* Zudem ist festzuhalten, dass dies beanspruchte Denken seinerseits bestimmten Anforderungen genügen muss, um die genannte Aufgabe zu erfüllen. Auch in diesem Zusammenhang lässt sich die zuvor bereits häufig geltend gemachte Unterscheidung zwischen philosophischem und theologischem Denken durchhalten: *Einerseits* darf sie als theologisch in Anspruch genommene Denkform die Glaubenswahrheit, also die genuin theologischen Aussagen keinesfalls verfälschen oder durch ihre Eigenart umformen. *Andererseits* darf sie in der Instanz philosophischen Denkens den Kriterien der Vernunft nicht verschlossen bleiben. Beide Aspekte in positiver Wendung noch einmal zusammengefasst: Die methodisch angewandte Denkform, also das Freiheitsdenken

> „muß nämlich nicht nur – als *theologische* Denkform – der Gegebenheitsweise der Glaubenswahrheit entsprechen und sich für ihr Verstehen als geeignet erweisen, d. h. mit ihr kompatibel und für sein Bestimmtwerden durch sie noch offen sein, zugleich aber ihren Inhalt als sinnvoll, sogar als unbedingt bedeutsam einsehen lassen und überdies Kategorien bereitstellen, die sich bei seiner Explikation wie auch durch ihr Lösungspotential für anfallende Probleme bewähren. Vielmehr muß es auch und zunächst einmal – als *philosophisches* Denken – vernünftig, also in sich konsistent und für die Vernunft als Instanz wahrer Einsicht vollziehbar sein."[252]

---

250 TA, 493.
251 TA, 493.
252 TA, 493 f.

Soweit einige Vorbemerkungen bzw. Rückbezüge zu den nun folgenden Ausführungen, die den systematisch-methodischen Ausgangspunkt des Freiheitsdenkens zum Thema haben, sodass nun zum Kern des Gedankens übergeleitet ist: „Das freie Ich als Prinzip"[253]. Warum und inwiefern aber eignet sich gerade dieses Prinzip dazu, den Anforderungen standzuhalten und die zu bewältigenden Aufgaben anzugehen?

Eine erste Antwort auf diese Frage und eine erste Annäherung an das vorauszusetzende Denkprinzip kann versucht werden, indem man sich den Begriff „Liebe" vergegenwärtigt und ihn sozusagen „theologisiert": Setzt man voraus, dass Gottes Liebe sich in der Geschichte Jesu offenbart hat, muss dies als *Freiheitsgeschehen* gedacht werden. Dies ist so wenig Anthropomorphismus, so deutlich sich diese Liebe im Tun Jesu für die Meschen zeigt und diese Liebe so für ihn verstehbar werden soll. Gerade in zwischenmenschlichen Situationen tritt der Zusammenhang von Liebe und Freiheit besonders deutlich zu Tage: Liebe ohne Freiheit ist per definitionem nicht denkbar, ein Oxymoron: Authentische Liebe muss ihren Ursprung aus *freier* Entscheidung, aus unverfügbarem Ursprung haben, um sie selbst zu sein. Aus biblischer-theologischer Sicht wäre hier etwa die Befreiung Israels aus Ägypten zu nennen, aus christlicher Sicht dann aber natürlich die Gestalt Jesu:

> „Einzig und unmittelbar an den Gott der Liebe gebunden, lebt und begründet er eine Freiheit, die Vollmacht und Hingabe zugleich ist: Freiheit für andere, welche die Bedrückten und Verurteilten aufrichtet und allen die Möglichkeit öffnet, in der Zuwendung Gottes sich selbst neu zu finden und das eigene Leben aus ihr zu bestimmen."[254]

Weil der Zusammenhang zwischen Freiheit und Liebe derart zwingend ist, dass sogar (bzw. gerade [!]) der Gott der Liebe diesen achten muss um sich selbst eben *als* diesen Gott der Liebe in seiner Offenbarung zu uns nicht unglaubwürdig zu machen, kann er nur mit den *Mitteln* der Liebe handeln: „hat doch er selbst schon die Freiheit der Menschen, die er zu gewinnen suchte, *geachtet*: sichtbar eben am Weg Jesu in seiner bis zuletzt seine spezifische Vollmacht der Liebe bewährenden Bereitschaft zur Ohnmacht."[255] Denn welche Berechtigung, welchen Wert und welche Glaubwürdigkeit hätte die christliche Botschaft eines Gottes der Liebe, wenn die Person, die für sie steht, eben diese Botschaft im letzten widerrufen hätte und nicht bis zum letzten, bis in den Tod für diese Botschaft gestanden hätte? Umso höher und kaum überschätzbar muss diese Entschieden-

---

253 TA, 494.
254 TA, 495.
255 TA, 495.

heit bewertet werden: „Und Gott achtet sie [die menschliche Freiheit; A. H.], da er sich zum Gekreuzigten bekannte, *definitiv*: weil ja nur ein freies Geschöpf ihn als Gott anerkennen und er deshalb auch nur ihm das Höchste: in seiner Liebe sich selbst, schenken kann."[256] Gott würde also nicht nur seine eigene Botschaft der Unglaubwürdigkeit preisgeben, sondern auch denjenigen, für die diese Botschaft bestimmt ist, Unrecht tun: denn sie kann nur das sein, was sie sein soll, wenn sie auch in Freiheit erwidert wird: Liebe von Gott und Liebe ihm gegenüber: Liebe Gottes als genitivus subiectivus und obiectivus.

Gleichwohl bleibt festzuhalten, dass jeder Beweis von Freiheit, gerade auch dann, wenn er im Dienste einer Metaphysik steht, als unmöglich gedacht werden muss: Eine wissenschaftlich-objektive Betrachtung von Freiheit muss scheitern, da sie lediglich subjektiv-erstpersönlich wahrgenommen werden kann und sich daher einer allgemein deskriptiven Beschreibung entzieht[257].

> „Indessen spricht gegen derartige Versuche, daß ihre objektivierende Betrachtung zumeist schon im Ansatz die Ursprünglichkeit menschlicher Freiheit verfehlt und dann (...) im Ergebnis die Freiheit gegenüber Gott nicht zu denken, ihre von ihm selbst anerkannte Unbedingtheit nicht zu würdigen und den menschlichen Widerspruch gegen ihn nur als ontologischen Selbstwiderspruch zu beurteilen vermag."[258]

Mit anderen Worten: Wird die Freiheit in Missachtung ihrer je subjekthaften Verfasstheit, die sich durch Ursprünglichkeit und Unbedingtheit auszeichnet, falsch erfasst, so kann dies gerade auch für das theologische Denken ernsthafte Problematiken nach sich ziehen: Aus falschen Prämissen werden falsche Schlüsse gezogen, da ein objektivierender Fragemodus zentrale Aspekte der menschlichen Freiheit nicht zu erfassen vermag.

Doch auch wenn das vorausgesetzte Freiheitsdenken die genannten Bedingungen denkerisch einholen könnte, darf festgehalten werden, dass diese Denkform gerade so als ergebnisoffenes Verfahren verstanden werden muss: „kann man sich der Angemessenheit eines Denken für die Wahrheit des Glaubens doch nicht vorab, sondern allein dadurch versichern, daß man es mit ihm versucht und diesen Versuch, sofern er gelingt, dann beständig erweitert."[259] In vollem

---

256 TA, 495.
257 Bereits Immanuel Kant hat in diesem Zusammenhang jedoch darauf aufmerksam gemacht, dass die Tatsache, dass Freiheit nicht zu beweisen ist, nicht zu der Annahme führen muss, dass sie damit auch schon verworfen werden muss. Vielmehr muss sie so gedacht werden, dass sie dem einzelnen Subjekt unterstellt werden muss, um ihm als moralisches Subjekt gerecht werden zu können.
258 TA, 496.
259 TA, 498.

Umfang eingelöst wird die Bedeutung dieses Diktums m. E. im zweiten Band der TA, da erst dort genuin theologische Inhalte verhandelt werden (die Sünden- und Gnadenlehre), unter Inanspruchnahme und aus der Sichtweite des Freiheitsdenkens. Der erste Teilband ist wie gesehen eher durch philosophisches Denken motiviert, nämlich an dessen Ende als Resultat der Einlösung der gesamten voran gegangenen Überlegungen: „der Möglichkeits- und der Bedeutsamkeitsaufweis für die Grundwahrheit des christlichen Glaubens."[260] Zumindest was diese Aspekte angeht, kann das Freiheitsdenken sich nun bereits als sinnvoll erweisen und eine Begründung für seine Wahl liefern, indem es „sich an den eingangs genannten Erfordernissen, die aus der genuinen Bestimmtheit der theologischen Grundwahrheit für ihre Denkform resultieren, bewährt"[261] und so eine fundierte und tragfähige Konzeption in Aussicht stellt, die dann im zweiten Teilband der TA aufgegriffen wird und für die Sünden- und Gnadenlehre appliziert wird.

Wenn zuvor jedoch ein *Minimalgehalt* einer Idee von Gott erreicht werden soll, dann gilt allerdings noch ein weiterer Aspekt: Wenn auch nur die denkerische Möglichkeit dieser Gottesidee auch theoretisch bestehen soll, kann dies nicht ohne eine Voraussetzung getroffen werden, die im Träger desjenigen vorausgesetzt werden muss, der gleichzeitig dann auch das Ziel der Botschaft Gottes sein soll. Anders formuliert: soll die These gelten, dass derjenige, für den diese Idee Gottes letztlich von unbedingter Bedeutung sein soll, dann muss es eine „conditio sine qua non" dafür geben, ohne die „weder der Gottesgedanke in autonom-vernünftiger Einsicht bestimmbar noch die jeden Menschen unbedingt angehende Bedeutung der Selbstoffenbarung Gottes begründet vertretbar"[262] wäre. Diese Voraussetzung kann dann als „ein Unbedingtes, das im Menschen selbst vorausgesetzt werden darf,"[263] gefasst werden. Ist diese Vorbedingung aber erst getroffen und die Entscheidung zugunsten des Freiheitsdenkens vollzogen, muss zugleich auch das eingehalten werden, was es selbst vorschreibt. Dies ergibt sich vor allem aus dem Verständnis des Verhältnisses der Theologie zur Philosophie: ist das Freiheitsdenken als philosophisches Prinzip etabliert, muss sich die Theologie auch mit womöglich unbequemen Konsequenzen abfinden, die sich hieraus ergeben, soll heißen: die Theologie muss gerade wenn sie ihre philosophische Rechenschaftspflicht wahrnehmen will, sich den methodischen Eigenheiten des Freiheitsdenkens vergewissern, die ja ihrerseits für ihre Glaubwürdigkeit als Wissenschaft des Glaubens von Belang sind: „Denn eine ‚doppelte Wahrheit' kommt für die Theologie, will sie selbst sich nicht ruinieren, auf keinen Fall in Betracht."[264] Diese „doppelte Wahrheit" meint beispielsweise eine Divergenz der

---

260 TA, 498.
261 TA, 498.
262 TA, 498.
263 TA, 498.
264 TA, 499.

methodischen Eigenart bzw. der Prämissen im Verhältnis zwischen Philosophie und Theologie, extrem formuliert etwa auch eine willkürliche Methodik, die philosophisch nur dasjenige zu stützen vermag, was theologisch ohnehin schon als Wahrheit gilt. Stattdessen aber gilt es, sich beim Theologietreiben der Einheit des Denkens zu vergewissern, so dessen Glaubwürdigkeit zu sichern und neben der schon in Kapitel III.3 erhobenen theologischen Grundwahrheit „die Freiheit sogar zum zweiten Bestimmungsgrund der theologischen Aussagen, zu ihrem philosophischen Ko-Prinzip, zu erheben."[265]

Eine gewissermaßen methodisch einzulösende Forderung besteht zudem darin, dass dies philosophische Freiheitsdenken nicht nur in seiner „methodischen und argumentativen Autonomie, sondern auch auf das in der Neuzeit erreichte Selbst- und Freiheitsbewußtsein"[266] besonnen bleibt. Alles andere wäre methodisch defizitär: Dass Ergebnisse einer Denkrichtung nur dasjenige zutage fördern sollten, was bereits vermutet wird, widerspricht der ergebnisoffenen, mündigen Wissenschaft. Wird im verantworteten Sinne (theologische) Wissenschaft betrieben, muss das Ergebnis offen sein und die Methode zur Beantwortung der Frage legitimiert und anerkannt sein. Sie darf nicht nur wegen ihrer vermeintlichen Aussicht auf kurzweiligen Erfolg gewählt werden oder nur scheinbar der zu beantwortenden Frage Teile einer Antwort suggerieren.

Stattdessen aber zeigt(e) sich das Freiheitsdenken bisher zumindest als chancen- und damit aussichtsreiche Methode: Gerade im Hinblick auf den lange schuldig gebliebenen Anspruch der Theologie, die *anthropologische Wende* des Denkens mitzugehen und dann auch einzulösen, hat das Freiheitsdenken die Möglichkeit geboten – insbesondere beim Gottdenken der Neuzeit, welches etwa bei Descartes für eine Verinwendung bzw. Internalisierung des Gottesgedanken steht – bestimmte Aspekte klarer zu sehen, hinterfragen und auswerten zu können und sogar noch Antworten auf Desiderate geben zu können.[267] Das Freiheitsdenken ist dem Anspruch, den die anthropologische Wende an die Theologie stellt, also gewachsen: Denn es denkt Gott nicht einfach nur, sondern bedenkt auch die Bedingungen dieses Denkens: die menschliche Verfasstheit des Denkens, das Wie auf dem Weg zu Gott: das Subjektsein und den dreieinen Gott. Die zuvor genannte Hypothese eines im Menschen vorauszusetzenden Unbedingten kann vorausschauend zumindest dem Begriffe nach vom Freiheitsdenken als eingelöst gedacht werden, indem „es vor allem dem ursprünglichen *Interesse der Vernunft* gerecht wird, das Fragen und Begründen bis zur *Einsicht in ein Unbedingtes* zu führen!"[268] Zunächst jedoch bedarf es eines Begriffs von Freiheit,

---

265 TA, 499.
266 TA, 499.
267 Vgl. TA, 499.
268 TA, 499.

der zuallererst vorauszusetzen ist. Als menschliche Freiheit muss sie begrifflich so in Anschlag gebracht werden, dass ersichtlich ist, inwiefern sie „behauptet und als notwendiger Grund der formalen Unbedingtheit bestimmter Vollzüge des Menschen eruiert werden kann"[269].

III.3.3.1 Annäherung an eine Denkform

Bevor Pröpper allerdings eine systematische Konzeption vorstellt, die den Freiheitsbegriff bzw. den Begriff der formalen Unbedingtheit der Freiheit etabliert und expliziert, fragt er in einer *phänomenologischen* Annäherung nach bestimmten Ausformungen oder Vollzügen der Freiheit, die „durch nichts anderes erklärbar und somit formaliter unbedingt, d. h. frei sind, zugleich aber als Vollzüge des existierenden Menschen von Inhalten, Vorgegebenheiten und realer Bestimmtheit abhängen und insofern – materialiter – bedingt sind."[270] Anders formuliert: Es soll sozusagen vorsystematisch nur auf Grundlage der Gegebenheiten und Erscheinungen der Freiheitsvollzüge der Versuch unternommen werden, die formale Unbedingtheit der Freiheit zu eruieren, die diesen Vollzügen zu eigen sind bzw. ohne die sie nicht als möglich gedacht werden können. Weil dieses Vorgehen noch keiner strengen methodischen Eigenart folgt, bietet es kaum die Aussicht darauf, mit seiner Hilfe einen ausformulierten Freiheitsbegriff zu formulieren, dessen Eigenart erst durch Rückgriff auf das transzendentale Verfahren – das im anschließenden Unterkapitel referiert werden soll – aufgezeigt werden kann.

Doch zunächst zum phänomenologischen Weg: Pröpper bezeichnet die Freiheit, so wie sie bewusst wird, so:

> „*Zunächst* und am deutlichsten, denke ich, als das ursprüngliche und vom Menschen unabtrennbare Vermögen, zu schlechthin allem – zu Dingen, Ereignissen und zu Menschen, zu jeder Forderung und Behauptung, zu sich bietenden Möglichkeiten wie auch den bestimmenden Systemen der Notwendigkeit, zur Welt als ganzer und zu ihrem Grund und nicht zuletzt auch zum eigenen Tun, zur Vorfindlichkeit des eigenen Daseins und sogar der Freiheit selbst – *sich verhalten* zu können, d. h. jedes Gegebene distanzieren, es überschreiten und reflektieren und dann bejahen oder verneinen zu können."[271]

Dies letzte muss jedoch so verstanden werden, dass hiermit ein Sich-verhalten-Können derart gemeint ist, welches nicht primär ein passives Dahinvegetieren

---

269 TA, 500.
270 TA, 500.
271 TA, 501.

des Menschen meint, sondern vielmehr ein aktives „ins-Verhältnis-Setzen-Können". Dies schließt ein, dass Freiheit sich u. a. dadurch auszeichnet, alles Gegebene gedanklich in Distanz zu bringen, es transzendieren zu können, was „seinerseits aus dem Akt eines unbedingten und daher grenzenlosen Sichöffnens resultiert."[272] Mit dieser Fähigkeit der Reflexion, einer Art Auswertungs- und Hinterfragetätigkeit, ist es nun möglich, in einen Entscheidungsprozess einzutreten: „eine bloß faktisch bestimmende Notwendigkeit"[273] muss dann nicht im Widerspruch zur Freiheit stehen, wenn sie als solche reflektiert und sie nachträglich affirmiert wurde, anders formuliert: auch eine Notwendigkeit muss nicht durch Freiheit eliminiert werden bzw. nicht im unauflösbaren Widerspruch zu ihr stehen, wenn sie durch den reflektierten Gebrauch der Freiheit „zu einer durch Freiheit vermittelten und gesetzten und insofern begründeten Notwendigkeit"[274] gemacht wird oder eben das Gegenteil der Fall ist und keine Affirmation, sondern die Negation das Ergebnis der Entscheidung ist. Festzuhalten ist, dass auf diese Weise sowohl die Realität der Freiheit als auch eine Notwendigkeit oder Bestimmtheit gedacht werden kann.

Wäre aber eine derart verstandene Freiheit dasselbe wie bloße Wahlfreiheit oder schon mehr? Häufig wird Wahlfreiheit als defizitäre Freiheit aufgefasst, da ihre Alternativen bereits vorhanden sind und der tatsächliche Akt des Wählens häufig in Verdacht gerät, in seinem Ergebnis bereits festzustehen oder aber willkürlich zu sein.[275] Dem ist aber entgegenzuhalten, dass laut Pröpper vor allem

272 TA, 501.
273 TA, 502.
274 TA, 502.
275 Vgl. TA, 502. Zu diesem Aspekt gibt es einige wichtige Ergänzungen: Bereits David Hume hat über die angedeutete Frage nachgedacht, wie eine freie Wahl sich vom Zufall zu unterscheiden vermag (vgl. hierzu die Überlegungen zum libertarischen Freiheitsbegriff). Andererseits deutet sich hier bereits die Frage an, ob nicht auch ein Prozess des Überlegens im Ergebnis schon feststeht, bzw. dieser Prozess selbst als offener zu denken ist. Zu dieser Thematik hat Dieter Henrich in seinem Werk „Denken und Selbstsein" gerade auch in diesem Kontext einige interessante Überlegungen angestellt. Im Zuge einer „Quaestio exploranda" (HENRICH, Dieter: Denken und Selbstsein. Vorlesungen über Subjektivität, Frankfurt a. M. 2007, 294) untersucht Henrich in einer Art Phänomenologie bestimmte (v. a. alltägliche) Prozesse des Überlegens und des Setzens von Zielen. Im Fahrwasser kantischen Denkens erkundet er diese Situationen, um über ein Ausschlussprinzip zu einem Begriff von Freiheit zu gelangen, das sich gegen das Konsequenzprinzip „sperrt". Die so durchlaufenen Alltagssituationen bieten, so lässt sich resümieren, noch keinen Anhalt, einen Begriff von Freiheit zu fassen, der dem Konsequenzprinzip enthoben ist. So ist bei Henrich erst innerhalb des sittlichen Bewusstseins ein starker Sinn von Freiheit zu konstatieren, der dafür verantwortlich zeichnet, dass sich Sittlichkeit als „Verhaltens*art*" (LERCH, Magnus: All-Einheit und Freiheit. Subjektphilosophische Klärungsversuche in der Monismus-Debatte zwischen Klaus Müller und Magnus Striet, Würzburg 2009, 91) auszubilden vermag: „Frei ist somit nicht die Entscheidung, dies oder jenes, was gerade ansteht, zu tun oder zu unterlassen, sondern sich über solches Tun eine bestimmte Hand-

zwei weitere Aspekte relevant sind, um auch bei der Wahlfreiheit eine nicht irgendwie beschnittene Freiheit vermuten zu müssen, die häufig vermutet wird. Hier ist zunächst zu sagen, dass ein *rationaler* Prozess, in dem ein Abwägen und Auswerten der Gründe stattfindet, die letztlich das Ergebnis der Wahl beeinflussen und die eben darum, weil sie der Vernunft entspringen und damit rationaler Natur sind, nicht mit *naturalen* Prozessen identifiziert werden darf.[276] Zum anderen setzt eine Freiheit der Wahl eine Wahl der Freiheit voraus: Erst in der bewussten Entscheidung und Affirmation der Wahl ist sie als solche bezeichenbar. Mit Verweis auf Schelling würdigt Pröpper diese Selbstwahl der Freiheit als das, was dann auch die Sittlichkeit des Menschen betrifft: Erst wenn ein Mensch sich in seiner Freiheit übernimmt, „kann ja das Tun eines Menschen bewußte Entschiedenheit gewinnen und er selbst als Subjekt sich konstituieren."[277] Erst dieser Übernahmeprozess der eigenen Freiheit bietet also die denkerischen Mittel, um das Handeln eines Subjekts als sittlich gut oder verwerflich bewertbar machen zu können. Denn der Wille zu einer Freiheit, an dessen Ende eine gute oder böse Tat steht, macht ihn erst gut oder böse. Die angesprochene Selbstwahl, das Übernehmen der Freiheit, kann durch verschiedene Ereignisse hervorgerufen werden, in denen man als Mensch „gefordert" ist, sich eben wie weiter oben genannt, eben nicht nur verhalten, sondern aktiv „Stellung beziehen" muss. Eine

---

lungsweise anzueignen und in ihr zu leben, also in Beziehung auf sie ein solcher oder ein anderer zu sein. Eine Entscheidung aus Freiheit versetzt also in eine Lebensperspektive." Henrich: Denken und Selbstsein, 352. Dieses Freiheitsverständnis ist als Einlösung derjenigen These denkbar, die Immanuel Kant bei der Auflösung der dritten Antinomie seiner transzendentalen Dialektik zu erreichen intendierte und die darin bestand, die Irrelevanz einer geschlossenen Deduktionskette aller in der Natur vorkommenden Ereignisse für die subjekthafte Freiheit auszuweisen. Auf diese Weise sieht Henrich beim sittlichen Bewusstsein die Freiheit gegeben, die Wahl zu einem Lebensentwurf zu besitzen. Auch innerhalb der TA rekurriert Pröpper auf Henrich, vgl. TA, 613 – 628.876 – 879. M. E. hat Henrich mit seinen Ausführungen in „Denken und Selbstsein" nicht nur sein Freiheitsverständnis in die von ihm vertretene Alleinheitstheorie verortet, sondern auch einen philosophischen Freiheitsbegriff bestimmt, der in bestimmter Hinsicht gegen das Konsequenzprinzip behauptet werden darf, vor allem auch den bereits begegneten prozesshaften Charakter von Freiheit durch die Entscheidung zu einem Lebensentwurf sicherstellen vermag und schlussendlich ihre Rolle im Horizont der Subjektivität klärt. Vor allem die beiden letztgenannten Punkte könnten sogar Desiderate weiterer Forschung darstellen, insofern sie sich etwa mit den self-forming-actions von Robert Kane in Verbindung bringen lassen, für die er ja ebenfalls auf einen Prozess von Freiheit rekurriert. Zudem scheint die Verbindung zwischen self-forming-actions, Verantwortlichkeit (und damit Moralität) und freier Wahl zu einem individuellem Lebensentwurf gerade in einem jüngeren Beitrag Kanes aufzuscheinen und die sich mit den Anliegen Henrichs konvergieren lassen könnte (vgl. Kane: Traditional Libertarian Free Will, 21).

276 Vgl. TA, 502.
277 TA, 503.

bloß passive Gleichgültigkeit, die sich in einer Handlungsarmut niederschlägt, kann also niemals das Höchstmaß von Freiheit sein.

Wie aber kann gedacht werden, dass ein Wille ohne fremdbestimmte Einflüsse und darum nur durch sich selbst dazu in der Lage ist, sich einen Inhalt zu geben? Wichtig bei der Beantwortung dieser Frage ist es, dass nicht schon „der Inhalt aus der bloßen Form des Willens stamme, (...) weil der Gehalt dann rein formal bliebe und die leere Figur der Selbstsetzung des Willens keine Selbst-*bestimmung* ergäbe."[278] Gäbe es radikal gar keine Bestimmung, setzt sich der Wille erneut dem Verdacht der unbestimmten Willkür aus, die eine sittliche Einordnung unmöglich macht. Trotzdem darf diese Bestimmung nicht als zu stark einwirkend gedacht werden, da der Wille dann womöglich ihm gegenüber ohnmächtig erscheint. Andererseits wäre es undenkbar, dass ein Wille jeden seiner Inhalte „ex nihilo" hervorbringt, so als ob dieser zu jeder Zeit wie in einer fantastischen Spontanität neue Inhalte generiert. Jeder Wille hat sozusagen „Bedingungen", in die er eingebettet ist und die mit ihm zusammenhängen. Berthold Wald bemerkt treffend:

> „Freiheit von allen Bedingungen wäre ein Selbstwiderspruch, weil sowohl die Existenz des Menschen wie seine Natur sich nicht dem selbsteigenen Entschluß verdanken kann. Gleiches gilt auch für den Willen. Er ist weder das erste, noch eine von allen Bestimmungen freie Kraft. Der freie Wille ist ein aktives Potential des Menschen mit einem Spielraum, der unterschiedliche Grade an Freiheit zuläßt. Darum ist das *Kriterium der Freiheit* auch nicht die Fähigkeit, Beliebiges zu wollen. Die Frage ist vielmehr, ob wir frei sind, das zu wählen, was wir eigentlich und *in Wahrheit wollen*."[279]

Daher wäre es falsch, den Willen als vollkommen einflusslos von anderen Dingen, Erfahrungen und Einflüssen zu begreifen. Hier muss streng zwischen einer Relationalität und Kausalität getrennt werden. Nicht alle Aspekte, die mit dem Willen in Zusammenhang stehen, müssen notwendig auch eine Kausalität bedeuten.[280] Einerseits muss also zugestanden werden, dass der Wille de facto dazu fähig ist, sich selbst einen Inhalt geben zu können und andererseits, dass eine totale Unabhängigkeit anderer bestimmender Einflüsse ausgeschlossen ist.

Beide Aspekte lassen sich einlösen, wenn man eine transzendentale Sicht einnimmt: Denn erst wenn einsichtig gemacht werden kann, dass die angesprochene Selbstbestimmung „als ein ursprüngliches Sichöffnen für Gehalt, als primärer

---

278 TA, 504

279 WALD, Berthold: Freiheit von sich selbst? Zur Ambivalenz des Freiheitsbegriffs der Moderne und ihrer Überwindung, in: NISSING, Hanns-Gregor (Hg.): Was ist Wahrheit? Zur Kontroverse um die Diktatur des Relativismus, München 2011, 177–201, 178.

280 Vgl. dazu die Ausführungen in Kapitel II.2.1.

Entschluß des Willens zur eigenen Materialität"[281] widerspruchsfrei gedacht werden kann, lassen sich die zuvor genannten Aporien umgehen: Denn eine irgendwie von außen auf den Willen einwirkende Kraft ist hiermit ausgeschlossen, genauso wie ein zufällig hervortretender Inhalt des Willens. Dafür, dass der Wille wirklich sich selbst einen Inhalt zu geben imstande ist, muss dieser Inhalt „doch transzendental schon erschlossen sein, um überhaupt wahrgenommen zu werden."[282] Und nur aus dieser transzendentalen Betrachtung heraus macht die Behauptung, dass der Wille sich selbst einen Inhalt geben könne, überhaupt nur Sinn: Denn wie sonst könnte gedacht werden, dass Selbstbestimmung mehr als Wahlfreiheit ist, ja mehr sein *muss*, wenn nicht nur ganz bestimmte inhaltliche Wahlmöglichkeiten gemeint sind, sondern eben jenes Sichöffnen für Gehalt und die Möglichkeit zur Bejahung oder Verneinung eines möglichen Inhalts.[283] Mit eben dieser Begrifflichkeit ist der Punkt erreicht, in dem der Begriff des freien Entschlusses etabliert ist und sinnvoll von Selbstbestimmung gesprochen werden kann.

Trotzdem bleibt aus objektiver Sicht auch eine aus Freiheit entspringende Handlung eine empirische Gegebenheit. Kant hat darauf hingewiesen, dass eine Handlung sowohl frei als auch als empirische Tatsache betrachtet werden kann.[284] Dass sie als die Handlung eines Subjekts qualifiziert werden kann, hat mit ihrer Unbedingtheit zu tun, die von ihrer ursprünglichen Entscheidung zu diesem (und nicht jenem) Gehalt herrührt. Die aus empirischer Sicht fremdbestimmte Handlung kann also zugleich durch den Träger der Freiheit hinterfragt, abgewogen, ausgewertet und umgesetzt werden, was ein „Mindestmaß" an Freiheit immer als möglich zu denken erlaubt.

Der Träger der Freiheit ist damit derjenige, der sich zu den Bestimmtheiten seiner Freiheit verhält und er kann dies eben aufgrund der transzendentalen Beschaffenheit seiner Freiheit: „Durch den Wechsel zur transzendentalen Betrachtung wird also das empirische Handeln ‚nach rückwärts' überschritten und seine faktische Bestimmtheit auf eine sie bestimmende Setzung zurückgeführt,"[285] dessen Träger der Handelnde ist.

Was bedeuten diese Ausführungen aber im Hinblick auf den Aspekt der „realen Freiheit"? Diese kann zusammenfassend begriffen werden unter den politischen, sozialen und individuellen Aspekte von Freiheit[286], die ja längst noch nicht an jedem Ort der Welt vorzufinden sind, es sich also auf dem Weg dahin häufig noch um eine „Be-freiung", ein prozessuales Phänomen handelt, „in

---

281 KRINGS, Hermann: System und Freiheit, Gesammelte Aufsätze, Freiburg i. Br. / München 1980, 172.
282 TA, 504.
283 Vgl. KRINGS: System und Freiheit, 173.
284 Vgl. exemplarisch TA, 846 f.
285 TA, 505.
286 Vgl. TA, 505.

dem nicht nur bisherige Gesetze und Ordnungen umgestürzt, sondern auch die Regeln solcher Bewegungen selbst noch beweglich werden."[287] Dann aber stellt sich die Frage, woher dasjenige seine Legitimität gewinnt, was mit „Gesetz und Ordnung" bzw. objektiver Rationalität gemeint ist. Anders gewendet: wie kann das für alle gültige (Sitten-)Gesetz seine Gültigkeit gewinnen, wenn es ja gerade unbedingt-universell gültig sein soll? Mit dieser Frage ist dasjenige gemeint, das Kant „Autonomie" genannt hat: Der Mensch kann sich selbst Gesetze geben, die dem Sittengesetz, der praktischen Vernunft entspringen. Wie aber genau kann dies gedacht werden, woher beziehen sie ihre Geltung?

Der Schlüssel zur Antwort auf diese Frage besteht in der transzendentalen Begriffsanalyse der regelsetzend-praktischen Freiheit. Diese weist dreierlei Implikate auf: „1. die Affirmation eines Gehaltes (der gesetzten Regel), 2. die Affirmation einer regelbegreifenden und regelbefolgenden Instanz (nämlich anderer praktischer Freiheit als des Adressaten) und 3. die Affirmation der in der Regelsetzung sich aktualisierenden Freiheit."[288] Bezogen auf die zuvor aufgeworfene Frage nach der praktischen Freiheit und ihrem Ursprung lässt sich also die unbedingte Anerkennung der Freiheit als das Apriori für die Setzung jeder praktischen Regel in Anschlag bringen. Das transzendentale Denken bietet darum die Möglichkeit, dieses Apriori für das sittliche Handeln formulieren zu können, weil es die Anerkennung der Freiheit (des Anderen) eben *als* einen unbedingten Aktus der Anerkennung anderer Freiheit überhaupt zu denken vermag:

> „Die wegen des Problems der praktischen Freiheit notwendig gewordene transzendentale Reflexion ermittelt also als Kriterium und Geltungsgrund der praktischen Freiheit (...) einen transzendentalen Akt der unbedingten Anerkennung von Freiheit durch Freiheit, der als *die* transzendentale Regel gelten, d. h. als das Apriori jedweder praktischen Regelsetzung gedacht werden muß."[289]

Pröpper verweist hier auch an eine andere Stelle, die dasselbe Ergebnis aufweisen wird. Er fährt sodann fort, indem er einige Ausführungen zur Unbeweisbarkeit der Freiheit vorträgt. Ausdrücklich hält er fest, dass ein positiver Beweis der Existenz von Freiheit nicht möglich sei – und er muss unmöglich sein, da mit Verweis auf Kant eine „Andemonstrierbarkeit" von Freiheit scheitern muss. Besonders eindringlich hat dies auch Dieter Henrich ausgeführt, der davon spricht, dass eine Beweisbarkeit von Freiheit seinem Begriff diametral entgegenstehen würde.[290] Jeder Versuch, Freiheit beweisen zu wollen oder in objektive Kategorien zu fassen,

---

287 TA, 505.
288 TA, 507.
289 TA, 507.
290 Vgl. HENRICH: Denken und Selbstsein, 353.

muss scheitern, da es kein Kriterium gibt, das Freiheit in einem *unbedingten* Sinn als evidente Tatsache hervortreten lassen kann: Freiheit kann, um es einmal mit den Worten Henrichs auszudrücken, „nur von ‚innen' gewusst werden"[291]. Streng unterschieden werden muss diese Tatsache aber von der Möglichkeit, dass Freiheit existieren *kann*. Die Einsicht in die Unmöglichkeit eines Beweises von Freiheit ist distinkt von ihrer tatsächlichen Existenz.[292] Die gerade auch in Auseinandersetzung mit dem Determinismus gängige Unterscheidung zwischen einer kausalen Determiniertheit eines Handelns versus ihrer freien Verursachung ist insbesondere auch in der (analytischen) Philosophie virulent. Wie bereits angedeutet, bietet der Rückgriff auf das Kantische Denken hier (mindestens) eine Orientierungshilfe[293]: War er es doch, der mit seiner Auflösung der dritten Antinomie der transzendentalen Dialektik die denkerische Möglichkeit der Existenz der Freiheit des Subjekts aufrecht erhalten hat – trotz einer möglichen kausalen Determination.[294] Dies ist nun von kaum zu überschätzenden Wert für den hier verhandelten Zusammenhang, denn dies reicht bereits aus, um die Frage der Sittlichkeit des Handelns denken zu können: Hat er doch in ihr die Bedingung der Möglichkeit dafür gesehen, im Sinne einer Spontanität eine neue Kausalkette beginnen zu können, die jedoch dem unbedingten sittlichen Sollen entspringt. Darum ist der moralisch gute Wille auch nicht identisch mit Willkür, sondern meint die Fähigkeit, den Willen auf die praktische Vernunft zu richten. An dieser Stelle lässt sich nun der berühmte „Kategorische Imperativ" einfügen (der in verschiedenen Versionen existiert): Denn in ihm kommt moralisches Sollen in der Instanz praktischer Vernunft explizit zu Bewusstsein und ist darum echtes Sollen: Letzteres muss ihr kategorisch nachfolgen, will sie sich selbst nicht suspendieren, dies meint der Begriff „kategorisch", im Sinne von ausnahmslos. So wird ersichtlich, dass für Kant die Frage der Moral auf Engste mit dem Subjekt verbunden ist, denn ein unbedingtes moralisches Sollen kann für ihn überhaupt nur in der Ich-Perspektive zu Bewusstsein kommen[295], mehr noch: die Prinzipien der Moral selber liegen ja in der praktischen Vernunft. Die Ichperspektive ist darum auch die Instanz, in der die Freiheit unmittelbar erfahren wird und der Grund dafür, dass bei Kant generell die philosophische Frage des Tuns aus der subjektiven Autonomie entspringt – wie es ganz analog auch für die Erkenntnistheorie der Fall ist, wenn von der berühmten „Kopernikanischen Wende" die Rede ist. Trotz dieses zunächst subjektbehafteten Gedankens ist gerade das Prinzip der Universalisierbarkeit einer Handlung ja nichtsdestoweniger im Kategorischen Imperativ enthalten: die Maxime (die grobe Ausrichtung einer

---

291 HENRICH: Denken und Selbstsein, 283.
292 Vgl. TA, 508.
293 Vgl. HENRICH: Denken und Selbstsein, 290.
294 Vgl. KANT, Immanuel: Werke, II. Kritik der reinen Vernunft, WEISCHEDEL, Wilhelm (Hg.), Darmstadt ⁸2016, A 554/B 582.
295 Vgl. TA, 508.

Handlung, nicht die konkrete Handlung, für die eine Offenheit bestehen bleibt) soll verallgemeinerbar sein. Für die Gültigkeit des kategorischen Imperativs ist wiederum der Begriff der Autonomie vorauszusetzen, der zuvor bereits genannt wurde und den Kant so fasst:

> „Autonomie des Willens ist die Beschaffenheit des Willens, dadurch derselbe ihm selbst (unabhängig von aller Beschaffenheit der Gegenstände des Wollens) ein Gesetz ist. Das Prinzip der Autonomie ist also: nicht anders zu wählen als so, daß die Maximen seiner Wahl in demselben Wollen zugleich als allgemeines Gesetz mit begriffen sein."[296]

Zusammengefasst: Das Subjekt ist für Kant der Ausganspunkt für die Explikation und Analyse der praktischen Vernunft – aus ihr entspringt ein moralisches Sollen, in dem in der 1. Person-Perspektive die Freiheit begegnet, die moralisch notwendig vorauszusetzen ist. Der Kategorische Imperativ beschreibt dabei, wie die Perspektive der ersten Person mit einer Universalisierbarkeit des Wollens vermittelt wird: das Prinzip der Verallgemeinerbarkeit der Maximen des eigenen Handelns formuliert das Kriterium für das Gutsein des moralischen Willens.

Soll Sittlichkeit also wirklich, ein unbedingtes Sollen tatsächlich denkerisch möglich sein und das Bewusstsein des Sittengesetzes, das sich der reinen Vernunft als Faktum aufdrängt, Gültigkeit besitzen, ist dies nur möglich, wenn Freiheit notwendig unterstellt wird. „Indessen wäre sie aufgrund dieses Faktums nicht nur zu postulieren, sondern sogar selbst – über Kant hinaus – als Bedingung seiner Möglichkeit zu begreifen."[297] Was ist hiermit gemeint? Ohne Freiheit kann ein moralisches Sollen gar nicht erst entstehen, Freiheit ist sozusagen die notwendige Bedingung moralischen Sollens. Wie aber kann es nun gelingen, einen Begriff von Freiheit mithilfe der transzendentalen Methode zu erfassen?

Zunächst gilt es festzuhalten, dass das transzendentale Denken den Charakter der Reduktion besitzt, sie also von einer deduktiven Methode streng unterschieden werden muss. Vielmehr besteht ihre Eigenart in „der begrifflichen und logisch kontrollierten Zurückführung eines Gegebenen auf ein Nichtgegebenes, ohne welches das erste nicht als möglich gedacht werden kann."[298] Auf diese Weise ist es möglich, alltägliche Facetten des gesamtgesellschaftlichen Lebens unter der Bedingung menschlicher Freiheit begreifen zu können. Aus diesem Grunde kann sich auch das Verfahren der Retorsion dazu eignen, die Freiheit eines Subjekts argumentativ sicherzustellen: Dass Freiheit immer schon vor-

---

296 KANT, Immanuel: Werke, IV. Grundlegung zur Metaphysik der Sitten. Schriften zur Ethik und Religionsphilosophie, WEISCHEDEL, Wilhelm (Hg.), Darmstadt ⁸2016, BA 87.
297 TA, 510.
298 TA, 510.

reflexiv vorhanden ist und sowohl dem Anderen gegenüber zugesprochen als auch vom Subjekt selbst beansprucht wird, „ist offensichtlich so unvermeidbar, daß selbst noch ihre hartgesottensten Bestreiter sich in der Praxis nicht gerne beim Wort nehmen lassen."[299] Es ist ein performativer Widerspruch, Freiheit in welcher gesellschaftlichen oder subjektiven Form auch immer zu beanspruchen und sie zugleich zu leugnen.

Als vorläufiges *Zwischenfazit*, das „für das Verständnis alles noch Folgenden nützlich sein"[300] kann, soll die *formal* unbedingte Freiheit sowohl den transzendentalen Aktus als auch die daraus folgenden Handlungen bezeichnen, da sie in dieser Funktion „das wirkliche Handeln und seinen Gehalt zwar bestimmt, doch für sein Gegebensein nicht aufkommen kann."[301] *Formell* frei ist der Vorgang der Affirmation, der das Handeln dem Subjekt zuordenbar, also sittlich qualifizierbar macht.[302] Insofern ursprüngliche Freiheit die transzendentallogische Voraussetzung für humanes Handeln ist, ist diese Art der Freiheit *transzendental* zu nennen.[303] Abstrakte Freiheit schließlich meint die abstrakte Vergewisserung der Freiheit „durch abstrahierende Reflexion"[304]. Falsch wäre es nun, die formal unbedingte Freiheit dahingehend misszuverstehen, sie als in jedweder Hinsicht losgelöst von sämtlichen Bedingtheiten zu betrachten. Vielmehr wird im weiteren Fortgang der Überlegungen dieses Abschnittes hervortreten, warum und inwiefern gerade die *materiale Bedingtheit* der Freiheit Teil von Pröppers Überlegungen zum Freiheitsbegriff ist und warum diese nicht mit einer Verursachung verwechselt werden darf.[305] Mit diesen einleitend-vorbereitenden Überlegungen ist der nun anstehende Fortgang in die transzendentallogische Reformulierung angezeigt.

III.3.3.2 Transzendentallogische Fundierung

„Unsere Aufgabe ist nun, in einem streng transzendentalen Verfahren einen bestimmteren Begriff für die bereits als transzendentaler Aktus angesetzte Freiheit, das Prinzip des für die philosophischen und hermeneutischen Aufgaben der theologischen Anthropologie gewählten Denkens, zu gewinnen – und dies dadurch, daß wir ihre Funktion als unbedingte Bedingung der menschlichen

---

299 TA, 510.
300 TA, 511.
301 TA, 511. Vgl. auch Sattler, Dorothea: Erlösung? Lehrbuch der Soteriologie. Freiburg i. Br. 2011, 107: „Die formelle Freiheit ist zwar durch Reflexion zu vergewissern, entzieht sich letztlich aber einer Begründung, ist daher unbedingt".
302 Vgl. auch Sattler, Erlösung, 107: „Die formelle Freiheit (...) wird immer schon vorgefunden und ist die Voraussetzung der Konstitution von menschlichem Willen und menschlicher Identität."
303 Vgl. TA, 511.
304 TA, 511.
305 Vgl. TA, 512.

Vollzüge, die ohne sie nicht als möglich gedacht werden können, genauer erfassen. Denn je klarer und umfassender diese Ermöglichungsfunktion und mit ihr die Konsistenz und Tragweite des Freiheitsdenkens hervortreten, desto gründlicher ist es legitimiert."[306]

Die nachstehenden Ausführungen erhalten die Berechtigung ihrer Erwähnung, insofern als ohne sie die weiteren Reflexionen, die Pröpper in Form zweier Aufweise anstellt, unverständlich blieben. Das transzendentalphilosophische Denken klärt – wie noch einsichtig gemacht werden soll – „inwiefern der Mensch nach Pröpper *wesentlich* ansprechbar für eine unverfügbare, *freie* Selbstmitteilung Gottes ist."[307] Damit soll die von Pröpper vorausgesetzte *Ansprechbarkeit* des Menschen für Gott durch die transzendentale Logik zur Entfaltung gebracht werden.

Doch auch in sozusagen übergeordneter Hinsicht sind die transzendentallogischen Fundierungen von Relevanz. Das Pröppersche Denken orientiert sich in kritischer Weise insbesondere an der neuzeitlichen Philosophie, die wesentliche Elemente für sein Denken bereitstellt. Wie in den vorangegangenen Kapiteln schon mehrfach angedeutet, spricht er vom Freiheitsdenken als einer Denkform, die philosophisch begründet und theologisch bewährt sein müsse. Ersteres soll mit diesem Abschnitt nun bewerkstelligt werden, sodass dieses Vorhaben von nicht zu unterschätzender Relevanz für das Gesamtwerk der TA ist. Denn wenn Pröppers Aussage zutrifft, dass es sich um ein einheitlich-integratives Denken handeln müsse, das den Anspruch der Vernunft einzulösen vermag, *in dieser Einheitlichkeit philosophisch legitimiert und theologisch explikativ sein zu können, ist die Relevanz der nun anstehenden Überlegungen angezeigt:

„Denn so wenig Freiheit als metaphysisches Prinzip zur Erklärung der Wirklichkeit in Betracht kommt, hat sie doch als die unbedingte Instanz zu gelten, an der jedes Denken, auch das theologische, sofern es human bleiben will, sich orientieren muß und deren Geltung es zumindest niemals schmälern, verletzen oder preisgeben darf. Die Theologie freilich wir diese Forderung, die ja allein aus der autonomen Freiheit ergeht, sich nur zumuten lassen, wenn sie hinreichend legitimiert und das heißt nun auch: *philosophisch* legitimiert ist."[308]

III.3.3.2.1 Vorbemerkungen

Die Rede ist vom Denken Hermann Krings', von dem aus Pröpper die transzendentallogische Basis für die weiteren konzeptionellen Überlegungen gewinnt und

306 TA, 512.
307 LERCH: Selbstmitteilung, 76.
308 TA, 498 f.

dessen Name wie kein anderer mit der Transzendentallogik verbunden ist. Sie stellt den methodischen Zugang dar, der die Differenzierung von geschöpflicher Freiheit und göttlicher Verdanktheit verbürgt und die denkerischen Mittel dafür bereitstellt, eine Tat als „eigene", auch im Sinne einer ethischen Zurechenbarkeit kennzeichnen zu können. Die Eigenart dieses philosophischen Verfahrens besteht in der „begrifflichen und logisch kontrollierten Zurückführung eines Gegebenen auf ein Nichtgegebenes, ohne welches das erste nicht als möglich gedacht werden kann."[309] Damit unterscheidet sie sich als *transzendentallogische* von einer *deduktiven* Methode, was anhand der Unterscheidung zwischen Denken und Erkenntnis näher erläutert werden kann: Die Transzendentallogik benennt lediglich die logisch frühere Bedingung eines Faktums, sie eruiert sozusagen die conditio sine qua non eines faktisch gegebenen, ohne selbst gegenständlich erfassbar zu sein.[310]

III.3.3.2.2 Die transzendentallogische Erkenntnisstruktur

Zwar besteht die Intention von Krings in seiner transzendentalen Logik in der reduktiven Nachzeichnung des Erkenntnisbegriffs, gleichwohl ist dieses Unternehmen nun insofern von Bedeutung, da Krings an dieser Stelle „eben dasjenige exemplarisch und gleichsam *pars pro toto* entwickelt, was *allen* ichhaften Vollzügen gemeinsam und für sie grundlegend ist."[311] Der grundgelegte transzendentale Aktus ist in seinen verschiedenen Ausdifferenzierungen[312] vorhanden und kennzeichnet diese darum eben nur als „die besonderen Verwirklichungscharaktere des unbedingten transzendentalen Handelns"[313].

Die Relevanz der Überlegungen und näherhin ihrer grundlegenden Begrifflichkeiten liegen darin, den seinerseits grundsätzlichen Zusammenhang von transzendentalem Aktus, transzendentaler Freiheit und transzendentalem Ich aufzeigen zu können:

---

309 PRÖPPER, Thomas: Erlösungsglaube und Freiheitsgeschichte, München ²1988, 182. Durch diese „Zurückführung" wird die Transzendentallogik auch als *reduktives* Verfahren bezeichnet und von Nitsche im Unterschied zur Deduktion so verstanden: „Reduktiv ist dieses Reflexionsverfahren, weil es nicht einzelne Wirklichkeitsaspekte aus einem schon ‚vorhanden' transzendentalen Subjekt deduktiv ableitet, sondern umgekehrt bestimmte Zusammenhänge des Subjektseins ‚reduktiv' auf die nicht-empirischen Voraussetzungen und Bedingungen in der Tätigkeit von Subjektivität selbst zurückführt." NITSCHE, Bernhard: Endlichkeit und Freiheit. Studien zu einer transzendentalen Theologie im Kontext der Spätmoderne, Würzburg 2003, 210.
310 Vgl. zum Unterschied zwischen Metaphysik und Transzendentalphilosophie, der ebenfalls an dieser Stelle aufbricht: KRINGS: Transzendentale Logik, 66.
311 TA, 513.
312 Genannt werden „Theorie, Praxis und Poiesis" (TA, 513).
313 TA, 513.

„Der eigentliche Sachgrund für die Möglichkeit dieser transzendentalen, für alle ichhaften Aktualitäten gültigen Elementarlehre aber liegt darin, daß durch die transzendentale Freiheit als auch das im Erkennen sich realisierende transzendentale Ich zu kennzeichnen sind und ihre Begriffe sich insofern als kompatibel erweisen."[314]

Ausdrücklich hält Krings fest, dass Wissen nicht dadurch vergewissert werden kann, indem es als „archimedischer Punkt" zu verstehen versucht wird, sondern ein Wissen von dem, was als Wesen des Wissens gelten kann, immer schon vorausgesetzt werden müsse. Für den Zusammenhang von Wissen und Freiheit gilt, dass beide nicht streng voneinander getrennt werden können: „Das Ursprungsverhältnis besteht darum nicht eigentlich darin, daß das Wissen *in* der Freiheit entspringt, sondern daß es als Wissen *frei entspringt*."[315] Im Wissen ist stets die Einheit dessen vorauszusetzen, was einen Gehalt zum einen seienden und gewussten „macht". Das hier begegnende Implikat, das „je schon Verstandenhaben von Sein und Wissen, das Vorverstehen von dem, was die Wörter ,ist' und ,wahr' nennen,"[316] kann aber weder Resultat einer Reflexion sein, noch sich außerhalb des Wissens befinden. Dann aber steht nur noch der Weg offen, das Wissen selbst als ursprünglich und darum nicht ableitbar als aus etwas anderes als aus sich selbst kommend zu verstehen. Das damit hervortretende Offenbare (des Gehaltes) „ist unvermittelt ein sich aus sich selbst aktualisierendes Eröffnen. Ursprüngliches Verstehen ist ein Verstehen aus Freiheit."[317]

Die nachstehenden Ausführungen sollen den Kringsschen Erkenntnisbegriff, dem die Termini „Fundamentum", „Terminus" und „Relation" korrespondieren, zum Gegenstand haben, um dann den Begriff des transzendentalen Ich einzuholen, der für das Denken Pröppers unabdingbar ist.

Diese Termini bezeichnen

„erstens das *Erkennende*, zweitens das *Erkannte*, drittens das, was ,zwischen' dem Erkennenden und dem Erkannten ,ist' und das Medium ihrer relationalen Einheit bildet, das *Erkennen im engeren Sinn*, viertens eben diese Einheit von Erkennendem und Erkannten im Erkennen oder das *Erkennen im weiteren Sinn*."[318]

Hiermit sind die Elemente der strukturhaften Relation zu verstehen, die von Krings als „reflexe Transzendenz"[319] bezeichnet werden. Um zum näheren Ver-

---

314 TA, 513.
315 KRINGS: System und Freiheit, 141.
316 TA, 514.
317 KRINGS: System und Freiheit, 143.
318 KRINGS: Transzendentale Logik, 49.
319 KRINGS: Transzendentale Logik, 54.

ständnis dieses abstrakten Begriffs vorzustoßen, seien zunächst noch die besagten Strukturelemente des Erkenntnisaktes erläutert. So versteht Krings das erste Relat als „Fundamentum", das als Erkennendes die Relation zwar eröffnet, hierfür jedoch auf einen „Terminus" angewiesen ist, womit das zweite Relat gemeint ist und die Relation als solche erst konstituiert wird. Während die Relation im *engeren* Sinne mit den Begriffen der Relate also erreicht ist, kommt sie im *weiteren* Sinne erst durch die Bezeichnung der „medialen Sphäre"[320] zustande, die auch als vermittelndes zwischen Fundamentum und Terminus begriffen werden kann: „Also zeigt sich das Erkennen der Form nach als eine Relation, die durch die Aktualität und Gegensätzlichkeit der Relate ebenso bedingt ist, wie sie ihrerseits die Relate vermittelt."[321] Durch ihren Status als „zwischen" unterscheidet sich die Relation selbst aber von den Relata, insofern ihr kein eigener Seinsstand zukommt und stattdessen nur „als *Medium* nur ein ‚auf etwas hin' und *zugleich* ein ‚von etwas her' [ist; A.H.]."[322] Ersteres wäre dann aber dem Fundamentum zuzuordnen, das als Konstituens der medialen Sphäre fungiert, während der Terminus dafür verantwortlich zeichnet, dass es überhaupt zur bestimmten Relation kommen kann und darum diese konstituiert – weil also beide Relate sich anders zur medialen Sphäre verhalten, fungieren sie im Hinblick auf ihre Funktion „nicht gleichwertig"[323].

Nachdem die Elemente der Relation und ihr Verhältnis in ihr erläutert wurden, soll nun die Struktur der Relation an sich betrachtet werden. Diese kommt laut Krings dadurch zustande, dass die Relata nicht durch etwas anderes als sie selbst in die Relation hinein vermittelt werden, sondern dass sie in ihr konvergieren. Anders formuliert: Weil beide Relata „selbst im Hinübergang ‚bleiben'"[324], sind sie als Fundamentum bzw. Terminus in der Relation „deckungsgleich". Hiermit wird der Begriff der Transzendenz nun bestimmbar, insofern mit ihm der „Hinübergang" von Fundamentum zu Terminus bezeichnet wird, worin gewissermaßen die Relation besteht: „Jede Relation – in ihrem formalen Wesen betrachtet – ist schon Hinübergang: *Transzendenz*, die als allgemeiner formaler Charakter ursprünglich wohl jedem Seienden zukommt, ohne daß jedoch der Terminus dadurch schon neue Bestimmtheit gewänne."[325] Dies wäre erst dann der Fall, wenn die Transzendenz eine gehaltvolle wäre, was sich am Beispiel des Verhältnisses von Ursache und Wirkung verdeutlichen lässt: So würde eine sich bewegende Billardkugel bei Berührung einer anderen diese bewegen, was aber lediglich eine einlinige Bewegung wäre, denn „der bewegte Körper bewegt den

---

320 KRINGS: Transzendentale Logik, 49.
321 TA, 518.
322 LERCH: All-Einheit und Freiheit, 138.
323 TA, 518.
324 TA, 519.
325 TA, 519.

ruhenden, nicht aber reflexiv sich selbst."³²⁶ Der zuvor erwähnte Begriff der reflexen Transzendenz kann erst dann erreicht werden, wenn die angesprochene Transzendenz noch den Charakter der Zurückwendung bzw. *Retroszendenz* erhält: Damit würde nicht nur eine Relation als vom Terminus eröffnet begriffen werden können, sondern auch als in sich zurückgewandt. In diesem Fall wäre die reflexe Transzendenz zu bestimmen als (1) „Moment des Hinübergehens und des Seins beim anderen", (2) als „Moment der Rückkehr in sich und des Beisichseins" und (3) als „Moment der ‚transzendentalen Einheit' von Fundamentum und Terminus"³²⁷. Der letztgenannte Punkt bezeichnet die bereits erwähnte Konvergenz der beiden Relate in ihrer Deckungsgleichheit:

> „Sie besteht als Einheit des transzendierenden Fundamentums mit dem Terminus sowie *zugleich* als Einheit des Terminus mit dem Transzendierenden (dieses ‚zugleich' meint eben die doppelte, weil rückläufige und also retroszendierende Bewegung). Folglich *ist* diese Konvergenz von Fundamentum und Terminus die Einheit des Transzendierenden mit sich selbst."³²⁸

In einer Erkenntnisrelation aktualisiert sich sozusagen die Transzendenz, insofern „nicht nur Erkanntes *als* Erkanntes konstituiert wird, sondern auch das Erkennende *als* Erkennendes"³²⁹, was wiederum nur durch den Begriff der Retroszendenz als möglich gedacht werden kann.

Diese eher abstrakten Überlegungen zum Erkenntnisbegriff lassen sich nun folgendermaßen subjekttheoretisch reformulieren: Das Fundamentum wird darum von Krings als „ich" bezeichnet, da es den Ausganspunkt der Relation darstellt und darum „von ihm her auch erschlossen werden muß."³³⁰ Da mit dem Begriff des Terminus schon ein Gehalt bezeichnet wird, der durch die transzendentale Aktualität schon zum „Gehalt"³³¹ wurde, ist er als das Eröffnende der transzendentalen Relation selbstseiender Gehalt, als das Eröffnete aber „Gegenstand". Die *Vorstellung* eines Ich „macht" (in logischer Hinsicht) einen selbstseienden Gehalt zum Gegenstand, welcher auch nicht mehr als Terminus bezeichnet werden sollte, *„insofern er dem Ich entgegensteht"³³²*, damit auch kein Terminus im strengen Sinn mehr *ist*, „sondern die mediale Sphäre oder die Relation im engeren Sinne"³³³ bezeichnet. In transzendentaler Hinsicht nämlich

---

326 Krings: Transzendentale Logik, 53.
327 Krings: Transzendentale Logik, 54.
328 Lerch: All-Einheit, 140.
329 Lerch: All-Einheit, 140.
330 Krings: Transzendentale Logik, 59.
331 Krings: Transzendentale Logik, 60.
332 Lerch: All-Einheit, 141.
333 Krings: Transzendentale Logik, 59.

nimmt er die Position des „gegen" ein, „in dem er jedoch als selbstseiender Terminus keineswegs aufgeht."[334] Dadurch, dass ein selbstseiender Gehalt mithilfe des transzendentalen Aktes vorgestellt wird, kann die reflexive Vorstellung als „transzendentale Primärbeziehung des Ich"[335] bezeichnet werden.

Doch noch unbeantwortet ist die Frage, was nun in Kringsscher Terminologie mit dem Begriff des transzendentalen Ich gemeint ist. Vor dem Hintergrund der bisherigen Überlegungen lässt sich das Erkennen als „relationale und transzendentale Einheitsstiftung"[336] bezeichnen.

III.3.3.2.3 *Die egologische Bewusstseinsstruktur und das transzendentale Ich*

Fragt man hier nochmals nach der Bedingung der Möglichkeit der Einheitsstiftung, muss, um einen infiniten Regress zu vermeiden, eine „*unbedingte* Einheit namhaft gemacht werden"[337], die einen infiniten Regress zu vermeiden imstande ist, indem sie selbst „als *Grund* aller formalen Einheitsstiftungen überhaupt fungieren"[338] kann. Dann aber steht ausschließlich der Weg offen, diese Einheit ihrerseits als eine Einheit zu begreifen und die nicht mehr hintergehbar ist, da ansonsten besagter Regress eintreten würde. Bei dieser Instanz kann es sich um keine andere als dem Ich handeln. Als „*ursprüngliche Selbsteinheit*"[339] ist das transzendentale Ich diejenige Instanz, die im Erkennen die einheitsstiftende Einheit „ist", und zwar nicht in einem ontologisch punktförmigen Sinne, sondern dahingehend, dass sie causa sui ist: Ihr Charakter als immanent-distanzierte zeichnet dafür verantwortlich, dass das Ich „zugleich den Charakter des Ursprungs wie der Einheit, des Aufbruchs und Hervorgangs wie des Zusichkommens und des Beisichseins"[340] innehat.

Also lässt sich mit dem Kringsschen Begriff des transzendentalen Ich diese Einheit im Subjekt *selbst* ausfindig machen: „Die transzendentale Einheit des Bewußtseins ist weder teilbar noch rückführbar auf etwas anderes als das Bewußtsein"[341]. Als solche muss sie so gedacht werden, dass sie die Gefahr eines infiniten Regresses unterläuft, welcher dann auftritt, wenn man die Einheit des Ich auf etwas zurückführt, was *wiederum* als relationale Einheit gefasst wird usf. Als Einheit, die im transzendentalen Ich ausgemacht werden kann, *ist* sie das gründende Moment formaler Einheitsstiftungen.[342] In Krings Worten:

---

334 TA, 519.
335 Krings: Transzendentale Logik, 61.
336 Krings: Transzendentale Logik, 62.
337 Lerch: All-Einheit, 142.
338 Lerch: All-Einheit, 142.
339 Krings: Transzendentale Logik, 62.
340 Krings: Transzendentale Logik, 63.
341 Krings: System und Freiheit, 113.
342 Vgl. Lerch: All-Einheit, 142.

„Der Fortgang in infinitum aber genügt nicht als Begründung der wirklichen relationalen Einheit, also einer einzigen wirklichen Vorstellung oder eines einzigen wirklichen Urteils. Das Faktum der wirklichen relationalen Einheit fordert die ‚ursprüngliche' Einheit."[343]

Damit fungiert bei Krings das Ich somit selber als „einheitsstiftende Einheit" und damit rein formal als *„ursprüngliche Selbsteinheit"*[344]. Insofern handelt es sich also – anders als im Henrichschen Modell des non-egologischen[345] bzw. ano-

---

343 KRINGS: Transzendentale Logik, 62.

344 KRINGS: Transzendentale Logik, 62. Spätestens an diesem Punkt ist ein fundamentaler Unterschied aufgezeigt zwischen dem Denken Krings, das als *egologische* Theorie des Subjekts beschrieben werden kann, während *nicht-egologische* Theorien – wie etwa von Dieter Henrich und seine Rezeption bei Klaus Müller – auf die trennungslose All-Einheitsstruktur im Bewusstsein verweisen und damit „ich-los" sind. (Vgl. hierzu LERCH: All-Einheit, 143).

345 Nach Henrichs eigener Aussage ist eine Theorie von Selbstbewusstsein vor eine doppelte Aufgabe gestellt: Sie muss die ursprüngliche Einheit ihrer Momente explizieren und ihren Konnex untereinander zu erläutern imstande sein. Die denkerischen Mittel in der Zeit von Descartes bis Kant boten nicht die Möglichkeiten, das Phänomen des Selbstbewusstseins widerspruchsfrei denken zu können. Auf diese Weise stellen nun die sogenannten reflexionstheoretischen Zirkel als „Erste und Zweite Henrich-Schwierigkeit" (MÜLLER, Klaus: Glauben – Fragen – Denken, Band 3: Selbstbeziehung und Gottesfrage, Münster 2010, 155) den Abstoßpunkt für eine nicht-egologische Bewusstseinstheorie dar, insofern sich diese hiermit umgehen lassen. Dadurch, dass die reflexionstheoretischen Zirkel, die insbesondere bei einer egologischen Theorie von Bewusstsein begegnen, sich als schwer umgehbar erweisen, steht für Henrich der Weg offen, das Bewusstseinsphänomen als nicht-egologisch zu klassifizieren. Um die Reflexivität des Ich nicht preiszugeben, muss letzteres als Aktivität gedacht werden, durch die es einem Subjekt ermöglicht ist, in eine Selbstbeziehung zu treten. Das Ich ist so diejenige Instanz, die das reflexive Wissen ermöglicht. Trotzdem ist festzuhalten, dass ein Ich durch die Reflexion nicht zu allererst ein Ich *wird*, ansonsten wäre den Reflexionszirkeln im Ich wieder stattgegeben. Zudem ist zu konstatieren, dass Bewusstsein und eine Vertrautheit mit selbigem sich gleichursprünglich einstellen. So kann das Bewusstsein als Phänomen gelten, in dem eine implizite, präreflexive Vertrautheit gedacht werden kann. Subjekte unterstellen sich gegenseitig je ein Selbstbewusstsein, weil immer schon vertrauend gewusst wird, was Selbstbewusstsein ist. Bewusstsein ist also schon präreflexiv eingetreten, sodass gilt: Bewusstsein hat sozusagen eher einen Zugang zu uns, als wir zu ihm. *So* ist mit der Annahme des ich-losen Bewusstseins die Bedingung der Möglichkeit benannt, lediglich den Grund von Bewusstsein non-egologisch charakterisieren zu können. Hiermit ist Henrich in der Lage, die Relate von Subjekt und Objekt, die in der zirkelhaften Reflexionstheorie begegneten, umgehen zu können. Anders formuliert: Der Zusammenbruch der Reflexionstheorie nötigt also dazu, Bewusstsein so zu denken, dass sich die reflexionstheoretischen Zirkel gar nicht erst zeigen. Bewusstsein ist also so zu denken, dass es sich nicht durch eine stringente Unterscheidung von Subjekt und Objekt auszeichnet.
Da jedoch der Zusammenhang des so erreichten Begriffs von Bewusstsein einschließlich seiner Implikate (Bewusstsein, Vertrautheit des Bewusstseins mit sich und das aktive Ich) nicht erklärt werden kann, rekurriert Henrich auf ein unbedingtes Moment, welches

nymen Bewusstseins – um eine *egologische* Theorie der Bewusstseinsstruktur, weil das *Ich* „jedweder Aktualisierung von Einheit voraus gehen und somit als *Grund* aller formalen Einheitsstiftungen überhaupt fungieren"[346] kann.

An dieser Stelle gewinnt der Fichtesche Begriff der Selbstsetzung an Relevanz. Als „Selbstsetzung" kann dasjenige als „freier Prozeß"[347] gedacht werden, was die Einheit des Ich *als* Einheit und damit als „*Tathandlung*"[348] begründet: Der transzendentallogische Charakter dieser Setzung

> „unterscheidet sich (...) von den empirischen Setzungen, d.h. von Setzungen, die schon den Setzenden voraussetzen, während in der transzendentalen Setzung der Setzende selber und als solcher sich konstituiert. Sie betrifft einen schlechthin ursprünglichen Sachverhalt."[349]

Mit dem Begriff der Selbstsetzung kann somit die von Kant offen gelassene Frage beantwortet werden, wie die Binnenstruktur des – in Kringsscher Terminologie ichhaften – Bewusstseins beschrieben werden kann. Mit Kantischen Mitteln über Kant hinaus sollte bei den Vertretern des deutschen Idealismus daher der Versuch unternommen werden, die Desiderate der Kantischen Philosophie anzugehen. Zudem steht man auch vor der aufgeworfenen Frage, inwiefern Krings deutlicher als der frühe Fichte den Sinn der Selbstsetzung hinterfragt.[350] Diese Selbstsetzung kann nun so ausbuchstabiert werden, dass in Anlehnung an den Kringsschen Erkenntnisbegriff die Einheit des Ich durch eine „Eröffnung einer

---

nicht die in der Reflexionstheorie zu beobachtenden Aporien aufweist. Via negativa muss dem so erreichten ich-losen Grund der Charakter der *All-Einheit* zugesprochen werden. (Vgl. Henrich: Dieter, Der Grund im Bewußtsein. Untersuchungen zu Hölderlins Denken (1794–1795), Stuttgart 1992, 605 f.). Damit aber erklärt werden kann, wie ein reflexiv um sich wissendes Ich aus diesem ich-losen Grund entspringen kann, muss diesem Grund eine Kapazität zur Teilung zugesprochen werden, die das Selbstbewusstsein als „Urtheilung" (Hölderlin) des absoluten Seins erklärt. Ansonsten wäre nicht mehr denkbar, wie ein Ich aus einem Nicht-Ich hervorgehen könnte. Auf diese Weise erreicht Henrich in der Instanz der Subjektphilosophie die Minimalbedingungen für einen monotheistischen Gottesbegriff.

346 Lerch: All-Einheit, 142.
347 Vgl. Krings: System und Freiheit, 116.
348 Fichte, Johann Gottlieb: Grundlage der gesamten Wissenschaftslehre als Handschrift für seine Zuhörer (1794), Jacobs, Wilhelm (Hg.), Hamburg ³1979, (§1), 11: „Wir haben den absolut-ersten, schlechthin unbedingten Grundsatz alles menschlichen Wissens *aufzusuchen. Beweisen,* oder *bestimmen* läßt er sich nicht, wenn er absolut-erster Grundsatz sein soll. Er soll diejenige *Tathandlung* ausdrücken, die unter den empirischen Bestimmungen unseres Bewußtseins nicht vorkommt, noch vorkommen kann, sondern vielmehr allem Bewußtsein zum Grunde liegt, und allein es möglich macht."
349 Krings: System und Freiheit, 114.
350 Vgl. TA, 521.

Differenz in einer abstrakten Identität („Ich‘)"[351] zu denken ist. Diese Differenz hat nun zu gelten als „eben das Moment des ‚Hinübergehens‘ des Ich zu einem Gehalt, kraft dessen das Ich sich zu seiner eigenen Identität vermittelt."[352] Mithilfe des Begriffs der reflexiven Differenz ist es also möglich zu erklären, „wie sich das Ich mit *sich* vermittelt und also *seine* Identität im Prozess dieser Selbstvermittlung bildet"[353]. Denn zum einen handelt es sich bei seiner Identität um eine gehaltlich vermittelte, die sich so manifestiert und sich nicht verliert. Zum anderen handelt es sich beim reflexiven Charakter der Differenz um einen epistemischen Begriff, insofern „sich das Ich überhaupt als ‚Erkennendes‘ konstituieren kann."[354] Anderenfalls würde das Ich nicht darum wissen, dass es eben es selbst ist, was sich einen Terminus vorstellt – es weist nach Krings bereits „die Momente der Auskehr und Einkehr"[355] auf.

Der Prozess des transzendentalen Sich-Öffnens darf nicht leer bleiben, sodass das Ich immer auf einen Gehalt angewiesen ist. Ansonsten bliebe „[d]er Begriff eines aktualen Offenseins (...) rein formal. Sollte Freiheit durch ihn allein [also ohne einen Gehalt; A. H.] begriffen werden, so wäre das ungenügend; Freiheit bliebe eine leere Figur und wäre als Wort ein leeres Wort."[356] Beim eröffnenden Gehalt, der als Terminus des transzendentalen Ich nicht von diesem hervorgebracht werden kann, muss es sich daher um einen „selbstseienden Gehalt als den Terminus seiner Transzendenz"[357] handeln. Die Aspekte der Aus- und Einkehr zeichnen also dafür verantwortlich, dass das Subjekt sich im Reflexionsakt nicht verliert, es sich bei der transzendentalen Einheit des Ich vielmehr um ein „Sich-Öffnen in eine Differenz [handelt; A. H.] und der Rückbezug dieses Sich-Öffnens in sich ist die formale Grundstruktur der transzendentalen Handlung."[358]

Auf der Grundlage dieser Überlegungen lässt sich also bilanzieren, dass Krings die Struktur des Ich formal mit den Begriffen „Transzendenz" und „Retroszendenz" bezeichnet, insofern ist „das Ich ja im transzendentalen Akt des *Sich*-Öffnens nicht nur *über* [=transzendentaler Charakter; A. H.] sich hinaus, sondern es kehrt zugleich *in* sich zurück [=retroszendierender Charakter; A. H.] und bildet so seine eigene Identität."[359]

---

351 Krings: System und Freiheit, 115.
352 Lerch: All-Einheit, 145.
353 Lerch: All-Einheit, 145.
354 Lerch: All-Einheit, 145.
355 Lerch: All-Einheit, 145.
356 Krings: System und Freiheit, 117.
357 Lerch: All-Einheit, 149.
358 Krings: System und Freiheit, 115 f.
359 Lerch: All-Einheit, 146.

III.3.3.2.4 Retroszendenz und Gehalt

Nochmals sei der erläuterte Begriff der Retroszendenz aufgegriffen. Er bezeichnet die „Richtung", die ein Ich einnimmt, wenn es „transzendiert". Der transzendentale Charakter des retroszendierenden Ich wird „zuallererst gehaltvoll und verwirklicht"[360], wenn er sich auf einen Gehalt, einen Terminus hin öffnet. Wichtig ist nun festzuhalten, dass diese Eröffnung von Gehalt nicht dazu führt, dass die Transzendentalität *selbst* damit abgeschlossen wäre, sie also nicht dadurch *eliminiert* wird, worauf sie sich richtet. Kein materialer Gehalt, der ein wirklich-selbstseiender ist, schöpft die mit dem Begriff der Retroszendenz verbundene Fähigkeit aus. Folglich ist die transzendentale und zugleich retroszendierende Figur, bzw. ihre Einheit nicht daran gebunden, worauf sie sich öffnet. Die formal unbedingte Freiheit wird „erst durch die Affirmation eines tatsächlichen Gehalts wirklich."[361] Freiheit ist hier also an ihren Terminus gebunden. Ansonsten bliebe sie in ihrem Terminus buchstäblich leer.

III.3.3.2.5 Wahrnehmen und transzendentaler Charakter

Begründet durch die prinzipielle „Unabschließbarkeit" der retroszendierenden Figur des transzendentalen Ich „eliminiert der affirmierte Gehalt die Transzendentalität der Retroszendenz nicht"[362]. Nichts, auf das sich das transzendentale Ich richtet und damit „die Möglichkeit von Gehalt selber eröffnet"[363], bringt die Transzendentalität in ihrer Formalität zum Erliegen. Dann aber stellt sich die Frage nach dem, was sie zu erfüllen vermag und bestimmt werden kann „als das der ursprünglich-reflexen Transzendenz einzig entsprechende und genügende funktionale Korrelat."[364] Die Rede ist vom Sein selbst, das im Fall seines Nichtseins die Transzendenz rein formal bleiben ließe und andererseits ohne Transzendenz kein Sein gedacht werden könnte.

Die angesprochene transzendentale Einheit des Ich geht nun mit dem Seienden insofern eine Einheit ein, indem sie an ihm Anteil „nimmt", d.h., das Seiende „wahr-nimmt", während das Seiende das bleibt, was es ist. Dieses Vernehmen oder Wahrnehmen in Anlehnung an den transzendentalen Akt selbst verdeutlich Pröpper am Beispiel eines sehenden Auges, das im Akt des Sehens das Gesehene als Gesehenes wahrnimmt, sich selbst aber seinerseits als Wahrnehmungsorgan wahrnimmt und aktualisiert.[365]

---

360 LERCH: All-Einheit, 150.
361 PRÖPPER: Erlösungsglaube, 185.
362 LERCH: All-Einheit, 150.
363 PRÖPPER: Erlösungsglaube, 185.
364 TA, 522.
365 Vgl. TA, 523 f.

Das primäre Vernehmen sei genauer bestimmt[366] *erstens* durch eine Einfachheit, die „die Aktualität des Gehaltes mit der der ursprünglichen Selbsteinheit *identisch*"[367] sein lässt, *zweitens* weise das erste Vernehmen eine Ganzheit im Erkennen auf, die sich darauf bezieht, dass ja sozusagen potenziell der „je Ganze" Aktus schon verwirklicht ist und darum nicht nur partiell sich aktuieren kann. Erkennendes und Erkanntes sind in transzendentaler Perspektive überhaupt nie nur teilweise da, auch die kontingent-leibliche Eigenart der menschlichen Wahrnehmung bleibt hiervon sozusagen unberührt. „Bereits das sinnliche ‚Berühren' und Vernehmen des Menschen ist durch den transzendentalen Aktus begründet"[368]. *Drittens* ist das Vernehmen durch Wahrheit bestimmt, insofern der Inhalt des Vernehmens dem Satz vom ausgeschlossenen Widerspruch unterliegt, darum gegensatzlos wahr ist und in dieser Hinsicht auch dem „der Ursprünglichkeit des transzendentalen Aktus"[369] entspricht.

Obwohl das Vernehmen als momenthaftes Ereignis verstanden werden muss, ist es doch hinsichtlich des gesamten transzendentalen Aktus noch nicht erschöpft. Der Moment ist darum auch kein Teil, sondern nur „ein primärer Realisierungsmodus der unbedingten Transzendenz und eben darum *je* ursprünglich."[370] An dieser Stelle wird das Vernehmen zum Haben des Seienden, da hiermit das zweite transzendentale Moment angesprochen ist, das zuvor schon angedeutet wurde: die Rede ist von der „Vor-Stellung", die als das Vernehmen im Lichte eines Kontinuums bezeichnet werden könnte.[371]

Durch die Vorstellung eines Ich wird das in ihr Seiende nicht verändert, wohl aber wird es Gegen-Stand, den das Ich kraft der reflexen Transzendenz konstituiert und darum auch selbst in einen „Seinsstand" gelangt. Der Terminus der Vorstellung wird nicht durch einen äußerlichen Akt zum Gegenstand, sondern dadurch, dass „sein Was transzendental aktualisiert ist."[372]

Wenn in transzendentaler Hinsicht das Haben als Vorstellung des Seienden erreicht ist und in Gegensatz gebracht ist zu dem, was es als Seiendes an sich ist, bricht „die Frage nach einer möglichen Übereinstimmung zwischen Vorstellung/Gegenstand und Seiendem selbst"[373] auf. Dies wiederum betrifft auch den Terminus, insofern er Strukturelement des transzendentalen Aktes ist, sodass es letztendlich zu einer Frage der Übereinstimmung im Hinblick auf Vorstellung

---

366 Zur Näherbestimmung der hier kurz angedeuteten Punkte vgl. Krings: Transzendentale Logik, 82–88.
367 TA, 525. Vgl. Krings: Transzendentale Logik, 82 f.
368 TA, 525.
369 TA, 525.
370 Krings: Transzendentale Logik, 93.
371 Vgl. TA, 526
372 TA, 527.
373 TA, 528.

und Gegenstand kommt, der die mediale Sphäre nun in subjektiver und objektiver Hinsicht erscheinen lässt und die Frage ihrer Vereinbarkeit hervortreten lässt.[374] Von zweifacher Art kann nun die „Prävalenz" sein, die zwischen Vorstellung bzw. Gegenstand und Seiendem besteht: Haben Vorstellung und Gegenstand vordergründige Geltung, dann nimmt sich die Vermittlung so aus, dass Seiendes zum Vorgestellten konvergieren soll, „der Gegen-Stand *soll sein*."[375] Im Falle des prävalierenden Seienden „wird die Vermittlung (...) darin bestehen, daß Vor-Stellung und Gegen-Stand so werden, wie das Seiende selbst ist: das was ist, *soll erscheinen*."[376] Damit ist reformuliert, inwiefern das transzendentale Ich in Zusammenhang steht mit einer gesollten Vermittlung, die dann auf Praxis oder Theorie hinausläuft und sich niederschlägt im *guten Handeln* bzw. im *wahren Wissen*.[377] Der hiermit angesprochene transzendentale Charakter ist ursprünglich bereits festgelegt, obwohl er sich mit der jeweiligen Differenz erst zeigt. An dieser Stelle schließt sich der Kreis zum Beginn der Überlegungen zur transzendentalen Logik, insofern durch den transzendentalen Charakter das Ich in transzendentaler Hinsicht wieder mit sich vermittelt wird, da es sich selbst „Wirklichkeit gibt und zu sich selbst kommt"[378].

An dieser Stelle bricht Pröpper seine Überlegungen zur Transzendentallogik ab[379], da seiner Ansicht nach das auch schon in der vorliegenden Studie angedeutete Freiheitsdenken mit den transzendentalphilosophischen Überlegungen etabliert sein soll, insbesondere,

> „weil die transzendentale Elementarlehre ja erklärtermaßen die grundlegenden Bestimmungen für *alle* ichhaften Handlungen, die theoretischen wie die praktischen (und poietischen), zu entwickeln beansprucht und in der Tat sowohl die gemeinsame Wurzel als auch den Unterschied von Theorie und Praxis begrifflich erfaßt, zum anderen und nochmal bestätigend, weil die formalen Strukturen, durch welche die Aufsätze die transzendentale, primär in ihrer Verwirklichung im praktischen Handeln thematisierte Freiheit kennzeichnen, mit denen, welche die Analysen des als Erkennen sich realisierenden transzendentalen Ich eruieren, geradezu kongruent sind."[380]

---

374 Vgl. KRINGS: Transzendentale Logik, 113.
375 KRINGS: Transzendentale Logik, 114.
376 KRINGS: Transzendentale Logik, 114.
377 Vgl. KRINGS: Transzendentale Logik, 117–119. Vgl. auch TA, 529.
378 KRINGS: Transzendentale Logik, 118.
379 Es folgen in der TA noch weitere Erläuterungen, die aber an dieser Stelle nicht eigens referiert werden sollen.
380 TA, 531.

Mit den Überlegungen aus der Transzendentallogik ist der Weg geebnet für zwei zentrale Gedanken, die Pröpper im finalen Kapitel der TA1 formuliert: Die Rede ist vom Möglichkeits- bzw. Relevanzaufweis, die beide das zuvor Gesagte schon voraussetzen und daher nun aufgezeigt werden soll, „inwiefern nach Pröpper vom Prinzip des formal als Retroszendenz bestimmten transzendentalen Aktus her der Gedanke eines freien Gottes und in eins damit die wesentliche Ansprechbarkeit des Menschen für Gottes Selbstoffenbarung philosophisch zugänglich wird."[381]

III.3.3.3 Der Möglichkeitsaufweis und seine exemplarische Erprobung an drei „essentials"

Die Kernaufgabe des finalen Kapitels seiner TA besteht darin, dass Pröpper ein tragfähiges Konzept zur Formulierung eines Möglichkeits- wie eines mit ihm zusammenhängenden Relevanzaufweises der christlichen Wahrheit formulieren will.[382] Hierzu greift er insbesondere die (transzendental)philosophischen Erkenntnisse auf, die für diese Frage bereits gültige Elemente vorgelegt haben und unternimmt auf dieser Basis den Versuch einer verfugten Neuformulierung. Die nun anstehenden Ausführungen verfolgen zunächst die Nachzeichnung des *Möglichkeitsaufweises*.

So erfolgt zunächst ein Rückgriff auf Anselm von Canterbury, der mit seiner Gottesbestimmung als das, worüber hinaus Größeres nicht gedacht werden kann, der Vernunft dann auch zumutete, Gott als denjenigen zu denken, der größer ist als gedacht werden kann.[383] Die Vernunft kommt also buchstäblich an ihre Grenzen, wenn sie den Gottesgedanken dem Anselmschen Begriff nachzudenken versucht. Doch dieser Aspekt ist gerade darum relevant für Pröppers Überlegungen, weil deutlich wird, dass die Vernunft auch in eine gewisse Dynamik getrieben wird: denn gerade in ihrer realen Differenz von ihm zeigt sie sich als fähig, auf Gott hin denken zu können:

> „Je entschlossener einerseits das vernünftige Subjekt, seiner selbst sich bewußt und auf sich selber gestellt, die Macht seines Begreifens gegenüber dem welthaft Seienden zu behaupten beginnt und dabei zunehmend sich der Tendenz überläßt, überhaupt *alles* Andere, auch noch Gott als das übersteigend Andere der Vernunft in sein Begreifen einzubeziehen und ein System

---

381 LERCH: Selbstmitteilung, 96.
382 „Der Möglichkeitsaufweis erreicht die Denkbarkeit eines unverfügbar transzendenten und *freien* Gottes und hält damit die Möglichkeit seiner unableitbaren Selbstmitteilung offen; dass diese aber Ziel der menschlichen Hinordnung als Offenbarung unbedingter *Liebe* ist, zeigt der Relevanzaufweis." (LERCH: Selbstmitteilung, 78).
383 Vgl. ANSELM VON CANTERBURY: Proslogion, Kapitel II.

zu errichten, in dem Gott, Welt und Mensch miteinander vermittelt und die Herrschaft des Begriffs etabliert ist, desto stärker drängt es andererseits und sehr bald schon dieselbe Vernunft, das umfassende System in Richtung auf den größeren Gott, als gedacht werden kann, zu durchbrechen."[384]

Woher diese Dynamik allerdings rühre und warum die Vernunft zum Gottes-gedanken bzw. formaliter gefasst das Endliche fähig zum Absoluten sein könne, verdeutlicht Pröpper in Abgrenzung zum Gottesbeweis von René Descartes[385], der den schon existierenden Gott als Grund dafür dachte, dass er in die endliche Vernunft kommen könne. Dieser leicht als Zirkelargument durchschaubare Ein-wand fungiert bei Pröpper nun gleichsam als Abgrenzungsfolie für den eigenen Gedanken:

„Warum also sollte die Vernunft, sofern sie doch alles Endliche als solches zu begreifen vermag und zudem um die Überschreitbarkeit *alles* derart von ihr Begreifbaren reflexiv wissen kann, nicht eben im Akt solcher Reflexion und abstrahierender Negation dieser ganzen Sphäre nicht auch der Anders-heit des möglichen Gottes ansichtig werden, also *selbst* die Gottesidee bilden können?"[386]

Damit ist die endliche Vernunft in ihrer Unbedingtheit dazu prinzipiell als fähig ausgewiesen, den Gottesgedanken im Überschreiten alles Endlichen hervor-bringen zu können: Indem sie nicht nur alles nebeneinander Daseiende Endliche sondern alles überschreiten kann, was überhaupt dem Bereich des Bedingten angehört und „sogar noch sich selbst, die *alles* Gegebene begreift und zum Be-dingten herabsetzt, kann die freie Vernunft im Blick auf die Bedingtheit ihrer eigenen Existenz überschreiten."[387] Dann aber gilt für den Gottesbegriff, dass er mit nichts Endlichem identifiziert werden kann, auch nicht mit der Summe des Endlichen oder fassbar ist als camouflierter *Ausdruck* der alles überschreitenden Vernunft (was wiederum die Realdifferenz zwischen Mensch und Gott, respek-tive Endlichem und Absolutem, nivellieren würde). Mit dieser gewissermaßen „radikalen" Fähigkeit der Vernunft, alles Kontingente als Kontingentes zu er-fassen und zugleich erkennen zu können, dass nichts ihre Fähigkeit des Über-schreitens zum Erliegen bringt, was sich in der Objektivität des ihr Begegnenden zeigt, kann nun die zuvor gestellte Frage nach dem Wie des Aufkommens der Gottesidee beantwortet werden:

---

384 TA, 590.
385 Vgl. hierzu TA, 334–339 sowie TA, 381–387.
386 TA, 591.
387 TA, 592.

„Eben dadurch, so konnten wir jetzt sagen, kommt die Idee Gottes also in unsere Vernunft, daß diese in freier Reflexion sich auf die *Kontingenz* ihres eigenen und alles ihr gegebenen, als endlich begreifbaren Daseins besinnt und deshalb die *Frage absoluter Begründung* aufwirft."[388]

Weil es gerade auch für die Unterscheidung zu einem Gottesbeweis von hoher Relevanz ist, muss festgehalten werden, dass die Vernunft auf die erläuterte Weise nur eine *Minimalbestimmung* von Gott denken kann, was Pröppers erklärtes Anliegen an dieser Stelle ist. Er denkt Gott darum nicht schon so, wie es (katholische) Dogmatik etwa in Form einer Eigenschaftslehre tut, sondern zeichnet ganz im Sinne philosophischen Denkens nur einen Begriff von ihm.[389] Weil die Vernunft ihn nur mit philosophischen Mitteln denken, sie aber von sich aus nicht zu den Offenbarungswahrheiten gelangen kann und sie stattdessen an die Eigenart ihres Fragenkönnens rückgebunden bleibt, bildet sie nur einen *Begriff* von Gott:

„Nicht an ihm selbst denkt sie Gott, wenn sie auf die beschriebene Art nach ihm fragt, wohl aber denkt sie ihn, denkt sie *an* ihn als das, was sie voraussetzen muß und zwar als von sich selbst und der Welt verschieden voraussetzen muß, wenn sie selbst in der Zufälligkeit ihres Daseins und überhaupt alles endliche Dasein letztlich nicht grundlos sein soll."[390]

Gerade *weil* sie nur die Möglichkeit einer Wahrheit offenhält, die mit dem Gottesgedanken näherhin identifiziert werden *kann*, entsteht auch kein zirkuläres Argument wie bei dem Gottesbeweis von Descartes und es ist die Realdifferenz zwischen Mensch und Gott gewahrt. Dass es Pröpper auf diese Unterscheidung sehr ankommt, bedingte wie gesehen bereits die Gesamtanlage der Theologischen Anthropologie generell und lässt sich an vielen Stellen im Werk geradezu ablesen, in besonders einschlägiger Weise auch bei der hier verhandelten Thematik: das Vermögen der Vernunft wurde in beschriebener Weise zwar dargelegt und als fähig dafür aufgewiesen, den Gottesgedanken in ihrer eigenen Instanz bilden zu können – insofern ist sie durch keine Grenzen eingeschränkt, das Kontingente zu transzendieren. Doch muss gleichwohl festgehalten werden, dass auch wenn das Gesagte gilt, das Ergebnis der Reflexion epistemisch offen bleiben muss und darum unter Vorbehalt steht. Denn dass die freie Vernunft alles Bedingte als nicht grundlos sein sollend zu begreifen vermag, hat nicht zwingend

---

388 TA, 592.
389 Vgl. etwa auch die analoge Unterscheidung vom „An deus sit vs. quid deus sit", vgl. MÜL-LER: Glauben – Fragen – Denken, Band 3, 531.
390 TA, 592.

zur Folge, dass es sich auch tatsächlich so verhält, dass also alles Bedingte auch tatsächlich einen Grund besitzt. Damit ist die Frage berührt, ob Vernunft sich selbst, bzw. dem trauen darf, was sie voraussetzt. Ein Bedürfnis muss stets als distinkt von seiner möglichen Erfüllung gedacht werden[391], sie darf aber diese Möglichkeit denken. Pröpper fasst das Problem pointiert so zusammen:

> „Es ist das *Sinn*bedürfnis der Freiheit, das nach absoluter Begründung verlangt und die Bodenlosigkeit des Daseins nicht hinnehmen will. Und dies durchaus konsequent: Denn wenn sie das schlechthin Unbedingte nicht der Welt schon voraussetzen dürfte, wäre ja auch ihre Vollendung nicht denkbar. Nur wenn am Ursprung von allem schon ist, was sie in allem Gegebenen nicht findet, ist ihr Verlangen noch nicht definitiv sinnlos. *Wissen* jedoch kann sie sich selbst nur als *Frage* nach Gott. Mißachtet sie diese Grenze, um mehr behaupten zu können, beansprucht sie in jedem Fall ein Vertrauen, für das sie durchaus geschichtliche Anlässe haben mag, das aber durch sie selbst (als bloße Vernunft) nicht verbürgt werden kann."[392]

Deutlich wird nun also, was aus der Reflexionsleistung der Vernunft als philosophisches Denken für die Gottesfrage folgt und was einem „Sperrklinkeneffekt" ähnelt: So relativiert das Gesagte an dieser Stelle erscheint, so sehr darf es doch Gültigkeit in Bezug auf die Möglichkeit seines Inhalts beanspruchen: Als Frage, dessen Antwort noch nicht gegeben wurde, jedoch darum auch noch nicht negativ ausfiel, existiert der Mensch vor Gott.

Neben Anselm und Descartes ist es das Denken Schleiermachers, auf das Pröpper rekurriert und im Zuge einer kritischen Prüfung seines Denkens zum Spitzengedanken des Möglichkeitsaufweises gelangt. Bevor dieser referiert wird, soll eben genannte Revision auf Schleiermachers Denken[393] bzw. sein berühmter Gedanke des „Gefühls einer schlechthinnigen Abhängigkeit" kurz nachgezeichnet werden. Im Bewusstsein seiner Identität mit sich selbst existiert das Selbstbewusstsein laut Schleiermacher in der Welt, die zugleich das Gesamt der bewussten Inhalte darstellt.[394] So begegnet es als sich selbst setzendes einerseits, jedoch andererseits als kontingente Wirklichkeit, die für ihr Dasein nicht aufzukommen vermochte.[395] Das Selbstbewusstsein wird durch wechselnde Gehalte bestimmt, ist darum auch generell bestimmbar, sodass auch „die invariante

---

391 Vgl. TA, 593.
392 TA, 593. Vgl. Lerch: Empfänglich für Gott?, 87.
393 Vgl. hierzu ausführlich TA, 441–487, besonders 464–482.
394 „Immer ist das Ich in seinem Verhältnis zur Welt (als Gesamtheit möglicher Bewusstseinsinhalte) einerseits für wechselnde Gehalte empfänglich, andererseits selbsttätig, spontan und frei agierend." (Lerch: Selbstmitteilung, 98).
395 Vgl. Lerch: Selbstmitteilung, 99.

Struktur des Subjekts selber (...) als Funktionseinheit von ‚Selbsttätigkeit und
Empfänglichkeit‘ zu begreifen ist."[396] Während dabei die Selbsttätigkeit auf ein
Freiheits- und die Empfänglichkeit auf ein Abhängigkeitsgefühl verweist, trifft
für beide die Bezeichnung „schlechthinnig" noch nicht zu, insofern diese entweder nur auf die eine oder nur auf die andere Weise erfahrbar sind und darum nur
ansatzweise oder anfanghaft bleiben. Ein *schlechthinniges* Abhängigkeitsgefühl
dagegen sei nach Schleiermacher erst dann denkbar, wenn „unser ganzes, stets
empfängliches wie auch selbsttätiges Dasein"[397] so erfasst wird, dass es als solches
ihren Ursprung nicht in der Selbsttätigkeit findet, sondern außerhalb seiner
selbst verortet werden muss,

> „was Schleiermacher zuvor über die invariante Struktur des Subjekts festge-
> stellt hatte. In der Tat muß die Selbsttätigkeit selber und als ganze von ander-
> wärts her sein; denn wäre sie von sich selbst her, dann wäre sie unmöglich an
> das Strukturelement der Empfänglichkeit gebunden."[398]

Eben die Beschaffenheit des Subjekts, die sich nach Schleiermacher so darstellt,
dass Selbsttätigkeit und Empfänglichkeit stets simultan vorkommen, verweist
auf einen Ursprung, den sie weder selbst noch in der Welt finden kann. Damit
aber ist auf den Gottesgedanken verwiesen, wofür gerade die Existenz der kontingenten, nicht notwendigen Freiheit spricht, die dem Subjekt im Modus der
Selbsttätigkeit zukomme. Dieses zweifellos wirkmächtige Modell der Gottver-
bundenheit verdient Anerkennung, gerade weil es den Freiheitsgedanken mit der
Welt- und Selbsterfahrung des Menschen philosophisch verknüpft. Gleichwohl
kritisiert Pröpper, dass der Anspruch, ein unmittelbares Gottesbewusstsein formuliert zu haben, von Schleiermacher nicht eingelöst wurde, denn ein solches
stehe in Spannung zum geleisteten argumentativen Aufwand. Umgekehrt würde
ein solches nicht an Bedingungen gebunden sein, die grundsätzlich angebbar
wären und damit gewissen „Anforderungen" oder „Denkregeln" unterlägen.
Damit aber könne es prinzipiell kein unmittelbares Gottesbewusstsein geben.

> „Und dies wesentlich deshalb, weil in jedem Gottes*bewußtsein*, das diesen
> Namen verdient, in jeder realen Gotteserfahrung also, die als solche bewußt
> wird, bestimmte Reflexionsbestimmungen (insbesondere die Unterschei-
> dungen von Gott, Mensch und Welt) schon realisiert und vollzogen oder
> doch wenigstens als aktualisierbare impliziert sein müssen."[399]

396 TA, 594.
397 TA, 595.
398 TA, 595.
399 TA, 596.

Auch und gerade ein philosophisch formuliertes Gottesbewußtsein kann damit den selbst gesetzten Anspruch nicht einlösen, da es gerade als vernunft- und regelgeleitete Wissenschaft fungieren muss – „Wer ins Philosophieren eintritt, tut das nie voraussetzungslos."[400]

Zum anderen sei es, so Pröpper, keineswegs schon ausgemachte Sache, dass der finale Argumentationsschritt schon mit Gott identifiziert werden könne. Auch bei der unterstellten Bescheidenheit Schleiermachers, mit seinem Modell keinen Gottesbeweis vorgelegt haben zu wollen, verfällt er doch einem zu schnellen Setzen dieses Gedankens als argumentative Spitze seines Modells, das aber gerade als philosophisches die Frage nach Gott offen lassen muss:

> „Zu deutlich ist er vom Bedürfnis nach absoluter Begründung und näherhin der Forderung diktiert, daß das Faktum der Freiheit, da es sinnvoll sein müsse, nicht als unbegründet hinnehmbar sei. Schleiermacher entscheidet, als verstünde sich dies beinahe von selbst, die Ambivalenz unserer zwischen Angst und Vertrauen, Dankbarkeit und Entsetzen schwankenden Daseinserfahrung zugunsten des religiösen Bewußtseins und der Wirklichkeit Gottes – eine Option, die zwar – eben dies hatte Schleiermacher ja präzise gezeigt – auf eine reale Möglichkeit sich richtet, die aber als Wirklichkeitsbehauptung gerade nicht mehr, jedenfalls durch philosophische Reflexion nicht, verbürgt werden kann."[401]

Gleichwohl würdigt Pröpper die ersten beiden Argumentationsschritte, die das Kontingenzbewusstsein des Subjekts als Ergebnis freier Reflexion ausweisen, sodass die freie Vernunft sodann in die Lage versetzt ist, sich nicht selbst ins Dasein gesetzt zu haben, im Wechselspiel mit der Welt keinen ihr gemäßen Gehalt zu finden und damit auf ihren „Verweischarakter"[402] hindeutet. Dadurch, dass das Ich zwar qua Synthesis-Struktur eine Empfänglichkeit für die Welt und ihre Inhalte aufweist, ist damit die Struktur dieser Synthesis noch nicht geklärt, bzw. in transzendentallogischer Terminologie: „Das ‚Woraufhin' jenes Sich-Öffnens des transzendentalen Aktus kann nicht zugleich als dessen ‚Woher' angesetzt werden."[403] Damit kann die „Begründung" des Kontingenzbewusstseins nur in ei-

---

400 MÜLLER, Klaus: Glauben – Fragen – Denken, Band 2: Weisen der Weltbeziehung, Münster 2008, 3.

401 TA, 596 f.

402 TA, 597.

403 LERCH: Selbstmitteilung, 98. Zudem spricht Pröpper von einem geradezu „exemplarischen" Fall bei Schleiermachers Modell, insofern die durch ihn vorgenommene Bestimmung der subjekthaften Selbsttätigkeit und die dann weiteren Folgeschritte auch in anderen Kategorien gedacht zum selben Ergebnis führen können, insofern sie alle mit dem transzendentalen Akt beschrieben werden können und darum nur verschiedene Aus-

ner Wirklichkeit liegen, die weder das Ich noch die Welt qua ihnen zukommender Kontingenz verbürgen können und darum „absolut" genannt werden muss.[404]

Wenn dies aber zutrifft und die endliche Freiheit weder durch sich selbst noch durch ihr Verhältnis zur Welt erklärt werden kann, ist die gedankliche Grundlage geschaffen, ausgehend von den bisherigen Überlegungen den ange-kündigten Möglichkeitsaufweis für die Existenz Gottes und der Offenbarung zu formulieren und der – wie zu Beginn des Kapitels angedeutet, neben dem noch folgenden Relevanzaufweis – die gültigen Erträge korrigierend in sich aufnimmt und vereint:

> „Erreicht ist die Einsicht, die als einzige (wie ich meine) die theoretische Möglichkeit einer real von Mensch und Welt verschiedenen Wirklichkeit aufschließt, es überdies nahegelegt, das zumindest für den Fall der freien Vernunft selbst (und mit ihr des selbstbewußten Ich und der Freiheit über-haupt) gesicherte Kontingenzbewußtsein als Indiz für die *Freiheit* auch des möglichen *Gottes* zu werten, und es somit auch zuläßt, nicht nur die mensch-liche Freiheit als geschaffene, zu sich *ermächtigte* zu verstehen, sondern auch – zumal ein in sich Notwendiges (schlechthin Unbedingtes) in keinem Erkannten antreffbar ist – die *Welt* als Schöpfung zu glauben."[405]

Man könnte diesen Gedanken Pröppers auch so formulieren, dass er mit dem vor-genommenen Möglichkeitsaufweis der Existenz Gottes die philosophische Auf-weisbarkeit und Nicht-Widersprüchlichkeit seiner Denkbarkeit ebenso geleistet hat wie – positiv formuliert – die Legitimität der Subjektsperspektive, die dazu in der Lage ist, sich einen Begriff Gottes zu denken – einen Begriff, der nur die Mög-lichkeit der Gottesexistenz offenhält und darum dessen vorläufige Undenkbarkeit ausschließt. Wichtig ist in diesem Zusammenhang der soeben zitierte Begriff „*In-diz*", der m.E. gut zum Ausdruck bringt, dass eben nur ein Minimalbegriff und *nicht mehr* in philosophischer Rezeption erreicht werden *kann*.

> „Legitimiert ist zugleich die Bereitschaft, gemäß der Sinnintention mensch-licher Freiheit, die wir noch ausweisen müssen, mit einem Handeln Gottes in Welt und Geschichte zu rechnen und sogar für seine Selbstoffenbarung sich offenzuhalten, und gesichert – dies ist der hermeneutisch grundlegende

---

formungen oder Weisen derselben transzendentalen Tätigkeit sind, vgl. TA, 597. Vgl. zu Kritik von Pröpper an Schleiermacher: LERCH: Selbstmitteilung, 101 f.

404 „Eben dadurch (...) kommt die Idee Gottes also in unsere Vernunft, dass diese in freier Reflexion sich auf die *Kontingenz* ihres eigenen und alles ihr gegebenen, als endlich be-greifbaren Daseins besinnt und deshalb die *Frage absoluter Begründung* aufwirft." (TA, 592).

405 TA, 598.

Ertrag – die Minimalbestimmung des Gottesgedankens, die als noch bestimmungsfähige und -bedürftige Grundbestimmung in alle genuin theologischen Aussagen eingeht und sie materialiter, eben als Rede von Gott, mitkonstituiert. Dies freilich erst im Vollzug der tatsächlichen und bestimmten Gotteserkenntnis, die ihrerseits – auch dies gehört zum erreichten Ergebnis – nur von Gottes geschichtlicher *Selbst*bestimmung für uns zu erwarten war.“[406]

Hier also macht Pröpper erneut auf die mögliche Schnittstelle zwischen Fundamentaltheologie und Dogmatik aufmerksam, die sein gesamtes Denken in der Theologischen Anthropologie prägt und bei der Verhandlung des Möglichkeitsaufweises erneut aufbricht, da insbesondere die Bestimmbarkeit des Gottesbegriffs noch aussteht (und Aufgabe der Dogmatik wäre), das begriffliche Mindestmaß für seine mögliche Näherbestimmung aber schon geleistet wurde (was mit philosophischen Mitteln möglich ist und theologischerseits der Fundamentaltheologie zukommt).[407]

Wird die einzuhaltende Differenz von Philosophie und Theologie eingehalten und beachtet, die sich hier gerade auch im Problemfeld der Gottesbeweise stellte, wird umso deutlicher, „was wir mit ihm [dem Möglichkeitsaufweis Gottes; A. H.] gewonnen haben.“[408] Denn nun ist der systematische Punkt erreicht, die Möglichkeit der Existenz Gottes mit den denkerischen Mitteln der philosophischen Vernunft erreicht zu haben und damit „nicht weniger als die *reale Möglichkeit* seines Daseins, ohne deren theoretischen Aufweis die weitergehenden Aussagen des Glaubens philosophisch als von vornherein gegenstandslos abgetan werden könnten.“[409] So also hat sich das theologische Denken sozusagen „rückversichert“, sich gegen philosophische Einwände zwar nicht gänzlich immunisiert zu haben, jedoch unter Rückgriff einschlägiger philosophischer Positionen zu einem *begründeten Standpunkt* zu kommen, der es erlaubt, eine vernunftgemäße Basis der Existenz Gottes – eine *Minimalbestimmung Gottes* – denken zu können und sich darum gegen seine ad-hoc-artige Bestreitung richtet. Dadurch, dass dies nun ausgeräumt ist, zeigt sich nun die genuin *theologische* Relevanz: wurde im Möglichkeitsaufweis doch philosophisch vorbereitet, was nun theologisch weiterbestimmt werden kann:

> „Eine positiv-affirmative Rede von Gott (...) ist damit zwar keineswegs schon begründet, gerade deshalb aber die Möglichkeit einer Theologie offengehalten, die aufgrund ihrer eigenen Quellen noch mehr und noch anderes sagt,

---

406 TA, 598 f.
407 Vgl. Lerch: Selbstmitteilung, 99.
408 TA, 601.
409 TA, 601.

als was sich Menschen letztlich auch selbst sagen könnten. Dabei geht der philosophisch erstellte Minimalbegriff in durchaus konstitutiver Weise in alle theologischen Aussagen ein, die Theologie aber ihrerseits über ihn auch hinaus, indem sie ihn weiterbestimmt und seinen Gehalt als wirklichen affirmiert."[410]

Gerade auf diese angedeutete Weise lassen sich die weiteren Ausführungen Pröppers an dieser Stelle verstehen, die für die vorliegende Arbeit insofern relevant sein können, als sie nun ausgewählte Themenfelder der Gotteslehre behandeln, die auch im zweiten Hauptkapitel bei der Darstellung des OT begegneten. Ohne auch schon inhaltlich dem nächsten Hauptkapitel vorzugreifen, das den OT und die TA auf Basis der Darstellungen dieser Studie miteinander zu vermitteln versucht, kann jedoch hier schon festgehalten werden, dass der unmittelbar bevorstehende Gedankengang dort aufgegriffen werden wird: Denn Pröpper möchte den bis dato erreichten Möglichkeitsaufweis bzw. das Freiheitsdenken andeutungsweise „an drei *essentials* des christlichen Glaubens – freies Geschichts- und Offenbarungshandeln Gottes, Schöpfungsglaube und eschatologische Hoffnung"[411] skizzieren. Zu diesem Zweck jedoch seien einige kurze Vorbemerkungen erwähnt.

Zunächst ist vor allem das rechte Verständnis bzw. die Zuordnung der Größen wichtig, die schon im biblischen Israel vorausgesetzt waren und durch Jesus Christus zur „Grundwahrheit des christlichen Glaubens"[412] wurden. Hierzu zählt etwa die „Freiheit und Geschichtsfähigkeit Gottes"[413], die dem Volk Israel aber gerade durch seine *Unverfügbarkeit* und der eigenen Unfreiheit zum Trotz stets als denkerische Möglichkeit offenstand. Dass Gott sich dann auch de facto als Grund dieser Hoffnung erwiesen hat und sie sich so als begründet bestimmen lässt, ist jedoch in *seiner* Freiheit fundiert, insofern sein geschichtliches Handeln wie auch sein grundsätzlich der Welt bzw. Israel zugewandtes Handeln nur aus dem eigenen, freien Entschluss denkbar ist:

> „Wichtig ist für uns nun die grundlegende Bestimmung, die sich für das Verständnis jeder Gegenwart des handelnden Gottes ergibt: daß sie nämlich aus Gottes freier, durch Selbstbestimmung verfügter Zuwendung stammt und ebenso in ihr, wenn sie dauert, ihren aktuellen Ursprung *behält*. Gott wird erfahrbar, wenn er sich zu erfahren *gibt*; er ist und bleibt gegenwärtig, wenn und solange er gegenwärtig sein *will*."[414]

410 TA, 602.
411 TA, 602.
412 TA, 602.
413 TA, 603.
414 TA, 603.

Die Freiheit Gottes und seine Unterschiedenheit zur Schöpfung lässt sich hier also vor allem mit seiner *Unverfügbarkeit* für den Menschen beschreiben, die gerade als Freiheit aber gerade nur ihm verfügbar *ist*. Damit steht der Weg offen, auch sein Handeln an der Welt als frei denken zu können.

„Hier liegt die fundamentale, weil ursprüngliche Differenz auch zur griechischen Metaphysik: Sofern sie das Göttliche nur rückschließend [und nicht personal-möglichkeitseröffnend; A. H.] in seiner notwendigen Begründungsfunktion für die bestehende Wirklichkeit, von der sie stets ausgehen konnte, erfaßte, mußte die Möglichkeit eines freien geschichtlichen Handelns dieses Prinzips ihrem Denken verschlossen und außerhalb ihres Erwartungshorizontes bleiben."[415]

An dieser Stelle zeigt sich also der Vorzug des Freiheitsdenkens besonders deutlich: Es stellt als hermeneutisches Prinzip die denkerischen Mittel dazu bereit, Gott als freiheitlich denkendes Wesen zu begreifen, bzw. genauer: die denkerische Möglichkeit eines freiheitlichen Handelns Gottes in einer offenen Geschichte aufrechtzuerhalten.

Eine generelle Absage an jedwedes metaphysische Prinzip ist hiermit freilich nicht gemeint, wohl aber hinsichtlich des aristotelischen Denkens, der das Göttliche ja gerade in Form des unbewegten Bewegers bzw. in der Nachahmung der kreisförmigen, der vollkommensten Bewegung begründet sah und darum sicherlich (auch) mit vorangegangenem Zitat gemeint sein dürfte.[416]

Mit der angesprochenen Geschichtsfähigkeit Gottes steht dann auch der Weg offen, sein Handeln in einer offenen Geschichte mit Israel zu deuten, das sich der eigenen sowie der weltlichen Kontingenz immer bewusst war und damit auch des freien Handeln Gottes, das seinerseits frei von aller Notwendigkeit geschieht. Die *creatio ex nihilo* ist Ausdruck dieses Geschehens, da er „die Differenz von Gottes allmächtigem Erschaffen zum gegensatzabhängigen Wirken der geschaffenen Mächte auf den Begriff bringt"[417], soll heißen: Gottes Allmacht ist noch vor und unabhängig geschöpflicher Macht wirklich, seine Macht ist nicht nur größer und ursprünglicher, sondern überhaupt Bedingung für geschöpflich-kontingentes Handeln. Darum ist die bewusste Differenz zum Schöpfer auch

---

415 TA, 603.
416 Dass gerade ein unbewegter Beweger auf keinem Begründungsweg als *liebender* Gott gedacht werden kann, wird hier also mit dem Prinzip der Freiheit nochmals begründet und somit bestärkt. Anders formuliert: Weil Liebe Freiheit zwingend voraussetzt, kann ein Gott, dessen Begriff mithilfe metaphysisch-deduktiver Aussagen gefasst wurde, kein Subjekt der Liebe und folglich auch nicht als frei in der Geschichte handelnd gedacht werden. Vgl. auch MÜLLER: Glauben – Fragen – Denken, Band 3, 552–554.
417 TA, 604.

keine absolute, unüberwindbare erkenntnistheoretische Hürde wie ebenso wenig ein Monismus. Vielmehr ist das geschichtliche Handeln am Volk Israels so zu denken,

> „daß Gott das welthaft Wirkliche zur *Gestalt seiner Zuwendung* macht. Subjektive Basis für die Möglichkeit solcher Erfahrung ist Israels Wissen um die primäre *Kontingenz* jeglichen Geschehens: sie indiziert die Freiheit Gottes in seinem auf alles Wirkliche sich erstreckenden Handeln. So wird einerseits in der auffallenden Fügung kontingenter Ereignisse zugunsten des Menschen oder doch in Richtung auf ihn die besondere (erwählende, rettende usw.) Zuwendung Gottes erkennbar."[418]

Dem widerspricht nicht, dass Israel Gott auch gerade für das natürlich Ablaufende dankt, da dies das Beständige darstellt, das als Verlässliches das Leben sozusagen am Werktag ermöglicht. Auch dies kann bei aller schöpferischen Differenz zwischen Gott und Mensch als Form des Handelns Gottes in der Geschichte Israels gelten, naturgesetzlich vorkommende und nach ihren Gesetzen stattfindende „ist für Israels Glauben weniger Ausdruck einer ihr immanenten, ihren Verlauf notwendig festlegenden Gesetzlichkeit als vielmehr aktueller Erweis von Gottes *Treue*. Und auch noch in ihrer Treue sind Gottes Güte und Zuwendung *frei*."[419]

Diese auch noch in der Treue gewisse Freiheit kommt wiederum in der Namenstheologie Israels zum Ausdruck. Seine zuvor erläuterte Unverfügbarkeit seiner Freiheit, die sich dem Menschen in der Zuwendung Gottes zeigt, ist darum Ausdruck und „die genuin biblische Wurzel des *Bilderverbots* (Ex 20,4 u.ö.)."[420] Das Bilderverbot müsste richtig verstanden also positiv umgedeutet werden, um die unverfügbare und dem Menschen nur zukommende Zugewandtheit Gottes als Möglichkeit offenzuhalten.

Nach einem kurzen Rückblick auf bestimmte Kirchenväter, die nach Pröppers Aussage die Freiheit der Menschen als auch die Freiheit Gottes insgesamt positiv bestimmt hätten, verweist er jedoch auch auf die eher hinderlichen Motive

---

418 TA, 604.

419 TA, 604. Gerade die Verlässlichkeit der Naturgesetze als Bedingung der Möglichkeit für vernunftgemäßes Handeln wird auf andere Weise innerhalb der systematischen Theologie im Horizont der Theodizeethematik verhandelt. Die sog. „natural-law-defense" versucht dabei aufzuweisen, das verlässliche Naturgesetze sittliches Handeln ermöglichen. Auch wenn hier sicherlich aus unterschiedlicher Perspektive argumentiert wird, wird in beiden Sichtweisen doch die Regelmäßigkeit des Natürlichen zunächst einmal betont. Vgl. hierzu STOSCH: Einführung in die Systematische Theologie, 115 f.

420 TA, 605. Vgl. zu einem einfachen Zugang zum Bilderverbot WERBICK, Jürgen: Den Glauben verantworten. Eine Fundamentaltheologie, Freiburg i. Br. ³2016, 411–413.

damaligen philosophischen Denkens über Gott, die insgesamt „das Verständnis seiner Freiheit und Treue in seinem geschichtlichen Handeln ebenso nachhaltig behindert [haben; A.H.] wie die Aufnahme der stoischen Providenzlehre, die zudem der menschlichen Freiheit widersprach."[421] Besonders „wirkmächtig" sei dabei die Eigenschaft der Einfachheit Gottes, insofern sie von der Erstur-sächlichkeit begrifflich fassbar wird und noch im Mittelalter zu dem Dilemma führte, „durch eine *reale* Prädikation der Vielheit der Eigenschaften Gottes seine Einfachheit zu gefährden oder eben, bei ihrer bloß *gedanklichen* Unterscheidung, als Gottes Wesen nur die bestimmungslose Einheit zu behalten."[422] Eine weitere Schwierigkeit bestand in diesem Zusammenhang in der Frage, wie Gottes We-sen erkannt werden könne, womit auf die theologisch so fundamentalen Begriffe „äquivok", „univok" und „analog" verwiesen ist, die zur Prädikation von Got-teseigenschaften genutzt werden können. Duns Scotus habe hier den richtigen Weg theologischen Argumentierens gewählt, indem er auf die *Univozität*, also das Gemeinsame zwischen Gott und Mensch insbesondere des Seinsbegriffs insistierte – ein Befund, der nicht verwundern kann, wenn man bedenkt, dass Pröpper ja gerade hinsichtlich der *Einheitlichkeit* im Begriff (das Freiheits-denken) das wissenschaftlich verantwortbare Theologietreiben sieht – wie sollte umgekehrt derselbe Ansatz zwischen philosophischer und theologischer Theo-riebildung überzeugend argumentieren können, wenn nicht univoke Begriffe vorausgesetzt werden müssten?[423]

Mit diesen Überlegungen ist aber die Agenda des Freiheitsprinzips bereits angedeutet, insofern es nicht Gegenstand seiner Aufgabe sein kann, alle philo-sophischen Aussagen über Gott differenzlos in einer Art Super-Prinzip theolo-gisch fruchtbar zu machen oder sie einfach additiv nebeneinander aus einem Prinzip deduzierbar aufzuweisen. Stattdessen aber ist erneut verwiesen auf das Verhältnis zwischen Philosophie und Theologie, hier konkret in der Instanz einer freiheitstheoretischen Offenbarungstheologie, die eben nicht alle philoso-phischen und theologischen Aussagen der vergangenen Jahrhunderte unkritisch übernimmt, sondern es auch angezeigt ist, wovon sie „sich trennen kann und im Namen der biblisch begründeten Gottesrede auch trennen *muß*."[424] Das Freiheitsdenken fungiert hier also gewissermaßen als Korrektiv für theologiege-schichtlich aufgekommene Probleme, deren Fortsätze teilweise bis heute virulent sind. Methodisch kann dies durch das Freiheitsdenken dadurch bewerkstelligt werden, dass es sich im Modus philosophischen Denkens die erlangten Erkennt-nisse aneignet, die Pröpper bis zu diesem Punkt gewann, um sie dann als theo-

---

421 TA, 606.
422 TA, 606.
423 Vgl. Lerch: Selbstmitteilung, 110–120.
424 TA, 607.

logische Wahrheiten einsichtig zu machen, die sich freilich aus anderen Quellen speisen, um nicht beide Disziplinen bzw. ihre Kompetenzbereiche miteinander zu überblenden:

> „Ihrer philosophischen Rechenschaftspflicht genügt sie [eine freiheitstheoretische Offenbarungstheologie; A. H.], indem sie eben die Möglichkeit einer freien, von Welt und Mensch verschiedenen Wirklichkeit und mit ihr die Minimalbestimmung ausweist, die dann aussagenlogisch als Gegenstand der affirmativen, auf geschichtlicher Erfahrung beruhenden Eigenschaftszuschreibungen fungiert und die sich von vornherein als *bestimmbar* durch die im Glauben eröffneten, biblisch bezeugten, im kirchlichen Bekenntnis festgehaltenen und zugleich dem Begründungsbedürfnis der freien Vernunft gemäßen Prädikate der freien Allmacht und der Einzigkeit Gottes wie auch seiner Allgegenwart, Allwissenheit und Ewigkeit erweist, die für die Fortbestimmung der von Welt und Mensch verschiedenen freien Wirklichkeit zum Gedanken *Gottes* in der Tat unverzichtbar und wesentlich sind."[425]

Die erreichte Minimalbestimmung Gottes darf also niemals unterboten werden, wenn sich das Freiheitsdenken nicht selbst diskreditieren will und sie andererseits buchstäblich anschlussfähig (bestimmbar) mit theologischen Aussagen bleiben kann. Was den Gedanken der Selbstoffenbarung Gottes anbelangt, so zeigt sich das angedeutete Verfahren gerade als Testfall für diese theologische Aussage: Wenn es gelingt, die Wesenseinheit Jesu Christi mit Gott als Implikat seiner Selbstoffenbarung und darum als Erweis seiner unbedingten Liebe auszuweisen, stehe der gedankliche Weg offen, dass die Gestalten seines geschichtlichen Handelns auch wirklich „durch sein *Wesen bestimmt* sind, zugleich und andererseits aber – eben weil sie die ihm selbst eigene Möglichkeit zu solchem Handeln betreffen – auch in bestimmter, mit seinen wesenhaften Eigenschaften übereinstimmender Weise *ihm selbst* prädiziert werden können"[426].

Welche Konsequenzen sind auf der Grundlage der bisherigen Überlegungen zu ziehen? Die nachfolgenden Überlegungen deuten eine Antwort auf diese Frage an, insofern als das Potenzial des Freiheitsdenkens für drei von Pröpper selbst gewählte theologisch prägnante Themen aufgezeigt wird. Diese sind – ohne das nachfolgende Hauptkapitel vorwegzunehmen, in dem eine Vermittlung zwischen der TA Pröppers und dem OT versucht werden soll – mit einschlägigen Aspekten im OT identisch, womit über den Ausgang des Versuchs einer Zusammenschau zwischen OT und TA freilich noch nicht entschieden ist. Denn ob eine inhaltlich-konkrete Ähnlichkeit zwischen OT und TA hinsichtlich dieser

---

425 TA, 607.
426 TA, 607 f.

theologischen Themenfelder – „essentials", wie Pröpper sie nennt – auch de facto konstatiert werden kann, ist noch offen. Dass dies keinesfalls der Fall sein *muss*, hat ja gerade das vorangegangene Hauptkapitel klarzumachen versucht – insbesondere dort, wo die Ansichten des OT sowohl „ad intra" (innerhalb der Vertreter des OT) als auch „ad extra" (innerhalb der Kritiker des OT) divergierten.

III.3.3.3.1 Geschichts- und Offenbarungshandeln

Mit dem Freiheitsdenken als denkerischer Voraussetzung gewinnt das Geschichts- und Offenbarungshandeln Gottes nun die Eigenart, dass „die Geschichte zwischen beiden ernsthaft als *offene* zu denken verlangt und auch ermöglicht"[427] wird. Dieser Schluss muss gelten, da anderenfalls nicht mehr einsichtig gemacht werden könnte, wie das Liebesangebot Gottes beim Menschen ankommen und sozusagen spiegelverkehrt Gott zu seiner Verherrlichung kommen könnte, die ja nur qua menschlicher Freiheit als Liebe Gott *gegenüber* wahr sein kann. Es ist mit der göttlichen Allmacht vereinbar, dass sie *einerseits* Wesen erschaffen kann, die eine formal unbedingte Freiheit besitzen und *andererseits*, dass ein göttliches Wesen „selber sich dazu bestimmte, sich von ihnen bestimmen zu lassen, und eine entsprechend offene Geschichte mit ihnen riskierte"[428]. Risikobehaftet war dieses Unterfangen auch darum, weil er sich den Voraussetzungen der Liebe unterwerfen musste[429], d. h. auch noch im todbringenden Kreuzesgeschehen sich der Freiheit der Menschen aussetzen zu lassen. Gleichwohl bleibt gewiss auch Gott in seinem freien „Selbststand", der es seiner Freiheit ermöglicht, den freien Menschen zu antworten

> „– dies aber so, daß sein grundlegender Heilsratschluß unverändert, er selbst im Stehen zu sich und seiner je größeren Liebe beständig, in seinen kontingenten Entschlüssen also mit sich identisch bleibt: primäres Subjekt einer offenen Geschichte, die ihm gleichwohl nicht entgleitet, verfällt oder zersplittert, sondern in Gottes originärer Innovationsmacht, deren Möglichkeiten niemals erschöpft sind, ihre verheißungsvolle Zukunft behält und ihre Kontinuität aus der steten, einsatzwilligen Treue seines unbedingt entschiedenen universalen Heilswillens gewinnt."[430]

---

427 TA, 608.
428 TA, 608.
429 Vgl. hierzu auch OEING-HANHOFF, Ludger: Metaphysik und Freiheit. Ausgewählte Abhandlungen, KOBUSCH, Theo / JAESCHKE, Walter (Hgg.), München 1988, 87: „Gegenseitige Anerkennung der Freiheit ist das Gesetz der Freiheit, das sich im Blick auf endliche Freiheit auch Gott um der Freiheit willen geben mußte."
430 TA, 608 f.

Betont wird an dieser Stelle also vor allem die Kontinuität im wesensgemäßen Handeln Gottes. *Eine Allwissenheit, die sich auch auf das Vorherwissen menschlicher Freiheitsakte bezieht, wird von Pröpper abgelehnt* und gerade auch mit den möglichen Aporien begründet, die sich unter dieser Voraussetzung beim Gnadenstreit[431] eröffnen. Darum präferiert Pröpper die Lösung Karl Barths in dieser Frage, die unsere Zeit als fortschreitende Gegenwart hin zur Zukunft und ausgehend von der Vergangenheit begreift. Sie stellt für ihn den einzig gangbaren Weg dar, im Einklang mit der eröffneten Freiheit Gottes und seiner geschöpflichen Unterschiedenheit von ihm „die Zeit, in der wir leben, als uns *zukommende*, unser Dasein als *je neu empfangenes* zu verstehen"[432]. Auf diese Weise blieben sowohl göttliche als auch menschliche Freiheit in ihrer jeweiligen Ursprünglichkeit unangetastet, was aber nach Pröpper zur Folge hätte, dass auch für Gott gilt, dass „die Akte der menschlichen Freiheit, die der noch nicht gegründeten Zeit angehören, von ihm nicht vorher gewußt und schon festgelegt, sondern ihres eigenen Ursprungs sind."[433] Die Nichtwissbarkeit menschlicher Freiheitsakte wird von Pröpper also mit der ontologischen und distinkten Andersartigkeit des Ursprungs dieser Akte begründet, was allerdings einschließt, dass Gott „um jedes Wirkliche und Mögliche weiß"[434]. Außerdem stellt Pröpper die Frage, wie *überhaupt* gedacht werden könne, Freiheitsentscheidungen losgelöst von den Kategorien von Raum und Zeit zu tätigen. „Denn muß die Zeit nicht als Bedingung für die Möglichkeit jeder Interaktion von Freiheiten gelten?"[435] Besonders brisant sei diese Frage beim Aspekt der Inkarnation, denn wie sollte Gott seinen Sohn schicken können, wenn diese Sendung nicht völlig voraussetzungslos und unabhängig von bestimmten Bedingungen erfolgen sollte (vgl. etwa den Glauben Israels)? Eine Zeitlosigkeit sei auch in genereller Hinsicht problematisch, da bei ihrer Annahme nicht mehr einsehbar gemacht werden könne, dass Gott die menschliche Freiheit „nur" umwerbe und Gott deren Ernstnahme bleibend beachten soll, was auch ein Wartenkönnen implizieren muss, da er bei ausbleibender Antwort die gewährte Freiheit nicht einfach willkürlich revozieren kann. Im Falle *erfolgender* Antwort des Menschen wäre aber ein nicht zeitlicher Gott ebenso problematisch zu konzipieren, da eine solche ja ihrerseits an zeitliche Bedingungen geknüpft wäre, wie die menschliche Existenz auch ganz allgemein. Zusammengefasst: Pröppers Gedanke, der hier im Hintergrund steht und von dem her also auch sein Verhältnis zur Zeit konzipiert werden muss, ist der Gedanke seiner Achtung der menschlichen Freiheit:

---

431 Näheres hierzu im Kapitel III.4.4.
432 TA, 609.
433 TA, 609.
434 TA, 609.
435 TA, 609 f., Anm. 130.

„Durch diese Selbstbindung und die ihr implizite Bereitschaft, sich zeitlich bestimmen zu lassen, hört Gott – der die Zeit von ihrer Zukunft her konstituierende Ursprung – indessen nicht auf, der Zeit und aller zeitunterworfenen Wirklichkeit mächtig und darin vom Menschen unterschieden zu sein, der – trotz seiner Fähigkeit zur Dimensionierung der Zeit und zeitüberbrückender Gegenwart – doch fundamental *in* der Zeit und ihr unterworfen ist und sich wesentlich auf zeitlich Gegebenes angewiesen findet."[436]

Wie also sollte es möglich sein, Gottes Bereitschaft zu denken, sich von der Freiheit des Menschen bestimmen lassen zu wollen, die de facto eine zeitlich kontingente ist, die *Bedingungen* des Zeitlichen von ihm aber gänzlich auszuklammern? Die Ablehnung eines unzeitlichen Gottesbildes, das etwa im eternalistischen oder de facto auch boethianischen Konzept vertreten wird, kann darum nur die konsequente Folge sein, die aus dem Freiheitsdenken Pröppers zu ziehen ist.

III.3.3.3.2 Schöpfungshandeln

Gottes Geschichtsmächtigkeit stellt die denkerische Voraussetzung für sein Schöpfungshandeln insofern dar, als letztgenanntes nur dessen „letzte Konsequenz aus ihr zieht."[437] Ausgehend von konkreten Erfahrungen und der Alleinverehrung Jahwes erweiterte sich der Glaube Israels, indem Gottes Macht nicht mehr nur auf Israel und vereinzelte Lebensbereiche bezogen wurde, sodass er sich schlussendlich

„zum Glauben an die allein durch Gottes Wort ins Dasein gerufene Schöpfung geklärt [hat; A.H.] und schließlich sogar, noch im Alten Testament selber (2 Makk 7,28), die Schwelle zum Gedanken der Erschaffung der Welt ‚aus nichts' erreicht, den die frühe Patristik dann für die weitere Tradition formulierte."[438]

---

436 TA, 609f., Anm. 130. Vgl. hierzu auch Stosch: Einführung in die Systematische Theologie, 223: „Wenn Gott als zeitlos gedacht wird, kann kaum noch von einem lebendigen Gott die Rede sein, und die Vorstellung eines mit seiner Schöpfung interagierenden Schöpfers ist kaum noch aufrecht zu erhalten. Der Akt der Inkarnation kann dann genausowenig [sic!] gedacht werden wie die Verwandlung und Vollendung der Zeit in Gott (...). Im Übrigen ist völlig unklar, wie eine Beziehung der Gleichzeitigkeit zwischen einem zeitlosen und zeitlichen Wesen gedacht werden soll."

437 TA, 610.

438 TA, 610.

Gegen monistische und dualistische Tendenzen ist damit von Allmacht Gottes ausgesagt, dass sie „das Seiende als *Seiendes* setzt und es ermächtigt, gerade aufgrund seiner restlosen Abhängigkeit in geschenkter Eigenständigkeit es selber zu sein."[439] Als bleibender Grund des Kontingenten ist er somit Einheit von Schöpfer und Erhalter, der auf wirksame Weise die ontologische Unterschiedenheit der Welt und seiner Geschöpfe von ihm ermöglicht, und darum auch deren „Selbständigkeit und Freiheit."[440] Eben hierin bestehe laut Pröpper der „unentbehrliche Beitrag des Freiheitsdenkens"[441], das in der Ablehnung der monistischen Denkform den Inhalt des Schöpfungsglaubens dadurch bestärkt, *indem* es eine „*Realdifferenz* zwischen Gott und Welt sowie insbesondere zwischen der göttlichen und menschlichen Freiheit"[442] annimmt, bzw. zu denken erlaubt. Damit ist der Schöpfungsglauben als vernünftige Sinnoption ausgewiesen, da er qua nun eröffneter Möglichkeit, eine von ihr distinkte Wirklichkeit zu denken und qua Kontingenzbewusstsein des freien Ich diese Wirklichkeit nun *selbst* als freie denkbar werden lässt. Das Letztgenannte deutet den bloß optionalen und offerierenden Charakter dieses Denkangebotes an, das seine Eigenart gerade durch die ihr inhärente Freiheit gewinnt. Affirmiert es der Mensch in seiner formalen Unbedingtheit der Freiheit, darf er sie als ganz von Gott her kommende und auf ihn hin erfüllende erhoffen.[443]

III.3.3.3.3 Eschatologisches Handeln

Gerade auch für Pröpper ist es erneut die Allmacht, die die sachlogische Voraussetzung für den Auferstehungsglauben darstellt.[444] Nur unter dem „Label" der Allmacht muss das Kontingente nicht als dem Nichts anheimfallend gedacht werden. Wäre Gott nicht allmächtig, wäre dem Glauben an die Auferstehung umgekehrt der „Boden entzogen" und die eschatologische Hoffnung des bleibenden Gerettetseins ohne Anhaltspunkt, die aber als *personifizierte* ihren Grund in Jesus Christus hat:

> „Wie also der christliche Glaube im Gedächtnis Jesu Christi die Erinnerung bewahrt, daß Gott uns gesagt hat, was nur er selbst sagen konnte, so lebt er als antizipatorische Praxis aus der Hoffnung, daß Gott selbst auch vollendet, was er in Jesus begann und seither Menschen in seinem Namen versuchen"[445].

---

439 TA, 610.
440 TA, 611.
441 TA, 611.
442 TA, 611.
443 Vgl. TA, 611.
444 Vgl. hierzu KREINER: Antlitz Gottes, 343.
445 TA, 612.

Es kommt Pröpper hier besonders auf die *Kontinuität* des Inhalts des christlichen Glaubens an, der Gott somit als denjenigen bekennt, der nicht im deistischen Sinne etwas einmalig ins Dasein ruft, um sich dann von ihm abzuwenden. Weil er sich vielmehr aber gerade als Gott der Liebe geoffenbart hat, kann er als allmächtiger Gott den Grund eschatologischer Hoffnung auf Auferstehung und bleibender Rettung aus dem Tod verbürgen. Wäre anderenfalls die Einheit von Liebe und Allmacht nicht denkbar,

„könnte er kaum mehr als *Gott* der Liebe, d. h. als die schöpferische, die ursprüngliche Liebe selbst geglaubt werden. Allein *diese* Liebe jedoch kann dem unwiderruflich angenommenen Menschen eine nicht mehr bedrohte Zukunft gewähren und die andauernde Macht der Schuld und des Todes endgültig besiegen.“[446]

Als Gott der Liebe, dessen Freiheit ja als einzige wirklich vollkommen ist, kann er dann auch einlösen, worauf weitere, ganz konkrete Inhalte eschatologischer Hoffnung sich richten, die zwar im zeitlichen Geschehen noch gegenwärtig sind, aber dennoch nicht definitiv sein müssen:

„reale Zukunft für die Toten, Rettung der Beschädigten, Zertretenen und Vergessenen, Aufrichtung der Entwürdigten, das Gericht der Wahrheit und der Gnade, eine Versöhnung, zu der alle willens, weil durch Gott befähigt sind, Gottes eigene Theodizee, das Abwischen aller Tränen, Bewahren alles Gelungenen, Freude ohne Angst, ohne Abbruch – Leben in Fülle.“[447]

Betont wird von Pröpper zudem, dass es sich hierbei um eine *„futurische* Hoffnung“[448] handelt, was einerseits erneut ihre bloße Option als Glauben meint und andererseits als solche über eine präsentische Eschatologie hinausgeht, die Gefahr laufen kann, auto-soteriologisch zu werden, indem sie den Menschen dasjenige zumutet, was allein Gott vorbehalten sein muss und sein darf.

Obwohl Pröpper an dieser Stelle fortfährt mit den systematisch-konzeptionellen Unterschieden der eigenen Konzeption im Vergleich zu Dieter Henrichs All-Einheits-Theorie, soll an dieser Stelle Pröppers Relevanzaufweis fokussiert werden.

---

446 TA, 612.
447 TA, 612. Aus eschatologischer Sicht ist es gerade auch das Beständige, was seinen Wert behält und darum auch schon in der Gegenwart Gültigkeit beanspruchen darf.
448 TA, 613.

III.3.3.4 Der Relevanzaufweis christlicher Grundwahrheit

Während der Möglichkeitsaufweis vor allem die bloße Existenz einer von Gott und Welt distinkten Entität intendierte aufrecht zu erhalten, so fragt der nun anstehende Relevanzaufweis nach der *Bedeutung* eben derjenigen christlichen Grundwahrheit, die nun als denkbar vorausgesetzt bleiben darf. Diese Grundwahrheit besteht darin, dass „es die wesentliche Bedeutung der Geschichte Jesu ausmacht, der Erweis der für uns Menschen unbedingt entschiedenen Liebe Gottes zu sein"[449]. Der Relevanzaufweis fragt also danach, warum die erwähnte Grundwahrheit den Menschen etwas „angehen sollte", inwiefern sie für die *conditio humana* bedeutungsträchtig ist. Die Antwort auf diese Frage liegt im antinomischen Wesen menschlicher Freiheit begründet, im „Problem ihrer *sinngerechten Verwirklichung*"[450]: Warum aber von Antinomie, also Gegensätzlichkeit die Rede ist und ob es gerade vor diesem Hintergrund eine Erfüllung dieser Freiheit geben kann, hat die transzendentallogische Betrachtung in diesem Hauptkapitel mit Verweis auf Krings einerseits bereits gezeigt, andererseits aber noch offen gelassen, womit zum nun anstehenden Gedankengang übergeleitet ist:

> „Methodisch setzt das Folgende die Ergebnisse der transzendentalen Reduktion schon voraus. Diese hatte ja den transzendentalen Aktus als die unbedingte Bedingung aller spezifisch humanen und ichhaften Vollzüge eruiert und seiner Form nach bestimmt. Jetzt gehen wir in entgegengesetzter Richtung von ihm bereits aus und fragen eben (und ausschließlich) nach seiner sinngerechten Realisierung, die an ihm selbst zu bemessen ist."[451]

Hiermit ist der methodische Anweg der nachstehenden Ausführungen angezeigt, der bereits Gesagtes aufgreift. Wie *genau* hängt die sinngerechte Verwirklichung menschlicher Freiheit mit dem Relevanzaufweis christlicher Grundwahrheit systematisch zusammen?

1. Zunächst und grundlegend bestimmt Pröpper – im Anschluss an die transzendentallogische Grundlegung – Freiheit als Fähigkeit zur Selbstbestimmung. In Wechselwirkung mit der Welt erfährt sich die Freiheit konfrontiert mit unterschiedlichsten Inhalten, zu denen sie sich verhalten kann.

> „In diesem Prozeß spielt die Freiheit eine wenigstens vierfache Rolle: Sie ist 1. selbst das durch sich Bestimmbare, 2. das zugleich durch Gehalte, also durch Anderes, Bestimmbare und tatsächlich stets schon Bestimmte, 3. das durch Af-

---

449 TA, 637.
450 TA, 637.
451 TA, 638.

firmation, Negation oder weiterbestimmende Modifikation von Gehalt selbst sich Bestimmende und 4. in ihrer formalen Unbedingtheit – wie bald deutlicher werden soll – auch der Maßstab der wirklichen Selbstbestimmung."[452]

Die Verbundenheit des Sich-Öffnens der Freiheit mit dem Gehalt ist dabei stets vorausgesetzt, was gerade die transzendentale Betrachtung gezeigt haben sollte.

2. Die formal unbedingte Freiheit ist darum material bedingt, weil erstgenannte erst durch einen „bestimmten" materialen Gehalt wirklich ist. Von diesem kann sie sich distanzieren oder sich ihn aneignen, ihn also negieren oder affirmieren. Ihre formale Unbedingtheit bleibt in jedem Fall unangetastet, für welchen Gehalt sie sich auch immer entscheidet und wie sie ihn bewertet. Sie findet sozusagen immer zu sich zurück und trifft keinen material bedingten Gehalt an, der ihrer Eigenart gemäß ist. Wie aber ist dies zu bewerten? „Gibt es demnach keinen angemessenen Gehalt für die Freiheit? Ist der freie Mensch womöglich eine Fehlkonstruktion?"[453] In diesem Zusammenhang hat Pröpper schon im ersten Kapitel der TA auf Sartre hingewiesen, der auf diesen Widerspruch besonders eindringlich aufmerksam macht, indem er klar herausstellt, dass die formale Freiheit niemals zu ihrer *endgültigen* Erfüllung gelangen kann, auch nicht durch die Freiheit des Anderen.

3. Gerade die andere Freiheit ist es aber, die der formal unbedingten Freiheit Gehalt gibt und insofern das sie Erfüllende sein kann. Als nur existierende Freiheit hat sie zuvor sozusagen noch nicht ihr singuläres Höchstmaß gefunden, was aber sodann zugleich ihre Maßgabe ist: „Als Inhalt, der ihrem unbedingten Sichöffnen wahrhaft entspricht, kommt aber nur ein solcher in Frage, der sich seinerseits durch Unbedingtheit auszeichnet: die andere *Freiheit* also, die Freiheit der *Anderen.*"[454] Sie vermag die formal unbedingte Freiheit zu erfüllen, ohne sich objektivieren zu lassen. Dieser Anspruch lässt sich nahtlos in den Bereich der Ethik überführen: „*Freiheit soll andere Freiheit unbedingt anerkennen.*"[455] Damit ist aber auch ihr Charakter des Aufgegebenseins mit ausgesagt, sie ist sich selbst Gesetz und darum „auto-nom". Ihr Unbedingtheitscharakter gilt aus ethischer Sicht darum auch unabhängig davon, ob sie de facto vom Anderen erwidert wird oder nicht, obwohl an dieser Stelle nur die wechselseitig erwiderte, affirmierte freiheitliche Anerkennung ihre gelingende Realisierung verbürgt.

Im Akt der Anerkennung anderer Freiheit wird zudem die anerkennende Freiheit selbst offenkundig, indem sie sich auf etwas richtet, was ihrer Unbedingtheit entspricht:

---

452 TA, 639.
453 TA, 640. Vgl. auch LERCH: Selbstmitteilung, 104: Es „entsteht gerade *in* der Freiheit – und zwar insofern sie zugleich formal unbedingt und material bedingt ist – eine Spannung."
454 TA, 640 f.
455 TA, 641.

„Was sie erfüllt, ist zugleich aber das, was ihre Realität *als* Freiheit überhaupt ermöglicht; denn erst in der Affirmation anderer Freiheit ist ja ihr eigener Unbedingtheitscharakter *als solcher gesetzt*, wird die Unbedingtheit ihres Sichöffnens und Sichbestimmens nicht nur implizit vollzogen, sondern explizit gemacht und realiter (sic!) offenbar."[456]

Die wertschätzende Anerkennung des Anderen ist damit dasjenige, was der eigenen Freiheit gemäß ist und was sich im konkreten Akt der Anerkennung der Menschen so äußert, *„daß sie sein dürfen und sein sollen"*[457]. Freiheit *kann* sich gerade nicht darin erschöpfen, dass sie sich durch Akte der triumphalen und unterdrückenden Selbstbehauptung eines ihr selbst entsprechenden Inhalts zu vergewissern versucht, weil diese niemals zu den erfüllenden Gehalten gelten können. Zugleich ist festzuhalten, dass auch der freie Gehalt selbst noch frei bleiben muss und darum nicht über ihn verfügt werden kann: Wenn gilt, dass Anerkennung nur frei geschehen kann, muss dies auch *bleibend* unter dieser Bedingung bestehen, soll heißen „den anderen deshalb auch frei *lassen* zu müssen"[458].

4. Das augustinische Diktum des „Du sollst sein!"[459] bzw. des „Ich will, dass du bist!"[460] lässt den Entschluss der Freiheit für andere Freiheit darum besonders deutlich hervortreten, weil es ihren Entschluss zum definitiven Seinsollen veranschaulicht. Ausdrücken kann sie sich in vielfältiger Gestalt, dessen konkrete Form auf den Anerkennungscharakter der Freiheit verweist:

„Soweit eine Wirklichkeit Anerkennung (...) vermittelt, kommt ihr *symbolische* Dignität zu, denn dann ist sie als Realität der einen Freiheit zugleich die der anderen, durch die jene dieser sich mitteilen kann (...). Symbolisch kann man sie nennen, weil in ihr ,zusammenfällt', was doch transzendental differenziert bleiben muß: die formal-unbedingte Freiheit und die reale Gestalt ihres Entschlusses."[461]

Nur symbolhaft kann die Freiheit also nur den Entschluss für andere Freiheit zeigen, weil die formal unbedingte Freiheit andere Freiheit nur im Modus bedingter Freiheit anerkennen kann, sodass hier das eingangs formulierte Problem sich erneut zeigt: Inhalte wie beispielsweise Gesten, die die unbedingte Anerken-

---

456 TA, 641.
457 TA, 642. Vgl. zum „proportionalen" Verhältnis der eigenen zur anderen Freiheit auch die Ausführungen in TA, 709–712.
458 TA, 643.
459 TA, 643.
460 Vgl. hierzu auch Lerch: Empfänglich für Gott?, 89 f.
461 TA, 643.

nung anzeigen, sind zwar Ausdruck der formal unbedingten Freiheit, können sich jedoch nur in einer Weise zeigen, die auf den unbedingten Charakter nur *verweisen*. „Endliche Objekte (Inhalte, Taten, Dinge) fungieren als vermittelnde Medien wechselseitiger Anerkennung. Ein Realsymbol ist folglich die konkrete *Gestalt*, in der der Entschluss der einen Freiheit für die andere ‚da' ist."[462] Für sich betrachtet handelt es sich also nur um ambivalente Inhalte, da auch die Gefahr ihrer Fehlinterpretation besteht – bestehen muss, insofern sie keine deduktiv herleitbare Wahrheit anzeigen können, die „losgelöst" von aller Kontextualität die Eindeutigkeit des Bezeichneten hervorscheinen lässt: „allein auf die Kraft ihrer situativen Evidenz angewiesen, zwingen sie nicht und wollen es auch nicht, da sie doch einladen, die Freiheit *gewinnen* möchten."[463] Auch dass Freiheit bzw. Liebe *überhaupt* nur gewonnen werden kann, sollte nach dem bisher Gesagten bekräftigt sein, insofern ja gerade der *Entschluss* für die Anerkennung des Anderen nur frei geschehen kann und der Gehalt somit auch frei bleiben muss. Freiheit ist umgekehrt betrachtet immer auch ein Wagnis, das gerade im Falle des Gelingens des Anerkennungsverhältnisses aber gerade den seinerseits symbolhaften Ausdruck des „Gewinnens" umso deutlicher unterstreicht. Wichtig für den weiteren Verlauf von Pröppers Ausführungen ist darum wiederum eine transzendentale, doppelte Differenzierung:

> „Zum einen wird die bereits erwähnte transzendentale Differenz zwischen dem sich offenbarenden ‚*Selbst*' und dem begrenzten *Ausdruck* angesprochen. (...) Zum anderen hebt Pröpper auf die Kluft zwischen der *Intention* unbedingter Anerkennung und ihrer stets ‚nur' bedingten *Realisierung* ab."[464]

Auf gesellschaftlich übergeordneter Ebene gilt dies analog, wenn auch in einer anderen Verhältnismäßigkeit. Denn auch „für die Systeme des Rechts, des Marktes, der Arbeit und überhaupt alle Verhältnisse, in denen Normen sich objektivieren und Geltungen ‚allgemein' sind"[465], sind Anerkennungsverhältnisse vorhanden, insofern sie stets von der Existenz des Menschen abhängig sind, d. h. an sein Handeln auch historisch-genetisch gebunden sind und bleiben. Gesamtgesellschaftliche Systeme sind daher hinsichtlich ihrer Geltung nach nie völlig absolut zu setzen von der Eigenart menschlicher Freiheit, was umgekehrt bedeu-

---

462 LERCH: Selbstmitteilung, 106. Vgl. hierzu auch LERCH, Magnus: Jesus Christus: Gegenwart Gottes und Erschließung wahren Menschseins?, in: LERCH, Magnus / LANGENFELD, Aaron: Theologische Anthropologie, Paderborn 2018, 108 – 123, 121: Ein Realsymbol zeigt eine Wahrheit auf eine Weise an, an dessen Gestalt sie nicht zwingend gebunden und die stattdessen mehrdeutig ist.
463 TA, 644.
464 LERCH: Selbstmitteilung, 107.
465 TA, 644.

tet: „Je mehr ein System ‚regelt‘ und die Freiheit ‚entlastet‘, desto größer ihre Abhängigkeit von ihm.“[466] Die Unbedingtheit der Freiheit ist dabei aber diejenige
Instanz, die die Realität dieser Systeme niemals zu ersetzen erlaubt, weil sie sie
„als Bedingung ihrer eigenen und der gemeinsamen Existenz“[467] nur „gesetzt“
hat. Die transzendentallogische Betrachtung aber hat gezeigt, dass Freiheit und
Deduktion niemals miteinander vereinbar sein können, sowohl im intersubjektiven Bereich des Zwischenmenschlichen als auch auf der hier angesprochenen
gesellschaftlichen Ebene. Am Entschluss zur Anerkennung ursprünglich und
irreduzibel gebunden, handelt es sich um „kein Prinzip, das die historische oder
gar metaphysische Erklärung bestehender Verhältnisse erlaubte und sie womöglich als notwendig sanktionierte“[468].

5. Die formal unbedingte Freiheit kann aufgrund der bleibenden material
bedingten Freiheit, das, worauf sie sich idealerweise und ihrem Wesen entsprechend hin richtet, nur bedingt realisieren: „sie verspricht im interaktiven Miteinander etwas, das sie angesichts ihrer Endlichkeit und ihrer Angewiesenheit
auf situative Evidenz im letzten nicht halten kann.“[469] Der Akt der Anerkennung
beansprucht damit mehr, als er für sich garantieren kann, indem etwa das in
Anlehnung an Augustinus gesprochene „Ich will, dass du bist“[470] niemals losgelöst von der grundsätzlichen Materialität vollends und in jeder Hinsicht zu verwirklichen ist. Die Kontingenz menschlicher Existenz lässt damit den Verdacht
aufkommen, dasjenige, was die Anerkennung anderer Freiheit meint, als absurd
erscheinen zu lassen:

„Menschen wollen, ja sie beginnen sogar, was sie doch nicht vollenden können. (...) Hat diese Aporie nun nicht nur für uns, sondern überhaupt und definitiv
als unlösbar zu gelten? Theoretisch zwingend hat sie es jedenfalls nicht.“[471] Wäre
sie es nämlich, bliebe die Möglichkeit verschlossen, eine nicht nur formal, sondern auch *material* unbedingte Freiheit zu denken, die als solche den Sinngrund
endlicher Freiheit verwirklichen könnte, die angedeutete Aporie unterläuft und
sich von der menschlichen Freiheit zugleich unterscheidet, weil sie nicht als Widerspruch, sondern vielmehr als Einheit zu denken ist:

---

466 TA, 644.

467 TA, 644.

468 TA, 645.

469 SATTLER: Erlösung, 109. Darum spricht Pröpper von den Anerkennungsverhältnissen
auch als „antizipatorische“ Akte, die das, was sie versprechen, bzw. anfangen, wie gesehen zwar nicht verbürgen, wohl aber schon voraussetzen. Vgl. TA, 598; vgl. LERCH:
Selbstmitteilung, 108.

470 Hier zitiert nach MÜLLER, Klaus: Glauben – Fragen – Denken, Band 1: Basisthemen in der
Begegnung von Philosophie und Theologie, Münster ²2012, 157.

471 TA, 645.

„Einheit von unbedingt-affirmierendem Entschluß und ursprünglicher Verfügung über allen Gehalt, theologisch gesprochen: Einheit von Liebe und Allmacht. Erst sie würde der endlichen Freiheit als das *schlechthin* Erfüllende entsprechen, so wie umgekehrt durch die Beziehung auf sie die gegenseitige Bejahung der Menschen die dem Wesensmaß ihrer Freiheit voll entsprechende Offenheit wie auch Entschlossenheit gewinnen und bewahren kann.“[472]

Damit ist vor dem Hintergrund des Widerspruchs der menschlichen Freiheit – namentlich der formal unbedingten und der material bedingten Freiheit – die Möglichkeit einer Wirklichkeit aufgezeigt, die als Idee Gottes dasjenige einlösen kann, was menschliche Freiheit qua material bedingter Freiheit nicht einlösen kann „und somit den Sinn menschlicher Freiheit und ihres Beginnens verbürgen.“[473]

Mit diesen Ausführungen ist also ein Gedanke erfasst, der die (philosophischen) Ansprüche des finalen Teilbandes der TA1 an dieser Stelle einzulösen vermag. Durch die Rezeption der Ergebnisse der unmittelbar vorangegangenen Freiheitsanalyse stehen sie damit ganz im Sinne des Freiheitsdenken, sodass eine Liebesbeziehung zwischen Gott und Mensch nicht im Sinne von Deduktionen oder Beweise in Betracht kommen, sondern vielmehr ihre Möglichkeit qua gedanklicher Sicherung beider Beziehungspartner nunmehr vorausgesetzt werden darf:

„Wohl aber ist der Gedanke Gottes in einer Weise bestimmt, die sich sowohl mit dem Freiheitsbewußtsein des Menschen als auch mit dem christlichen Zeugnis der geschichtlichen Selbstoffenbarung Gottes verträgt und deren Sinn ausweist, ohne sie ableiten oder ersetzen zu können. Es ist die Stelle erreicht, an der sich die Ansprechbarkeit [dessen philosophische Explikation das aktuelle Kapitel der TA ja leisten sollte; A. H.] des Menschen für einen Gott zeigt, von dem er sich wie Freiheit von anderer Freiheit unterscheidet und über dessen Wirklichkeit er im Denken nicht mehr verfügt, denn nur im sich mitteilenden Selbsterweis kann Freiheit für andere Freiheit ja Wirklichkeit werden.“[474]

---

472 TA, 646. „Erst in der so bestimmten Idee des schlechthin Unbedingten würde das absolut Erfüllende endlicher Freiheit gedacht, denn allein die vollkommene Freiheit Gottes könnte die Intention unbedingter Anerkennung realisieren und somit die Sinnhaftigkeit endlicher Freiheitsvollzüge verbürgen.“ (LERCH: Selbstmitteilung, 108).

473 TA, 646.

474 TA, 647. Vgl. auch SATTLER: Erlösung, 109.: „In dieser Reflexion leuchtet der Gottesgedanke auf als eben diese unbedingte Freiheit, die immer schon vertrauend vorausgesetzt ist in der freiheitlich tätigen Antwort auf das unbedingt Seinsollende, die Bejahung fremder Freiheit.“

Ein wie auch immer zu verstehendes „Verfügen" über andere Freiheit kann nicht sinnvoller Gehalt ihres eigenen Wesens sein, was erst recht für die Beziehung zwischen Gott und Mensch gilt, insofern die Liebe Gottes zum Menschen ja aus der Perspektive christlichen Glaubens vorausgesetzt sein darf. Handelt es sich bei der göttlichen um die vollkommene Freiheit, kann sich diese nur als konkrete zeigen, die aber niemals auf dem Wege deduktiver Ableitung vergewissert werden kann – was gerade die transzendentallogische Betrachtung deutlich gemacht haben sollte.

> „*Sinnvoll* ist diese Idee Gottes, sofern in ihr gedacht wird, worauf sich menschliche Freiheit kraft der Unbedingtheit ihrer Form richtet und wodurch deshalb der freie Mensch mit sich wahrhaft einig werden kann; ja sie darf, *wenn* die in unbedingter Weise bejahte wie auch die bejahende menschliche Freiheit sich schon als sinnvoll verstehen, sogar als *notwendige* Idee gelten."[475]

Dadurch, dass die göttliche Freiheit als Einheit von formal und material unbedingter Freiheit gedacht werden kann, ist also dem Sinnlosigkeitsverdacht der menschlichen Freiheit widersprochen. Die Idee Gottes ist damit nicht nur der „Grund"[476] dafür, dass Menschen sich nun nicht mehr als von der Antinomie der Freiheit verzehrten Widerspruch wahrnehmen müssen[477], sie ist damit zugleich als sinnvolle prädiziert, insofern die menschliche Freiheit ihren denkerischen Ausgangspunkt darstellt.

> „*Wenn* nun aber Gott sich als Liebe mitgeteilt hat, wenn er sich Israel eröffnet hat und in Jesus als unbedingter Entschluß für den Menschen existiert, dann kann gerade das dem Prinzip der Freiheit verpflichtete Denken den Glauben an diese Wahrheit als sinnvoll vertreten: eben indem es ihre unbedingte Bedeutung für die sinngerechte Verwirklichung der Freiheit aufzeigt."[478]

Erreicht ist also die Einsicht, dass das Freiheitsdenken die Wahrheit des christlichen Glaubens als das Wesensgemäße und -erfüllende der menschlichen Freiheit auszuweisen vermag.

---

475 TA, 647.
476 Vgl. hierzu LANGENFELD: Zur Frage nach der Ansprechbarkeit des Menschen für Gott, 148.
477 Einen in dieser Hinsicht einschlägigen Gedanken hat Sartre vertreten, auf den Pröpper innerhalb der TA immer wieder rekurriert und dessen Kernargument in diesem Kontext darin besteht, dass das Vorhandensein der Freiheit letztendlich in einen existenziellen Selbstwiderspruch mündet, insofern sie eben nicht dasjenige erlangen kann, woraufhin sie sich richtet. Vgl. auch LANGENFELD: Zur Frage nach der Ansprechbarkeit des Menschen für Gott, 146.
478 TA, 647.

6. Dadurch, dass die vollkommene Freiheit qua Allmacht nur von Gott prädiziert werden und die menschliche Freiheit sich im Diesseits nur nach ihm, bzw. der vollkommenen Verwirklichung ausstrecken kann und darum noch ausstehend ist, läuft der skizzierte Gedankengang Gefahr, sich mit dem religionskritischen Vorwurf der Jenseitsvertröstung konfrontiert zu sehen. Unbeachtet wäre an diesem Vorwurf jedoch, dass es ja dieselbe Freiheit und dasselbe Anerkennungsverhältnis ist, das irdisch schon wirksam sein und darum nicht gänzlich ins Dasein *verlagert* werden kann, so als ob das jetzt schon anfanghafte Anerkennungsverhältnis nur abgebrochen oder ersetzt würde. In diesem Fall würde das Freiheitsdenken ja auch seine Plausibilität einbüßen, indem es nicht mehr plausibel die Folgerichtigkeit des besonders hier skizzierten mehrstufigen Gedankenganges aufzeigen könnte. Umgekehrt ist damit auf die denkerische Voraussetzung zurückverwiesen, die das Freiheitsdenken formuliert und darum der Weg offengelegt, den angedeuteten Vorwurf der Jenseitsvertröstung zurückzuweisen:

„Liebe kann nur gelingen (darin folgt sie ihrer antizipatorischen Logik), wo schon an Liebe geglaubt und ihr vertraut wird. Und dies nicht nur in dem aus der Reziprozität des Anerkennungsverhältnisses sich ergebenden Sinn, daß jeder, ohne die Freiheit des anderen berechnen und sich ihrer versichern zu können, *anfangen* muß, wenn überhaupt etwas glücken und stark werden soll, sondern eben auch in dem noch bedeutungsvolleren Sinn, der sich aus der symbolischen Struktur wirklicher Anerkennung und der unschließbaren Differenz zwischen formaler Unbedingtheit und materialer Bedingtheit der Freiheit ergibt. Denn gerade wo eine Freiheit sich formell unbedingt für andere Freiheit entschließt und so deren eigener Unbedingtheit gerecht wird, will sie mehr, als sie verwirklicht und jemals verwirklichen kann."[479]

Es ist der formalen Unbedingtheit der Freiheit in ihrer materialen Bedingtheit sozusagen inhärent, dass sie „schon weiß", dass das, was nur symbolisch realisierbar ist, durch ihr kontingentes Wesen nicht eingelöst werden kann. Gerade unter dieser Voraussetzung muss es aber umso verwunderlicher erscheinen, dass Menschen trotzdem unbedingte Anerkennungsverhältnisse eingehen und sich auf die Liebe einlassen. „*Wenn* sie also geschieht, d. h. von ihrem intendierten, jedoch unverfügbaren Ziel bereits herkommt und es durch ihr eigenes Anfangen ‚setzt', hat sie den Abgrund menschlicher Möglichkeiten berührt und durchschritten und Endgültigkeit antizipiert."[480]

Dass dieser Prozess jedoch nicht frei von Irritation ist, macht aber gerade der Umstand klar, dass die so selbstverständliche Voraussetzung des Setzens

---

479 TA, 648.
480 TA, 649.

der Sinnhaftigkeit der Liebe nicht reflexiv zu vergewissern ist. Droht der Verlust in ihr Vertrauen, können sich Formen *ablehnender Anerkennung* einstellen: Selbstsicherung, die radikale Verweigerung des Sichöffnens der Freiheit und der Verfall in Wille-zur-Macht-Prozesse in vielen möglichen Formen, die dem unbedingten Seinsollen anderer Freiheit eben nicht entsprechen, sondern ihr diametral entgegenstehen.[481]

Die in diesem Unterkapitel vorgenommene Freiheitsanalyse diente also dazu, die Antinomie menschlich-freiheitlicher Akte darzustellen, um auf dieser Basis den Gottesgedanken als vollkommene Freiheit zu formulieren, der die Einheit von Allmacht und Liebe qua Einheit formal unbedingter und material bedingter Freiheit ist. Pröpper warnt erneut davor, den erreichten Gedanken mit einem Gottesbeweis zu verwechseln, indem seine Wirklichkeit um der Freiheit willen vorausgesetzt wird und seine freie Offenbarung als solche nur noch als ausstehend gedacht wird. Stattdessen soll aber nur die Sinnhaftigkeit dieses Gedankens in Form ihrer „humane[n] Relevanz"[482] vergewissert werden, die nun allerdings als gültig gelten darf:

> „*Daß* aber Gott *selbst* sich für uns bestimmt hat, indem seine Liebe in Jesu Wirken bis in den Tod uns zuvorkam und an ihm ihre Treue erwies – diese *absolute Affirmation unserer Freiheit* ist die Vorgabe, aus der sie nun *selbst* sich bestimmen, mit der sie ihrerseits beginnen und von der sie, unwiderruflich und unerschöpflich, für sich selbst und für jeden Gebrauch machen darf."[483]

Damit ist nun der Relevanzaufweis vollumfänglich geleistet und entfaltet: Als sinnvolle Idee[484], die den Menschen unbedingt angeht – seine Offenheit für sie aber voraussetzt – weil sie sich auf sein innerstes Wesen, eben seine Freiheit bezieht und die Idee Gottes diese nun zu ihrem Ziel führen kann, kann sie auch die nur scheinbar vorläufigen unbedingten Anerkennungsverhältnisse ihrer sinngerechten Verwirklichung zukommen lassen. Stets der methodischen Eigenart des transzendentalen Verfahrens eingedenk, ist damit weder einem Gottesbeweis noch einer sonstigen Notwendigkeit seiner Existenz oder seiner Offenbarung zugeredet. „Und an dieser Stelle, an der die Relevanz der unverfügbaren Wahrheit des Glaubens auch schon für die Gegenwart sich zeigt, erreicht die Analyse der sich realisierenden Freiheit, die bei deren antinomischer Konstitution einsetzte und ihre Dialektik verfolgte, ihr Ziel."[485]

---

481 Vgl. TA, 649.
482 LERCH: Selbstmitteilung, 109.
483 TA, 649.
484 Vgl. LERCH: Selbstmitteilung, 109.
485 TA, 649.

Den damit geleisteten Relevanzaufweis beleuchtet Pröpper sodann noch unter *einigen weiteren Gesichtspunkten*, die ihn als Option für einen letztgültigen Sinn klassifizieren:

1. Zwar wurde mithilfe der Freiheitsanalyse vor allem die „unbedingte humane"[486] Bedeutung des Gottesgedankens aufgewiesen, insofern es sich bei ihm um etwas handelt, das die menschliche Freiheit schlechterdings zu erfüllen vermag. Nichtsdestoweniger hält Pröpper fest, dass der Aufweis damit noch nicht an sein Ziel gekommen ist. Denn die bloße Denkbarkeit des fünften Argumentationsschrittes ist zwar logische Voraussetzung für den sechsten und letzten Schritt, jedoch keineswegs mit ihm identisch: Gott als zu erhoffende Erfüllung bloß zu denken ist vom Gedanken, ihn als Sinngrund menschlicher Freiheit und darum humaner Handlungen schon wirksam werden zu lassen, noch unterschieden. Mit seiner Affirmation jedoch ist er anfanghaft bereits im Jetzt vorausgesetzt, sodass der religionskritische Vorwurf der Jenseitsvertröstung als solcher nicht auf ihn zutrifft, eben weil er keinen radikalen Abbruch der Freiheitsverhältnisse intendiert. Daraus sei dann aber auch die Konsequenz zu ziehen, dass „Christen die Verbindung ihres praktischen mit dem *expliziten* Zeugnis für den *Grund* ihrer Hoffnung wohl ernster zu nehmen und es erkennbarer zu geben [hätten; A. H.], als sie es sich angewöhnt haben."[487]

2. Es handelt sich nicht um einen Widerspruch, wenn Pröpper einerseits beständig ablehnt, dass es sich bei seinen Aufweisen um Gottesbeweise handelt, sie aber andererseits noch als über den Charakter eines Postulats hinausgehend bezeichnet. Dass beide Aussagen miteinander vereinbar sind, erklärt sich aus ihrer argumentativen „Stoßrichtung": Dass Liebe und Anerkennung schon als sinnvoll gesetzte gelten dürfen, wenn sie geschehen, erlaubt es „leicht und durchaus fehlerfrei, den bereits implizit beanspruchten Sinngrund als solchen zu eruieren."[488] Der entgegengesetzte Weg, diesen Sinngrund vorauszusetzen, um von ihm her „den Sinn der fraglichen Freiheitsvollzüge zu beweisen (...), wäre eindeutig zirkulär."[489]

3. Ganz im Sinne der Abweisung des Beweischarakters für den erhobenen Relevanzaufweis betont Pröpper dessen Bedeutung als Sinnbegriff, der als solcher einerseits inhaltlich vorauszusetzen ist, insofern „die unbedingte Affirmation der endlichen durch die vollkommene Freiheit nur als geschehende und geschehene für uns wahr sein"[490] kann. Liebe muss konkret werden, um wirklich und für andere erfahrbar zu sein. Zum anderen gilt, dass der Begriff eines letztgültigen Sinnes dieses Prädikat nicht schon der Offenbarung voraussetzen kann, um ihrer konkreten Gestalt schon vorzugreifen.

---

486 TA, 650.
487 TA, 650.
488 TA, 651.
489 TA, 651.
490 TA, 651.

„Da vielmehr das offenbarende Geschehen seine ihm innewohnende Bedeutung primär von sich her erkennen lassen muß und somit selbst das entscheidende Kriterium für die Anwendung des Sinnbegriffs auf es darstellt, wirft die *quaestio facti* der Offenbarung letztgültigen Sinnes so zahlreiche und vor allem andersartige Fragestellungen auf, daß sie im Rahmen der Bearbeitung der philosophischen Hauptaufgaben der Theologie nicht gelöst, geschweige denn ‚miterledigt‘ werden kann."[491]

Wenn damit also auch weitergehende und andere Teilbereiche philosophischer Grundfragen der Theologie angesprochen sind, ist es m. E. gleichwohl umso verständlicher, dass gerade bei der Frage nach der Bedeutung und der tatsächlich ereigneten Offenbarung die philosophische und die theologische Reflexion erneut denkerisch unterschieden bleiben muss. So wird innerhalb der Theologischen Anthropologie die methodische Auseinanderhaltung zwischen Philosophie und Theologie in der o. g. Frage weiter bekräftigt.

4. Trotz oder gerade weil die Freiheit verdankt ist, „hat das der endlichen Freiheit gewährte unbedingte Seinsollen doch seine höchste Dignität erst dadurch, daß es Ausdruck ihrer unbedingten Affirmation durch Gott und der Gemeinschaft mit ihm *selbst* ist."[492] Unter dieser Voraussetzung wird die menschliche Freiheit in ihrem Vollzug aufgewertet und bietet eine Alternative zum Vorwurf ihrer eigenen Sinnlosigkeit, wenn ihre Existenz zwar behauptet wird, dies aber mitnichten Rückschlüsse auf Gott oder einer sonstigen sinnverbürgenden Instanz zulasse (Sartre) – Freiheit habe ihren Eigenwert „etsi deus non daretur".

5. Dadurch, dass es sich bei der christlichen Denkform um nur eine von vielen Alternativen möglicher „Sinngebungen" der Existenz handelt, stellt sich die Frage nach ihrer Überzeugungskraft umso dringlicher. Pröpper betont, dass die Antwortversuche auf die Frage des Menschen nach sich selbst bestimmten Kriterien genügen müssten, die zum einen die „Radikalität der Sinnfrage"[493] betreffen, weiterhin keinen Widerspruch zur objektiven Realität zur Folge haben dürften und schließlich die Ambivalenz auszuhalten, nur „Option" auch wirklich zu sein, d. h. ihre nur *vorausgesetzte* Wahrheit anzuerkennen, die keineswegs auch schon *vergewisserte* Wahrheit ist.

6. Da der Relevanzaufweis dasjenige aufgenommen und vorausgesetzt hat, wovon schon beim Möglichkeitsaufweis die Rede war, kann Gott nun als freier Sinn- und „Daseinsgrund alles Wirklichen"[494] gedacht werden, der als solcher *nicht* auf dem Wege begrifflicher Steigerung gebildet wird (vgl. etwa den An-

491 TA, 652.
492 TA, 652.
493 TA, 652.
494 TA, 654.

selmschen Gottesbegriff und seine Bestimmung Gottes als IQM) und damit in einigen Hinsichten dem biblischen Gottesbild zu widersprechen scheint. So liegt der Ertrag für die Theologie stattdessen darin, dass Pröpper durch die hier formulierten Aufweise die vollkommene Freiheit Gottes in sein Wesen schon *einträgt*. Seine Konzeption lässt darum folglich theologisch damit unmittelbar zusammenhängende Themen im Sinne der Grundlage dieses freien Gottes zu: „Offenbarung und freie Mitteilung, freies schöpferisches und geschichtliches Handeln als primäre Prädikate"[495].

Als Anerkennungsverhältnis, das im vorausgesetzten Freiheitsdenken wirklich wird, kann es zudem die denkerischen Voraussetzungen dafür bereitstellen, „die menschliche Gestalt der Offenbarung und die mitmenschliche Form ihrer Bezeugung als die ihrem Inhalt (...) angemessene zu begreifen und darzustellen."[496] Dadurch, dass Gott als vollkommene Freiheit gedacht werden kann, die andere Freiheit immer schon anerkennt und biblische Wahrheiten unter dieser Voraussetzung verstanden werden können, ist die menschliche *Vermittlung* der Offenbarungswahrheit – als etwas ihn unbedingt Angehendes – ihrem wesentlichen Inhalt gemäß.

Zum Ende des finalen Kapitels des ersten Teilbandes der Theologischen Anthropologie leitet Pröpper zu einem weiteren Hauptmotiv seines Denkens über – dem der Freundschaft Gottes mit den Menschen. Hierzu erwähnt er, dass die Wahl des Freiheitsdenkens für ihn nicht nur begründet ist mit „dem Gewinn der Einsichten, die es ermöglicht, sondern eher und mehr noch darauf, daß es dieselbe Freiheit zu seinem Prinzip macht, die unserer Gemeinschaft mit Gott ihre wahrhaft humane Dignität gibt und deshalb auch für Gott selbst einen eigenen Wert hat."[497] Es zeigt sich also erneut, dass es für die Vernunftkonformität des Freiheitsdenkens spricht, wenn es auch hier als identisches Verfahren die erwähnte zweifache Aufgabe durchzuführen vermag.

Das Programm des ersten Teilbandes der TA lässt sich rückblickend so zusammenfassen, dass die im dritten Kapitel exegetisch vergewisserte Gottebenbildlichkeitsaussage des Menschen „im Sinne einer im geschöpflichen Wesen des Menschen verankerten Ansprechbarkeit für Gott"[498] eben als diese Ansprechbarkeit verhandelt wurde – und dies wiederum auf solche Weise, dass diese Wesensaussage über den Menschen mithilfe des philosophischen Denkens genauer differenziert und erläutert wurde. Dass die Philosophie für diese Aufgabe geeignet erscheint, ergibt sich daraus, dass die vorausgesetzte Ansprechbarkeit ja eine für die Vernunft einsichtbare Erkenntnis sein muss. Weil also darum

---

495 TA, 654.
496 TA, 654.
497 TA, 654.
498 TA, 269.

nur erst „von der *möglichen* Partner- und Freundschaft mit Gott"[499] die Rede ist, besteht die Hauptaufgabe der Theologischen Anthropologie Pröppers im ersten Teilband darin, diese sicherzustellen, indem sie „die anthropologischen Bedingungen ihrer Möglichkeit"[500] mithilfe der Erträge vor allem neuzeitlichen Gottdenkens eruiert. Dass das vierte und fünfte Kapitel der TA1 nicht explizit in dieser Studie verhandelt wurden, ist dem Umstand geschuldet, dass die dortigen Ausführungen sich schon in dem hermeneutischen Zirkel befanden, der von Pröpper mit dem Freiheitsdenken eröffnet wurde – was wiederum bedeutet, dass die Inhalte des Kapitels über Natur und Gnade und des Kapitels über die neuzeitliche Gottbezogenheit des Menschen zumeist und vor allem als „Abgrenzungsfolien" oder problematisierte Zuspitzungen derjenigen Inhalte dargestellt wurden, die mit dem Freiheitsdenken *überwunden* werden sollten. Besonders gut ersichtlich ist dies m. E. etwa beim gnadentheologischen Dilemma des aristotelischen Denkens, das die Freiheit der Gnade zu denken unmöglich zu machen scheint oder der Aussage Pröppers, dass neuzeitliche Versuche, die Bezogenheit von Gott und Mensch zu denken, diesen Gott trotz nur philosophischer Denkform schon vorauszusetzen (vgl. Descartes) und damit mehr beanspruchen zu wollen als philosophisch möglich sei und theologisch nötig.

Endgültig erreicht ist damit Pröppers Spitzengedanke der *menschlichen Freundschaft mit Gott*. In ihm kulminiert, was das finale Kapitel der TA 1 denkerisch vorbereitet hat und im zweiten Teil aufgegriffen und weitergeführt wird. Es stellt darum so etwas wie den *lapis angularis* der gesamten TA dar, insofern er beide „Seiten" der Grundaussage(n) der TA – der *möglichen* und der *wirklichen* Beziehung des Menschen mit Gott – in sich vereinigt und ihm daher bei weitem größeres systematisches „Gewicht" als den anderen „Steinen" bzw. Inhalten zukommt. Dem bildhaften Ausdruck der Freundschaft mit Gott entsprechend, betont Pröpper in den letzten Sätzen des ersten Teilbandes darum die Wechselseitigkeit dieser Beziehung:

> „Daß er, der alles uns gibt, und die Würde eigener Zustimmung läßt. Unsere Freude, daß er uns wählte, und seine Freude, wenn er zu uns gelangt. Daß unser Denken, unsere Rede von ihm freimütig sein soll und er auf uns achtet, selber uns anspricht. Und seine Nähe uns freigibt, aber nicht fallen läßt. Gewiß auch eine mühsame Freundschaft. Ganz sicher für ihn, denn er kann leiden durch uns. Doch ebenso wir: wenn wir ihn nicht mehr verstehen, uns wie Abgeschriebene fühlen. Nie aber zu vergessen, was er getan hat, um sich verständlich zu machen und uns zu gewinnen."[501]

---

499 TA, 654.
500 TA, 654.
501 TA, 655.

Diese Zeilen fassen das bisher Gesagte der Theologischen Anthropologie m. E. auch darum gut zusammen, weil sie den rückbezüglichen Charakter der gewährten Freiheit zum Ausdruck bringen: Die Freundschaft mit Gott kann nur durch Freiheit entstehen und als solche wirklich sein, obwohl diese Freiheit selbst schon im Akt der Schöpfung grundgelegt und darum möglicher Verwirklichungsmodus der Freundschaft mit Gott ist.

Hierin *kann* ein wertvoller Verdienst für die Fragestellung der vorliegenden Arbeit liegen, insofern sie ja u. a. nach diesen anthropologischen Grundbedingungen fragt und sie versucht mit der Position des Open Theism zu vermitteln. Pröpper selbst hat bestimmten Aspekten gerade bei der Formulierung des Möglichkeitsaufweises schon vorgegriffen. Ob die angedeutete Synthese zwischen ihm und dem Open Theism gelingt, muss aber das folgende *Haupt*kapitel erst noch klären. Nach Darstellung des ersten Teilbandes soll darum zunächst die Darstellung einiger weiterer Themen aus dem *zweiten* Teilband der Theologischen Anthropologie erfolgen, die nun nicht mehr die bloß *mögliche*, sondern die nun de facto *wirkliche* Gemeinschaft des Menschen mit Gott zum Thema haben und darum auch nun nicht mehr vordergründig nur fundamentaltheologischer, sondern dogmatischer Natur sind.[502]

III.4 Aufnahme des Erreichten und synthetische Neudeutung – Zweiter Teilband der Theologischen Anthropologie

Die Grundanlage von Pröppers Theologischer Anthropologie erläutert die Titelwahl dieses Kapitels: die vor allem philosophisch abgearbeiteten, jedoch theologisch vorausgesetzten Aspekte des ersten Teilbandes wurden dort schließlich zu einem systematisch kohärenten Konzept verfugt, das jetzt bleibende Gültigkeit beanspruchen darf und beim Durchgang durch eine Auswahl bestimmter Themen methodologisch vorausgesetzt ist. Damit werden die theologischen Einsichten, die im zweiten Teilband verhandelt werden, mit der zuvor erreichten Minimalbestimmung Gottes synthetisch verbunden.

Neben der Frage der Sünde sind es vor allem offenbarungs- und gnadentheologische Fragestellungen, die im zweiten Teilband der Theologischen Anthropologie verhandelt werden und mit denen sich ein Abgleich mit den entsprechenden Positionen des Open Theism lohnen kann. Aus diesem Grunde sollen für ein mögliches Gespräch beider Denkrichtungen – das angestrebte Ziel des nachfolgenden Hauptkapitels ist – entsprechend aussichtsreiche Passagen aus dem zweiten Teil von Pröppers Anthropologie referiert werden. Die

---

502 Vgl. die Ausführungen zur Grundanlage der Theologischen Anthropologie zu Beginn dieses Hauptkapitels.

nun anstehenden Reflexionen sollen darum zunächst Pröppers Verständnis der menschlichen Sünde erläutern, was jedoch vor dem Hintergrund der Zielsetzung dieser Arbeit nur in gebündelter Form stattfinden kann. Die Ausführungen zur Sündenthematik zeichnen daher nur die groben Linien und Zuspitzungen nach, die in der Theologischen Anthropologie sehr ausführlich zur Sprache gebracht werden. Eine vollständige Rekonstruktion sämtlicher sündentheologischer Positionen Pröppers ist daher nicht intendiert. Dasselbe gilt für das anschließende Referat über die Offenbarung als Selbstmitteilung Gottes, das inhaltlich daran anschließende Unterkapitel über Gottes Gnade und ihrer freiheitlichen Annahme durch den Menschen (in historischer Perspektive auch bekannt als „Gnadenstreit") und schließlich für die Frage, was die in der Theologischen Anthropologie vorausgesetzte Freiheit in eschatologischer Hinsicht bedeute.

Die Auswahl derjenigen Inhalte, die im Rahmen dieser Arbeit der Theologischen Anthropologie entnommen sind und dargestellt werden sollen, richtet sich also nach der in der Studie aufgeworfenen Grundfrage. Der OT stellt in seinen Ausführungen Behauptungen auf, für deren Auswertung bestimmte Inhalte des zweiten Teilbandes aussichtsreich sein können – auf dieser Grundlage ist deren Auswahl legitimiert. Zunächst aber sollen einige Überlegungen zu Pröppers Sündenverständnis vorgeschaltet werden.

III.4.1 Grundlegendes zur Lehre von der Sünde

An dieser Stelle soll eine erste Annäherung zum Thema Sünde des Menschen vorgenommen werden. Die nachfolgenden Ausführungen skizzieren Pröppers begriffliche Voraussetzungen, die im nachfolgenden Unterkapitel expliziert werden. Wie also kann der Einstieg in das weite Themenfeld der Sünde des Menschen erfolgen?

Für Pröpper handelt es sich bei den zwar zu unterscheidenden Begriffen Sünde und Gnade nicht um zwei voneinander völlig distinkte *insofern*, als das Bekenntnis zur Sünde immer schon nur durch eine anfanghafte göttliche Zuwendung bewusst werden kann. Zu vollem Bewusstsein des Sünders kann sie gelangen, indem sie im Lichte der Gnade verstanden wird:

> „Ja, in vollem Ernst erkannt, so daß ein Mensch sie eingesteht und als die eigene Tat und Wirklichkeit übernimmt – in diesem Sinn wird Sünde wohl überhaupt nur erkannt und anerkannt werden können, wo Gottes Zuwendung schon als *gnädige* wahrgenommen wird und als Angebot der Vergebung begegnet."[503]

---

503 TA, 668.

Diese Zuwendung Gottes konfrontiert also den Sünder sozusagen mit der Sünde, insofern das Verhältnis von Gott und Mensch so gefasst wird: Der Sünder befindet sich im Zustand des verschlossenen Unglaubens, er verneint die Beziehung, die von Gott selbst jedoch stets gewollt ist. Sünder-Sein bedeutet darum – theologisch-anthropologisch gefasst – auf Gottes Zuwendung nicht zu zählen, sie nicht anzunehmen und stattdessen ohne ihn leben zu wollen. Allerdings sei darauf hinzuweisen, dass die Grenzen zwischen nicht-glauben-Wollen und nicht-glauben-Können unscharf sind, was sich schon damit begründen lässt, dass verschiedene Strategien angewandt werden können, um sich bewusst oder unbewusst dem Bekenntnis zur Sünde und in eins damit der Gottesbeziehung zu entziehen oder in verdrängender Absicht „Gott nicht wahrhaben zu müssen und diese Ablehnung, dieses Wegblicken von ihm, der dennoch nahe ist, sich selbst zu verschleiern.“[504] Dementsprechend wäre das Wahrhabenwollen des Sünders, bzw. die Annahme der Zuwendung Gottes schon die anfanghafte Aufhebung des Status als Sünder. Mit dem vollen reumütigen Bekenntnis zu ihr kann er darum der Gnade gewiss sein und so seinen Zustand der Sünde auch „aushalten“. Kurzum: Das Verhältnis zwischen Sünde und Gnade ist für Pröpper ein *chiastisches*, wechselseitig durchdringendes: Während „nicht nur die Gnade – kritisch, richtend und heilend zugleich – sich auf die faktisch schon vollzogene Sünde bezieht,“ so setzt „umgekehrt auch die Sünde, eben sofern sie das sich verweigernde Verhalten eines Menschen zur Wirklichkeit Gottes ist, schon in irgendeiner Weise die Zuwendung Gottes“[505] voraus.

Gerade vor dem Hintergrund dessen, dass Pröpper aber insbesondere im ersten Teilband seiner Theologischen Anthropologie die wesenhafte Hinordnung des Menschen auf Gottes freie Gnade stark gemacht hat, kann nun umgekehrt die Gnade sich nicht darin erschöpfen, dass sie sich ausschließlich im Modus der Sündenvergebung vollzieht. Diese tendenzielle Engführung, die er der westlichen Kirche attestiert, sei vor allem ein Erbe der Anselmschen Satisfaktionslehre, die in ihrem Kern ja eine Restitutionstheologie ist: Gott sandte seinen Sohn, der sterben musste, um Gott das ihm gebührende zurückzugeben, was durch die Sünde der Menschen verloren ging.[506] Diese durch Anselms Theologie de facto bahngebrochene „Verselbstständigung des Sühnemotivs“[507] beherrschte dann zunehmend die soteriologische Motivik im westlichen Denken. Stattdessen aber möchte Pröpper die Angewiesenheit des freien Menschen auf den freien Gott nicht erst im Modus einer sündenmonistischen Vergebung verstehen, sondern so,

---

504 TA, 670.
505 TA, 670 f.
506 Vgl. Nitsche: Christologie, 105.
507 Vgl. auch Stosch: Einführung in die Systematische Theologie, 185.

„daß nämlich der Mensch schon *wesenhaft* Gottes bedürftig sei, allerdings (dies war schließlich die entscheidende Pointe) wesenhaft eines *freien* Gottes bedürftig. Aber auch so verstanden ist es doch schon unsere Freiheit und nicht erst ihre Selbstverfehlung und Sünde, worin unsere Angewiesenheit auf die Gnade ihren Grund hat."[508]

Damit aber verliert das Anselmsche Paradigma an Überzeugungskraft. Denn das Sühnemotiv kann dann nicht mehr aufrecht erhalten werden, wenn zunächst ein Perspektivenwechsel weg von der verletzten Ehre Gottes *hin* zur möglichen Gottesbeziehung des Menschen vollzogen wird, um *dann* den für das Pröppersche Denken zentrale Gedankengebilde der Menschwerdung Gottes erreichen zu können: Nur unter der Bedingung, dass Gott zu so einem Menschen wurde, „der mit ihm ursprünglich eins war und mit Gottes Handeln sein eigenes Tun erkennbar identifizierte, konnte Gott *selbst* uns begegnen und nur durch ihn die *Bedingungslosigkeit* seiner Liebe ihren eindeutig sprechenden Ausdruck finden, so wie es durch Jesus geschah."[509] Anders formuliert: in der Person Jesu Christi begegnet Gott den Menschen „auf Augenhöhe", was er gewissermaßen auch „muss", wenn er uns in den Zustand versetzen will, dass wir uns seiner Liebe gewiss werden können. Denn wie sonst, so könnte die Gegenfrage gestellt werden, könnte Gottes Liebe sich überhaupt den Menschen zeigen, wenn sie nicht konkret würde, und das heißt: im *Menschen Jesus Christus* konkret würde. So setzte er sich aber auch selbst den Gefahren der Geschichte aus, die per se allen Geschöpfen anhaftet: Die Widerständigkeit und Ablehnung derjenigen erfuhr er, deren Liebe er zu gewinnen suchte. Und noch im Angesicht des Todes achtete er die menschliche Freiheit, um die Entschiedenheit dieser Liebe sichtbar zu machen: „daß sie nämlich in der Hingabe des Sohnes ihren rückhaltlosen Ernst und durch die Errettung ihres getöteten Zeugen aus dem Tod ihre Treue erwies und ihre Unwiderruflichkeit dadurch besiegelte."[510] Formal gefasst: Wenn Gott die Liebe ist und sie vermehren will, indem er die Menschen an ihr teilhaben lassen will („deus vult condiligentes"[511]), dann muss er Maßnahmen ergreifen,

---

508 TA, 672. Vgl. Auch TA, 80: „Die Lehre von der Sünde ist nicht der theologische ‚Knüppel aus dem Sack', der den Menschen erst niederschlägt, damit Gottes ihn wieder erhebendes Erbarmen um so großartiger erscheine. In Wirklichkeit verhält es sich genau umgekehrt: Erst angesichts des begegnenden Gottes und seiner Liebe kann es überhaupt dazu kommen, daß ein Mensch einsieht und eingesteht, daß er faktisch diesem Gott nicht entspricht und es in einer Tiefe, die ihm selbst und seinem guten Willen sehr oft entzogen ist, vielleicht nicht einmal möchte."

509 TA, 674.

510 TA, 675. Vgl. auch Nitsche, Christologie: 58: „Es verblüfft darum nicht, wenn die neuere systematische Theologie Jesu Lebenshingabe als einen konsequenten Akt der Treue zur Botschaft von Gottes zuwendungsvoller Liebe und unbedingter Güte interpretiert."

511 So ein Diktum von Duns Scotus: Opus Oxoniense III, dist. 32, qu. 1, n. 6.

die diesen Umstand offenbar werden lassen, damit Menschen die Möglichkeit haben, diese radikal ernst gemeinte Liebe auch erwidern zu können. Diese „Maßnahme" besteht in der Inkarnation, im Leben und Sterben Jesu Christi.

Mit diesen Reflexionen ist dann auch eine Absage an solche Konzeptionen erteilt, die die Sünde des Menschen fokussieren, um die Gnade Gottes entsprechend *hervorzuheben.* Nicht erst die de facto vollzogene Sünde war ja wie gesehen bei Pröpper sachlogischer Grund für die Angewiesenheit des Menschen zur Gnade, sondern seine Verfasstheit selbst. Hier ist erneut auf die fundamentale Voraussetzung menschlicher Freiheit nach Pröpper zu rekurrieren: Als (formal) unbedingte Freiheit ist sie „Ausgriff nach Erfüllung und Sinn, [als (material) bedingte; A.H.] aber begrenzt durch ihre Ohnmacht, über ihn zu verfügen."[512] Inwiefern ist dieser Befund nun aber relevant für die Thematik der Sünde? Antwort: Mit der vorausgesetzten Begrifflichkeit lässt sich das über den Sünder zuvor Gesagte denkerisch einholen: Denn wenn der Sünder sich von Gott abkehrt, indem er ihn nicht wahrhaben will, kann dies auch so verstanden werden, dass er sich nicht mehr in den Verhältnissen befindet, in denen er sich befinden *sollte*: die im Freiheitsbegriff offenkundige Widersprüchlichkeit versucht der Sünder zu überwinden, indem er sich selbst an die Stelle rückt, die nur Gott vorbehalten ist. So verkehrt der Sünder die im Freiheitsbegriff grundgelegten Verhältnisse auch gegen sich selbst: „Denn Sünde wäre dann immer (und jedenfalls auch) als der Versuch zu verstehen, diese wesentliche Aporie, die wir sind (bedürftig einer Erfüllung, die doch nur geschenkt werden kann), trotzdem aus eigenem Vermögen und in alleiniger Zuständigkeit lösen zu wollen."[513] Dieses Unterfangen gleicht also einer Art „Kategorienfehler", weil nicht eingestanden wird, dass das, worüber der Mensch qua *bedingter* Freiheit nicht verfügen kann, von ihm de facto auch nicht vollbracht werden *kann*. Zahlreiche alltägliche Beispiele führt Pröpper zur Illustration an: Selbstbehauptung und -ermächtigung über herrschende Verhältnisse, Geltungssucht und verkrampftes Verlangen nach Anerkennung, ebenso „wie das Schwanken zwischen Selbstüberanstrengung und nachfolgender Depression"[514] können mithilfe des hier vorausgesetzten Freiheitsbegriffs, der zugleich die Wesenhaftigkeit des Menschen wie auch seine Bedürftigkeit anzeigt, als *symptomatische* Beispiele für das oben angesprochene Freiheitsdilemma verstanden werden – symptomatisch darum, weil sie als Ausdruck von Lebensgegebenheiten gelten können, die sich der Gnade Gottes nicht geöffnet haben. Sie brauchen auch darum nicht mit dem Bösen als einer eigenen Entität identifiziert werden:

---

512 TA, 679.
513 TA, 679. Hier zeigt sich deutlich ein Bezug zum Denken des dänischen Religionsphilosophen Sören Kierkegaard, auf den Pröpper in seinem Werk auch einige Male verweist.
514 TA, 679.

„Die meisten Menschen sind gar nicht abgrundtief böse, sie sind nur kleinlich, engherzig, träge, vielleicht auch verrannt oder blockiert und sehr oft nicht glücklich. Vor allem ist es die Angst, die mit der Freiheit selbst da ist und ihr Bewußtsein abgründig begleitet, was sie bei sich selbst festhält und was sie gerade dann, wenn ein großzügiger Entschluß, ein zuvorkommender Schritt, ein riskanter, selbstloser Einsatz anstünde, doch lieber auf Sicherheit gehen läßt."[515]

Wenn aber die Angst das eigentliche wirksame in solchen Verhaltensformen ist, kann sie durch ein rechtes Verständnis der Gnade im Pröpperschen Sinn besser verstanden werden: „Hilfreicher wäre es manchmal, hinter den provozierenden Gesichtern des Bösen die Aporien einer Existenz wahrzunehmen, die sich dazu verurteilt hat, oder verurteilt glaubt, ohne Gnade leben zu müssen ..."[516] So schließt sich der gedankliche Kreis zum vorausgesetztem Freiheitsbegriff, der formal unbedingt und material bedingt zugleich ist, so die Angewiesenheit der Gnade auszuweisen vermag, während das faktische Gefangensein in der Angst die Sünde provoziert und darum auf das ursprünglich antinomische Freiheitsverständnis Pröppers zurückweist, indem es auf ein verkehrtes Verhältnis zwischen Bedingtsein und Unbedingtsein hindeutet, das den Sünder zu Fall bringt.

Was die vorläufige Unterscheidung zwischen dem Begriff der Sünde und dem der Schuld anbelangt, so fasst Pröpper die Sünde zunächst als religiösen Begriff, der zugleich eine Relation ausdrückt. Diese Relation ist das Verhältnis zu Gott, das durch den Unglauben beschädigt wurde. Gleichwohl hat Gott als Schöpfer dieses Verhältnis zuallererst hervorgebracht, sodass es absurd wäre, eine Gleichgültigkeit Gottes gegenüber diesem Verhältnis anzunehmen. Vielmehr gelte es, den Menschen als Ganzen in seinem Verhalten als in die Pflicht genommen zu denken, gerade vor Gott:

„So gewinnt der Mensch die unendliche Bedeutung, für Gott bedeutsam zu sein; und damit wiederum hängt zusammen, daß in dieser Beziehung (wie man zutreffend sagt) der Mensch als er *selber* gemeint und somit als ganzer beansprucht ist und daß deshalb seine Sünde nicht nur in einzelnen Taten, sondern in der Grundausrichtung besteht, die er seiner Existenz gibt und die sich in den einzelnen Taten nur manifestiert."[517]

Das Ganze der Sünde ist also mehr als die Summe ihrer Teile: nicht die einzelne Sünde ist der eigentlich prägnante Ausdruck des Gottesverhältnisses des Menschen, sondern seine Grundhaltung, seine innere Einstellung.

515 TA, 679.
516 TA, 680.
517 TA, 681.

Demgegenüber meint der Begriff der Schuld etwas genuin Ethisches. Diese Bedeutung gewann er durch die (positiv gemeinte) Verselbständigung sittlicher Autonomie und zielt besonders auf die Subjekthaftigkeit ab: Der Einzelne ist es, der das sittliche gebotene unter Voraussetzung seiner verantwortlichen Zurechenbarkeit verfehlen kann:

> „Solche Verantwortlichkeit impliziert nun vor allem das *Bewußtsein* der Schuld, d. h. einerseits das freie Sichverhalten des verantwortlichen Menschen zu sich selbst und seinem Handeln (nur dadurch ist es ja sein *eigenes* Handeln), andererseits die Einsicht in das Gesollte, in seinen Inhalt und in seinen Verpflichtungscharakter."[518]

Schuld ist dabei auch darum stets subjekthaft verfasst, weil nur aus der erstpersönlichen Perspektive heraus das moralisch gebotene erkannt werden kann und der Mensch hieran seine Gewissensbildung ausrichten muss. Pröpper fasst unter Berufung auf die Analysen Paul Ricoeurs den Begriff des ethisch Bösen zusammen „erstens als ein Werk der Freiheit," „zweitens als eine Umkehrung der Ordnung, die für das Verhältnis der Handlungsmaxime zum moralischen Gesetz gilt" und „drittens [als; A. H.] eine unergründliche Neigung der Freiheit, in der sie, obwohl verantwortlich, sich selber entzogen ist."[519]

Um schließlich zu weiteren Ausführungen Pröppers überzugehen, die die Sünde des Menschen zum Thema haben, sollen vier von ihm überleitende Aspekte erwähnt werden, die dann im Zuge der weiteren Darstellung expliziert werden. Denn gegenüber dem bloß ethischen Verständnis des Bösen ist dieses – *erstens* – in religiöser Betrachtung vor Gott gestellt. Damit aber ist sie bereits in einen sie potenziell veränderbaren Kontext hinübergesetzt. „Denn vor Gott hingestellt, steht das Böse bereits im Horizont der Verheißung; schon mit der Anrufung beginnt die Erneuerung der Verbindung, die gestört oder gar zerbrochen war."[520] Durch diese zutrauende Verbindung also vermag die Sünde bzw. das Böse verwandelt zu werden, sie ist es wenigstens schon anfanghaft. *Zweitens* wird die sündige Tat des Menschen, die als Ausdruck eines von ihm verkehrten Verhältnisses begangen wird, nun als solches aufgedeckt. Nicht mehr die objektive Zuwiderhandlung der sittlichen Ordnung, sondern nun im religiösen Sinne über dasjenige Verhältnis „zu leben", was dem Menschen aufgrund seines Wesens eigentlich gemäß wäre: „Im Licht der ermöglichten Beziehung zu Gott erscheint es als Verkehrung eben dieser Beziehung und wird zugleich als Widerspruch

---

518 TA, 683.
519 TA, 690. Zu Pröppers detaillierten Untersuchung zur Phänomenologie des Bösen und der Schuld bei Ricoeur vgl. TA, 684–690.
520 TA, 690 f.

aufgedeckt gegen die dem Wesen des Menschen selbst eingestiftete Wahrheit, auf Gott hingeordnet und Gottes bedürftig zu sein."[521] Es ist *drittens* die Unterscheidung zwischen Evangelium und Gesetz, die den Gläubigen einerseits zum ethischen Handeln ermutigt, zugleich aber die Grenze zum Moralismus klar aufzeigt, indem letztgenannter daran krankt, das, was der Glaube hervorzubringen vermag, selbst ins Dasein zu rufen verpflichtet ist. Daran schließt sich das vierte und letzte Element religiöser Betrachtung des ethischen an, das mit dem dritten zusammenhängt: In der Perspektive des Glaubens werden die Vorzeichen des Bösen im Vergleich zum bloß ethischen neu gesetzt: nicht mehr sein (menschlicher) Ursprung in der moralisch relevanten Freiheit rückt damit ins Zentrum, sondern die Befreiung vom Bösen: „Mit den Propheten stellt er [der Glaube; A. H.] es in die Perspektive der Verheißung, mit Jesus vor die Gegenwart des vergebenden Gottes und mit Paulus unter das Maß der größeren Gnade."[522]

Die vorangegangenen Überlegungen sollten begriffliche Weichenstellungen vornehmen, die für eine tiefergehende Behandlung der Sündenthematik in Pröppers Werk relevant sind. Damit ist nicht ausgeschlossen, dass diese Begriffe nicht noch weiter bestimmt werden könnten, bzw. sich ihre Bedeutung auf das bisher Gesagte beschränkt. Vielmehr sollen die vorgenommenen Erläuterungen als Lesehilfe für die nun anstehende Aufgabe dienen, sich der Sünde des Menschen innerhalb der Theologischen Anthropologie zuzuwenden.

III.4.2 Sünde und Schuld, Glaube und Ethik – ein symmetrisches Verhältnis?

Es liegt in der Natur der Sache, dass wo immer von Glaube und Ethik und erst recht von ihrem Verhältnis zueinander reflektiert wird, das Frageinteresse stets auch praktischer Natur ist. Die im vorherigen Kapitel schon angedeuteten Bahnen der nun virulenten Fragestellungen werden von Pröpper so gefasst: „*Ist Sünde, sofern sie wesentlich das Gottesverhältnis des Menschen betrifft, auch Schuld? Und ist Schuld, sofern sie ein ethisches Phänomen ist, auch Sünde?*"[523] Vereinfacht gesagt wird also nach den „Schnittmengen" gefragt, die die vorausgesetzten Begriffe auch jeweils bei ihrem begrifflichen Pendant einnehmen können.

Bestärkt wurde – historisch betrachtet – das Gegensatzpaar zwischen Schuld und Sünde bzw. Ethik und Glaube durch das *Autonomwerden* des moralischen Subjekts, was auch bedeutete, dass sich die bindenden Kräfte zunehmend weni-

---

521 TA, 691.
522 TA, 692.
523 TA, 694.

ger durch die Religion als durch das autonome moralische Bewusstsein selbst speisen mussten:

> „Die Probleme stellen sich erst, dann aber unausweichlich und mit weitreichenden Konsequenzen, wenn sich das moralische Bewußtsein als *autonomes* erfaßt und nun die Grundnormen des Handelns und ihren Verpflichtungscharakter nicht mehr durch den unmittelbaren Rekurs auf religiöse Prämissen (den Willen Gottes und seine Gebote) begründet, sondern aus Prinzipien herleitet, die im moralischen Subjekt selber aufgesucht werden."[524]

Für die Beantwortung der ersten Frage – ob Sünde auch Schuld sei – sind zunächst zwei Voraussetzungen zu erwähnen: Wenn die tatsächlich stattfindende Zuwendung Gottes zustande kommt und der Mensch verpflichtet zu ihrer Annahme wäre und die damit verbundenen Weisungen ihrerseits als mit der Sittlichkeit konform gelten könnten, bliebe damit ein weiteres Konstitutum noch unerwähnt: „Denn es zeigte sich ja, daß der Schuldbegriff wesentlich durch das Moment der Verantwortung und der Zurechenbarkeit, also auch der Freiheit und des Bewußtseins der Verfehlung konstituiert ist."[525] Diese Voraussetzungen seien aber in der Perspektive biblischer Texte nicht nur gegeben, sie haben zudem das Freiheitsbewusstsein und die damit einhergehende Verantwortung des Einzelnen gerade gefördert und bestärkt, wofür wiederum die Rolle des Menschen ursächlich war, insofern er vor Gott gestellt umso leichter zum Bewusstsein dieser Rolle gelangen konnte. Zusammenfassend: „Sofern gerade der biblisch gegründete Glaube die Zusammengehörigkeit von Sünde und persönlicher Verantwortung hervorhebt und an dieser Verbindung grundsätzlich festhält, wird man Sünde auch als Schuld bezeichnen können."[526] Die vorausgesetzte Verantwortlichkeit gilt allerdings nicht für solche Fälle, in denen ein „objektiver" Verstoß gegen die göttlichen Regeln geschieht, da in diesem Falle gewissermaßen eine Verfehlung „ohne Schuld" vorliegt.[527] Zudem stellt das ursprünglich von Augustinus so bezeichnete Problem der Erbsünde in diesem Zusammenhang einen Sonderfall dar: denn je nachdem, wie sie genauerhin zu fassen ist, kann der mit ihr einhergehende Schuldbegriff schwach oder stark gefasst werden, je nachdem für welche Art der Gradität plädiert wird. Unabhängig von den zugestandenen Folgen und des paulinischen Diktums der allgemeinen Sündhaftigkeit des Menschen (vgl. Römerbrief), schließt Pröpper jedoch ein Verständnis der Erbsünde aus, das von einer Übertragbarkeit und Anrechenbarkeit der Schuld ausgeht.[528] Schuld

---

524 TA, 694 f.
525 TA, 695.
526 TA, 697.
527 Vgl. TA, 697.
528 Vgl. TA, 699.

bleibt darum immer an die Einzelheit eines Menschen gebunden und kann nicht in Kategorien gedacht werden, wie sie etwa auch von Anselm von Canterbury vorausgesetzt werden, wenn er vom Sühnetod Christi spricht, der stellvertretend die Satisfactio für einen Zustand geleistet hat, an dem der Einzelne ohne Schuld ist. Damit ist aber auch positiv über die Schuld ausgesagt, dass sie nur im Modus persönlicher Vergebung und darum nur „frei" geschehen kann.

Davon unberührt ist freilich die Annahme, dass die Folgen der Sünden sehr wohl stellvertretend getilgt werden können. Dies könnte etwa so vorgestellt werden, dass dieser Stellvertreter in die konkrete Situation des Schuld-Behaftetseins der Anderen eintritt, sich von ihr betroffen machen lässt und den Schuldiggewordenen so neue Möglichkeiten der Lebensgestaltung eröffnet. Über die faktische Annahme dieser Möglichkeit ist aber insofern noch nicht entschieden, als sie die freie Zustimmung zur Voraussetzung hat:

> „Allerdings kommt auch solche Befreiung erst an ihr Ziel, wenn der Befreite die neue Möglichkeit für sich selbst auch ergreift. Und eben in dieser doppelten Weise, als Vergebung der Schuld und als Befreiung aus der Macht ihrer Folgen ist ja auch *Gottes Gnade* der Sünde der Menschen begegnet, sichtbar und geschichtlich unwiderruflich in Leben, Tod und Auferweckung Jesu."[529]

Hierzu war es jedoch nicht erforderlich, dass die Gestalt Jesu zunächst zum Sünder *wird*, um etwa erst die Bedingung der Möglichkeit für dieses Angebot der göttlichen Vergebung zu schaffen. Stattdessen muss er verstanden werden „als Erscheinungsgestalt dieser Gnade selbst, die eben dadurch, daß Jesus die tödliche Macht und äußersten Folgen der Sünde an sich selber bis an das Ende durchlebte, bei den Gottfernen *an*kam und für immer offenbar machte"[530]. Damit ist der Sünder in einen Zustand versetzt, seine eigene Schuld eingestehen zu können und insofern „gerechtfertigt" zu sein, von ihr umzukehren und schließlich in diesem freigesetzten Modus der Neubestimmung weiterzuleben. Abzulehnen wäre wie erläutert – begründet mit der Instanz stets *individueller* moralischer Verantwortlichkeit – die Vorstellung einer stellvertretenden Erlösung von der Schuld Anderer. „Denn ein solcher Gott wäre nicht nur nicht gnädig, er wäre selbst nicht einmal moralisch."[531]

---

529 TA, 700.
530 TA, 700 f.
531 TA, 701. Wichtig scheint es an dieser Stelle zu betonen, dass der genannte Gedanke nicht mit dem moralischen *Recht Gottes zur Vergebung der Schuld* verwechselt werden darf und darum der zugrundeliegende Unterschied umso deutlicher herausgestellt werden sollte. Vgl. hierzu STOSCH: Einführung in die Systematische Theologie, 203: „Nimmt man ernst, dass der Logos Gottes in jedem Menschen da ist, der leidet und der dadurch zum Anspruch Gottes an mich wird, und dass der Geist Gottes es ist, der mich befähigt diesen Anspruch des Unbedingten in meinem bedingten Gegenüber zu erfassen (...), dann

Während also die Unvertretbarkeit des Einzelnen im Hinblick darauf affirmiert werden kann, dass Sünde auch Schuld ist, gehört zu ihrer Gleichsetzung noch eine weitere Voraussetzung, die in der Frage besteht, ob es die moralische Pflicht des Menschen sei, Gottes Zuwendung in ihrem faktischen Ergehen auch entsprechen zu müssen. Eine Antwort auf diese Frage hängt von den ihr zugrundeliegenden ethischen Prämissen ab, genauerhin davon, in welchen Instanzen die „Autonomie" und der „Verbindlichkeitsgrund" des Gesollten loziert werden.[532] Pröpper betont vorweg, dass er für „die Autonomie des Ethischen"[533] plädiere, sodass nun der von ihm eingeschlagene argumentative Weg nachgezeichnet werden soll, der von ihm selbst in vierfacher Abfolge beschritten wird.

Grundsätzlich verweist er hier auf die menschliche Freiheit, die als unbedingtes ethisches Prinzip insofern in Betracht zu kommen vermag, als ihr selbst der Charakter der Unbedingtheit eignet und darum die bereits referierten Ergebnisse der Freiheitsanalyse des ersten Teilbandes hier nun erneut von Relevanz sind, freilich nun unter ethischen Gesichtspunkten. Ziel ist es also, das genuin Ethische an der Sünde zu eruieren.

Als erster der vier genannten Sätze gilt für Pröpper: „*Freiheit soll sein.*"[534] Damit ist zunächst einmal ihre Dignität betont, aber auch ihr Charakter der Vorfindlichkeit. Denn als ursprüngliche und unbedingte Bedingung des Menschseins kann dieser sich durch sie selbst bestimmen und sich in ein Verhältnis zur gegebenen Wirklichkeit setzen. Sie ermöglicht es dem Menschen, einen Lebensentwurf zu bilden und auch umsetzen zu können, sie zeichnet dafür verantwortlich, dass der Mensch nicht nur passives Wesen, sondern aktiv handelnde Person ist, die sich *verhalten* kann. Gerade weil Freiheit durch keinen anderen Ursprung als ihren eigenen erklärbar und vor allem bestimm*bar* ist, kann der freie Wille sich selbst einen Inhalt geben, sodass Freiheit „als *Fähigkeit der Selbstbestimmung* zu denken"[535] ist. Entspricht sie also ihrem wesenseigenen Maßstab, indem sie sich in ein aktives Verhältnis zur Welt setzt und die lebensgeschichtlichen Ziele verfolgt, die sie sich gesetzt hat, kann dieser Prozess näherhin in dreifacher Hinsicht beschrieben werden:

„Sie ist erstens das durch sich selbst Bestimmbare; sie ist zweitens das (durch die Affirmation eines Inhalts) sich selber Bestimmende; und sie fungiert drit-

---

hat diese Überlegung eine bemerkenswerte Konsequenz: Gott würde dann physisch und psychisch in der gleichen Weise unter den Sünden und Peinigungen dieser Welt leiden wie wir und hätte deshalb die Autorität der Vergebung, die wir nur den Leidenden selbst zusprechen."
532 Vgl. TA, 701.
533 TA, 702.
534 TA, 704.
535 TA, 705.

tens (oder sollte es doch wenigstens) in ihrer formalen Unbedingtheit als das Kriterium, an dem jede konkrete Gestalt ihrer Verwirklichung zu bemessen ist."[536]

Pröpper betont, dass der Charakter der Autonomie erst mit dem dritten Gedanken eingeholt ist, insofern er den ethischen Maßstab der Freiheit in ihr selbst verortet, soll heißen: ihre Selbstverwirklichung hat im Idealfall selbst den Maßstab der Freiheit. Aufgrund der Bedingtheit der Freiheit in materialer Hinsicht erklärt sich ihr gesetzlicher Charakter, sie ist sich selbst als Aufgabe gestellt, sodass ihr so zuallererst der Charakter unbedingten moralischen Sollens überhaupt zukommen kann. Eine auch material unbedingte Freiheit könnte sich um ihre Bedingtheit keine Sorgen machen, da sie „schon am Ziel"[537] ihrer Realisierung wäre und der Begriff unbedingten ethischen Sollens in Ermangelung eines Gehalts ins Leere laufen würde.[538] Mit diesem erstgenannten Satz ist damit zwar vor allem die Autonomie und „Selbstaufgegebenheit"[539] der Freiheit betont, jedoch noch kein konkreter Inhalt genannt, der sich aus ihr ableiten lassen könnte.

Entsprechend der bereits geleisteten Freiheitsanalyse im ersten Teilband der TA schließt sich an, dass Freiheit sich selbst die ethische Norm, darum zugleich auch ihr gemäßer Gehalt ist und darum als zweiter zu nennender Satz nur gelten kann: „Freiheit soll andere Freiheit unbedingt anerkennen."[540] Hiermit ist der zweite Schritt der bereits erfolgten Freiheitsanalyse in ethisch zugespitzter Wendung formuliert, dass der angemessene Gehalt einer Freiheit nur andere Freiheit sein kann. Pröpper betont zudem an dieser Stelle, dass diese Forderung auch in sozusagen potenzieller Hinsicht gilt, d.h. auch in den Fällen, in denen die Anerkennung einseitig bleibt, denn die ethische Reichweite der Forderung „beginnt bereits früher, denn sie will in jedem Fall (also gerade unter Verzicht auf Bedingungen) das Freisein des Anderen und d.h. nun konkret auch das Freiwerden des Anderen, aller Anderen."[541] Somit bleibt der unbedingte Charakter der hier erhobenen Forderung nach Anerkennung der Freiheit(en) aber auch dann erhalten, wenn sie de facto nicht oder nicht in vollem Ausmaß zustande kommt, was wiederum auf die anfangs gemachte Forderung insofern zurückwirkt, als die Anerkennung auch schon „zuvorkommend" und unabhängig von ihrer Reziprozität gewährt werden soll.[542]

---

536 TA, 705.
537 TA, 706.
538 Darum zeigt sich die Frage des ethisch Gesollten häufig auch bei derartigen Handlungen, die humanitäre Schäden als Konsequenz haben können. Vgl. KREINER: Gott im Leid, 220.
539 TA, 706.
540 TA, 707.
541 TA, 707.
542 Vgl. TA, 707.

Während nun also mit der Anerkennung der Freiheit die Norm formuliert ist, auf die ethische Verpflichtung sich richten soll, sind die Instanzen, die zu ihrer Realisierung führen oder nicht, geschichtlichen Ursprungs und damit kontingent. Im Falle geglückter Realisierung von Anerkennungsverhältnissen kann – was wiederum in der Freiheitsanalyse schon zur Sprache kam – dies aufgrund der jeweiligen Konkretheit der gesellschaftlichen Instanzen nur *symbolisch* geschehen. Alle Formen, die darum den Anerkennungscharakter von Freiheit zum Ausdruck bringen, können dies per definitionem nur auf bedingte und darum niemals erschöpfende Weise; trotzdem

> „läßt sich doch noch ein *dritter,* wenngleich ebenfalls nur allgemeiner Satz formulieren. Er könnte lauten: *Jede Freiheit trägt Mitverantwortung für die Gestaltung einer Welt, durch deren Verhältnisse die Anerkennung aller Menschen Ausdruck findet und das Seinsollen ihrer Freiheit gefördert wird.*"[543]

Hiermit ist vor allem nicht mehr nur die intersubjektive Dimension der Anerkennungsverhältnisse von Freiheit in den Blick gerückt, sondern vor allem ihr Bezug zur übergeordneten Freiheitsverhältnissen, der Gesellschaft.[544]

Nun findet man sich am finalen vierten Schritt wieder, der die eingangs gestellte Frage abschließend beantworten soll, ob die Zuwendung Gottes, die an den Menschen ergeht, in ethisch verpflichtender Weise erwidert werden soll. Wie auch schon in den vorherigen Sätzen sei an die bereits erfolgte Freiheitsanalyse erinnert, konkret nun an ihren letzten Schritt – der Idee Gottes. Als vollkommene Freiheit wurde sie als gedanklicher Schlusspunkt derjenigen Anerkennungsverhältnisse gesetzt, die Menschen immer schon intersubjektiv voraussetzen, „etwas intendieren und sogar schon beginnen, was sie dennoch selbst nicht vollenden und einlösen können: das unbedingte Seinsollen der Freiheit, das wir stets eben nur symbolisch, also nur begrenzt und prinzipiell vorläufig ins Werk setzen können."[545] Anders formuliert: Wenn die vorangegangenen Aussagen über den ethischen Charakter der Freiheit Gültigkeit beanspruchen wollen, dann können sie dies in letzter Konsequenz nur auf Basis der Idee Gottes, insofern sie verbürgt, dass „das unbedingte Seinsollen, das sie im Entschluß ihrer Freiheit zu sich selbst für sich und für Andere intendieren, als wirklich begründbar und somit überhaupt als möglich gedacht werden soll."[546] Würde dies nicht gelten – was aber bereits ausgeschlossen wurde in der erbrachten Freiheitsanalyse – dann würde Freiheit sich umgekehrt selbst das ihr begründende

---

543 TA, 712.
544 Pröpper differenziert auch diesen Aspekt weiter unter drei Gesichtspunkten, auf die an dieser Stelle nur verwiesen werden soll, vgl. TA, 712 f.
545 TA, 713 f.
546 TA, 714.

Fundament entziehen. *Prima facie* scheint also um der Konsistenz des hier formulierten ethischen Gedanken auch die Wirklichkeit Gottes bejaht werden zu müssen. Wird der hier explizierte Gedanke also tatsächlich in dieser Form affirmiert, übersieht man jedoch eine wichtige Voraussetzung, die im Begriff der „Idee Gottes" impliziert ist, denn als solche kann sie keinen garantierenden Anspruch auf ethische Korrektheit verbürgen. Anderenfalls wäre dem Beweis-begriff Gottes auch wieder stattgegeben, was Pröpper vermeiden will. Was bei der Analyse der Freiheit zuallererst als Idee Gottes formuliert wurde, entsprang philosophischer Denkmittel. „Und natürlich gilt dasselbe [erst recht; A. H.] für die ethische Reflexion, sofern sie streng philosophisch *bleiben* [Hervorhebung: A.H] will"[547] und ja selbst eine Disziplin der Philosophie ist. Wenn der nun an-gesprochene Zusammenhang gelöst ist, der auf die Frage hinausläuft, ob Gottes Existenz unter ethischen Gesichtspunkten bejaht werden müsse, dann muss geantwortet werden, dass eine entsprechende Forderung nicht in den Bereich des moralisch Gesollten fallen kann. Wie sollte dies auch möglich sein, wenn mit philosophischen Mitteln nur die Idee Gottes erreicht werden konnte:

> „Kann nun aber ethische Reflexion über Gottes Existenz und sein Verhältnis zu uns nichts entscheiden, dann kann sie auch seine Bejahung nicht fordern. (...) Die autonome Ethik kann in eigener Instanz lediglich noch die hypothe-tische Aussage aufstellen, es sei menschliche Pflicht, Gott zu bejahen, *wenn* seine Zuwendung tatsächlich geschieht."[548]

Dieses Resultat ist nach allem bisher Gesagten jedoch insofern bemerkenswert, als es zwar nicht die Bejahung Gottes als ethisch *erforderlich*, sondern in entgegen-gesetzter Stoßrichtung seine schuldhafte *Ablehnung* als ethisch *verwerflich* klas-sifiziert. Denn auf Grundlage der zuvor genannten „ethischen" Freiheitsanalyse lässt sich denken, dass die „*definitive Verschlossenheit* gegen Gott in jedem Fall der menschlichen Freiheit zuwider [ist; A. H.] und insofern auch ethisch zu verurtei-len wäre."[549] Im Blick auf die Ausgangsfrage dieser Überlegungen – der Frage nach der Gleichsetzung von Sünde und Schuld – darf nun festgehalten werden: Unter der Voraussetzung, dass die erwähnte Verschlossenheit nicht der menschlichen Freiheit gemäß ist und darum ethischen Charakter besitzt, Sünde anderseits aber ein („verkehrtes") Verhältnis zu Gott voraussetzt, das analog als „Selbstverwei-gerung gegenüber Gott und seiner Gnade verstanden"[550] werden kann, darf die Gleichsetzung zwischen Sünde und Schuld formuliert werden: „*Sünde ist Schuld,*

---

547 TA, 714.
548 TA, 715 f.
549 TA, 716.
550 TA, 716.

Schuld auch im ethischen Sinne. Wenn überhaupt Sünde als aktuelles Gottesverhältnis möglich ist und tatsächlich geschieht, dann ist sie auch Schuld."[551]
An dieser Stelle soll der Rekurs auf die Sündenthematik im Rahmen von Pröppers Theologischer Anthropologie zu ihrem vorläufigen Ende gelangen, zumal die bis hierher durchgeführte Darstellung einen Verweis auf Pröppers weitere Überlegungen erlaubt.

III.4.3 Selbstmitteilung Gottes als Geschichte Jesu und Wirken des Heiligen Geistes

Im 14. Kapitel der Theologischen Anthropologie geht Pröpper der Frage „des Gnadengeschehens als Handeln Gottes und dann der Existenz des Menschen in ihm"[552] nach. Inhaltlich behandelt es als eschatologisches Gnadenhandeln auch die von Pröpper zuvor schon in der TA1 vorausgesetzte These, „daß es die wesentliche Bedeutung der Geschichte Jesu ausmacht, der Erweis der unbedingt für die Menschen entschiedenen Liebe Gottes zu sein."[553] Es gilt, sein Wirken so auszudeuten, dass einsichtig wird, warum und inwiefern Jesus als Gottes Selbstoffenbarung oder Selbstmitteilung gelten kann – und zwar im endgültigen und damit eschatologischen Sinn. Da die Frage nach der Offenbarung auch im OT mit besonderer Akzentsetzung gestellt wird, kann die Behandlung dieser Thematik aus Sicht der TA Pröppers relevant sein. Auch die Rolle des Heiligen Geistes beim Gnadengeschehen soll nicht unterschlagen werden, sodass auch ihm nachzugehen sein wird. Die folgenden Überlegungen sind also vor allem trinitätstheologischer Natur und doch zu verhandelnder Inhalt der Theologischen *Anthropologie*, insofern das Gnadenhandeln ja seinen Ursprung in Gott hat und somit durch ihn das tatsächliche Gottesverhältnis des Menschen zustande kommt. Die dem Menschen schon zugekommene Gnade, sein aktuelles Gottesverhältnis also ist vereinfachend gesagt erst die Konsequenz darauf, dass ihm die göttliche Zuwendung bzw. Gnade erging. Damit lassen sich die Ausführungen dieses Kapitels sozusagen als Vorbedingung für den Menschen innerhalb der göttlichen Gnade lesen. Pröpper fasst zusammen:

„Ziel dieses Kapitels ist also die Einsicht, daß Gott selbst durch den Sohn und im Geist zum Heil der Menschen gehandelt hat und daß er in diesem Handeln *als* er selbst, d. h. als der, der er *ist*, für uns da ist und offenbar wurde: sich selbst mitgeteilt hat. Bevor Gottes Gnade uns Menschen zugute kommen und bei uns

---

551 TA, 716.
552 TA, 1287.
553 TA, 1298.

ankommen kann, ist sie das von Gott initiierte und vollzogene Geschehen, in dem er selbst und als er selbst gegenwärtig ist. Zugleich zeigt sich, daß wir – falls diese Präsenz Gottes in seinem eschatologischen Handeln tatsächlich nicht ohne das Bekenntnis zur Gottheit des Sohnes wie des Geistes gedacht werden kann – auf das Gebiet der *Trinitätslehre* vorstoßen werden."[554]

Zunächst soll also die bereits im ersten Teilband vorausgesetzte These Beachtung finden, dass Jesu Geschichte als „Erweis der unbedingt für die Menschen entschiedenen Liebe Gottes"[555] verstanden werden kann und er darum seine Selbstmitteilung ist. Zu diesem Zweck versteht Pröpper Jesu „Verkündigung und Wirken, Tod und Auferweckung (...) als Bedeutungszusammenhang"[556]. Dieser Begriff soll anzeigen, dass die Geschichte Jesu sich durch die vorausgesetzte These in dieser Bedeutung zeigt, warum Pröpper auch von einer wechselseitigen Bestimmung beider Größen spricht. So wie Jesu Geschick erst vor dem Hintergrund dieser These *verstanden* werden kann, so *bewährt* kann letztere im genannten Wechselspiel gelten.

Obwohl in der TA1 vom nur möglichen Partner und Freund Gottes die Rede war, der die göttliche Zugewandtheit als Gnade erfährt, so ist es doch höchst legitim, nicht erst den Adressaten dieser Gnade, sondern den *Stifter* dieses Gnadenverhältnisses in den Fokus der Überlegungen zu rücken, um dieses überhaupt erst angemessen verstehen zu können. „Wie auch sollte man des Menschen Existenz *in* der Gnade, d. h. in seinem aktuellen Gottesverhältnis angemessen verstehen können, wenn nicht zuvor die Wirklichkeit dieser Beziehung, sofern sie von Gott selbst her konstituiert wird, in den Blick gefaßt würde!"[557]

III.4.3.1 Jesu Lebensweg als Gottes Selbstoffenbarung

So beginnt Pröpper in genannter Intention *erstens* mit Jesu Verkündigung des Reiches Gottes, der „Basileia-Verkündigung"[558]. Sie schlägt sich nieder gleichsam in Jesu Worte und Taten und betont zwar einerseits noch die Ausständigkeit dieser Realität, andererseits aber auch die schon gegenwärtige göttliche Zuwendung zum Menschen: Falsch wäre es also, beide Aspekte als statisch einander gegenüber stehende zu begreifen. Neben den Aussagen, die sich direkt expressis verbis auf die Reich-Gottes-Thematik beziehen (etwa Lk 17,21 oder Lk 11,20), nennt Pröpper die Seligpreisungen und die einschlägigen Gleichnisse etwa vom Senfkorn oder Sauerteig, die eben das sukzessive Moment des Werdens der

---

554 TA, 1293.
555 TA, 1298.
556 TA, 1299.
557 TA, 1290.
558 TA, 1299.

göttlichen Basileia unterstreichen, weil sie „die Unscheinbarkeit des Anfangs der Gottesherrschaft"[559] zum Ausdruck bringen. Je mehr sie wächst, umso mehr verschwindet alles sie Hindernde und Gottes Zuwendung wird zur bedingungslosen Gnade, was sich im Handeln Jesu etwa in seiner Zusage zur Sündenvergebung oder generell in seiner Hinwendung auch zu den Sündern zeigt,

> „sichtbar aber auch [ist; A.H.] in der Interpretation des überlieferten Gottesrechts, in der sich Jesu unmittelbare Gewißheit des Gotteswillens bekundet und deren eigentlicher Sinn wiederum darin liegt, daß sie das dem Geschenk der Gottesherrschaft entsprechende Handeln einfordert und deshalb ihre weitgehenden Weisungen (...) wie auch die Möglichkeit ihrer Befolgung in der Güte des eschatologisch handelnden Gottes (...) begründet und an seine Barmherzigkeit, ja sogar Vollkommenheit bindet und an ihr bemißt (...)."[560]

Als zuvorkommendes Geschehen wird das Reich Gottes von Jesus in bevollmächtigter und so selbstverständlich-voraussetzender Weise behauptet und gesetzt, dass seine Gültigkeit nicht mehr in Frage steht. Die so gewisse Wahrheit vom Eintritt des Gottesreiches prägt Jesu Verkündigung derart, dass er selbst so eng mit dieser Wirklichkeit verbunden zu sein scheint, dass sich die Legitimation für sein Wirken geradezu aus „dieser unlösbaren Verbindung"[561] zu ergeben scheint.

Zweitens macht Pröpper darauf aufmerksam, dass Jesus in seiner Verkündigung etwas beanspruchte, was dem Menschen so nicht zustand: Die Rede von Gottes freier Zuwendung, deren Qualifikation als solche und dann in der *Inanspruchnahme* durch Jesus skandalös gelten musste.[562] Denn sie ließ sich nicht durch etwas anderes als sich selbst verifizieren, warum Pröpper ja auch oft davon spricht, dass Gott uns *nur selbst* sagen konnte, dass er ein Gott der Liebe ist. Damit einher geht die geforderte Umkehr, die ablesbar ist nicht zuletzt an Jesu Gleichnissen, „die einen Prozeß des Umdenkens anstoßen und eine menschlich-zustimmungswürdige Evidenz für den Gott wecken wollen, der in ihnen hervortritt: betroffener und suchender Hirte, großzügiger Gastgeber, barmherziger Vater, gnädiger Richter."[563] Diese Neudeutung aber führte zu Widrigkeiten und ernsthaften Anschuldigungen Jesu, etwa der Aufwiegelei des Volkes oder der Gotteslästerung, auch da die angedeutete Legitimationsproblematik seiner Autorität ja bestehen blieb – auf welcher Grundlage wird er zu dem berechtigt, was er auch für sich selber, als Sohn Gottes, beansprucht?

---

559 TA, 1300.
560 TA, 1300.
561 TA, 1301.
562 Vgl. Nitsche: Christologie, 113.
563 TA, 1301.

Diese Frage musste sich erst recht vor dem Hintergrund des Todes Jesu stellen, was wiederum dadurch deutlich wird, dass die von Jesus gemachten Aussagen gerade auch über die eigene Person mit dem gängigen Verständnis eines Messias schlichtweg unvereinbar waren. Der Kreuzestod galt als Strafe für Verbrecher, die nun demjenigen widerfuhr, dessen Jünger die scheinbare Falsifizierung seiner Botschaft so schmerzhaft erfahren mussten.

„Deshalb sind *drittens* die historischen, hermeneutischen und geschichts-theoretischen Probleme zu erörtern, die das neutestamentliche Auferweckungs-zeugnis aufwirft."[564] Ohne sie an dieser Stelle im Einzelnen zu referieren, macht Pröpper hier vor allem auf bestimmte Minimalkriterien aufmerksam und erhebt sie zu einer Art Richtmaß, an dem sich bestimmte Denkmodelle über den Auf-erstehungsglauben orientieren sollten und nennt zudem weitere Kriterien, die über die Historizität des Osterglaubens mitentscheiden, sodass diese Passage m. E. auch als Mahnung zur Sensibilität bei der Beurteilung des biblischen Auf-erweckungszeugnisses beschrieben werden kann.

Wird aber die Glaubwürdigkeit der Auferstehung vorausgesetzt und af-firmiert, „dann leuchtet ihre Bedeutung unmittelbar ein: Durch sie wird der Glaube der Jünger endgültig begründet und legitimiert – dies aber so, daß er sich nun auch noch auf ein dem Wirken Jesu gegenüber *neues* Handeln Gottes bezogen weiß."[565] Anders formuliert: es ist also gerade *nicht* das eingetreten, wo-von die Jünger unmittelbar nach Jesu Tod ausgehen mussten: dem definitiven Scheitern Jesu und die erledigte Wahrheit seiner Verkündigung. Durch den Akt der Auferweckung war seine Botschaft nun erst recht legitimiert, weil sie sich *bewahrheitet* hat: „Indem Gott *an* Jesus schon vollendet, was er *durch* ihn für die Menschen begann, wird auch Jesu vollmächtige Verkündigung in Geltung gesetzt"[566]. Das sich hier in der Auferstehung Ereignende hat also wieder den Charakter der Wechselseitigkeit: Das von Jesu Wirken und Verkündigung for-mulierte Inhaltliche ist darum nicht erledigt, weil sein tödliches Scheitern sich deshalb *nicht* als das definitive Ende erwiesen hat, weil Gott ihn auferweckte. „Weil der Auferweckte an der schöpferischen Lebensmacht Gottes selbst Anteil hat (Mk 5,2 ff.), ist die Auferweckung als Bestätigung der Sendung Jesu und als eschatologische Konkretisierung und Ratifizierung"[567] verständlich geworden. Damit hat auch Gott sich den Menschen gezeigt als Wahrheit, auf die durch Jesu Geschick vermittelte vertraut werden darf, *weil* sie an ihm sichtbar wurde. Auf diese Weise hat Gott sich den Menschen als *Gott der Liebe* erwiesen, insofern er auch den Tod und damit das definitive Ende der Geschichte Jesu überwand und

564 TA, 1304.
565 TA, 1305.
566 TA, 1305.
567 Nitsche: Christologie, 59.

so die Gültigkeit seiner Aussagen bleibend hervorhob. Es ist nun deutlich geworden, inwiefern der vorausgesetzte wechselseitige Bestimmungszusammenhang von Jesu Geschichte die zu bewährende Grundthese legitimiert. „Und insofern meine ich nun tatsächlich, daß der Geschichte Jesu, als Einheit der beschriebenen Momente betrachtet, die wesentliche Bedeutung zukommt, der *Erweis der unbedingt für die Menschen entschiedenen Liebe Gottes* zu sein."[568] Damit ist diese These eingelöst und das erste von zwei Etappenzielen erreicht.

Offen ist allerdings noch die Frage, inwiefern schon der Gedanke der Selbstoffenbarung erreicht ist, bzw. was die schon erreichten Reflexionen für diesen Begriff bedeuten. Während man wohl festhalten darf, dass Pannenbergs Konzept[569] der Selbstoffenbarung, auf das Pröpper hier rekurriert, dem eigenen Entwurf nicht ganz fremd ist und das er an dieser Stelle auch angemessen würdigt, legt Pröpper selbst den Fokus darauf, „das Verständnis der Geschichte Jesu als Selbstoffenbarung Gottes von ihrem *Inhalt* aus zu erschließen und es damit auch ohne die Voraussetzungen, die Pannenberg benötigt, zugänglich zu machen."[570]

Zunächst einmal soll der Begriff der Selbstoffenbarung geklärt werden. Er bezeichnet die Identität des Offenbarenden mit dem Geoffenbarten, sodass man – etwas formaler gefasst – von der Gleichheit des Subjekts mit dem Inhalt der Offenbarung sprechen kann. Gilt dies, muss aber auch für das „Medium" dieses Geschehens gelten, dass es seinerseits in keinem heteronomen Verhältnis zum ihm stehen darf, weil es ihm sonst nicht zuordenbar wäre: „der Offenbarer offenbart sich ja selbst; und das Medium ist von ihm nicht mehr zu trennen, weil es ja sonst etwas ihm Fremdes bleiben würde und dann eben nicht (...) ihn selbst offenbaren könnte."[571]

---

568 TA, 1305.
569 Das grundlegende Problem, von dem aus Pannenberg sein eigenes Konzept her aufbaut, besteht darin, dass eine volle Gotteserkenntnis innerhalb der Geschichte nicht möglich sei, sondern partiell bleibt. Dies ist bedingt durch eine graduelle Steigerung der Annahme einer indirekten göttlichen Selbstoffenbarung im Lichte seines geschichtlichen Handelns (vgl. PANNENBERG, Wolfhart: Grundzüge der Christologie, Gütersloh ⁴1972, 126 f.), d. h. diese Selbstoffenbarung „auf immer größere Ereigniszusammenhänge ausgedehnt wird" (TA, 1306) und darum sozusagen als vollumfängliche kulminieren muss in das Ende der Geschichte, auf das sie zuläuft und theologisch mit dem Begriff der „Apokalypse" bezeichnet werden kann. Damit aber ist der Weg verschlossen, noch geschichtlich die volle Selbstoffenbarung denken zu können – jedoch nicht, wenn es nicht die Person Jesu Christi gegeben hätte, die vermittelt durch das Auferstehungsgeschehen eben dieser Apokalyptik sozusagen vorgreift. „Also ist Jesu Auferweckung die Voraneignung des Endes der Geschichte und somit auch, eben weil Gottes Selbstoffenbarung mit diesem Ende in eins fällt, die Berechtigung gegeben, Jesu besondere (...) Geschichte als Gottes endgültige *Selbst*offenbarung zu verstehen." (TA, 1307).
570 TA, 1307.
571 TA, 1307.

Diese Vorbedingungen sind beim Begriff der Selbstoffenbarung aber zwingend vorauszusetzen, wenn es sich um ein Geschehen der *Liebe* handelt: will Liebe sich mitteilen und damit das sagen, was sie nur selbst von sich sagen kann, muss diese Liebe sich konkretisieren. Wenn Liebe sich ihrem Wesen gemäß vermehren will, „muss" sie sich sozusagen offenbaren und *kann* dies auch nur im Modus der Selbstoffenbarung, als Aussage über sich selbst. Ein Geschehen, auf das die Liebe sich richtet, evoziert also sozusagen den Begriff der Selbstoffenbarung,

> „weil in ihm nicht irgendetwas mitgeteilt wird (auch nicht nur irgendetwas über den Liebenden mitgeteilt wird), sondern weil in ihm – es wäre sonst nicht das *Geschehen* der Liebe – der Liebende *selbst* anwesend ist (*er* offenbart sich) und zugleich *als er selbst* anwesend, eben das Geoffenbarte ist – und das heißt: weil der Liebende im Vollzug seiner Freiheit, die sich für eine andere Freiheit ent-schließt und sie ohne Bedingung bejaht, eben in diesem unbedingten Entschluß für sie sich selbst nicht mehr vorenthält und für sich bewahren will, sondern sich selbst – ganz wörtlich und ernsthaft – ihr *mitteilt*."[572]

Diese Überlegungen sind von Pröpper noch auffallend abstrakt und allgemein gehalten, was auch daran sichtbar ist, dass die genannten Voraussetzungen auf jedes „Geschehen der Liebe", auch auf das zwischen Menschen applizierbar sind. Aus welchem Grund sie aber auch für die Gottesfrage relevant sind, erfordert eine weitere Voraussetzung, die aber schon erreicht wurde: „das Verständnis der Geschichte Jesu als Erweis der unbedingt für die Menschen entschiedenen Liebe *Gottes*"[573] ist sozusagen die systematische Legitimation dafür, dass der zuvor aufgezeigte Zusammenhang zwischen dem Begriff der Selbstoffenbarung und dem Geschehen der Liebe auch und gerade auf Gott zutrifft. Denn in der Person Jesu wird diese Liebe ja gerade als entschiedene und gegenwärtige spürbar, er löst den Begriff der Selbstoffenbarung samt seiner dargestellten Implikate sozusagen voll ein: „Jesus ist die reale Präsenz der Liebe Gottes zu den Menschen, also im streng formellen Sinn Selbstoffenbarung, Selbstmitteilung und Selbstgegenwart Gottes: das geschichtliche Dasein des unbedingt für die Menschen entschiedenen Gottes selbst."[574] Dadurch aber, dass nun die Selbstoffenbarung der Liebe mit ihren gemachten Voraussetzungen sich mit dem Gottesbegriff bzw. dem Wirken Jesu Christi systematisch verbinden lässt, können die nachfolgenden Reflexionen dies übernehmen und dienen darum vor allem nur weiterer Explikation.

---

572 TA, 1308.
573 TA, 1308.
574 TA, 1308.

In diesem Sinne ist nun zuerst die Frage nach der Endgültigkeit von Gottes Selbstoffenbarung zu behandeln. Pröpper verankert diese im bereits erreichten Begriff der *unbedingten* Liebe, die die Selbstoffenbarung ja zum Inhalt hat und darum schon implizit in ihr enthalten ist. Dass aber diese Unbedingtheit der Liebe Gottes endgültigen Charakter haben und von Menschen überhaupt in diesem Sinne verstanden werden kann, lässt sich nur unter „symbolischen" Bedingungen denken, soll heißen: *Zwar* ist der Ausdruck der unbedingten Liebe ein Geschehen, das kontingenten Charakter hat, insofern es ein geschichtliches Ereignis ist. Da aber der Liebende selbst anwesend ist und entschlossen die Unbedingtheit seiner Liebe zeigt (und dieser Schritt wurde ja oben erreicht), kann dieses geschichtliche Ereignis trotzdem als *symbolischer Ausdruck für die Endgültigkeit der Liebe* gelten, da in ihm Begrenztheit und Endgültigkeit keine Widersprüche mehr sind. Auf diese Weise wird dann auch verständlich, warum dieses Symbolhafte wieder auf den zeitlich begrenzten Aspekt zurückwirkt, denn als Symbol der Liebe Gottes „*verspricht* er in diesem Geschehen zugleich seine *Treue*: eben die Endgültigkeit seiner Liebe. Treue ist ja nichts anderes als die Unbedingtheit der Liebe, sofern man sie unter dem Zeitindex betrachtet."[575]

Dies Symbolhafte ist dann aber auch Ursache für die prinzipielle Nicht-Beweisbarkeit der Bedeutung des Geschehens. Trotzdem ist es als solches interpretierbar und wahrnehmbar, ist es doch das Wirken eines Menschen, der Person Jesu, durch die

> „diese Unbedingtheit in der Zuvorkommenheit zum Ausdruck [kommt; A. H.], mit der er Gottes Liebe ohne jede Vorbedingung den Menschen zuwendet. Sie zeigt sich weiter in der entschiedenen Treue, mit der er an seiner Sendung festhält und sich dabei bis in sein Sterben allein auf den Weg und die Mittel der Liebe verläßt."[576]

Das Wirken und die Verkündigung Jesu, die dem christlichen Glauben gemäß unmittelbar auf die Liebe Gottes verweist, wurde mit seinem Tod darum nicht der Hinfälligkeit preisgegeben, sondern durch das Wirken Gottes gerade bestätigt, da die Auferweckung ja gerade an dem Menschen stattgefunden hat, der die Liebe Gottes vorwegnahm. Damit ist Jesu Botschaft dieser Liebe bleibend gültig und Gott wird als derjenige denkbar, der im Akt der Auferweckung noch aus dem Tod zu retten vermag und hat in diesem Geschehen darum auch seine Treue gezeigt: „Gottes rettendes Handeln in Jesu Leben, Tod und Auferstehung ratifiziert Gottes lebensspendende Treue, welche den Tod überwindet und verheißungsvoll in den Abgründen, Dunkelheiten und Nächten des Lebens

---

575 TA, 1309.
576 TA, 1309 f.

aufscheint."[577] Gerade so kommt ihm der Charakter der Unüberbietbarkeit zu, „denn er ist – als Erweis ihrer Macht auch noch über den Tod – durch kein geschichtliches Ereignis mehr widerlegbar und *insofern* Erweis ihrer Unbedingtheit, also auch ihrer Endgültigkeit."[578] Menschen dürfen also im Glauben davon ausgehen, dass ihnen das zuteilwerden kann, was Gott an Jesus schon vollzog. Durch Jesu Geschick und dessen Legitimation durch Gott können wir in den Zustand eines Vertrauens versetzt werden, der seinerseits durch Gottes Treue ermöglicht wurde.

Gleichwohl ist der Erweis dieser Liebe zwar an die Person Jesu Christi gebunden, was aber auch der Fall sein muss, will diese Liebe wirklich menschlich zugängliche Liebe sein. Sie kann nicht anders als qua menschlicher Vermittlung zur Offenbarung kommen. Der Schluss, dass es sich dabei um die Liebe Gottes handelt, die qua Wirken Jesu vermittelt ist, sei darum zulässig. Gott musste sich an die irdischen und menschlichen Kategorien binden, damit Menschen in ihrer Freiheit die Liebe seiner Freiheit als konkret gewordene erfahren können.

> „Aber auch *Gottes* Liebe bleibt – noch in der geschichtlichen Unüberbietbarkeit ihres Ausdrucks, der ihre Endgültigkeit manifestierte – der Symbolstruktur ihrer Mitteilung unterworfen: sie verspricht noch, was in Jesus beginnt – verbürgt durch ihre offenbare Endgültigkeit, was gleichwohl noch aussteht."[579]

So wie die unverfügbare Unbedingtheit der Liebe Gottes in Jesus offenbar wurde und die Freiheit der Menschen unbedingt achtete, damit diese an ihr Ziel gelangt, so kann dieses Ziel selbst seinerseits nur dem Kontingenten verhaftet bleiben, insofern die wesensgemäße Realisierung unbedingt liebender Freiheit nicht in geschichtlichen Kategorien gedacht werden kann. Unbedingte Liebe strebt nicht nach zeitlicher Bedingtheit, sondern nach radikaler Bejahung des Anderen über das Zeitliche hinaus – wir sahen es beim Relevanzaufweis zum Ende des ersten Teilbandes. Trotz der kontingenten Bedingungen, in die auch Jesus sich hineinlassen musste und in denen er die Botschaft der Liebe Gottes zuvorkommend zum Ausdruck brachte, büßt sie nichts im Hinblick auf ihre Ablesbarkeit ein.

Gerade die Differenzierung „*zwischen Endgültigkeit und Vollendung*"[580] wird so durch das anfanghafte Neue und das noch ausständig Bleibende geradezu evoziert. Und doch darf menschliche Freiheit schon darauf setzen, dass die Endgültigkeit der Liebe Gottes schon jetzt zugesagt wurde: „Weil die Herrschaft

---

577 NITSCHE: Christologie, 60.
578 TA, 1310.
579 TA, 1311.
580 TA, 1312.

Gottes schon mitten in den Herzen der Menschen lebendig ist, dürfen und sollen die Menschen in ihrer Herzensumkehr um das Kommen der Herrschaft Gottes bitten."[581] Was aber bedeutet dies für die Theodizeefrage? Sie wird an dieser Stelle insofern virulent, weil das Geschichtliche zweifelsohne noch Realitäten aufweist, die dieser Vollendung eindeutig (noch) entgegenstehen. Eindringlich macht Pröpper darauf aufmerksam, dass sie in eine gewisse Unausweichlichkeit hineinmündet, wenn man sich mit dem Leid der Opfer, Geschundenen und Vergessenen der Geschichte nicht einfach abfinden will – denn „was bleibt denn anderes, als das Dasein abstrichlos zu übernehmen und uns dabei an den Gott zu erinnern, der sich aus dem menschlichen Leid nicht heraushielt, sondern in der Hingabe seines Sohnes sich selber ihm ausgesetzt hat?"[582] Zuletzt werde die Theodizeefrage in eine Frage an uns kulminieren und die zugespitzt etwa so formuliert werden kann, ob Gott noch eine Rechtfertigung zugetraut werden dürfe und seine Liebe die Leiden ohne ihre *Relativierung* noch überwinden kann oder nicht – eine Frage, die ihre Brisanz vor allem auch vor dem Hintergrund praktischer Vernunft erhält.[583]

Mit dem Vertrauen auf die Endgültigkeit seiner Liebe in Gottes Selbstoffenbarung einerseits und der noch ausstehenden vollkommenen Durchdringung aller Realität dieser Liebe andererseits ist für den christlichen Glauben eine Spannung prägend, die aber – entgegen der Konnotation dieses Begriffs – grundsätzlich von positiver Natur ist. Denn sie legt offen, worauf Menschen vertrauen dürfen, gerade weil sie darauf *hoffen* dürfen, dass auch ihnen das widerfährt, was Gott in Jesus begann. Das Vertrauen auf die offenbar gewordene Liebe Gottes ist darum

„die *Vorgabe*, die wir bei allem, was wir beginnen, praktisch versuchen und hoffen, schon voraussetzen dürfen, weil uns nichts, aber auch gar nichts von ihr mehr zu scheiden vermag (Röm 8,39). Und eben in dieser uns zugewiesenen, doch auszuhaltenden Spannung von Vorgabe und Aufgabe, von Angefangenhaben und Ausständigsein, Erinnern und Hoffen, Erfüllung und Vermissen, Dank und Bitte besteht die Signatur christlicher Existenz und das Wesen gläubiger Praxis."[584]

Nachdem hiermit also die Endgültigkeit als Implikat von Gottes Selbstoffenbarung qua Unbedingtheit ausgewiesen wurde, kann nun Jesu Verhältnis zum Vater nachgegangen werden, was der in der TA erhobenen Grundthese zuzuordnen ist, dass Jesu Geschichte der Erweis von Gottes Selbstoffenbarung als Liebe ist.

---

581 Nitsche: Christologie, 51.
582 TA, 1312.
583 Vgl. TA, 1313; diese Thematik wird in Kürze wieder aufgegriffen und vertieft reflektiert, wenn Magnus Striet in Kapitel III.4.5. zu Wort kommen soll.
584 TA, 1314.

Es ist zu fragen, ob das „ὁμοούσιος" des nizänischen Konzils als Implikat von Gottes Selbstoffenbarung ausgemacht werden kann und was anderenfalls hieraus folgen würde.

Da die Antwort auf diese Frage nur einer Explikation des Gesagten gleichkommt, sei an das bisher Erwähnte noch einmal erinnert: Wenn die oben genannte Hauptthese affirmiert wird und dass es zum Wesen der Liebe gehört, dass der Mitteilende gegenwärtig ist und diese Liebe mitteilt, dann ist der Begriff der Selbstoffenbarung erreicht, insofern Mitteilender und Mitteilung identisch sind – Selbstoffenbarung als Offenbarung des Selbst muss als genitivus subiectivus und obiectivus zugleich gelesen werden: Gott ist Subjekt der Offenbarung und ihr Objekt – beide sind eins in Jesus Christus. Die Entschlossenheit, sich für die menschliche Freiheit zu entscheiden, die Gott gewinnen wollte ist „als Entschlossenheit des Liebenden und rückhaltlose Identifizierung mit der Ausführung seines Entschlusses, nicht mehr er selbst ohne den anderen sein zu wollen"[585] zu denken.

Unter dieser Voraussetzung kann der Begriff der Selbstoffenbarung Gottes mit Jesus als seinem Medium nur mit der Prädikation der *Wesenseinheit* gedacht werden. Würde dieser Begriff nicht vorausgesetzt sein, bliebe der Verdacht bestehen, dass etwas dem Begriff der Selbstoffenbarung und seiner Implikate Entgegenstehendes oder Heteronomes das mit ihm de facto Geschehene ausdrücken könnte. Die vorausgesetzte *Identität* von Offenbarung und ihrem Inhalt bliebe unverständlich, wenn es *keine* Wesensgleichheit zwischen Vater und Sohn gäbe.

> „Durch sein Sohnesverhältnis zu Gott, durch das dieser sich selbst offenbart, ist Gottes eigenes Sein und Wesen bestimmt. Wer und was Gott ist, ist deshalb durch Jesus nicht nur zugänglich geworden, sondern es ist so zugänglich geworden, daß es sich ohne ihn, eben weil er Gottes Selbstoffenbarung *ist* [Hervorhebung: A. H.], jetzt nicht einmal mehr denken läßt."[586]

Die Wesensgleichheit muss dann aber auch in die *Präexistenz* des Sohnes münden, da diese Gleichheit anderenfalls keine Einheit mit dem Vater mehr bedeuten würde und nicht mehr einsichtig wäre, dass Jesus schon im irdischen Wirken und nicht erst nach seinem Tod Selbstoffenbarung von Gottes Liebe wäre – was in einen (zu vermeidenden) Adoptianismus münden würde.[587] Die

---

585 TA, 1316. Damit ist die vom nizänischen Konzil hervorgehobene Wesenseinheit Jesu zu Gott – entgegen dem zumeist kritisch-abgrenzenden Wortlaut – in positiver Weise bestimmt. Vgl. zu den sprachlichen Ebenen des Konzils: NITSCHE: Christologie, 87.
586 TA, 1317.
587 Vgl. TA, 1317. Vgl. auch TA, 1317 f.: „Der Gedanke der Wesenseinheit Jesu mit Gott, der Präexistenz des Sohnes und der Gottheit des Präexistenten ist insofern notwendiges Implikat der Offenbarungseinheit Jesu mit Gott, als sich ohne ihn der Glaube an Gottes Selbstoffenbarung in Jesus gedanklich nicht hätte durchhalten lassen."

Einheit der Wesenseinheit mit ihrer Botschaft der Liebe schließt darum m. a.W. eine Präexistenz ein: „Werden Person und Botschaft vom Ende her daraufhin befragt, wie das Sein Jesu in der Zeit und von allem Anfang (von Herkunft) her in Gott verwurzelt ist, so setzt dies eine Abstiegschristologie voraus, die als Prä-existenzchristologie in Gott selbst ihren Grund hat."[588]

Was aber bedeutet diese Wesenseinheit im Hinblick auf die Verschiedenheit des Sohnes vom Vater? Eine Wesensgleichheit erzwingt nicht den Gedanken *völliger* Identität der göttlichen Personen. Jesu Einheit mit dem Wesen des Vaters schlägt sich gerade darin nieder, dass er die unbedingte Zuvorkommenheit des göttlichen Vaters den Menschen nahebringt und zugänglich macht. Jesus hat diesen Unterschied ja auch hervorgehoben, indem er auf seinen „Abba" verwies. Obwohl er aber mit Vollmacht in seiner göttlichen Sendung ausgestattet war, ist er eines Wesens mit dem Vater: „nicht als seine Verdoppelung, sondern als seine innere Bestimmung – wohlgemerkt, denn diese Aussage hat weitreichende Folgen: als *interne Bestimmung des nur im Singular existierenden göttlichen Wesens*."[589] Diese Aussage, die gut die Verschiedenheit des Sohnes vom Vater mit ihrer Wesensgleichheit zusammendenkt und auslotet, ist in letzter Konsequenz nur dann sinnvoll, wenn sie das göttliche Wesen schon in sich als Liebe begreift, die als solche die Freiheit des Menschen achtet, *damit* sie seine Liebe gewinnen kann.

Mit diesem Aspekt ist die weitere Entfaltung der vorausgesetzten Hauptthese abgeschlossen: Die Wesenseinheit des Sohnes mit dem Vater ermöglicht die Selbstoffenbarung Gottes als Liebe, während dieselbe Einheit in Verschiedenheit die Unterscheidung von ökonomischer und immanenter Trinität freiheitstheoretisch zu erschließen vermag. „Trinitätslehre ist somit [freiheitstheoretisch betrachtet; A. H.] nichts anderes als die Begründung der Möglichkeit wie auch der Freiheit der geschichtlichen Selbstmitteilung Gottes im Wesen des Gottes der Liebe selbst."[590]

---

588 NITSCHE: Christologie, 59.
589 TA, 1318. Nur angedeutet ist hier, wie der von Rahner geprägte Begriff der „distinkten Subsistenzweisen" der göttlichen Personen – hier zumindest von Vater und Sohn – gehaltvoll gedacht werden können bzw. warum Pröppers Ausführungen hier passend für diesen Begriff sind. Denn ein Modalismus ist ebenso wie ein Tritheismus, bzw. hier Duo-Theismus abgewehrt, da sowohl Einheit und Verschiedenheit, bzw. besser: Einheit *in* Verschiedenheit plausibel zumindest angedeutet werden. Vgl. hierzu auch STOSCH: Einführung in die Systematische Theologie, 60 f.: „Gemeint ist, dass Gott nicht nur in drei Weisen erscheint, sondern in den Gestalten Vater, Sohn und Hl. Geist ganz und gar da ist und sich in diesen drei Weisen der Existenz vollzieht. Auch wenn es sich um Existenzweisen des einen und selben Wesens Gottes handelt, sind diese Weisen strikt voneinander zu unterscheiden, also distinkt."
590 TA, 1318 f.

III.4.3.2 Der Heilige Geist im Geschehen von Gottes Selbstoffenbarung

Im Folgenden soll noch erläutert werden, inwiefern der Heilige Geist Gottes dem Begriff der Selbstmitteilung zuzuordnen ist. Biblisch zu vergewissern wäre er alttestamentlich zunächst im Begriff des *ruach*[591] Gottes „als die schöpferische, dann auch neuschaffende und insbesondere als lebenschenkende Kraft, die unmittelbar von Gott ausgeht und auch jederzeit wieder genommen werden kann (Gen 2,7; Ps 104,29f).“[592] Damit ist vor allem seine Unverfügbarkeit betont, die sein Wirken stets von Gottes Initiative veranlasst versteht und doch als eine wahrnehmbare Veränderung von der partikularen zur universalen Wirksamkeit vor allem in der prophetischen Literatur des Alten Testaments ausweisbar ist. Systematisch betrachtet hält Pröpper fest, dass vor allem der Gedanke der Transzendenz Gottes zuallererst das Nachdenken über seine verschiedenen Wirkweisen in unterschiedlichen Hypostasen evoziert habe. Erst der Gedanke der Selbstoffenbarung werfe die Frage auf, wie denn die Einheit der „Offenbarungsgestalten“[593] in ihrer Verschiedenheit gedacht werden könne.

Aus neutestamentlicher Sicht darf zunächst festgehalten werden, dass die alttestamentlich vorausgesetzte Universalität des Geistwirkens ihren eschatologischen Kulminationspunkt in Jesus Christus gefunden hat, was jedoch nachösterlich zu verstehen ist. Zuvor jedoch ist in den synoptischen Evangelien von Jesu Taufe im Jordan die Rede, die einhergeht mit der „Herabkunft des Geistes (...) und so das gesamte Wirken Jesu von seiner Wurzel her prospektiv“[594] verstanden wird und „dann als der Erhöhte selber zum Geist*spender* wird“[595].

Pröpper unterscheidet bei der paulinischen Pneumatologie die gläubige Existenz „zum einen als schon gegenwärtige *Teilhabe an der Auferstehungswirklichkeit Jesu Christi* und zum anderen als *Teilhabe an Jesu Sohnesverhältnis zum Vater*“[596], welche in beiden Fällen als Geisteswirken verstanden werden könne. Geist und Jesu Auferweckung sind so untrennbar miteinander verbunden, dass sie einerseits miteinander identifiziert werden können (1 Kor 15,45) jedoch Kyrios und Pneuma unterscheidbar bleiben, letzterer gerade aufgrund seiner Verweisfunktion „auf Jesus als den Kyrios (...) (1 Kor 12,3).“[597]

---

591 Dieses hebräische Wort kann mit „Hauch", „Wind" oder „Atem" wiedergegeben werden; „ruach", „רוּחַ", in: GESENIUS, Wilhelm: Hebräisches und aramäisches Handwörterbuch über das Alte Testament, Berlin [18]2013, 1225–1227.

592 TA, 1321.

593 TA, 1322.

594 TA, 1322.

595 TA, 1322, Pröpper bezieht sich hier auf Lk 24,49: „Und siehe, ich werde die Verheißung meines Vaters auf euch herabsenden."

596 TA, 1323.

597 TA, 1323.

Die erwähnte Teilhabe dagegen kann als durch Jesus vermittelte gelten, insofern der Heilige Geist Gemeinschaft der Gläubigen zu Gott ermöglicht und so seine Gegenwart spürbar werden lässt (Gal, 4,6; Röm 8,14 f.: „Denn die sich vom Geist Gottes leiten lassen, sind Kinder Gottes. Denn [...] ihr habt den Geist der Kindschaft empfangen, in dem wir rufen: Abba, Vater!"). So betont Paulus vor allem die Bezogenheit des Geistes auf den Akt des Glaubens, der frei macht und nichtsdestoweniger darum auch in diesem Zustand verbleiben soll, was dann bei Paulus in die Entgegensetzung von Leib und Geist führt und die Liebe als höchste Tugend nennt.[598] Nach Pröpper seien es bei Paulus vor allem die eher unscheinbaren Dienste am Nächsten, die er aufgrund ihres Beitrags zum Gemeindewesen betont und darum Ausdruck von Liebe seien.

Bei Johannes tritt die Rede vom Heiligen Geist vor allem in den Abschiedsreden Jesu hervor, wenn er von einem anderen Parakleten spricht, den er ihnen senden wird und „Beistand und Zeuge der Wahrheit in dem Prozeß sein [soll; A. H.], der zwischen dem Offenbarer Jesus und der Welt weitergeht, weil sie im Unglauben verharrt."[599] Als „Geist der Wahrheit" (Joh 15,26) erinnert der Heilige Geist an Jesu Lehre und Wirken, indem er dieses nicht einfach repetierend-bezugslos, sondern gegenwartsrelevant erschließt und so zum Glauben führt.

Die volle Bedeutung des Wirkens des Heiligen Geistes erschließe sich nach Pröpper aber erst in dessen Bedeutung als „Lebendigmacher", was sich nicht als Akt des Automatismus zeige, „sondern als ein Freiheitsgeschehen von Geistgeschenk und gläubigem Antwortgeben. Auf jeden Fall wirkt der Geist, ja er ist die aktuelle Verbundenheit mit Gott selbst ..."[600] Die Wechselseitigkeit der Liebe zwischen Vater und Sohn sei es nach Johannes, die der Heilige Geist „bezeugen, vergegenwärtigen und in die er die Glaubenden einführen soll"[601], so Pröpper.

Welche Bedeutung haben nun die biblischen Zeugnisse in systematischer Hinsicht, d. h. für die Gottheit des Geistes? Er ist in der Person Jesu Christi und in seinem Wirken so wirksam, dass er seine Sendung begleitet und im Bewusstsein lebt, vom Vater vollends geliebt zu sein und darum ganz von ihm her und auf ihn hin ist. Damit drückt der Heilige Geist vor allem das Medium der Verbundenheit in der Liebe zwischen Vater und Sohn aus, da eine Trennung zwischen ihnen umgekehrt den Gedanken der göttlichen Zuwendung zum Menschen nicht einsehbar machen könnte. Wird dies im neutestamentlichen Zeugnis bekräftigt, wo „Jesu Sohnschaft (...) mit dem Wirken des Geistes in Zusammenhang gebracht wird, so daß der Geist als das Medium der Gemeinschaft Jesu als des Sohnes mit dem Vater erscheint, dann muß der Geist erst recht als göttlich: als Gottes

---

598 Vgl. TA, 1324.
599 TA, 1325.
600 TA, 1326.
601 TA, 1326.

eigener Geist verstanden werden."[602] Dieser „medial-vermittelnde" Aspekt des Heiligen Geistes zeigt sich auch im Glaubensakt selbst, ist er dort doch als dieselbe Gegenwart wirkend wie in der Person Jesu Christi in seiner Verbundenheit zum Vater selbst. „Einheit im Geiste" könnte dasjenige genannt werden, was als Liebe Gottes im Christusereignis stattfand und darum den Gläubigen bleibend anteilhaft geworden ist.

Pröpper macht sodann auf die Schwierigkeit aufmerksam, „die hypostatische Eigenständigkeit des Geistes *in* seiner Zugehörigkeit zum Wesen Gottes, d. h. seine Unterschiedenheit nicht nur vom Sohn, sondern auch vom Vater, kurz: seine eigene Personalität"[603] begrifflich und gedanklich einzuholen. Gerade auf der Grundlage der bisherigen Reflexionen müsse die hypostatische Eigenständigkeit des Heiligen Geistes aber vorausgesetzt werden, da ohne sie seine beschriebene Medialität und Zuordnung zu Vater und Sohn nicht mehr gedacht werden könne. Es könnte darum auch die Gegenfrage gestellt werden, warum das Wirken des Heiligen Geistes nicht einfach als Spielart des Handelns Gottes begriffen werden könnte, womit eben seine angesprochene Hypostase preisgegeben wäre. Dem kann allerdings widersprochen werden, wenn auf diejenigen biblischen Stellen verwiesen wird, die die drei göttlichen Personen explizit oder implizit distinguieren, was sich exemplarisch

„mit dem Terminus ‚Verherrlichung' beschreiben [lässt; A. H.], mit dem Johannes zunächst das Wirken Jesu, dann aber auch des Geistes zusammenfassend benennt. Indem nämlich der Geist Jesus als den Offenbarer und Sohn des Vaters verherrlicht, verherrlicht er ja auch den Vater und die unauflösliche Gemeinschaft beider und gehört so gerade als von Vater und Sohn Unterschiedener zugleich mit beiden zusammen."[604]

Wenn die Frage nach der Unterscheidung der (drei) göttlichen Personen sich vor allem vor dem Hintergrund stellt, wie ihre Einheit angesichts ihrer Vielfalt in der medialen Geschichtswirksamkeit und darum auch in der Selbstoffenbarung gedacht werden kann, dann muss unter den bisher eruierten Befunden auch vorausgesetzt werden, dass „der pneumatologische Spitzensatz von Röm 5,5 gelten soll, daß durch den Geist Gottes *Liebe* in unsere Herzen ausgegossen ist (...) und deshalb hier wie dort gesagt werden muß, daß in der aktuellen Gegenwart seiner Liebe der Liebende selbst anwesend ist und sich mitteilt."[605] Würde man dies verwerfen, wäre nicht mehr einsehbar, wie Gottes Liebe sich als echte Präsenz

602 TA, 1327.
603 TA, 1328.
604 TA, 1329.
605 TA, 1330.

im Menschen denken ließe. Will man diese Möglichkeit also nicht preisgeben, bleibt nur noch die Alternative, die Wesenseinheit des Geistes mit Gottheit zu affirmieren, freilich nicht im Sinne absoluter Identität, sondern als von Vater und Sohn unterschiedene Hypostase.

Eine weitere Frage besteht nun darin, wie Gottes Wesen innerhalb der drei Personen gedacht werden kann. Wie fügt sich das bisher über Gottes Geist Gesagte in eine freiheitstheoretisch formulierte Trinitätslehre ein? Um in dieser Frage zu einer Antwort zu gelangen, bestimmt Pröpper den Geist Gottes zunächst als Gabe. Hiermit ist sichergestellt, dass Gott seinem Wesen nach „schenk-bar" ist und worin die Schnittstelle zwischen Endlichen und Absolutem an diesem Punkt liegt. Denn wie überhaupt könnte ein Gott, der die Liebe ist, sich überhaupt als Gabe denken lassen, ohne die oben genannte Voraussetzung zu treffen? Gott ist „schenkbar eben aufgrund der Unterschiedenheit des Geistes von Vater und Sohn, mit denen er wesenseins ist."[606] Die Wesenseinheit der göttlichen Personen ermöglicht somit Gottes eigene, von Liebe geprägte Schenkbarkeit, die Unterschiedenheit hingegen verdeutlicht vor allem die äußere Schenkbarkeit, also die Möglichkeit einer Offenbarung an uns Menschen.[607] Die bloße Denkbarkeit „der Möglichkeit dieser Selbstgabe"[608] ist aber streng von einer *de facto* ergehenden Offenbarung zu unterscheiden. Anderenfalls wäre nicht mehr verständlich, warum dies als ein freiheitlicher Akt Gottes gelten könnte, dessen Zuwendung wie gesehen stets den Charakter der Unverfügbarkeit besitzt. Erst recht könnte dieses Geschehen nicht mehr als Offenbarung seiner *Liebe* gelten, wenn o. g. Differenz übergangen wird und Gottes Wesen nicht *in sich* und ergo unabhängig von der menschlich erwiderten Liebe immer schon Liebe – und damit Beziehung – wäre.[609]

Somit bleibt Gottes Geist nicht nur darauf beschränkt, seine Liebe sozusagen als Schenkbarkeit „ad extra" den Menschen offenbar werden zu lassen, „sondern zuvor und gerade deshalb, weil diese Gottes freie Möglichkeit ist, [der Geist; A.H.] auch als derjenige verstanden werden muß, mit dem die Liebe, die (...) Gottes Wesen ausmacht, schon *in sich vollendet* ist."[610] Hiermit ist die nun anste-

---

606 TA, 1332.

607 Vgl. STOSCH: Einführung in die Systematische Theologie, 57: „Gott offenbart sich einerseits im Fleisch gewordenen Zusagewort seiner Liebe (Sohn/ Logos) und ergreift andererseits die Herzen der Menschen mit seiner Liebe, so dass sie diese Zusage der Liebe erleben und für andere Wirklichkeit werden lassen können (Hl. Geist)."

608 TA, 1333.

609 Vgl. STOSCH: Einführung in die Systematische Theologie, 60: „Gott ist Beziehung. Er ist dialogisches Geschehen, pulsierendes Leben, relational strukturierte Dynamik. Es kommt also alles darauf an, Gott nicht zuerst als ein Wesen zu denken und dann zu überlegen, wie sich dieses Wesen in verschiedenen Gestalten artikulieren kann. Vielmehr gilt es, die Beziehung als das Ursprüngliche zu denken und Gottes Wesen aus den ihn strukturierenden Beziehungen heraus als Liebe einsichtig zu machen."

610 TA, 1333.

hende Aufgabe umrissen: Inwiefern wird durch den Heiligen Geist als göttliche Hypostasierung einsichtig, dass Gottes Liebe als immer schon vollkommene gelten kann? Die bis hierher von Gottes Geist prädizierte Eigenheit innerhalb der Trinität, die die mitteilbare Liebe an die Menschen meint, würde als „Verankerung der Selbstmitteilung durch den Geist als freier Möglichkeit Gottes in dessen eigenem Wesen dann tatsächlich mit einem inhaltlich sinnvollen Verständnis dieses Wesens und seiner Einheit"[611] kongruieren.

Zur Bewerkstelligung der anstehenden Aufgabe rekurriert Pröpper auf das Modell von Richard von St. Viktor, welches ermöglicht, Gottes Wesen zugleich als Liebe denken und dies mit der göttlichen Dreifaltigkeit in Einklang bringen zu können. Beide Voraussetzungen sind für Pröpper zentral und werden im favorisierten Konzept von Richard zumindest ansatzhaft eingelöst, da es die Vollkommenheit der Liebe in der Öffnung auf ein drittes hin begreift:

> „Zudem erfordert die höchste Stufe der Liebe (als *caritas*) noch darüberhinaus, daß der Liebende und Geliebte sich nicht gleichsam in einem ‚Egoismus zu zweit' verschließen, sondern noch einen Dritten als ‚Mitgeliebten' (*condilectus*) wollen, um auch mit ihm, der deshalb ebenfalls göttliche Person sein muß, die Fülle der Gottheit und überdies noch die Seligkeit ihres Miteinanderteiles zu teilen"[612].

Gottes Liebe erweist sich also gerade unter der Voraussetzung als vollkommene Liebe, weil sie bei Richard von St. Viktor auf Dreieinigkeit hindeutet:

> „in der gegenseitigen Liebe, auch in der brennendsten, ist aber nichts seltener, doch auch nichts großartiger als der Wille, daß der, den du zuhöchst liebst und der dich zuhöchst liebt, einen andern ebensosehr liebe [und damit über eine Zweiheit hinausgeht; A. H.]. Die Probe für die vollkommene Liebe ist somit der Wunsch, daß die einem zuteil gewordene Liebe weitervermittelt werde."[613]

---

611 TA, 1333 f.

612 TA, 1334 f.

613 RICHARD VON ST. VIKTOR: Über die Dreieinigkeit, III, xi, aus dem Lateinischen übersetzt, BALTHASAR, Hans Urs von (Hg.), Einsiedeln 1980, 95 f. Vgl. auch RICHARD VON ST. VIKTOR: Über die Dreieinigkeit, III, xiv, 100: „So kann also die Kommunion in der Liebe nur stattfinden, wenn drei Personen da sind. Und nichts ist, wie gesagt, glorreicher, nichts großmütiger auch, als alles Nützliche und Erfreuliche, das man besitzt, zu etwas Gemeinsamem zu machen. Das weiß die höchste Weisheit sehr wohl, und es muss der höchsten Güte sehr wohlgefallen, und im gleichen Maß wie die Seligkeit des Allmächtigen und die Macht des Allseligen dieses Wohlgefallen verwirklichen muß, muß auch den beiden Personen in Gott die dritte beigesellt werden."

Pröpper macht jedoch darauf aufmerksam, dass die Orientierung an Richards Ansatz stets unter den (methodischen) Vorzeichen zu geschehen habe, die in der TA selbst zugrunde gelegt wurden. Konkret wäre hier an den im ersten Teilband erhobenen Möglichkeitsaufweis zu erinnern, der philosophisch vorausgesetzt wurde, um mit ihm diejenigen Aussagen zu synthetisieren, die Gott selbst uns zugänglich machte – denn es darf nach christlichem Verständnis darauf vertraut werden, dass Gott sich selbst in der Geschichte Jesu zu erkennen gab, wie es seinem Wesen gemäß ist.[614]

Damit ist erneut auch die zumindest in dieser Hinsicht vorauszusetzende Identität zwischen immanenter und ökonomischer Trinität angesprochen, die als solche vor allem von Karl Rahner vertreten wurde.[615] Die Verdeutlichung dieses Gedankens war Ziel der unmittelbar vorangegangenen Überlegungen, indem das neutestamentliche Zeugnis mit den trinitätstheologischen Überlegungen vermittelt werden sollte. Die Überlegungen Richards von St. Viktor konnten dabei als erschließende Hilfe dienen, die jedoch dem Vorbehalt unterliegen, Gott immer schon und gerade auch trinitätstheologisch als wesenhafte Einheit der Liebe in den göttlichen Personen vorauszusetzen. Der bis hier nur angedeutete Versuch wäre erst dann erfolgreich zu Ende geführt, wenn die Identität zwischen immanenter und ökonomischer Trinität gerade in Bezug auf den Geist Gottes so begrifflich fassbar gemacht werden kann,

„daß nämlich seine spezifische Aufgabe letztlich darin besteht, die Gläubigen dem Sohnesverhältnis Jesu zum Vater gleich zu gestalten und das heißt doch: sie in die Gemeinschaft der Liebe einzubeziehen, die alle göttlichen Personen miteinander verbindet. Und erst dann wäre diese Einbeziehung, die mit Gottes Selbstmitteilung an uns in eins fällt, auch als wahrhaft *freies* Geschehen verständlich, das zu Recht *Gnade* genannt werden kann.“[616]

Damit ist nicht nur das Ziel, sondern auch der methodisch-hermeneutische Anweg der nachfolgenden Reflexionen angezeigt.

---

614 Vgl. Stosch: Einführung in die Systematische Theologie, 57: „Die Verwegenheit, etwas über das innere Leben Gottes auszusagen, rührt aus dem Vertrauen, dass Gott sich nicht anders offenbart, als er ist. Gott – so vertrauen Christen – ist kein Schauspieler, sondern er zeigt sich den Menschen so, wie er an sich ist."

615 Vgl. Rahner, Karl: Bemerkungen zum dogmatischen Traktat „De Trinitate", in: Sämtliche Werke, Band 22/1b: Dogmatik nach dem Konzil, Lehmann, Karl/Metz, Johann Baptist/Raffelt, Albert/Vorgrimler, Herbert/Batlogg, Andreas R. (Hgg.), Freiburg i. Br. 2013, 512–568, 534.

616 TA, 1336.

III.4.3.3 Die Entsprechung von eschatologischer Gnade und ökonomischer Trinität

Obwohl die Möglichkeit der freien Selbstmitteilung Gottes als eschatologisches Gnadengeschehen qua Gottheit des Sohnes und des Heiligen Geistes aufzuzeigen versucht wurde, gehen die nachstehenden Überlegungen noch hierüber hinaus, indem vor allem noch offene christologische und pneumatologische Fragen behandelt werden sollen, die Pröpper so formuliert:

> „Inwiefern bringt (wie ich vorgreifend behauptet habe) das Wirken des Geistes die Selbstoffenbarung Gottes in der Geschichte Jesu in einer Weise zum Ziel, die ohne die Gottheit des Geistes nicht als möglich gedacht werden könnte? Daran schließt sich die zweite Frage: Inwiefern sind der christologische und der pneumatologische Aspekt der Selbstmitteilung Gottes aufeinander verwiesen und was ergibt sich daraus für den vollständigen Begriff der eschatologischen Gnade?"[617]

Die Antwort auf die erste Frage wurde in diesem Kapitel schon angedeutet: der Heilige Geist ermöglicht durch Vergegenwärtigung die menschliche Aneignung desjenigen Ereignisses, das durch Jesus Christus als erfahrbares Heilsgeschehen beschrieben werden kann. Missverstanden wäre dieses Wirken des Geistes, wenn es die Unhintergehbarkeit eines jeden Subjekts aufheben würde. Denn die Tatsache, dass der Heilige Geist nur *in die Lage* zu versetzen vermag, den Glauben an Gott zu affirmieren, macht gerade diese Affirmation noch *erforderlich* – beide angedeuteten Ebenen müssen also streng getrennt werden. Im Falle ihrer unterschiedslosen Identifikation, die das Ja eines Menschen im Glauben nicht mehr erforderte, wäre auch die Differenz zwischen Schöpfer und Geschöpf aufgehoben und darum auch der Sinn der (Selbst-)Mitteilung Gottes ad absurdum geführt, da Gott ja streng genommen kein „Gegenüber" hätte, das dann auch als Empfänger dieser Offenbarung überhaupt fungieren könnte. Stattdessen aber würde er sich letzten Endes nur mit sich selbst beschäftigen – die „Schöpfung" wäre nur Anhängsel, aber keine (ontologisch) von ihm getrennte Entität. So ist umso verständlicher, warum hier geradezu *ex negativo* an die Erkenntnisse des ersten Teilbandes zurückerinnert ist:

> „Nicht weniger entschieden ist daran festzuhalten, daß schon in der geschöpflichen Freiheit des Menschen auch der letzte Grund seiner Empfänglichkeit und Ansprechbarkeit für Gottes Liebe und Selbstoffenbarung gesucht werden muß [vgl. Möglichkeitsaufweis; A. H.] – eben weil sonst nicht einsehbar wäre, warum diese Offenbarung uns überhaupt etwas angehen, geschweige

---

617 TA, 1337.

denn, warum sie uns unbedingt angehen [vgl. Relevanzaufweis; A. H.], uns letztgültigen Sinn eröffnen sollte."[618]

Es ist zudem kein Widerspruch, dass das Bewusstsein der Empfänglichkeit dessen, worauf sich menschliche Freiheit richtet, erst dann und durch dasjenige hervorgerufen wird, wenn es ihm begegnet. Denn auch auf diese Weise wird der freien Entscheidung des Menschen, sein Ja zum Glauben zu geben, nicht vorgegriffen. Das verschlossene Verharren in der Sünde und ihre hiermit implizit ausgesagte Macht verdeutlichen dann erst recht, wie der Heilige Geist den Menschen aus diesem Zustand heraus in den Zustand des Glaubens hinein trägt: „daß er nämlich unsere Verschlossenheit öffnet, aus der Dunkelheit uns herausholt, uns für Gottes in Jesus gesagte Wahrheit zugänglich und bereit macht, ihre Wahrnehmung leitet, uns ihrer gewiß werden läßt und ihre Annahme trägt."[619] Implizit mit ausgesagt ist damit auch erneut die göttliche Selbstpräsenz in uns, die in Form des Heiligen Geistes dieselbe göttliche Liebe ist, die auch Wirken und Verkündigung Jesu prägte. So könnte der Gedanke gefasst werden, wie Gott im Menschen auf sich selbst verweist, nach sich selbst im Menschen fragt und uns zu gewinnen versucht, freilich ohne die freie Zustimmung zu ihm unnötig oder unwirksam zu machen. Dann aber zeigen sich die Wirkungen seiner Gnade, die exemplarisch

„bei Paulus und Johannes geradezu als das Prinzip erscheinen kann, aus dem die Äußerungen des neuen Lebens hervorgehen und ihre Kraft gewinnen: Gottes in unser Herz geschriebener Wille, so daß aus eigenem Antrieb wir selber ihn wollen, und als Wille seiner Liebe zugleich Befreiung aus dem Bann endlicher Mächte und Ermächtigung zu einem Handeln, das in der Bindung an das ‚Gesetz der Freiheit' (wie *Thomas von Aquin* diesen Gehorsam gegen den Geist der Liebe nannte) seine schöpferischen Möglichkeiten entfaltet."[620]

Die freie Annahme von Gottes Liebe in seinem Geiste bleibt dabei aber stets an die Entscheidung des Einzelnen gebunden und wird niemals obsolet.

Je stärker Pröpper aber in der gesamten TA betont, dass eine seiner Hauptthesen darin bestehe, Jesus Christus als den Erweis der unbedingt für uns entschiedenen Liebe Gottes zu begreifen, so sehr könnte sich mit der Affirmation dieser These die Rückfrage nach der Rolle des Heiligen Geistes stellen, wie Pröpper auch selbst einräumt. So stellt sich einerseits die Frage, warum es das Wirken des Geistes noch brauche und worin dieses bestehe, wenn es etwas Zusätzliches und Unter-

---

618 TA, 1338.
619 TA, 1338. Pröpper spricht dem Geist noch weitere positive Eigenschaften zu, die vor allem die Konstanz und Beständigkeit im menschlichen Leben betreffen, vgl. TA, 1338.
620 TA, 1339.

schiedenes vom Christusereignis leisten soll. Denn zumindest für die Jünger muss wohl gelten, dass sie in Jesus Gott selbst schauten, „gleichsam ‚face to face‘"[621]. Für die Gläubigen nach dem Osterereignis wäre die Infragestellung des Geistwirkens freilich von ungleich höherer Bedeutung, die dann nämlich darauf hinausliefe, dass der Inhalt von genannter Hauptthese die Rolle eines bloßen Memorandums erhielte, dessen „Überlieferungsprozeß in der langen Zeit zwischen Gottes Selbstvergegenwärtigung in Jesu Geschichte und der Wiederkunft Jesu Christi ein *nur* menschliches Geschehen sein würde."[622] Abgesehen von der Problematik, die m. E. auch darin bestehen würde, dass dieses Geschehen dann auch schon rein formal betrachtet weniger vor einem Anthropomorphismusvorwurf gefeit wäre, könnte Gott selbst nicht mehr als der eigentlich in diesem Erinnern Gegenwärtige und darum auch nicht als dessen Grund gedacht werden. „Sondern verstehbar wäre gläubiges Handeln bestenfalls noch als ein zwar durch Erinnerung geleitetes und durch Erwartung stimuliertes, aber letztlich doch *nur menschliches* Handeln."[623]

Mit diesen Überlegungen, die das innergöttliche, d. h. trinitätstheologische Leben zum Thema hatten, ist gewissermaßen auch schon übergeleitet zu den vorletzten Überlegungen dieses Hauptkapitels, das die *menschliche* Seite des Gnadengeschehens erörtern soll. Pröpper hatte ja wie gesehen die freiheitstheoretische Reflexion des trinitarischen Gnadengeschehens qua Selbstmitteilung den nun anstehenden Beiträgen vorangestellt, weil der begnadete Mensch erst den durch Gnade handelnden Gott *voraussetzt*. Es könnte die Gegenfrage gestellt werden, wenn das Geistwirken zwar als Gottes gegenwärtiges Wirken im Menschen vorausgesetzt, jedoch dann nach dem Sinn des Christusereignisses gefragt würde. In diesem Fall würde dem Glauben der Anhalt an einem äußeren Geschehen fehlen, sodass dieser Akt ein bloß internalisierter Vorgang wäre. Als ein bloßes Gefühl, das sich auf kein objektives Geschehen richtet, bliebe der Glauben darum immer uneindeutig und würde gerade darum auch an dem ermangeln, was von Pröpper in seiner Hauptthese vorausgesetzt wurde: Ein Erweis für Gottes definitive Liebe zum Menschen – seine Liebe wäre nicht konkret geworden, wenn das Christusereignis vom Geistwirken abgekoppelt gedacht würde.

> „Also bleibe ich dabei, was ich im 2. Abschnitt ausgeführt habe: Jede Liebe, da sie wesentlich frei ist, kann für den, dem sie gilt, zur deutlichen und gewissen Wahrheit nur werden, indem sie (aus Freiheit) *geschieht* – und eben dies hieß ja auch, sofern es Menschen sind, denen sie gilt: indem sie auf reale Weise *sich äußert*."[624]

621 TA, 1340.
622 TA, 1341.
623 TA, 1341.
624 TA, 1343.

Trotz vorausgesetzter symbolhafter Realisierung, auf die die Selbstoffenbarung von Gottes Liebe beschränkt ist und beschränkt bleiben muss, wenn sie in der Form eines Menschen besteht, ist sie nichtsdestoweniger nötig, um als Geschehen gelten zu können. Darum muss auch Gott dieser „Gesetzmäßigkeit" sich unterwerfen, wenn er uns das mitteilen will, was der Inhalt seines Wesens und darum seiner Aussage über ihn selbst ist. In Jesus Christus wurde diese Aussage und auch durch Gottes auferweckendes Handeln am Gekreuzigten zur leiblichen Gestalt, sodass

> „Jesu Geschichte (...) tatsächlich als sprechende Realgestalt für Gottes endgültigen Willen, d.h. als angemessener, weil innergeschichtlich nicht mehr überbietbarer Ausdruck für die Unbedingtheit seiner Liebe gelten darf: als *id quo nil majus fieri potest* [das, worüber hinaus Größeres nicht geschehen kann; A.H.], wie *Schelling* im Blick auf dieses Geschehen formulierte."[625]

So gilt, dass sowohl Jesu Wirken und Verkündigung und die Vergegenwärtigung der Liebe Gottes in seinem Geist vorausgesetzt werden dürfen und auch müssen, damit es sich um einen authentischen Glauben handelt. *Jesu* Wirken gibt dem Glauben „reale Gestalt", sodass in ihr bestimmbar wird, was Gott in seinem *Geist* uns zueignet. Beide Weisen dürfen nicht als miteinander in Konkurrenz stehend gedacht werden, sondern bilden als wechselseitige und aufeinander verwiesene Aspekte ein angemessenes Verständnis vom eschatologischen Gnadengeschehen. Durch die Person Jesu Christi sind wir in den Zustand versetzt, die Liebe Gottes an einem konkreten Menschen erfahren haben zu können, die im fortwährenden Wirken des göttlichen Geistes bleibend universal gegenwärtig ist. „Gottes Gegenwart in seiner Liebe geschieht somit im Modus *vermittelter Unmittelbarkeit* – jedenfalls hat und behält sie für uns nur so ihre eschatologische Dignität."[626] Die innere Struktur der Trinität begründet qua Gottheit Jesu und des Heiligen Geistes den Akt der Selbstmitteilung Gottes in Freiheit und legt darum auch das Ziel dieser Selbstoffenbarung für uns Menschen offen, insofern Jesu Gottesverhältnis uns als Vorbild für die eigene Gottesbeziehung dienen soll und so die Teilhabe an der trinitarischen Liebe ermöglicht, die Gott immer schon ist – das damit angesprochene Verhältnis der Selbstmitteilung Gottes, das inhaltlich seine eschatologische Gnade ist, mit seinem eigenen Beziehungsgeschehen in der Trinität ist darum das einer Identität: „Gottes geschichtliche Selbstmitteilung in seiner Liebe, auf die sein heilsökonomisches Wirken zentriert ist und mit der es in sein eschatologisches

---

625 TA, 1343, mit Verweis auf SCHELLING, Friedrich Wilhelm Joseph: Urfassung der Philosophie der Offenbarung, Hamburg 1992, 547.
626 TA, 1344.

Stadium eintritt, hat eine wesentliche *trinitarische* Struktur – ja: Gottes eschatologische Gnade *ist* die ökonomische Trinität.“[627]
Zum Offenbarungsverständnis Karl Rahners äußert Pröpper dahingehend Bedenken, „als das transzendentale und das kategoriale Moment der Offenbarung von Rahner nicht wirklich konsistent einander zugeordnet, sondern – je nach leitender Fragestellung – nur abwechselnd akzentuiert und gewichtet werden.“[628] Beide Aspekte überlagerten sich bei ihm, sodass dasjenige nicht mehr angemessen zur Geltung kommt, worauf es Pröpper in seiner eigenen Konzeption aber gerade ankommt: Den de facto ergangenen Aspekt der Offenbarung (=kategorialer Aspekt) strikt von der bloßen Möglichkeit zu trennen. Denn wie sonst sollte die Freiheit Gottes zu seiner Selbstmitteilung noch gedacht werden können und damit – was die vorangegangenen Aussagen zu klären versuchten – nicht auch das damit verbundene Konzept von Trinität affiziert sein?
Zusammenfassend lässt sich im Hinblick auf den Ertrag dieses Unterkapitels festhalten, dass eine auf Basis des Freiheitsdenkens vorgenommene Zuordnung dessen zu erreichen versucht wurde, was (eschatologische) Gnade und Trinität meinen.

„Wir haben in diesem Kapitel die systematische Explikation des Gnadengeschehens mit Hilfe des Freiheitsdenkens begonnen und dabei die eschatologische Gnade, gerade um ihre Gratuität und ihren Geschehens- und Beziehungscharakter nicht schon im Ansatz zu verfehlen, vor allem anderen als Handeln *Gottes* betrachtet. Zentral war die Frage, wie Gott selbst und die Wirklichkeit seiner eschatologischen Gnade gedacht werden müssen, wenn er zu Recht als ihr freier, unerschöpflicher Ursprung und ihr eigentlicher Inhalt geglaubt werden soll.“[629]

Damit steht der Weg offen, nun die Frage in den Blick zu nehmen, was die in diesem Kapitel erreichten Einsichten nun konkret für den Menschen bedeuten. Bevor er „begnadet“ wird, musste ja zuvor gefragt werden, wie Gottes Zuwendung seiner Gnade gedacht werden kann, was aber mit diesem Abschnitt aufgezeigt werden sollte. Wie also verhält sich Gottes freie Gnade zum freien Menschen? Wie erreicht sie ihn und was bedeutet aus dieser Perspektive die „Freiheit der Gnade“?

---

627 TA, 1345. Die an dieser Stelle von Pröpper kurz angerissenen Konsequenzen für einen theologie- und religionsgeschichtlichen Dialog sollen übergangen werden.
628 TA, 1348 f.
629 TA, 1349.

III.4.4 Plädoyer für eine nicht unfehlbar wirksame Gnade (Michael Greiner)

Während die vorangegangenen Überlegungen vor allem die „Seite Gottes" im Hinblick auf seine Gnade beleuchteten, so findet man sich bei der Frage nach der Ankunft dieser Gnade beim Menschen verwiesen auf den „größten Streit der katholischen Theologie in der Neuzeit"[630]. Zumindest angedeutet werden soll darum zunächst, wie die geschichtliche Ausgangslage dieses Problems sich darstellte, um dann einsichtig zu machen, woher sich das systematische Gewicht dieses Streits erhob. Anschließend soll die Bewertung referiert werden, die Michael Greiner im Fahrwasser des Denkens Pröppers zu dieser Thematik innerhalb der TA vornimmt.

III.4.4.1 Geschichtlicher Abriss zur Problemgeschichte des Gnadenstreits

Die angesprochene Kontroverse, die als thomistisch-molinistischer Gnadenstreit[631] bis heute in die Annalen der katholischen Theologie einging, wurde vor allem von Domingo Báñez und Luis de Molina geführt – als „Controversia de auxiliis divinae gratiae". Verständlich wird diese Kontroverse als Streit, wenn in Erinnerung gerufen wird, dass das Konzil von Trient in antireformatorischer Stoßrichtung betonte, dass „die angesichts des einladenden Gnadenrufs immer noch zu Ja und Nein offene menschliche Freiheit, die, *wenn* sie der Gnade Gottes zustimmt, ihr doch *so* zustimmt, daß sie sich auch *widersetzen* könnte, sofern sie denn vielmehr *dies* wollte."[632] Der Widerspruch, den es aufzulösen galt, bestand nun darin, dass diese Freiheit also scheinbar nicht mit jener gnadentheologischen Aussage weder des Augustinus noch des Thomas von Aquin vereinbar schien, dass Gnade verstanden werden müsse als *„unfehlbare Wirkmacht (…)* und (in weiterer Konsequenz) die gleichermaßen *unfehlbar souveräne soteriologische Weltplanung* Gottes bis in alle individuellen Schicksale hinein"[633]. Dies war Kriterium von Rechtgläubigkeit und ermöglichte darum auch kaum eine Möglichkeit zur Abweichung von ihr, was umgekehrt den Glauben hervorrief,

---

630 TA, 1350. Vor dem Hintergrund dessen, dass sich die Dringlichkeit des Problems zwar erst nach dem Tridentinum stellte, eine theologische Lösung bzw. auch schon ernsthafte Ansätze für es bis heute ausstehend sind, kann es nicht verwundern, dass es nichtsdestoweniger als „das spannendste und schicksalreichste Ereignis der neueren Geschichte der katholischen Theologie" bezeichnet wird (STEGMÜLLER, Friedrich: Geschichte des Molinismus, Band 1: Neue Molinaschriften, Münster 1935, VII).

631 Im Folgenden wird diese Kontroverse von mir zumeist schlicht als „Gnadenstreit" bezeichnet. Ich übernehme dabei den Stil von Greiner, die in dieser Thematik relevanten lateinischen Begriffe in den Haupttext einzufügen.

632 TA, 1352.

633 TA, 1353.

dass man sich mit den systematischen Konsequenzen dieser Position letztendlich abfinden müsse. Vor dem Hintergrund der stark gemachten Freiheit durch das Tridentinum deutet sich zudem das Dilemma nun auch in dieser Hinsicht an: Das Festhalten an den *auctoritates* Augustinus und Thomas würde letztlich die menschliche Freiheit im Sinne der Alternative von Ja und Nein zur Gnade nicht mehr denken können. Die Freiheit preiszugeben wäre in Anbetracht der Aussage des Konzils de facto einer theologischen Inkonsistenz gleichgekommen. Die beiden zu vereinbarenden Größen stellten sich darum wie hölzerne Eisen dar und mündeten darum in die Frage:

> „*Kann* Gnade eigentlich *unfehlbar sicher* menschliche Zustimmung *erwirken*, wenn doch diese Zustimmung – dogmatisch nunmehr gesichert war – aus einer menschlichen Freiheit hervorgeht, die sich auch *gegenüber dem Gnadenruf* noch einmal *zu Ja oder Nein alternativoffen verhalten* kann? Oder hieße das gleichzeitige Festhalten an der traditionellen Infallibilitätsaxiomatik vor *solchem* Hintergrund nicht schlicht, logisch Unvereinbares zusammenzuzwingen?"[634]

Aus systematischer, nicht historischer Sicht wird auf diese Weise die Relevanz der Frage deutlich und vor allem, wieviel mit ihr auf dem Spiel stand: Wie sollten mit den damals zur Verfügung stehenden Denkmitteln beide Positionen vereinbart werden können? War eine Konzession an die eine oder andere Seite nicht unvermeidbar, angesichts dieser Situation zwischen „Skylla und Charybdis"? Je mehr man hier zustimmt, umso deutlicher wird der hohe Schwierigkeitsgrad dieser Aufgabe für die spätere (systematisch-theologische) Reflexion: Streitgegenstand war „die Verhältnisbestimmung zwischen tridentinischer Neuakzentuierung der Freiheit und gnadentheologischer Infallibilitätstradition."[635]

Dieses Unterfangen wurde sodann in den *Concordiae*[636] Molinas und Báñez' intendiert, worauf der lateinische Begriff dann auch hinweist, sollte er doch den *Einklang* zwischen Tradition und Freiheit sicherstellen. Greiner bemerkt, dass der nun zu voller Entfaltung gekommene „Gnadenstreit" seine *sachlogischen* Voraussetzungen jedoch nicht erst bei der Frage der Vereinbarkeit der Freiheit und der unfehlbaren Gnade habe – das Tridentinum habe das Problem gleich-

---

634 TA, 1354.

635 TA, 1354.

636 MOLINA, Luis de: liberi arbitrii cum gratiae donis, divina praescientia, providentia, praedestinatione et reprobatione concordia, RABENECK, Johannes (Hg.) Madrid 1953; BÁÑEZ, Domingo: Tractatus de vera et legitima concordia liberi arbitrii creati cum auxiliis gratiae Dei efficaciter moventis humanem voluntatem, in: BÁÑEZ, Domingo: Comentarios inéditos a la prima secundae de Santo Tomás. Tomo III: De gratia Dei (qq. 109 – 114), DE HEREDIA, Vicente Beltrán (Hg.), Salamanca 1948.

sam nur als eine Art „Fallbeispiel" besonders zugespitzt evoziert[637] – sondern implizit schon enthalten ist in dem zu dieser Zeit gültigen philosophischen Rahmen theologischen Denkens. Denn dieser hat direkte Auswirkungen auf die dogmatische Theoriebildung. „Konkret ging es dann um das, was man die *Metaphysik des operativen Verhältnisses von Gott und Welt* nennen könnte:"[638] Wie lässt sich denken, dass ein menschlicher Akt zugleich frei und trotzdem göttlich verursacht sein kann? Mit dieser Frage wird also zugleich das Verhältnis von Bedingtem und Unbedingtem, Kontingentem und Absolutem verhandelt. Beide Dimensionen dürfen nicht zum Preis eines begrifflichen Defizits einander zugeordnet werden, sondern sollen auch je für sich gehalt- und sinnvoll bleiben.

Aus Sicht der thomistischen Position war es bei Báñez das Prinzip der Bewegung, das den prinzipienlogischen Kern für die Lösung des Gnadenstreits aus Sicht der Vertreter darstellte. Im ersten seiner „quinque viae" formuliert Thomas sozusagen als metaphysisches Grundprinzip, dass nichts bewegt werden könne, ohne dass es von etwas anderem bewegt würde. Angewandt werden kann der Begriff der Bewegung dabei generell auf alles, was sich im Übergang von Möglichkeit zur Wirklichkeit befindet – was den Begriffen Potenz und Akt korreliert. Da nun eine bloße Potenz im Vergleich zum Akt einen metaphysischen Defizit darstellt, insofern es (noch) nicht das ist, was es im Begriff ist zu sein oder sein zu können, kann dasjenige, was diesen Übergang ermöglicht und die Potenz zum Akt macht, nicht in diesem Gefüge selbst liegen – nichts kann Ursache seiner selbst sein.[639] Unter dieser Voraussetzung könnte das Prinzip dann aber auch prima facie leicht auf das Prinzip *menschlicher Freiheit* angewandt werden, gilt doch auch hier, dass Möglichkeiten noch nicht den Übergang in ihre konkrete Wirklichkeit gefunden haben. Zu diesem Zweck kann weder ein in ihr selbst liegender Grund noch ein vorauszusetzender Determinismus angenommen werden, der die Freiheit sofort wieder aufheben würde. Damit aber ist die systematische Schnittstelle erreicht, den Gottesgedanken in das philosophische Gedankengefüge der Potenz-Akt-Metaphysik einzufügen, insofern er das *ab alio* in Thomas' Reflexionen einnimmt. Auf die Frage, was also auch den Übergang von Möglichkeit zu Wirklichkeit, von Potenz zu Akt gerade auch unter den Prämissen menschlicher Freiheit ermögliche, würde Thomas antworten: „hoc omnes intelligunt Deum."[640] Damit folgt das kontingente Wesen der primären göttlichen Ursache, und zwar mit Notwendig-

---

637 Vgl. TA, 1358.

638 TA, 1358.

639 „Omne autem quod movetur, ab alio movetur." (S.th. I,2,3c). Hier tritt m. E. ein typisch thomistischer Gedanke hervor, der sich besonders deutlich bei Thomas' Version des kosmologischen Gottesbeweises zeigt, insofern mit ihm der Übergang zu Gott als prima causa ermöglicht wird und eine kausale Lücke geschlossen wird. Vgl. hierzu STOSCH: Einführung in die Systematische Theologie, 25.

640 S.th. I,2,3c.

keit: ein widerständiges Ablehnen gegen dieses Prinzip unter Berufung freiheitlich vorauszusetzender Alternativen kann in diesem Gefüge nicht vorkommen, da
auch in diesem Falle die Erstursächlichkeit Gottes als Initiator des menschlichen
Aktes wiederum vorausgesetzt werden könnte und damit der in diesem Unterkapitel angedeutete Grundkonflikt zumindest in dieser Hinsicht praktisch gar nicht
entstehen *kann* – das thomistische System vertreten durch Domingo Báñez wäre
unter diesem Gesichtspunkt eher verifiziert als falsifiziert. Der hiermit erreichte
Begriff ist der der *praemotio*, der die Vorausbewegung Gottes bezeichnet und dem
der Mensch in seinem Willen stets folgt und darum seine Freiheit gewahrt bleibt:
die *praemotio physica* muss darum verstanden werden als „eine Vorherbewegung
des Willens durch Gott, die aber nicht die menschliche Freiheit aufhebt oder ver-
mindert, denn Gott als *causa prima* kann die kontingenten Zweitursachen (...) zu
den ihnen eigentümlichen Akten bewegen"[641]. Der Zusatz „physica" dürfe auch
nicht im quasi-mechanischen Sinne missverstanden werden, da er dann wieder in
die Nähe eines Determinismus rücken würde, der Freiheit aufhebe.[642] Auf Gott als
erste Ursache würde diese Annahme freilich nicht zutreffen, wie noch erläutert
werden soll.

Die damit etablierte Wirkweise der Prämotion bezieht sich auch auf die
heilsrelevanten Akte. Allerdings ist hier eine weitere begriffliche Kategorie einzuführen, nämlich die der *gratia efficax*, die „*Gnaden*-Prämotion oder einfach
wirksame Gnade"[643]. Diese benötigt für ihre „Wirksamkeit" beim Menschen aber
auch eine entsprechende Anlage und ist darum „auf nichts angewiesen als auf
ihre ureigene *efficacia*"[644], die sich aufgrund ihrer konkret gnadenhaften Akt-
form als Liebe, Glaube oder Hoffnung eben im übernatürlichen Status befindet.
Anders formuliert: die konkrete gnadenhafte Form ist stets durch göttliche
Kausalität, darum aber zugleich als seine gnadenhafte *pracmotio* zu denken.
Bei der Rede von der Supernaturalität stellt sich dann aber auch die Frage, wie
denn dasjenige zu denken ist, was durch sie auf Seite des Menschen beansprucht
wird. Wie sollte Gottes wirksame Gnade „anwendbar" sein, wenn sie nicht schon
anfanghaft etwas beim Menschen voraussetzen müsste, das diese Applikation
zuallererst ermöglicht? Da die Verklammerung von Potenz und Akt auch an dieser Stelle gilt, muss darum ein Prinzip für das namhaft gemacht werden, was das
freie Vermögen, bzw. die übernatürliche Potenz des dann tatsächlichen gnadenhaften Aktes hervorruft, was beim schon Gerechtfertigten die *habituelle* Gnade
wäre. Was aber gilt dann für den Sünder, wie sind die gebildeten Kategorien auf
seinen status salutis zu applizieren? Hier freilich kann die habituelle Gnade per

641 STICKELBROECK, Michael: Das Heil des Menschen als Gnade, Regensburg 2014, 143.
642 Vgl. TA, 1362.
643 TA, 1363.
644 TA, 1363.

definitionem noch nicht wirksam sein, da der sündige Mensch qua Sünde noch nicht das Heil gefunden hat und sich darum auch noch nicht im übernatürlichen Status befinden kann, der die übernatürliche Potenz und sodann ihre Aktuierung *ermöglichen* würde. An die Stelle der habituellen Gnade

> „tritt einstweilen subsidiär die *hinreichende Gnade (gratia sufficiens)* als die Gesamtheit jener *aktuellen* Gnadenwirklichkeiten, die den Menschen im *Vorfeld* seines ersten soteriologischen Konsenses schon übernatürlich berühren und so auf sein *mögliches* freies Ja hin ‚in-formieren‘“[645].

Der gnadentheologische Unterschied zwischen Sündern und Nicht-Sündern besteht also darin, dass erstere sich noch nicht im supernaturalen Zustand befinden, der sie in die Lage versetzen könnte, ihr freies gnadenhaftes Vermögen als Potenz zum Akt aktualisierbar machen zu können. Stattdessen aber werden sie durch die gratia sufficiens hierauf vorbereitet, indem sie zumindest anfanghaft den Sünder mit dem begegnet, was auf die gratia efficax hindeutet.

Warum aber ist trotz der stets vorausgesetzten Initiative der Gnade durch Gott – sowohl beim Sünder als auch schon beim Begnadeten selbst – die Freiheit des Menschen im thomistischen Modell gemäß ihrer Vertreter nicht aufgehoben? Die Antwort auf die Frage liegt erneut beim Übergang zwischen Potenz und Akt: Da Gott niemals gezwungen ist, wirksame Gnade folgen lassen zu müssen, ist damit die Befähigung des menschlichen Willens nicht erloschen. Vielmehr erfolgte die Einladung zum Glauben und damit zu einem Akt der Gnade ja schon in der gratia sufficiens, durch die der Sünder ja schon *hinreichend* in den Zustand zur gnadenhaften Befähigung versetzt werden, dann aber in diesem Status verbleiben kann:

> „*Wirkschwäche der Gnade* angesichts menschlicher Freiheit ist das indes mitnichten: Es ist vielmehr Gottes souveräne Entscheidung, wenn er – was er in *jedem* Fall tun *könnte* – *nicht* weitergehen und so der Berufung (mittels unfehlbar wirksamer Gnadenprämotion) die tatsächliche Zustimmung folgen lassen *will*.“[646]

Das mit der Potenz an den Menschen gegebene Vermögen rechtfertige es also nicht, seine Freiheit als nicht zur Gnade befähigt zu denken. Positiv formuliert: das freie Vermögen zum Glauben qua Potenz impliziert zwar ein „Hin-Sein“ auf die wirksame Gnade, bleibt aber an die Freiheit des Menschen gebunden, oder formaler: „Der Mensch *konnte* ja glauben (...), er *sollte* selbstverständlich auch

---

645 TA, 1364.
646 TA, 1365.

glauben und *hat* doch nicht geglaubt; wer aber nicht tut, was er kann und soll, der wird nun einmal schuldig.["647] Wer aber vor Gott legitimerweise schuldig wird, der kann auch mit Recht bestraft werden, was dann nur legitim wäre.

Fraglich bleibt an dieser Stelle aber noch immer, inwiefern sich eine Freiheit mit *Alternativen* – und damit der tridentinischen Aussage gemäß – in dieses metaphysische Gefüge einpassen könnte. Aus systematischer Sicht könnte die Frage auch so gestellt werden: Aus welchem Grund sollte dies explizierte Modell göttlichen Handelns nicht zwangsläufig gleichsam diejenigen Positionen abbilden, von denen man sich im Tridentinum gerade ablösen wollte? Warum ist das katholische „Mehr" der konziliarisch beschlossenen Freiheit kein Widerspruch zum hier propagierten thomistischen Modell göttlichen Wirkens? Die Antwort auf diese Frage bestehe laut der Báñezianer darin, dass menschliche Freiheit im Sinne des Tridentinums sozusagen subordiniert mit der göttlichen Prädetermination ineinandergeschoben werden müsse.[648] Keine Seinsweise könne aktualisierbar sein, ohne dass die göttliche Prämotio wirksam wäre, was dann unterschiedslos auch auf die Freiheit anwendbar wird „– denn auch *Frei*-Sein ist nun einmal ein *Sein*, dessen Aktualwerden folglich den gleichen Regeln unterstehen muß wie jedes andere."[649] Dieser Gedanke folgt also zwingend aus seiner Systemlogik, muss das Zustandekommen einer alternativmächtigen Freiheit als ontologisch beschreibbarer Status *per definitionem* von Gottes Prämotion bewirkt worden sein, da die Freiheit doch anderenfalls nicht zu Gottes unfehlbarem Wirken gezählt werden könnte. Gegen den Einwand, ein derart vorgetragener Freiheitsbegriff passe sich bloß den metaphysischen Systemzwängen ein und sei darum defizitär, bringen ihre Verfechter das Argument hervor, dass es für die Annahme von Freiheit ausreichend sei, „im Moment des Handelns zu *wissen*, dieses Handeln sei nicht alternativlos notwendig, sondern eben die freikontingente Realisierung *einer* von mehreren, prinzipiell gleichermaßen zur Realisierung offenen Alternativen."[650] *Eine Freiheit im Sinne eines ursprünglichen Aktes, der subjektiv initiiert und ergriffen wird, ist aufgrund des hier metaphysisch grundgelegten Rasters unmöglich, kann doch keine Potenz zum (freiheitlichen) Akt werden, ohne dass Gott dies als causa prima bewirke.*

Diese Unfehlbarkeit im gnadenhaften Wirken kann aber spätestens dann endgültig zum Problem werden, wenn sie im Lichte des Theodizeeproblems gelesen wird. Werden das Böse und das Leid in der Welt nämlich ihrerseits als von der unfehlbar wirksamen Prämotio Gottes herkommend gedacht, kann Gott prima facie nicht mehr als unfähig zur Sünde gedacht werden, hat er diese doch selber hervor-

---

647 TA, 1365.
648 Vgl. Johannes a Sancto Thoma: Cursus Philosophicus Thomisticus: Naturalis Philosophiae: IV. pars: De ente mobili animato, Reiser, Beatus (Hg.), Taurini ²1948, q. 12, art. 3.
649 TA, 1366.
650 TA, 1367.

gebracht, da die „Kette der Konsequenzen" auf ihn als Primärursache unmittelbar zurückfällt und von dort ihren Anfang nimmt. Darum versuchen die Báñezianer dieses zwingende Konsequenzgefüge zu kappen. Hierzu bedienen sie sich ontologischen Mitteln: Eine Sünde sei zunächst einerseits hinsichtlich ihres materialen, konkreten und ihres formalen Aspekts andererseits zu bestimmen (materiale peccati vs. formale peccati). Während die Prädetermination für den konkreten Akt, dem materiale peccati streng philosophisch betrachtet gelten muss, gilt selbiges nicht für das formale peccati, insofern ihm entbehrt, was die „Übereinstimmung mit der göttlichen Regel"[651] meint „und erst dieses (also etwas, was der Akt gerade *nicht* hat), konstituiert das *formale peccati*, die Formalbestimmung des Aktsubstrats, ein sollenswidriger *Sünden*-Akt zu sein."[652] Dieser ontologische Mangel kann wiederum per definitionem nicht vom göttlichen Ursprung bewirkt sein, was dem Begriff des *actus purus* widerspräche – vielmehr ist dieser sündhaft verursachte Mangel nun dem Geschöpf zuzurechnen, ist dieses doch seinerseits „ex nihilo" geschaffen und darum auch dessen stets auf dieses Nichts hin, sodass es dieses hier anfanghaft als Bewirken eines Mangels hervorruft.[653] Die Kausalität gehe hier einseitig vom Geschöpf aus, was dann erneut eine Sündenstrafe rechtfertige.

Da Gott also zwar nicht den formalen, wohl aber materialen Aspekt der Sünde hervorruft, dies jedoch mit der Annahme vereinbar sei, dass Gott nicht ihr Urheber sei, findet der hier nach modernen „Theodizeestandards" äußerst zynisch zutage tretende Gedanke seinen Höhepunkt erst

„dort, wo das in den Blick kommt, was man die *soteriologische Theodizee* nennen könnte: die Frage, wie sich Gottes Kausalität eigentlich verhält zum nicht *zeitlichen*, sondern *ewigem* Leid – zur Höllenqual derer, die im *Leben* soteriologisch gescheitert sind und *eschatologisch* dafür büßen müssen."[654]

Denn auch in diesem Fall bleibt das etablierte Gefüge konsequent wirksam: es ist Gottes Ratschluss zuzurechnen, wenn ein Geschöpf zu Lebzeiten niemals auf den Heilsweg gelangt ist oder von diesem abgekommen und die Gnadenprämotion eben vor dem Tod nicht mehr wirksam war. Wenn Gottes Gnadenhandeln aber als unfehlbar wirksam gilt, dann stellt sich angesichts seines universalen Heils-

---

651 TA, 1370.
652 TA, 1370.
653 Hier wird deutlich, wie sehr ein philosophisch vorausgesetzter Theorierahmen Auswirkungen auf weitere genuin theologische Themen hat, in diesem Fall einen – zumindest nach heutigem Verständnis – defizitären Freiheitsbegriff nach sich zieht bzw. gerade theoretisch *erzwingt*. Wenn ein starker Begriff von Freiheit dem aktuellen theologischen Stand nach als Antwortversuch auf das Theodizeeproblem gelten kann, zeigt sich hier, warum es ein enggeführter Freiheitsbegriff gerade nicht kann.
654 TA, 1371.

willens unmittelbar die Anschlussfrage, warum sie denn dieses Ziel des Heils für jeden Menschen nicht auch de facto bewirke. Denn wenn Gottes unfehlbares Gnadenwirken mit der menschlichen Freiheit nicht im Widerspruch steht, bleibt umso unklarer, warum der Gnadenstand offenbar noch nicht für alle Geschöpfe zur Realität geworden ist. Mit Verweis auf die menschliche Freiheit kann hier wiederum nicht argumentiert werden, steht sie doch dem göttlichen Handeln – wie die Báñezianer es vertreten – nicht entgegen.

Ein weiteres Problem begegnet beim theologisch so aufgeladenen Begriff der Erbsünde. Trat sie unter Augustinus noch als begründungslogischer Inhalt für die Theodizee in Erscheinung, kann sie es in dieser Funktion unter den Vorzeichen der thomistisch denkenden Báñezianer nun nicht mehr. Denn die Freiheit, mit der schon Augustinus die Sündenstrafe unter Berufung auf die freiheitlich begangene Erbsünde rechtfertigte, ist im angedeuteten metaphysischen Rahmen, der ja hierzu eine alternativenoffene Freiheitsentscheidung denkerisch auszuweisen nötigt, nicht mehr haltbar. Vielmehr verstrickt man sich an dieser Stelle nun zusehends in weitere Aporien.

„Nein, dieser Zusammenhang *muß* in der thomistischen Systematik zwangsläufig anders gefaßt werden: Schon das Auftreten der Erbsünde selbst unterfällt noch einmal auf unergründliche Weise der souveränen göttlichen Planung und (...) eben auch Gottes Kausalität."[655] *Materiale* kann in diesem Modell überhaupt nichts geschehen, was dem Willen Gottes entgegensteht, was dann eben auch die Erbsünde und deren Folgen mit einbezieht. Die Erbsünde erscheint hier als eine Art *„sekundär* legitimierendes Motiv in der *Realisierung"*[656] dessen, dass Gott immer schon bestimmte Menschen vom Heil ausschließt, während er es anderen immer schon gewährt. Die Wirksamkeit der Prämotio überlagert immer schon die im augustinischen Denken noch vorausgesetzte Freiheit, die die Ursünde Adams zur Folge hatte.

Doch zurück zur vorangegangenen Frage: Warum nutzt Gott seine unfehlbare Gnadenwirksamkeit nicht, um seinen Willen darauf zu richten, alle Menschen zu retten (vgl. etwa 1 Tim 2,4)? Die Antwort auf diese Frage liegt in der Vorstellung der *pulchritudo universi*, die die Schönheit der Schöpfung bezeichnet und eben dann besonders deutlichen Ausdruck findet, wenn möglichst viele Aspekte der Gutheit Gottes schöpfungsimmanent realisiert sind, was in diesem Zusammenhang auch seine strafende Gerechtigkeit miteinschließt, die ja wie gesehen auf gerechtfertigte Weise zur Anwendung kommen kann. Für den Heils*willen* Gottes aber ist die Unterscheidung zwischen antecedens (vorangehendem, bzw. besser: vordergründig-prioritärem) und consequens (nachfolgendem, nachgeordnetem) relevant. Gottes biblisch bezeugter Wille zur Rettung aller Menschen

655 TA, 1373.
656 TA, 1373.

ist als solcher keine falsche Annahme, er wird aber wiederum überlagert von erwähnter pulchritudo universi, sodass

> „das vorgängige und bedingte Wollen je schon überholt vom nachfolgenden, wirklichen und unbedingten [ist; A. H.]: nämlich vom Willen, im Interesse eben dieses großen Zieles nur einige wenige zur Herrlichkeit des ewigen Heils zu bestimmen, weil eine Welt, in der es sich so verhält, insgesamt schöner und damit besser ist als eine, in der etwa alle gerettet würden."[657]

Abgesehen davon, dass mit diesem Gedanken in theodizeesensibler Hinsicht ein weiteres extrem zynisches Moment im Denken der thomistisch denkenden Báñezianer ausgewiesen werden kann, insofern es menschliches Leid bonisiert[658], würde Pröpper gerade auf das letztgenannte wohl antworten, dass gerade die von Gott zugestandene Freiheit die Würde der Zustimmung zur Beziehung mit ihm ausmache und darum nicht gegen eine quasi-allgemeingültige pulchritudo universi innerhalb der Schöpfung ausgespielt werden sollte: es ist ja dieses theologisch so wichtige Unterscheiden zwischen Gottes Schöpfungs- und Erlösungs-, bzw. Gnadenhandeln, das hier geradezu eingefordert wird, im thomistischen Denken aber unter der Wirkmacht eines Determinismus steht.

Bevor aber die Neudeutung von Greiner referiert werden soll, sei zuvor noch der weitere Verlauf des Gnadenstreits und das damalige faktische Ende der Debatte illustriert.

Im Sinne der angedeuteten Schwierigkeiten sahen sich die Vertreter der molinistischen Gegenseite dazu in der Pflicht, das von den Báñezianern vertretene Modell zu revidieren, um ein anderes Gottesbild hervortreten zu lassen. Als Nukleus des Problems wurde von den Jesuiten um Molina darum die Freiheit selbst revidiert, die im thomistischen System Ausgangspunkt des Problems wurde. So fasste er diese gleichwohl als alternativenoffen und indifferent zu Gegebenem und legte damit in systematischer Hinsicht die Weichenstellung zur Abkehr vom thomistischen Begriff des Willens, indem er kein metaphysisches Prinzip namhaft machte, das den Willen zu dem Resultat macht, auf das er sich richtet, sondern an diese Stelle den Willen selbst loziert:

> „Das in Molinas Formel gemeinte ‚Können' bezeichnet darum, wie *Francisco Suarez* näher ausführt, nicht nur das *bloße* Vermögen, die *facultas* streng als solche, sondern auch noch deren *real möglichen* Gebrauch, den freien *usus* also oder eben den *ursprünglich selbstbestimmten Übergang in den Akt*."[659]

---

657 TA, 1375.
658 Vgl. STOSCH: Einführung in die Systematische Theologie, 110.
659 TA, 1377.

Hiermit ist also die systematische Stelle erreicht, an der die Jesuitenscholastik um Molina von der traditionell geprägten Theologie der Báñezianer abweicht und abweichen muss, lassen die daran anschließenden Überlegungen das jeweils favorisierte Konzept von Freiheit doch gleichsam als „point of no return" erscheinen. Freiheit ist im Sinne der jesuitischen Scholastik darum ursprünglich frei, da Gott den Menschen in einem Akt der Selbstbeschränkung und ermöglicht durch seine Allmacht, Freiheit geschenkt habe und er infolgedessen darum kein „Alles-Bestimmer" sein kann.[660] Wenn gleichwohl das ursprüngliche Problem der verursachenden Prämotio überwunden schien, stellte sich jedoch die Anschlussfrage, wie sich solche „starke" Freiheit im Sinne Molinas nun zum göttlichen Wirken verhalte oder ob dieses sich nunmehr auf sein erhaltendes Wirken beschränke. An diese Stelle ist der Gedanke vom *concursus Dei* einzubringen, welches als „mitwirkende" Kraft Neues hervorzubringen vermag, jedoch den bloßen Willen des Menschen zu diesem Hervorbringen frei *lässt*. Ohne Gottes Zutun kann darum auch in dieser Theorie kein neues Sein in die Wirklichkeit gelangen.[661]

Darüber, wie dies nun aber im Hinblick auf die übernatürlichen Akte anzuwenden sei, ist jedoch noch nicht entschieden. Die Jesuiten um Molina halten hier wie die Thomisten daran fest, dass dies ausschließlich zumindest von Gott anfanghaft herkommen muss. Vermittelt durch welthafte Inhalte erlangt der Mensch nach molinistischer Vorstellung eine erste „Neigung des Willens auf jene Gehalte (...): ein übernatürlicher *influxus* Gottes ist es dann, der diese ersten (noch unfreien) vitalen Akte und Regungen der Seele verläßlich zum *übernatürlichen Sein* erhebt"[662]. Die auf diese Weise erweckende Gnade (gratia excitans) beansprucht dann aber die menschliche Freiheit, sodass mögliche übernatürliche Aktsetzungen nunmehr ihrerseits in den Bereich geschöpflicher Freiheit fallen.[663] Damit ist also deutlich mehr von der menschlichen Freiheit abhängig als noch im thomistischen Modell: sie kann sich hier zum Anruf der Gnade frei verhalten, was natürlich ihre mögliche Ablehnung impliziert. Wird sie jedoch im statu libertatis akzeptiert, steht ihr der Weg ohne weitere Bedingung offen, den übernatürlichen Akten des Heils anteilhaft zu werden. Die Gnade der Berufung ist dabei gratia vere sufficiens, die, wenn sie die wahrhaft freie menschliche

---

660 Vgl. TA, 1380.
661 Vgl. hierzu in aller Kürze: BERNHARDT, Reinhold: Was heißt „Handeln Gottes"? Eine Rekonstruktion der Lehre von der Vorsehung, Gütersloh 1999, 150: „Die göttliche Aktivität besteht dabei für ihn [Molina; A.H.] darin, daß Gott die Handlung des Menschen (als causa particularis) mit einer physisch nicht prämovierenden Krafteinwirkung (concursus generalis bzw. universalis) unterstützt. Gott wirkt das *Sein* eines Aktes, während der Mensch durch seine Willensrichtung dessen *Sosein*, d.h. die Objekt- und Zielrichtung bestimmt. Gottes concursus stellt also die Möglichkeitsbedingung einer Handlung bereit, bleibt aber selbst indifferent im Hinblick auf die Ausrichtung dieser Handlung."
662 TA, 1382.
663 Vgl. TA, 1382.

Zustimmung erlangt, „auch zur faktisch *wirksamen,* eben zur *gratia efficax*"[664] wird. Die Ablehnung der Gnade kann dann qua alternativenoffener menschlicher Freiheit nicht zwangsläufig auf diesen Weg führen – ist doch das zwingende Konsequenzprinzip unfehlbarer Gnade thomistischer Provenienz von anfanghaft schon aufgebrochen und unwirksam. Darum ist es auch nicht Gottes „Schuld", wenn seine Gnade in der Instanz menschlicher Freiheit nicht den für sie vorgesehenen Weg nimmt – die Annahme des Rufs zur Gnade ist an nichts anderes als die ureigene und indifferente Freiheit des Einzelnen gebunden.[665]

So widerspruchsfrei und im Vergleich zum konkurrierenden thomistischen Konzept deutlich weniger metaphysisch verklammert sich die molinistische Konzeption darstellte, so energisch fielen die Rückfragen der Gegenseite aus: denn die Gnade an die menschliche Freiheit auf derart abhängige Weise anzuknüpfen würde doch der (semi-)pelagianischen Irrlehre sehr ähneln. Obwohl dieser Vorwurf aus molinistischer Perspektive leicht auszuräumen war, indem man sich darauf berief, die göttliche *Initiation* der Gnade gleichwohl nicht zu unterschlagen, kam es sodann zum Vorwurf, den durch die Autorität der Tradition aufgezeigten Weg der Rechtgläubigkeit (Augustinus) nicht mehr zu beschreiten, wofür eine Non-Konformität mit selbiger ausreichend sei:

> „einzig die *voraussetzungslos unfehlbare Wirksamkeit* dieser Gnade *in* der menschlichen Freiheit zuzugeben hätten beide [Pelagianer und Semipelagianer; A. H.] sich im Namen eben dieser Freiheit bis zuletzt geweigert, und genau *das* habe der späte Augustinus immer noch als *error in fide* gebrandmarkt; wer es also gnadentheologisch mit Augustinus halte (und das sei nun einmal rechtgläubige *Pflicht*), *müsse* in eins mit den alten Häresien auch deren moderne Neuauflage entschieden zurückweisen."[666]

Umso dringlicher stellt sich darum auch die Frage nach der sonstigen Plausibilität der molinistischen Position mit der Theologie des Augustinus – oder noch systematischer gefragt: welche Bedeutung musste die neu erstarkte Rolle menschlicher Freiheit für die *unfehlbare göttliche Planung der Geschichte* einnehmen, zumal der nun vorausgesetzte freie Mensch doch unbestritten in ihr lebt?

Dass Gott die Kontrolle über den Schöpfungsverlauf verlieren könnte, konnte hingegen auch für Molina nicht in Betracht kommen, war dies doch theologischerseits durch Augustinus legitimierte Rechtgläubigkeit. Um jedoch die zuvor hervorgehobene Freiheit nicht wieder revozieren zu müssen und damit in ein Dilemma zu geraten, musste Molina beide hier scheinbar in Konkurrenz

---

664 TA, 1382.
665 Vgl. TA, 1383.
666 TA, 1384.

stehenden Größen miteinander vereinbaren. Die Lösung bestand also darin, dass Molina ein göttliches Vorherwissen annahm, das

> „im Voraus zum realen Geschehen ein lückenloses und zugleich unfehlbare sicheres *Wissen* um alle zukünftigen Handlungen der freien Geschöpfe haben, ein Wissen, das die Umsetzung der Planung gewährleisten kann, weil es die Unwägbarkeiten der geschöpflichen Freiheitsgeschichte doch noch handhabbar macht, und zwar von Anfang an."[667]

Wichtig zu betonen ist dabei, dass dieses Vorherwissen nicht im zeitlichen, sondern im logischen Sinn verstanden wird, denn nur so kann seine Weltplanung der Freiheit des Menschen „zuvorkommen". Gott weiß also, was jedes Geschöpf unter bestimmten Bedingungen tun würde, noch bevor es de facto zu dieser Entscheidung käme – damit aber wäre die angesprochene souveräne Weltenplanung mit der menschlichen Freiheit prinzipiell vereinbar. Denn ein Antasten der menschlichen Freiheit ist mit dem Herstellen bestimmter Bedingungen – die den Menschen zwar auf bestimmte Weise handeln lassen, jedoch nicht determinieren – nicht ausgesagt. Gott muss also ein Wissen haben, das sich „mittig" befindet zwischen seinem logischen Vorauswissen und den de facto realisierten Entscheidungen, bzw. „im Blick auf seine Mittelstellung zwischen dem abstrakten Möglichkeitswissen und dem fixierten Tatsachenwissen heißt es seit Molina ‚mittleres Wissen', *scientia media*"[668].

Greiner bemerkt, dass in gewisser Hinsicht, nämlich spekulativer, das in diesem Unterkapitel gestellte Problem sozusagen seinem Begriff nach in der Tat als gelöst verstanden werden könnte.[669] De facto aber führt die molinistische Lösung gerade für die konkurrierende Perspektive der Thomisten erst recht zu unhaltbaren Anschlussproblemen. Denn zum einen ist die ohnehin zu verwerfende Grundannahme Molinas, der freien Gnade, durch das scientia media Konzept noch gestärkt worden. Zum anderen wird Gott dargestellt als jemand, der sich in seiner Planung affizieren lassen muss von der Freiheit des Geschöpfes, damit seine Gnade – dem Konzept Molinas gemäß – wirksam werden kann. „Kurz gesagt: das freie Geschöpf macht Gott Vorgaben, und Gott muß seine Welt- und Gnadenplanung um diese Vorgaben herum konstruieren – welch unerträgliche, unwürdige Abhängigkeit, welch gewaltige Divergenz zu Augustinus!"[670]

Eine Schwierigkeit des molinistischen Vorschlags liegt jedoch nicht nur an diesem von der Gegenseite kritisierten Aspekt, sondern in einem ihm *implizi-*

---

667 TA, 1386.
668 TA, 1387.
669 Vgl. TA, 1388.
670 TA, 1389.

ten Aspekt: Mit der Behauptung, Gott wisse, wie man sich in einer bestimmten Situation *frei* entscheiden würde, ist noch nichts darüber ausgesagt, *wie* Gott dieses Wissen erlangen kann. Wird diese Frage gestellt, kann die Antwort nicht auf Basis der Freiheit erfolgen, insofern dies implizieren würde, dass man aus dem Wesen der Freiheit bzw. aus der Natur oder dem Charakter eines Menschen prinzipiell das Resultat seiner freien Entscheidung deduzieren könnte, was einem authentischen und für Alternativen offenen Begriff von Freiheit aber entgegensteht.[671] Nur aufgrund seines bestimmten Wesens zu handeln – von ihm „determiniert" zu sein – kann gerade keine Freiheit sein. Umgekehrt kann auch Gott nicht in einen Wissensstatus über Dinge gelangen, die keinen ontologischen Bestand haben – als allwissendes Wesen weiß er zwar alle Dinge, aber es kann keine Dinge wissen oder erkennen, die nicht wahr sind.

Um dennoch einen argumentativen Ausweg aus dieser scheinbaren Pattsituation zu finden, griff Suarez das Problem auf und versuchte, „das Begründungsproblem der *scientia media* auf das Feld der *Aussagenlogik* zu verlagern"[672]. Zu diesem Zweck sei nun nicht mehr die bloße Erkennbarkeit einer Handlung relevant: Die Tatsache, dass eine Person in einer bestimmten Situation auf eine bestimmte Art handelt, wird zwar für den eingeschränkt erkenntnisfähigen Menschen auch erst in dem betreffenden Augenblick wahr, wenn die Person auch de facto so handelt wie vorausgesagt. Dies aber sei kein Widerspruch mit der Aussage, dass es für Gott auch schon vorher wahr war, dass die Person sich auf die „vorhergewusste" Weise verhält – denn wäre es anders, könnte dies per definitionem nicht ein Teil seiner Allwissenheit sein. Für freiheitliche Konditionalsätze gelte dies nach Suarez analog, sodass die Kernaussage der scientia media nun lautete:

> „Gott erkennt schlicht die in sich selbst ruhende ewige Wahrheit aller Aussagesätze, darunter auch der fraglichen Sätze über freies Eventualverhalten; einer wahrheitskonstituierenden Gegenstandskorrespondenz bedarf es nicht zwingend, weil diese Geltungen auch ohne solche reale Korrespondenz schon in sich selbst und zeitunabhängig Bestand haben."[673]

Die Frage aber, woher Gott denn auch noch den Wahrheitsgehalt dieser Aussagen wissen könne, blieb unvermindert virulent. An dieser Stelle zeigt sich, dass sozusagen simultan mit der Kernaussage auch das -*problem* verschoben wurde: Woher erhalten Freiheitskonditionale ihren wahren Gehalt? Der Weg einer deduzierbaren Ableitbarkeit aus der menschlichen Natur würde de facto einem Determinismus gleichkommen – müsste das Resultat der menschlichen Freiheitsentscheidung

---

671 Vgl. TA, 1390. Vgl. die Ausführungen zum libertarischen Freiheitsbegriff.
672 TA, 1391.
673 TA, 1391.

doch als definitiv gelten – und blieb darum nach wie vor nicht gangbar. Es stand jedoch noch die Möglichkeit offen, den Wahrheitsmacher für Freiheitskonditionale im Wesen Gottes selbst zu lozieren: „in strenger Introspektion schaut und erkennt Gott ohnehin nie etwas anderes als sein eigenes ewiges Wesen – und findet eben darin (...) all jene Gehalte seines Wissens, (...) die ihm unbeliebige Vorgabe sind, also namentlich nun auch alle Inhalte der *scientia media*."[674]

Das aber würde anders formuliert bedeuten, dass der Grund dafür, dass Gott um den Ausgang der freiheitskonditionalen Entscheidungen der Menschen weiß, überhaupt nicht mehr „irgendwie" in deren Wesen selbst liegt und ihnen zuordenbar ist, sondern diese gewissermaßen als factum brutum Implikat der göttlichen Natur selbst sind. Bilanzierend steht man als Molinist bei der gedanklichen Durchdringung der scientia media an dieser Stelle in der Tat zwischen Skylla und Charybdis: Die Frage nach dem Wahrheitsgehalt göttlichen mittleren Wissens kann nicht mit Bezug auf das Wesen der menschlichen Freiheit selbst beantwortet werden, das damit nämlich in die Nähe des Determinismus rücken würde und folglich den Begriff der Freiheit unterlaufen würde. Andererseits müsste auch die Alternative, den Ort der Wahrheit für die Freiheitskonditionalen in Gott zu suchen, aus dem Grund scheitern, weil dies einem Fatalismus gleichkommen würde, der das Resultat von Freiheitsentscheidungen nezessieren müsste.[675] Die letztgenannte Alternative muss dabei m. E. erst recht scheitern, denn wie sollte *überhaupt* menschliche Freiheit samt ihrer Alternativenoffenheit gedacht werden können, ohne den Ursprung des freiheitlichen Aktes dann konsequenterweise ebenso in der Entität dieses Menschen zu verorten? Bedingt nicht das eine das andere? Ist die Behauptung menschlicher Freiheit (in einem starken Sinn) nicht auch schon conditio sine qua non dafür, dass kein anderes Wesen der *Ursprung* dieser Freiheit sein kann?

Ein weiteres Problem tritt auf, wenn man das Konzept der scientia media voraussetzt und den real existierenden Weltenverlauf betrachtet: Denn auch unter den Voraussetzungen, die die scientia media getroffen hat, scheint es sich unverändert zum thomistischen Denken nach wie vor so zu verhalten, dass bestimmten Menschen die Akte der Gnade gewährt werden, während dies bei anderen nicht der Fall ist. Das aber scheint mit dem folgenden im scientia media beschriebenen Grundgedanken mindestens problematisch zu sein: Gott wusste ja, wie Menschen in bestimmten Situationen frei auf seinen Ruf reagieren würden, sodass sich die Frage stellt – *wenn* er schon die Weltenplanung so konstruieren kann – warum er im Horizont seiner unerschöpflichen Möglichkeiten nicht dann auch die Bedingungen so erschaffen hat, dass alle oder zumindest viel mehr Menschen als es de facto der Fall ist, sich für Gott entscheiden und

---

674 TA, 1392.
675 Vgl. TA, 1392.

seine Gnade erfahren. Oder anders formuliert: Wenn Gott wirklich scientia media besäße, warum verhält es sich dann überhaupt so, dass de facto nicht alle Menschen auf den Heilsweg gelangen? An den Eigenschaften Gottes kann dies per definitionem nicht scheitern: sowohl seine Allmacht als auch seine Allwissenheit stellen die denkerischen Mittel bereit, dass er eine Welt erschaffen kann, in der sämtliche Bedingungen dafür realisiert sein können, dass jeder Mensch sich frei für ihn entscheiden könnte – freilich nach den *molinistischen* Denkregeln. Zumindest aber kann festgehalten werden, dass eine solche Welt unter den Voraussetzungen der scientia media für Gott *logisch nicht unmöglich* ist, erschaffen zu werden. Um in dieser Frage weiterzukommen, sah man sich also gezwungen, die eigene Konzeption – auch bedingt durch Gottes nicht mehr sichtbaren universalen Heilswillen – zu modifizieren.

Dementsprechend wurde die scientia media nunmehr so begriffen, dass Gott seinen Heilswillen bei der Wahl zur Erschaffung einer bestimmten Welt geradezu appliziert, „zunächst einmal schlicht aus der Erwägung heraus, daß diese Weltordnung *in Konsequenz seines allgemeinen Heilswillens wählbar* sei (da kein Mensch darin schlechthin ohne soteriologische Chance bleiben würde)"[676]. Dadurch, dass damit Gottes allgemeiner Heilswille „gerettet" werden konnte, indem ihm eine Art positives Vetorecht bei der Weltenauswahl zugebilligt wurde, verfallen die Konsequenzen denselben Aporien wie zuvor das thomistische Denken, von dem sich abzugrenzen ja ursprüngliche Intention war:

> „die *scientia media* aber dient in dieser Sicht allein noch dazu, Gott von Beginn seiner Planungen an über die faktischen, freiheitsabhängigen Konsequenzen dieser Weltenwahl (wie auch jeder möglichen anderen) unfehlbar in Kenntnis zu setzen, ihm also namentlich auch zu zeigen, für welche bestimmten Menschen die göttliche Realisierung genau dieser Ordnung, und zwar einzig infolge ihres ureigenen guten Umgangs mit der darin angebotenen Gnade, faktisch *Prädestination* bedeuten würde."[677]

Auch wenn also das Prinzip der scientia media in diesem Sinn interpretiert werden kann, verhält es sich doch bei der Realisierung der von Gott ausgewählten Welt offenbar so, dass Gott auch darum weiß, dass auch auf diese Weise erneut nicht alle Menschen das Heil erlangen werden. So steht man in letzter Konsequenz also erneut vor dem Ausgangsproblem: „Warum wählt Gott vollwissentlich gerade *nicht* jene Ordnung aus, in der das ewige Leid soteriologischen Scheiterns minimiert oder gar ganz eliminiert wäre?"[678] Damit aber löst sich der Gedanke

676 TA, 1395.
677 TA, 1395.
678 TA, 1396.

der scientia media unter soteriologischen Gesichtspunkten geradezu auf, kann er doch das, was er intendiert, schlichtweg nicht einlösen. Greiner macht hier völlig zurecht auf einen „bezeichnenden" Gedanken Molinas aufmerksam:

> „Unbedingt möge man Gott in seiner (*scientia media*-geleiteten) Weltenwahl und Gnadenverteilung gleichwohl einen *ganz und gar aufrichtigen* allgemeinen Heilswillen zuerkennen – und zwar *gerade so aufrichtig, als hätte Gott überhaupt keine scientia media*, als wüßte er also schlicht gar nicht mit letzter Sicherheit, was menschliche Freiheit aus seinen Heilsangeboten jeweils machen werde, anders gesagt: als würde er im Moment der freien Weltenwahl sein diesbezügliches Wissen vorübergehend *vergessen*."[679]

Was hier vorliegt, ist also eine Art umgekehrter oder invertierter Zirkelschluss: Man soll das fallen lassen, was anfangs vorausgesetzt wurde, damit das, was vorausgesetzt wurde, Gültigkeit behält. Was also als Einspruch gegen die thomistische Prämotio begann und gegen ihre Abgründe durchaus auch rechtmäßig Bedenken anmeldete, erwies sich in ihrem ganzen Ausmaß gerade unter soteriologischen Gesichtspunkten seinerseits als nicht vor denjenigen Problemen gefeit, für die dieser Einspruch als Molinismus bzw. scientia media Lösungspotenziale aufzeigen wollte. M. E. zeigt sich aber auch, wie inkonsistent ein solcher Versuch werden kann, wenn er im Lichte verschiedener theologischer Wahrheiten betrachtet wird: was zunächst als Ausweg für das eine Dilemma erscheint, kann sich unter wechselnden Vorzeichen geradezu als neuer Problemquell verselbständigen. Auch sind ad-hoc-Lösungen selten aussichtsreich: Aus der Not gedrungen, das eine Problem zu beheben, kann gleichsam die Lösung für ein schon erledigtes preisgegeben werden.

Man erhoffte sich in der nun zunehmend verfahrenen Situation Hilfe in Form einer verbindlichen Entscheidung, wobei es nach Greiner vor allem der Molinismus war, der Gefahr lief, lehramtlich verurteilt zu werden: „zu freiheitsfreundlich, zu sehr der göttlichen Souveränität abträglich, zu wenig streng in der Prädestinationsexplikation, *zu wenig augustinisch eben*."[680] Umso überraschender musste darum die tatsächliche päpstliche Entscheidung gewesen sein, keine der beiden Alternativen den Vorzug zu geben und stattdessen diese Entscheidung zu vertagen. Wie kann dies bewertet werden? M. E. kann sich mit guten Gründen der Position Greiners angeschlossen werden, die Entscheidung *Paul V.* zugunsten bzw. de facto dann auch zu Ungunsten einer Partei offenzulassen, insgesamt positiv zu würdigen. Denn in der Tat kam die Einnahme einer Position in der Kontroverse einer Gratwanderung gleich, mussten die zugrundeliegenden Prä-

679 TA, 1396.
680 TA, 1397.

missen des Streits doch dafür sorgen, das „der rechtgläubige Mittelweg zwischen den angenommenen häretischen Extremen (der reformatorischen Freiheitsbestreitung und der pelagianischen Unterschätzung der Gnadenwirksamkeit) ja zwangsläufig schmal bis zu Unbestimmbarkeit"[681] wurde und was die Schwierigkeit einer Entscheidung in dieser Sache wohl nochmals geradezu potenzierte. Die Prämissen dieses Streits haben dazu geführt, dass die in ihr liegenden Implikate augustinischen Denkens und Wertschätzung der Freiheit im Versuch einer Lösung derart unvereinbar geworden schienen, dass man es aus heutiger Sicht beinahe schon als „salomonisch" ansehen könnte, die Entscheidung in dieser Frage zu vertagen – gerade also, wenn man sich ihr systematisches Gewicht vor Augen führt. Denn die Aussicht, dass die nachfolgende Reflexion systematischer Theologie denkerische Mittel bereitstellen könnte, in dieser Frage weiterzukommen, könnte auch dadurch bedingt sein, dass sie sie in einem anderen Kontext stellen könnte. Eine mögliche Zusammenführung traditioneller augustinischer Theologie mit der eher neuzeitlichen Betonung menschlicher Freiheit müsste dann auch keine unüberwindbare Aporie mehr darstellen.

Damit blieb diese Frage für die künftigen Jahrhunderte offen, was aber nichts daran änderte, dass das ihr zugrundeliegende Problem zunächst ignoriert wurde, ehe es im 18. Jahrhundert zum Versuch eines „kompromißhaften Ausgleich[s] der Positionen"[682] kam, der jedoch die noch immer wirksame Unversöhnbarkeit der Positionen nicht vollends überwinden konnte. Die scholastischen Fragestellungen rückten dann während der Theologie der Aufklärung in den Hintergrund, ehe sie dann mit umso mehr Interesse in der Neuscholastik ins Bewusstsein kamen. So war ab dem mittleren 19. Jahrhundert das Interesse an der Ursprungsfrage neu erstarkt, freilich besonders nun in der Form, dass das für die damalige Zeit kennzeichnende Interesse am Denken von *Thomas von Aquin* den Bezugspunkt der Implikate des Gnadenstreits darstellte:

„ob dieser denn tatsächlich selbst schon die *praemotio physica* (mit all ihren Konsequenzen) gelehrt habe (...) – oder andererseits eben: ob er denn selbst schon, wenigstens sachlogisch implizit und in heimlicher Konsequenz seiner Systematik, die *scientia media* angezielt habe"[683].

Schließlich schien im 20. Jahrhundert der Eindruck stärker zu werden, dass das thomistische Denken in bestimmten Hinsichten nicht mit dem neuscholastischen zu vereinbaren sei, sodass der sachlogische Kern des Gnadenstreits zunehmend in Vergessenheit geriet – was aus heutiger Sicht natürlich angesichts

---

681 TA, 1398.
682 TA, 1400.
683 TA, 1400.

ihrer hohen theologischen Bedeutung umso problematischer erscheint, betrifft sie doch das Verhältnis von Mensch und Gott auf direkte Weise.

III.4.4.2 Zur bleibenden Relevanz des Gnadenstreits und der Aussicht auf seine Lösung

Verwunderlich muss das Diktum Otto Hermann Peschs erscheinen, der in seinem Lehrbuch über die Gnade das infrage stehende Problem als „Begriffs-geklapper"[684] bezeichnet und sich damit scheinbar der systematisch-theologischen Folgen nicht bewusst ist, die die sukzessive Verdrängung des Kernproblems dieses Streits zumindest zur Konsequenz hätte haben können. Denn er hält auch fest, dass die damals verhandelten Gnadentheorien keiner Stellungnahme mehr bedürfen[685] – eine m.E. zumindest in dem Sinne unbefriedigende Ansicht, dass sie offenbar ignoriert, dass angemessene theologische Wissenschaft sich nicht damit bescheiden darf, auch scheinbar unlösbare Probleme einfach zu verdrängen und stattdessen Lösungsansätze auch in den Implikaten der bewussten Gnadentheorien liegen könnten. Greiner jedenfalls konstatiert, dass eine ähnliche Haltung wie die von Pesch mehr oder weniger zum theologischen „mainstream" geworden sei und er mit seiner originellen Formulierung keine Exklusivmeinung vertritt.[686]

Die Redlichkeit wissenschaftlichen Theologietreibens muss darum auch der Anspruch sein, der es verbietet, das in diesem Unterkapitel verhandelte Problem der Verdrängung anheimfallen zu lassen. Wie zuvor schon erwähnt, könnte es der Fall sein, dass ein theologisch so schwer zu lösendes Problem wie der Gnadenstreit zwischen Báñezianern und Molinisten sich mit den geeigneteren Mitteln neueren theologischen Forschens auch de facto *lösen lassen könnte*.[687]

Um welches denkerische Mittel aber könnte es sich handeln, das zur Lösung dieses so lange ausweglos scheinenden Problems geeignet sein könnte? Mit Verweis auf ein in dieser Frage richtungsweisendes Zitat Gisbert Greshakes versucht Greiner zumindest formal einen Antwortversuch vorzulegen. Dabei dient ihm dessen Aussage als systematischer Ausgangspunkt, dass das in diesem Unterkapitel verhandelte Gnadenproblem seine so diffizile Eigenart erhalten habe, weil darin „göttliche und geschöpfliche Kausalität nur nach dem Modus *konkurrierender*

---

684 PESCH, Otto Hermann: Das Konzil von Trient und die Folgen, in: PESCH, Otto Hermann / PETERS, Albrecht: Einführung in die Lehre von Gnade und Rechtfertigung, Darmstadt 1981, 169–221, 217.
685 Vgl. PESCH: Das Konzil von Trient und die Folgen, 216.
686 Vgl. TA, 1402.
687 Vgl. TA, 1403.

dinglicher Ursächlichkeiten gedacht"[688] worden seien. Diese Aussage kann nun freilich unter zwei unterschiedlichen Gesichtspunkten betrachtet werden, bzw. es gibt ihrem Wortlaut nach zweierlei Ansatzpunkte für eine tiefergehende Analyse. Darum soll zunächst der Aspekt des dinglichen Ursächlichkeitsmodells hinterfragt werden: So lautet der Vorwurf, die Kategorien der *Kausalitäten* seien beim referierten Gnadenstreit das leitende Denkmodell gewesen. Damit aber musste es beinahe zwangsläufig dazu kommen, dass das Verhältnis zwischen Gott und Mensch eher einem physikalisch-mechanischen Prozess ähnelt:

> „wie in jeder Kausalkette habe man den beteiligten Entitäten die Rollen des Bestimmtheitsgebers und des Bestimmtheitsempfängers zugewiesen, dann wohl noch jeweils über die genaue Abfolge gestritten, jedoch – all diesem Streit vorausliegend – mit solchem Kausalitätsdenken von vornherein eine rein *sachontologische* Denkform beansprucht, die nicht allein die Beziehung von Gott und Mensch, sondern überhaupt jede *personale* Beziehung schon im Ansatz verfehle und unterbiete."[689]

Einfacher formuliert: die im Gnadenstreit vorausgesetzten denkerischen Rahmenbedingungen (vgl. v. a. die Akt-Potenz-Metaphysik) und damit nicht erst der Nukleus des Problems selbst seien für die Explikation jedweder Beziehung denkbar ungünstig, insofern sie aufgrund ihrer Eigenart schon den falschen systematischen Grundstein dafür legen, eine Beziehung angemessen denken zu können. In diesem Sinne kann der weitere argumentative Weg, auf dem die (Gottes-)Beziehung im Modus der fixen kausalen Rahmenbedingungen dann Gegenstand systematisch-theologischer Reflexion wird, seinerseits nur unangemessen sein. Demgegenüber vertrete die revidierte Gnadenlehre vor allem die Kategorie der *Personalität* und betone darum vor allem die Liebe Gottes, die sich dem Menschen zuwendet und darum „Grundwirklichkeit der Gnade"[690] sei. Von dieser Akzentverschiebung aus wird verständlich, warum dann auch die Beziehung zwischen Gott und Mensch adäquater als unter den herkömmlichen denkerischen Voraussetzungen gedacht werden und der ihr zugrunde liegende Begriff auch angemessen eingeholt werden kann. Es sei nach Greiner jedoch mitnichten so, dass die Erhebung der Personalität zum adäquaten Verständnis der Gott-Mensch-Beziehung schon per se und pauschal das alte Problem restlos gelöst habe.

„Es sei hier zur Vorsicht gemahnt: Eine *systematisch nicht weiter ausgeführte bloße Verabschiedung* der alten Streitfragen im Namen der ‚personalen' Wende

---

688 GRESHAKE, Gisbert: Geschenkte Freiheit. Einführung in die Gnadenlehre, Freiburg i. Br. 1992, 92.
689 TA, 1411.
690 TA, 1411.

dürfte doch wohl recht kurzschlüssig und letztlich auch nicht nachvollziehbar sein."[691] Denn die Pointe der nun etablierten Kategorie der Personalität besteht gerade nicht darin, dass die Zuschreibung von Kausalitäten in der Gott-Mensch-Beziehung durch sie außer Kraft gesetzt sind, sie denkt diese nur in einer anderen Hinsicht. Auch bei ihrer Annahme sind „Bestimmtheiten" bei den Partnern dieser Beziehung weiterhin wirksam, sie sind nur mit dem Gedanken einer *authentischen* Beziehung, der die Probleme des alten Gnadenstreits als gelöst erscheinen lässt, besser vereinbar. Es wäre also falsch zu denken, dass die Revision der Gnadenlehre sich vom Gedanken jedweder Bestimmtheit bzw. Kausalität in der Gott-Mensch-Beziehung distanzieren würde. In diesem Fall würde nämlich überhaupt kein gedanklicher Anknüpfungspunkt für die Initiation dieser Beziehung namhaft gemacht werden können:

> „Gott ist im Gnadengeschehen ‚bestimmt', sich im zuvorkommenden Angebot seiner Gnade selbst mitzuteilen; der Mensch ist – gesetzt den Fall, die solchermaßen eröffnete Gnadenrelation kommt daraufhin tatsächlich zustande – gleichfalls nicht mehr indifferent, sondern eben nunmehr ‚bestimmt', Ja zu sagen und sich dem sich schenkenden Gott personal zurückzuschenken"[692].

Die angesprochene veränderte Hinsicht, bzw. die Pointe der Akzentverschiebung durch die Personalität besteht nun also darin, dass nicht metaphysische Gründe, die menschliche Natur oder ein impliziter Determinismus, sondern die *ureigene Freiheit selbst* „die Ursache" dafür ist, dass die Gnade wirksam wird. Affirmiert man sie, hat man sich hinsichtlich der zu den Hochzeiten des Gnadenstreits virulenten Frage, ob es eine Freiheit geben könne, die Gnade auch ablehnen könne, de facto jedoch positiv entschieden – und damit zunächst einmal Molina in seiner „Ur-Intuition"[693] recht gegeben. Der weitere argumentative Weg aber lässt dann die sachontologischen Rahmenbedingungen des einstmals geführten Streits hinter sich, indem die Kategorie der Personalität – bzw. jetzt konkret die Liebesbeziehung zwischen Gott und Mensch – das notwendige reale Freisein beider Partner auch denkerisch einzulösen vermag und es der ureigenen Freiheit nur um die jeweils andere Freiheit will:

> „Erst wo *dies* dann der Fall ist, in der *Liebe* also letztlich, ist die personale Relation endlich als ‚ursprünglich positives' Verhältnis realisiert: Daß man *nicht übereinander verfügt*, ist *hier* nun gerade (anders als in den beiden vorausliegenden Modellen) kein Negativum mehr, kein Mangel an Wirkkraft

691 TA, 1412.
692 TA, 1412.
693 TA, 1413.

und auch kein Zeichen von Schwäche, sondern im Gegenteil jenes Positivum, das der Liebe allererst ihre Dignität gibt und ohne das sie auch überhaupt nicht zustande kommen könnte."[694]

Darum zeigt sich nun erneut in voller Deutlichkeit, was bereits mehrfach anklang: der Gnadenstreit erhielt seine unerbittliche Aporetik in der Debatte zwischen thomistischen Báñezianern und Molinisten vor allem daher, weil er unter der Voraussetzung unvereinbarer Grundkategorien stand (Unfehlbarkeit der Gnade vs. menschliche Freiheit) und diese sich nun darum als inadäquat erweisen, weil sie mit dem christlich geglaubten Gott der *Liebe* schlichtweg nicht in Einklang gebracht werden können. Die Kategorie der Personalität ändere darum die Vorzeichen dieses Streits, sodass Gott im erwähnten Sinne gedacht werden kann und sich das Problem vom nun eingenommenen systematischen Standpunkt aus gar nicht mehr stellen kann:

„Die dornenvolle Frage nämlich, wie Gottes Anspruch souverän sich durchsetzen und unfehlbar realisiert werden könne, wenn der Mensch doch
wahrhaft frei sei, ist *in ihrem ersten Teil überholt*, weil diese Anforderung, so
altvertraut sie dem theologischen Denken auch erscheinen mag, doch einem
für das dialogische Verhältnis unangemessenen Denkmodell entstammte"[695].

Damit ist aber dem Molinismus als solchem der Abschied erteilt, stimmt man dem vorangegangenen nämlich zu, wird man auch die Konsequenz ziehen müs-sen, dass eine Unfehlbarkeit der Gnade ihrerseits nicht mehr mit dem Gedanken eines liebenden und darum mit *Mitteln der Liebe* handelnden Gottes vereinbar sein kann. Daran scheiterte der Molinismus ja endlich: seine vielversprechende anfängliche Aussicht auf Lösung des Gnadenstreits wich zugunsten der mit ihr noch zu vereinbarender Unfehlbarkeit. Positiv meint dann die angesprochene zu ziehende Konsequenz, dass Gott seine Geschöpfe und die Geschichte, in der sie leben, *frei lassen will und auch frei lassen muss*[696]– eine These, die aber den erbittertsten Widerstand eines klassischen Theismus in Form des Augustinus und darum gerade auch der Báñezianer auf sich gezogen hätte:

„Doch, eben das kann er – personal-dialogisch gefaßte Gnadenlehre erreicht durchaus noch die Spitzenthese, daß gerade dies seinem Wesen als Liebe

---

694 TA, 1414.
695 TA, 1414.
696 Dieses „Gesetz der Freiheit" ist auch der Grund dafür, dass nicht mehr von einem gegen-sätzlich-dialektischen Verhältnis zwischen Gott und Mensch gesprochen werden kann. (Vgl. Heinrichs, Johannes: Ideologie oder Freiheitslehre?, in: Theologie und Philosophie 49 (1974), 395–436, 433.)

zuhöchst adäquat ist. Was bleibt, ist dann der weitreichende Gedanke einer *offenen* Freiheitsgeschichte zwischen Gott und Menschen"[697].

Systematisch zusammengefasst werden können die angestellten Überlegungen also wie folgt: Denkerischer Ausgangspunkt war die Einsicht, dass die sachontologischen Denkvoraussetzungen im Hinblick auf die Gnadentheologie ungeeignet zu sein scheinen. Stattdessen aber ließ sich die Kategorie der Personalität in Anschlag bringen, mit der es gelang, das im Gnadenstreit enthaltene Denkmuster der Ursächlichkeit prinzipiell als inadäquat auszuweisen, damit der Gnadenstreit sich schließlich „systematisch aufbrechen und und [sic!] die personale Alternative profilieren"[698] ließe. Mit der Erhebung der personalen Kategorie als „Verstehensfolie" der Gott-Mensch-Beziehung musste dann konsequenterweise auch die (ursprünglich augustinisch geprägte) Prämisse der Gnadenunfehlbarkeit fallen, was freilich auch soteriologische Konsequenzen zeitigt. Die durch die Personalität implizite Aussage, dass das Gnadengeschehen nur im Modus einer gerade auch für Gott offenen und freien Geschichte stattfinden kann, schließt darum eine Unfehlbarkeit des Gnadenwirkens schlichtweg aus.

> „Und so betrifft dieser Ansatz zu einer Fundamentalrevision der alten Kontroverse letztlich gleich *zwei* ihrer primären Prämissen: Wird die *Ursachen*-Prämisse im personal-dialogischen Sinne *neu gefaßt*, dann muß die *Unfehlbarkeits*-Prämisse in notwendiger Konsequenz *entfallen.*"[699]

Wie aber ist dieser Befund in Bezug auf die weiteren, angrenzenden theologischen Traktate zu bewerten? Folgenlos kann die Neubewertung des Gnadenstreits mit dem neuen Denkmittel der Personalität für die Gotteslehre nicht sein, ist doch hiermit auch ihr innerer systematischer Zusammenhang berührt. Ferner stellt sich die Rückfrage, ob und mit welchem Recht die neuen Erkenntnisse, die das personale Denken hervorgebracht hat, die traditionellen und autoritativ legitimierten Aussagen an dieser Stelle des Augustinus schon restlos revozieren darf. Greiner macht darum folgende Vorgabe:

> „Wenn sich dabei möglichst überzeugend dartun ließe, *daß* man alle gegenläufigen Optionen tatsächlich auch theologisch legitim hinter sich lassen dürfe (...), *dann wäre der Gnadenstreit von hier aus in der Tat wohl gelöst*, weil in einem entscheidenden Prämissenbereich prinzipiell *überholt*"[700].

---

697 TA, 1415.
698 TA, 1415.
699 TA, 1415.
700 TA, 1416.

Es ist hervorzuhebend zu würdigen, dass Greiner fast schon behutsam bei der Frage vorgeht, auf welche Weise der Umgang mit der nunmehr erfolgten Preisgabe der Unfehlbarkeit erfolgen kann. Hierbei geht er die unterschiedlichen Möglichkeiten durch, erörtert mögliche theologische Konsequenzen und betont insbesondere die Alternative, das mit der Kategorie der Personalität freigesetzte theologische (Lösungs-)Potenzial aufzunehmen, dann aber auch den notwendigen Folgeschritt weiterer gedanklicher Durchdringung angrenzender Inhalte gehen zu müssen oder aber das neue Paradigma insgesamt zu verwerfen.[701]

Damit scheint das personale Modell prima facie den alten Gnadenstreit lösen zu können – wäre da nicht ein möglicher Einwand, der auch noch gegen das Modell der Personalität vorgebracht werden könnte und der im Falle eines *berechtigten* Einwands auch noch die nun so aussichtsreiche Personalität noch einmal in Frage stellen könnte, sodass diese dann mitnichten endgültiges Lösungspotenzial beanspruchen könnte. Die Rede ist vom sog. *Konkurrenzdenken*, welches grob vereinfacht zur Kernaussage hat, im „Schema der ‚konkurrierenden dinglichen Ursachen'"[702] zu denken. Wäre dieser Einwand zutreffend, würde die Personalität keineswegs die alten Schwierigkeiten überwinden, doch stattdessen verstärken, insofern es das Konkurrenzdenken nur auf andersartige Weise erneut heraufbeschwören würde und darum auch im neuen Modell weiterhin implizit wäre. Ad hoc wäre hier aber entgegenzuhalten, dass

> „geleitet eben von der Einsicht, daß vollpersonale Kommunikation die Interaktionspartner ja gerade *nicht* zu Konkurrenten um Bestimmungssetzungen macht, die dann auf Kosten des je anderen möglichst viel eigenmächtig zu bestimmen und, den ‚Konkurrenten' verdrängend, auf seinen Bereich überzugreifen bestrebt wären, sondern im Gegenteil die wechselseitige Anerkennung und Freigabe unter Aufgabe aller eigenmächtigen Verfügungsversuche erfordert, weil nur unter solcher Voraussetzung Liebe überhaupt real werden kann."[703]

In dieser Hinsicht hätte die Kritik des Konkurrenzdenkens wohl in der Tat keine Berechtigung. Anders verhält es sich, wenn man „Konkurrenzdenken" auch in einem weiteren Sinne versteht, i. e. das, was in der Gnade wirksam ist, in den Bereich Gottes und den Bereich des Menschen zu lozieren versucht und auf diese Weise „nach einer *spezifischen Zuschreibbarkeit* göttlicher und menschlicher Wirkmomente in ihrer Interaktion"[704] fragt. Denn in dieser Rückfrage wird das nur scheinbar überwundene Probleme *neu vorausgesetzt* und ihm dadurch

---

701 Vgl. TA, 1417.
702 TA, 1418.
703 TA, 1419.
704 TA, 1419.

weiter Vorschub geleistet – auch das neue Modell der Personalität sei nicht vor diesem Vorwurf gefeit, da es seinerseits zwar alternativenoffene menschliche *Freiheit* zu denken vermag, andererseits aber auch die Alternative zwischen Gott oder Mensch erhalten bleibt. Es findet also ein Akzentwechsel statt: nicht mehr die Frage der Ursächlichkeit wird jetzt zum gnadentheologischen Problem, sondern ob und inwiefern die erfolgversprechende Kategorie der Personalität von der Kritik des Konkurrenzdenkens getroffen wird.

Denn die Grundfrage bleibe grundsätzlich unüberwunden, Gott *oder* den Menschen als Bestimmungsgeber- bzw. empfänger denken zu müssen, sodass der eigentliche Einwand hier ein *Anthropomorphismus* ist, der dem Modell der Personalität zugrunde liegt: Die Abkehr vom Konkurrenzdenken würde lediglich ein neues Problem hervorrufen, indem es Mensch und Gott zu gleichberechtigten Partnern auf Augenhöhe erklärt. Was aber kann noch hervorgebracht werden, um auch dieses Problem auszuräumen? Die Antwort besteht darin, die Freiheit der Akte von Gott und Mensch sozusagen jeweils für sich als *simultan freie Akte* zu verstehen.[705] Auch die freie „Kausalität" der Zustimmung zur Gnade durch den Menschen im Modell der Personalität wäre dann nicht mehr mit dem hier geäußerten Vorwurf getroffen, da ja eine „gleichzeitige" freie Gnade zwischen Gott und Mensch wirksam wäre, sodass das zugrundeliegende gnadenrelevante Dilemma zwischen „Mensch oder Gott" prinzipiell überwunden wäre. Wenn also das Modell der streng zugleich freien Aktuierung seitens Gottes und seitens des Menschen Geltung beanspruchen könnte, wäre auch der „konkurrenzierende" Einwand in dieser Hinsicht abgewendet.

Auf die Frage, wie denn aber eine solche Gleichzeitigkeit auch konsistent gedacht werden könne, antwortet Pesch, dass es hier nicht eine strenge Gleichsetzung freier Akte von Gott und Mensch hinsichtlich ihres Zustandekommens gemeint sei, sondern dies vielmehr unter den Begriffen „Ermöglichung" und „Verwirklichung"[706] verstanden werden müsse. Bei genauerer Betrachtung ist mit diesen Begrifflichkeiten aber wieder auf das Ausgangsproblem des Gnadenstreits verwiesen, fügen diese doch der bereits vorausgesetzten *Alternativenfreiheit* nichts neues hinzu:

> „Wenn die Ermöglichung wirklich *nur* Ermöglichung war und nicht eben doch heimliche Prädetermination, dann bleibt dem Menschen hier ja wieder ein Spielraum, wie er mit dieser Vorgabe umgehen will: *ob* er die eröffnete Möglichkeit realisiert, *wie* er sie realisiert, *wie entschieden* er sie realisiert ..."[707]

---

705 Greiner verweist hier auf ein Modell Otto Hermann Peschs: Katholische Dogmatik aus ökumenischer Erfahrung, Band 1: Die Geschichte der Menschen mit Gott, Ostfildern 2008, 140.

706 PESCH: Katholische Dogmatik aus ökumenischer Erfahrung, 140.

707 TA, 1421.

Dieser Einwand trifft freilich auf die Reflexionen Johann Auers nicht zu, der die auch bei Pesch noch implizite Voraussetzung umgeht, indem er göttliche und menschliche Freiheit nun differenzlos ineinanderschiebt: *„Jede Heilshandlung wird vielmehr ganz von Gott und ganz vom Menschen gesetzt,* jedes Heilswerk ist in seinem ganzen Umfang und in seinem ganzen Sein Werk Gottes sowie Werk des Menschen."[708] In der Tat würden unter diesen Voraussetzungen die oben erwähnten Schwierigkeiten unterlaufen, ist doch mit der „Je-ganz-Wirksamkeit" schon der für die vorgebrachte Kritik nötige *Ansatzpunkt* nicht mehr greifbar. Vielmehr können göttliche und menschliche Freiheit „ohne Abstriche" so einander zugeordnet werden, „daß *nichts mehr* wie auf zwei *voneinander zu scheidende* Seiten aufteilbar ist, etwa wie auf zwei einander *gegenüberstehende* Dialogpartner, die das ,*Je-Ihre*' in die Interaktion einbringen"[709]. Dieser augenscheinliche Vorteil erweist sich jedoch bei kritischer Lesart seinerseits als problembehaftet: Denn diese bis zum Maximum zugespitzte Deckungsgleichheit göttlicher und menschlicher Freiheit ist – vereinfacht gesagt – denkerisch schwer auszuweisen. Denn auf welche Weise und auf welcher Grundlage sollte ein *Prinzip* namhaft gemacht werden können, aus dem dann die getätigte Behauptung inhaltlich widerspruchsfrei formuliert werden könnte?[710] In letzter Konsequenz löse daher das von *Auer* vertretene Modell also „zugleich" mit seiner Deckungsgleichheit zwischen Gott und Mensch auch die subjekthafte Differenz der im Gnadengeschehen Beteiligten auf, sodass das Modell zwar aussichtsreich die problemüberwindende Einheit des Wirkens von Gott und Mensch verspricht, deren *ursprüngliche* Differenz es aber gedanklich nicht einlösen vermag:

„Wozu bedürfte es bei solch völliger Deckungsgleichheit der Wirkbeiträge überhaupt noch *zweier* Subjekte? (...) Ja, *sind* es angesichts solchermaßen unvordenklich verbürgter operativer Kongruenz überhaupt noch im eigentlichen Sinne *zwei* Subjekte in real-dialogischem Gegenüber? (...) Was geschieht eigentlich dort, wo die angebotene Gnade *keine* positive Antwort findet, sondern im Gegenteil sündigen Widerstand hervorruft? Aus welcher Kausalität geht dann dieser Akt des Widerstandes ,in seinem ganzen Umfang und in seinem ganzen Sein' hervor? Etwa wiederum aus *beiden zugleich*?"[711]

---

708 AUER, Johann: Das Evangelium der Gnade. Die neue Heilsordnung durch die Gnade Christi in seiner Kirche, Regensburg ³1980, 247.
709 TA, 1422.
710 Vgl. TA, 1422: „Denn wodurch könnte eine derartig totale Wirkübereinstimmung der beiden beteiligten Freiheitssubjekte eigentlich so sicher *verbürgt* sein, daß sie in die Form einer solchermaßen allgemeinen, von vornherein für jede Handlung gültigen Regel gebracht werden dürfte?"
711 TA, 1422.

Mit diesen Fragen aber sieht man sich verwiesen auf andere, grundlegendere Problemfelder, die nicht mehr die dogmatischen, sondern vor allem die philosophischen Grundfragen der Theologie betreffen. Man ist also durch die konsequente Ernstnahme der Kritik des Konkurrenzdenkens zurückverwiesen auf die religionsphilosophische Ausgangsfrage, wie denn überhaupt das Verhältnis zwischen Endlichem und Absolutem gedacht werden müsse. Die Kontroversen der Gnadentheologie haben somit – das hat der Durchgang der Reflexionen bis hierher gezeigt – an die weichenstellenden Fragen zurückgeführt, wie das Verhältnis zwischen Gott und Mensch grundgelegt werden kann, damit diese Probleme nicht auftauchen.[712] Die nun anstehende Aufgabe besteht darin, die Lasten des Konkurrenzdenkens hinter sich zu lassen, *indem* das grundlegende Verhältnis zwischen Gott und Mensch so formuliert wird, dass diese Kategorie nicht mehr zur denkerischen Notwendigkeit wird. Gelingt dies, dürfte die Lösung des alten Gnadenstreits zumindest in Aussicht stehen. Wie also geht Greiner dieses Ziel an?

Gewissermaßen stellvertretend für eine Reihe Theologen, die ein Konkurrenzdenken als hinderlich empfanden, rekurriert Greiner auf *Piet Schoonenberg*, der hierin die eigentliche Problemwurzel des Gnadenstreits identifizierte und diesem darum ein umgekehrt proportionales Verhältnis von göttlicher und menschlicher Freiheit attestiert, wonach

> „Schöpfer und Geschöpf Konkurrenten seien, daß Gottes Tätigkeit auf Kosten der Tätigkeit des Menschen und des Menschen Freiheit und Ursprünglichkeit auf Kosten von Gottes Ursächlichkeit gingen; daß Gott weniger tätig sei, wo des Menschen Aktivität größer wird, und umgekehrt."[713]

Im Sinne oben genannter Intention zur Überwindung des Konkurrenzdenkens konstatiere Schoonenberg zurecht, dass in der Tat fundamental beim Gott-Mensch-Verhältnis angesetzt werden müsse, welches Greiner als *„partizipationstheoretisches* Modell"[714] beschreibt, insofern es vor allem den Gedanken geschöpflicher und welthafter *Teilhabe* an Gott betont und darum in den Gottesgedanken selbst einen Aspekt der Dynamik einträgt.[715] Wenn also das pulsierende Weltgeschehen mit seinen Menschen als partizipativ mit Gott gedacht

---

712 *An dieser Stelle* zeigen sich sehr deutlich die Wechselwirkungen und die Verwiesenheit der theologischen Disziplinen aufeinander, nun konkret in Form fundamentaltheologisch-philosophischer mit dogmatischer Reflexion – ein Konnex, den Pröpper selbst im ersten Teilband ja festgesetzt hat und sich wie gesehen ja auch in der Gesamtanlage seines theologisch-anthropologischen Œuvres niederschlägt.
713 SCHOONENBERG, Piet: Ein Gott der Menschen, Zürich/Einsiedeln/Köln 1969, 12.
714 TA, 1424.
715 Vgl. TA, 1424.

begriffen werden, kann Gott seinerseits nicht mehr als völlig statisches Wesen gedacht werden, da sonst nicht mehr von echter „Teilhabe" in einem *umfassenden* Sinn gesprochen werden könnte:

> „Weltgeschehen und Weltgeschichte sind in dieser Sicht darum durchaus – im Sinne des hier diskutierten Modells: *je ganz* – Entfaltung des Wirkens Gottes (der *jegliches* Selbstsein in all seinen Momenten partizipativ in sich faßt) wie auch Eigenwirken des Endlichen (das einzig in solch restloser Partizipation den ontologischen Ort seines eigenen Seins und Tätigseins hat)"[716].

Die Betonung des Teilhabegedankens in diesem Sinne geht darum so weit, dass die Frage nach der Distinktion zwischen Gott und Mensch gerade im Hinblick ihrer Wirkgründe aufkommen muss. Denn inwiefern könnte noch zwischen ihnen unterschieden werden, wenn eine wechselseitig so durchdringende Partizipation vorausgesetzt wird? Müsste man nicht erneut die letzten Konsequenzen ziehen und darum für eine Identifikation von Gott mit den freiheitskonstituierenden Gründen des Menschen plädieren? Schoonenberg gibt – cum grano salis – eine bejahende Antwort und loziert den Grundfehler beider Parteien des Gnadenstreits eben darin, dass sie eben nicht in partizipativen, sondern konkurrenzierenden Kategorien dachten. Von daher ließen sich auch die Fortschreibungen beider Parteien verstehen und v. a. auch, dass eine Aufhebung des Streits so unwahrscheinlich erschien. Stattdessen aber gelte es die eigene Konzeption zu profilieren, werde doch durch sie das alte Problem als solches schon unterlaufen, und zwar „durch die Erkenntnis, daß der Schöpfer seinem Geschöpf gerade das eigene Sein und Wirken immer zu eigen schenkt."[717] Bezogen auf den alten Gnadenstreit muss darum den Molinisten ein Denkfehler attestiert werden, insofern sie mit der Behauptung, es gäbe einen Bereich, der auch für Gott unzugänglich sei – da er sich auf die menschliche Willensbildung beziehe – falsch lagen mussten. Denn eine derartige Auffassung müsste ja zwangsläufig der Vorstellung entgegenstehen, dass sämtliche Wirklichkeitsbereiche – die der freien Bildung eines Willens eingeschlossen – vom Wirken Gottes erfasst seien. Gottes Schöpfungshandeln wird also – in anderen Worten – auch hierauf bezogen, sodass es auch im innersten Wesen des Menschen nichts gibt, was nicht zumindest auch durch Gott mitbewirkt ist: Die Position, dass „Gott aber unsern freien Willen verwirklicht, auch als unsre eigene freie Tat, kann [darum; A. H.] kaum geleugnet werden, wenn man das Bekenntnis zu Gott als Schöpfer ernstnimmt. In diesem Punkt hatten die Gegner des Molina recht."[718] Falsch wäre

---

716 TA, 1424.
717 Schoonenberg: Ein Gott der Menschen, 30.
718 Schoonenberg: Ein Gott der Menschen, 24.

es nun, von diesem Befund aus direkt darauf zu schließen, dass die Báñezianer richtig lägen. Dies treffe zwar auf die Grundausrichtung ihrer Konzeption zu, dass Gott mitbeteiligt ist beim freien Akt des Menschen, dies dürfe jedoch nicht als *nachträgliches* Geschehen verstanden werden, was aber in der Logik des zugrundeliegenden metaphysischen Rahmens nicht mehr anders möglich schien. Stattdessen müsse das Zusammenwirken Gottes und des Menschen im freien Willen noch *ursprünglicher* gedacht werden: „Gott springt nicht selbst zwischen uns und unsere Entscheidung. Er tut das durch keine einzige Hinzufügung von außen her. Er konkurriert nicht mit unserm Akt, sondern verwirklicht ihn gerade auf jene Weise, wie er *unser* Akt ist; er realisiert ihn als freien Akt."[719]

Damit aber ist letztendlich auch den Báñezianern die Absage erteilt, das Problem im Gnadenstreit angemessen gelöst zu haben, scheitern sie doch daran, den geschöpflichen Akt des Menschen nicht schon anfanghaft auch durch Gott initiiert zu sehen. Nur wenn beides – geschöpfliche und göttliche Partizipation – im freien Akt sozusagen *gleich-simultan-ursprünglich* gedacht werden, ließe sich das Problem lösen. Die von Schoonenberg zu diesem Zweck durchgeführte philosophische Weichenstellung betraf dabei das dynamische Partizipationsdenken, das nun das angemessene Gott-Welt-Verhältnis zur Lösung des Problems im Gnadenstreit sei, insofern dieses „ein schlechthin konkurrenzfreies Wirken Gottes *im* Wirken des Geschöpfs (das nirgend anders seinen ureigenen ontologischen Ort hat als eben *in* Gott und seiner Wirkdynamik) zu denken erlaubt."[720]

Die Problematik dieses Ansatzes tritt jedoch dann zutage, wenn man die Voraussetzungen, die der Ansatz, der hier exemplarisch von Schoonenberg vorgestellt wurde, gedanklich vollends durchdringt. Denn dass die nunmehr eliminierte Kritik des Konkurrenzdenkens zwar einerseits ausgeräumt ist, hat ein anderes Problem heraufbeschworen, das zu tun hat mit Gottes Verwirklichung des Aktes „gerade auf jene Weise, wie er *unser* Akt ist"[721]. Denn diese Formulierung lässt die Rückfrage danach dringlich werden, wie gerade die Simultanität zwischen Gott und Mensch in der Aktsetzung noch unter den Vorzeichen gedacht werden kann, dass an diesem Akt selbst ja zwei *unterschiedliche* Subjekte beteiligt sein sollen. Damit führt die Aufhebung des Konkurrenzdenkens als partizipativ verstandenes Modell zwischen Gott und Mensch letztlich in die *gleichsetzende Identität* beider hinein. Denn wie sollte deren Realdifferenz letztlich noch gedacht werden können, wenn ein freier Akt zugleich von Gott und Mensch bewirkt werden soll. „Das partizipationstheoretisch bestimmte Verhältnis müßte tatsächlich bis zur *Identität* fortbestimmt werden,"[722] damit es dann einlösen kann, was man sich

---

719 SCHOONENBERG: Ein Gott der Menschen, 24.
720 TA, 1426.
721 SCHOONENBERG: Ein Gott der Menschen, 24.
722 TA, 1426.

von ihm versprochen hat – die kritisierte Aufhebung des Konkurrenzdenkens nämlich. Dadurch, dass nun nicht mehr *zwei* voneinander distinkte Subjekte unterschieden werden können, sondern vielmehr ihre Einheit in der Identifikation betont wird, handelt es sich bei dem von Schoonenberg vorgeschlagenen Modell klar erkennbar um eines mit mindestens monistischen Tendenzen, da es „nichts anderes erreicht als eine *monistische* Auflösung des Gesamtproblems."[723] Mit anderen Worten: die Lösung, mit der die Aufhebung des Problems des Konkurrenzdenkens hier erkauft wird, hat ihre monistische Implikation als *Preis*. Die realdifferente Unterscheidung zwischen Gott und Mensch, die im Gnadenstreit begegnet, wird umgangen, um die mit ihr einhergehenden problematischen Konsequenzen nicht auftreten zu lassen, was dann aber dazu führt, dass das, was anfanghaft noch die Ursache für das Konkurrenzdenken war, sich durch die neu in Geltung gesetzten Rahmenbedingungen selbst auflöst.

„Das Rätsel ist gelöst, freilich aus *theologischer Sicht* nun doch etwas überraschend: Man opfert mit dem (als ‚konkurrenzhaft' abgewiesenen) *Gegenüber* von Gott und Mensch ihre *Realdifferenz* und *Zweiheit* zugunsten einer Spekulation über Grund und Entfaltungsmomente in letzter *Einheit*."[724]

Die wahren „Kosten" eines damit monistisch vorgetragenen Modells werden jedoch erst sichtbar, wenn man sich vergegenwärtigt, was mit ihm auf dem Spiel steht. Hierzu zählt zunächst einmal die offenbarungstheologische Schwierigkeit, ein *Gegenüber* von Gott und Mensch im Geschehen dieser Offenbarung nicht mehr konsistent denkerisch aufrecht erhalten zu können. Dies aber ist Voraussetzung für das rechte Verständnis der Bibel als Zeugnis der *Offenbarung* und als Zeugnis der *Bundesgeschichte* zwischen Gott und Mensch. Bleibt man auf diesem Weg, wäre die Differenz zwischen Gottes Schöpfungs- und Gnadenhandeln gerade nicht gewahrt und letztlich einem Verständnis Vorschub geleistet, das die Beziehung zwischen Gott und Mensch letztendlich nivelliert. Darum ist der an dieser Stelle verhandelte Gedanke nicht nur für das theologisch-anthropologische Denken Pröppers insgesamt von Relevanz, sondern auch für die Fragestellung der vorliegenden Studie, worauf im folgenden Hauptkapitel noch einzugehen sein wird. Die Gesamtanlage der Theologischen Anthropologie Pröppers sperrt sich gegen das monistische Denken, weil zentrale Motive, die durch das besagte Gegenüber zuallererst vorausgesetzt wurden, in letzter Konsequenz nicht mehr aufrechterhalten werden können:

723 TA, 1427.
724 TA, 1427.

„Die biblisch bezeugte Offenbarung kreist zentral um jenes Gegenüber in seiner ganzen Dramatik, worin die Differenz wachsen kann bis zur Kluft der Sünde, wie menschliche Abkehr sie aus ursprünglicher Freiheit gegen Gott erwirkt, oder aber einmünden kann in die Einheit der Freundschaft und Liebe zwischen Gott und Geschöpf, die aber doch immer nur Resultat ihrer Freiheitsgeschichte und nicht schon Urdatum ihrer ontologischen Relation sein kann, darum also auch die Distanz und das Gegenüber formal voraussetzen muß, um überhaupt aus ursprünglicher Freiheit dialogisch hervorgehen zu können."[725]

Damit steht man unweigerlich vor dem Problem, den exponierten Ansatz Schoonenbergs entweder wieder zu verwerfen oder ihm auszuweisen, dass der erhobene Vorwurf gegen ihn – das gerade für Theologische Anthropologie so schwerwiegende *Gegenüber* nicht angemessen denken zu können – nicht zutreffe. Zwar sehe, so Greiner, Schoonenberg diese Problematik, es gelinge ihm aber nicht mehr auf angemessene Weise, sie auszuräumen – eine Ansicht, der man gerade im Hinblick auf die Kontrolle zustimmen muss, die Gott laut Schoonenberg ausübt als eine, die „mehr immanent [ist; A. H.] als ich selbst in meinem Leibe"[726]. Auch abgesehen von der hier anklingenden Nähe zum augustinischen Denken (Gott als „interior intimo meo"[727]) bleibt der Ansatz Schoonenbergs den Einwänden verhaftet, die eine monistische Denkform mit sich bringt. Greiner plädiert vor diesem Hintergrund dafür, das in diesem Unterkapitel referierte theologische Problem des Gnadenstreits noch nicht für gelöst zu halten – einer Position, der man wenig entgegenhalten kann, hält man die Einwände gegen Schoonenbergs Ansatz (und gegen eine monistische Denkform insgesamt) für zutreffend. Stattdessen aber geht Greiner einen Schritt zurück und setzt in einem nun erfolgenden systematischen Resümee eben dasjenige noch nicht als theologisch problematisch voraus, was es laut Schoonenberg galt zu überwinden – die Rede ist erneut vom *Konkurrenzdenken*.

Zuvor jedoch seien die in diesem Unterkapitel angestellten Überlegungen zum Gnadenstreit und die Möglichkeiten, ihm eine Lösung zuzuführen, noch einmal gebündelt. So konstatiert Greiner zunächst einmal völlig zurecht, dass der alte Gnadenstreit keineswegs gelöst sei, sondern die in diesem Teil referierten Ausführungen die Systematik der Lösungsversuche klarer sehen ließen und „konkretere Entscheidungshilfen geboten haben, wenn es darum geht, *welche* dieser Alternativen nun eigentlich den theologischen Vorzug verdient."[728] Da

---

725 TA, 1427 f.
726 SCHOONENBERG: Ein Gott der Menschen, 23.
727 AUGUSTINUS: Confessiones, III,6,11.
728 TA, 1431.

wäre zunächst (1) der Weg der Báñezianer, die in bewusster Orientierung an das augustinische Gedankengut und dem thomistischen Denken ein Modell des Gnadenwirkens Gottes formulieren, das seine Unfehlbarkeit sichert. Die Kehrseite dessen besteht in der Annahme eines schwachen Freiheitsbegriffs, der auch nicht konsistent in das System der unfehlbaren Gnade integriert werden kann. Zudem setzt diese Position qua Unfehlbarkeit der Gnade eines theologischen Determinismus voraus, kann doch per definitionem nichts Gottes Unfehlbarkeit aufheben, sodass alles, was im Miteinander von Gott und Mensch geschieht, notwendigerweise auf den unfehlbar wirksamen Willen Gottes zurückgeht. Damit aber ist auch an die Probleme innerhalb der Theodizee und der Soteriologie erinnert, kann doch ein Determinismus keine Freiheit mehr aufrechterhalten, die aber ein wichtiger Aspekt bei der Herausforderung mit der Theodizee ist – man denke nur an die Konzeption des Augustinus und der sog. free-will-defense im modernen Kontext.

Weiterhin kann man annehmen (2), dass die Freiheit des Menschen und die Freiheit Gottes simultan und gleichursprünglich, „Je-Ganz" im Setzen neuer Akte wirksam ist, „um damit die ‚konkurrenzhafte' Entscheidung zwischen göttlicher und menschlicher Bestimmungssetzung schon im Ansatz zu unterlaufen und der alten Kontroverse somit einen *prinzipiellen* Ausweg jenseits der alten Aporien zu weisen"[729]. Dieser Weg, der aus der Motivation heraus entstand, auch noch die letzten Behaftungen des Konkurrenzdenkens aus der Gnadendebatte zu tilgen, kann prima facie das Gnadenwirken Gottes genauso denken wie die menschliche Freiheit, und zwar *ohne* in einen Determinismus zu verfallen. Die gedankliche Durchdringung dieses Ansatzes führte dann aber dazu, diese Konzeption als monistisch einzustufen und darum auch die Realdifferenz zwischen Gott und Mensch zugunsten eines Identitätsdenkens opfern zu müssen. Damit aber kann es mitnichten dem biblisch bezeugten Gegenüber von Gott und Mensch entsprechen, das dort stets vorausgesetzt wird, um nur einen von mehreren augenscheinlichen Schwierigkeiten zu erwähnen. Gibt man aber keiner der beiden bis hierher in Erinnerung gerufenen Alternativen den Vorzug, bleibt nur noch die molinistische Position, die geprägt ist von ureigener menschlicher Freiheit und die darum Gottes Allmacht von vornherein als nicht-determinierend denken muss. Vielmehr war es gerade Gottes Wille, dass der Mensch einen freien Willen auch ihm *gegenüber* hat (was im Monismus nicht möglich ist). Von besonderer Bedeutung ist die für den Molinismus typische Annahme eines göttlichen Wissens im Sinne dargestellter scientia media. Greiner verweist hier auch auf die Debatte innerhalb der analytischen Philosophie, in der es zu einer Art Re-lecture des „Mittelwissens" Gottes gekommen ist und namentlich von Alvin Plantinga ein ähnliches Modell göttlichen Wissens vertreten wurde, das

---

729 TA, 1431.

„*unter Freiheitsprämissen* in der Tat der einzig noch verbleibende Weg wäre, die klassisch-theistischen Theoreme von Gottes Präszienz, unfehlbarer Providenz und unwandelbarer Überzeitlichkeit überhaupt noch festhalten zu können."[730] Diese Debatte habe dafür gesorgt, dass sich jenseits der konfessionellen Grenzen der *Neo-Molinism* samt dem *middle knowledge* neue Anhänger für diese Denkrichtung fanden. Wo aber der klassische Theismus mit seinen Präsumtionen nicht mehr überzeugen konnte, dort kann man auch diejenigen verorten, die beispielhaft die

> „Theoreme von Gottes weltplanender Infallibilität und geschichtsenthobener Immutabilität *insgesamt gescheitert* sehen und stattdessen nun entschlossen auf einen *open theism* [notabene!; A. H.] hindenken, der die Gotteslehre neu auszuformulieren unternimmt im Ausgang von der *offenen* Freiheitsgeschichte zwischen Gott und Mensch und seinen Geschöpfen als der einzig noch konsistent verbleibenden, wenngleich eben Fundamentalrevisionen erzwingenden Denkmöglichkeit."[731]

An dieser Stelle wird m. E. auch deutlich, dass die heutigen Fragen im Kontext dieser Debatte(n) häufig darum kreisen, ob das Festhalten an den Aussagen des klassischen Theismus, der sich vor allem aus augustinischem und thomanischem Gedankengut speist, mit religionsphilosophischen Erkenntnissen noch *irgendwie* vereinbar ist oder man sich für die Lösung entscheidet, diesen Positionen grundsätzlich den Abschied zu erteilen. Greiner jedenfalls hält fest, dass auch die Neuauflagen des molinistischen Denkens und der scientia media nicht dazu geführt haben, die in dieser Denkform enthaltenen Schwierigkeiten endgültig gelöst zu haben.[732]

Er bilanziert: „Was läßt sich aus dieser durchaus bemerkenswerten Debatte lernen?"[733] Der naheliegende Gedanke, sich der Grundoption der Theologischen Anthropologie Pröppers zunächst einmal pro Freiheit und damit für die molinistische Option zu entscheiden, wird von Greiner durch den Verweis auf die nach wie vor problematische Lehre der scientia media relativiert. Gleichwohl sei der molinistische Einspruch im Gnadenstreit durchaus zutreffend und die menschliche Freiheit hiermit vorerst gerettet, man müsse sich aber von der scientia media trennen, um den molinistischen Grundgedanken dann systematisch weiterzutreiben:

---

730 TA, 1433. Vgl. zu dieser neueren Debatte die Ausführungen in: Grössl: Freiheit als Risiko
       Gottes, 130 f.
731 TA, 1433.
732 Vgl. TA, 1434.
733 TA, 1434.

„Man mag diesen dann, die entsprechenden Weiterbestimmungen einmal vorausgesetzt, durchaus mit dem von uns vertretenen *Freiheitsdenken* konvergieren sehen: Der philosophische Freiheitsbegriff der molinistischen Jesuitenscholastik ist ja immerhin so weit profiliert, daß man darin die formale Unbedingtheit und Ursprünglichkeit der Freiheit der Sache nach durchaus schon zur Sprache gebracht finden kann; er müßte dann nur, ohne seine Spur prinzipiell zu verlassen, subjekttheoretisch weiter vertieft werden"[734].

Damit ist die Konsequenz gezogen aus der Ansicht, dass sowohl ein theologischer Determinismus im báñezianischen Sinne als auch ein monistisches Denken sowie letztlich die scientia-media-Lehre scheitern müssen. Unabweisbar ist darum auch die Annahme, die im klassischen Gnadenstreit durch die scientia media noch gerettet werden sollte, um der augustinischen und damit autoritativ-rechtgläubigen Option zu entsprechen: „Eine schlechthin *unfehlbare* Zielsicherheit göttlichen Weltplanens und eben auch Gnadenwirkens ist nicht mehr zu halten."[735]

Greiner entscheidet sich damit also dezidiert für die Preisgabe dieses Gedankens und macht m. E. zurecht noch einmal darauf aufmerksam, warum dies durchaus legitim ist: Es handle sich bei der unfehlbar wirksamen Gnade nicht um ein Dogma und seine Affirmation würde der biblisch bezeugten Bundesgeschichte zwischen Gott und Mensch nicht entsprechen. Wer trotz der aufgezeigten theologischen Widrigkeiten an ihr festhalte, finde sich wieder in der verurteilten Lehre der *Apokatastasis*, insofern nur noch sie den Gedanken einholen kann, dass nicht mehr nur einige, sondern alle Menschen mit *unfehlbarer* Gewissheit gerettet werden.[736]

Wie auch immer man hier entscheiden mag, so sei die von Greiner gewählte Option jedenfalls die mit den geringsten systematischen Kosten im Vergleich mit den möglichen Alternativen. Zu diesen Kosten freilich zählt wie gesehen die Preisgabe der unfehlbar wirksamen Gnade. Greiner macht aber dann auf einen Aspekt aufmerksam, der der Infallibilität der göttlichen Gnadenwirksamkeit als solcher zwar nicht entspricht, seiner Meinung nach aber eine theologisch legitime Umdeutung von ihr sein könnte, indem man

„einen gleichwohl darin ruhenden *legitimen Kern* in ganz neuer Gestalt dadurch zurückgewinnen könnte, daß man Gottes *unendlich geduldiger Gewinnungsmacht* die (nicht nur abstrakte, sondern durchaus reale) *Möglichkeit* zuspräche, *eschatologisch* (und dann freilich notwendig durch das Gericht

---

734 TA, 1434.
735 TA, 1435.
736 Vgl. TA, 1435.

hindurch) schließlich doch noch die *freie Zustimmung aller freien Geschöpfe* zu gewinnen"[737].

Hiermit ist ein Gedanke erreicht, der nicht falsch sein muss, sich aber in der Tat noch zu bewähren hat. Kann er also wirklich systematisch-theologische Tragfähigkeit beanspruchen und als „legitimer Kern" einer unfehlbaren Gnadenwirksamkeit gelten? „– *darüber* freilich lohnte es sich dann wohl durchaus noch einmal nachzudenken."[738] Damit ist nun wie von selbst zu den folgenden Überlegungen Striets übergeleitet, der eben genau die von Greiner angedeutete (die Eschatologie betreffende) Frage behandelt.

III.4.5 Freiheit in eschatologischer Konsequenz (Magnus Striet)[739]

Magnus Striet reflektiert im Rahmen des zweiten Teilbandes der TA Freiheit in eschatologischer Hinsicht, dies mit besonderer Beachtung der Theodizee-Problematik und der Frage nach postmortaler, intersubjektiver Versöhnung. Damit wird die Freiheit nun gewissermaßen zum theologischen Problem oder zumindest zur Schwierigkeit, wie auch schon beim Gnadenstreit: wird sie als alternativenoffen und von Gott unbedingt beachtete auch noch in postmortaler Hinsicht begriffen, bleibt die Möglichkeit *definitiven Ausbleibens und Ausstehens* jedweder intersubjektiver Versöhnung und Vergebung mindestens möglich – so ertragreich das Freiheitsdenken auch bis hierher schon war, umso weniger darf die mit ihr ausgedrückte Freiheit jetzt revidiert oder auch nur relativiert werden, wenn sie auch postmortal noch ernstgenommen werden soll.

Die von Pröpper vorausgesetzte Freiheit, „die dem Menschen eine Distanznahme zur Welt und damit Autonomie ermöglicht, hat eine Kehrseite"[740], da sie das kontingente Wirkliche als eine Realität begreift, die den Menschen beunru-

---

737 TA, 1436.
738 TA, 1436.
739 Neben des hier referierten finalen Kapitels der TA insgesamt, existieren weitere thematisch sehr verwandte Beiträge von Striet, von denen an dieser Stelle exemplarisch erwähnt seien: STRIET, Magnus: Streitfall Apokatastasis. Dogmatische Anmerkungen mit einem ökumenischen Seitenblick, in: Theologische Quartalschrift 184 (2004), 185–201, sowie STRIET, Magnus: Versuch über die Auflehnung. Philosophisch-theologische Zugänge zur Theodizeefrage, in: WAGNER, Harald (Hg.): Mit Gott streiten. Neue Zugänge zum Theodizee-Problem, Freiburg i. Br. 1998, 48–89. Da der von ihm stammende Beitrag in der Theologischen Anthropologie sich mit einem zentralen Gegenstand der vorliegenden Untersuchung deckt und Verweise auf die genannten anderen Beiträge aufgrund der engen inhaltlichen Nähe wenig zielführend wären, soll Striets Beitrag in der TA die Hauptreferenz dieses Unterkapitels bilden.
740 TA, 1491.

higen kann. Als moralische Instanz in ihrer formalen Unbedingtheit kann sie all dem, was nicht ihrem Anspruch gemäß ist, nicht neutral gegenüberstehen: „Vielmehr unterliege die praktische Vernunft des Menschen der Verpflichtung, sich einem jeden Versuch der leid- und opfervergessenen Geschichtsverfälschung entschieden entgegen zu stellen, um dem ethischen Anspruch der Vernunft zu genügen."[741] Nicht nur die im Relevanzaufweis schon angetroffene Problematik der Realisierung der Freiheit aufgrund der allgemeinen Kontingenz menschlichen Lebens begegnet hier erneut, sondern auch der eher ethische Aspekt, der auf das intersubjektive Verhalten abzielt. In diesem Sinne kommt dem Begriff der *Würde* besondere Bedeutung zu, die jedoch trotz ihres Charakters der Unbedingtheit geschichtlichen Ursprungs, d.h. ihrerseits kontingent ist. Wird sie jedoch übernommen, muss all das, was ihr nicht entspricht, jedoch „unweigerlich die Frage nach einer moralisch akzeptablen Hoffnung"[742] evozieren, damit sie nicht der Selbstaufgabe oder der Sinnlosigkeit anheimfällt. Das Freiheitsbewusstsein mündet damit in einen Begriff von Hoffnung, der Sinnstiftung auch und gerade für die Opfer der Geschichte artikuliert. Hiermit ist der Gottesgedanke angedeutet, insofern dieser die „Bruchlosigkeit" der Würde und der Freiheit zwischen geschichtlichem und eschatologischem Leben verbürgen könnte. Zugleich ist implizit vorausgesetzt, dass die Bedingungen, in denen die Hoffnung und die sie verbürgende Realität – also Gott – formuliert werden, nicht als grundsätzlich heteronom begriffen werden dürfen. Positiv formuliert wäre hiermit zum Ausdruck gebracht, dass auch Gott ein moralisches Wesen sein müsse, damit die Hoffnung überhaupt ein Kriterium benennen kann, auf das sie sich stützt.[743]

„Zusammengefasst: Die sich als Vollzug der endlichen Freiheit begreifende Vernunft lässt sich von einem durch sie selbst entworfenen ‚System' der Freiheit bestimmen; sie denkt alles, was ist und sein soll, unter der Perspektive des *Freiheit soll sein*. Zugleich und deshalb verweigert sie sich einem Systemdenken, das keine Offenheit der Zukunft mehr kennt und die geschichtlich gewordenen Identitäten nicht mehr in der Unvertretbarkeit ihrer Freiheit würdigt."[744]

---

741 KLEEBERG, Florian: Bleibend unversöhnt – universal erlöst? Eine Relecture von römisch-katholischen Konzepten zur Frage der Allversöhnung im Gespräch mit psychotraumatologischen Ansätzen, Münster 2016, 121.

742 TA, 1494.

743 Immanuel Kant würde an dieser Stelle im Rahmen seines moralischen Gottesbeweises wohl vom „gleichen Ursprung" der sittlichen mit der natürlichen Ordnung sprechen, ansonsten wären die Widersprüche, die der praktischen Vernunft begegnen, nicht überwunden. Vgl. hierzu MÜLLER: Glauben – Fragen – Denken, Band 3, 680f.

744 TA, 1494.

Freiheit ist sich in dieser Hinsicht selbst Gesetz und normiert sich selbst, was dann in letzter Konsequenz die *Notwendigkeit* alles Geschichtlichen abzuweisen vermag. Ihre endlichen Bedingungen können das mit ihnen Gemeinte jedoch nicht erreichen, da sie auf etwas verweisen, dessen Realität die endliche Freiheit nicht verbürgen kann – dies war bereits Gegenstand beim Relevanzaufweis. Gleichwohl ist damit der material bedingte Freiheitsakt keineswegs der Sinnhaftigkeit entzogen. Die lebendige Hoffnung auf einen Gott, der alles „Würdige" verbürgen und realisieren kann, was Menschen in ihrer Geschichte *nicht* zuteilwurde, prägt darum umgekehrt das präsentische Glaubensleben.

Eine Einschränkung ist allerdings zu erwähnen, die sich jedoch auf alle eschatologischen Aussagen erstreckt: die gemachten Aussagen sind Hoffnungsaussagen und haben damit einen anderen epistemischen Status als beispielsweise Wissensaussagen. Beim Freiheitsdenken kommt noch hinzu, dass dieses zwar philosophische Geltung als vernunftkonformes Prinzip beanspruchen darf (vgl. erster Teilband der TA), dies jedoch nicht zu der Annahme führen darf, mit diesem Prinzip theologische, bzw. dogmatische Wahrheiten ausnahmslos verifizieren zu können. Genau dies würde dem Freiheitsdenken und seiner methodologischen Eigenart geradezu entgegenstehen, will es doch die bleibende Freiheit eines *geschichtsfähigen* Gottes zu denken sichern. Damit ist mit ausgesagt, was von jeder Theo-logie, jeder Gottes-Rede gilt: Sie ist interpretierte Erfahrung, sozusagen Erfahrung mit Erfahrung innerhalb einer Geschichte und setzt gewissermaßen das in ihr Geschehene schon voraus, was jetzt in eschatologischer Hinsicht expliziert wird, sodass die auf diese Weise formulierten Aussagen keinen Anspruch auf zeitenthobene Gültigkeit besitzen können:

> „Weil damit der Ausgangspunkt auch meiner Überlegungen geschichtlich tradiertes, aber eben interpretiertes Erleben ist, Erfahrungen folglich, die selbst bereits von der Hoffnung getragen sind, dass Gott sich in die Geschichte hinein ausgesprochen hat als der, der er selbst ist, kann nicht ausgeschlossen werden, dass die projektierte eschatologische Hoffnung sich als falsch erweist."[745]

Wenn jedoch das Freiheitsdenken die Möglichkeit eines freien Gottes philosophisch vergewissern kann, muss um der Stringenz des Prinzips der Freiheit willen Gott andererseits auch als bleibend *unverfügbar* gelten. Damit ist auch die Möglichkeit nicht ausgeschlossen, dass Gott sich vom Menschen abwenden kann, was jedoch das zuvor Gesagte in Frage stellen würden, stünde dies doch der vorausgesetzten freien Offenbarung und auch dem Handeln und Wirken der Person Jesu Christi diametral gegenüber. Durch diese Ereignisse darf Gott

---

745 TA, 1496.

zugetraut werden, „alles in der Macht seiner Liebe Mögliche zu versuchen, um tröstend und versöhnend wirksam zu werden, um die Täter zu Reue zu bewegen, ist als Konsequenz des Glaubens an die Auferweckung des Gekreuzigten zu explizieren."[746] Darum ist auch der Versuch legitim, sein biblisches und im Glauben bezeugtes und durch das Freiheitsdenken gedeutete Wirken auf die Eschatologie zu *beziehen*. Denn die Endgültigkeit seiner Treue ist am Kreuzesgeschehen verbürgt und es würde darum eher von Inkonsequenz gerade für das Freiheitsdenken zeugen, diese offenbar gewordene Wahrheit nicht auch in postmortaler Hinsicht zu beleuchten – was der Gegenstand der nun folgenden Reflexionen Striets sein soll, die zum einen die bis hier angedeuteten Fragen behandeln und zum anderen Aspekte der wohl schwierigsten Frage der Theologie – dem Theodizeeproblem – beleuchten sollen. Hierzu setzt er ein mit einem literarischen Motiv.

III.4.5.1 Literarische Beispiele als Zugang zur Problemstellung

Der russische Autor Fjodor Dostojewski erzählt im Werk „Die Brüder Karamasoff"[747] die Geschichte von Iwan und seinem Bruder Aljoscha. Iwan erzählt ihm die Geschichte eines Generals und Gutsbesitzers, der ein Kind seines Leibeigenen von Hunden zu Tode quälen lässt – im Beisein der Mutter. Der Anlass dafür war, dass besagtes Kind einen anderen Hund des Gutsbesitzers durch einen Steinwurf leicht am Fuß verletzte. Die eschatologische Relevanz zeigt sich in Iwans Reaktion auf seine Erzählung: Er legt sich definitiv darauf fest, dass er

„die Eintrittskarte in den Himmel schon jetzt zurückgebe – und zwar definitiv. Das von Iwan beanspruchte Argument geht insofern an die Substanz eschatologischer Reflexionen, als es sich aus einer moralischen Überzeugung herleitet, für die die ontologische Frage der Existenz beziehungsweise Nicht-Existenz Gottes keine Rolle spielt."[748]

Was ist hiermit gemeint? Iwan beruft sich darauf, dass es für seine Entscheidung nicht relevant wäre, unabhängig davon, ob es Gott oder die Hölle gäbe oder nicht.[749] Denn sein Entschluss, seine „Eintrittskarte" in den Himmel zurückzugeben ist Ausdruck *moralischer* Überzeugung und damit für ihn eine unbedingte

---

746 TA, 1497.
747 DOSTOJEWSKI, Fjodor: Die Brüder Karamasoff. Roman in vier Teilen mit einem Epilog, Darmstadt 1968.
748 TA, 1499.
749 Vgl. KLEEBERG: Bleibend unversöhnt - universal erlöst?, 147: „Selbst die um der Rache willen ersehnte Hölle, in der ein solcher Mensch wie der Gutsbesitzer möglicherweise seiner [sic!] gerechte Strafe erhielte, ist aus seiner [Iwans; A. H.] Sicht völlig sinnlos."

Verpflichtung. Auch die Existenz Gottes und sein Gericht der Wahrheit ändere daran nichts – die Iwan sozusagen als zusätzliche Pointe nicht einmal leugnet.[750] Ein Verzeihen als Zeichen der Versöhnung dürfe um der Moralität und Solidarität des zu Tode gequälten Kindes willen niemals gewährt werden[751], komme diese doch viel zu spät, um den unschuldigen Tod des Kindes noch zu sühnen. Man wird Iwan um der Einheit der praktischen Vernunft willen zustimmen können, denn unschuldiges Leid müsse als verwerfliches Phänomen kategorisch abgelehnt werden. Gelten also auch postmortal dieselben moralischen Bedingungen wie gegenwärtig, zeigt sich die Hartnäckigkeit von Iwans Protest, die sich in seiner Entschiedenheit der Zurückweisung niederschlägt. Auch Gott habe dann nicht das Recht, die Verweigerung der Verzeihung der Opfer der Geschichte zu umgehen oder zu missachten.[752] Damit wird die Konsequenz daraus gezogen, dass Gott menschliche Freiheit auch nach dem Tod ernst nehmen muss und dass vorausgesetzt ist, dass diese Freiheit auch noch nicht so verändert ist, dass auch die Verweigerung der Versöhnung *un*möglich ist. Sie kann darum auch nicht in einem wie auch immer gearteten heteronomen Verhältnis zur diesseitigen irdischen Freiheit stehen. Die Achtung menschlicher Freiheit muss auch eschatologisch gelten, Gott kann und darf die Opfer der Geschichte nicht zur Vergebung zwingen, während umgekehrt die Täter kein *Recht* auf Vergebung beanspruchen können.

> „Bestimmt man Gott nämlich als einen, der sich durch Liebe, Freiheit und Personalität auszeichnet und dessen Handeln ebenso wie das von Menschen in moralischen Kategorien zu denken ist, so muss er im Zuge dieser Vorstellung notwendigerweise als einer gedacht werden, der die Freiheit der Geschöpfe samt ihres freien Willens bis in das Gerichtsgeschehen hinein achtet."[753]

Es gäbe seitens der Verursacher des Leids weder ein Recht auf Verzeihung noch eine Pflicht zu ihrer Gewährung. Die erschreckende Plausibilität von Iwans (moralischer) Argumentation ist es hier, die aufwühlt. „Denn was würde es in letzter Konsequenz bedeuten, wenn es, wie Iwan fordert, keine Vergebung geben darf? Es könnte dann zumindest keine Rettung aller geben."[754] Diese abgründige Befürchtung führt dann in weitreichende Anschlussfragen hinein, die zunächst einmal Täter und Opfer der Geschichte betreffen: Bleibt Iwans Argument gültig und damit seine entschiedene Ablehnung bestehen, was bedeutet für sie dann für die Erfahrung der theologischen Wirklichkeiten „Himmel", „Erlösung" und

---

750 Vgl. STOSCH: Einführung in die Systematische Theologie, 125 f.
751 Vgl. TA, 1500.
752 Vgl. KLEEBERG: Bleibend unversöhnt - universal erlöst?, 147 f.
753 KLEEBERG: Bleibend unversöhnt - universal erlöst?, 145.
754 TA, 1500.

„Vergebung"?[755] Gerade die christliche Religion hat die Möglichkeit der Vergebung der Schuld im Falle der Reue sozusagen als eines ihrer Wesensmerkmale. Trotzdem erfordert der tatsächliche Vergebungsakt Freiheit der Opfer, denn sie geschieht auch im Falle aufrichtiger Reue nicht als eine Art Automatismus, sondern bleibt an deren Freiheit gebunden. „Zu vergeben ist die freieste aller Möglichkeiten, und soll die Vergebung eine menschliche Dignität haben, so kann sie niemals geschuldet oder gar einklagbar sein."[756] All diese Fragen, die sich sozusagen durch Iwans Argument in ihrer Problematik potenziert und verselbständigt haben, sind aber nicht nur für den Menschen, sondern auch für Gott selbst relevant. Dies darf jedenfalls dann vorausgesetzt werden, wenn es Gottes Wille ist, dass alle Menschen gerettet werden und sich im eschatologischen Geschehen *frei* für ihn entscheiden. Das (mögliche) Resultat dieses Willens steht nun aber gerade in Frage, sodass sich zugespitzt etwa formulieren lässt: Was kann Gott unter eschatologischen Gesichtspunkten noch *garantieren*, wenn er die menschliche Freiheit in dieser Wirklichkeit gerade nicht umgehen, sondern umgekehrt *gerade ernst nehmen* will, bzw. ernst nehmen muss? „Muss man nicht den Gedanken wagen, dass Gott mit dem Schöpfungsrisiko auch seine eigene Glückseligkeit auf das Spiel gesetzt hat, wenn es am Ende der Zeiten Unversöhntes geben sollte?"[757]

Ein ähnlicher Gedanke wie der von Iwan Karamasoff wird von Camus' Romanfigur Rieux hervorgebracht, der als Arzt in schonungsloser Weise mit den Auswirkungen der todbringenden Pest konfrontiert wird. Obwohl es hier also eher das malum physicum – also das natürliche Übel – ist, das das Böse verkörpert, so ist die moralische Frage nach der Bejahung einer Welt, in der sinnloses Leid Realität ist aber kategorisch nicht sein soll, ebenso im Hintergrund. Auch Rieux zieht daher wie Iwan Karamasoff die scheinbar einzig verbleibende Konsequenz und spricht sich für die Verweigerung aus, die Schöpfung lieben zu wollen.[758]

Was aber folgt daraus? Ist der argumentative Schritt, die die beiden referierten Romanfiguren gehen, wirklich zwingend? Wird die praktische Vernunft wirklich in eine Situation gebracht, die die Ablehnung der Schöpfung zur Folge haben *muss*, wenn sie sich selbst und ihren Anspruch nicht hintergehen will?

Die an das Denken Immanuel Kants angelehnten Reflexionen von Walter Benjamin sind an dieser Stelle weiterführend. Ähnlich wie Kant, der zugespitzt etwa im moralischen Gottesbeweis um der Einheit der praktischen Vernunft willen die Existenz Gottes und die Unsterblichkeit der Seele postulierte, plädiert Benjamin für die Solidarisierung mit den Opfern, Geschundenen und Getreten der Geschichte. Dabei findet ein Paradigmenwechsel statt:

---

755 Vgl. TA, 1501.
756 TA, 1501.
757 TA, 1501.
758 Vgl. Camus, Albert: Die Pest, Bad Salzig 1949.

„Bezogen auf die Frage, ob nicht unabhängig von einer möglichen Rechtfertigung Gottes angesichts der Faktizität des Leidens jede nachträgliche
Erlösung und damit eine jede nachträgliche Gerechtigkeit schaffende Wie-
dergutmachung zu spät komme, wird das Problem auf der Linie Benjamins
in die Anthropodizee gewendet."[759]

Ausgeschlossen werden sollen damit postmortale Versöhnungsgeschehnisse
ausdrücklich nicht. Es liegt hier aber insofern eine Akzentverschiebung vor,
dass der Blick abgewendet wird von einem immer schon zu spät kommenden
Trost nach dem Tod *hin* zu einer gerade vorauszusetzenden Hoffnung, die gerade Ausdruck von *Solidarität* mit den Opfern der Geschichte ist und darum
nicht moralisch verwerflicher sein kann, als die Verweigerung der Bejahung der
Welt – wie Iwan Karamasoff und Rieux es tun – abzulehnen:

„Nicht mehr ist es moralisch verboten, auf eine jede nachträgliche tröstende
Versöhnung der Misshandelten und Gemordeten sowie der durch Krankheit
und Naturgewalt Dahingerafften mit ihrem Schicksal zu hoffen. Vielmehr
erklärt es Benjamin im Gegenteil zu einer moralischen Forderung, nicht mit
der möglichen Hoffnung zu brechen – und diese Forderung verschreibt sich
strikt der Perspektive der Anderen, auch noch der namenlos Gewordenen."[760]

Die im Glauben versprochene Hoffnung soll als Zeichen der Solidarität stellvertretend für den Anderen in Anspruch genommen werden. Damit ist nicht
ausgesagt, dass die angesprochene Akzentverschiebung von Theo- zu Anthropodizee eine Ausspielung der einen gegen die andere Rechtfertigung intendieren
soll. Vielmehr realisiert sich „das Messianische"[761], wenn beide Kategorien beansprucht werden: Die Erinnerung allein ist – so klar ihre Zeichenhaftigkeit als
Solidarität auch ist – noch nicht gleichzusetzen mit Rettung, die sozusagen per
definitionem Gott vorenthalten ist. Soll sie als zu erhoffende zumindest möglich
bleiben, ist damit aber auch ausgesagt: „Soll die Rede von Rettung und Trost sich
auf die Einzelnen beziehen, auf deren geschichtlich gewordene und verwundete
Identität, so muss der erhoffte Gott der differenzwürdigenden Anerkennung fähig und damit selbst Freiheit sein."[762] Beide Aspekte bedingen sich wechselseitig,
da eine Freiheit nur *andere* Freiheit anerkennen kann – nur so ihrem eigenen
Wesen gemäß sein kann. Damit aber ist eine Differenz logisch vorausgesetzt.

---

759 TA, 1505.
760 TA, 1505.
761 Vgl. BENJAMIN, Walter: Gesammelte Schriften. Band I.2: Abhandlungen, TIEDEMANN,
    Rolf/SCHWEPPENHÄUSER, Hermann (Hgg.), Frankfurt a. M. 1980, 694.
762 TA, 1506.

Beide Aspekte wurden in diesem Hauptkapitel bereits verhandelt.[763] Die Frage nach der Existenz Gottes ist hiervon zunächst einmal unberührt. Die häufig in theodizeerelevanter Thematik aufgeworfene Frage, ob Gott das zumindest mögliche Leid der Menschen nicht hätte vorhersehen müssen und darum besser nicht die mögliche Schöpfung in die Wirklichkeit überführen hätte sollen, ist müßig und auch zynisch. Denn dies wäre eine kontrafaktische Behauptung, die niemals zur Anerkennung des Anderen fähig wäre. Umgekehrt wäre es eine Art positive Trotzreaktion, auch angesichts aller Widrigkeiten auch noch des biologischen Todes selbst zu sagen: „Es ist gut, dass Du geboren bist."[764]

Der eingeschlagene Weg auf der Linie des Denkens Kants wird dann von Striet weiter verfolgt, indem er auf die Unbedingtheit des Moralgesetzes verweist. In ihm begegnet Freiheit, ist sie „unbedingte Bedingung" für das sittlich Gesollte. Unter dieser Voraussetzung können aber die Bedingungen der Möglichkeit des Freiheitsaktes, eben das transzendentalphilosophisch vorauszusetzende, nicht einfach übergangen werden. Es sei nicht zulässig, das Faktum unbedingten moralischen Sollens und damit die Freiheit zu bejahen ohne dies gleichsam auch für die „Ermöglichungsbedingungen des Vollzugs von Freiheit"[765] zu tun.

Hier scheint nun auch für Striet die Schnittstelle erreicht, den Gottesgedanken als rettende Wahrheit einzuführen. Denn er ist es, – das sollten die bisherigen Ausführungen in diesem Hauptkapitel gezeigt haben – der in seinem Schöpfungshandeln die Ermöglichungsbedingungen endlicher Freiheit von der Möglichkeit in die Wirklichkeit überführt hat. Dass diese Freiheit missbraucht werden kann, sie zugleich aber conditio sine qua non für Liebe ist, gleicht m. E. einem factum brutum. Darum würde eine Anklage Gottes auch den oben angedeuteten Zusammenhang der konkreten Freiheit mit ihren Bedingungen quasi ad absurdum führen:

> „Ja, Gottes Schuld ist seine Liebe, die Endliches erschuf und in die Freiheit entließ. Damit Liebe sein könne, nahm er das Risiko auf sich, daß Menschen sich abwenden und verweigern, mehr als Menschen sein wollen und gegenseitig zu Unmenschen werden. Wer aber Gott deshalb anklagen möchte, widerruft (...) die eigene Freiheit"[766].

---

763 Vgl. hierzu die entsprechenden Ausführungen im Abschnitt über den Relevanzaufweis und vgl. auch Pröppers Rede vom *Appendix*, das dann vorläge, wenn Gott nicht etwas von ihm Verschiedenes geschaffen hätte.

764 TA, 1507. Vgl. die berühmten Worte „Ich will, dass du bist!", die Augustinus zugeschrieben werden. Vgl. zu diesem Gedanken auch KLEEBERG: Bleibend unversöhnt - universal erlöst?, 169: „Würde Freiheit ernsthaft erwägen, ob ihrer Endlichkeit, dem Leiden und Tod das Nicht-sein-sollen ihrem Sein-sollen vorzuziehen, so widerspräche sie ihrem eigenen Wesen."

765 TA, 1509.

766 PRÖPPER: Erlösungsglaube, 178 f.

So läuft die Berufung auf das moralisch Gebotene, was bei Iwan und Rieux die Verweigerung der Versöhnung mit der Schöpfung ist, auf eine Aporie bzw. Patt-Situation hinaus, in der Freiheit sich quasi auf sich selbst zurückgeworfen findet.

III.4.5.2 Zur Möglichkeit einer Selbstrechtfertigung Gottes

Wiederum Immanuel Kant war es, der jeder philosophischen Theodizee eine Absage erteilte und ihr notwendiges Scheitern konstatierte. Ganz auf der Linie seines kritischen Denkens hatte er die Unmöglichkeit ausgewiesen, dass „unsre Vernunft zur Einsicht des Verhältnisses, in welchem eine Welt, so wie wir sie durch Erfahrung immer kennen mögen, zu der höchsten Weisheit stehe, schlechterdings unvermögend sei"[767]. Weil menschliche Erfahrung nur vorfindet und die Perspektive Gottes niemals einsehbar ist für sie, bleibt auch das Verhältnis beider Größen unklar und muss es auch bleiben, da diese Welt dem ungeschuldeten Schöpfungsakt Gottes entspringt, der als freier Grund die kontingente Welt und ihre Wesen erschuf.[768]

Als weiteres Problem kommt aus theodizeesensibler Position hinzu, dass gerade ein Gott, dessen Allmacht eine freie ist, sich augenscheinlich der bleibenden Möglichkeit einer Intervention in der Geschichte oft nicht bedient hat. Gerade Gott als freies Wesen zu denken, ruft die so drängende Frage hervor, warum Gott in dieser Situation eingegriffen hat, während er in jener untätig blieb. Auch wenn es einige kluge Antwortversuche auf diese Frage(n) gibt[769], kann mit guten Gründen (vgl. die angedeutete Position Kants) dafür plädiert werden, dass das Theodizeeproblem prinzipiell unlösbar ist.

Dass Gott auch in eschatologischer Hinsicht die Freiheit des Menschen wahren will, wurde in den vorangegangenen Reflexionen vorausgesetzt. Es stellt darum keinen Widerruf dieser Freiheit dar, wenn gerade das Freiheitsdenken als „Differenz-Denken" auch seinen trinitätstheologischen Niederschlag erhält, um hier zu einem neuen Ansatz beim Theodizeeproblem zu gelangen:

---

767 KANT, Immanuel: Werke, VI. Über das Misslingen aller philosophischen Versuche in der Theodizee. Schriften zur Anthropologie, Geschichtsphilosophie, Politik und Pädagogik, WEISCHEDEL, Wilhelm (Hg.), Darmstadt ⁸2016, A 210.

768 Ein panentheistisches oder monistisches Denken wird von Striet abgelehnt, insofern dieses problematische metaphysische Anschlussfragen hervorrufen würde, die letztlich zurückwirken auf die Ausgangsfrage nach Gottes Freiheit beim Erschaffen der kontingenten Welt und damit auf sein Verhältnis insgesamt zu ihr. Vgl. TA, 1511 f.

769 Besonders einschlägig scheint hier der Verweis darauf zu sein, dass ein gradueller Unterschied in den Übeln keinen Rechtfertigungsgrund für die Zulassung oder Nicht-Zulassung durch Gott darstellt. Vgl. KREINER: Antlitz Gottes, 342.

„Bezogen auf christologisch-trinitätstheologische Entwürfe, die über das Leiden des Sohnes das Leiden der Menschen so in Gott hineinnehmen, dass dieses dadurch bereits versöhnt ist, ist deshalb auch der trinitarische Begriff von Gott so auszuarbeiten, dass er die ursprünglich im Schöpfungsakt gesetzte freiheitstheoretische Differenz strikt wahrt."[770]

Weil Gott im christlichen Glauben Mensch wurde, um ihn so offenbar werden zu lassen, dass er wirklich der Gott der Liebe ist und ein nicht mehr zu überbietendes Zeichen von Entschiedenheit dieser Liebe im Kreuzesgeschehen hinterlassen hat, kommt nun der Person Jesu Christi die *Berechtigung* zu, uns die Frage zu stellen, ob wir trotz aller zerstörerischen und gewaltsamen weltlichen Kräfte nicht doch Glaubende sein wollen. Denn gerade er hat sich ja denjenigen zugewandt, die vom Leid betroffen waren und die sich darum entschlossen, nicht (mehr) zu glauben; weil „Jesus schließlich wegen dieser Gottespraxis einen elenden Tod starb und in die Gottesverfinsterung geführt wurde, darf er vielleicht doch uns Fragende in die Alternative ,involvieren', die sich angesichts des Leidens stellt, und uns so zu Gefragten [sic!] machen"[771].

Die bereits angedeuteten Vorbehalte, dass Gott Vergebung nicht erzwingen kann und die Opfer die Verzeihung nicht gewähren müssen, kehren hier wieder und sind nicht relativiert. Trotzdem machen die Reflexionen Striets dafür sensibel, dass die eschatologische Gerechtigkeit im Zeichen der Freiheit kein monokausales oder monistisches Geschehen ist, das eine einseitige oder gleichförmige Form besäße. „Aber der Gedanke zeigt, dass nicht allein Gott im Gericht der Gefragte sein wird, sondern auch der Mensch."[772] Wenn auch die Achtung Gottes der menschlichen Freiheit eschatologisch erhalten bleibt, dann ist jedoch die Hoffnung darauf nicht ausgelöscht, dass bis zuletzt eine Vergebung der Opfer der Geschichte gegenüber den Tätern möglich ist, insofern das Verzeihen ja seinerseits Ausdruck von Freiheit ist.[773] Aber: „Wenn überhaupt, dann nur in der Hoffnung auf einen Gott, den man als unendliche Liebe glaubt – als die

---

770 TA, 1514. Vgl. hierzu auch die Ausführungen von Stosch: Einführung in die Systematische Theologie, 202f.

771 Vgl. TA, 1514. Der hier geäußerte Gedanke scheint auch eine inhaltliche Nähe zu dem aufzuweisen, was Klaus von Stosch verfolgt, wenn er von einem „Mitleiden Gottes" spricht. Wichtig erscheint es m. E. jedoch, das „Gefragtsein" vom Lösungsansatz für die Theodizee sachlich streng getrennt zu betrachten, vgl. Stosch: Einführung in die Systematische Theologie, 112f.

772 TA, 1515.

773 Vgl. Kleeberg: Bleibend unversöhnt - universal erlöst?, 182: „Aus jener Zuversicht, dass sich der Richter Jesus Christus gleichermaßen als rettender Bezugspunkt für Opfer wie Täter erweist, nährt sich für Striet die Hoffnung, dass es am Ende zu einer Versöhnung aller mit allen kommt, die neben dem positiven Ausgang der Gerichts auch die gelingende Selbstrechtfertigung Gottes umfasst."

Allmacht einer Liebe, über die hinaus deshalb keine größere denkbar ist,"[774] weil sie sich selbst den Widrigkeiten der Freiheit in der Welt ausgesetzt hat.

III.4.5.3 Gottes Wartenkönnen als Ausdruck seiner Treue und Gnade

Weil von Gott prädiziert werden dürfe, dass er „im kommenden Gericht erwartet wird, die offenbar gewordene Gnade ist und dieser Gott sich treu bleiben wird, so wird sich dieser Gott dadurch auszeichnen, dass er warten kann. Und es ist damit zu rechnen, dass er notfalls unendlich warten wird."[775] Dieses Wartenkönnen wird von Striet mit Verweis auf Hansjürgen Verweyen[776] als Ausdruck von Gottes potentia ordinata gefasst und ist stellt damit sozusagen den Endpunkt dessen dar, was das Freiheitsdenken dann auch für Gott bedeutet: Erschafft er Wesen mit einem freien Willen, dann muss dieser auch im eschatologischen Sinne ernstgenommen werden, was aber für Gott zur Konsequenz hat, ihn ernst zu nehmen und ihn nicht anzutasten. Dieser Gedankengang fügt sich damit den eingangs gemachten Voraussetzungen ein, dass Freiheit auch im zu erwartenden eschatologischen Gericht der Wahrheit nicht heteronom im Vergleich zu ihrer *geschichtlichen* Realität stehen kann, sodass die Rede vom Gericht ihre Relevanz vor allem daher erhält,

> „weil Erlösung sowohl aus moral- bzw. geschichtsphilosophischen wie auch aus Gründen des überlieferten Glaubens an den Gott, der auf die Geschichte bezogen sein will, die Geschichte und damit die Menschen in ihrer unvertretbaren, sich durch Freiheit auszeichnenden Existenz unendlich würdigt, nicht als Gnosis gedacht werden darf."[777]

Damit ist die (menschliche) Freiheit sozusagen dem eschatologischen Gerichtsgedanken inhärent. Wäre sie es nicht, würde sie in einem nur losen, womöglich überhaupt keinem anerkennenden Verhältnis zur Freiheitsgeschichte des Menschen stehen, was darum auch ihre Ernstnahme unmöglich machen würde. Wie aber sollte Versöhnung möglich sein, wenn sich das eschatologische Gericht einfach über das hinwegsetzen würde, was Inhalt individueller Freiheitsgeschichte

---

774 TA, 1515.
775 TA, 1516.
776 Vgl. VERWEYEN, Hansjürgen: Gottes letztes Wort. Grundriß der Fundamentaltheologie, Regensburg ³2000, 205: „In demselben Akt, in dem das Absolute sich äußert (...), muß es also auch entschlossen sein, so lange auf die völlige Einheit mit sich selbst zu warten, bis alle Freiheit sich entschlossen hat, sich zum Bild des Absoluten zu machen. Die Allmacht Gottes wäre dann so zu definieren, daß er unendlich lange auf das Ja geschaffener Freiheit zu warten vermag, ohne Angst, sich dabei selbst zu verlieren."
777 TA, 1516.

war? Der Umkehrschluss muss darum lauten, dass die Rede vom Gericht sich auf die geschichtliche Realität jedes Einzelnen beziehen muss. „Oder aber die Hoffnung auf eine versöhnte Gemeinschaft wird zynisch."[778] Diese Voraussetzung dürfe in der Logik des Glaubens aber gemacht werden, sodass sich das Vertrauen auf Gott auf der Grundlage der bisherigen Überlegungen dann zeigt als ein Vertrauen auf seine *Treue*, die sich nun als *Wartenkönnen* zeigt.

Diese Fähigkeit des unendlichen Wartens darf nun nicht als Tätigkeit missverstanden werden, in der Gott den Opfern der Geschichte neutral-differenzlos gegenübersteht. Striet bemüht hier einen weiteren Gedanken von Walter Benjamin, das Bild des *angelus novus*. Mit ihm ist ein Kerngedanke der Geschichtsphilosophie Benjamins zum Ausdruck gebracht, das sich auf Gottes Verhältnis zu ihr übertragen lässt:

> „Es gibt ein Bild von Klee, das Angelus Novus heißt. Ein Engel ist darauf dargestellt, der aussieht, als wäre er im Begriff, sich von etwas zu entfernen, worauf er starrt. Seine Augen sind aufgerissen, sein Mund steht offen und seine Flügel sind ausgespannt. Der Engel der Geschichte muß so aussehen. Er hat das Antlitz der Vergangenheit zugewendet. Wo eine Kette von Begebenheiten vor *uns* erscheint, da sieht *er* eine einzige Katastrophe, die unablässig Trümmer auf Trümmer häuft und sie ihm vor die Füße schleudert. Er möchte wohl verweilen, die Toten wecken und das Zerschlagene zusammenfügen. Aber ein Sturm weht vom Paradiese her, der sich in seinen Flügeln verfangen hat und so stark ist, daß der Engel sie nicht mehr schließen kann. Dieser Sturm treibt ihn unaufhaltsam in die Zukunft, der er den Rücken kehrt, während der Trümmerhaufen vor ihm zum Himmel wächst. Das, was wir den Fortschritt nennen, ist *dieser* Sturm."[779]

Wenn nun aber das Voranschreiten der Geschichte mit dem ausdrucksstarken Bild des Sturms identifiziert wird, liegt es nahe, dass der Anbruch der zu erwartbaren Zukunft nicht einfach als bruchlose Fortsetzung der Geschichte gedacht werden kann – und zwar auch dann nicht, wenn die Freiheit der Opfer und Täter in dieser Wirklichkeit gewahrt bleiben soll. Striet betont in seinem Beitrag die Bedeutung dieser Differenz, die darum eine wie auch immer zu denkende eschatologische „Gleichmacherei" (die gerade auch durch den Gedanken einer Erbsünde Einzug erhalten kann) ausschließt und sie auch aus Gründen der Humanität ausschließen muss, „weil es im Gericht um die realen menschlichen

---

778 TA, 1516 f.
779 BENJAMIN, Walter: Gesammelte Schriften. Band I.2: Abhandlungen, TIEDEMANN, Rolf /
    SCHWEPPENHÄUSER, Hermann (Hgg.), Frankfurt a. M. 1980, 697 f.

Biographien in ihren intersubjektiven Bezügen gehen wird."[780] Gerade weil man mit guten Gründen dafür plädieren kann, dass kein Mensch nur gut oder nur schlecht ist, muss diese eingeforderte Differenz gerade in der Rede vom Gericht vorausgesetzt werden. Gleichwohl macht Striet darauf aufmerksam, dass die bisherigen anthropologischen Überlegungen auch den so zentralen Begriff der Würde berühren und insofern Abstraktionen sind, die darum in Spannung stehen zur je individuellen Lebensgeschichte.

> „Stimmen aber die bisher vorgetragenen Überlegungen, so darf als ausgemacht gelten, dass der im erhofften Gericht kommende Gott weder die bleibende Würde und damit die Freiheit der Opfer noch die der Täter übergehen wird. In seinem Warten bezieht der geglaubte Gott sich vielmehr entschieden auf deren Freiheit, und zwar in einer differenzierten Weise."[781]

Dass die Freiheit von Gott ernst genommen wird, muss dann in letzter Konsequenz auch bedeuten, dass sie in ihrem intersubjektiven Charakter ernst genommen wird. Denn gerade die Freiheit des anderen war es ja – dies sollte der Pröppersche Freiheitsbegriff mithilfe der Transzendentallogik deutlich gemacht haben – in der die eigene Freiheit mit sich vermittelt wird. In der Freiheit des Anderen begegnet mir die eigene Freiheit. Sie ist darum auch nicht als etwas zu Extrahierendes oder Isolierbares zu denken, das als eigenständige Entität unabhängig von intersubjektiven Realitäten begriffen werden könnte. Die Würde, mit Freiheit begabtes Subjekt einer Geschichte zu sein, „wird für das Gericht auch erhofft, dass es zunächst denen Gehör verleiht, denen die Würde, Subjekte ihrer eigenen Geschichte sein zu dürfen, vorenthalten wurde."[782]

Striet führt seine Überlegungen zu Ende, indem er die dritte Kantische Frage aufgreift und versucht, sie auf Basis der skizzierten Reflexionen zu beantworten. Weil in der Person Jesu ein Geschehen geoffenbart wurde, dass universale Geltung beanspruchen darf und darum als ein Versprechen für die Gläubigen gelten darf, dürfe darum erhofft werden: „Dass Gott es tatsächlich gelingen wird, allumfassend tröstend und versöhnend wirksam zu werden."[783] Konkrete Gestalt findet dies gerade auch im eucharistischen Geschehen, das das Anfanghafte dieses Geschehens schon markiert, ohne dessen noch ausstehende volle Wirksamkeit zu leugnen. Hier ist darum der Ort, an dem Gottes Versprechen vom Menschen bejaht wird und im Bewusstsein der noch realen Widrigkeiten tröstender Dank gesprochen wird: „für das Daseindürfen und damit für die Welt

---

780 TA, 1518.
781 TA, 1519.
782 TA, 1519.
783 TA, 1520.

und ihre Schönheit, die den Glaubenden freie Schöpfung des freien Gottes ist. Wer dies vermag, der lebt aus der Gnade, die Gott selbst ist und als der er dem Menschen immer bereits zuvorgekommen ist, schon jetzt."[784]

III.5 Das Pröppersche Freiheitsdenken – ein Gottesbeweis?

Nachdem an dieser Stelle das Freiheitsdenken Pröppers referiert wurde, könnte bereits mit den Überlegungen des nachfolgenden Hauptkapitels fortgefahren werden. Zuvor jedoch soll noch ein Gedanke Erwähnung finden, bei dem Pröpper häufig missverstanden wurde und der darum eine nähere Betrachtung verdient. Pröpper führt im ersten Teilband der Theologischen Anthropologie an mehrfacher Stelle aus, dass es sich bei dem von ihm vertretenen gedanklichen Konzept *nicht* um einen Gottesbeweis handeln kann. Bevor hierauf näher eingegangen werden soll, stellt sich aber die Frage, warum dieser Verdacht überhaupt aufkommen kann. Insbesondere der geleistete *Möglichkeitsaufweis* veranlasste Pröpper dazu, eine Reihe von Argumenten vorzubringen, die die Qualifikation seines Aufweises als Gottesbeweis unzulässig erscheinen lassen. Dass diese verhältnismäßig häufige Auskunft gerade nach dem Möglichkeitsaufweis erfolgte, legt sich deswegen nah, weil die Gefahr, einen Gottesbeweis vorliegen sehen zu können, an dieser Stelle besonders hoch zu sein scheint.[785]

Damit ist wie von selbst übergeleitet zu den entsprechenden Überlegungen in der TA, in denen Pröpper sich von einem Gottesbeweis abgrenzt. Diese Klarstellung legt sich an dieser Stelle nah, da der Begriff „Gottesbeweis" eben keine unmittelbare Erkenntnis Gottes beschreibt (und darum im Übrigen auch nicht beispielsweise bei Schleiermacher nachgewiesen werden kann, der selbst aber auch nicht einen solchen Anspruch hatte[786]).

Diejenigen Argumente, die am deutlichsten gegen die Gottesbeweishypothese bei Pröpper sprechen, werden *von ihm selbst* benannt. Dieser Umstand kann deswegen nicht überraschen, da Pröpper sich ja wie gesehen explizit an den Erkenntnissen und Erträgen der neuzeitlichen Philosophie orientiert. So ist insbesondere das Denken Immanuel Kants an dieser Stelle angesprochen, dessen radikale Kritik der klassischen Gottesbeweise, die im Mittelalter noch ihre Gültigkeit hatten, nun kurz erläutert werden soll.

---

784 TA, 1520.
785 Doch auch der *Relevanzaufweis* ist m. E. nicht vor dieser Gefahr gefeit. Da in seinen argumentativen Einzelschritten der Gottesgedanke ja die argumentative Spitze darstellt, welche abzubrechen droht, wenn man die menschliche Freiheit als solche zu leugnen versucht, mache, so suggeriert die Argumentation, das Vorhandensein von Freiheit in ihrer „Höchstform" nur im Falle des Gottesgedankens Sinn.
786 vgl. TA, 595.

Das augenscheinlichste Argument gegen ein Verständnis als Gottesbeweis sieht Pröpper in der bleibenden Gültigkeit von Kants Kritik der klassischen Gottesbeweise – näherhin im Begriff „ens necessarium", also der für die klassische Gottesbeweisthematik so zentrale Gedanke eines *notwendig Seienden*. Dieser sei für die theoretische Vernunft nicht zu erfassen, da sie etwas voraussetzt, was sie nicht zu denken imstande ist.[787] Aufgrund dessen, dass dieser Begriff aber nicht nur dem ontologischen Argument, sondern auch etwa dem kosmologischen Beweis zugrunde liege, richtet sich die Kritik dieses Begriffes auf das gesamte Konvolut klassischer Gottesbeweise. Gleichwohl fungiert das ontologische Argument Anselms als konzentrischer Punkt der Kritik: das ontologische Argument[788] sei im Kern auch in den anderen Beweisformen enthalten, all sie haben also einen gemeinsamen Kritikpunkt: Der Begriff des ens necessarium müsste, um das mit ihm Gemeinte aussagen zu können, etwas voraussetzen, das aber nicht eingelöst werden kann: „entweder zu der absoluten Notwendigkeit einen Begriff, oder zu dem Begriffe von irgendeinem Dinge die absolute Notwendigkeit desselben zu finden (...): denn als schlechthinnotwendig erkennt die Vernunft nur dasjenige, was aus seinem Begriffe notwendig ist"[789]. Neben dieser begrifflichen Kritik kommt beim Anselmschen Argument folgendes hinzu: „Sein" sei kein reales Prädikat: Spricht man einer Sache zu, dass sie real ist, enthält diese Sache nicht das mindeste mehr, als wenn von ihr nur gesagt würde, dass sie bloß gedachte sei. Wäre es stattdessen tatsächlich so, dass es sich bei einem real existierenden um *mehr* handeln würde als bei etwas bloß Gedachtem, würde sich der *Begriff* dieses Dinges ändern, das nur vorgestellte und das reale begriffliche Bezeichnete wäre nicht mehr dasselbe. Kant verdeutlicht dies an seinem berühmten Beispiel der 100 Taler, die in der Vorstellung nicht einen anderen Begriff als in der Wirklichkeit besitzen: Wäre dies *nicht* der Fall, könnte überhaupt nicht mehr eine Unterscheidung von Vorstellung und Wirklichkeit vorgenommen werden, da es keine solche Differenz gäbe. Der *Begriff* der 100 Taler ändert sich nicht, unabhängig davon, ob ihnen eine Realität oder bloße Vorstellung zukommt.[790] Wenn dies aber zutrifft, dann ist damit der eigentliche systematische Kern des

---

787 Vgl. TA, 345: „*denn weder werden wir ein absolut Notwendiges jemals in der Erfahrung antreffen, noch haben wir von ihm einen so klaren und deutlichen Begriff, daß sein Nichtsein undenkbar wäre.*"

788 Zu den einzelnen Beweisschritten etwa: STOSCH: Einführung in die Systematische Theologie, 23 f.

789 KANT, Immanuel: Werke, II. Kritik der reinen Vernunft, WEISCHEDEL, Wilhelm (Hg.), Darmstadt ⁸2016, B 640; vgl. auch MÜLLER: Glauben – Fragen – Denken, Band 3, 675 f.

790 Vgl. KANT: Kritik der reinen Vernunft, B 628. Um diesen Gedanken zu verdeutlichen, kann man auch folgendes Beispiel heranziehen: Der Begriff „Junggeselle" bezeichnet unverheiratete Männer und fügt darum dem Satz „Junggeselllen sind unverheiratete Männer" nichts Neues hinzu, weil die Information, dass es sich bei Junggesellen um unverheiratete Männer handelt, bereits im Begriff „Junggeselle" enthalten ist.

Anselmschen Arguments getroffen: Anselms Argument, dass Gott das sei, worüber hinaus Größeres nicht gedacht werden kann, „id quo maius cogitari nequit"[791], dem gemäß ein wirklich existierender Gott auch größer sein muss als ein bloß gedachter, ist damit widerlegt.

Mit der Kritik der traditionellen Gottesbeweise ist für Kant die Gottesfrage allerdings noch nicht abgeschlossen. Dass die theoretische Vernunft nicht dazu in der Lage ist, einen sinnvollen Begriff eines notwendigen Seins fassen zu können, macht die Ausgangsfrage nicht ungestellt. So formuliert er einen eigenen Gottesbeweis, der jedoch der praktischen Vernunft, also der Moral entspringt – in ihr sei nach Kant der Gottesgedanke zu verorten, in ihr könne er im Haushalt der Vernunft ausfindig gemacht werden.

Die in kurzer Form vorgestellte *Kantische* Kritik hatte ihr Recht darin, aufzuzeigen, warum es sich beim Pröpperschen Denken nicht um einen Gottesbeweis im Modus einer Freiheitsanalyse handeln *kann* und warum dies gerade auch für das Denken Pröppers der Fall sein *muss*: Pröpper selbst weist ausdrücklich darauf hin, dass die Erkenntnisse der Philosophie – aufgrund ihrer Rolle als Hauptbezugsdisziplin der Theologie – nicht ungeachtet bleiben, nicht mehr hintergangen und sich nicht mehr vom Standpunkt der bereits erreichten Erkenntnis entfernen dürfen. Zugleich wird so auch die methodisch wichtige *Unterscheidung* zwischen theologischem und philosophischem Denken angezeigt und gewahrt.

Als weiterer Grund dafür, dass der erreichte Möglichkeitsaufweis nicht als Gottesbeweis verstanden werden darf, führt Pröpper an, dass eine „von Welt und Mensch verschiedene freie Wirklichkeit"[792] zwar als Grund des freien Ich im Modus der Frage nach absoluter Begründung in Betracht kommt, diese Wirklichkeit jedoch nicht als Grund aller antreffbaren Objekte in der Welt missverstanden werden dürfe. Denn gerade die Kantische Kritik am ontologischen Gottesbeweis zeigte ja, dass der Begriff des ens necessarium, eines notwendigen Seienden, im Bereich der Objekte nicht in die Vernunft gelangen kann. Von keinem in der Welt vorkommenden objektiv Gegebenen kann die Vernunft die Aussage machen, dass es sich um ein notwendiges Seiendes halte. Diese Prämisse gilt auch und erst recht für „die ganze *Reihe* der empirischen Bedingungen des Bedingten"[793], was dann zur Konsequenz hätte, dass dann auch die Instanz, die den Möglichkeitsaufweise formulierte, als hierzu unfähig bezeichnet werden müsste und insofern einen noch radikaleren Schritt als den ersten darstellt. Denn es würde dann nicht die objektive Welt auf den Begriff des ens necessarium bezogen werden, sondern auch schon der Träger der Erkenntnis dieser Objekte.

---

791 ANSELM VON CANTERBURY: Proslogion, Kapitel II.
792 TA, 600.
793 TA, 600.

Auf diese Weise könnte kein Prinzip mehr namhaft gemacht werden, das nicht schon dem Verdacht ausgesetzt wäre, die Kantische Kritik am ens necessarium zu missachten und „dann [wäre; A. H.] nicht erst einem Gottesbeweis, sondern auch schon unserem Möglichkeitsaufweis die Basis, eben das Prinzip des freien Ich, entzogen."[794] Es ist m. E. an dieser Stelle also gut ersichtlich, warum auch nach Pröppers eigener Mahnung die Theologie nicht hinter das schon erreichte Niveau nicht wieder zurückfallen darf: die konsequente Achtung der Kantischen Kritik bewahrt die Theologie an dieser Stelle vor einem drohenden Naturalismus, der sich im Falle der kühnen Ignoranz von Kants Kritik am Begriff des ens necessarium einstellen würde. Zudem ist – sozusagen auf übergeordneter Ebene – erneut aufgewiesen, dass die Grenzen von Philosophie und Theologie nicht verschwimmen dürfen: das distinkte Bewusstsein ihres je eigenen Kompetenzbereichs bewahrt vor Verselbstständigungen und Thesen, die gerade auch die Theologie angreifbar machen können.

Gerade die Achtung dieser Trennung von Philosophie und Theologie führt sodann auch zum dritten Punkt, der es nach Pröpper nicht erlaube, von einem Gottesbeweis zu sprechen. Denn gerade das philosophisch Aufweisbare (die Möglichkeit Gottes) ist auch die Grenze der reinen Vernunft. Dies mit der Methode des Freiheitsdenkens aufgewiesen zu haben, lässt es geradezu aus ihrer eigenen Logik nicht zu, die Existenz Gottes beweisen zu können. Die Freiheit bleibt vielmehr zunächst einmal auf sich selbst verwiesen. Die methodische Grenze zwischen Philosophie und Theologie wird so durch das Freiheitsdenken zwar durchaus gewahrt, sie muss aber auch gewahrt *bleiben,* sodass auch der Standpunkt eingenommen werden kann, den Schritt zur Annahme *Gottes* nicht mitgehen zu müssen

> „– eine Position also, die entschieden ohne die Sinnprämissen auszukommen versucht, die sich ohnehin niemand selbst sichern, geschweige einem anderen befehlen oder andemonstrieren kann. Indessen wird durch sie nur bestätigt, was wir selbst herausgestellt haben: daß nämlich der Übergang von der Frage absoluter Begründung zur Affirmation Gottes von einem Sinnvertrauen getragen wird, das die Vernunft als solche nicht zu verbürgen vermag."[795]

Dass Pröpper innerhalb des ersten Teilbandes beinahe schon passim davon spricht, dass es sich bei seiner Konzeption *nicht* um einen Gottesbeweis handeln kann, ist also in gewisser Hinsicht eine Einlösung dessen, was sein ohnehin ausgewiesenes Ziel am Ende des ersten Teilbandes ist: Ein Aufweis für die *Möglichkeit* eines Gottesgedankens. Ohne eine klare Unterscheidung zwischen

---

794 TA, 600.
795 TA, 601.

Aufweis und Beweis wäre das erreichte Ziel am Ende des ersten Teilbandes missverstanden. Umso deutlicher wird von ihm also der Unterschied beider Formen
hervorgehoben. Dem *korrespondiert* geradezu, dass bei der Diskussion um die
Gottesbeweise streng zwischen *Auf*weis (oder auch *Er*weis) und *Be*weis unterschieden wird. Dies geschieht dann häufig in der Form, dass der Beweisbegriff
hinsichtlich seiner Geltung und Genese als kontextualisiert betrachtet werden
muss. „Damit erweist [(!); A. H.] sich, was ‚Gottesbeweis' näherhin meint, als
eine durch ihren spezifischen Sachbereich strukturierte Argumentationsform,
die wie alle anderen Beweise auch ihre Voraussetzungen hat."[796] Nimmt man
diesen Befund ernst (und dies sollte man, wenn man im Sinne der Theologie
wissenschaftstheoretisch verantwortlich argumentieren will), zeigt sich nun
nicht mehr nur die sinnvolle Unterscheidung zwischen Aufweis und Beweis
überhaupt, sondern es ist vielmehr auch der Übergang erreicht, einen solchen
Aufweis oder Erweis im Sinne Pröppers im letzten Kapitel der TA 1 als *eingelöst*
zu betrachten, wo diese Anliegen in Form des Möglichkeits- bzw. Relevanzaufweises ja von ihm in diesem Sinne verfolgt werden.

Besondere Aufmerksamkeit verdient aber auch noch ein letzter Punkt, der
m. E. eine verblüffende Gemeinsamkeit zwischen dem Pröpperschen Denken und
den Gottesbeweisen darstellt: Am Ende des ersten Teilbandes entwirft Pröpper
wie dargestellt eine Konzeption, die die Kritik und auch die Konzeptionen des
neuzeitlichen Gottdenkens aufnimmt, diskutiert, auswertet und dann zu einem
kohärenten Gedanken vereint. Diese stellt sich dann so dar, dass ein Entwurf
vorgestellt wird, der es ermöglicht, die denkerischen Mittel zu bieten, dass jeder
Mensch im Gebrauch seiner freien Vernunft in der Lage ist, den Gottesgedanken
bilden zu können. Betrachtet man nun ausgehend von diesen Überlegungen die
Eigenart der Gottesbeweise, welche in analoger Weise darin besteht, Erfahrung
mit einem Gottesgedanken vermitteln zu wollen, kann hierin eine Identität zwischen Pröpperschem Denken ganz *konkret* und der Eigenart der Denkform bzw.
der Anliegen der Gottesbeweise *insgesamt* ausgemacht werden: Beide Denkarten
kann man auch als beispielhafte Anleitung dafür begreifen, dass „*auf-Gott-hin-
gedacht*" werden kann. Darum können die Gottesbeweise auch als ein Exempel
für die Möglichkeit natürlicher Theologie gelten. Bei Pröpper geschieht dies augenscheinlich wie bereits erwähnt in der Instanz der freien Vernunft, während
bei den klassischen Gottesbeweisen wie gesehen eher der Begriff des Aufweises
zum Tragen kommt, der jedoch auch so begriffen werden kann, dass ein Subjekt
Erfahrung mit einer Erfahrung Gottes gemacht hat: So hat ja etwa Anselm in
einem langen gedanklichen Prozess über das Wesen Gottes und seinen Begriff
nachgedacht. Freiheitsdenken und sogenannte Gottesbeweise haben daher eine

---

796 MÜLLER, Klaus: Gottes Dasein denken. Eine philosophische Gotteslehre für heute, Re-
    gensburg 2001, 45.

Gemeinsamkeit, die es festzuhalten gilt: Beide stellen eine Anleitung dafür da, in *welcher Form* ein „auf-Gott-hin-Denken" erfolgen kann: Bei Pröpper in der Instanz der freien Vernunft, bei den Gottesbeweisen auf verschiedene Weisen, die jedoch auch als ein Gewisswerden oder „Zur-Vernunft-Kommen-Gottes" interpretiert werden können. Man kann diesen Befund auch so deuten: Bei Pröpper steht eher die Tatsache im Vordergrund, *dass* der Mensch überhaupt und grundsätzlich dazu in der Lage ist, capax dei, gottesfähig zu sein, einen Begriff von ihm bilden zu können, während die sogenannten Gottesbeweise eher ein Beispiel dafür sind, *wie und auf welchem denkerischen Weg* dies erfolgen kann (ob dieser Weg gangbar ist oder nicht ist eine andere Frage, die hiervon zunächst unberührt ist). In beiden Fällen kann von Erfahrung mit Erfahrung gesprochen werden, die das jeweilige Subjekt gemacht hat oder prinzipiell machen *kann*. Dies kann m. E. mit einigem Recht durchaus als eine anthropologische Aussage verstanden werden, bzw. als ein anthropologischer Aspekt oder anthropologisches Korrelat des Begriffs des Gottes*aufweises*. Dieser Aufweis kann nur dann das einlösen, wovon er redet, wenn das, was er zu aussagen intendiert, bereits in dem enthalten ist, der von diesem Aufweis spricht oder anders gewendet: Hier kommt die Behauptung, dass im Menschen etwas als unbedingt vorausgesetzt werden darf, insofern zur Geltung, als dieses Unbedingte das auf-Gott-hin-Denken in Form des Aufweises zuallererst ermöglicht. Dieser Befund wird noch besonders dadurch gestützt, dass etwa Anselm ja gerade auch Gott fernstehenden Menschen den Gedanken an ihm nahebringen wollte, was sich in seinem motivierten Anspruch zeigte, aufzuzeigen, dass auch ein Atheist den Gottesbegriff bilden könnte.

Ein „Gottesbeweis" kann darum nur exemplarisch zeigen, wie „auf-Gott-hin" gedacht werden kann – was im Übrigen auch völlig in Einklang mit dem philosophischen Anspruch steht. Zusammengefasst: Indem Pröpper mit dem soeben formulierten Möglichkeitsaufweis die Vorlage eines Gottesbeweises dementiert und hierbei auf die Kantische Kritik verweist, so löst er zugleich *exemplarisch* ein, wie laut Klaus Müller der Begriff der Gottesbeweise richtigerweise verstanden werden kann:

> „Im Gottesbeweis geht es nicht um die Aufdeckung von etwas völlig Neuem oder die Widerlegung dessen, der Gottes Existenz bestreitet. Vielmehr sollen im Gottesbeweis in schlussfolgernder Form Gründe für das Recht und die Vernunftgemäßheit der Annahme einer Existenz Gottes benannt werden. Eine bereits gegebene prädiskursive oder intuitiv und emotional fundierte Gottesgewissheit soll ausdrücklich gemacht und als solche durch die Benennung von Erkenntnisgründen intellektuell plausibilisiert werden [hier könnte auf Schleiermachers Gefühl schlechthinniger Abhängigkeit verwiesen wer-

den; A. H.]. Gottesbeweise dienen einer methodisch vorgehenden reflexiven Selbstvergewisserung von Glaubenden."[797]

Insbesondere die angesprochene Vernunftgemäßheit kann durch Pröpper sicherlich als eingelöst gelten, insofern er ja gerade eine kritische Prüfung der gültigen Erträge neuzeitlichen Gottdenkens vornimmt. Besonders deutlich wird die Einlösung seines Möglichkeitsaufweises als Gottes*aufweis* aber an den Konsequenzen, die Müller dann für die Funktion der Gottesbeweise zieht:

„D. h. sie dienen der Selbstverständigung in der Perspektive der intellektuellen Redlichkeit. Zu deren integralen Momenten gehört aber, die je eigene Welt- und Selbstbeschreibung in eine Einheit zu bringen, also von Widersprüchen fernzuhalten. Vernunftgemäße Lebensführung und Weltdeutung sozusagen am Werktag muss deshalb aus der ihr inhärenten Dynamik um die Explikation der Widerspruchsfreiheit der Annahme einer Existenz Gottes Sorge tragen."[798]

Gerade die angesprochene Einheit kann m. E. dem entsprechen, was Pröpper mit dem Gedanken der *Verfügung* zu einem einheitlichen Konzept im finalen Kapitel der TA1 meint, insofern die von ihm kritisch betrachteten Konzeptionen auf ihre argumentative Kraft befragt, Inkonsistenzen identifiziert und auf dieser Basis eine Neudeutung vorgenommen wird. Kurz: der Möglichkeitsaufweis der Existenz Gottes durch Pröpper demonstriert einerseits, warum es keinen Gottes*beweis* geben *kann*, während er sozusagen spiegelverkehrt aufzeigt, auf welche Weise er verstanden werden *soll*: Richtig erfasst und philosophisch vertretbar ist der Gottesbeweis ein Gottes*aufweis*[799].

Nach diesen begrifflichen Klarstellungen zum Gottesbeweisbegriff und seiner Kritik soll nun zum nächsten Hauptkapitel übergegangen werden, das die referierten Inhalte aus dem Open Theism mit den Erkenntnissen aus der Theologischen Anthropologie von Thomas Pröpper in ein Gespräch zu bringen versucht.

---

797 MÜLLER: Gottes Dasein Denken, 46.
798 MÜLLER: Gottes Dasein Denken, 47.
799 Vgl. MÜLLER: Gottes Dasein Denken, 46.

IV. KONVERGENZEN UND DIVERGENZEN IM NACHDENKEN ÜBER FREIHEIT

Nachdem beide für die Themenstellung der Arbeit relevanten Konzeptionen in ihren inhaltlichen und systematischen Zusammenhängen im Rahmen der gebotenen Länge vorgestellt wurden, kann nun der Versuch unternommen werden, sie miteinander in ein Gespräch zu bringen. Bei der vorzunehmenden Vermittlung zwischen OT und TA soll analog zur Struktur der Theologischen Anthropologie Pröppers eine Unterscheidung zwischen philosophischem und theologischem Inhalt zugrunde gelegt werden. Damit trägt der nun anstehende *Versuch der Zusammenschau bzw. Synopse* den Einsichten Rechnung, die Pröpper mit dieser Differenz verbindet: Methodisches Vorgehen, Unterscheidung zwischen der bloß möglichen und der de facto wirklichen Gottesbeziehung sowie der Präferenz der Philosophie, um vernunftgemäß zu genuin theologischen Themen überzuleiten und der Rechenschaftspflicht der Theologie gegenüber der Philosophie zu genügen. Man kann sich das Verhältnis, unter dem der nun vorzunehmende Versuch vorgenommen werden soll, auch mit folgendem Bild verdeutlichen: Würde man OT und TA wie zwei Folien übereinander blenden, ergäbe sich, dass die TA nicht die bestehende Gottesbeziehung schon voraussetzt, sondern erst bei ihrer *Möglichkeit* ansetzt. Daher ist es m. E. sinnvoll, dass die Struktur der TA auch für die folgenden Überlegungen dasjenige hermeneutische Raster bereitstellt, was sie auch schon im Rahmen ihrer eigenen methodischen Zielsetzung voraussetzte.

Die Intention, die Pröpper im Aufbau der Theologischen Anthropologie verfolgt, könnte sich damit auch für den OT als ertragreich erweisen. Denn auch für ihn trifft es ja zu, dass er mit dem Selbstverständnis als biblische Reformbewegung theologische Aussagen eruiert, die bei ihm aber noch der philosophischen Einlösung bedürfen. Gerade dies leistet der erste Teilband der TA aber, sodass eine Betrachtung des OT unter dem konzeptionellen Raster des ersten, also philosophisch-fundamentaltheologischen Teilbandes *gerade in dieser Hinsicht* gewinnbringend für ihn sein kann – ob und inwiefern dies tatsächlich der Fall ist, wird erst noch zu untersuchen sein. Analoges gilt für die Gegenüberstellung des OT mit dem *zweiten* Teilband der TA, der die de facto bestehende Gottesbeziehung behandelt, die in diesem Sinne auch von den Offenen Theisten vorausgesetzt wird, wenn sie etwa die Modifikationen vornehmen, von denen in Kapitel II die Rede war. So könnten die referierten Ansichten in der Gotteslehre des OT als Diskussionsgrundlage mit den Ausführungen des zweiten Teilbandes der TA fungieren.

Hat der OT den Anspruch, ein im wissenschaftlichen Diskurs tragfähiges Modell vertreten zu können, unterliegt auch er der philosophischen Rechenschaftspflicht. Will er zudem im Dialog mit der kontinentaleuropäischen Theologie anschlussfähig bleiben oder werden, können ihm die damit einhergehenden philosophischen Anforderungen, die von daher gestellt werden, nicht gleichgültig sein. Exemplarisch zeigt sich dies m. E. besonders deutlich an dem Umstand, dass die de facto bestehende Gottesbeziehung – gerade vor dem Hintergrund der Erkenntnisse neuzeitlicher Philosophie – nicht mehr fraglos vorausgesetzt werden kann, wovon der OT aber trotz seiner philosophischen Affinität jedoch auszugehen scheint.

Zudem ist es von Bedeutung, dass Pröpper im zweiten Kapitel der TA1 daran festhält, dass der Mensch grundsätzlich von Gott bejaht und angenommen ist. Diese Grundannahme muss an dieser Stelle vorausgesetzt werden, ist sie doch Basis der Theologischen Anthropologie Pröppers überhaupt, unmittelbar die Gottesbeziehung des Menschen betreffend und darum auch für den OT relevant. Dieses Axiom kann dem OT helfen, seine Annahme der Freiheit im Hinblick auf die Gottesbeziehung zusätzlich mithilfe des Pröpperschen Denkens zu festigen und sie auch in dieser Hinsicht zu vergewissern. Mit der Übernahme der für Pröpper typischen Unterscheidung zwischen (eher) philosophisch-fundamentaltheologischem ersten und (eher) dogmatischem zweiten Teilband kann der OT ebenfalls profitieren: Unterstellt man, dass der für Pröpper typische Freiheitsbegriff, der in der TA1 formuliert und vorausgesetzt wird, auch mit dem OT kompatibel ist, können diejenigen Erträge, die Pröpper am Ende des ersten Teilbandes aufzeigt, *ihrerseits* für den OT fruchtbar gemacht werden. Damit ist das nun abzuschreitende Feld angesprochen, das eine Synopse der beiden ersten Hauptkapitel der vorliegenden Studie zu leisten versuchen soll. Zu diesem Zweck sollen vor allem die Inhalte des für die TA so systematisch zentralen finalen Kapitels der TA1 in ein Gespräch mit dem OT gebracht werden, um Analoges dann im folgenden Teil für ausgewählte Passagen des zweiten Teilbandes vorzunehmen.

Angesichts der systematischen Schlüsselrolle der Freiheit im OT und bei Pröpper darf das erläuterte Vorgehen gerechtfertigt erscheinen, um die Reflexionsebenen beider Größen kritisch zu distinguieren. Nach knappen einleitenden Überlegungen soll darum mit einem *Vergleich des jeweiligen Begriffs von Freiheit begonnen werden*, der von OT und Pröpper vorausgesetzt wird. In einem weiteren Schritt sollen die Aspekte der Gotteslehre betrachtet werden, die Pröpper im letzten Kapitel des ersten Teilbandes seines Werkes unter dem Gedanken der Freiheit vorgreifend erwähnt (drei „essentials"), um zu beobachten, wie diese in Zusammenhang mit dem OT stehen und ob sich ggf. eine Konvergenz zwischen OT und TA einstellt. Sollten sich an dieser Stelle schon Analogien zeigen, könnte damit der Grundstein gelegt sein für anschließende Überlegungen, die im zweiten Teilband der Theologischen Anthropologie behandelt und dann ihrerseits mit dem Denken des OT vermittelt werden sollen.

IV.1 Ein Punkt der Übereinkunft

Bevor nun der Versuch der Zusammenschau zwischen OT und TA unternommen wird, soll noch eine Bemerkung gemacht werden, die zwar noch keinen inhaltlichen Einstieg im engeren Sinne darstellt, jedoch Erwähnung bedarf, insofern als sie in Zusammenhang mit der eingangs formulierten Aussage steht, dass der OT sein Denken ebenso wie Pröpper an der Freiheitsthematik ausrichtet und in gewisser Hinsicht als Basis seiner Aussagen verwendet. Die *Orientierung an der Freiheitsthematik* kann bereits als übergeordnetes Vorzeichen gelten, unter dem sowohl OT als auch TA stehen und das darum auch die entsprechenden Inhalte der Positionen mitbestimmt. Dies scheint in bestimmter Hinsicht noch erläuterungsbedürftig: denn während Pröpper in der für ihn typischen Weise streng zwischen philosophischen und theologischen Inhalten unterscheidet, scheint die Grenze dieser Disziplinen beim OT nicht immer derart deutlich zu sein. Umso höher ist die bei Pröpper stets anzutreffende methodische und inhaltliche Unterscheidung zwischen beiden Wissenschaften einzuschätzen, die sich wie gesehen von Beginn der TA an zeigt, deren Aufbau leitet und auch die Anordnung ihrer Einzelkapitel vorgibt. Der besonders vom philosophischen Fragen motivierte erste Teilband bildet das Fundament für die Überlegungen im zweiten Teilband. Schon die Wahl des Freiheitsdenkens bei Pröpper gründet in der Einsicht, dass theologisches Denken nicht unabhängig von philosophischer Reflexion vollzogen werden kann.

Dass dieses Denken sich dann als fruchtbar, erhellend und reich an Erschließungskraft für die materiale Dogmatik zeigt, kann gewissermaßen als eine Art gegenläufiger Prozess im Vergleich zum OT betrachtet werden, insofern zwar auch dieser ein „Freiheitsdenken" vertritt, dieses aber anders im Gesamtzusammenhang seiner Argumentation steht: Es wird sozusagen erst rückblickend analysiert[1], inwiefern bestimmte Inhalte aus der Philosophie hinderlich für das theologische Denken sein können, indem die Gottesbeziehung schon vorausgesetzt wird und von ihr ausgehend diejenigen Inhalte der Philosophie kritisiert werden, die mit der Annahme einer authentischen Beziehung der Liebe nicht kompatibel scheinen und ihr widersprechen. Der Vorzug der TA Pröppers erscheint hier nun deutlich: *Das (transzendentale) Freiheitsdenken ist eigenständig und lässt es vor allem zu, dass bestimmte Inhalte philosophischer und theologischer Natur nicht nur als bloßer Widerspruch erscheinen müssen, sondern dass sie auch so gedacht werden können, dass sie sich einander zuordnen lassen können.* Aus diesem Grunde spricht Pröpper ja von einem vernunftgemäßen „Einheitsdenken", um das es sich beim Freiheitsdenken handelt – erlaubt es doch, sich selbst

---

1   So etwa Pinnocks Aussage einer „schweren Last", die innerhalb der klassischen Theologie aufgebürdet wurde, vgl. PINNOCK: Most Moved Mover, 118.

als Ansatz für philosophische und theologische Einsichten zu empfehlen und auf dieser Basis ein Bestimmungsverhältnis zwischen beiden zu denken.[2]

Das Denken des OT erscheint zumindest in dieser Hinsicht als methodisch eng geführt, insofern er zwar Probleme als solche zu identifizieren vermag, er aber als derart verstandenes Negativkriterium einen blinden Fleck für eben das aufweist, was Pröpper im zweiten Teilband leistet: ein theologisch-anthropologisches Denken zu etablieren, welches eine hermeneutische Schlüsselfunktion für das dogmatische Denken besitzt und eben damit über eine bloß Widerspruch-aufdeckende Funktion *hinausgeht*. Gleichwohl muss festgehalten werden, dass ein Freiheitsdenken nicht schon vordefinierte Lösungsperspektiven bietet[3], sondern erst „experimentell", durch seine Anwendung, das ihm inhärente Potenzial demonstrieren kann. Insofern OT und TA einen „starken" Begriff von Freiheit vertreten, kommen beide doch darin überein, dass es bestimmte Aspekte gibt, die bestimmten theologischen Vorstellungen diametral entgegenstehen.

IV.2 Ein gemeinsamer Abstoßpunkt – ein gemeinsames Anliegen?

Sowohl Pröpper als auch die Vertreter des OT kommen zunächst in weiten Teilen darin überein, dass es Inhalte in der Philosophiegeschichte gibt, die dem genuin biblischen Gottesbild widersprechen und daher nicht kompatibel mit ihm sind. Zunächst lässt sich der Ursprung dieser verfälschenden Aspekte in der *klassisch-griechischen* Philosophie ausmachen. Namentlich das Denken von Aristoteles oder Platon stehen in ihren Konzeptionen in Spannung zum christlichen Denken, genauer: Die Philosophie dieser Denker macht metaphysische Aussagen, die mit den christlichen Wahrheiten mindestens in bestimmten Hinsichten nicht kompatibel sind.[4] In diesem Sinne trat etwa das Problem der unfehlbaren Wirksamkeit

---

2 Vgl. TA, 492–494. Vgl. LERCH: Selbstmitteilung, 48 f.

3 Vgl. die entsprechende Aussage von STOSCH, Klaus von: Freiheit als Basiskategorie?, in: Münchener theologische Zeitschrift, 58 (2007), 27–42, 41. „Es kann nicht darum gehen, die große explikative Kraft der Kategorie der Freiheit einfach in einer transzendentalen Denkbewegung ein für alle Mal ihrer Fragwürdigkeit zu entheben. Vielmehr scheint es mir darum zu gehen, die Kategorien der Freiheit im Blick auf ihre Diskussion in den Paralleldiskursen anderer Wissenschaften immer neu zu durchdenken und sie so gerade in ihrer Fragwürdigkeit und Verwundbarkeit als Deutekategorie des Gott-Welt-Verhältnisses zu nutzen."

4 Diese eher grundsätzliche und formelle Aussage kann bei Pröpper etwa in Kapitel 4 seiner TA belegt werden, insofern dort vom *Natur-Gnade-Dilemma* die Rede ist, welches zu einem großen Teil auf die aristotelische Philosophie zurückzuführen ist und von diesem her einen Teil seiner Brisanz (vor allem im Hinblick auf die ontologischen Voraussetzungen) gewann. Die Gnade wird unter dieser Voraussetzung als etwas verstanden, das

der Gnade im Horizont einer aristotelisch-thomistischen Metaphysik auf (Akt-/ Potenzdenken), was im Kapitel III.4.4 erläutert wurde. Hierin zeigt sich ein gutes Beispiel dafür, wie nicht abgegoltene theologische Dispute – gerade dann, wenn die Auseinandersetzung mit dem philosophischen Denken nur unzureichend stattfindet – noch lange Zeit später Folgeprobleme evozieren und sich verselbständigen können.[5] Die Verdrängung dieses Umstandes zugunsten der Beachtung nur derjenigen philosophischen Positionen, die sich theologiefreundlich zeigen, ist nach Pröpper darum abzulehnen.[6] Spätestens bei Kenntnisnahme derartiger Aussagen kann man dem OT nicht mehr jede Plausibilität versagen, wenn er konstatiert, dass Intelligibilität und Vernunftgemäßheit in Glaubensfragen förderlich sind, Irritationen darum aufgelöst werden müssen und die Frage nach der *widerspruchsfrei* denkbaren Beziehung des Einzelnen zu Gott in den Blick zu rücken ist, die maßgeblich entscheidend ist für seine *tatsächliche* Gottesbeziehung:

> „What if a person thought God as an alienating being who exists at their expense? What if a person thought God was the author of evil, would that not make atheism a reasonable belief? Might it not be more pious not to believe than to believe? When persons take leave of God, we need to ask what sort of God did they take leave of?"[7]

Damit ist neben der inhaltlichen Virulenz zugleich auch die Relevanz der nun anstehenden Schritte schon angedeutet. Doch worin besteht diese genau und noch wichtiger: *Münden* diese bereits in eine Konvergenz zwischen Pröpper und OT? Ist diese Gemeinsamkeit bereits so zu verstehen, dass sie auf beiden Seiten eine Kongruenz im Denken evozieren kann?

Wie gesehen, setzen Offene Theisten bei der These an, dass Gott eine liebende Beziehung zum Menschen will. Diese an sich theologisch sicher zutreffende These, so richtig sie für sich genommen ist, hat jedoch mit dem Adressaten dieser intendierten Beziehung, dem Menschen, eine implizierte Aussage, die von den offenen Theisten nicht behandelt wird. Denn selbst wenn dies zutreffend ist, ist damit noch keine nähergehende Aussage darüber gemacht, wie denn gedacht werden könne, ob und wie dieses Beziehungsangebot (mehr noch: ein Offenbarungsgeschehen *als* ein Beziehungsangebot) vom Menschen als solches überhaupt wahrgenommen werden kann und ob die Unterscheidung zwischen möglicher und wirklicher Gottesbeziehung nicht gerade für den OT gelten müsse.

---

schon zum Wesen des Menschen gehört und darum die Möglichkeit verschließt, sie als *frei geschenkte* zu verstehen.

5   Vgl. hierzu die treffende Aussage der „unbeglichenen Rechnung": vgl. PINNOCK: Most Moved Mover, 2.

6   Vgl. TA, 272

7   PINNOCK: Most Moved Mover, 1.

Zuvor aber sei hingewiesen auf einen Punkt, der bei Pröpper und im OT sozusagen als negativer Abstoßpunkt charakterisiert werden und als Initialzündung für eine Revision der klassischen Theologie angesehen werden kann:

> „namentlich das aus dem Erbe des griechischen Denkens stammende Apathie- und Unveränderlichkeitsaxiom haben die Entwicklung einer der biblischen Gotteserfahrung gemäßen Denkform nachhaltig behindert; des gleichen die Theoreme der Einfachheit und zeitenthobenen Ewigkeit Gottes."[8]

Auf der Grundlage des II. Kapitels der vorliegenden Studie darf konstatiert werden, dass auch der OT der Aussage des Zitats mit großer Sicherheit zustimmen würde. Pröpper scheint hier sogar der Grundintention des OT recht zu geben, dass das biblische Gottesbild stärker zu fokussieren sei als im klassischen Theismus und sich darum Inkonsistenzen geradezu auftun *mussten*. Der inhaltliche Unterschied besteht hier lediglich darin, dass dieser Befund bei Pröpper weit voraussetzungsreicher ist: Während der OT „nur" die Möglichkeit der Beziehung zwischen Gott und Mensch als Grund (im Sinne des Kausalen und auch als Bedingung der Möglichkeit) für die menschliche Freiheit ansieht, argumentiert Pröpper weit differenzierter und folgenreicher, wenn er sein Freiheitsdenken als philosophisches Denken fundiert und theologisch legitimiert.

Beinahe verblüffend mag es anmuten, dass sich bei Pröpper selbst Indizien dafür finden lassen, die das Verhältnis von christlichem Denken und griechischer Metaphysik keineswegs so einseitig negativ darstellen wie zuweilen die Vertreter des OT. Zumindest konstatiert Pröpper auch einen Wandel, der nach der Rezeption etwa des platonischen Denkens durch die Väter stattgefunden habe. Es handelt sich bei derartigen Passagen häufig um Inhalte, die gerade die menschliche Freiheit betonen.

> „Doch sind gerade in dieser Hinsicht auch bedeutsame Verschiebungen, wenn nicht sogar Korrekturen zu verzeichnen. Sie beruhen vor allem auf dem Nachdruck, mit dem die Väter für den Prozeß der Verähnlichung mit Gott und der Gleichgestaltung mit Christus den *Anteil der menschlichen Freiheit* akzentuieren, ja nicht selten sogar die Gottebenbildlichkeit selber nicht einfach bloß mit der Geistigkeit des Menschen gleichsetzen, sondern ausdrücklich mit ihr auch die Freiheit verbinden."[9]

---

8   TA, 327. Man wird zudem nur wenig gegen die Beobachtung von Clark Pinnock vorbringen können, wenn er die Liebe Gottes als dessen Wesensmerkmal bestimmt und darüber verwundert ist, dass diese Eigenschaft in der Gotteslehre erst metaphysischen Erörterungen nachgeordnet ist, vgl. PINNOCK: Most Moved Mover, 81 f.

9   TA, 203.

Es ergibt sich also im Hinblick auf dieses Teilkapitel: Der Vorwurf des OT, dass das griechische Denken *nur* eine behindernde und verstellende Funktion für die Wahrheiten des Christentums besaß, ist zumindest in einer derart pauschalisierenden, plakativen Form wie der OT sie vorbringt, nicht haltbar. Vielmehr gilt es zu differenzieren, welches Denken genau und vor allem in welchem Ausmaß das Glaubensgut verfälscht. Denn was nach heutigen Erkenntnissen theologischen Denkens als hindernd ausgemacht werden kann, muss längst noch nicht auch für die damalige Reflexion gelten, was man etwa beim Theologietreiben der Väter beobachten kann, die nicht pauschal abgeneigt waren, das vorherrschende griechische Denken für ihre eigenen Positionen zu adaptieren.

IV.3 Zum Freiheitsbegriff beider Konzeptionen

„Der Fortschritt in der theologischen Forschung, so unsere These, ist weniger durch unüberbrückbare Dissense in bestimmten Argumentationsstrukturen, sondern durch das vorgelagerte Problem eines äquivoken Begriffsgebrauchs [der Freiheit; A. H.] gefährdet. (...) Es geht vielmehr um eine methodische Öffnung des Diskurses, welche die semantische Vielschichtigkeit des Freiheitsbegriffs einerseits würdigt und diese Multidimensionalität in Kontroversen berücksichtigt. Darin ist andererseits die Chance gegeben, alte Probleme neu zu thematisieren und zu prüfen, ob die vorausgesetzten Begriffe ihren semantischen Verpflichtungen gerecht werden. Es ist wenig überraschend, dass die Theologie ein besonderes Augenmerk auf die Verdanktheit und Passivität auch der menschlichen Freiheit legt. Sie wird allerdings gut daran tun, den Freiheitsbegriff nicht äquivok zu gebrauchen, sondern den Deutungshorizont dieses Begriffs in seinem normalsprachlichen Gebrauch präsent zu halten. Darin bewahrt sie nicht nur ihre Anschlussfähigkeit an die philosophische, psychiatrische und neurowissenschaftliche Debatte, sie scheint sich auch neue Aneignungsmöglichkeiten gegebener Probleme zu eröffnen. Unerlässliche Voraussetzung ist dabei eine Klarheit im Begriffsgebrauch. Es war unsere Absicht, zu zeigen, dass diese nicht durch Einheitlichkeit ausgezeichnet sein muss, sondern sich durch kontextuelle Erklärungen einstellt.“[10]

Das einleitende Zitat ermutigt zu den nachfolgenden Überlegungen, insofern als es sensibilisiert und zur gebotenen Exaktheit bei der Betrachtung der vorausgesetzten Freiheitsbegriffe von OT und Pröpper mahnt. So kann dazu beigetragen werden, nicht nur das voneinander Trennende, sondern – der Intention

---

10 Breul, Martin / Langenfeld, Aaron: Was ist Freiheit? Ein Versuch zur Klärung begrifflicher Missverständnisse, in: Theologie und Philosophie, 92 (2017), 346–370, 369.

dieses Kapitels entsprechend – vor allem das Gemeinsame und Integrierende wahrzunehmen, das sich beim Versuch einer Zusammenschau der Freiheitsbegriffe identifizieren lassen könnte. Sowohl bei Pröpper als auch im OT spielt die menschliche Freiheit eine systematische Schlüsselrolle für die eigene Konzeption. Dabei werden philosophische Überlegungen aufgenommen, insofern der OT den Begriff libertarischer Freiheit aus der analytischen Philosophie rezipiert, während Pröpper für sein Denken die Transzendentallogik von Hermann Krings zugrunde legt. Diese Unterschiedlichkeit beim Freiheitsdenken schließt es jedoch keinesfalls aus, dass beide Seiten ähnliche theologische Konsequenzen nach sich ziehen, da die vorausgesetzten Freiheitsbegriffe m. E. sowohl *an sich* als auch in den ihnen *enthaltenen Implikaten* systematische Gemeinsamkeiten aufweisen können.

Pröpper wählt wie gesehen die transzendentale Methode nach Krings, um seinen Begriff von Freiheit zu entfalten. Besonders typisch für ihn ist die Unterscheidung zwischen formal unbedingter und material bedingter Freiheit. Auf dieser Unterscheidung basierte etwa Pröppers Relevanzaufweis. Bei Pröpper wird der Freiheitsgedanke damit zwar auch dafür in Anschlag gebracht, die Gottesbeziehung des Menschen denken und explizieren zu können, dies jedoch in ungleicher Weise zum OT. Für Pröpper ist die Freiheit nicht nur Bedingung dafür, auch die Ablehnung der Gottesbeziehung denken zu können, um so ihre Freiwilligkeit und damit eine sicherlich wichtige Bedingung von Liebe durch den Freiheitsbegriff sicherzustellen und rückbinden zu können. Vielmehr wird bei ihm auch die Hinordnung auf Gott durch die Instanz der Freiheit schon begründet, indem der Mensch bereits im Modus freien Reflektierens nach ihm fragen kann.[11] Damit geht dieser Freiheitsbegriff über die Bestimmung im OT insofern hinaus, als er noch fundamentaler im Menschen verankert wird, ihm gewissermaßen „mehr zugetraut" wird. Bei Pröpper ist zudem in dem Sinne von Freiheit die Rede, insofern als durch sie die „Würde eigener Zustimmung"[12] zu dieser Gottesbeziehung gesichert wird. Sie ist darum für Gott das Ehrenhafteste, wenn sie in menschlicher Freiheit geschieht. Hier zeigt sich deutlich, dass Freiheit nicht – wie im OT häufig sichtbar – nur als bloße Rückversicherung der Freiwilligkeit zur Gottesbeziehung, der theoretischen Möglichkeit ihrer *Ablehnung* und damit in einer eher *negativen* Weise fungieren muss, sondern sie nach Pröpper v. a. auch im *positiven* Sinne Bedingung ihrer Möglichkeit ist, indem ohne ihr Vorhandensein weder die Freundschaft Gottes noch die echte, von Liebe geprägte Beziehung zum Mitmenschen gedacht werden kann. Nur in diesem Modus kann von echter Liebe gesprochen werden; ebenso erhält die Freiheit bei Pröpper eine genuin ethische Komponente.

---

11   Vgl. Lerch: Empfänglich für Gott? 87 f.
12   TA, 655.

Bei der Zusammenschau beider Begriffe von Freiheit lässt sich als Gemeinsamkeit die *Unbedingtheit* nennen, die beiden Auffassungen von Freiheit zu eigen ist: Bei Pröpper lässt sich dies namentlich bei der formal unbedingten Freiheit ausmachen, beim OT ist eine Unbedingtheit im Begriff quasi enthalten: Dass ein Mensch „nicht nur tun kann, was er will, sondern wenn er auch wollen kann, was er will"[13], sichert ähnlich wie in der transzendentalen Reformulierung ersichtlich die Bewertbarkeit der Entscheidung, ihre sittliche Qualität. Das Unbedingte ist conditio sine qua non für echte Freiheit: Es muss in ihrem Begriffe enthalten sein, um überhaupt sinnvoll von Freiheit sprechen zu können; wäre die Freiheit auch nur teilweise bedingt, kann es sich per definitionem gar nicht um Freiheit handeln[14]: Bedingtes Freisein ist ein *Oxymoron*, unbedingtes Freisein eine *Tautologie*.

Jedoch weist bei genauerer Betrachtung der Freiheitsbegriff von Pröpper tiefergehende Aspekte auf: Er kann mit plausiblen Mitteln im Lichte der transzendentalen Methode die Genese des Begriffs der Freiheit vernunftgemäß nachzeichnen, denn es entspricht dem Wesen der Vernunft, Einsicht erhalten zu wollen in die Dinge, die sich durch Unbedingtheit auszeichnen.[15] Desweiteren lässt der durch die transzendentale Methode gewonnene Begriff von Freiheit das theologische Denken unangetastet. So ist eine methodisch sinnvolle Trennung der Disziplinen möglich: Das, was die Philosophie hervorbringt, ist zunächst einmal unabhängig von der Theologie zu betrachten. Grundsätzlich gilt dies auch für den Begriff libertarischer Freiheit, was insbesondere und quasi sinnbildlich an der Stelle deutlich wird, wo seine Wahl begründet wird: Nur wenn auch die Freiheit zugestanden wird, eine Beziehung (zu Gott) ablehnen zu können, kann von echter Freiheit die Rede sein. Trotzdem wird gerade an dieser Stelle deutlich, dass der OT hier schon nicht mehr klar zwischen Philosophie und Theologie trennt, wenn die Wahl des libertarischen Paradigmas mit der *Gottesbeziehung* (bzw. genauer: ihrer möglichen Ablehnung) begründet wird. Darum besteht ein m. E. entscheidender Vorteil, der dem *Pröpperschen* Freiheitsbegriff zukommt, hierin: er eignet sich dazu, dasjenige einlösend hervorzubringen, was Pröpper selbst am Ende des ersten Teilbandes seiner TA unternimmt: eine vor allem am philosophischen Denken orientierte Konzeption, die die Verwiesenheit des Menschen auf Gott gerade freiheitstheoretisch zu erschließen vermag. Damit ist der Gedanke einer bloß *möglichen* Gottesbeziehung erreicht und damit ein genuin philosophisches Anliegen eingelöst, ist es doch von ihrem Standpunkt

---

13 STOSCH, Klaus von: Impulse für eine Theologie der Freiheit, in: STOSCH, Klaus von; WENDEL, Saskia; BREUL, Martin; LANGENFELD, Aaron (Hgg.): Streit um die Freiheit. Philosophische und theologische Perspektiven, Paderborn 2019, 195–224, 195.

14 Vgl. WENDEL, Saskia: Affektiv und inkarniert. Ansätze Deutscher Mystik als subjekttheoretische Herausforderung, Regensburg 2002, 280 f.

15 Vgl. TA, 499.

aus gar nicht erforderlich, Gottes Existenz „nachzuweisen". Hiermit wird erneut deutlich, dass Pröpper auch methodisch stringenter zwischen Theologie und Philosophie unterscheidet, wird Gottes Existenz doch nicht zirkulär schon vorausgesetzt, wenn von einer bloß möglichen Gottesbeziehung zwischen Gott und Mensch die Rede ist.

Ein wichtiger gemeinsamer Aspekt in beiden Konzeptionen ist sicherlich die Betonung des sittlich-moralischen Charakters der Freiheit. Pröpper verortet diesen wie gesehen mithilfe des transzendentalen Denkens im Menschen, dessen Taten so sittliche Relevanz erlangen, während die Vertreter des OT den Begriff der libertarischen Freiheit wählen, der ebenfalls für die Moralität einer Handlung bemüht werden kann. Wenn es zutreffend ist, dass „moralische Verantwortlichkeit und die Möglichkeit zur Sünde und Umkehr auch als zentraler Bestandteil des christlichen Glaubenssystems verstanden"[16] werden kann, dann können *beide* Freiheitsbegriffe dazu geeignet sein, diesen Anspruch einzulösen. Echte Liebe erfordert Freiheit, darin dürften Offene Theisten und Pröpper übereinkommen. Pröppers Freiheitsbegriff macht diesen Aspekt aber m. E. noch deutlicher, da er qua transzendentallogischer Eigenart die unbedingte Achtung des Anderen noch stärker betont.[17] So macht er immer wieder deutlich, dass Freiheit sich selbst zum Maßstab habe und daher andere Freiheit unbedingt achten solle. Damit ist bei ihm noch nachdrücklicher der ethische Anspruch betont, als dies im OT der Fall ist.

Würde der OT an dieser Stelle den transzendentallogischen Freiheitsbegriff rezipieren, würde ihm ein gutes Argument für die Abwehr bestimmter Vorwürfe zukommen, exemplarisch ersichtlich etwa bei Sanders: „Some people strongly object to the notion of divine risk taking claiming it is the epitome of moral recklessness for God to gamble on the outcome of the creational project."[18] Dieser Einwand gegen den OT kann mit dem Pröpperschen Denken nun aus folgendem Grund entkräftet werden: Aus Sicht Pröppers findet die Gewährung von Freiheit durch Gott aber aus dem Grunde statt, dass er die Freiheit seiner Geschöpfe um ihrer Würde (zur Zustimmung zur göttlichen Beziehung) willen achtet. In diesem Sinne ist es ja gerade *nicht* moralisch verwerflich, dass Gott Freiheit gewährt, sondern Ausdruck von Liebe. Wenn also mit Pröpper festgehalten werden kann, dass Freiheit sich selbst als Maßstab haben soll, sich unbedingt anerkennen soll und darum so wertvoll ist, kann die von Gott gewährte Freiheit auch im OT in gewisser Hinsicht angemessen(er) verstanden werden. Auch Sanders pointierter Vergleich, die Freiheit als göttliches Geschenk zu be-

16 GRÖSSL: Freiheit als Risiko Gottes, 48.
17 Vgl. TA, 1434 f.
18 SANDERS: The God Who Risks, 174.

trachten[19], bringt diese Werthaftigkeit zum Ausdruck. Sanders selbst verweist auf die logische Unmöglichkeit, Freiheit nicht schon dann wieder zu revozieren, wenn sie moralisch falsche Dinge hervorbringt und steht damit ganz im Sinne der free-will-defense. Ein entsprechender moralischer Vorwurf kann folglich nicht gegen Gott vorgebracht werden. Da dieser Gedanke sich allerdings auch noch auf weitere Aspekte bezieht, denen noch nachzugehen sein wird, soll er zunächst nicht weiter verfolgt werden.

Auffällig ist der Umstand, dass die Vertreter des OT sich darüber im Klaren zu sein scheinen, was mit material bedingter Freiheit *gemeint* ist: Auch sie machen auf Faktoren aufmerksam, die diesem Aspekt zu entsprechen scheinen, etwa die Herkunft, Erziehung, Sozialisation usw.[20] Gerade im Kapitel über die eschatologische Freiheit im OT wurde dieser Aspekt hervorgehoben: Mit Verweis auf die Kontingenz menschlicher Existenz und Freiheit nähert sich der OT dem Gedanken an, dass Gott seine Macht eschatologisch zurückerlangen wird. An dieser Stelle sei auf den Begriff der material bedingten Freiheit bei Pröpper verwiesen, der genau dies meint: Freiheit ist nur in *formaler* Hinsicht unbedingt, als materiale ist sie immer an bestimmte Aspekte gebunden. Was mit dieser Unterscheidung und der Spannung, die ihr zugrunde liegt, prinzipiell gemeint ist, wird exemplarisch auch von Sanders festgehalten: „In the discussion of libertarian freedom (...) it was said that we are formally free and materially unfree."[21] Wichtig für das richtige Verständnis bzw. für das richtige Verhältnis von formal unbedingter Freiheit ist, dass sie durch die materiale Bedingtheit niemals überlagert werden kann – denn auch zu den Bedingtheiten kann sich formal unbedingte Freiheit verhalten.[22]

Der OT setzt die libertarische Freiheit voraus, um konsistent begründen zu können, dass die Gottesbeziehung auch abgelehnt werden kann. Und er muss diesen Gedanken fassen, da er ja gerade die *offene* Geschichte der Welt und Gottes Zurücknahme um der menschlichen Freiheit betont. Dass aber dieser Aspekt so sehr bemüht wird und von ihm primär hergeleitet wird, führt jedoch dazu, dass libertarische Freiheit Gefahr läuft, eng geführt zu werden – jedenfalls dann, wenn sie *ausschließlich* von der Möglichkeit her verstanden wird, sich auch gegen Gott entscheiden zu können. An dieser Stelle haben die Ausführungen Pröppers zur Sündenthematik jedoch zu weiteren Erkenntnissen geführt, da diese ja erläutern, dass gerade auch diese *Verweigerung* des Menschen zur Gottesbeziehung noch „gehört", indem sie lediglich die nicht-gemäße Erfüllung seiner Bestimmung ist. Das Freiheitsdenken Pröppers vermag diesen Umstand also noch zu erläutern

---

19 Vgl. SANDERS: The God Who Risks, 175.
20 Vgl. etwa PINNOCK: Most Moved Mover, 31, Anm. 21; 45, Anm. 55.
21 SANDERS: The God Who Risks, 255.
22 Vgl. die Ausführungen zur transzendentallogischen Begründung dieses Gedankens.

und kann erklären, *warum* sich diese Verweigerung ereignet: Der Mensch traut sich oft nicht zu, die Gottesbeziehung, bzw. die Gnade anzunehmen, weil er sich auf andere Dinge verlässt, die ihm vermeintlich mehr Sicherheit versprechen. Damit aber vermag das Freiheitsdenken die Verweigerung zur Gottesbeziehung nicht nur in ihrer „äußeren" Form qua Handlungsfreiheit zu erklären, sondern bietet auch die denkerischen Mittel, die „innere" Verweigerung zu entschlüsseln.[23]

Bei einem Vergleich der beiden Freiheitsbegriffe fällt außerdem auf, dass der vom OT vorausgesetzte zwar der libertarische ist, die Begründung für dessen Wahl jedoch den Verdacht nährt, auf Basis der bloßen *Handlungsfreiheit* formuliert worden zu sein. Denn ausschlaggebend für das Plädoyer für diesen Freiheitsbegriff war ja „die Vorstellung einer realen Beziehung von Gott und Mensch. Eine solche Beziehung, so der offene Theist, kann nur dann eine Beziehung der Liebe sein, wenn der Mensch sich frei für oder gegen die Beziehung entscheiden kann."[24] Wenn dies aber gilt, ist damit noch kein libertarischer Freiheitsbegriff erforderlich. Denn die Freiwilligkeit, sich für oder gegen die Gottesbeziehung frei entscheiden zu können, kann auch unter deterministischen Vorzeichen gedacht werden, wenn man bloße Handlungsfreiheit als ausreichend für „Freiwilligkeit" voraussetzt.

Das aber scheinen die Offenen Theisten *nicht* zu meinen: Mit Sicherheit zutreffend und auch ein wichtiger Wendepunkt im Vergleich zum klassischen Theismus besteht darin, dass die Offenen Theisten mit diesem Freiheitsbegriff einen freien Willen in einem starken Sinn fassen und eine conditio sine qua non für Beziehungen generell in Anschlag bringen können. Eine Beziehung, die zumindest nicht irgendwie einen *unbedingten* Freiheitsbegriff vorauszusetzen vermag, kann keine Beziehung der Liebe sein – unabhängig davon, ob dies die Beziehung zu Gott oder Mitmenschen ist. Die Begründung für den Libertarismus müsste im Sinne des Offenen Theismus also so formuliert werden, dass die Beziehung zu Gott unter gleichen Bedingungen angenommen oder abgelehnt werden kann. Somit besteht der Verdienst des OT an dieser Stelle m. E. insbesondere darin, einen robusten Freiheitsbegriff begründet zu vertreten und damit die Schwächen einer deterministisch-kompatibilistischen Auffassung verstanden und überwunden zu haben – überwunden deshalb, weil der OT zumindest widerspruchsfrei und kohärent die Freiheit zu seinem denkerischen Ausgangspunkt machen kann und die korrekten Konsequenzen hinsichtlich theologisch angrenzender Folgeprobleme gezogen hat.

---

23 Vgl. die Ausführungen in Kapitel III.4.1, sowie besonders TA, 679 ff. und Pröppers Verweise auf Kierkegaards Begriff der Angst.

24 GRÖSSL: Freiheit als Risiko Gottes, 47.

Auch bei der Frage, ob die kausale und ontologische Unterschiedenheit der Welt bzw. der Menschen durch einen libertarischen Freiheitsbegriff eingelöst werden kann, verhalten sich beide Freiheitsbegriffe ähnlich: Denn gerade durch die o. g. Überwindung eines Determinismus ist der weltliche Ereignisverlauf selbstständig denkbar und Gott – theodizeerelevant – zumindest in dieser Hinsicht nicht mehr in der Weise für das Leid verantwortlich wie unter Annahme eines Determinismus[25]. In anderen Worten: Die Notwendigkeit, die Welt und den Menschen als mehr als bloßes Appendix Gottes zu begreifen, nämlich als eigenständig und in ihrer eigenen Geschichte stehend, legitimiert den libertarischen Freiheitsbegriff. Dies trifft jedoch auch auf den Pröpperschen Freiheitsbegriff zu, macht Pröpper doch gerade in der TA klar, dass die Eigenständigkeit und Offenheit der Geschichte vorauszusetzen sind, um nicht ein Ereignis zu beschreiben, in dem Gott sein Handeln auf nichts wirklich anderes als sich selbst richtet.[26] Kurzum: Bei der Frage, ob die Beziehung zwischen Mensch und Gott als authentische gedacht werden kann, dürfen dies sowohl OT als auch Pröpper qua vorausgesetztem Freiheitsbegriff beanspruchen. Eine Alternativenoffenheit wie auch eine Unbedingtheit kann in beiden Begriffen ausgemacht werden, womit ein schwacher Begriff von Freiheit, etwa im kompatibilistischen Sinn, in beiden Konzeptionen überwunden ist.

Gerade der *unbedingte Sinn* von Freiheit zeigt einen offenkundigen Widerspruch bei einem anderen Aspekt: Die Vorstellung, dass Gott mit dem Abbruch der Geschichte solange warten könne, bis die Menschen so sehr vom Bösen korrumpiert sind, dass sie in keine Gemeinschaft mit Gott mehr eintreten können[27], kann unter Voraussetzung des Pröpperschen Denkens m. E. nicht aufrecht erhalten werden und ist sogar entschieden abzulehnen, da seiner Meinung nach die Anlage zur Gottesgemeinschaft als etwas Unbedingtes immer schon vorausgesetzt werden darf und auch durch die Sünde *nicht vollständig eliminiert* werden kann.[28] Damit ist also auch der entsprechende Punkt gewissermaßen „entschieden", dass Gott unter Verweis auf die *allgemeine* Sündhaftigkeit der Menschheit die Geschichte abbrechen dürfe. Aus einem ähnlichen Grund verwirft Pröpper auch das klassische *Bild der Erbsünde*, nach dem eine allgemeine Vererbbarkeit der Sünde vorausgesetzt werden kann.[29] Sünde und Schuld sind jedoch subjektiv

---

25 Im (theologischen) Determinismus wird von einer kausalen Geschlossenheit aller Ereignisse ausgegangen, sodass letztendlich Gott als deren (mindestens mittelbaren) Verursacher gedacht werden kann, vgl. das Kapitel II.2.1

26 Vgl. TA, 489.

27 Vgl. GRÖSSL: Freiheit als Risiko Gottes, 194.

28 Vgl. TA, 489.

29 Vgl. zu diesem Gedanken TA, 1089–1091.1144 f. sowie LERCH, Magnus: Täter und Opfer zugleich? Der Sünder zwischen Macht und Ohnmacht, in: LERCH, Magnus / LANGENFELD, Aaron: Theologische Anthropologie, Paderborn 2018, 92–107, 106.

zu denken und darum mit der Kategorie der „*Erb*sünde" zumindest missverständlich.

Bei der Darstellung des OT habe ich diesen am Ende mit einem Panoptikum verglichen, da er ausgehend von seinem Mittelpunkt – der Beziehung des Menschen zu Gott, die Freiheit voraussetzt – zu seinen Folgeüberlegungen gelangt. Analog hierzu spricht Pröpper in seiner TA auch von zwei Brennpunkten einer Ellipse, von denen eine gleichsam die Freiheit, bzw. das Freiheitsdenken darstellt und damit der philosophische Brennpunkt ist, der neben dem theologischen existiert. Den Freiheitsbegriff in OT und TA vorschnell gleichzusetzen – trotz bestimmter Konvergenzen in seinem Begriff und der aus ihm folgenden Konsequenzen – verbietet sich aber schon aus Gründen redlicher wissenschaftlicher Praxis[30] und sollte bei einer vermittelnden Zusammenschau bleibend beachtet werden.

IV.3.1 Die Verdanktheit der Freiheit

Sowohl Pröpper als auch der OT gehen von einem Freiheitsbegriff aus, der weder quasi-absolutistisch und jenseits materialer Bedingtheiten zu verstehen wäre. Vielmehr sei dieser im Horizont von Gottes Schöpfungshandeln zu begreifen: Gott schafft sich ein ontologisch von ihm unterschiedenes Ebenbild, das aber mit echter Freiheit begabt ist, um die Liebesbeziehung zu ihm eingehen zu können. Pröpper begreift – wie im weiteren Verlauf noch deutlicher werden wird – die menschliche Freiheit als Ausdruck der angedeuteten schöpferischen Differenz und fasst sie innerhalb der Transzendentallogik, womit die philosophische Zugänglichkeit dieser Freiheit gesichert ist und zunächst noch unabhängig vom theologischen Denken her erreicht wird. Der OT dagegen bemüht ebenfalls einen Begriff von Freiheit, der philosophischer Provenienz und im Diskurs analytischer Philosophie beheimatet ist. Nichtsdestoweniger gehen sowohl Pröpper als auch OT vom Aspekt der *Verdanktheit der Freiheit* denkerisch aus. Bei Pröpper ist dies zunächst an der Stelle augenscheinlich, an der er vom bloßen Vorhandensein formaler Unbedingtheit der Freiheit spricht, das für ihr faktisches Aufkommen unterschieden werden muss. Beim OT wird dieser Aspekt an einer Stelle wiederum durch ein Bild verdeutlicht: Sanders spricht von der Freiheit als ein Geschenk, das nicht mehr unter der Kontrolle des Schenkenden stehe. Der Mensch kann seine Freiheit auch dazu nutzen, das Geschenk der Gnade auszuschlagen, ansonsten würde es sich weder um Freiheit noch um freie Gnade handeln. Der enge Konnex der beiden Größen wird von John Sanders so auf den Punkt gebracht: Ein Geschenk zu machen heißt, dass der Schenkende notwendig immer auch ein Risiko eingeht: „To begin, God does not risk for risk's sake but

---

30 Vgl. den schon erwähnten Beitrag von BREUL/LANGENFELD: Was ist Freiheit?

for the sake of a gift he wished to give: creation. (...) God gifts us with creation, existence and himself. Giving gifts to others means they are no longer yours to control and the receivers may not use them for the good."[31] An dieser Stelle zeigt sich der Charakter der Verdanktheit der Freiheit deutlich. Als Geschenk bin ich als Beschenkter nicht durch mein eigenes Dazutun in den Besitz der Freiheit gelangt, sondern es bedurfte einer ontologisch anderen Wirklichkeit, die mich in den Zustand des Beschenktwerdens versetzt hat.

Dieser sicherlich zutreffende Punkt bietet m. E. aber noch in der Funktion der Geschenkmetapher noch weitere Aspekte, die man von ihr ableiten kann: Zunächst einmal wird mit ihr der Wert des Geschenks selbst aufgewertet: Freiheit ist in sich gut, ein intrinsischer Wert, der nicht (nur) ein Mittel zum Zweck ist. Vielmehr ist Freiheit ein Wert, der unabhängig von anderen Entitäten und Dimensionen wertvoll ist – eine Position, die ja nicht nur seit dem 20. Jahrhundert mit bspw. den Menschenrechten einen konkreten Niederschlag gefunden hat, sondern auch genuin theologisch durchaus einigen Zuspruch beanspruchen kann, denke man etwa nur an die free-will-defense, bzw. Theodizeeproblematik. Nun könnte gegen diesen Punkt argumentiert werden, dass ein Geschenk der Freiheit keineswegs immer auch schon in sich werthaft sein muss, was aber mit dem Bekenntnis zum christlichen Gott vorausgesetzt werden darf und was gerade die katholische Position beständig behauptete. Würde sich dies nicht so verhalten, wäre zudem auch nicht mehr nachvollziehbar, warum etwa besagte free-will-defense davon ausgeht, dass Freiheit auch bestimmte negative Aspekte haben kann, bzw. Folgen, die nicht Gottes Intention entsprechen, jedoch um der Ermöglichung der positiven Folgen zumindest *zugelassen* werden: Warum sollte Gott das Geschenk der Freiheit geben, wenn damit Folgen verbunden sind, die er ohne Gabe des Geschenks hätte vermeiden können?

Zusammenfassend lässt sich festhalten, dass bei der Rede vom Geschenkcharakter sowohl die Perspektive des Schenkenden als auch die des Beschenkten beachtet werden muss. Auch wenn beide Sichtweisen sich in ihrer Bedeutung wechselseitig erhellen, legen sie doch einen unterschiedlichen Akzent auf die jeweilige Metapher: Für den Schenkenden ist das Geschenk nun nicht mehr in der eigenen Hand, sondern bleibend dem Beschenkten überlassen. Damit ist nun auch ein Teil von Verantwortlichkeit abgegeben, wenn man von Freiheit spricht. Aus der Sicht des Beschenkten bleibt das Geschenk jedoch ein Verweis auf den Geber, auch wenn er zunächst einmal bleibend für es verantwortlich ist. Oder anders gewendet: Der mit der Freiheit Beschenkte „besitzt" das Geschenk zwar, ist sich aber jederzeit des Geschenkcharakters zumindest bewusst (=Verdanktheit der Freiheit), insofern er sich das Geschenk nicht selbst gemacht hat.

---

31 Sanders: The God Who Risks, 175.

Wie gesehen wählt der OT ein libertarisches Freiheitsverständnis, um die von ihm vertretenen Aspekte ausbuchstabieren zu können. Besonders ausschlaggebend war für diesen Aspekt der Gedanke einer Beziehungsermöglichung zwischen Gott und Mensch:

> „Unter Inanspruchnahme libertarischer Willensfreiheit als Basiskategorie plädieren Vertreter des *Open-View*-Theismus für eine real-personale Reziprozität im Verhältnis zwischen Gott und Mensch, der deshalb eine besondere Dignität eignet, weil sie dem Wesen Gottes insofern gemäß ist, als echte Liebe sich gerade dadurch auszeichnet, dass sie die Andersheit des Anderen unbedingt bejaht und somit auch dessen Freiheit unter allen Umständen achtet."[32]

Ein weiterer Aspekt, der sich hier m. E. auftut, besteht im Begriff der „Andersheit": So zutreffend und berechtigt die Nennung dieses Faktums auch ist, so hat die mit ihm verknüpfte libertarische Freiheit doch womöglich nicht alle ausreichenden Voraussetzungen, die nötig wären, den Begriff der Andersheit in seiner hier auftretenden Relevanz zu beleuchten. Sicherlich richtig und von hohem systematischem Gewicht ist der ihm inhärente Aspekt der Unbedingtheit, der klar hervortritt. Wenn jedoch eine echte Andersheit zwischen Gott und Mensch bzw. Gott und Welt gedacht werden soll, und hierin scheint der OT mit Pröpper übereinzustimmen, dann kann der Freiheitsbegriff von Pröpper dazu beitragen, das Anliegen des OT im Hinblick auf die Betonung der Andersheit deutlicher hervortreten zu lassen. Denn der Pröppersche Begriff der Freiheit betont ja geradezu den intersubjektiven ethischen Ernst – was einem libertarischen Freiheitsverständnis womöglich abgeht oder in ihm nur implizit vorhanden ist. Man könnte sagen, dass die Andersheit, die sowohl Pröpper als auch dem OT wichtig ist zu betonen, erst mit einer Pröpperschen Hermeneutik oder Mäeutik besser hervortritt als mit dem Modell, das der OT selbst wählt – mit Pröpperschen Mitteln über den OT hinaus.

Beim von Pröpper vorausgesetzten Freiheitsbegriff lässt sich zudem leichter ein Übergang zum Gottesbegriff und damit zur Theologie vornehmen, während ein bloß libertarischer Freiheitsbegriff, der zwar auch für das Verständnis der Beziehung zwischen Gott und Mensch aussichtsreich ist, weniger direkte Anknüpfungspunkte bietet. *M. E. könnte die Attraktivität, die dieser Begriff für die Offenen Theisten zweifellos ausstrahlt, darin begründet liegen, dass er für diejenigen Probleme aussichtsreiche Lösungspotenziale bietet, die vom OT selbst als konfliktbehaftet markiert werden, wie etwa das Theodizeeproblem*[33]. Damit aber könnte der Blick für andere Begriffe von Freiheit durch den OT verengt werden,

---

32 SCHMELTER: Gottes Handeln und die Risikologik der Liebe, 72.
33 Vgl. SANDERS: The God Who Risks, 235.

wenn er bereits in bestimmter Hinsicht für manche Fragestellungen als fraglos verlässlich vorausgesetzt wird. Ein anderer Freiheitsbegriff, der die vom OT angemahnten Probleme mindestens ebenso gut lösen könnte wie der von ihnen vorausgesetzte, wäre daher nur in seinem Sinne.

IV.3.2 Die Ansprechbarkeit des Menschen zur Gemeinschaft mit Gott

„So sinnvoll Arbeitsteilungen in pragmatischer Hinsicht auch künftig sein werden, so unbefriedigend müßte die Ausführung einer theologischen Anthropologie doch erscheinen, welche die menschliche Bestimmung zur Gemeinschaft mit Gott als Thema des Glaubens erörtert, ohne zu zeigen, wie diese wesentliche Bestimmung des Menschen denn auch gedacht werden könne.“[34]

Die Bearbeitung des Themas der Ansprechbarkeit des Menschen für den Gottesgedanken ist aus dem Grund ein Unterkapitel des Freiheitsbegriffs, da, wie gesehen, Pröpper diese Ansprechbarkeit ja aus der freien Vernunft des Menschen her *folgert*. Wichtig ist es in diesem Zusammenhang festzuhalten, dass Pröpper hier aufschlussreicher ist als der OT[35]: die Ansprechbarkeit des Menschen für Gott ist eine gebündelte anthropologische Aussage, die der OT in dieser Form nicht enthält: Die Fokussierung auf den Libertarismus hat zwar auch den Vorteil, einen Aspekt von Unbedingtheit der Freiheit denken zu können, doch ist er gerade in der Form, wie er häufig beim OT in Anspruch genommen wird, nicht in der Lage, ein Angesprochenwerdenkönnen des Menschen zu denken. Damit ist die Relevanz des Anliegens im Eröffnungszitat dieses Unterkapitels angezeigt: Freiheit ist mehr als ein Negativkriterium (OT), denn sie bietet die Chance, nicht *nur* das Verweigern der Gottesbeziehung begrifflich zu erfassen, sondern vielmehr ist sie in einem positiven Sinne dazu geeignet, sie für dessen *Inanspruchnahme* vorauszusetzen (Pröpper): Sie ist der erste Ort, an dem der Gottesgedanke im Menschen aufbricht: „Der Mensch existiert *wesentlich*, aber auch ‚nur‘ als *Frage* nach Gott; er verfügt nicht immer schon über ein Wissen um die Existenz Gottes, wohl aber ist seine Freiheit der Ort, an dem die Sehnsucht nach Gott sich entzünden kann.“[36]

---

34 TA, 107.
35 An dieser Stelle soll daran erinnert werden, dass die gebündelte Formulierung „Open Theism“ bzw. „OT“ lediglich eine Abstraktionsleistung darstellt und er keine vollständig homogene Bewegung ist. Gerade jedoch beim Freiheitsverständnis herrscht weitgehende Einigkeit. Vgl. hierzu den Beitrag von RHODA: Generic Open Theism and Some Varieties Thereof.
36 LERCH: Empfänglich für Gott?, 87.

Die besondere Relevanz der nachfolgenden Überlegungen ergeben sich insbesondere aus folgender Sachlage: Die Vertreter des OT betonen mit Nachdruck, dass Gott, der die Liebe ist, dem Menschen seine geschöpfliche Freiheit gerade um des Zweckes der Liebe willen geschenkt habe, soll heißen: Wenn Gott wirklich den Menschen als Adressaten seiner Liebe gewinnen will, er ihn als Partner einer liebenden Beziehung will, ist es per definitionem nicht möglich, dass der Adressat dieses Angebots göttlicher Liebe *nicht* mit Freiheit begabt ist. Manuel Schmid hält in diesem Sinne fest: „Gott wünsche sich vom Menschen die Erwiderung seiner Liebe, doch er könne diese Antwort nicht erzwingen, ohne sie damit gerade zu zerstören – die Einwilligung des Menschen müsse freiwillig erfolgen."[37] Wäre es anders, kann entweder nicht von einer *liebenden* Beziehung zwischen Gott und Mensch gesprochen werden oder aber man müsste den Begriff der *Liebe* modifizieren. M. E. gibt es aber auch unabhängig und fern vom OT überzeugende Argumente, dass Liebe ohne Freiheit nicht denkbar ist – was nicht zuletzt auch der (zwischen)menschlichen Erfahrung zu entnehmen ist.[38] Doch auch wenn hier sicherlich zugestimmt werden muss, stellt sich folgende Frage: Diese Freiheit sagt noch nichts darüber aus, wie und warum überhaupt der Gottesgedanke im Menschen *aufkeimt*. Die Freiheit erscheint zumindest im oben angedeuteten Sinn des OT eher so etwas wie eine Minimalvoraussetzung und stellt eine rein formale Voraussetzung dar, dessen Vorhandensein zwar sehr wohl als gegeben gelten muss, aber zumindest vorerst nichts Weiteres über die Art und Qualität (im Sinne von Beschaffenheit) der Beziehung aussagt.

Insofern der OT und Pröpper darin übereinkommen, dass Gott die Liebe des Menschen und eine echte Beziehung mit ihm gewinnen will, die Ausdruck hiervon ist, haben sie ähnliche denkerische Voraussetzungen. Es kann also lohnenswert sein, die Bedingung(en) der Möglichkeit für diese Liebesbeziehung zu untersuchen, um zuzusehen, ob sich hier denkerische Konvergenzen auftun. Nur wenn es gelingt, das Vorhandensein der Bedingungen der *theoretischen* Möglichkeiten für die Liebesbeziehung plausibel aufzuzeigen, wird auch ihre *faktische* Möglichkeit zuallererst sinnvoll. Grössl benennt *vier* Minimalbedingungen, die erfüllt sein müssen, damit die Geschöpfe eine freie Liebesbeziehung mit Gott eingehen können, bzw. in Pröpperscher Terminologie: damit der Mensch in die Lage versetzt werden kann, „möglicher Freund Gottes zu sein"[39]. Diese Konditionen im Verhältnis zwischen Gott und Mensch seien im Folgenden genannt:

---

37 SCHMID, Manuel: Bewährte Freiheit. Eine Rekonstruktion und Weiterführung des theologischen Freiheitsbegriffs im Offenen Theismus, in: STOSCH, Klaus von/WENDEL, Saskia/BREUL, Martin/LANGENFELD, Aaron: Streit um die Freiheit. Philosophische und theologische Perspektiven, Paderborn 2019, 365–391, 370.
38 Gerade bei Pröpper finden sich derart gelagerte Reflexionen, vgl. etwa TA, 510 f.
39 In Anlehnung an das finale Kapitel der TA1.

„(1) Er muss sich festlegen, den freien Willen ernst zu nehmen, d.h. seine Möglichkeit der Intervention zumindest beschränken.

(2) Er muss seine Liebe offenbaren, damit die Geschöpfe, die die Liebe Gottes an der Welt nicht ablesen können, überhaupt in die Lage versetzt werden antworten zu können, und er muss

(3) sich in einer solchen Weise offenbaren, die eine Liebe ohne Zwang ermöglicht. Möglicherweise muss er auch noch

(4) weitere Maßnahmen ergreifen, die den Willen zu einer positiven Antwort befähigen, falls diese Fähigkeit durch irgendetwas eingeschränkt wurde."[40]

So zutreffend diese Ausführungen sind, so sehr weisen sie ein Desiderat auf, das in der Theologie des OT vorliegt: all diese Punkte beschreiben nur „Maßnahmen", die Gott unternimmt, die aber aus anthropologischer Sicht noch völlig uneingelöst sind. Darum sollen im Folgenden die referierten Ausführungen Pröppers zum systematisch zentralen Begriff der „Ansprechbarkeit" in sozusagen anthropologischer Hinsicht auf den OT bezogen werden – an dieser Stelle jedoch nur für die ersten beiden Aspekte: der *Antwortfähigkeit* sowie die *Hinordnung* des Menschen auf ein aus Freiheit entspringendes Ereignis. Die anderen Implikate der Ansprechbarkeit werden auf den OT bezogen, wenn dies im Fortgang der Überlegungen für den Möglichkeits- und Relevanzaufweis vorgenommen wird. Nach Pröpper sind die von Gottes Offenbarung Angesprochenen zur Antwort fähig in der Instanz der formal unbedingten Freiheit.[41]

Der erste Aspekt der Ansprechbarkeit war wie gesehen das Antwortenkönnen. Sie scheint für den OT aus dem Grund von besonders hoher Relevanz zu sein, da er wie gesehen von einer echten, d.h. authentischen Beziehung zwischen Gott und Mensch auszugehen scheint und ein „vernetztes", wechselseitiges Beziehungsgefüge („give-and-take-relations") zwischen Gott und Mensch annimmt. Pröpper führt hier aus, dass unter der Voraussetzung, „dass nur ein freies Geschöpf seinen Gott als Gott anerkennen und deshalb Gott auch nur ihm das Höchste: in seiner Liebe sich selbst, schenken kann"[42], diese Liebe, damit sie frei erwidert werden kann, von Gott auch unbedingt beachtet werden muss. Wenn der OT also seinerseits von einer echten, d.h. *beidseitigen* Liebesbeziehung zwischen Gott und Mensch ausgeht – und dass dies der Fall ist, sollte aufgezeigt werden – dann ist der hier angesprochene Punkt von hoher Relevanz für ihn. Es kann also an dieser Stelle dafür plädiert werden, dass die im OT oft begegnende Rede von der Zurücknahme Gottes um der Ermöglichung der Freiheit des Menschen willen hier eine Konkretion gefunden hat. Gälte sie nicht,

---

40 GRÖSSL: Freiheit als Risiko Gottes, 182.
41 TA, 488 ff.
42 TA, 489.

könnte der OT seine Rede von der authentischen Beziehung qua Freiheit nicht mehr plausibilisieren. Zudem wird die Zurücknahme Gottes, seine Entscheidung, nicht mehr alles zu kontrollieren[43], nun nicht mehr nur damit legitimiert werden müssen, dass sie der Argumentation der free-will-defense entspricht, sondern die These als *fundamentaltheologisch bestätigt* gelten kann, dass Gottes Zurücknahme darin gründet, damit die Liebesbeziehung zwischen Gott und Mensch wirklich zustande kommen kann. Ohne diese Voraussetzung würde stattdessen womöglich ein asymmetrisches Liebesverhältnis herrschen, sodass Gott eben nicht die „ganze" Liebe des Menschen gewinnen könnte, wenn er seine Freiheit *nicht* achten würde. Um diese Möglichkeit aber wahren zu können und ko-existierender Partner Gottes sein zu können, muss er sie achten. Die formal unbedingte Freiheit sei daher

> „die von Gottes Offenbarung und Gnade selbst beanspruchte anthropologische Voraussetzung (...), die auch durch die Sünde niemals so restlos zerstört werden kann, daß sie von der Gnade nicht aktualisiert, wieder aufgerichtet und in ihre Ursprünglichkeit freigesetzt werden könnte."[44]

Diese Aussage könnte in die Stilistik des OT auch so „übersetzt" werden, dass Gott zumindest *erstens* garantieren kann, dass jeder Mensch denselben *„Anknüpfungspunkt"* für ihn hat[45] und *zweitens*, dass diese anthropologische Voraussetzung niemals *eliminiert* werden kann.

Darum handelt es sich hinsichtlich der Form und des Inhalts der Offenbarung und Gnade Gottes auch nicht um heteronome oder „externe" Ereignisse, sondern um ein freiheitliches Geschehen, das nur unter der Voraussetzung von Gottes Achtung der menschlichen Freiheit an ihr Ziel kommen kann und darum auch für den Open Theism von Relevanz ist, wenn er sich stets auf das Ziel einer authentischen Beziehung beruft. Menschen als ontologisch andere Wesen[46] als Gott selbst sind die Adressaten seines Beziehungsangebots, das in der Offenbarung als vom Ursprung an bestehend bezeugt wird. Von diesen von ihm distinkten Wesen hat er sich „abhängig" gemacht, damit ein „würdiges Gegenüber" Gottes gedacht werden kann, was ebenfalls Voraussetzung für eine Beziehung (zwischen Gott und Mensch) ist.

Dass Gott die menschliche Freiheit achten muss, damit seine Botschaft zu ihrem Ziel gelangen kann, bedeutet wie angedeutet also auch, dass Gott *„sich selber dazu bestimmt hat, sich von der menschlichen Freiheit bestimmen zu*

---

43 Vgl. SANDERS: The God Who Risks, 174.

44 TA, 489.

45 Dieser Aspekt wird beim Möglichkeitsaufweis noch einmal auf andere Weise wiederkehren.

46 Vgl. etwa PINNOCK: Most Moved Mover, 42.

lassen[47]. Nur so kann die Antwort des Menschen qua freie Affirmation erfolgen. Der Open Theism fasst einen sehr ähnlichen Gedanken, der aber schon unter theologischen Voraussetzungen formuliert wird:

> „This demonstrates [gemeint ist die Diskrepanz zwischen dem alttestamentlich vorgestellten Messias/Christus und dem de facto biblisch bezeugten; A.H.] that the normal human way of thinking about sovereignty only as control is misguided (see Matt. 20:25–28). God is *so* sovereign, he chooses to save the world by allowing himself to become weak. Since Jesus is for believers the very definition of God (John 1:18; 14:7–10; Heb. 1:3), we must not think of the cross constitutes the supreme example of the way God is. God rules by love, not control. God's unchanging gracious character leads him to change in response to us. God's glory is displayed in his allowing himself to be affected by us. And God's sovereignty partly consists in his openness to us and to the future we help create."[48]

Eine auf diese Weise formulierte Zustimmung zur Liebe Gottes ist auch hinsichtlich ihrer Würde die vollkommenste Antwort an Gottes Liebe.[49] An dieser Stelle begegnen für den *OT zwei besonders einschlägige Punkte: Erstens* ist mit der Selbstbestimmung Gottes zur Achtung der menschlichen Freiheit die *Freiwilligkeit* der Zurücknahme endgültig begrifflich veranschlagt und damit zweitens eine Möglichkeit geboten, den Offenen Theisten eine Antwort auf ihre Kritiker an die Hand zu geben, wenn diese von einem „schwachen Gott" reden, der keine Macht hätte, ein deus ridiculus sei oder ein völlig anderer Gott wäre. Denn dieser Gott ist auf Grundlage der vorangegangenen Überlegungen ja gerade kein Gott, der nicht anders könnte, als er de facto will (vgl. die Unterscheidung zwischen potentia dei absoluta und ordinata), sondern ein Gott, dessen Stärke gerade darin besteht, dass er sich von der Geschichte und seinen Geschöpfen betroffen machen lassen will. In diesem Sinne ließe sich auch die Formulierung *einholen*, dass der Gott des OT in gewisser Hinsicht noch mehr Weisheit und Macht benötige als ein von Anfang an determinierender. So lassen sich also die im Hauptkapitel zum OT einschlägig gemachten Modifikationen in der Gotteslehre erklären und stützen.

Die unbedingte Achtung menschlicher Freiheit hat auch Auswirkungen auf das Verständnis der Geschichte. Sie muss als Ereignisverlauf, in dem das Anerkennungsverhältnis von Freiheit(en) vorausgesetzt wird, ebenfalls als von Freiheit unterfangen betrachtet werden: Der Verlauf der Weltgeschichte *muss* als eine offene Geschichte gedacht werden, mit dem theologische Kategorien wie Prädestination und Vorsehung zumindest so vereinbar sein müssen, dass Gottes Achtung der

---

47 TA, 490.
48 Boyd: God of The Possible, 69.
49 Vgl. TA, 490.

menschlichen Freiheit denkbar bleibt. *Hier deutet sich zum ersten Mal vielleicht die größte und relevanteste Kongruenz zwischen OT und TA innerhalb dieser Studie an: Qua menschlicher Freiheit, wie sie im Sinne von Pröppers theologischem Denken gefasst wird, kann auf eine offene Geschichte geschlossen werden.* Denn wie sollte die menschliche Freiheit in ihrer formalen Unbedingtheit mit dem Voranschreiten weltlicher Ereignisse vereinbar sein können, wenn dieser Prozess nicht offen, sondern determiniert wäre? Prädestination und Vorsehung im Sinne eines Determinismus können darum nicht mehr aufrechterhalten werden, womit gleich mehrere zentrale Gedanken des OT als bestätigt gelten können, sich aber wiederum unter der Bedingung einer offenen Geschichte zusammenfassen lassen: Während dies an dieser Stelle vorausgesetzt ist, ist auch die Ablehnung eines Prädeterminismus m. E. nunmehr unumgänglich und darum definitiv. Soweit zum ersten Aspekt der Ansprechbarkeit, dem Antwortenkönnen.

Das zweite Implikat besteht laut Pröpper im Sinne einer Hinordnung des Menschen auf ein Ereignis der *Unverfügbarkeit.* Dieser Begriff erhält seine Relevanz aus dem Geschehen, das nur dann sinnvoll als „frei" bezeichnet werden kann, wenn es aus anderer Freiheit herkommend gedacht wird. Die Begriffe „frei" und „unverfügbar" stehen in direktem Zusammenhang, insofern ein freies Geschehen als unverfügbar gedacht werden muss. Die Relevanz dieses Aspekts der Ansprechbarkeit für den OT zeigt sich vor allem unter folgender Voraussetzung: Ist Gott die Liebe, dann kann diese Botschaft nicht anders als auf einem Weg kommuniziert werden, der ihr *entspricht.* Es ergibt sich für den OT, dass mit dieser argumentativen Basis seine Voraussetzung als gesichert angesehen werden kann, dass Gott niemals Mittel des Zwangs anwendet, um den Menschen für sich zu gewinnen. Damit ist vor allem die von der Prozesstheologie übernommene Vorstellung denkerisch gestützt, dass ein „lockender Gott"[50] vorausgesetzt werden muss, dessen Gnade stets die Freiheit als inneres Moment behält.

Mit den philosophisch-fundamentaltheologischen Ausführungen zum Begriff der Ansprechbarkeit zeigt sich eine hohe Relevanz für die Konzeption des OT. Denn der auch für ihn so zentrale Aspekt der Beziehung zwischen Gott und Mensch qua authentischer Liebe hat nun ein anthropologisches Fundament erhalten: Das Pröppersche Denken erweist sich mit der These der Ansprechbarkeit des Menschen als eine nicht zu unterschätzende Stütze für den OT, indem die von ihm nur implizit gemachten anthropologischen Aussagen nun ihre Entfaltung erfahren. Gleichwohl bleibt festzuhalten, dass Pröpper an dieser Stelle der TA noch nicht explizit das transzendentallogische Denken in Anschlag gebracht hat, sondern nur im Rahmen einer Zwischenbilanz die Implikate der „Ansprechbarkeit" des Menschen noch einmal bündelt.[51]

---

50 Vgl. KREINER: Antlitz Gottes, 337.
51 Vgl. TA, 489.

Ein weiterer Aspekt, der Beachtung verdient und die Freiheitsbegriffe betrifft, ist die Frage, wie sich die subjekt-formenden Prozesse qua Freiheit zu der Aussage verhalten, dass die menschliche Freiheit qua Unbedingtheit ja die unzerstörbare Anlage für Gott darstellt. Der Mensch kann – laut Pröpper – „objektiv" betrachtet auch durch subjektformende, prozessual gedachte Freiheitsentscheidungen niemals so korrumpiert werden, dass er keine formale Anlage mehr für die Gottesbeziehung *besitzt*. Dies betrifft die sekundären Schöpfungsziele, insofern hiermit die Bedingung, nicht schon die Gottesbeziehung selbst angesprochen ist. Die Anlage, die Gott durch Erschaffung des Menschen für die Gottesbeziehung quasi intrinsisch eingefasst hat, ist somit nicht nur in dem möglichen Begreifen einer von Welt und Mensch verschiedenen Möglichkeit qua Vernunft zu verstehen, sondern zuallererst schon in der Anlage in einem eher strengen Sinn, insofern diese auch durch die Sünde nie als so zerstört gedacht werden muss, dass die Gottesbeziehung zur Unmöglichkeit wird. Wichtig an dieser Erkenntnis ist jedoch, dass es sich hierbei lediglich um die *römisch-katholische* Position handelt. Ob sie sich auch mit der konfessionellen Eigenart der Offenen Theisten verträgt, ist freilich eine andere Frage. Nichtsdestoweniger würde sie aber in mehreren Hinsichten zur theologischen Position des OT passen, insofern nun verständlich würde, warum Gott bleibend daran festhält, seine Schöpfung nicht aufzugeben. *So könnte man dann diese Anlage(n) beim Menschen als anthropologisches Gegenstück für die im OT so zentrale Aussage fassen, dass Gott unveränderlich treu ist.* Setzt man auch nur einen restriktiv libertarischen Freiheitsbegriff voraus, muss Gott auch im Falle des Ausbleibens des Glaubens beim Menschen noch nicht seine Freiheit bzw. das Projekt seiner Schöpfung widerrufen, sondern vielmehr, um echte Freiheit zu gewähren, an seinem Unterfangen festhalten. Ein apokalyptischer Abbruch der Geschichte muss aus dieser Perspektive wenig plausibel erscheinen, während jedoch Gottes Wartenkönnen und das Erreichen des thermischen Equilibriums als mögliche Enden einer freien Schöpfung als Möglichkeit erhalten bleiben. Aus anthropologischer Sicht wären die potenziell unzerstörbare Anlage zur Gottesbeziehung und das Vermögen der freien Vernunft Aspekte, die für Gott nicht nur einen rechtfertigenden Grund dafür darstellten, die auf diese Weise einmal gewährte Freiheit radikal und bis zum Ende zu achten, sondern auch, sich für die Erschaffung einer freien Schöpfung (im Unterschied zu einer determinierten Welt) zuallererst entschieden zu haben.

Für den Beginn der Schöpfung kann das Vorhandensein dieser Anlagen bedeuten, dass Gott sich für die Erschaffung einer Welt entschieden hat, die mindestens in bestimmten Hinsichten das Vermögen dieser Anlagen zur Austragung bringen kann und dieser Aspekt darum bestimmte ontologische Minimalbedingungen an die Welt stellt. Dies scheint auch schon unabhängig von *theologischen* Vorentscheidungen zu gelten: „Die Existenz solcher Wesen [gemeint sind mit Freiheit begabte Menschen; A.H.] ist nur in einer Welt möglich, deren ontologische Beschaffenheit bestimmte Bedingungen erfüllt.“[52] Unter theologisch-anthropologischen Vorzeichen muss dieser Befund erst recht gelten, insofern die genannten Anlagen ja in der Instanz kreatürlicher Freiheit ihr Vermögen besitzen und von ihr vorausgesetzt werden. Somit ergibt sich, dass die kreatürlichen Anlagen, die in der theologisch-anthropologischen Reflexion ausgemacht wurden, Hinweise dafür liefern, warum Gott eine zumindest in bestimmten Hinsichten offene und freie Schöpfung bzw. Geschichte hervorgebracht hat. Warum sollte unter der Voraussetzung dieser Anlagen eine deterministische Welt von ihm geschaffen sein, in der Menschen gleichsam wie Roboter den einmal durch Gott vorgefertigten „blueprint“ der Geschichte bloß abspulen? Das gleiche Problem ergibt sich auch in umgekehrter Stoßrichtung: Welche Notwendigkeit und welchen Sinn sollten in einer solch determinierten Welt die genannten Anlagen haben, bzw. wie sollten diese ihr Vermögen einlösen können, wenn sie erst und gerade qua geschöpflicher Freiheit zum Austrag kommen?

Kurzum: Die identifizierten Anlagen geben einerseits Hinweise darauf, dass Gott bestimmte Schöpfungsrisiken minimieren kann, insofern er garantieren kann, dass diese Anlagen zumindest potenziell jedem Menschen zukommen können und ihn so bemächtigen, *nie* in einen Zustand zu gelangen, der von absoluter Gottesferne gekennzeichnet ist. Neben dem im OT so viel diskutierten Aspekt des Risikos Gottes zeigen die Anlagen des Menschen für Gott jedoch auch Indizien dafür auf, dass die Welt bzw. die Geschichte als *freie* gedacht werden muss. Ein in jeder Hinsicht determinierter Weltverlauf macht das Vorhandensein der Anlagen unverständlich – erst recht dann, wenn diese selbst auf eine wie auch immer geartete Freiheit verweisen.

Somit kann plausibel aufgezeigt werden, warum der OT vertritt, dass es sich bei der Welt um eine nicht deterministische handelt. Die Unterscheidung zwischen primärem und sekundärem Schöpfungsrisiko kam insbesondere bei der Rede über die Anlagen zur Bewährung, indem hier sinnvollerweise streng zwischen der als notwendig frei gedachten Bejahung der Gottesbeziehung und den zuvor gesetzten Bedingungen dieser Beziehung unterschieden werden musste, kann Gott doch stets nur lockend und anbietend auf sein Geschöpf einwirken, wie der OT unter Rückgriff auf die Prozesstheologie stark macht. Dieser Umstand verdankt sich erneut dem Umstand, dass Gott sich verpflichtete, die einmal gewährte Freiheit nicht anzutasten. So kann er zwar über bestimmte Bedingungen, keinesfalls jedoch über die freie Entscheidung der Geschöpfe selbst verfügen. Der Ausgang der Freiheitsentscheidung für oder gegen die Gottesbeziehung bleibt definitiv offen, und er muss offen bleiben, wenn sie von Freiheit

---

52 KREINER: Antlitz Gottes, 344.

als ihrem Ausgangspunkt und von ihr bestimmt gedacht werden soll.[53] Denn wie sonst, so könnte gefragt werden, kann dann noch das Gleichgewicht zwischen bloßer Erfahrbarkeit der göttlichen Liebe und freier Zustimmung zu ihr gedacht werden?

„Doch trotz dieser Distanz muss der Mensch in irgendeiner Weise von Gott und seinem Liebesangebot erfahren, damit er die Freiheit zur Zustimmung hat. (...) Gott muss also den Menschen unmissverständlich mitteilen, dass er ein Gott der Liebe ist, jedoch in einer Weise, dass der Mensch frei darin ist, anzuerkennen, dass diese ihm (durch andere Menschen oder durch eine innere Stimme) mitgeteilte, unmissverständliche Botschaft tatsächlich von Gott kommt."[54]

Festgehalten werden darf m. E. schon hier: Die bis hierher vorgenommenen Überlegungen deuten bereits an, dass die von Pröpper in fundamentaltheologischer Hinsicht formulierte Ansprechbarkeit von hohem Wert für die Theologie des OT ist. Denn ganz im Sinne *fundamentaltheologischer* Argumentation wurden hier einerseits die *anthropologischen Gründe angegeben*, die der Open Theism in seiner Denkform beansprucht, während die Modifikationen, die er innerhalb seiner Gotteslehre vornimmt, zugleich verteidigt und kritische Anfragen abgewiesen werden. Setzt sich dieser Trend auch bei Pröppers „Aufweisen" fort?

IV.4 Gott als Risk-Taker? Die Bedeutung der Geschichte

„Es ist also freie Selbstbestimmung Gottes – und somit Gnade –, dass er den Menschen zu seinem Bundespartner erwählt hat, dass er (ebenfalls ein theologisches Zentralmotiv Pröppers) die Freundschaft des Menschen zu gewinnen sucht, sich in Freiheit an den Menschen bindet. Aus der Sicht von Pröpper schließt dies nicht nur eine göttliche Vorherbestimmung (Prädestination) der menschlichen Freiheitsakte, sondern auch deren Vorherwissen aus. Die Geschichte zwischen Gott und Mensch ist eine offene, denn die Gnade ist nicht unfehlbar wirksam."[55]

---

53 Eine bleibende Offenheit muss daher gewahrt bleiben. Dieser Aspekt begegnete in anderer Hinsicht bereits schon bei der epistemischen Mehrdeutigkeit der Weltwahrnehmung als von Gott in ihr Dasein gehobene oder eben nicht. Diese Offenheit muss sich gerade erst in der freien Entscheidung für oder gegen die Gottesbeziehung niederschlagen, insofern Liebe ohne Freiheit nicht als möglich gedacht werden kann.

54 GRÖSSL: Freiheit als Risiko Gottes, 184.

55 LERCH, Magnus: Wie kommt der Glaube zustande? Die Verhältnisbestimmung von Gnade und Freiheit, in: LERCH, Magnus / LANGENFELD, Aaron: Theologische Anthropologie,

Das, was die vorangegangenen Überlegungen zur Ansprechbarkeit des Menschen schon angedeutet haben, kommt im weiteren Verlauf dieses Hauptkapitels nun zur Entfaltung, indem sowohl der Möglichkeits- als auch der Relevanzaufweis aus Pröppers Theologischer Anthropologie auf die Position des OT bezogen werden sollen, sodass nun zunehmend die Bedeutung der Geschichte in den Fokus der Ausführungen gerückt werden soll, auf die durch das obige Eröffnungszitat schon hingewiesen wurde. Bevor mit dem Möglichkeitsaufweis fortgefahren wird, sollen einige Zwischenüberlegungen vorgeschaltet werden, die sozusagen als Präludium für die weiteren Reflexionen dienen.

Es ist bemerkenswert, dass der OT die Motivation für seine Anliegen gerade aus dem Themenfeld speist, aus dem auch Pröpper in seinem Gottebenbildlichkeitskapitel in der TA1 schon argumentiert: „Die Dramatik seiner Geschichte [die des Menschen; A. H.] beruht nicht auf einer metaphysischen Gespaltenheit seines Wesens, sondern vielmehr darin, daß er das Wesen der Antwort, der Entscheidung und damit auch des realen, geschichtlichen Übergangs ist."[56] Das bedeutet: Wenn der OT aus Gründen der Rückbesinnung auf das biblische Gottesbild sein Revisionsprogramm durchführt, dann gibt ihm gerade derjenige Aspekt recht, der auch von Pröpper verhandelt wird: Das Denken einer echten Geschichte zwischen Gott und Mensch. Noch einmal anders formuliert: Indem vom OT das biblische Zeugnis als ausdrücklicher Fundus für das eigene Programm in Anschlag gebracht wird und Pröpper nun *gerade hier* aufgrund anthropologischer Analysen zu dem gültigen Schluss kommt, dass es zumindest nicht nur die philosophischen Wahrheiten sind, von denen her die Heilsgeschichte bzw. auch die Geschichte der Person Jesu Christi her verstanden werden muss, bestätigen sich die philosophischen Verdachtsmomente, die der OT hegt und auch von Pröpper ähnlich verstanden werden: „Im Rahmen eines platonischen oder eines anderen dualistischen Verständnisses vom Menschen wären Kreuz und Auferweckung ebenso unbegreiflich und sinnlos wie die Inkarnation. Denn sie alle setzen die Bejahung des Menschen als eines ungeteilten Wesens voraus."[57] Dem OT wäre hier also einerseits zuzugeben, dass er damit im Recht wäre, dass ein *beliebiges* philosophisches Denken zentrale Glaubensinhalte zumindest verdunkeln und inadäquat zur Geltung kommen lassen könnte. Was sich an anderer Stelle insbesondere beim Geschichtsverständnis im Horizont eines unbewegten Bewegers im Sinne des aristotelischen Denkens als problematisch erwies, kann deutlich auch in anthropologischen Kategorien aufscheinen:

Paderborn 2018, 124–140, 137 f.
56 TA, 141.
57 TA, 141.

„Es geht niemals um die Befreiung der Seele aus dem Gefängnis des Leibes,
nicht um ihren Aufstieg in die Lichtwelt, ihre Rückkehr in die reine Sphäre
des körperlos-geistigen Leben – *es ist die Dialektik der Bundesgeschichte, aus
der die Dramatik der Heilsgeschichte resultiert*: Erwählung und Glaube oder
Unglaube, Berufung und Gehorsam oder Abwendung und wieder Umkehr,
Untreue des Volkes und Treue Jahwes, Gericht und neue Verheißung. Und
entscheidend ist stets, daß es der *ganze* Mensch ist, der in die Heilsereignisse
involviert und von ihnen betroffen ist."[58]

Der OT bestätigt sich selbst in seiner Aussage, dass ein Relecture der Bibel beispielsweise für ein angemessenes Verständnis der Geschichte aussichtsreich ist,
da Pröpper ja gerade durch eine *biblische* Analyse mit anthropologischer Ausrichtung ein OT-konformes Bild dieser Geschichte *zeichnet*, wenn auch er von
einer echten Geschichte und Partnerschaft zwischen Gott und Mensch ausgeht.
Zeigten die bisherigen Überlegungen dieses Hauptkapitels doch zunächst einmal nur eine grobe Justierung zwischen OT und TA an, wird sich nun zeigen
müssen, ob es gerade im Modus des Geschichtsdenken zu gedanklichen Konvergenzen kommen wird.

Es entspricht der Auffassung von Pröpper, dass die Geschichte als wirklich
offene gedacht werden muss.[59] Ähnlich wie der OT ist er sich dem risikohaften
Charakter des Geschichtlichen durchaus bewusst, der sich sachlich hieraus ergibt.[60] Der damit aber freigelegte positive Aspekt erscheint zumindest ebenso
deutlich: Die Welt ist die von Gott eröffnete Möglichkeit, sich als Mensch der
Gottheit Gottes gewiss zu werden und ihm gerade so entsprechen zu können.
Gerade die Freiheit ist conditio sine qua non für eine echte Gottesbeziehung des
Menschen und damit für die Offenheit einer Geschichte – das eine ergibt sich
zwingend aus dem anderen. Der für Pröpper so zentrale Gedanke der Freundschaft Gottes kann nämlich *nicht* in einer Geschichte Platz greifen, in der es
keinen Raum für Freiheit gibt. Vielmehr wird das Unbedingte der Freiheit als
Anknüpfungspunkt für diese Freundschaft verstanden, die beim OT u.a. als
„covenant"[61] bezeichnet wird. Die Welt als einer von Gott verschiedenen und
doch von ihr ins Dasein gerufenen Wirklichkeit wird auf diese Weise mithilfe
theologisch-anthropologischer Aussagen aufgewertet.

---

58 TA, 141
59 Vgl. TA, 608.
60 Vgl. TA, 608.
61 Vgl. etwa Pinnock: Most Moved Mover, 82.

IV.4.1 Die Bedeutung des Möglichkeitsaufweises für den Open Theism

*„Durch den Möglichkeitsaufweis der Existenz Gottes als freier, von Welt und
Mensch verschiedener Wirklichkeit, den es auf der Basis seines Prinzips – des
freien Ich – erstellt, schafft sich das Freiheitsdenken selber die Chance, sich als
Denkform für die durch die biblische Überlieferung begründete Rede von Gott
auch theologisch zu bewähren sowie umgekehrt diese Rede vor ihrer Herabsetzung als bloß anthropomorph, philosophisch insuffizient usw. zu schützen."*[62]

Die nachfolgenden Ausführungen zum Möglichkeitsaufweis sind systematisch
betrachtet der Versuch eines „Verfugens" derjenigen von Pröpper referierten
Inhalte, die das neuzeitliche Verhältnis zwischen Gott und Mensch zum Thema
hatten. Damit schließt sich die Formulierung des Möglichkeitsaufweises an die
vorangegangenen Reflexionen zum Begriff der *Ansprechbarkeit* bei Pröpper an.

Die Bedeutung des Möglichkeitsaufweises für den OT kann aufgezeigt werden, wenn man sich eine seiner Kernthesen in Erinnerung ruft: er sprach vom
Risiko Gottes, vom riskierenden Gott, der zumindest bestimmte Dinge *nicht*
garantieren kann. Gerade dieser Aspekt tritt hier nun neu hervor: der Möglichkeitsaufweis, den Pröpper vorbringt, formuliert eine anthropologische Aussage,
die für die OT-typische Frage, was Gott garantieren kann, von Relevanz ist:
indem nämlich festgehalten wird, dass jeder Mensch zumindest potentiell dazu
in der Lage ist, sich eine von Welt und Mensch verschiedene Wirklichkeit zu
denken (vgl. obiges Eröffnungszitat), kann daraus die These abgeleitet werden,
dass Gott zumindest garantieren kann, dass jeder Mensch *dieselbe Anlage* dafür
besitzt, von der göttlichen Selbstmitteilung, seinem Liebesangebot zu erfahren
und dass diese Möglichkeit für jeden Menschen beansprucht werden darf. Damit ist auch die fundamentaltheologische Frage beantwortet, ob zumindest die
Möglichkeit der Existenz Gottes vorausgesetzt werden *darf,* bzw. nicht von vornherein negiert werden *muss.* Festgehalten werden muss aber auch zugleich, dass
es sich, wie Pröpper stetig festhält, hierbei nur um eine Minimalbestimmung
Gottes handelt. Eben darum ist sie noch inhaltlich unbestimmt und „nur" als
vernünftiger Gedanke einsehbar. Anders formuliert: Der Möglichkeitsaufweis,
den Pröpper im sechsten Kapitel seiner TA referiert, ist für den OT dahingehend
von Gewinn, da dieser bestimmte Einsichten einlösen kann, die der Rechenschaftspflicht der Theologie zukommen: mit ihm wird die Möglichkeit aufrecht
erhalten, den Gottesgedanken, bzw. dessen Möglichkeit zur Offenbarung denken zu können. Wie gesehen greift Pröpper hier die „gültigen Erträge" auf, die
er im systematischen Durchgang durch die Positionen vor allem neuzeitlicher
Philosophie (Schleiermacher, Descartes, u. a.) eruiert, um sie dann miteinander

---

62 TA, 602.

zu verfügen.[63] Der Ertrag für den OT besteht vor allem einmal darin, dass durch den Möglichkeitsaufweis zentrale offenbarungstheologische Fragen in philosophischer Hinsicht beantwortet werden. Die für ihn zentrale Frage, ob Gott die Möglichkeit einer Offenbarung garantieren könne, kann mit Pröpper aus Sicht seiner Theologischen Anthropologie also so beantwortet werden, dass zumindest die *Garantie* der Möglichkeit aufrecht erhalten werden darf, auch weil eine solche der Vernunft nicht widerspricht. Es kann festgehalten werden, dass die philosophischen Rahmenbedingungen eingelöst sind, um eine Möglichkeit zu Gottes Selbstoffenbarung denken zu können. Diese bestehen etwa darin, dass der Mensch auf diese Offenbarung antworten kann, er das Vernommene verstehen kann, usw.[64] Die Frage nach der *faktischen* Offenbarung Gottes muss hiervon zunächst ausgeklammert werden, da ansonsten der Unterschied zwischen Philosophie und Theologie wieder eingeebnet wäre und vor allem die Bedeutung des Diktums aufgehoben wäre, dass Gott in der Offenbarung etwas über sich sagt, was auch nur er *selbst von sich* uns sagen konnte. Die Bedingung der Möglichkeit hierzu wurde aus theologisch-anthropologischer Sicht von Pröpper mit dem Möglichkeitsaufweis ausgewiesen – womit die Frage nach der Selbstoffenbarung der philosophischen Rechenschaftspflicht der Theologie genügte. Unter der Voraussetzung, dass die philosophischen Überlegungen aus dem ersten Teilband der TA – insbesondere des transzendentallogischen Freiheitsbegriffs – mit dem OT zumindest kompatibel sind, kommen die Erträge, die auf seiner Grundlage erreicht wurden, ihm nun zugute.

Die im OT diskutierte Frage, ob Gott die Möglichkeit zu einer Offenbarung garantieren könne[65], müsste allerdings aus Sicht des Denkens Pröppers zunächst einmal umgeformt werden: Denn erstens kann auf Grundlage der Trennung zwischen Philosophie und Theologie niemals bewiesen werden, dass es sich um *Gottes* Offenbarung handelt, ein (offenbarungstheologischer) Gottesbeweis ist – das macht Pröpper, wie gesehen, an vielen Stellen innerhalb seines Werkes deutlich[66] – ausgeschlossen. Zweitens wäre im Falle einer positiven Beantwortung dieser Frage diese Unterscheidung wieder aufgehoben. Man könnte die vom OT aufgeworfene Frage aber so beantworten, dass Gott die *Möglichkeit* zur Selbstoffenbarung – freilich auf Grundlage des Möglichkeitsaufweises und damit in einer bestimmten Hinsicht – in der Tat zugesprochen werden darf. Die Rede von einer „Garantie einer Offenbarung" scheint an dieser Stelle aber irreführend zu sein, da sie die Offenbarung selbst und ihre „anthropologischen Rahmenbedingungen", wiederum nicht streng genug voneinander trennt.

---

63 Vgl. TA, 589.
64 Vgl. TA, 488–494.
65 Vgl. GRÖSSL: Freiheit als Risiko Gottes, 264.
66 Vgl. hier die Ausführungen im Unterkapitel zur Gottesbeweisproblematik.

Richtig verstanden werden die vorangegangenen Reflexionen zum Möglichkeitsaufweis darum dann, wenn der Ertrag für den OT so begriffen wird: Dieser liegt m. E. an dieser Stelle darin, dass das Freiheitsdenken Pröppers es ermöglicht, die Selbstoffenbarung Gottes als seinen freien Entschluss denken zu können und Gott die *Möglichkeit* dieser freien Selbstoffenbarung als Geschehen der Liebe garantieren kann. Die aufgeworfene Frage nach den anthropologischen Rahmenbedingungen der Selbstoffenbarung Gottes darf also in der Tat positiv beantwortet werden, während die Offenbarung als Selbstmitteilung Gottes *an sich* hiervon abgekoppelt werden muss, und zwar in der Hinsicht, dass das von Pröpper vorausgesetzte Bestimmungsverhältnis dieser beiden Gedanken gewahrt bleibt. Anderenfalls würde die unreflektierte Rede von der Garantie einer Offenbarung diese Grenze verdecken. Gottes Offenbarung muss weiterhin als *freies* Geschehen gedacht werden.

Falsch wäre es aus den genannten Gründen also, die mit dem Gedanken des Möglichkeitsaufweises gefasste Wirklichkeit, die von Welt und Selbst different ist, schon mit dem Label „Garantie der Offenbarung" zu markieren. Dies würde auf dieselben Schwierigkeiten hinauslaufen, von denen oben die Rede war. Und doch scheint dies hier besonders leicht zu verwechseln zu sein, da ja eine jede menschliche Freiheit, also die formal unbedingte und damit auch u. a. kulturell unabhängige, laut TA zumindest potenziell dazu in der Lage ist, den Möglichkeitsaufweis leisten zu können, indem eine vom Selbst und Welt differente Realität der freien Vernunft prinzipiell zugänglich ist. Jeder Mensch kann in der Instanz freier Vernunft diesen Gedanken fassen, und doch darf dies nicht mit einer Garantie der Offenbarung verwechselt werden: Denn wie sollte unter dieser Bedingung noch von einem *freien* Gott die Rede sein, dessen Selbstoffenbarung nur unter *seiner* freien Verfügung stehen kann? Der OT wird also gerade auch in den von ihm schon eingenommenen Positionen umso mehr die Unterscheidung zwischen Philosophie und Theologie beachten müssen – gerade auch in der Frage nach der Garantie einer göttlichen Offenbarung, was gerade in der Rede von einem sich *frei* offenbarenden Gottes deutlich wird. Zudem wäre die Geschichte als Ort *unverfügbarer* Selbstmitteilung Gottes nicht anders denn als *offene* denkbar.[67] Was der OT als „Bewährungsraum"[68] der Freiheit begreift, kann auch nur der Ort sein, in dem diese Freiheit konkret wird, auch in dem Sinne, dass Gottes Selbstoffenbarung sich hier *ereignet* und der Mensch aufgrund seiner eigenen Freiheit dies überhaupt erst als freies Geschehen Gottes *begreifen* kann. Hiermit ist ein Zusammenhang zwischen OT und TA erreicht, in dem sich Gottes freie Selbstoffenbarung im Pröpperschen Sinn mit der offenen Geschichte als Ort ih-

---

67 Vgl. TA, 70.
68 Vgl. den Beitrag von SCHMID: Bewährte Freiheit, 365–391, besonders 387–391.

res Realwerdens und zugleich des Begreifens durch den Menschen qua Freiheit zeigt.

Kurzum: Wenn der OT nach Garantien fragt, die ein riskierender Gott noch bieten kann, darf mit dem Möglichkeitsaufweis Pröppers geantwortet werden, dass Gott zumindest die *„anthropologische"* Garantie geben kann, dass jeder Mensch im Gebrauch der freien und reflexiven Vernunft einen Gottesbegriff zu bilden vermag und potenziell allen Menschen diese Anlage zukommt. Die Frage nach der Garantie einer göttlichen Offenbarung, so wie der OT sie stellen würde, kann mithilfe von Pröppers Denken in der TA so beantwortet werden, dass Gott zumindest die Garantie der Möglichkeit seiner freien Offenbarung geben kann, die darum auch nur qua menschlicher Freiheit an ihr Ziel kommen kann. Zudem wird unterstrichen, dass gerade die Freiheit und Unverfügbarkeit von Gottes Selbstoffenbarung nur in einer offenen Geschichte konsistent gedacht werden können. Denn wie sollte die Ansprechbarkeit für die göttliche Selbstoffenbarung und dieses Ereignis als de facto ergangenes gedacht werden können, *ohne* die Geschichte als offene zu denken? Darin bestehen m. E. die zentralen Aspekte von Pröppers *Möglichkeits*aufweis für den OT.

Was aber gilt für den mit ihm in Zusammenhang stehenden Relevanzaufweis? Weist auch er Erträge auf, die der OT sich zunutze machen kann oder beschränkt sich seine Bedeutung lediglich darauf, „nur" als sinnvolles Korrelat des Möglichkeitsaufweises zu fungieren? Bevor diesen Fragen nachgegangen wird, sollen drei von Pröpper selbst markierte „essentials" in ihrer Bedeutung für den OT kurz referiert werden.

IV.4.2 Drei „essentials" der Theologie als Anknüpfungspunkt für den Open Theism

Pröpper deutete den Ertrag seines Freiheitsdenkens für drei zentrale theologische Themen selbst an, wenn er von drei „essentials" spricht und deren Bedeutung für den OT im Folgenden angedeutet werden soll.

IV.4.2.1 Allmacht und geschichtliches Handeln Gottes

Die Vertreter des OT sprechen bei der Allmacht Gottes häufig davon, dass dieser im Schöpfungshandeln den Menschen ermächtigt habe. Bei kritischer Lesart begegnet hier bereits ein Problem: denn wie kann man zu dieser These gelangen? Worin besteht die Ermächtigung? Es handelt sich scheinbar um eine anthropologisch noch nicht ausgewiesene Behauptung seitens des OT. Vergegenwärtigt man sich nun die hierzu relevanten Gedanken von Pröpper, könnte diese argumentative Lücke geschlossen werden, denn durch sein Freiheitsdenken kann nun verstanden werden, wie diese Ermächtigung gedacht werden kann. Denn Pröpper spricht ja gerade davon, dass Gott sich selber dazu bestimmt habe, *sich* bestimmen zu lassen – also die menschliche Freiheit radikal zu achten. Dies gilt auch noch bis zur Entäußerung Jesu am Kreuz. Gott nimmt sich also zurück in seiner Allmacht und er schafft andere Freiheit, die er radikal ernst nimmt, nicht antastet und versucht für sich zu gewinnen. So gelangt Pröpper ja auch erst zu der These, dass Gott die menschliche Freiheit sucht, nicht an ihr vorbei handeln kann und dass er gerade so, indem der Mensch die Botschaft Gottes frei bejaht und ihm – Gott – das höchste schenkt, nämlich sich in seiner Freiheit. Gott lässt den Menschen die (schon erwähnte) *Würde eigener Zustimmung*; nur in diesem Modus und unter dieser Voraussetzung kann der Mensch sich frei Gott schenken und gerade Gott das ihm höchste und angemessene schenken. Auf diese Weise wird auch der Begriff der „self-restraint" im OT nun plausibler: Denn Gott musste die menschliche Freiheit achten, um seine Botschaft nicht zu diskreditieren – man kann „dies alles zwar als Beschränkung, aber doch nur – da er sich ja *selbst* dazu bestimmt hat, sich bestimmen zu lassen – als freie und stets freibleibende *Selbst*beschränkung bezeichnen"[69]. Ein Gott der Liebe kann nur mit Mitteln der Liebe handeln – diesem Zusammenhang blieb Gott gerade im Kreuzesgeschehen treu, bzw. in den Worten des OT: „Faithful". So entsteht also ein Zusammenhang zwischen Gottes Allmacht, die sich als Treue zeigt, gerade *indem* sie sich zurücknimmt – hierin zeigt sich ein hoher Grad der Deckungsgleichheit zwischen OT und TA.

Ferner ist ein Aspekt angesprochen, den die Kritiker des OT häufig zum Vorwurf machen und was auch noch an anderen Stellen, bzw. unter anderen Gesichtspunkten betrachtet werden muss: die Offenheit einer Geschichte lasse es nicht zu, so der OT, eine Vorausbestimmtheit zu denken, die das Weltgeschehen schon als festgelegt begreift. Die Offenheit der Geschichte muss de facto gelten, wenn der Mensch nur als freies Gegenüber auf Gottes Mitteilung antworten können soll und ihm gerade darum so die Würde erweist. Den Kritikern des OT ist als Erwiderung gerade dieser Aspekt vorzuhalten: was könnte der Würde Gottes *mehr* entsprechen als ein *frei* sich für ihn entscheidender Mensch? Die auch von ihnen oft beanspruchte Kategorie der Würde besteht also *nicht* darin, dass Gott als thronender Monarch[70] das Weltgeschehen deterministisch vorausordnet – was letztlich auch zurückwerfen würde auf die Rede, dass er sich letztlich nur mit sich selbst beschäftigen würde, wovon auch Pröpper sich kritisch abgrenzt[71] und

---

69 TA, 635.

70 Auch diese Bezeichnung und ihre Bedeutung an sich ließe sich nun zurückweisen, womit ein Antwortversuch auf die vor allem calvinistischen Kritiker des OT gelingen könnte, vgl. SCHMID: Kämpfen um den Gott der Bibel, 314 f.

71 Vgl. hierzu der auffallende Begriff des *Appendix*, den Pröpper in diesem Zusammenhang bemüht, vgl. TA, 489.

stattdessen klar festhält, dass er die menschliche Freiheit wie angedeutet achtet, um zu ihm zu gelangen. Die angesprochene und auch für den OT m. E. zentrale These der Ermächtigung besteht also darin, dass der Mensch in die Lage versetzt werden kann, das Liebesangebot Gottes *frei erwidern zu können*, um in eine freie Gottesbeziehung eingestimmt zu werden. Nur vor diesem Hintergrund kann auch die vom OT vorausgesetzte Aussage angemessen gedacht werden, dass eine *ontologische Verschiedenheit*[72] zwischen den geschaffenen Wesen und Gott selbst vorausgesetzt sein darf. Insgesamt und grundsätzlich können die vorangegangenen Aspekte jedoch nur in einer *offenen* Geschichte gedacht werden, sodass sich die im Einzelnen genannten Aspekte, die durch das Freiheitsdenken die Position des Open Theism zu stützen vermögen, auch gerade vor der namensgebenden Gesamtkonzeption des *Open Theism*, hervorragend beschreiben lassen:

> „so liegt die Bedeutung des Freiheitsdenkens für das Verständnis des *Geschichts- und Offenbarungshandelns Gottes* grundlegend darin, daß es um der Freiheit Gottes wie des Menschen willen, ohne die Gottes Liebe als solche weder den Menschen erreichen noch der Mensch Gottes Verherrlichung und Ehre sein könnte, die Geschichte zwischen beiden ernsthaft als *offene* zu denken verlangt und auch ermöglicht."[73]

Dieses äußerst pointierte Zitat ließe sich für sich genommen auch auf andere bereits erörterte Aspekte beziehen. Es wird aber an dieser Stelle genannt, da es die menschliche Ermächtigung (und damit das Verständnis der göttlichen Allmacht) mit der Offenheit einer Geschichte deutlich verknüpft.

Somit liegt der Ertrag für den OT an dieser Stelle m. E. klar darin, dass seiner These der Ermächtigung des Menschen durch Gott eine Begründung geliefert wird und zudem auch eine Möglichkeit aufgezeigt wird, wie und warum diese Ermächtigung gedacht werden kann. Zudem ist durch den Rekurs auf den Begriff der Allmacht bei Pröpper aufgewiesen, wie die von ihm als *Potentia Ordinata* zunächst vorausgesetzte dann aber näher bestimmte Macht als Allmacht weiter fortgeführt werden und im skizzierten Sinne formuliert werden kann. Gerade darum, weil der Begriff der Allmacht es nicht ausschließt, Wesen mit freiem Willen zu erschaffen, ist die Möglichkeit für den skizzierten Gedankengang offen gehalten. Die anthropologische Aussage Pröppers, dass die menschliche Freiheit in ihrer Würde von Gott als allmächtigem Wesen geachtet wird, stützt die in diesem Zusammenhang erwähnten Aussagen des OT.

Auch was die *Allwissenheit* anbelangt, kann ein ähnlich hoher Grad der Konvergenz zwischen OT und Pröpper ausgemacht werden. Pröpper rekurriert auch

---

72 Nicht selten wird Pröppers Freiheitsdenken auch als „Differenz-Denken" apostrophiert.
73 TA, 608.

an dieser Stelle klar auf den Begriff einer offenen Geschichte[74], der sozusagen der Inbegriff des OT ist. Der Aspekt der Offenheit der Geschichte wird betont und darum von Pröpper eine Allwissenheit, die sich auch auf *zukünftige* Entscheidungen menschlicher Freiheit bezieht, zurückgewiesen. Zudem wird auch eine Konzeption von Zeit abgelehnt, die im Sinne etwa des Boethius konzipiert wurde und in der Theologiegeschichte häufig zu Inkonsistenzen geführt hat. Für Pröpper ist damit der argumentative Weg eröffnet, Zeit als etwas dem Menschen Zukommendes zu verstehen: „Dies würde bedeuten, die Zeit, in der wir leben, als uns *zukommende,* unser Dasein als *je neu empfangenes* zu verstehen"[75].

Ganz im Sinne des OT fasst Pröpper auch den Vorsehungsgedanken als risikobehaftet. Er zieht damit die Konsequenz aus der selbst getätigten Aussage, dass die Geschichte als offen gedacht werden muss, womit die für den OT so zentrale These der Risikohaftigkeit der Geschichte grundsätzlich als bestätigt gilt. Zugleich hält er fest, dass es Gottes „Innovationsmacht"[76] zugetraut werden darf, dass er der Herr der Geschichte trotz des Risikos bleibt, als „primäres Subjekt einer offenen Geschichte, die ihm gleichwohl nicht entgleitet, verfällt oder zersplittert"[77]. Wie genau diese göttliche innovatorische Macht gedacht werden kann, wie sie sicherstellen kann, dass der Geschichtsverlauf in ihrer Kontrolle bleibt und die m. E. besonders bedrängende Frage, wie diese Aussage(n) mit den bereits geschehenen geschichtlichen Katastrophen vereinbart werden könne(n), führt Pröpper an dieser Stelle nicht aus. Darum könnte der Eindruck entstehen, dass er der Innovationsmacht Gottes viel „zutraut".

Es kann zunächst festgehalten werden, dass Pröpper hier zentrale Aussagen des OT bestätigt: seine Innovationsmacht lässt sich erstens mit der Aussage von Sanders verbinden, dass die Schöpfung zwar risikobehaftet ist, dass sie ihm aber nicht in jeder Hinsicht „aus den Händen gleitet" und darum zumindest nicht in jeder Hinsicht ein Risiko vorliegt. Hierzu passt auch die These, dass Gott „Makro-Manager" bleibt, während er das „Mikro-Management" abgibt. Seine Innovationsmacht kann weiterhin mit der im OT propagierten „resourcefulness", „Allweisheit" und „Omnikompetenz" verbunden, ja geradezu identifiziert werden. Denn sowohl bei Pröpper als auch im OT wird von einer Unerschöpflichkeit der Ideen gesprochen und eine so unveränderliche Beständigkeit im göttlichen Wesen vorausgesetzt, die sich in seinem „universalen Heilswillen"[78] zeigt. Weiterhin können die „give-and-take-relationships" und die „changeable faithfulness" als Aussagen des OT vor dem Hintergrund von Pröppers Überlegungen als bestätigt gelten. Denn die ursprüngliche Allmacht als Allmacht

74 Vgl. TA, 608 f.
75 TA, 609.
76 TA, 608.
77 TA, 608.
78 TA, 608.

der Liebe erlaube es laut Pröpper, „Gottes schöpferische Freiheit und wirksame Unmittelbarkeit in jeden Moment auch seines geordneten Handelns und eben damit seine Fähigkeit zu denken, auf das Tun der freien Menschen antwortend eingehen zu können"[79]. Für den OT ergibt sich zudem, dass die Allmacht Gottes, in der er sich der Schöpfung und den Menschen gegenüber zurücknimmt, gerade in diesem Sinne verstanden werden sollte, um von diesem Gedanken aus zu seinen weiteren Aussagen zu gelangen. So steht etwa das Geschichts- und Offenbarungshandeln der Allmacht nicht neutral und differenzlos gegenüber, sondern sollte im Sinne der Zurücknahme gedacht werden – Gott verlässt sich in seiner Treue darauf, die Liebe des Menschen nur durch dessen Zustimmung *gewinnen* zu können. Diese Aussage „fehlt" dem OT, indem die libertarische Freiheit als bloß alternativenoffene nichts darüber aussagt, *wie* Gottes Selbstmitteilung, sein Beziehungsangebot auch beim Menschen ankommen könnte.

Der Offene Theist Oord setzt in seinem Werk eine wesens*notwendige* Kenosis voraus, was aber einem freien Gott wie Pröpper ihn denkt, prima facie widersprechen würde.[80] Dass Pröpper die Freiheit Gottes betont und die erst als solche das Wesen des Menschen in seiner formal unbedingten Freiheit zu erreichen vermag, war eines der zentralen Anliegen der TA1. Die Freiheit desjenigen Ereignisses, in dem Gott seine freie Selbstmitteilung uns hat angehen lassen und in der er uns sein Wesen mitteilte, wäre dann nicht mehr denkbar.[81] Gleiches gilt für Oords Behauptung, dass eine Schöpfung immer schon bestanden habe und dass Gott sich in jeglicher Hinsicht aus dem Weltgeschehen entziehen würde (eine Ansicht, der m. E. auch der Vorwurf des Deismus drohen kann), indem er auf sämtliche Eingriffe in die Schöpfung verzichte – diese Ansicht steht in Spannung mit der von Pröpper vertretenen Innovationsmacht Gottes. Zudem ist die von Pröpper vertretene und sehr wichtige denkerische Voraussetzung zwischen Gottes Gnaden- und Schöpfungshandeln nicht mehr einsehbar.

Auch die Behauptung, dass Gott einen Teil seiner Macht an den Menschen abgebe, ist erläuterungsbedürftig. Denn die Tatsache, dass sein freies Geschöpf „Macht" besitzt, darf nicht als ein Verhältnis aufgefasst werden, in dem ein Teil gegen den anderen „aufgewogen" wird. Vielmehr wäre mit Pröpper zu sagen, dass Gott die menschliche Freiheit achtet, wie er es auch schon im Kreuzesgeschehen getan hat. Es liegt hier also kein „numerisch" beschreibbares Verhältnis vor in dem Sinne, dass Gott einen bestimmten Prozentsatz seiner Macht abgegeben habe, sondern es gilt wie auch bisher das Gesetz der Freiheit selbst: dass Freiheit

---

79 TA, 608.

80 Vgl. Oord: The Uncontrolling Love of God, 151–186.

81 Damit scheint an dieser Stelle Sanders' Rede von der „self-restrainment" bestätigt – im Unterschied zu einer „self-limitation" Gottes, vgl. Sanders: The God Who Risks, 241.

andere Freiheit achten soll, hat der Durchgang durch die Transzendentallogik ergeben.

Auch die Ablehnung der *Immutabilitas* lässt sich mit Pröppers Gedanken verbinden, da sie in ihnen implizit enthalten ist. Denn wie sollte es möglich sein, eine offene Geschichte auch für Gott denken zu können (wovon ja auch Pröpper ausgeht) und zugleich eine mit ihr nicht kompatible Unveränderlichkeit, bzw. Nicht-Affizierbarkeit aufrechtzuerhalten sein? Pröpper geht wie gesehen aus von einer „Freundschaft Gottes" mit den Menschen, die auch nicht zustande kommen kann und die darum auch für Gott schmerzhaft[82] sein kann, womit die Nicht-Affizierbarkeit der Gefühle Gottes sowohl in der TA als auch im OT (der dies ja teilweise schon voraussetzt) übereinstimmend widerlegt ist.[83] Hier trennt Pröppers Gedanke der Freundschaft Gottes diejenigen Offenen Theisten, die einerseits von einer nur teilweisen Passibilität ausgehen von denjenigen, die andererseits eine „starke" Passibilität annehmen.[84]

Die Immutabilitas dagegen im OT-typischen Sinne der *Treue Gottes* zu deuten, findet positive Belegstellen bei Pröpper: Erstens kann diese Treue erneut ausgemacht werden im Sinne der Allmacht, die sich zur Verpflichtung zur Achtung anderer bekannt hat, damit seine Wesenseigenschaft der Liebe beim Menschen anzukommen vermag. Zweitens kann diese Treue eschatologisch interpretiert werden: Es darf Gott zugetraut werden, dass er am Ende der Zeiten sein Versprechen einlösen kann, dass Gnade und Leben in Fülle zur Wahrheit werden kann (daher ja auch der Titel von Striets Beitrag „Das Versprechen der Gnade" in der TA2, auf den zurückzukommen sein wird). Eine „changeable faithfulness" kann darum m. E. durchaus auch von der Position der TA eingenommen werden, wenn erstens die in ihr enthaltenen begrifflichen Implikate einander nicht widersprechen und zweitens die richtige Hermeneutik angewandt wird, um diesen Ausdruck zu verstehen. Nach Ansicht des Verfassers kann Pröppers Denken beide Bedingungen erfüllen, denn die Treue seines Versprechens innerhalb einer offenen Geschichte zu verstehen, ist vollends im Sinne des OT. Dies sei noch kurz erläutert: Dass gerade die Person *Jesu Christi* die Treue Gottes (buchstäblich) verkörpert, da in ihr offenkundig wird, dass Gott die Freiheit des Menschen qua Achtung ihrer Freiheit suchte, wird sowohl bei Pröpper als auch im OT festgehalten, Sanders schreibt:

> „That God is faithful is best exemplified in the incarnation of Jesus. God was faithful in bringing the promises to fulfillment, but he was free to fulfill them in ways that people did not anticipate. (...) On the basis of God's faithful

---

82 Vgl. TA, 655.
83 Vgl. TA, 655.
84 Vgl. Rhoda: Generic Open Theism and Some Varieties Thereof, 228.

freedom we may trust God to continue working toward the realization of his kingdom. Yet we must also leave God free to work things out as the divine love and wisdom deem best."[85]

Erneut wird darum die Freiheit Gottes deutlich, sich treu auf ihre Mittel verlassen zu dürfen:

> „Daß aber Gott *selbst* sich für uns bestimmt hat, indem seine Liebe in Jesu Wirken bis in den Tod uns zuvorkam und an ihm ihre Treue erwies – diese *absolute Affirmation unserer Freiheit* ist die Vorgabe, aus der sie nun *selbst sich bestimmen*, mit der sie ihrerseits beginnen und von der sie, unwiderruflich und unerschöpflich, für sich selbst und für jeden Gebrauch machen darf."[86]

Wenn diese Befunde aber zutreffend sind, dann ist Sanders recht zu geben, dass keine Notwendigkeit mehr darin besteht, aus „Sicherheitsgründen" der klassischen Position der Nichtaffizierbarkeit Gottes den Vorzug zu geben, um seine Wankelmütigkeit uns gegenüber auszuschließen. Das Christusereignis, der Bestimmungszusammenhang von Leben, Sterben und Auferweckung Christi, seine Zuvorkommenheit und Achtung der Menschen – wie Pröpper sagen würde – sind darum auch gut mit der Aussage von Sanders zu verbinden, dass die Allmacht in dem Lichte verstanden werden müsse, in dem sie uns begegnete.[87]

Akzeptiert man also Liebe als Wesensmerkmal Gottes und bringt hier das Pröppersche Denken ein, stellt sich nun die Frage umso dringlicher, ob bestimmte Eigenschaften Gottes, wie etwa die Unveränderlichkeit, aufrechterhalten werden können. Ein Anhänger Pröppers könnte so auch ein Anhänger des OT sein: Wie kann göttliche Liebe gedacht werden, ohne dass menschliche Freiheit vorausgesetzt wird und so die Unveränderlichkeit preisgegeben werden muss? Ist nicht, wie Pröpper ja selbst festhält, mindestens eine Revision des Unveränderlichkeitsattributs zwingend erforderlich, wenn bereits auch eine Vorherbestimmung abgelehnt wird? Nochmals anders gefragt: Stimmt man zu, dass Gott die Liebe und eine echte Beziehung zum freien Menschen innerhalb einer *offenen Geschichte* will (und das würden Pröpper und der OT befürworten), wie ist dies dann zu denken, *ohne* das Unveränderlichkeitsattribut mindestens zu revidieren? Denn die Aussage, dass Gott in *jeglicher* Hinsicht unveränderbar ist, kann bei Annahme einer alternativenoffenen Freiheit im Sinne des OT und der TA m. E. *nicht* mehr aufrechterhalten werden. Wäre Gott unveränderbar in einem starken Sinn, könnte er beispielsweise durch keine unserer Handlungen

---

85 SANDERS: The God Who Risks, 187.
86 TA, 649.
87 Vgl. SANDERS: The God Who Risks, 188.

überrascht werden, sondern würde jede menschliche Handlung vorauswissen, was hinter die erreichten Erträge zurückfallen würde. Ist hier nicht mindestens dem OT in seiner Aussage recht zu geben, dass Gott zwar seinem *Charakter* nach unveränderlich ist, nicht aber in den Wegen, auf denen er ihn aktualisiert?[88] Diese Aussage ist mit der Pröpperschen Anthropologie vereinbar, sodass Grössl recht zu geben ist, wenn er im Kontext der Unveränderlichkeit Gottes auf die Einfachheit Gottes verweist, die im Sinne der „A-Theorie" gedacht werden muss.[89]

IV.4.2.2 Gottes Schöpfungshandeln

Noch stärker als beim vorangegangenen Aspekt, der sich auf die Allmacht Gottes bezog, betont Pröpper die Differenz der Schöpfung von Gott. Hier ist v. a. die ontologische Unterschiedenheit zwischen Welt, Mensch und Gott zu betonen, die auch von den Offenen Theisten vorausgesetzt wird. Sie ist gewissermaßen die „äußere" Bedingung dafür, gegen monistische Tendenzen eine Eigenständigkeit derjenigen Akteure zu denken, deren Liebe Gott im lockenden Angebot zu gewinnen versucht. Eine von ihm selbst unterschiedene Entität, dessen Freiheit er beansprucht, damit die geschöpfliche Liebe zum Ziel kommt, ist darum nur unter der Bedingung bleibender „Realdifferenz" denkbar. Die Relevanz für die offen theistische Position besteht hier also darin, dass die auch von ihm schon vorausgesetzte ontologische Unterschiedenheit der Menschen von Gott bleibend bestätigt wird und die dabei ausschließlich auf dieser Grundlage mögliche Bedingung einer Liebesbeziehung durchaus zutreffend vom OT ausgemacht wurde. Zudem kann der von ihm stark gemachte Begriff der „Ermächtigung" hier wieder eingelöst werden, indem die Schaffung einer Realdifferenz durch Gott sozusagen in *ontologischer* Hinsicht diese erst als Ermächtigung denkbar sein lässt. Oder anders formuliert: die ontologische „Ermächtigung" im Sinne von Gottes Schöpfungshandeln *besteht* in der Erschaffung von ihm selbst unterschiedenen Wesen. Aus diesem Grund ist auf Basis des Pröpperschen Denkens auch eine monistische Position ausgeschlossen. Stattdessen ergibt sich erst unter der Voraussetzung einer schöpferischen Differenz die denkerische Möglichkeit, Gottes Liebe als „ermächtigte" Person zu erwidern. Die Würde, die er uns in der Ermächtigung gab, um positiv auf sein Liebesangebot antworten zu können, wird durch sein Schöpfungshandeln erst grundgelegt. Die Möglichkeit, die Welt als freie Schöpfung zu denken und den Menschen als freies Gegenüber Gottes zu verstehen, steht damit offen.

---

88 Vgl. GRÖSSL: Freiheit als Risiko Gottes, 271.
89 Vgl. die Ausführungen in II.4.

IV.4.2.3 Eschatologie / Rettung im Tod

Mit der im offenen Theismus vertretenen Annahme, dass Gott eschatologisch seine Allmacht wiedererlangt, kann an dieser Stelle eingesetzt werden. Während Pröpper davon ausgeht, dass Gott sich in seiner Allmacht zurücknahm, um sich in seiner Freiheit vom freien Menschen bestimmen zu lassen, wird im OT diese Zurücknahme eher so gedacht, dass Gott etwas von seiner Macht an die Menschen „abgibt" (und was m. E. genau das bereits erwähnte Bild der Wippe evozieren muss, wird nämlich gerade in dieser Hinsicht ein konkurrierendes Verständnis vorausgesetzt). In eschatologischer Hinsicht aber kommen beide Positionen darin überein, dass Gott die Macht besitzt, aus dem Tod zu erretten.

Damit kann er als Gott der Liebe auch eschatologisch diese Liebe ursprünglich erweisen. Als allmächtige Liebe muss darum das Auferstehungshandeln verstanden werden. Gott hat in seiner Treue, die auch der Open Theism voraussetzt, seine Beständigkeit im Wesen dieser Treue (der OT würde „*faithfulness*" sagen) an der Erweckung Jesu Christi erwiesen, sodass Menschen selbiges für sich erhoffen dürfen. Im Modus einer futurischen Hoffnung, die sich gegen präsentische auto-soteriologische Tendenzen sperrt (und gerade darum für den OT relevant sein kann, insofern dieser von einem Präsentismus ausgeht), darf darum auch die bleibende Beziehung zu Gott auch postmortal vorausgesetzt werden. Die Beziehung der Liebe, auf die es sowohl dem OT als auch Pröpper ankommt, wird mit dem Tod nicht definitiv abgebrochen, sondern kann als bleibend bestehende gedacht werden – hierin zeigt sich die Einheit von Allmacht und Liebe, die gerade als solche das Gottsein Gottes ausmacht.

IV.4.3 Die Bedeutung des Relevanzaufweises für den Open Theism

Pröpper hat im finalen Kapitel des ersten Teilbandes der TA ausgeführt, warum es sich bei seinen anthropologischen Überlegungen auch um einen Relevanzaufweis für den christlichen Glauben handelt. Wenn es anthropologische Aussagen gibt, die universal gültig sind, dann kann sich theologisches Denken, das mit dem zweiten Vatikanum den Menschen als „Weg der Kirche" deklariert hat, dem nicht verschließen. In besonderer Hinsicht gilt dies für Aussagen über den Menschen im Horizont einer theologischen Anthropologie. Damit ist nun der Punkt erreicht, aufzuzeigen, welchen Mehrwert es für den OT haben könnte, die entsprechenden Aussagen Pröppers im Blick auf den von ihm erhobenen Relevanzaufweis zu affirmieren. Für den in diesem Kapitel unternommenen Versuch einer Zusammenschau zwischen OT und Pröppers TA sind nun zwei Dinge relevant:

Erstens kann mithilfe des Relevanzaufweises die Frage bearbeitet werden, wie Gott sicherstellen könne, dass sein Liebesangebot durch Jesu Leben denn beim Meschen ankommen könne, bzw. genauer: der Relevanzaufweis betrifft die Frage, wie Gott den Menschen in die Lage versetzen kann, dass dieser erkennt, dass es sich bei Gott überhaupt um den *Gott Jesu Christi* und damit der Einheit von Allmacht und Liebe handelt: Denn die antinomische Struktur der Freiheit hat auf eine Wirklichkeit verwiesen, die der Mensch sich selbst nicht verbürgen kann, die er im Setzen unbedingter Anerkennungsverhältnisse aber immer schon voraussetzt. Damit kann er dazu befähigt werden, die freie Liebe Gottes mindestens als ihn unbedingt angehend denken zu können und sie auch zu erwidern. Geradezu bezeichnend macht Pröpper selbst ja auf den Unterschied zwischen Möglichkeits- und dem Relevanzaufweis aufmerksam: Auch wenn der *Möglichkeits*aufweis gelänge, ist damit noch nichts darüber ausgesagt, inwiefern diese Wahrheit Menschen betreffe und es sich hierbei um etwas ihn unbedingt Angehendes handelt.[90]

Zum anderen bezeichnet der Relevanzaufweis etwas, das wieder mehr die Anlage des Menschen meint: im Ausgriff der antinomischen Struktur erweist sich die Idee Gottes als vollkommene, weil formal und material unbedingte Freiheit, die als solche dem Sinnlosigkeitsverdacht menschlicher Freiheit – als Sinnoption – zu widersprechen vermag. Gerade der Fokus auf die intersubjektiven Anerkennungsverhältnisse bieten daher einen Anknüpfungspunkt dafür, den Relevanzaufweis als darum für den OT zentral zu betrachten, weil dieser ja ein „*missionarisch*-intellektuelles [Hervorhebung: A. H.]"[91] Hauptmovens besitzt. Die Motivation des OT, den Glauben verständlich zu machen, ihn jedem Menschen näherzubringen und so ein Grundanliegen christlichen Lebens einzulösen, kann gut mit der TA vermittelt werden, wenn man sich die Ausführungen Pröppers zum Relevanzaufweis vor Augen führt. Denn je plausibler der Anspruch ausgewiesen werden kann, dass *alle* Menschen zum Glauben nicht nur berufen, sondern auch fähig sind, desto nachvollziehbarer und auch ernster wird das Anliegen des OT, das Christentum verständlich zu machen und anderen Menschen nahe zu bringen. Hierin besteht das große Potenzial des Relevanzaufweises für den Open Theism. Der Ertrag des Relevanzaufweises ließe sich damit umso höher würdigen, je besser er mit dem *missionarisch*-intellektuellen Motiv des OT fruchtbar verbunden werden kann. Dies könnte etwa bewerkstelligt werden, indem die so leicht zugänglichen zwischenmenschlichen Phänomene, auf die Pröpper bei der dem Relevanzaufweis zugeordneten Freiheitsanalyse rekurrierte, für den missionarischen Zweck des OT in Anschlag gebracht werden. Es ist m. E. bezeichnend, dass Pröpper ja gerade in diesem Zusammenhang auch von der antizipatorischen *Kategorie des Glaubens*[92] spricht, die Christen mehr

---

90 Vgl. TA, 585.
91 GRÖSSL: Freiheit als Risiko Gottes, 13.
92 Vgl. etwa TA, 648 f.

zum Ausdruck bringen lassen sollen, wenn sie Gott als die vollkommene Freiheit ihres sinnbegründenden Handelns wirksam werden lassen.

Im OT erscheint es unklar, inwiefern der gleichwohl auch dort zentrale Gedanke menschlicher Freiheit es möglich machen könne, dass die christliche Botschaft von Gottes Liebe „menschlich ankommt". Der Zusammenhang beider Aspekte bleibt in dieser Hinsicht lose. Der Relevanzaufweis schließt diese argumentative Lücke, indem er zu zeigen vermag, *inwiefern* die Instanz menschlicher Freiheit auf die christliche Wahrheit verweist und darum für die konkrete Existenz freier Wesen von Bedeutung ist. Insgesamt wird die Relevanz für das missionarisch-intellektuelle Motiv des OT auch dadurch deutlich, dass der Glaube ja durch kritische Prüfung seiner Vernunftgemäßheit zum *Menschen* wirklich findet. Wäre es anders, „würden Verkündigung und Theologie ihn zwar immer noch anklagen und Forderungen erheben, ihn aber kaum noch allein kraft ihrer Wahrheit überzeugen und ihn *selber* für sie gewinnen können."[93] Die Relevanz dieses verkündigenden und damit auch missionarisch-intellektuellen Motivs wird noch dadurch unterstrichen, dass Pröpper ausdrücklich festhält,

„daß diese Empfänglichkeit unserer Freiheit sehr wohl durch das, was sie erfüllen kann und ihr als solches nahekommt, erst aktualisiert wird, vielleicht sogar aktualisiert werden muß und daß ihre tatsächliche Zustimmung (...) von Vorgaben lebt, die aus ihr selber oder auch allein von anderen Menschen nicht stammen."[94]

Die Bedeutung der Verkündigung des Glaubens wird damit als ein zentrales Motiv des OT noch einsichtiger und systematisch gewichtiger. Denn als anthropologische Erkenntnisse sind die Inhalte, auf die beide Aufweise sich als ihre Erfüllung richten, für alle Menschen universal relevant.

„Entscheidend für die Dialogfähigkeit der Christen ist überdies, daß sie allein auf die menschliche Überzeugungskraft ihrer Wahrheit setzen und ihren Anspruch auf Geltung ausschließlich mit Mitteln vertreten, die dem Inhalt dieser Wahrheit gemäß sind und sie nicht diskreditieren: auf dem Weg und mit den Mitteln der Liebe also, die als erstes die unbedingte Achtung der anderen Freiheit verlangt und sie als letzte Urteilsinstanz über die für sie gültige Wahrheit nicht nur freiläßt und respektiert, sondern auch fördert und stärkt."[95]

---

93 TA, 100.
94 TA, 1338.
95 TA, 1347.

Diesen Anspruch können aber beide Aufweise einlösen, sodass mit ihnen m. E. begründet vertreten werden kann, dass sie sich für das missionarische Gespräch eignen. Dadurch, dass es sich beim Relevanzaufweis um eine alle Menschen betreffende, eben anthropologische Aussage handelt, kommt ihr universale Geltung zu. Den alle Menschen angehenden Glauben zu verkünden, scheint ohne anthropologische Aussagen kaum möglich zu sein. Der OT in seiner Grundausrichtung als biblische Reformbewegung soll damit keinesfalls in Frage gestellt sein, ebenso wenig sollen anthropologische gegen biblische Wahrheiten ausgespielt werden. Vielmehr hat Pröpper ja gerade betont, dass es für ihn gerade die biblisch begründete Aussage der Gottebenbildlichkeit sei, die die Ansprechbarkeit des Menschen für Gott begrifflich zu fassen vermag, wodurch er biblische und anthropologische Einsichten miteinander verknüpft.

Beide referierten Aufweise, so ließe sich zusammenfassen, erhalten ihre Relevanz für den OT durch ihre inhärente Universalität: besonders der Relevanzaufweis kann für den OT dahingehend fruchtbar sein, dass er sich auf dessen missionarisch-intellektuelle Grundausrichtung bezieht. Der Möglichkeitsaufweis zeigte zuvor die Möglichkeit zu Gottes freier Selbstoffenbarung auf und ermöglicht es dem Menschen aufgrund seines freien Vernunftgebrauches, eine von ihm verschiedene Wirklichkeit zu denken. Gerade deswegen, weil aber beide Aufweise von Pröpper gerade als *philosophische* Themen verhandelt und formuliert werden, beziehen sie sich auf das Wesen jedes Menschen, treffen sie doch Aussagen über die Freiheit jedes einzelnen und qualifizieren sich gerade so ja auch als philosophische Themen, die mit der reinen Vernunft einsehbar sind.

Auch noch die Aufweise standen im Horizont des Begriffs der Ansprechbarkeit, sodass ein kurzes Zwischenfazit zu diesem Unterkapitel erfolgen soll. Die Fähigkeit, den Gottesbegriff bilden zu können, für das ansprechbar zu sein, was Gott dem Menschen zu sagen hat, auch verstehen zu können und antworten zu können, ihm seiner Gottheit gewiss zu werden, hat Auswirkungen auf das „Risiko-Denken" des OT: Denn es lotet die Frage, was Gott garantieren kann, neu aus: Dieser Gedanke ist die Gewähr dafür, dass Gott jedem Menschen mindestens *dieselbe Anlage* gegeben hat, auf ihn selbst aufmerksam zu werden. So zeigt sich, dass mithilfe der anthropologischen Reflexion eine Antwort auf die Frage gegeben werden kann, was Gott zumindest unter der Voraussetzung einer gewissen Potenzialität garantieren kann: Die Fähigkeit zur Bildung einer Minimalbestimmung eines Gottesbegriffs mithilfe der menschlichen Vernunft. Weil jeder Mensch zumindest potenziell in der Lage dazu ist, eine von ihm unterschiedene Wirklichkeit in der Instanz eigener Freiheit denken zu können, relativiert sich zumindest diejenige Gefahr, dass Gott das Risiko einging, dass *kein* Mensch von ihm je Kenntnis erlangt. In seiner kompletten Gestalt, in dem, was nur er uns selbst sagen konnte und den Begriff der Offenbarung meint, mag das Risiko bestehen bleiben. An dieser Stelle findet ja in Pröppers TA auch der

Übergang zu den theologischen Kategorien statt, die aber an eine die Freiheit achtende Form der Vermittlung gebunden bleiben und darum risikobehaftet sind. Zugleich liegt der hohe Wert der Implikate des Begriffs der Ansprechbarkeit für die Theologie des OT darin, dass wichtige fundamentaltheologische Grundannahmen in Form anthropologischen Denkens nun für ihn eröffnet sind, die der Libertarismus nicht einzuholen vermochte. Besonders zentral erwies sich in diesem Zusammenhang die Allmacht, die im OT von Schmid als *Ermächtigung* beschrieben wird und gut diejenigen fundamentaltheologischen Einlösungen gebündelt bezeichnet, die Pröppers Begriff der *Ansprechbarkeit* hervorhob.

Während das letzte Kapitel des ersten Teilbandes der TA bestimmte anthropologische Bedingungen eruiert hat, die für die *Möglichkeit* einer Offenbarung Gottes unmittelbar relevant sind, soll an dieser Stelle der Zusammenschau von OT und TA die „Seite Gottes" beleuchtet werden, soll heißen: War zuvor die nur *mögliche* Gottesbeziehung Gegenstand der Überlegungen, soll sie nun als faktisch bestehende reflektiert werden. Der Gesamtanlage der TA entsprechend, behandeln die nachfolgenden Themen vor allem Inhalte dogmatischer Natur. So sollen nun vor allem die Unterkapitel III.4.4 und III.4.5 dieser Studie mit den Ansichten des OT diskutiert werden. Die Rede ist von der vermeintlich *unfehlbaren göttlichen Gnade* bzw. ihre Wirksamkeit in Verbindung mit der Freiheit des Menschen sowie der eschatologischen Freiheit, die das Thema postmortaler (intersubjektiver) Versöhnung verhandelt. Diese Aspekte sind Bestandteile der Theologischen Anthropologie und darum keine Themen einer genuinen Gotteslehre.

IV.4.4 Das Risiko einer „fehlbaren" Gnade (Greiner)

Im Kontext der Frage, ob die göttliche Gnade beim Menschen fehlbar oder unfehlbar vorausgesetzt werden kann, soll zunächst ein zentraler Hinweis vorgeschaltet werden. Wird ein transzendentalphilosophisches Freiheitsdenken vorausgesetzt, kann Gottes Gnade bzw. sein Handeln unter Achtung menschlicher Freiheit immer schon als Ermöglichung menschlicher Freiheitsakte und zu ihnen simultan gedacht werden.[96] Damit unterscheidet sich dieses Modell von einem Freiheitsbegriff, der die Kategorie einer Fremdbestimmung voraussetzt. Anders gewendet: die Frage, warum Gott bestimmte Freiheitsentscheidungen des Menschen nicht anders ausgehen lässt oder ausgegangen lassen hat, kann

---

96 Vgl. NITSCHE, Bernhard: Zeit und Ewigkeit: Vorläufige Bemerkungen zur Unveränderlichkeit Gottes angesichts der menschlichen Freiheitsgeschichte, in: RUHSTORFER, Karlheinz (Hg.), „Unwandelbar?" Ein umstrittenes Gottesprädikat in der Diskussion (Beihefte zur Ökumenischen Rundschau), Leipzig 2016, 142–174, 165.

sich unter der Voraussetzung eines formal unbedingten Freiheitsbegriffs *so* nicht stellen. „Denn in transzendentaler Lesart ist Gott der omnipräsente und jedem Freiheitsakt eines Menschen simultan innewohnende Freisetzungs-Grund menschlicher Freiheit."[97] Wie genau das konkrete *Ergreifen* dieser oder jener Handlung gedacht werden kann, sollten die Ausführungen zum transzendental-logischen Freiheitsbegriff deutlich gemacht haben. Aus dem genannten Grund ist auch die bei Greiner anzutreffende Unterscheidung zwischen fehlbarer und unfehlbar wirksamer Gnade mindestens missverständlich. Nitsche formuliert pointiert: „Das Zusammenspiel von göttlicher und menschlicher Freiheit ist als ein noumenales Verhältnis von Freiheit zu Freiheit zu explizieren. Dieses ist kein Konkurrenz-, sondern ein formales Emergenz-Verhältnis von wachsender Nähe und größerer Freisetzung."[98]

Damit ist auch dasjenige von Greiner selbst angezeigte Problem eines kon-kurrierenden Modells der wirksamen göttlichen Gnade m.E. überwunden und eine heteronome Bestimmung oder Erfüllung des Wirkens im menschlichen Willen damit abgewiesen. Dies muss jedoch stets unter der Prämisse transzen-dentalen Denkens betrachtet werden:

> „Der Mensch wird in der Gegenwart Gottes nicht weniger, sondern mehr Mensch! Was innerhalb der Wirklichkeit geschöpflichen Seins nur als on-tisches Verhältnis der Konkurrenz, Beschneidung und Abhängigkeit ver-standen werden kann, ist innerhalb der transzendentalen Freiheitsdifferenz von Schöpfer und Geschöpf als ein Verhältnis von göttlicher Freisetzung und freier menschlicher Antwort oder Responsorität zu bestimmen."[99]

Damit ist dann auch eine weitere Prämisse „widerlegt", die dem Gnadenstreit zugrunde lag, bzw. zur Disposition stand: die Rede ist vom Determinismus, der mithilfe des transzendentalen Freiheitsdenkens nun gut begründet zurückge-wiesen werden kann, da mit ihm nichts mehr *„gesichert"* werden muss:

> „Dann ist es möglich, den formal unbedingten Freiheitsentschluß des Men-schen zugleich als von Gott selbst ermöglichten Freiheitsentschluß zu denken, ohne das transzendentale Freiheitsverhältnis von göttlicher und menschlicher Freiheit in einem zerstörerischen und falschen Determinismus aufzulösen."[100]

---

97 Nitsche: Zeit und Ewigkeit, 165.
98 Nitsche: Endlichkeit und Freiheit, 397.
99 Nitsche: Endlichkeit und Freiheit, 399.
100 Nitsche: Endlichkeit und Freiheit, 404.

Was aber folgt aus diesem Befund? Dass Gott mit der Erschaffung freier Wesen ein Risiko eingeht und dieses gerade auch für ihn selbst als solches zu bezeichnen ist, wurde im Kapitel zum OT in II.6 erörtert. Dass die Gnade nicht unfehlbar sein kann, wenn sie in den Kategorien von Pröppers Freiheitsdenken formuliert wird, sollte das Kapitel III.4.4 deutlich gemacht haben. Damit besteht der Zusammenhang zwischen OT und TA hier in einem konkreten *Test- oder Anwendungsfall* innerhalb der Beziehung zwischen Gott und Mensch *selbst*, was sich natürlich auch damit erklärt, dass die Thematik der Gnade innerhalb Pröppers Werk ja im *zweiten* Teilband verortet ist, der die *konkrete* Gottesgemeinschaft und damit den (eher) dogmatischen Teil der TA abbildet. Anders formuliert: Die Preisgabe der Unfehlbarkeit der Gnade bei *Pröpper* steht auf der Linie dessen, was durch den *OT* ohnehin schon vertreten wird, insofern er von einer risikobehafteten Beziehung zwischen Gott und Mensch ausgeht. Auch Pröpper deutet zwar die Fehlbarkeit der Gnade am Ende der TA1 schon an, dieser Gedanke wird jedoch erst von Greiners Beitrag in der TA2 ausformuliert. Hier scheint der Open Theism dasjenige also in einer gewissen Hinsicht schon vorwegzunehmen, was in der TA mit guten Gründen denkerisch erreicht wird: Unter Voraussetzung einer echten Freiheit kann der Mensch sich der Gnade auch verschließen, sie kann darum nicht universal wirksam sein: „Aus der Sicht von Pröpper schließt dies nicht nur eine göttliche Vorherbestimmung (Prädestination) der menschlichen Freiheitsakte, sondern auch deren Vorherwissen aus. Die Geschichte zwischen Gott und Mensch ist eine offene, denn die Gnade ist nicht *unfehlbar* wirksam."[101] Hinsichtlich des klassischen Gnadenstreits, dessen Darstellung in der TA2 von Michael Greiner vorgenommen wurde, liefen die Ausführungen auf die Frage hinaus, ob dem Molinismus und damit der Freiheit des Menschen oder der unfehlbaren Wirksamkeit der Gnade der Vorzug zu geben sei. Wie könnte vor dem Hintergrund der bisherigen Überlegungen in dieser Frage eine Antwort formuliert werden?

Die im Rahmen dieser Studie angestellten Reflexionen zum OT haben dafür sensibilisiert, dass Gott mit dem Gewähren der menschlichen Freiheit ein Risiko einging. Damit ist bereits die Verklammerung zwischen dem, was Gott intendiert und de facto „bekommt", aufgeweicht. Generell haben die Ausführungen zum OT gezeigt, dass die menschliche Freiheit vor dem Hintergrund bestimmter Aussagen der klassischen Gotteslehre ohnehin Modifikationen erfordert. Würde man im Horizont des klassischen Gnadenstreits *nicht* zugunsten der menschlichen Freiheit entscheiden, wäre die Rede von Gottes freiem Partner und Freund (Schlusskapitel der TA1) wieder revoziert. Gleiches gilt für die Offenheit der Geschichte, in der sich dieses Geschehen ereignen soll: Wie könnte eine Unfehlbarkeit der wirksamen Gnade gedacht werden, *ohne* dass die Rede

---

101 Lᴇʀᴄʜ: Wie kommt der Glaube zustande?, 138.

einer offenen Geschichte – die wiederum eine *authentische* Beziehung zwischen Gott und Mensch erst denkbar sein lässt – verkürzt oder preisgegeben wird? Pröpper selbst spricht dort ja davon, dass das damit zugrunde gelegte Freiheitsverhältnis gerade auch für Gott „schwierig", doch andererseits auch Wertvolles gewonnen sei, wenn die Freiheit den Menschen zu seinem Partner und Freund erhebt und Gott so zu uns kommt.[102] All die Vorzüge, die das Freiheitsdenken in diesem Zusammenhang bietet, würden im Falle der Annahme *unfehlbarer* Gnade zum unmissverständlichen Oxymoron. Dass diese Beziehung scheitern kann, gerade weil sie nur *frei* vom Menschen erwidert werden kann, ist darum nur die andere Seite derselben Medaille. Das Zustandekommen der Beziehung zwischen Gott und Mensch kann qua Freiheit nicht anders als auch unter der Voraussetzung des Fehlschlags gedacht werden – die Geltung dieses Zusammenhangs darf also logisch vorausgesetzt werden. Unter dieser Voraussetzung muss dann auch im Gnadenstreit entschieden werden, behandelt er doch gerade diese Beziehung und die Zugewandtheit Gottes zum Menschen. Warum sollten also hier andere Vorzeichen gelten als in Pröppers Rede vom „möglichen Partner und Freund Gottes"[103]? Schon zu Beginn des Kapitels, das den Open Theism darstellte, war davon die Rede, dass ein starker Begriff von Freiheit bestimmte metaphysische Erfordernisse hinsichtlich der Beschaffenheit der Wirklichkeit stellt, dessen Zusammenhang aber theologische Relevanz aufweist, worauf etwa Nitsche aufmerksam macht:

> „Insofern ist die Freiheit des Menschen jene anthropologische Voraussetzung, welche sich der freie Gott als Grammatik seiner Zuwendung und Selbstvergegenwärtigung schafft. Daher steht die Schöpfung insgesamt unter dem Vorzeichen einer freien Gratuität von Gottes schöpferischem und erlösendem Handeln."[104]

Gerade dieser Aspekt muss aber nun aus gnadentheologischer Sicht auch ernst genommen werden – was m. E. sowohl für den libertarischen als auch für den Pröpperschen Freiheitsbegriff gilt, insofern von beiden ausgesagt werden kann, dass sie etwas Unbedingtes in sich vereinen und alternativenoffen sind. Dann aber müssen diese Grundannahmen auch in ihrer Geltung bestehen bleiben, wenn auf widersprüchliche Weise ein Gottesbegriff vorausgesetzt wird, der sich durch Akt und Potenz auszeichnet und sozusagen „quasi-deterministisch" die Bedingungen eines starken Freiheitsbegriffs *nicht* ernstnimmt. Durch diesen metaphysischen Rahmen entstand ja das Problem erst und es musste sich darum

---

102 Vgl. TA, 655.
103 TA, vgl. die Bezeichnung des finalen Kapitels der TA1.
104 Nitsche: Endlichkeit und Freiheit, 400.

in besonders eindringlicher und hartnäckiger Form stellen. Weder ein philosophischer noch ein theologischer Determinismus können aber bei gleichzeitiger
Annahme eines starken Begriffes von Freiheit behauptet werden. *Gleichwohl
kann in der Frage des Gnadenstreits aber auch schon ein Untersuchungsergeb-
nis der vorliegenden Studie sozusagen rückwirkend wieder diskursiv eingebracht
werden*: Bei der Annahme einer bloßen Alternativenoffenheit hinsichtlich der
menschlichen Annahme der Gnade, die der OT in seiner libertarischen Frei-
heitskonzeption voraussetzt, muss es bei der finalen Auswertung des Gnadenstreits nicht bleiben. Stattdessen aber hat die Pröppersche Konzeption im finalen
Kapitel der TA1 gezeigt, dass die menschliche Freiheit, bzw. das freie Ich dadurch
gekennzeichnet ist, sich einen Minimalbegriff Gottes vorauszusetzen. Damit ist
die besagte Alternativenoffenheit natürlich nicht widerlegt oder verworfen, aber
es wäre falsch, sie als einziges Implikat eines Freiheitsbegriffs zu verstehen, das
beim Gnadenstreit auf Seiten menschlicher Freiheit vorauszusetzen wäre. Denn
unter Annahme eines nicht nur alternativenoffenen Freiheitsbegriffs, der eine
vom kontingenten Menschen unterschiedene Wirklichkeit schon zu denken
vermag (d. h. der Pröppersche Freiheitsbegriff), kann sich die „Idee Gottes"
beim Menschen womöglich leichter initiieren, womit eine höhere „Wahrschein-
lichkeit" zumindest gedacht werden kann, dass der Mensch zum Glauben und
damit in die Gottesbeziehung kommen kann. Hier zeigt sich der bereits referierte Aspekt des „lockenden Gottes" gut, der im OT vorausgesetzt wird und
dem Menschen seine Freiheit lässt, jedoch gleichwohl ein Hingezogensein zum
Guten aufscheinen lassen kann.

Gewiss muss die de facto geschehende Gnade von diesem Aspekt streng
getrennt bleiben – aber es zeigt sich doch, dass die bloße Annahme einer Freiheit, die lediglich zur *Ablehnung* auch noch der Gnade ermächtigt ist, auch
bestimmte Folgeprobleme beleuchtet. Nicht umsonst wurde in der vorliegenden
Studie diese offene Frage hinsichtlich des libertarischen Freiheitsbegriffs ja
vorgebracht.[105] Im verhandelten Gnadenstreit zeigt sich dieser Aspekt auf sozusagen invertierte Weise: die libertarische Freiheit sichert zwar ihrem Begriff
nach die Freiwilligkeit zur Gottesbeziehung ab, *aber sie erschöpft sich auch in
ihrem „negativen" Implikat – der möglichen Ablehnung der „unfehlbar wirksamen" Gnade – dieser Annahme nicht: Es wäre falsch, ein bloß additiv-neutrales
Gegenüber von Annahme und Ablehnung der Gnade, bzw. der Gottesbeziehung
anzunehmen*; stattdessen aber sollte bleibend bedacht werden, dass der Mensch
qua freiem Ich erst den Zugang zum Gottesgedanken gewinnt – was aber erst
mit dem Pröpperschen Freiheitsbegriff *eingelöst* werden kann (vgl. die Ausführungen zu Schleiermacher und dem Möglichkeitsaufweis in der TA1). Auch in
dieser Hinsicht zeigt sich ein neuer Gehalt der Aussage des OT, dass Gott zwar

105 Vgl. das Kapitel II.7.

nicht in jeder Hinsicht garantieren könne, das zu bekommen, was er will, dass er aber bestimmte „Mechanismen" anwenden kann, damit der Mensch – auch und gerade unter Berücksichtigung der Freiheit – in seine Beziehung Eingang finden kann. Auf diese Weise ist das Risiko einer fehlbaren Gnade zumindest (leicht) relativiert. Und doch bleibt sie – in den Worten – des Open Theism: „resistible grace"[106], menschliche Freiheit kann sich ihr verweigern.

So ist hinsichtlich der wirklich geschehenden Gnade m. E. Greiner in der Tat recht zu geben, wenn er zum einen die Konzeption des OT in seinem Beitrag der TA an „exponierter Stelle" erwähnt, indem er den Gnadenstreit offen-theistisch zu deuten vorschlägt und zum anderen ebenfalls dazu tendiert, die Unfehlbarkeit der Gnade abzulehnen:

> „Wer nämlich das Gnadengeschehen als ‚offene Geschichte von Freiheiten' betrachtet, hat dieser Art von Unfehlbarkeitsvorstellung ja *eo ipso* bereits den Abschied gegeben. (...) Ist erst einmal der Spitzengedanke erreicht, daß Gott mit der *offenen* Gnaden- und Freiheitsgeschichte letztlich wohl auch ein *Wagnis* eingeht, dann wäre nachfolgend zu prüfen, welche Revisionen der überkommenen *Gotteslehre* dies näherhin erfordert"[107].

Es muss daher die These als bekräftigt gelten, dass die Gnade in der Tat *nicht* als unfehlbar wirksam gedacht werden kann. Damit sprechen zwingende Gründe dafür, den referierten Gnadenstreit zugunsten der menschlichen Freiheit zu entscheiden. Der Open Theism erhob seinen libertarischen Freiheitsbegriff als alternativenoffen, damit die Freiwilligkeit der Gottesbeziehung gedacht werden konnte. Damit aber musste die Annahme einer risikobehafteten Beziehung zwischen Gott und Mensch zwangsläufig folgen. Der klassische Gnadenstreit erscheint darum gewissermaßen als (weitere) Konkretion dieser Aussage, Gott ist ein „God Who Risks" und bekommt nicht immer das, was er will. Er macht das Geschenk der Freiheit, dass damit aber nicht mehr unter seiner Kontrolle steht. *Pröppers Aussage, dass etwas Unbedingtes im Menschen vorausgesetzt werden dürfe, das auch im Fall der Sünde prinzipiell „unzerstörbar" ist, kann gut mit dem Diktum des OT verknüpft werden, dass die Anlage des Menschen für Gottes Gnade eine von Gott „garantierbare" Größe ist, während das faktische Zustandekommen der Gnade menschliche Freiheit erfordert.* Sanders formuliert sehr treffend: „Enabling grace is invincible, but it is not factually irresistible."[108]

Grundsätzlich wird beim Gnadenstreit deutlich, dass das Vorhandensein und die konkrete Inanspruchnahme von Freiheit durch den Menschen nicht

---

106 Vgl. Sanders: The God Who Risks, 257.
107 TA, 1415. Vgl. auch TA, 1433.
108 Sanders: The God Who Risks, 257.

unabhängig vom metaphysischen Kontext bzw. der ontologischen Beschreibung der Welt erfolgen kann. Ein ähnlicher Gedanke begegnete bereits in Kapitel II.2, wo davon die Rede war, dass ein starker Begriff von Freiheit bestimmte metaphysische Voraussetzungen habe. Das bedeutet sozusagen spiegelverkehrt, dass unter bestimmten metaphysischen Bedingungen (beispielsweise einem Determinismus) diese Freiheit nicht mehr aufrechterhalten werden kann. Während hiermit zunächst philosophische, ontologische Vorgaben gemeint sind, gilt dasselbe Prinzip aber auch in theologischer Hinsicht: auch ein theologischer geschlossener „Raum der Möglichkeiten" führt letztlich zum selben Problem. Dies macht m. E. einen hermeneutischen Schlüssel aus, mit dem man den Gnadenstreit angemessen erfassen kann.

Die Rolle, die der Open Theism vor dem Hintergrund des Gnadenstreits damit zusammenfassend spielt, lässt sich daher einerseits damit beschreiben, dass er gewissermaßen als *Vorläufer* die Risikohaftigkeit menschlicher Freiheit im Gegenüber zu Gott in seinem Denken „gesetzt" hat und dann auch „schonungslos" die Konsequenzen dieser Annahme *ausgezogen* hat. Auch gegenüber der Gnade ist der Mensch kraft seiner alternativenoffenen Freiheit noch frei. Andererseits wurde der Gnadenstreit damit zum *„Test"- oder Anwendungsfall*, bei dem der OT dafür steht, die einmal erhobene Behauptung der menschlichen Freiheit auch dann durchzuhalten, wenn der Preis dafür hoch zu sein scheint: Die Unfehlbarkeit der Gnade abzulehnen hieße dann auch, augustinisches und thomanisches Gedankengut in einem theologisch nicht unerheblichen Maße abzulehnen. Nach allem bisher Gesagten steht also mit guten Gründen der von Greiner angedeutete Weg durchaus offen, den Gnadenstreit in der Tat im Sinne des OT aufzulösen[109] und darum der menschlichen Freiheit den Vorzug zu geben, was auch von Pröpper selbst schon angedeutet wurde.[110]

IV.4.5 Das Risiko der eschatologischen Freiheit (Striet)

Die Frage nach dem eschatologischen Risiko wird vom OT so beantwortet, dass Gott seine Macht zurückerlangen werde – die Frage nach der (libertarischen) Freiheit ist in dieser Hinsicht jedoch noch unbeantwortet. Dagegen haben die diesbezüglichen Ausführungen Striets in der TA auch in *dieser* Frage auf ein Risiko aufmerksam gemacht, das auch für Gott noch besteht. Im letzten Hauptkapitel der TA2 wurde nämlich deutlich, dass das eschatologische Risiko dort mit einer anderen Akzentsetzung formuliert wurde: Gott geht das Risiko ein, Menschen Freiheit zu gewähren, die sie auch noch eschatologisch nützen können. Vor dem Hinter-

---

109 Vgl. TA, 1433.
110 Vgl. TA, 489.

grund der Konfrontation der Opfer mit den Tätern besteht das eschatologische Risiko darin, dass eine definitive Versöhnung aller Menschen mindestens ausbleiben *könnte* – womit die weiterhin vorhandene Möglichkeit der Verweigerung des Verzeihens unter Inanspruchnahme der Freiheit gemeint ist und das Risiko für Gott darin besteht, dass die Möglichkeit erhalten bleibt, dass sein universaler Heilswille enttäuscht werden könnte. Auf genau dieser Linie der Alternativenoffenheit der Freiheit, die sich nun auf die Frage der postmortalen intersubjektiven Vergebung richtet, formulierte Striet sein Konzept, das die positive Antwort auf die Frage nach einer Allversöhnung darum offenlassen muss.

Wenn die Offenen Theisten auch noch postmortal einen Libertarismus voraussetzen, bliebe auch für Gott ein Risiko bestehen. Damit erscheint die eschatologische Freiheit aus Sicht der TA auch schon wie im vorangegangenen Unterkapitel – in der Frage nach unfehlbarer Gnade – als ein konkreter „Test"- oder „Anwendungsfall" eines „God Who Risks". Denn die Frage lautet nun nicht mehr, ob Gott seine Macht eschatologisch wiedererlangen werde, sondern ob die menschliche Freiheit auch noch dazu gebraucht werden könnte, ein freies Verzeihen zu verneinen. Damit findet aus Sicht des OT eine Akzentverschiebung statt, die sich nicht mehr auf Gottes Allmacht, sondern auf die menschliche Freiheit bezieht. Der OT müsste, wenn er das Denken Pröppers rezipieren würde, die These einer eschatologisch „verwandelten Freiheit", die nicht mehr alternativenoffen ist, aufgeben oder zumindest modifizieren. Denn diese steht in Spannung zu den Ausführungen in der TA, dass eine postmortale Freiheit auch zur Ablehnung der Versöhnung erhalten bleibt – und zeugt darum auch von der konsequenten Ernstnahme der Freiheit im Denken Pröppers generell. Andererseits würde *dann* für den OT gelten, dass er durch die Vermittlung des Freiheitsdenkens Pröppers seine so zentrale These vom „God Who Risks" als bestätigt ansehen kann und diese andererseits – eschatologisch – noch weiter differenziert wird. Denn Gott ginge in diesem Fall nicht nur darum ein Risiko ein, weil er die menschliche Freiheit im Sinne der free-will-defense (die der OT der Sache nach affirmiert) schon im irdischen Leben ernst nimmt, sondern dass diese Freiheit gerade vor dem Hintergrund weiterer theologischer Kategorien – wie in diesem Falle der Eschatologie – ihre *ganze* Risikohaftigkeit zeigt. Kurzum: Würde der libertarische Freiheitsbegriff noch eschatologisch gültig bleiben, würde der OT seine eigene Rede eines „God Who Risks" weitaus eher bestätigen als unter Annahme einer kompatibilistischen Position, sodass auch hier eine Art „Konkretion" eines riskierenden Gottes vorliegen würde.

Zwar kann der Zusammenhang zwischen libertarischer und kompatibilistischer Freiheit gedacht werden[111], der OT muss sich an dieser Stelle jedoch

---

111 Vgl. die umschriebene Auflösung eines alternativenoffenen in einen „fixierten" Freiheitsbegriff bei den Offenen Theisten, etwa bei PINNOCK: Most Moved Mover, 170 f.

entscheiden: entweder bleibt der Libertarismus auch eschatologisch vorausgesetzt, dann wird „zurückgerudert"[112], weil Gott nicht garantieren kann, dass alle Menschen sich für ihn entscheiden. In diesem Fall bleibt ein eschatologisches Risiko bestehen. Oder es wird denkerisch vorausgesetzt, dass Gott diese Garantie geben kann, dann muss die geschöpfliche Freiheit als (zeitlich) beschränkt gedacht werden.[113] Während einerseits das Argument behauptet wird, dass Gott nicht willkürlich die Freiheit zurücknehmen und revozieren könne, ohne auch die Möglichkeit einer Liebesbeziehung zu ihm zu eliminieren, besteht nun die Gefahr, dass ein libertarischer Begriff von Freiheit nun in eschatologischer Hinsicht fallen gelassen wird. Konsequenter wäre es für den OT gewesen, einen alternativenoffenen (libertarischen) Freiheitsbegriff auch noch eschatologisch zu vertreten.

IV.4.5.1 Eine vorschnelle Lösung

Der Open Theism geht wie gesehen davon aus, dass Gott in eschatologischer Hinsicht seine Macht wiedererlangt – in dieser Hinsicht besteht für ihn *kein* Risiko. In diesem Sinne ist auch festzuhalten, dass in der Transformation zwischen Tod und Auferweckung noch einmal eine radikal neue Qualität der Gottesbegegnung geschieht, in der die göttliche Liebe und Freiheit unverkürzt ansichtig wird. Auch hier kann alternativenoffene Freiheit weiter vorausgesetzt bleiben, aber sie verfehlt bei einer definitiven Verweigerung in die Gottesbeziehung ihr eigenes Wesen, was dann nur noch als radikale Selbstverfehlung und -vernichtung des Menschen gedacht werden kann.[114] In der TA bleibt das Problem postmortaler Versöhnung in *intersubjektiver* Hinsicht jedoch weiterhin bestehen, bzw. bleibt von Gottes Allmacht unberührt.

Ginge man davon aus, dass ein (auch nur restriktiv) libertarischer Begriff[115] von Freiheit in die kompatibilistische Version vom Subjekt selbst umgewandelt werden kann, ließe sich das Problem, das Striet in der TA hervorgehoben hat, m. E. in der Tat zumindest minimieren, wenn nicht gar lösen: Freiheit wäre dann immer schon zu denken zwar als irdisch geformte, d. h. Resultat eines freiheitlich geprägten Prozesses von selbst-formenden Entscheidungen[116], die sich *in Freiheit* zu einer kompatibilistischen Freiheit umgeformt hat und die darum dann auch das freie Gewähren des Verzeihens denkbar sein lässt. Gerade dieser

---

112 An dieser Stelle scheint mir Grössls Verdacht bestätigt, dass manche Offene Theisten an bestimmten Stellen ihrer theologischen Ansichten wieder „zurückrudern", wenn es zu prekär wird; vgl. GRÖSSL: Freiheit als Risiko Gottes, 31.

113 Vgl. PINNOCK: Most Moved Mover, 139.

114 Vgl. NITSCHE: Zeit und Ewigkeit, 172.

115 Vgl. GRÖSSL: Freiheit als Risiko Gottes, 259 f.

116 Vgl. das Kapitel II.2.1.

Weg scheint aber unter Annahme der *alternativenoffenen* Freiheit gerade *nicht* gangbar, wird doch ein solcher und kein kompatibilistischer Freiheitsbegriff von Striet vorausgesetzt. Demgegenüber geht er davon aus, dass auch für Gott ein Risiko bleibt, der die einmal gewährte Freiheit gerade um der Würde ihrer selbst willen auch in eschatologischer Hinsicht nicht mehr zurücknehmen kann. Freiheit soll andere Freiheit unbedingt anerkennen, was gerade auch in eschatologischer Hinsicht für die Beziehung Gott – Mensch (– Mensch) gilt. Darum kann es zumindest *keine* Garantie universaler Versöhnung geben – bleibt das tatsächliche Verzeihen doch gerade als starker Ausdruck der bleibenden Freiheit des jeweiligen Subjekts. Der Frage, welcher Lösungsweg für die scheinbare Pattsituation in Frage kommen könnte, die hier zwischen OT und TA begegnet, kann man sich auf zwei Weisen nähern:

Erstens kann man ausgehend vom OT fragen, ob die Möglichkeit zu selbstformenden Handlungen auch bei einem Pröpperschen Freiheitsbegriff gedacht werden kann. Unter der Voraussetzung, dass die formal unbedingte Freiheit aber wie gesehen alles Gegebene gedanklich übersteigen, „transzendieren" – insbesondere auch das material Bedingte – kann, die Prozesse des Überlegenkönnens und der Identitätsbildung ausdrücklich mit ihr verwoben sind, sprechen keine zwingenden Gründe dagegen, die self-forming-actions auch in einem Pröpperschen Sinn denken zu können. *Diese* Möglichkeit könnte dann die offen-theistische Lösung des hier begegnenden Problems sein, das seinen Grund erneut vom Begriff der jeweils vorausgesetzten Freiheit nimmt. Bedenken wären jedoch dahingehend zu äußern, dass die Alternativenoffenheit der Freiheit, die Striet in seinem Beitrag in der TA2 voraussetzt, nivelliert wäre, sodass dieser erste Weg für eine mögliche Synopse zwischen offen-theistischer Position und TA m. E. nicht gangbar erscheint. Insbesondere bleibt unklar, wie eine kompatibilistische Freiheit mit der Aussage vereinbar ist, dass Vergebung nur als *freies* Geschehen gedacht werden kann – dieser Umstand erfordert einen *starken* Freiheitsbegriff, der im kompatibilistischen Sinne gedacht mindestens fragwürdig erscheint, und zwar womöglich auch dann, wenn seine „vorherige", d.h. noch nicht „umgeformte" Version der Libertarismus ist.

Eine *zweite* Lösung könnte andererseits darin bestehen, dass die libertarische Konzeption nicht schon als kompatibilistisch umgedeutet gedacht werden muss und darum Striets Reflexionen ihren „Ernst" beibehalten. Es kann an dieser Stelle noch eine weitere Voraussetzung in die Überlegungen miteinbezogen werden, die vom OT stark gemacht wurde: er ging aus von der *Wiedererlangung* von Gottes Allmacht. Die Antwort auf die Frage, ob Gottes Allmacht den freien Willen des Menschen antasten dürfe, damit die postmortale Versöhnung garantiert werden könne, muss um der Achtung der Freiheit willen verneint werden. Aber ist damit schon *Alles* zur eschatologischen Allmacht Gottes im Verhältnis zur menschlichen Freiheit gesagt?

IV.4.5.2 Lösungsvorschlag für das eschatologische Freiheitsproblem

Die Hartnäckigkeit im hier gestellten Problem eschatologischer Freiheit zeigt sich geradezu unerbittlich, wenn die menschliche Freiheit auch von einem allmächtigen Wesen nicht einfach übergangen werden kann. Aus der Sicht des OT darf festgehalten werden, dass Gott zwar in der Hinsicht ein eschatologisches Risiko ausschließen kann, weil er *seine eigene Macht* wiederlangt. Damit aber ist das von *Striet* aufgeworfene Problem aber noch keinesfalls erledigt, geht es ihm ja um die Ernstnahme der menschlichen Freiheit, die sich wie gesehen auch der Vergebung im Angesicht Gottes verweigern kann.

Es sei an dieser Stelle an einen zentralen Aspekt erinnert, den Kreiner treffend beschreibt:

> „Nur ein allmächtiger Gott kann das Risiko eines letzten Scheiterns ausschließen. Wäre Gott nicht allmächtig, bliebe der Ausgang der Geschichte des Universums unsicher. Denn er würde letztlich davon abhängen, wie sich die Geschöpfe angesichts der göttlichen Überredung entscheiden."[117]

Gerade die im Zitat enthaltenen Aussagen stehen nun aber zur Disposition, bzw. zeigen sich als unvereinbare Implikate: Entweder der Gott des OT erhält seine Macht zurück und er kann dieses Risiko ausschließen oder die menschliche Freiheit bleibt auch im Sinne der Alternativenoffenheit erhalten, sodass diese Wiedererlangung für Gott keine Rolle spielt. Wenn Striet von der leitenden Frage spricht, ob die Opfer den Tätern verzeihen dürfen, kann die Wiedererlangung der göttlichen Macht in eschatologischer Hinsicht im Sinne des OT so interpretiert werden, dass Gott zumindest einen Zustand *aktualisieren* kann, in dem die Opfer den Tätern verzeihen *dürfen*, ohne dass dieses Geschehen einer Nivellierung des Leids gleichkommen würde oder die Freiheit dieses Verzeihens aufgehoben wäre. Wie kann diese Aktualisierung gedacht werden? Was wäre umgekehrt für die menschliche Freiheit schon gewonnen, wenn nur Gott seine Macht wiedererlänge? Besteht eine denkerische Möglichkeit, die beide Voraussetzungen – Gottes Wiedererlangung der Macht und die bleibende Freiheit der Geschöpfe – zu vereinigen vermag oder handelt es sich um „hölzerne Eisen"?

Wenn Gottes Macht in eschatologischer Hinsicht restituiert wird – also die These des Open Theism zutrifft[118] – kann und darf diese weiterhin als Macht der Liebe gedacht werden. Als solche kann und darf sie keinen Zwang auf die Geschöpfe ausüben. M. E. steht damit aber der Weg offen, der in dieser Hinsicht

---

117 Kreiner: Antlitz Gottes, 343.
118 Hierin bestand laut Kreiner der Charakter als „Kompromissposition" zwischen klassischem Theismus und der Prozesstheologie.

gedachten göttlichen Macht und Wirklichkeit zumindest zutrauen zu dürfen, dass sie ausreichende Mittel zur Lösung des hier diskutierten Problems aufbietet. Denn auch ein Gott, der seine eschatologische Macht zurückerlangt, kann zwar nicht die Vergebung selbst erzwingen, er kann aber zumindest alle *logisch denkbaren Bedingungen* aktualisieren, die ein freiheitliches Gewähren der Verzeihung *ermöglichen*.[119] An dieser Stelle wäre darüber nachzudenken, ob diese Bedingungen ausreichend sein können, um auch ein bis in den Tod festgehaltenes freies Nein zur Vergebung noch einmal zu einem freien JA zu verwandeln, *ohne* die menschliche Freiheit anzutasten.

Worin könnte eine solche Bedingung bestehen? Zunächst ist es erforderlich, festzuhalten, dass auch bis in den Tod hinein getroffene Entscheidungen prinzipiell revidierbar sind.[120] Eine aktualisierbare Bedingung – die Gott auch eschatologisch „zur Verfügung" stehen würde – im genannten Sinne wäre nun, dass der Täter (im Beisein des Opfers) mit den eigenen Taten konfrontiert wird – ein Gedanke, der der Theologie unter dem Begriff „Fegefeuer" bzw. „Purgatorium" bekannt ist.[121] Die Frage, wie die Opfer der Geschichte ihren Peinigern dann noch verzeihen dürften und könnten, wenn diese Frage nicht von vornherein abgelehnt würde, könnte so beantwortet werden: Das, was die Opfer im Letzten noch dazu bewegen könnte, in Anbetracht ihres Leids doch noch Vergebung zu üben, wäre die Erfahrung aus der Täterperspektive, nämlich die Wahrnehmung aufrichtiger *Reue* durch das von Gott aufgezeigte bzw. ermöglichte schmerzhafte – weil durch seine Liebe reinigende – Durchleben des durch die Täter verursachten Leids. Denn wie – wenn nicht ungesühnt – sollte ein Opfer seinem Täter überhaupt vergeben können? Man könnte die „transzendentaltheologische" Frage stellen: Unter welcher Bedingung könnte ein Opfer seinem Täter überhaupt noch die freie Vergebung gewähren, ohne dass dieses Geschehen einer „Gleichmacherei" oder Nivellierung gleichkäme? Welche andere Sühne, so könnte die Gegenfrage gestellt werden, wäre überhaupt angemessen, um die Opfer ihrer Würde nicht zu berauben außer eine Reue, die mit dem selbst verursachten Leid konfrontiert wird? *Verhält es sich nicht gerade aus intersubjektiver Perspektive so, dass die Vergebung häufig aus dem Grunde verwehrt wird, weil die Unaufwiegbarkeit der Schuld in dem Sinne interpretiert und empfunden wird, dass der Täter niemals wissen wird, wie das Leid, das er zugefügt hat, sich aus der erstpersönlichen Perspektive der Opfer dargestellt hat?*

So könnte dann auch die Würde der Zustimmung, die Pröpper in der Freiheit zur Gottesbeziehung voraussetzte, denkerisch eingeholt werden. Zudem spricht

---

119 Hiermit ist ein paulinischer Gedanke angesprochen, insofern als die Einsicht in die eigene Schuld von zentraler Bedeutung ist und niemand „aus sich heraus" gerecht ist.

120 Vgl. STOSCH: Gott – Macht – Geschichte, 282 f.

121 Vgl. MÜLLER: Katholische Dogmatik, 542–544.

er ja auch davon, dass die meisten Menschen gar nicht „abgrundtief" böse sind, sondern eher verschlossen und „verbohrt"[122], sie wollen vielleicht schon zu Lebzeiten die eigene Freiheit oder die Möglichkeiten Gottes nicht wahrnehmen, weil sie ihr zu wenig zutrauen. An dieser Stelle begegnet darum die Schnittstelle, das *Versprechen der eschatologischen Gnade* denken zu können. Affirmiert man, dass Gott seine Mittel zum würdevollen Erhalt der menschlichen Freiheit auch eschatologisch noch durchsetzen kann, er darum zumindest die *Möglichkeiten* zu einer Allversöhnung garantieren kann, diese Möglichkeiten immer erhalten bleiben und niemals erschöpft sind, dann kann darin sein Versprechen der Gnade und *Treue* gesehen werden, die dann wiederum auch schon *vor* dem eschatologischen Geschehen vorausgesetzt werden darf. Die in der Lehrtradition vorkommende eschatologische Hoffnung auf Allversöhnung muss darum nicht preisgegeben werden – auch dann nicht, wenn ihr tatsächliches Zustandekommen unsicher bleibt.

Striets Aussage, dass Gott ewig warten könne, kann entgegnet werden, dass auch im Falle eines immerwährenden Wartenkönnens nichts in Bezug auf die Frage gewonnen ist, ob und wie die alternativenoffene Freiheit des Menschen sich jemals für ein Verzeihen entscheiden wird. Denn das Problem bestand nun ja gerade nicht mehr darin, dass das mögliche Scheitern an einer Allversöhnung an *Gott* „liege". Dem Gedanken des Wartenkönnens liegt ein Problem zugrunde, das sich auf das vorausgesetzte Verhältnis der irdischen und göttlichen Zeit erstreckt. Denn der Gedanke des Wartenkönnens impliziert sachlogisch, dass innergeschichtliche Verhältnisse sozusagen 1:1 auf Gottes Ewigkeit übertragen werden: „Aus den konkreten Erfahrungen der Geschichtszeit werden die Problemstellungen irdischer Geschichtsabläufe in analoger oder gar univoker Weise auf Gott übertragen."[123] Dieses Problem potenziert sich geradezu, wenn menschliche Freiheitsentscheidungen auch eschatologisch bleibenden Ernst behalten: „Wird unter dieser Prämisse (...) der Entscheidungscharakter menschlicher Freiheit im Sterben und im Gericht mit Recht betont, so kann die eschatologische Anwendung zu einer problematischen, weil der irdischen Zeit nachgelagerten Reinszenierung der Geschichte als Täter-Opfer-Versöhnungs-Drama im Gericht führen."[124] Hier zeigt sich eine Eigenart des in der Pröpperschule vorkommenden univoken Denkens.[125] Dass dieser Aspekt gerade für den OT problematisch

---

122 Vgl. TA, 679.
123 NITSCHE: Zeit und Ewigkeit, 157; vgl. auch NITSCHE: Zeit und Ewigkeit, 157, Anm. 34.
124 NITSCHE, Bernhard: Ewigkeit und Raum-Zeit. Transzendentale Orientierungsversuche, in: SCHÄRTL-TRENDEL, Thomas / GÖCKE, Benedikt Paul (Hgg.), Freiheit ohne Wirklichkeit? Anfragen an eine Denkform. Münster 2020, 291–326, 313 f.
125 Vgl. exemplarisch zu diesem von Georg Essen unternommenen Versuch, die göttliche und menschliche Freiheit Jesu zusammen zu denken: NITSCHE: Endlichkeit und Freiheit, 425.

werden kann, wenn er das Denken der Pröpperschule bzw. der TA rezipiert, macht Teuchert klar, wenn sie festhält, dass der OT auf ähnliche Weise dazu tendiert, eher graduelle als prinzipielle Unterschiede zwischen Gott und Mensch anzunehmen.[126] Damit aber fügt die bloße Aussage, dass Gott wenn nötig ewig warten könne, nichts Neues in Bezug auf die Frage hinzu, ob und wie das Opfer dem Täter ein freies Verzeihen gewähren dürfe oder nicht. Gottes Wartenkönnen sollte eher so verstanden werden, dass es als Ausdruck seiner Treue – bzw. in offen theistischer Terminologie „faithfulness" – verstanden werden darf, dass er niemals die Möglichkeit des freien Verzeihens aufgeben oder verwehren werde, solange sie noch unter der *Voraussetzung der Aktualisierung* logisch möglicher Bedingungen (siehe oben) steht.

In diesem Problem „eschatologischer Freiheit" wird deutlich, dass eine Lösungsperspektive sich zwischen den zwei Voraussetzungen bewegt, dass Gott zwar durchaus seine Macht wiedererlangen kann (1, Position des Open Theism), das Problem damit aber noch nicht ad acta gelegt ist, bleibt doch die auch ihm gegenüber von ihm selbst zu achtende menschliche Freiheit erhalten (2, Position von Striet in der TA) und gültig. Der angedeutete Vorschlag hat versucht, beide Seiten unverkürzt miteinander zu vermitteln: Die Wiedererlangung der Macht Gottes in eschatologischer Hinsicht stellt keine Infragestellung menschlicher Freiheit dar, in gewisser Hinsicht vergrößert sie sie sogar, wenn durch sie bestimmte Bedingungen aktualisiert werden, die die Vergebung und die mit ihr notwendig zusammenzudenkende Freiheit ermöglichen. Die Freiheit der Vergebenden muss um der authentischen Vergebung willen vorausgesetzt bleiben, ansonsten würde sie diesen Namen gewiss nicht verdienen. Die Täter werden im Beisein der Opfer mit den eigenen Taten konfrontiert, freilich unter dem Vorzeichen göttlicher Liebe. Auf diese Weise kann ein intersubjektiver Ort der Läuterung gedacht werden, wo die Konfrontation der Täter mit den Opfern *einerseits* das für die Täter schmerzvolle Geschehen der Reinigung vom zugefügten Unrecht bedeutet, für die Opfer aber *andererseits* diejenige Bedingung erfüllen kann, durch die der Akt des Vergebens dann *erfolgen kann*: die Reue und die schmerzvolle Einsicht in das Getane durch das gerechte Handeln Gottes.

Der stark zu machende Begriff sich offenbarender Reue lässt aber aus systematischer Hinsicht noch eine weitere, womöglich schwerwiegendere Problematik aufscheinen: So sehr die Reue für die Sühne der Schuld und damit zur Vergebung gedacht werden kann, so kann ganz grundsätzlich gefragt werden, ob sie sich überhaupt bei jedem Menschen *einstellt*. Hiermit aber ist eine Frage angesprochen, die an dieser Stelle weder neu ist noch zu einer endgültigen Antwort geführt werden kann, ist sie doch in jedem Fall *personenrelativ*. Konstatiert werden kann dagegen, dass es Gottes gerechten und innovativen Mitteln durch-

---

126 Vgl. Teuchert: Gottes transformatives Handeln, 141.

aus zugetraut werden darf, die Konfrontation zwischen Opfern und Tätern als „Geschehen der Gerechtigkeit" ereignen zu lassen.

Nochmals: Die alternativenoffene Frage nach dem freiheitlichen Gewähren des Verzeihens muss – darin ist Striet recht zu geben – unbedingt aufrecht erhalten bleiben. Verzeihen erfordert Freiheit[127], wozu eine kompatibilistische Position aber unzureichend zu sein scheint. In dieser Hinsicht ist die Position des OT (die Annahme kompatibilistischer Freiheit im Eschaton) tendenziell abzuweisen, während die Annahme der Wiedererlangung der göttlichen Allmacht mit guten Gründen vorausgesetzt sein darf. Ihr darf nun zugetraut werden, dass die Opfer zumindest in den „freien Status" versetzt werden können, die Vergebung den Tätern zu gewähren, was aber einen starken Freiheitsbegriff *erfordert*. Wenn sozusagen *transzendentaltheologisch* die Frage gestellt wird, was überhaupt die Bedingung der Möglichkeit dafür sei, dass ein allversöhnendes Verzeihen gedacht werden kann, muss einerseits ein schon angesprochener starker Freiheitsbegriff zugrunde gelegt werden, andererseits kann transzendentaltheologisch aber auch die Frage danach gestellt werden, was die Opfer daran *hindert*, auch noch im Status der Freiheit die Vergebung zu gewähren. Hier kann nun die Vorstellung eingebracht werden, dass Gott die Täter im Beisein der Opfer vor die selbst verschuldeten Gräueltaten und das Unrecht stellt und damit der Gedanke erreicht ist, dass die Opfer in die Lage versetzt sind, die aufrichtige Reue der Täter wirklich wahrnehmen und anerkennen zu können. Gewiss unterliegt dieses Modell gewichtigen Voraussetzungen und steht unter dem eschatologischen Vorbehalt – die Reue ist stets subjektiv und kann sich gewissermaßen nicht „automatisch" einstellen. Es ist darum lediglich beansprucht, ein mögliches Modell der Möglichkeit des freien Vergebens denken zu können, dass die Hoffnung auf Allversöhnung zumindest *nicht definitiv zum Scheitern verurteilt* – und zwar trotz des Umstandes, dass alternativenoffene Freiheit vorausgesetzt wird!

Dass Gottes Liebe und Gerechtigkeit im Zuge der wiedererlangten Allmacht im Sinne des OT lediglich zugetraut werden darf, den Opfern ein mögliches freies Verzeihen zu ermöglichen – gerade unter *Achtung* des erlittenen Schmerzes und gebliebener Unversöhntheit – sollte aufgezeigt werden. *Hier könnte nun eine Bedeutung dessen liegen, was sowohl OT als auch Pröpper in ihren Werken propagieren: einen Gott, der aufgrund seiner „resourcefulness" schier unendliche Möglichkeiten besitzt.* Das Gefühl nämlich, dass Nichts das erlittene Übel aufzuwiegen vermag, hindert das Freiwerden und damit das Vergeben m. E. schon im irdischen intersubjektiven Leben. Denn aus welchem anderen Grund, so könnte gefragt werden, trifft man oft auf Aussagen, die das Durchleben des eigenen Unrechts durch die Täter zur Bedingung dafür machen, überhaupt zu verzeihen? Erst wenn im angedeuteten Sinn die Einsicht in die Reue der Peiniger in das

---

127 Vgl. TA, 1519.

Bewusstsein der Opfer gelangt, darf eine Art der Sühne vorausgesetzt werden, die die Möglichkeit des freien Vergebens durch Gottes liebende Allmacht aufrechterhält.

In dieser Hinsicht formen sich die Konzeptionen des OT und der TA (Striet) zu einem Gefüge, das der eschatologischen Konzeption von *Jan-Heiner Tück* ähnelt, womit aber ein durchaus von Striets Überlegungen unterschiedenes Modell von Allversöhnung gemeint ist und die nachfolgenden Ausführungen darum nur noch kurz auf Tücks Konzeption eingehen sollen.

Auch er geht davon aus, dass ein Gerichtsgeschehen stattfinden werde, in dessen Zentrum er aber die Person Jesu Christi sieht.[128] Seine diesbezüglichen Reflexionen stehen bei Tück im Gesamtzusammenhang seiner Konzeption von Allversöhnung, sodass seine Auffassung des Gerichtsgeschehens lediglich dessen Plausibilisierung darstellt. Ausgehend von der Parusie Christi ist es Tücks Intention, die Geschichte als einen nicht-zirkulären Prozess zu verstehen, dessen Vollendung nicht in sich selbst liegt, sondern „auf eine kommende Vollendung zuläuft, die sie nicht herbeizwingen oder beschleunigen kann."[129] Damit wird die Parusie Jesu Christi als ein Geschehen erhofft, das den geschichtlichen Verlauf, in dem Unrecht, Leid und Böses noch Realität sind, unterbricht und in eine neue Realität einmündet. Mit Jesus als Richter wird das Gerichtsgeschehen als universal bei Tück begriffen, insofern sich kein Mensch diesem entziehen kann. Die Konfrontation mit den eigenen Sünden, dessen Maßstab sich dabei von den Taten der Barmherzigkeit[130] her bemisst, ist dabei im Sinne der Begegnung mit der Wahrheit, der „aletheia" vorausgesetzt, von dessen Etymologie her Tück die „theologische Interpretation des Gerichtsgeschehens produktiv"[131] aufnimmt.

Der Zusammenhang zwischen den Ausführungen Tücks und dem in diesem Unterkapitel skizzierten Vorschlag zum eschatologischen Freiheitsproblem liegt nun darin, dass auch Tück von einer Aktualisierung der Allmacht Gottes, bzw. seiner Möglichkeiten auszugehen scheint, wenn im eschatologischen Geschehen deutlich wird, dass Gott den Menschen gerade nicht gleichgültig ist, sondern sein bleibender, sich aktualisierender Heilswille sich gerade im aufrichtenden Gerichtsgeschehen artikuliert, das jede Wahrheit zwischen Opfer und Täter aufzudecken vermag, sie nicht ins Vergessen gerät, somit

---

128 Textgrundlage für die folgende Darstellung ist TÜCKS Beitrag: In die Wahrheit kommen. Das Gericht Jesu Christi: Annäherungen an ein eschatologisches Motiv, in: HERKERT, Thomas / REMENYI, Matthias (Hgg.), Zu den letzten Dingen. Neue Perspektiven der Eschatologie, Darmstadt 2009, 99–122. Vgl. zu einem Überblick über Tücks Konzeption KLEEBERG: Bleibend unversöhnt – universal erlöst?, 118 f. und zu einem umfangreichen Überblick dort das gesamte Kapitel A1.

129 TÜCK: In die Wahrheit kommen, 106.

130 Vgl. TÜCK: In die Wahrheit kommen, 111.

131 TÜCK: In die Wahrheit kommen, 112.

„als Prozess des In-die-Wahrheit-Kommens aller mit allen vor Gott verstanden werden kann, [und darum; A. H.] impliziert: Gott gedenkt der Menschen – auch dann, wenn diese ihn vergessen [haben; A. H.], und sein Gedenken ist ein die Gerechtigkeit aufrichtendes, die Menschen retten wollendes Gedenken."[132]

An dieser Stelle sei lediglich auf die kritische Nachfrage von Bernhard Nitsche eingegangen, der in einem Beitrag[133] von geschichtlichen Konnotationen[134] innerhalb der drei von ihm adressierten eschatologischen Entwürfe[135] von Versöhnung spricht. Tück selbst setzt sich innerhalb seiner Konzeption mit dieser Kritik auseinander und gibt Nitsche zu, mit der Annahme einer „dramatischen Nachgeschichte" der Gefahr ausgesetzt sein zu können, die Differenz zwischen Zeit und Ewigkeit tendenziell zu verdecken. Denn in diesem Redemodus würde diese Grenze insofern unrechtmäßig übertreten, als der temporale Charakter dieser Aussagen lediglich in die eschatologische Dimension ausgezogen werde. Dem hält Tück allerdings entgegen, dass er sich des eschatologischen Vorbehalts und dem Modellcharakter seiner Konzeption stets gewiss gewesen sei.[136]

Ohne an dieser Stelle weiter Tücks Modell und dessen Kritik zu referieren, sei darauf hingewiesen, dass sicherlich beide Ansichten ihre Legitimation haben, wenn sie sich auf ein eschatologisches Geschehen beziehen und dass die angewandte Rede über ein solches Ereignis allzu leicht zu einer Gratwanderung wird zwischen den temporären Bedingungen und des eschatologischen Vorbehalts, bzw. des Hoffnungscharakters eschatologischer Aussagen.

Für den Zusammenhang des Frageinteresses der vorliegenden Studie ergibt sich in diesem Kontext ein Aspekt, der Beachtung verdient: wenn eine eschatologische Konzeption, die von einer Allversöhnung redet, das Verzeihen zum Thema hat und insofern Freiheit voraussetzt, dann darf diese eschatologische Freiheit zumindest nicht in einem völlig heteronomen Verhältnis zur zeitlichen Freiheit stehen. Denn wie könnte in diesem Fall noch gedacht werden, dass es sich eben um ein authentisches Verzeihen *dessen* handelt, was ja selbst in der Kategorie des Zeitlichen geschah? Auch vor diesem Hintergrund könnte das oben genannte Problem verstanden werden, wie im Open Theism noch eschatologisch eine Vergebung durch die Opfer an die Täter gedacht werden könne, wenn eben nicht mehr eine libertarische, sondern kompatibilistische Konzeption vorausgesetzt wird. Anders formuliert: Wie könnte behauptet werden, dass

---

132 TÜCK: In die Wahrheit kommen, 114 f.
133 Vgl. NITSCHE, Bernhard: Eschatologie als dramatische Nach-Geschichte? In: NITSCHE, Bernhard (Hg.): Von der Communio zur kommunikativen Theologie. Bernd-Jochen Hilberath zum 60. Geburtstag, Berlin 2008, 99–109.
134 Vgl. NITSCHE: Eschatologie als dramatische Nach-Geschichte?, 99.
135 Konkret handelt es sich dabei um die Modelle von Tück, Striet und Fuchs.
136 Vgl. TÜCK: In die Wahrheit kommen, 121.

auch postmortal eine *echte* Vergebung – die Freiheit zur Voraussetzung hat – von etwas zeitlich Geschehenem möglich sein kann, ohne dass eine hierzu denkerisch notwendige Voraussetzung – nämlich die *Beschaffenheit* dieser Freiheit selbst – preisgegeben wird? Denn in diesem Falle würde die (eschatologische) Beschaffenheit der Freiheit in der Tat Gefahr laufen, in ein heteronomes Verhältnis zum (zeitlich) Geschehen abzudriften. Positiv formuliert: Den Begriff von Freiheit gerade vor dem Hintergrund einer Allversöhnung zu modifizieren, erscheint höchst bedenklich, womit zum Ausganspunkt der Überlegungen dieses Unterkapitels zurückgelangt ist: eine Modifikation des Freiheitsbegriffs postmortal vorzunehmen, wie der OT es intendiert, erscheint nicht mehr nur inkonsequent, sondern auch problematisch. Gerade darum sollte der Versuch unternommen und die Relevanz gesehen werden, eine Vermittlung zwischen offen theistischer und Pröppperscher (bzw. Strietscher) Konzeption in der TA zu skizzieren. *Der Lösungsvorschlag bestand darin, die These des OT aufzugreifen, dass Gott seine Allmacht wiedererlangen wird und dies nicht in Konkurrenz zu einem starken Freiheitsbegriff steht, da gerade auf diese Weise ein freies Verzeihen unter Gottes innovativen Möglichkeiten, seiner „resourcefulness" denkbar wird und eine Allversöhnung auch durch sein (richtig verstandenes) Wartenkönnen als Ausdruck seiner „faithfulness" nicht ausgeschlossen werden muss.*

IV.5 Eine vorläufige Bündelung des Ertrags

Die vorangegangenen Überlegungen dieses Hauptkapitels haben eine denkerische Zusammenschau, bzw. Synopse zwischen OT und TA vorzunehmen versucht. Dabei standen zunächst diejenigen Ausführungen im Mittelpunkt, die Pröpper am Ende der TA1 v. a. in fundamentaltheologischer Hinsicht macht und deren Bedeutung für den OT aufgezeigt werden sollte. Sodann wurde das Problem der fehlbaren Gnade und der eschatologischen Freiheit unter dem Leitgedanken der vorliegenden Arbeit untersucht, welche der TA2 zuzuordnen sind. Im Folgenden sollen die bisher erreichten Erkenntnisse noch einmal gebündelt werden.

Zusammenfassend lässt sich sagen, dass das Ergebnis der Zusammenschau des OT mit der TA1 insbesondere in den Aspekten zu sehen ist, die sich auf die *Garantien* erstrecken, die Gott geben kann: Gott kann garantieren, dass zumindest potenziell jeder Mensch dazu in der Lage ist, für ihn ansprechbar zu sein – besonders deutlich wurde dies beim Möglichkeitsaufweis: in der Instanz des freien Ich kann eine Minimalbestimmung eines Gottesbegriffs gebildet werden. Jeder Mensch besitzt dieselbe Anlage, dasselbe Vermögen, eine von ihm unterschiedene Wirklichkeit denken zu können, die dann so etwas wie eine Minimalbestimmung eines Gottesbegriffs darstellt. Dieser Aspekt hat Auswirkungen auf die „Risikogesamtbewertung": denn wenn es zutreffend ist, dass Gott ein Risiko eingegangen ist und dies aber *logisch* nötig gewesen ist, um die menschliche Freiheit *erstens* nicht nur nicht zu übergehen, sondern diese Freiheit ihrerseits das Instrument ist, mit dessen er den Menschen, *zweitens*, sucht und anzusprechen versucht, dann erscheint dieses Risiko umso mehr *geboten und legitimiert*. Dies aber relativiert sodann die Frage, ob Gott überhaupt dieses Risiko eingehen *durfte*, denn alle Dinge, die sich hieraus ergeben bzw. hiermit in Zusammenhang stehen, müssen in die Bewertung dieses Risikos miteinbezogen werden, auch der Aspekt, dass die Freiheit des Menschen das Medium ist, an dem sich die Gottesidee entzündet. Gerade auch dann, wenn gilt, dass ein Risiko dann eingegangen werden darf, wenn die Realisierung eines Zwecks nur unter Inkaufnahme eines Risikos erreicht werden könnte und das Eingehen des Risikos zu einem größeren Wohl oder Nutzen geschehen soll, ist dieser Punkt von Relevanz, da er auf beide Kriterien appliziert werden kann.

Es fällt auf, dass der Begriff der Garantien in der Risikothematik sich zuvor eher auf die Ziele im Vorsehungsgeschehen[137] richtete, während er sich *nun* auf dasjenige bezieht, was Gott auch schon in seinem *Schöpfungshandeln* sicherzustellen vermag: Die theologisch-anthropologische These, dass Gott zumindest potenziell garantieren kann, dass jeder Mensch dieselbe Anlage zur Bildung des Begriffs von ihm besitzt oder besitzen kann, kehrt die Logik des Risikobegriffs teilweise um, indem sie den Fokus nicht mehr (nur) auf das garantierte Erreichen bestimmter *Ziele* durch Gott legt, sondern sich nun auf etwas erstreckt, das sich bereits zuvor ereignet und damit sein Schöpfungshandeln betrifft: Die potenziell jedem Menschen zukommende und darum „garantierbare" Ansprechbarkeit für Gott – samt ihrer Implikate. Diese theologisch-anthropologische Aussage lässt sich darum auch gut mit folgender Aussage von Sanders verknüpfen: „God alone establishes the rules of the game."[138]

Im Kontext der Entfaltung des Begriffs der Ansprechbarkeit wurden dann auch zentrale Umdeutungen klassischer Gotteseigenschaften des OT „gestützt", etwa die „resourcefulness", seine „Allweisheit", Treue, Allmacht als Ermächtigung, usw. Im selben Zug wurde auch aber begründet dargelegt, warum diese Umdeutungen legitim sind und darum den Einwänden der Kritiker des OT standzuhalten vermögen: Nicht eine unreflektierte Laune, sondern Gottes freier Entschluss, sich vom Menschen bestimmen zu lassen, kann als apologetisches Motiv begriffen werden, das die gegen den OT vorgebrachte Kritik zu parieren vermag.

Trotzdem bleibt der Aspekt erhalten, dass der Mensch sich der Beziehung Gottes verweigern kann. Auch in dieser Frage ändert der Rekurs auf Pröppers Anthropologie nichts in ihrer Alternativenoffenheit: Denn die Transzendentalität der Freiheit ist ja gerade die Instanz, die alles Vorgegebene hinterfragen, reflektieren und auswerten kann und darum *formal unbedingt* ist. So kann

137 Vgl. Grössl: Freiheit als Risiko Gottes, 179.
138 Sanders: The God Who Risks, 175.

man eher bestätigen als widerlegen, dass der OT mit der Aussage, dass sich der Mensch unter Berufung seiner Freiheit der Gottesbeziehung auch verweigern kann, im Recht ist. So zeigten sich der Gnadenstreit und die Debatte um die eschatologische Freiheit als „Test-Fälle" eines riskierenden Gottes – auch wenn im Falle postmortaler Allversöhnung ein Vorschlag eingebracht werden sollte, der zumindest die Hoffnung auf eine Versöhnung von Opfern und Tätern denkerisch aufrechterhalten kann.

Klar festgehalten werden muss gleichwohl, dass auch unter Berücksichtigung der Pröpperschen Anthropologie ein entscheidendes Problem erhalten bleibt: Denn gerade die in der TA1 gemachte These, dass Gott sich in der von ihm und durch ihn eröffneten Geschichte von der menschlichen Freiheit bestimmen lasse, betont ja gerade ihre radikale Ernstnahme und überlagert sozusagen auf relativierende Weise, ob der Mensch sich wirklich für Gott entscheidet oder nicht. Gerade die Betonung der menschlichen Freiheit bestärkt einen Aspekt also eher als ihn zu entkräften: die Offenheit einer de facto gegebenen oder zustande kommenden Gottesbeziehung bzw. ihre freie Annahme durch den Menschen bleibt damit trotz aller aufgezeigten Konvergenzen zwischen OT und TA bestehen – Gott muss dem Menschen seine Freiheit lassen. Trotzdem kann etwa der angedeutete Verweis auf die Anlage des Menschen für Gott auch gut unter der These des OT verstanden werden, dass Gott manche Dinge ordnet, andere jedoch offenlässt: Ein (buchstäblich) fataler Determinismus würde der freien Gnade Gottes widersprechen und in die so schwierigen Aporien der Theologiegeschichte zurückführen, die seit dem Trienter Konzil auftraten. Gottes freie Gnade muss darum verstanden werden in der Hermeneutik einer offenen Geschichte: Wenn die Gnade frei geschehen soll, kann der Mensch sich ihrer jedoch sicher sein, weil sie in der Person Jesu Christi verbürgt ist und durch seinen Tod für den Menschen unüberholbar zu Gestalt kam – trotzdem kann sie nicht im Sinne einer Verfügbarkeit erzwungen werden, sondern nur beidseitig frei geschehen. Dies kann man als anthropologisches Korrelat im Pröpperschen Sinn derjenigen These beschreiben, die im Sinne des OT davon ausgeht, dass Gott manche Dinge ordnet, damit sie nicht unter einem Risiko stehen, andere aber offenlässt – soll heißen: das Gnadengeschehen als Freiheitsgeschehen *muss* „offen" bleiben, weil die Gnade sonst nicht wirksam wäre![139]

M.E. ist nun an dieser Stelle der Punkt erreicht, an dem diese Problematik grundsätzlich unüberwindbar scheint, und zwar deswegen, weil sie sich aus dem Begriff der Freiheit selbst ergibt: Wenn es logisch nicht möglich ist, das Ergebnis einer freien Handlung antizipieren zu können, dann kann es keine Garantie für das Erreichen derjenigen Ziele geben, die eine alternativenoffene Antwort qua unbedingter Freiheit erfordern. Dieser Umstand wird umso deutlicher, je widerspruchs-

---

139 Vgl. SANDERS: The God Who Risks, 177.221.256 f.

freier und plausibler man einen (starken) Freiheitsbegriff zu beschreiben vermag. Je überzeugender man dazu in der Lage ist, einen Begriff von Freiheit zu eruieren, der die Verbindung zwischen Antezedens und Konsequenz (d. h. Voraussetzungen und Ergebnis einer freien Handlung) zu kappen vermag[140], desto zwingender und weniger abweisbar ist die These, dass das Resultat von Freiheit offensteht.

Umso höher muss darum das freie Zustandekommen der Gottesbeziehung gedacht werden: Gott hatte somit keine andere Wahl als eine *offene* Geschichte zu erschaffen, *wenn* er die menschliche Freiheit achten will und sie in diesem Modus erreichen will: der Rekurs auf die Pröppersche Anthropologie macht so deutlich, dass dieser Zusammenhang nun endgültig ist: Es ist logisch nicht möglich, dass Gott seine Geschöpfe im Modus bejahender Freiheit zu erreichen versucht, ohne gleichzeitig das Schaffen einer offenen Geschichte, eine mindestens bis zu einem gewissen Grad offene Welt anzunehmen. Dass die Welt zumindest in dem Maß offen sein muss, in dem in ihr menschliche Akteure freie Handlungen vornehmen, kann bzw. muss vorausgesetzt werden: Andernfalls wäre mindestens die Annahme einer „co-creation" bzw. Freundschaft zwischen Gott und Mensch nicht mehr aufrecht zu erhalten.[141]

Hinsichtlich der Frage Striets, ob alle Opfer ihren Tätern in eschatologischer Hinsicht verzeihen dürfen, wurde für das Festhalten am libertarischen Freiheitsbegriff plädiert. Eine mögliche Zusammenschau von OT und TA wurde hier so aufzuzeigen versucht: Gottes „resourcefulness" wurde im Sinne der Aktualisierung der Bedingungen für ein freies Verzeihen gedeutet, während seine Treue im Wartenkönnen als „faithfulness" interpretiert werden kann.

IV.6 Die Metapher des Schachspiels nach Peter Geach

Peter Geach hat einen Versuch vorgelegt, das (Freiheits-)Verhältnis zwischen Gott und Mensch anhand der Metapher eines Schachspiels zu illustrieren. Da die vorliegende Studie eben diese Beziehung zu ihrem Gegenstand macht, kann sich ein Blick auf dieses berühmte Paradigma lohnen, um ausgehend von den bis

---

140 Vgl. KREINER: Antlitz Gottes, 354 f.
141 Die Vorstellung von Menschen als co-creator meint, dass wir innerhalb einer Kette von Ursachen frei sind. Wichtig ist, sich diese Kette von Ursachen nicht so vorzustellen, dass wir diese zuallererst beginnen, im Sinne einer Hervorbringung aus dem Nichts. Vielmehr ist gemeint, dass wir frei darin sind, uns in diese Verkettung hineinzugeben. Selbst wenn die Kette der Ursachen als ganze, d.h. der allgemeine Weltenverlauf als deterministisch aufgefasst werden könnte, bliebe ein Rest Freiheit erhalten, worauf Immanuel Kant aufmerksam gemacht hat. Dies ist die philosophische Begründung dafür, dass die theologische Annahme einer „co-creation" zwischen Gott und Mensch mindestens denkbar ist.

hierher erlangten Erkenntnissen eine Einordnung vorzunehmen. Der britische Philosoph Peter Geach formuliert pointiert mit seiner Schachanalogie, dass Gott den Menschen nicht darin bestimmt, welchen Zug er tätigt und dadurch dessen Freiheit wahrt:

> „God is the supreme Grand Master who has everything under his control. Some of the players consciously helping his plan, others are trying to hinder it; whatever the finite players do, God's plan will be executed; though various lines of God's play will answer to various moves of the finite players. God cannot be surprised or thwarted or cheated or disappointed. God, like some grand master of chess, can carry out his plan even if he has announced it beforehand. ‚On that square,' says the Grand master, ‚I will promote my pawn to Queen and deliver checkmate to my adversary': and it is even so. No line of play that finite players may think of can force God to improvise: his knowledge of the game already embraces all the possible variant lines of play, theirs does not."[142]

Die größte Schwäche dieser Analogie besteht m. E. darin, dass sie suggeriert, dass eben kein proportional zu verstehendes Freiheitsverhältnis vorliegt, wenn Gott *Konkurrent, bzw. Gegenspieler* des Menschen im Schachduell ist. Auch unter der Voraussetzung, dass Gott mit meisterlichen Schachzügen auf den Zug des Gegners reagieren kann, so muss er dies in der Logik des Spiels auch dann tun, wenn der Gegner einen „korrekten" Zug getätigt hat, d. h. einen Zug, der dem angestrebten *Ziel* des Spiels *förderlich* ist. Definitionsgemäß will aber jeder Spieler für sich das Spiel gewinnen. Hier zeigt sich das Problem in ganzer Gestalt: Das Bild zweier Gegner, die abwechselnd einen Zug tätigen, haben zwar *je für sich* Freiheit. Aber diese Tatsache versperrt den Blick dafür, dass das Ziel ja als *gemeinsam* erreichbares gedacht werden soll. Eine Freiheit der jeweiligen Akteure kann das Modell formulieren, nicht aber ein Verhältnis beider, das als *direkt proportional* gelten kann – was sowohl OT und Pröpper nachdrücklich stark machen, wenn sie von einer „Freundschaft Gottes" bzw. „covenant partner" sprechen.

Überdies mag es zwar zutreffend sein, dass gerade die Schachanalogie gut geeignet ist, um die theologisch zentrale These zu bestärken, dass Gott auch im Verlust vieler oder aller (wichtiger) Spielfiguren trotzdem als Gewinner vom Tisch gehen kann, es jedoch gerade in theodizeesensibler Rede sehr zynisch wäre, die sprichwörtlichen Bauern um eines höheren Zieles wegen zu opfern. Selbst wenn Gott das Spiel gewinnt, scheint der Mensch automatisch zu verlieren. Hier begegnet eine bereits abgearbeitete Frage erneut: Welchen Stellenwert kann dann aber noch eine Freiheit haben, die zwar in gewisser Hinsicht

---

142 GEACH, Peter: Providence and Evil, Cambridge 1977, 58.

vorausgesetzt werden kann, jedoch von der Perspektive des Spielergebnisses aus betrachtet wertlos ist: „Das von Geach vorgestellte Gottesbild kann einem dagegen leicht eiskalte Schauer über den Rücken jagen, weil die menschlichen Freiheitsentscheidungen zu im Endergebnis irrelevanten Durchgangsstadien des von Gott bestimmten Sieges des Großmeisters werden."[143] Ein gemeinsames Handeln im Sinne eines kooperativen „Spiels" erscheint in der Schachanalogie unmöglich[144], sodass ich ihre Bedeutung vor dem Hintergrund der Leitfrage dieser Studie vor allem darin sehe, als „Negativbeispiel" oder Korrektiv zu dienen. Zudem liegt die einschlägigste Kritik gegen ein als Spiel verstandenes Gegenüber von Gott und Mensch m.E. nicht darin, dass durch Gottes quasi-Allwissenheit der Kenntnis aller möglichen Züge menschliche Freiheit verworfen sein kann. Die Unterscheidung etwa zwischen *möglichem* und dem *de facto* gemachten Zug des Menschen beim Schach bleibt ja trotzdem erhalten, wenn im Sinne des OT eine dynamische Allwissenheit Gottes vorausgesetzt wird, durch die er erst im weiteren Verlauf Wissen über de facto ergangene Spielzüge erlangt.[145]

Es begegnet in diesem Zusammenhang noch ein weiteres Problem, welches sich erneut auf die *Allwissenheit* bezieht: Auch wenn Gott seine(n) Mitspieler nicht darin bestimmt, welchen Zug er macht, so ist das Ziehen unter der Voraussetzung, dass Gott jeden möglichen Zug auch nur voraus*ahnen* kann, in einem Muster gegenwärtig, das wie ein Wenn-Dann-Zusammenhang erscheint und zum Problem wird, wenn von einem Vorauswissen Gottes der menschlichen Züge gesprochen wird. Warum dieser Aspekt hochproblematisch ist, wird deutlich, wenn man ihn auf einen libertarischen Freiheitsbegriff bezieht: Die Übersicht und die Vorausschau Gottes beim Schach werden häufig als Grund dafür herangezogen, das Risiko Gottes minimiert anzusehen und gleichzeitig menschliche Freiheit denken zu können – was dieses Modell prima facie attraktiv macht. Werden jedoch innerhalb der Metapher, die Gottes Sieg unter diesen Umständen jedoch trotzdem sicherstellen will, beide Größen aufeinander bezogen, dann kann die Freiheit, die dem Menschen zukommt, kaum eine libertarische sein, insofern beim Ziehen bzw. Vorauswissen des Spielverlaufs durch Gott ein Muster von *Wenn-Dann-Entscheidungen* beim Menschen gegenwärtig ist, das dem Modell der *scientia libera* ähnelt. Denn nur, wenn Gott zumindest teilweise weiß, wie ich mich in bestimmten Situationen verhalten *würde*, kann er in einem starken Sinn zutreffende *Prognosen* oder auch nur Ahnungen über die Zukunft, bzw. den Spielverlauf und damit über den (eschatologischen) Sieg oder Niederlage anstellen. Wenn die Aussage der Metapher zutreffen würde, dass Gott den Menschen nicht darin be-

---

143 STOSCH: Gott – Macht – Geschichte, 32, Anm. 35.
144 Vgl. SANDERS: The God Who Risks, 244.
145 Darum ist auch die von Teuchert vorgebrachte diesbezügliche Kritik m.E. unzutreffend. Auch eine perfekte Kenntnis aller *möglichen* Züge hebt die Unterscheidung zu den *de facto gemachten* Zügen nicht auf, vgl. TEUCHERT: Gottes transformatives Handeln, 138.

stimmt, welchen Zug er als nächstes ausführt, trotzdem aber das Spiel garantiert gewinnen kann, dann stellt sich also die Frage, ob das Prinzip des *Molinismus* hier nicht durch die „Hintertür" wieder eingeführt, bzw. vorausgesetzt ist. Denn wie sollte Gott das Spiel lenken können, wenn er nicht zumindest darüber Wissen hätte, wie Menschen sich in bestimmten Situationen verhalten *würden*? Wie sonst sollte etwa auch gedacht werden können, dass Gott im Spiel eine Falle stellen kann (etwa den sog. „vergifteten Bauern"), mit der er ein bestimmtes Ergebnis erreichen will? Denn nur so kann ja der Gedanke aufrechterhalten werden, dass Gott Handlungen zwar hervorrufen, nicht aber erzwingen kann. Der Gedanke, dass Gott das Spiel gewinnen wird, ohne die menschliche Freiheit anzutasten evoziert also m. E. geradezu einen molinistischen Freiheitsbegriff:

> „Wenn er [Gott; A. H.] nämlich weiß, wie sich ein wie sich ein Wesen in allen möglichen Situationen entscheiden würde, kann er diese Situationen entsprechend aktualisieren, um das gewünschte Ergebnis zu erhalten. Auf diese Weise kann er den aktualen Ereignisverlauf seinem Willen entsprechend kontrollieren, ohne ihn unmittelbar zu verursachen. Gott handelt quasi wie ein perfekter Dompteur, der die Entscheidungen seiner Tiere vollständig kontrollieren kann, ohne sie zu verursachen, weil er weiß, wie diese sich unter den jeweiligen Bedingungen verhalten werden."[146]

In diesem Sinne suggeriert die so bekannte Schachspielmetapher einen Rückgang in einen nicht-libertarischen Freiheitsbegriff, der beschreibt, wie sich ein

---

146 KREINER: Antlitz Gottes, 351. Die angedeutete Schwierigkeit potenziert sich noch, wenn man zwischen dem differenziert, was Gottes Intention für den bloßen *Gewinn* des Spiels einerseits ist und was im molinistischen Sinn die Züge sind, die sich auf die *Aktualisierung* eines Zustandes für den Gegner im o. g. Sinn erstrecken andererseits. Vor allem das Verhältnis dieser beiden Aspekte zueinander erscheinen im Bild von Geach schwer miteinander vereinbar: Das Handeln des Menschen respektive die Züge des Gegners muss Gott notwendig mit ins Kalkül ziehen, ansonsten wäre die Metapher irrelevant, weil das Handeln des Menschen völlig unerheblich für das Handeln Gottes und damit nicht ernst genommen wäre. Gleiches würde gelten, wenn man besagte molinistische Tendenzen ablehnt mit dem Verweis, dass er auch unabhängig von den menschlichen Freiheitsentscheidungen einen Plan hat, das Spiel zu gewinnen. In diesem Fall würde das Problem begegnen, auf das zurecht von Stosch aufmerksam macht, wenn er davon spricht, dass das Schachspiel bzw. sein zumindest für Gott erfolgreicher Verlauf als ein bloßer Durchgang durch die Geschichte missverstanden werden kann, dessen (Bauern-)Opfer nur Kollateralschäden darstellen (vgl. STOSCH: Gott – Macht – Geschichte, 32 f., Anm. 35).
Wird Gottes Spiel also von nur einer oder mehreren Intentionen geleitet? Sind Gottes Züge nur auf den Gewinn des Spiels ausgerichtet ohne bestimmte Situationen für den Gegner zu aktualisieren oder trifft beides auf Gottes Spiel zu? Im letzteren Fall dürfte sich das Spiel für Gott verkomplizieren und sich umso dringlicher die Frage nach einem wirklich garantierbaren Sieg Gottes (über, bzw. für die Geschichte) stellen.

Wesen in einer bestimmten Situation (beim Ausspielen des Zuges) verhalten würde, nicht aber, dass er sich in einer bestimmten Situation auch *anders* verhalten können, bzw. einen anderen Schachzug vornehmen können muss – was umgekehrt dem libertarischen Freiheitsbegriff vorbehalten ist. Damit gibt die Metapher aber gerade das preis, was durch sie gerettet werden soll, nämlich eine nachvollziehbare Illustration eines von *echter* Freiheit geprägten Verhältnisses von Gott und Mensch.

IV.7 Ein alternatives Bild der Beziehung zwischen Gott und Mensch

Es ist *Sanders* Recht zu geben, wenn er das Modell von Geach kritisiert und deutlich wird, dass jedes Modell, das versucht ein Verhältnis von Gott und Mensch zu beschreiben, (logische) Implikationen voraussetzt, die diese Beziehung unberechtigt verkürzt darstellen können. So liefert Sanders selbst Vorschläge für weitere Modelle hinsichtlich des Verhältnisses von Gott und Mensch – wie beispielsweise das von *Lehrern und Schülern*[147]. Der Lehrer ist in der Lage, Räume zu schaffen, in denen diskutiert wird, um Lösungen für etwaige Probleme zu finden. Wichtig ist nun, dass es innerhalb dieses Bildes möglich ist, dass weder Lehrer noch Schüler im Diskussionsraum in ihrer Freiheit als eingeschränkt gelten. Vor allem liegt der Gewinn aber darin, dass die Möglichkeit zur Erreichung des Ziels so gedacht werden kann, dass sie von beiden Akteuren *in ihrer jeweils eigenständigen Freiheit* wechselseitig als entstehend gedacht werden kann: So kann der Lehrer in seiner Freiheit beispielsweise Impulse in die Diskussion geben oder sie in eine bestimmte Richtung lenken, während die Schüler – und dies ist nun von erheblicher Relevanz – nun nicht mehr nur im bloßen Gebrauch lediglich ihrer Wahlfreiheit dazu in der Lage sind, Lösungen für Probleme zu finden, sondern aufgrund ihrer Fähigkeit, Dinge zu hinterfragen, sie auszuwerten, über sie zu reflektieren. All dies ist theoretisch auch ohne jegliche Hilfe des Lehrers denkbar. Wenn er hilft, kann der Schüler jedoch trotzdem noch auf die Lösung kommen, obwohl er hierzu natürlich nicht gezwungen ist. Der Lehrer ist zudem sogar in der Lage, von den Ergebnissen der Schüler überrascht zu werden. Fraglich muss allerdings bleiben, ob es möglich ist, dass die Schüler ein Diskussionsergebnis liefern, das der Lehrer nicht kannte, bzw. was passiert, wenn das Ergebnis der Intention des Lehrers widerstrebt. Womöglich kann er dann die Diskussion auf die richtige Bahn bringen, ohne dass die Schüler widersprechen. Gerade an dieser Stelle tritt darum die Frage hervor, ob menschliche Freiheit auch für Gott völlig

---

147 Bei Sanders finden sich verschiedene Modelle, mit denen er das Verhältnis von Gott und Mensch ausbuchstabiert, vgl. SANDERS: The God Who Risks, 229, 232 f., 243.

Unvorhersehbares hervorzubringen vermag, was sich dann so verselbständigen kann, dass es zu etwas Unaufhaltbarem wird.

M. E. wird dieses von Sanders gewählte Bild des Lehrer-Schüler-Verhältnisses der menschlichen Freiheit in ihrer Bezogenheit zu Gott ungleich mehr gerecht als etwa das des Schachspiels. Transferiert man diese Metaphorik auf die Frage nach dem Verhältnis von Gott und Mensch, ergeben sich Vorzüge: Positiv zu würdigen sind einerseits die mögliche Integration eines starken Begriffs menschlicher Freiheit, dem vom Lehrer Raum zur Entfaltung gegeben wird und der so die Freiheit der Schüler achtet. Kritisch anzumerken ist bei dieser metaphorischen Rede aber auch, dass dessen mögliche Kehrseite nicht ernst genug genommen wird: ein unbefriedigendes Diskussionsergebnis oder eine Eskalation im Klassenraum steht in keinem Verhältnis zu einer möglichen Zerstörung der Schöpfung oder einer geschichtlichen Katastrophe. An diesem Umstand ändert auch die Berücksichtigung des Bildcharakters bzw. die analoge Weise des Redens über Gott an dieser Stelle wenig.[148]

---

148 Sanders ist sich gleichwohl sehr bewusst, dass das von ihm vorgeschlagene Bild nicht ohne weiteres übertragbar ist, vgl. SANDERS: The God Who Risks, 233.

V. FAZIT DER ARBEIT –
ERGEBNISSICHERUNG UND AUSBLICK

Nachdem im Hauptkapitel über den OT dessen Freiheitsbegriff, die entsprechenden Konsequenzen für sein Gottesbild referiert wurden und anschließend die Ausführungen zu Pröppers TA folgten, wurde im vorherigen Hauptkapitel eine Zusammenschau der hervortretenden Konvergenzen und Divergenzen versucht. Die nachstehenden Überlegungen sollen Aspekte des zurückgelegten argumentativen Weges reflektieren und deren Erträge sichern.

Die philosophisch-metaphysischen Annahmen und Denkmuster, die in der Antike, bzw. in der Zeit der Kirchenväter vorherrschend waren und dann zum „klassischen Theismus" kulminierten, haben die Offenen Theisten kritisch besehen. Nach der Betrachtung des Pröpperschen Denkens kann dieser Aspekt nicht nur als bestätigt gelten, sondern er erhärtet den Vorbehalt der Offenen Theisten gegenüber hellenistischem Gedankengut und zeigt deutlich, dass nicht jedes philosophische Denken *gleich geeignet* ist für einen Diskurs mit der Theologie. Ein unbewegter Beweger oder göttlicher Demiurg haben nicht nur nichts mit dem christlichen Gott gemein, der den Menschen in ihrer Geschichte aktiv und wohlwollend zugewandt ist und sie und ihre Freiheit samt Schöpfung ex nihilo ins Dasein gerufen hat; eine solche Vorstellung verstellt und orientiert den Blick weg von einem christlichen Gott, der sich dem Bekenntnis nach als Zeichen seiner Liebe den Menschen *frei* geoffenbart hat.

Demgegenüber hat sich gezeigt, dass menschliche Freiheit ein fruchtbarer Ausgangspunkt sein kann, von dem her Aspekte in der Gotteslehre Geltung beanspruchen dürfen. In diesem Punkt ist den Offenen Theisten Recht zu geben, wenn sie Freiheit voraussetzen und sich der systematisch-theologischen Konsequenzen bewusst sind, die zu ziehen sind. Unter der Betrachtung der Pröpperschen Perspektive kann die im OT vorausgesetzte Freiheit jedoch zu einem noch wichtigeren hermeneutischen Schlüssel werden, der weitere Aspekte zu erschließen vermag. Hiermit soll jedoch nicht ausgesagt sein, dass der OT nicht bereits gültige Schlüsse hervorgebracht hat, indem er libertarische Freiheit voraussetzt. Die Analyse der TA hat aber auch aufgezeigt, dass auch noch der *Begriff* von Freiheit selbst einer Rechenschaftspflicht unterliegt, die die Theologie der Philosophie gegenüber hat. Denn ein starker Begriff von Freiheit muss nicht schon dann ausreichend legitimiert sein, wenn er im OT in bestimmten anwendungsbezogenen „Testfällen" wie der free-will-defense bzw. dem Theodizeeproblem weiterführt. Dass der OT den Libertarismus für die eigene Konzeption zugrunde legt, muss unter dem Gesichtspunkt betrachtet werden, dass man es – wie Pröpper betont – mit der Freiheit immer erst nur versuchen kann, ohne sich der Erlangung bestimmter Erkenntnisse gewiss zu sein.[1]

Die Synopse oder auch „Konvergenzaufweis" zwischen OT und TA, der im Rahmen der vorliegenden Arbeit vorgenommen wurde, hat nach Ansicht des Verfassers ein in hohem Maße kongruentes und kohärentes Bild dessen ergeben, was man als freiheitliche Heilsgeschichte Gottes mit dem Menschen als seinen „Freund" bezeichnen kann. Die Zusammenschau der beiden Richtungen hat ein plausibles Bild einer Freiheitsgeschichte gezeichnet, welches bestimmte Aspekte klarer aufscheinen lässt, die Position der jeweils anderen oft plausibiliert, expliziert und begründet. Die Position des OT wird weiter vorangetrieben und bestärkt, insbesondere auch die Rede vom *Risiko Gottes*: ist dieses Diktum doch nicht nur als genitivus obiectivus, sondern auch als genitivus subiectivus zu verstehen, da Gott selbst der Ursprung des Risikos ist, das er aber eingehen durfte, weil er Freiheit, bzw. Liebe ermöglichen wollte.[2] M.E. korreliert die Unterscheidung zwischen gen. sub. und gen. obi. teilweise auch der von Pröpper an entsprechender Stelle hervorgehobenen Unterscheidung zwischen Schöpfungs- und Gnadenhandeln. Dass die Schöpfung für Gott ein Risiko impliziert, wird mit den Denkmitteln der Pröpperschen Konzeption nicht nur *bestätigt*, sondern auch *neu ausgelotet*: Zwar bezieht sich dieses Risikohafte vor allem auf die wirkliche Gottesbeziehung – jedoch kann hinsichtlich der menschlichen Anlage zu dieser Beziehung kaum von einem Risiko die Rede sein, vielmehr ist hier vor allem das Gegenstück zum Risiko angesprochen, dass der OT ja auch gerade betont: welche *Garantien* kann es in der Schöpfung eigentlich noch geben, die Gott eingehen kann, ohne die Freiheit selbst anzutasten? Die TA unterscheidet zwischen der Anlage, der Befähigung zu dieser Beziehung und von ihrer Wirklichkeit. Jeder Mensch besitzt in der Instanz der formal unbedingten Freiheit dieselbe Anlage, die auch durch die Sünde nicht definitiv zerstört werden und so als „Anknüpfungspunkt" für die Gottesbeziehung verstanden werden kann. Dies kann auch so begriffen werden, dass Gott in der menschlichen Freiheit selbst eine „Garantie" gegeben hat, durch die er den Menschen zu sich selbst „*locken*" und die nicht eliminiert werden kann – und wodurch er sich in offen-theistischer Wendung gerade so als „*faithful*" erweist. Als Schöpfer ist und bleibt er erschaffendes Subjekt anderer Freiheit, die sozusagen schon intrinsisch risikobehaftet ist, während die von ihm geschenkte Gnade auch abgelehnt werden kann (Kapitel IV.4.4.), was insofern vor allem *für ihn* ein Risiko ist, da auf diese Weise in der Tat seine Pläne frustriert werden können, insofern die Vorsehung ja gerade von seiner liebenden, freien Zugewandtheit spricht. Für die deutschsprachige Theologie ist dies aber mindestens in bestimmten Hinsichten noch ein gewöhnungsbedürf-

---

1   Vgl. TA, 493.
2   Vgl. hierzu auch die Überlegungen von KREINER: Gott im Leid, 225.

tiges Unterfangen[3], erst recht bei denjenigen (dogmatischen) Inhalten, die vom Freiheitsdenken bis dato noch nicht oder noch nicht hinreichend affiziert waren (vgl. etwa der Gnadenstreit, bei dem ja mit dem Freiheitsdenken auf die bleibende Aktualität seiner Relevanz hingewiesen werden konnte). Die Probleme, die dieser Gewöhnungsprozess auslösen kann, können aber durch den Dialog mit dem OT zumindest verringert werden – denn gerade der Open Theism hat ja schon gültige Schlüsse aus der von ihm vorausgesetzten Freiheit gezogen und damit diesen „Gewöhnungsprozess" schon anfanghaft vollzogen.

Die Wahl zwischen verschiedenartigen Freiheitsbegriffen (Kapitel IV.3) hat sogar schon dann theologische Konsequenzen, wenn für beide in dieser Studie behandelten Konzeptionen von Freiheit gilt, dass sie diese in einem starken Sinn einlösen können – im Unterschied etwa zu einer kompatibilistischen Position. Anders formuliert: die Frage, ob ein libertarischer oder transzendentallogischer Freiheitsbegriff zum Fundament theologischen Nachdenkens gemacht wird, ist nicht schon mit dem Hinweis obsolet, dass man sich in beiden Fällen auf die *Unbedingtheit* des enthaltenen Begriffs von Freiheit berufen könnte. Besonders deutlich wurde dies bei der eschatologischen Betrachtung der gewährten Freiheit: nur der Verweis auf die göttliche Rückerlangung seiner Macht hat ja das eschatologische Risiko der auch noch postmortal wirksamen menschlichen Freiheit nicht ausgeräumt, sondern dieses je anders akzentuiert: ein Kompatibilismus wirft in eschatologischer Perspektive andere Fragen auf als ein Freiheitsbegriff, der etwa von Striet (TA2) vertreten wird – ein Vermittlungsversuch zwischen göttlicher Allmacht und menschlicher Freiheit in eschatologischer Hinsicht, der auch den Begriff „resourceful" im OT neu denken lässt, wurde in Kapitel IV.4.5 vorgelegt.

Bei der Untersuchung der Konvergenzen bot es sich an, OT und TA wie zwei überblendbare Folien zu betrachten, bei der das Pröppersche Denken jedoch unmittelbar an die Freiheit als dem philosophischen Ko-Prinzip gebunden bleibt, während dem OT eine Rückbindung an ein solches zumindest teilweise Maße abgeht.[4] Pröpper betrachtet darum seinen Ansatz des Freiheitsdenkens in der TA als Ellipse mit zwei Brennpunkten – wäre der OT auch eine Ellipse, würde ihm bei der Überblendung jedoch der philosophische „Brennpunkt" fehlen, sodass nur die genuin dogmatisch-theologischen Aspekte „überblendbar" erscheinen.

Die Freiheit, die die liebende Beziehung zwischen Gott und Mensch per definitionem voraussetzt, stellt im OT im Bild des *Panoptikums* das Zentrum seiner Aussagen dar. Dem OT ist damit zugegeben, dass er durchaus richtige Schlüsse

---

3 Vgl. PRÖPPER, Thomas: Gott hat auf uns gehofft. Theologische Folgen des Freiheitsparadigmas, in: PRÖPPER, Thomas: Evangelium und freie Vernunft. Konturen einer theologischen Hermeneutik, Freiburg i. Br. 2001, 300 – 321, 316: „Die Theologie muss den Gedanken *aushalten* [Hervorhebung: A. H.] dass die Geschichte Gottes mit den Menschen eine wirklich *offene* ist."

4 Vgl. PINNOCK: Most Moved Mover, 114.

aus der Freiheit als denkerischer Voraussetzung seines Denkens gezogen hat. Als philosophisches Prinzip kann das Freiheitsdenken den OT als berechtigt dafür ausweisen, was er dann als „panoptischer OT" vollzieht: die Freiheit zum Leitgedanken der eigenen Position zu machen und mit seiner Hilfe die Gültigkeit theologischer Aussagen behaupten zu können. Wird also das Modell des Panoptikums im OT affirmiert, besteht der Beitrag des Freiheitsdenkens anders gewendet darin, dass er dieses Modell insofern berechtigt, als es die „*Erreichbarkeit*" (vgl. das Kapitel II.7) bestimmter theologischer Aussagen sicherstellt, eben weil nun, um es mit Pröpper auszudrücken, *synthetisch* verbundene Aussagen zwischen Philosophie und Theologie möglich sind, die ihre methodische Einheit im vorausgesetzten Freiheitsdenken finden.

Kurzum: Die kritische Diskussion zwischen dem OT und dem Denken Pröppers in seiner anthropologischen Zuspitzung hat zunächst und augenscheinlich ergeben, dass sich die Ansichten des OT sich unter anthropologischen Gesichtspunkten gut bis sehr gut begründen lassen.

Auch die besonders plakativ erscheinenden Aussagen des OT, etwa zur „resourcefulness" (Gottes eschatologische Achtung menschlicher Freiheit), „Risk-Takers" (Gottes offene Geschichte mit den Menschen) oder der „faithfulness" Gottes (Gottes radikale Ernstnahme menschlicher Freiheit, sichtbar am Kreuz) lassen sich mithilfe von Pröppers Freiheitsdenken *explizieren*. Manche Aspekte erhellen sich sogar wechselseitig: die Offenheit einer Geschichte ist beispielsweise denkerische Voraussetzung für einen Gott als Risk-Taker, von dem aus aber erst der volle Sinn etwa einer fehlbaren Gnade erreicht werden kann. Umgekehrt ist die alternativenoffene Freiheit der fehlbaren Gnade nur metaphysisch möglich in einer offenen Geschichte. Dass Gott „faithful" ist, zeigt sich gerade am Kreuzestod Jesu, da er sich noch dort verpflichtet, die Freiheit nicht anzutasten und stattdessen „Risk-Taker" zu bleiben, indem er darauf hofft, die Liebe des Menschen gerade so zu gewinnen. Er kann aber die „Garantie" geben, dass diese Voraussetzung prinzipiell und formal unzerstörbar ist.

Verwirft man die Metapher vom OT als Panoptikum, kann m. E. ein neues Bild treffender sein, um die Beziehung zwischen OT und TA abzubilden, nämlich das von zwei ineinandergreifenden Zahn- bzw. genauer: *Kronenrädern*, die in ihrem Kreismittelpunkt jeweils als Gemeinsames die Freiheit besitzen. Damit ist das angesprochene Bild vom Panoptikum mit der Freiheit in der Mitte in *vertikaler* Hinsicht einerseits beibehalten, andererseits die Konvergenz in den Inhalten von OT und TA in eher horizontaler Hinsicht ebenfalls gewahrt. Beide Kronenräder sind nicht nebeneinander, sondern *übereinander* zu positionieren: Während das untere, breitere und mehrstufige Kronenrad das Freiheitsdenken Pröppers in der TA repräsentiert, ist das obere Kronenrad der OT. Da, wo die Räder ineinandergreifen, liegt eine Konvergenz vor, die qua Freiheitsgedanken als ihr „Antrieb" fungiert und sie simultan zum Drehen bringt.

V.1 Zur Systematisierung der Ergebnisse

Der Diskussionsteil der Arbeit hat versucht, einen Beitrag zur Frage zu leisten, inwiefern sich das anthropologische Denken Pröppers auf die Ansichten des OT beziehen lassen und inwiefern so eine Zusammenschau beider Größen gedacht werden kann. Es bedarf aber noch bestimmter Erläuterungen, um die erreichten Ergebnisse richtig einzuordnen. Rückblickend auf die Diskussion lässt sich sagen, dass – entsprechend dem Aufweis der Denkmöglichkeit Gottes durch die Vernunft, des Erreichens einer Minimalbestimmung Gottes – der Zusammenhang zwischen Pröpper und OT noch eher dergestalt ist, dass dieser auf einer bloßen Kompatibilität gedacht werden muss. Mehr ist aber aus diesem Grunde auch an dieser Stelle gar nicht erforderlich, denn die reine Denkbarkeit bzw. Fähigkeit-zum-Bilden-Können des Gottesgedankens spannt ja einen weiten Raum ab, der mit der inhaltlichen Bestimmung in dogmatischer Hinsicht noch gar nicht berührt ist. Soll heißen, dass mehr als eine Kompatibilität zwischen Pröpper und OT – freilich auf Grundlage des ersten Teilbandes – auch gar nicht erreicht werden *kann*. Jedweder darüber hinausgehende Gedanke entspräche nicht mehr der Tatsache, dass der erste Teilband der TA ja mit genuin philosophischer Zielrichtung verfasst wurde.

Nach dem Durchgang durch die TA1 lässt sich im Hinblick auf die Diskussion mit dem OT sagen, dass auf Grundlage der Diskussionsergebnisse die Relation zwischen Pröpper und OT nicht mehr wie zuvor als bloßes Kompatibilitätsverhältnis aufgefasst werden muss, sondern nun ein ungleich engerer Zusammenhang besteht, was ja auch in Anbetracht der Zielsetzung der TA2 evident ist: sollte zuvor vor allem die *philosophisch-vernünftige* Aufweisbarkeit des Gottesbegriffs herausgestellt werden, so sind nun Aussagen der materialen *Dogmatik* an sich relevant. Wichtig ist es hier, ein wechselseitiges Bestimmungsverhältnis vorauszusetzen.

V.2 Eine dreifache Differenzierung

Die nachstehenden Ausführungen erheben keinen Anspruch auf Vollständigkeit, sondern versuchen, das bisher Gesagte begrifflich einzuordnen. Eine Differenzierung der Ergebnisse in *kritisch-identifizierende, explikativ-stützende und rezeptiv-weiterführende* Erkenntnisse bietet sich hier an und soll im Folgenden erläutert werden.

V.2.1 Kritisch-identifizierend

Vor allem im Horizont der griechischen Metaphysik war es das philosophische Freiheitsdenken, das Unzulänglichkeiten aufdeckt. Und zwar nicht erst über den

„Umweg" der theologischen Aussagen, sondern im Sinne Pröppers schon an der philosophischen Basis.[5] Dies zeigt sich beim OT, wenn er zum Teil sehr ausführlich auf die Inkompatibilität der klassischen Gotteslehre aufmerksam macht, die seiner Ansicht nach ein angemessenes, widerspruchsfreies und der menschlichen Freiheit entsprechendes Gottesbild eher hindert als fördert. Das philosophische Fundament, das den Ansichten des vom OT so bezeichneten „klassischen Theismus" zugrunde liegt, konnte vom OT aber erst dann als hinderlich für die eigene Konzeption bezeichnet werden, indem von einem bestimmten Gottesbild *schon ausgegangen wurde*. Demgegenüber besteht die Stärke des Pröpperschen Denkens darin, selbst ein philosophisches Konzept schon *vorauszusetzen*, um von ihm erst zu theologischen Aussagen zu gelangen, bzw. besser: die theologischen Aussagen in eine kompatible, synthetische Verbindung mit dem vorausgesetzten philosophischen Freiheitskonzept zu setzen und den zuvor gesetzten Begriff der Gottebenbildlichkeit als Bestimmung zur Gottesgemeinschaft begreifen zu dürfen. Damit aber wird deutlich, warum und inwiefern die schon vom OT behauptete Inkompatibilität zwischen klassischer Philosophie und biblischer Theologie eigentlich bestehe. Erst so zeigt sich also die Reichweite dieser Unzulänglichkeit und erlaubt es, sie als solche begreifen zu dürfen: „namentlich das aus dem Erbe des griechischen Denkens stammende Apathie- und Unveränderlichkeitsaxiom haben die Entwicklung einer der biblischen Gotteserfahrung gemäßen Denkform nachhaltig behindert"[6].

Hier zeigt sich besonders die Stärke des Pröpperschen Ansatzes, insofern er das Freiheitsdenken ja philosophisch zugrunde legt, um mit ihm dann auch die theologischen Aussagen v. a. des zweiten Teilbandes zu betrachten und was sich dann als Einlösung der These verstehen lässt, das ja dasselbe Prinzip zur Behandlung der eher fundamental-theologischen und der dogmatischen Fragen vorausgesetzt werden müsse, um dem Anspruch der Vernunft zu genügen, ein *identisches*[7] Verfahren zum Leitgedanken zu machen und dass umgekehrt eine Methode, die auf die *Verdoppelung* der Wahrheit hinausliefe gerade für das theologische Denken nicht gangbar sein kann.[8] Für den OT ergibt sich, dass sich nun umso mehr ein Denken als Desiderat erweist, das die eigenen theologischen Positionen, die ja für ihn zumeist Modifikationen des klassischen Theismus sind, nicht an ein philosophisches Konzept rückzubinden vermag. Der Pröppersche

---

5   Auch wenn das entsprechende Kapitel „Natur und Gnade" von Pröppers TA nicht explizit referiert wurde, soll nicht unerwähnt bleiben, dass die angesprochene Unzulänglichkeit vor allem des aristotelischen Denkens dort wohl am augenscheinlichsten innerhalb der TA zutage tritt, indem er dessen Unzulänglichkeit im Hinblick auf die Angewiesenheit des Menschen auf die göttliche Gnade beinahe schon andemonstriert.

6   TA, 327.

7   Vgl. TA, 493.

8   Vgl. TA, 499.

Ansatz aber vermag diese Forderung einzulösen, sodass dessen Rezeption umso lohnenswerter für den OT sein kann.

Ganz konkret sei hier auf den Beginn der vorliegenden Studie zurückverwiesen: dort war bereits angedeutet, dass sowohl TA und OT bestimmten theologischen Ansichten kritisch gegenüberstanden, die zumeist dem Klassischen Theismus oder auch der antiken Philosophie zugeordnet werden konnten. Hier wäre vor allem das Gottdenken des Aristoteles oder Platons zu nennen. Die Kritik besteht hier darin, dass derartige Positionen bestimmte andere Wahrheiten des Glaubens teilweise verschleiern oder auch ihre Plausibilität oder systematische Kohärenz behindern.[9] Insofern diese Punkte zum Anlass für Kritik einerseits und dann als Kontrastfolie für die eigene Position andererseits fungierten, kann ihnen der Charakter *kritisch-identifizierender* Aspekte zugesprochen werden. Als Abstoßpunkte bilden sie das Muster für die jeweilige Gegenposition bzw. zumindest für deren Grundlage. So wird auch dargelegt, inwiefern die jeweils zu kritisierende konträre Position Schwächen für die Glaubenswahrheit belegt. So wurde etwa beim aristotelischen Denken kritisiert, dass dieses Gottesbild keine Möglichkeit bietet, einen Gott der Liebe oder auch nur eine Geschichtsfähigkeit begrifflich fassen zu können, da die auf dieser Vorstellung basierende Metaphysik dies denkerisch schlichtweg nicht erlaubt. An dieser Stelle ist der Bezug zwischen OT und TA noch sehr lose, ein Zusammenhang besteht höchstens in der Konvergenz der von ihnen kritisierten Punkte, bzw. in der Tatsache, dass diese Kritik aus einer ähnlichen Motivation heraus unternommen wurde. Die Übereinstimmung hinsichtlich der Kritik verweist jedoch bereits auf den nächsten Grad, bzw. die nächste Stufe der Verweisung zwischen TA und OT.

V.2.2 Explikativ-stützend

Während die zuvor genannte kritische Art der Bezugnahme also vor allem als negativ aufzufassen ist, insofern sie eher die von der eigenen Position *unterschiedenen* Aspekte hervorhebt, können die sodann auf Basis der formulierten

---

9 Zusammenfassend kann hier ein Zitat Michael Greiners angeführt werden, das er im Kapitel über den Gnadenstreit im Hinblick auf das Potenzial neuer theologischer Denkformen für dieses Problem benennt: „Also kann einzig dasjenige in Betracht kommen, was dem direkten thematischen Zugriff der alten Diskussionen noch *entzogen*, weil allseits selbstverständlich und unbefragt *vorausgesetzt* war: die grundlegenden Kategorien, Denkformen und Prämissen also, die den Gnadenstreit in seiner klassischen Gestalt von vornherein leiteten. In genau dem Maße, wie ein falsches Vorzeichen der *gesamten* traditionellen Problemexposition und -diskussion aufgewiesen werden könnte, mag es dann vielleicht in der Tat möglich werden, an entscheidender Stelle doch noch über die alte Aporetik hinauszukommen." TA, 1410.

Kritik entworfenen Positionen als *explikativ-stützend* bezeichnet werden: Die kritisierten Aspekte wurden revidiert, in ihrer Bedeutung wahrgenommen und sodann ausformuliert. Die so entstandenen Positionen auf Seiten der TA und des OT lassen sich bereits als miteinander kompatibel denken, gehen insofern also bereits über das Maß einer bloß negativen Übereinkunft in der Kritik hinaus.

Man könnte diese Differenzierung auch so beschreiben, dass etwa die vom OT gemachten Modifikationen dadurch gestützt werden, dass Pröpper zu teilweise sehr ähnlichen Ansichten innerhalb der Gotteslehre gelangt. So waren es vor allem die auf Basis des Möglichkeitsaufweises ausgezogenen denkerischen Linien, die den OT darin bestärkten, einen Gott zu denken, der Allweisheit besitzt, „resourceful" oder ein „Risk-Taker" ist. Es kann also festgehalten werden, dass die auf dieser zweiten Ebene verhandelten Bezüge zwischen TA und OT den Charakter eines *Analogons* oder einer prinzipiellen Ähnlichkeit besitzen, die sowohl beim OT als auch in der TA vorhanden ist und vor dem Hintergrund der Leitfrage der Studie miteinander in Beziehung gesetzt werden können. *Stützend* kann dieser Aspekt aus dem Grund genannt werden, weil wie im genannten Beispiel einem Aspekt ein argumentativ sicheres Fundament verliehen wird und er auf diese Weise eine höhere Plausibilität zu erlangen vermag. Ein Beispiel auf der einen Seite kann durch eine bereits vorausgesetzte Wahrheit auf der anderen Seite zu einer größeren Beständigkeit gelangen. Auch der Begriff des Risikos innerhalb der Geschichte, der in den Werken beider Konzeptionen angesprochen wird, zeigt sich deutlich – besonders der Charakter der Ko-relation zwischen OT und TA tritt hier in Erscheinung: Aussagen lassen sich einander zuordnen, als Identität oder Analogie im Denken ausweisen. Es stellte sich häufig die Frage, ob und auf welcher argumentativen Grundlage die Modifikationen, die der OT am klassischen Theismus vornimmt, als gerechtfertigt gelten dürfen: bestimmte Ansichten, die typisch für den OT sind, *bedürfen* der freiheitstheoretischen Einlösung. Dem oft „kühn" erscheinenden Modifizieren des OT – das sich oft in einer vermeintlich schroffen und undifferenzierten Wahrnehmung der Nuancen im „klassischen" Gottesbild zeigt – wird dadurch vorgebeugt, indem es wissenschaftlich verantworteter, weil philosophisch-theologisch legitimierter erscheint.

Zudem kann der OT davon profitieren, dass auch die von ihm vorgenommenen „Korrekturen" des klassischen Gottesbildes *untereinander* in Zusammenhang gebracht werden können. Beispielhaft wurde dies klar etwa beim Verhältnis von Allmacht und Treue: Die Modifikation der Allmacht im Sinne des göttlichen Bestimmen-Lassens durch menschliche Freiheit ist vollends erst durch die Treue Gottes denkbar, dürfen *wir* doch darauf vertrauen, dass die Freiheit, die er uns lässt, im Modus des Vertrauens und in der Hoffnung auf ihn vollendet wird. Das Merkmal dieser Differenzierung besteht also darin, dass der OT durch die Vermittlung mit den Ansichten Pröppers eine *Stärkung der eigenen argumentativen*

Position erfährt, derart, dass Pröpper ja seinerseits in seinem Freiheitsdenken philosophische und theologische Inhalte miteinander verknüpft. Für die von mir vorgeschlagene Betrachtung des OT als Panoptikum[10] ergibt sich – um im Bild zu bleiben – dass nicht mehr nur die mögliche *Wahrnehmbarkeit* oder *Erreichbarkeit* der konkreten Modifikationen ausgewiesen werden kann, sondern nunmehr auch die argumentativen Mittel dafür bereitstehen, um ausgehend vom Mittelpunkt des Panoptikums zu diesen Neudeutungen auch wirklich *gelangen* zu können. Das transzendentallogische Freiheitsdenken als *Fundament* gewinnt hier also neue und konkret-bildliche Bedeutung.

V.2.3 Rezeptiv-weiterführend

Vor allem die letzten zwei referierten Kapitel der TA2 – Wirksamkeit der Gnade und eschatologische Freiheit – können ihre Aspekte wechselseitig befruchten: Dadurch, dass der OT vor allem die de facto schon wirkliche Gottesbeziehung in den Fokus seiner Überlegungen stellt und es so zu auffälligen Gemeinsamkeiten zwischen ihm und Pröpper kommt, kann hier ganz konkret ein Beispiel ausgemacht werden, an dem die Kongruenz im Denken beider Konzeptionen offenkundig wird. Die hier verhandelten Themen der *Gnadenfehlbarkeit* und der möglich bleibenden *Unversöhntheit* können als konkrete „Test-" oder Anwendungsfälle der für den OT typischen These vom Risiko Gottes gelten, die nun im Horizont des Pröpperschen Denkens als solche in Erscheinung traten. Darum können sie den Stoff für eine breitere Diskussion beider Konzeptionen bereitstellen und ganz konkret eine beispielhafte Diskussionsgrundlage für den übergreifenden theologischen Disput bieten.

Rezeptiv-weiterführend ist das Verhältnis zwischen TA und OT dann, wenn eine der Positionen in besonderem Maß ein Argument für eine vorausgesetzte Wahrheit liefert, welche als Aufweis für ihre Plausibilität in hohem Maße geeignet ist. Exemplarisch hierfür steht etwa die Frage nach dem Risiko, welches Gott bei der Erschaffung des Menschen in Kauf genommen hat, als er den Menschen bzw. die Schöpfung ins Dasein gerufen hat. Bei der Behandlung dieser Aufgabe zeigte sich, dass das Pröppersche Denken sich dazu eignete, den Begriff des Risikos zu relativieren bzw. auch teilweise umzudeuten. Dieser für den OT so typische Begriff wurde dann mit neuem Inhalt gefüllt und es kamen neue Erkenntnisse dazu: Dass Gott zumindest das Risiko ausschließen kann, dass *kein* Mensch zumindest potenziell und unabhängig von seiner Kultur oder anderen äußeren Faktoren dazu in die Lage versetzt werden kann, sich einen Begriff von einer ihm unterschiedenen Wirklichkeit zu machen und damit eine Minimalbestimmung

---

10 Vgl. das Kapitel II.7.

Gottes denken zu können. Aus wissenschaftlicher Sicht ist ein derartiger Bezug zwischen TA und OT der ertragreichste, da er eine neue Erkenntnis darstellt und etwas wirklich Neues aufdeckt, bzw. einen neuen Aspekt in die Diskussion einbringt: Die Bewertung des Risikos Gottes im Hinblick auf die Schöpfung muss zumindest teilweise neu gedacht werden.

Was das gerade für Pröpper typische Verhältnis von Philosophie und Theologie anbelangt, so ergibt sich für die in dieser Studie gestellte Leitfrage, dass die Aussagen des OT über die Unzulänglichkeiten bestimmter antiker Philosophien zwar durchaus zutreffend sind, dies aber nicht mit einem *theologisch* unreflektiert vorausgesetzten Freiheitsbegriff schon hinreichend bekräftigt werden kann. Vielmehr kann der OT hier profitieren, wenn er den eher philosophischen bzw. fundamentaltheologischen ersten Teilband der TA Pröppers rezipiert, mit den eigenen Aussagen in der Gotteslehre verbindet, um sich gerade so ein stabiles Fundament für die eigene Kritik am metaphysischen Erbe der Antike zu schaffen. Denn eine solche Kritik kann als umso berechtigter gelten, wenn sie sich ihrerseits als theologische auf einem philosophischen Prinzip fußend versteht und aufweisen lässt. *Die Eigenart der TA bestand ja gerade darin, das Freiheitsdenken zunächst philosophisch begründet herzuleiten um es dann als solches theologisch weiterzudenken*; Pröpper gelang es darum umso zielgerichteter und deutlicher, die unsachgemäße Applikation antiker Denkarten auf das christliche Gottesbild auszuweisen. Die Zurückweisung bestimmter metaphysischer Ansichten ergibt sich dann sozusagen automatisch und umso evidenter, je eher der eigene philosophische Ansatz sich für die theologischen Ansichten bewährt hat. Kurzum: Der OT tut also auch darum gut daran, Erkenntnisse der TA zu rezipieren, um der oft nachdrücklichen Kritik an philosophischen Richtungen (der griechischen Antike) gerade auch als *philosophisch legitimiertem Open Theism* höhere Plausibilität zukommen zu lassen: Theologische Spielarten vermischen umgekehrt ihren Kompetenzbereich mit dem der Philosophie, wenn sie Kritik an einer Philosophie üben, ohne *sich selbst* zuallererst Rechenschaft über die eigenen philosophischen Vorbedingungen gegeben zu haben.

V.3 Offengebliebene Fragen

Nachfolgend sollen schlaglichtartig bestimmte Aspekte angesprochen werden, die weitere wissenschaftliche Desiderate darstellen, im Rahmen der vorliegenden Studie jedoch nicht mehr in vollem Umfang beantwortet werden können.

V.3.1 Die Frage nach der trinitätstheologischen Verortung

Die Frage, ob sich die *trinitätstheologischen* Vorstellungen des Open Theism mit den Ausführungen Pröppers vermitteln lassen, kann nicht mehr Gegenstand der Überlegungen sein. Ansatzpunkt für weitere Forschungsarbeit wäre jedoch sicherlich die Annahme einer sozialen Trinität. Sie wird implizit von beiden Vertreter(gruppe)n vorausgesetzt[11], sodass ein Forschungsdesiderat beispielsweise darin bestünde, die in der deutschsprachigen systematischen Theologie erreichten Erkenntnisse auf einen OT-konformen Begriff von Trinität zu beziehen. Eine weitere Frage bestünde darin, die Neudeutungen in der Gotteslehre, die der OT vornimmt und die mit Pröppers Denken in Verbindung gebracht werden können, mit trinitätstheologischen und christologischen Überlegungen zu verbinden, bzw. zuallererst deren Kompatibilität zu überprüfen. Auch wenn innerhalb dieser Studie trinitätstheologische Überlegungen in Kapitel III.4.3. referiert wurden, standen sie doch v. a. im Horizont der anthropologischen Frage, wie die göttliche Gnade den Menschen erreiche. Eine Vermittlung der entsprechenden Reflexionen zwischen OT und TA würde daher den Fragehorizont der vorliegenden Studie verlassen, da dies nur noch mittelbar mit der menschlichen Freiheit zu tun hätte.

Auch die Rolle des Heiligen Geistes, die in der TA erstmals ausführlich von Pröpper verhandelt wird, kann mit den offen-theistischen Ansichten zum „Holy Spirit" in ein Gespräch gebracht werden. Ein Angebot, wie in diese Richtung weiter gefragt werden könnte, findet sich bei Lerch: Er erweitert das Pröppersche Denken um eine existenzielle Ebene und geht so über die Transzendentalität der Freiheit hinaus:

> „Das Wirken des Geistes bezieht sich auf den *Entschluss* der transzendentalen Freiheit, primär nicht etwas, sondern sich selbst als Freiheit vollziehen zu wollen und sich so gerade im Entschluss für andere Freiheit in Anerkennung, Wohlwollen und Liebe zu realisieren. Damit ist das mögliche Geistwirken auf ein Moment des *existenziellen* Freiheitsvollzugs zu beziehen, für das eine rein *transzendentale* Freiheitsanalyse nicht aufkommen kann".[12]

---

11 Vgl. GRÖSSL: Freiheit als Risiko Gottes, 66 f., vgl. STOSCH: Einführung in die Systematische Theologie, 61 f. Zudem sollten die Überlegungen von Manuel Schmid Berücksichtigung finden, die er im Rahmen eines Risikobegriffs auch aus trinitätstheologischer Sicht zeichnet, vgl. SCHMID: Bewährte Freiheit, 365–391.

12 LERCH, Magnus: Freiheit des Menschen und Wirksamkeit der Gnade – Verbindung von transzendentaler und existenzieller Perspektive in gnadentheologischer Absicht, in: LERCH, Magnus/LANGENFELD, Aaron: Theologische Anthropologie, Paderborn 2018, 213–242, 240 f.

In anderen Worten: Die transzendentalphilosophische Reduktion vermag zwar die subjekthafte Verfasstheit der Freiheit, den Freiheitsgedanken in der Instanz eines transzendentalen Ich, zu sichern. Im entsprechenden Passus dieser Arbeit war vom Unterschied zwischen Reduktion und Deduktion die Rede, die hier nun in ihrer Geltung zu Tage tritt: Die Tatsache, dass ein transzendental formulierter Freiheitsbegriff gebildet werden kann, ist von der Erfüllung oder jeder sonstigen Art der Einlösung distinkt: Das ergibt sich schon daraus, dass sich diese tatsächliche Erfüllung einer transzendentalphilosophischen Analyse entzieht. Der Freiheitsbegriff muss in transzendentalphilosophischer Perspektive als „neutraler" gelten.[13] Dies verschließt jedoch nicht den argumentativen Weg und die denkerische Möglichkeit, diese Freiheit insofern dem Wirken des Heiligen Geistes zuzuordnen, als sein Wirken dazu befähigt, sich im Entschluss zur Freiheit denjenigen Widrigkeiten des aktuellen Lebens zu widersetzen, die der konkreten Freiheit entgegenstehen. Trotz aller hindernden Umstände, die womöglich zu Frust und Resignation führen, kann der Heilige Geist im *„Modus der Freisetzung"* dort als wirksam gedacht werden, wo Menschen eben diesen Freiheit verunmöglichenden Umständen trotzen und sie trotzdem wagen. Worin besteht nun aber die Relevanz zum OT?

Ein Verfügbarsein des Heiligen Geistes, eine Inanspruchnahme seines Wirkens entzieht sich der menschlichen Erkenntnis und auch seiner Freiheit selber: Freiheit bleibt immer unverfügbar, erst recht die göttliche. Die von Lerch angedeutete Unterscheidung könnte gut mit dem auch im OT vorkommenden Begriff des *Lockens* verbunden werden:

> „Die *transzendentale* Perspektive auf die formale Unbedingtheit der Freiheit sichert, dass der Mensch vernünftig einsehen kann, dass das Bestimmtwerden durch Gott seiner Selbstbestimmung nicht zuwider läuft, sondern ihr entspricht, dass das ‚Locken' und ‚Motivieren' durch die Anziehungskraft des Geistes nicht in Wahrheit Manipulation ist, also die Implementierung eines Wollens, das tatsächlich gar nicht mein eigenes ist."[14]

---

13 Nicht umsonst wählt Pröpper diese Methode, weil sie ihren Untersuchungsgegenstand unangetastet lässt und somit autonom ist. Nicht unerheblich ist zudem der Einwand, dass Freiheit – transzendentalphilosophisch betrachtet – keine Auskunft darüber liefert, ob sie *als solche* formulierte positiv oder negativ bewertet werden kann.

14 LERCH: Freiheit des Menschen und Wirksamkeit der Gnade, 242. Vgl. hierzu auch NIT-SCHE: Endlichkeit und Freiheit, 398: „Ist Gott nach christlichem Selbstverständnis derjenige, welcher im Unterschied zum endlichen Menschen nicht nur Liebe als materiale Implikation seiner für andere bejahend entschlossenen Freiheit ‚hat', sondern selbst die Liebe ‚ist', so kann göttliche Freisetzung prinzipiell ja nur als die Liebe im Freiheitsverhältnis begriffen werden, welche menschliche Freiheit lockt."

Gerade auch vor dem Hintergrund, dass der OT die menschliche Freiheit betont, sollte es gerade für ihn von Relevanz sein, eine widerspruchsfreie Konzeption der hier infrage stehenden Kategorien vorzunehmen, wobei ihm die erreichten Einsichten helfen können. Ob und wie diese Verhältnisbestimmung auch auf den systematisch übergeordneten Ebenen möglich und sinnvoll ist, erfordert weitere theologische Forschung.

V.3.2 Die Frage nach den praktischen Konsequenzen

Eine Gemeinsamkeit zwischen dem Denken des OT und der TA Pröppers besteht darin, die praktisch-theologischen Konsequenzen der eigenen Konzeption zu reflektieren. Im Rahmen der vorliegenden Studie kann dies als Synopsis nur noch andeutungsweise geschehen, da diese Ausführungen sich nicht mehr auf unmittelbar *systematisch*-theologische Erkenntnisse beziehen, sondern wie angedeutet nur noch deren Folgen zum Thema haben. Hiermit wird also der in dieser Studie behandelte Themenkomplex verlassen, bzw. anders formuliert: die systematisch-theologischen Erträge des OT und der TA würden praktisch-theologisch ausgezogen. Ist es auf Seiten der TA2 etwa das Kapitel 16, das solche lebenspraktischen Reflexionen besonders einschlägig vornimmt, ist es im OT bei vielen Vertretern der Fall, dass sie häufig den „alltäglichen Anwendungsbereich" ihrer Ansichten referieren.[15]

Ein Punkt, in dem OT und TA an dieser Stelle konvergieren, wäre dass sie beide das Vertrauen stark machen, dass im Leben auf den Gott gesetzt werden darf, den Jesus verkündet hat und durch den er im Kreuzesgeschehen auferweckt wurde und dadurch zum Zeugen wurde. Hier scheint zudem auch ein Rückbezug zu trinitätstheologischen Überlegungen vorzuliegen, insofern diese Hoffnung ja in ihr ihren Ursprung hat. Es kann sich darum als günstig erweisen, weitere Forschungsarbeit in den Zusammenhang dieser Größen sowohl beim OT und beim Denken Pröppers zu investieren und Untersuchungen gerade auch im Hinblick auf den *antizipatorischen* Aspekt des Glaubensaktes anzustellen. OT und TA könnten gemeinsam die Frage stellen: *„was bedeuten die gemeinsamen Erträge für das alltägliche Glaubensleben?"*, womit m. E. aber gerade auch die pastorale Arbeit etwa in Form der Seelsorge oder die Konsequenzen für das Bittgebet gemeint sind. *Ebenso bedarf es weiterer Forschungsarbeit in hamartologischen Fragen, die der OT häufig als Nebenprodukt der Freiheit beschreibt, während Pröpper zwar auch Freiheit zur Sünde voraussetzt, jedoch anders einlöst.*[16]

---

15 Vgl. etwa SANDERS: The God Who Risks, 249–291.
16 Vgl. die Ausführungen in III.4.1 und III.4.2.

V.4 Ausblick

Zum Ende der vorliegenden Studie soll die Frage gestellt werden, welche möglichen Konsequenzen die erbrachten Erträge zur Folge haben können.

V.4.1 Gegen den Verdacht eines Anthropomorphismus

Häufig wird dem OT vorgeworfen, seine Aussagen seien allzu sehr durch Anthropomorphismen geprägt, wobei besonders auf dessen Bezugnahme auf das biblische Geschehen des Alten Testaments rekurriert wird. Diese Kritik wird von den Vertretern des OT aber zurückgewiesen und stattdessen die Ernstnahme der aus ihnen „extrahierten" Inhalte eingefordert:

> „Nach Einschätzung aller Offenen Theisten sollten diese Überlieferungen nicht als ‚bloße Anthropomorphismen' im Sinne der uneigentlichen Gottesrede verstanden, sondern in ihrem theologischen Aussagegehalt ernst genommen werden. Dann nämlich würden sie nachdrücklich und gewichtig das Bild eines Gottes zeichnen, welcher sich mit seinen Geschöpfen auf eine unvorhersehbare und zumindest teilweise unkontrollierbare Geschichte einlässt, in deren Verlauf sich auch seine Anpassungsfähigkeit und Beweglichkeit erweist."[17]

Das Gespräch des OT mit dem Denken Pröppers hat in diesem Punkt zweierlei erbracht: *Erstens* zeigte Pröpper, dass der Rekurs auf biblisch-exegetische Inhalte keineswegs per se schon mit einem Anthropomorphismus verwechselt werden muss. So ist es gerade ein Verdienst, das für sein Denken in der TA so zentrale Motiv der *Gottebenbildlichkeit* auf Basis biblischer Befunde dann auch systematisch-theologisch gültig in Anschlag gebracht zu haben. Es macht ja gerade so den wissenschaftlichen Wert seiner Theologischen Anthropologie aus, die Aussagen der Bibel zu einer kohärenten Konzeption verbunden zu haben und ihren *Kern* dann philosophisch zu reformulieren, um sie schlussendlich theologisch bestimmbar werden zu lassen, was geradezu ad oculos im so zentralen finalen Kapitel der TA1 hervortritt, wenn Pröpper von der *Ansprechbarkeit* des Menschen spricht, die wie gerade angedeutet ja die philosophische Einlösung der u. a. biblischen Gehalte meint:

> „schließt doch Ansprechbarkeit vor allem die Fähigkeit ein, das Vernommene auch zu *verstehen*. Der Mensch ist ja, so sahen wir im Gottebenbildlichkeits-

---

17   Vgl. Schmid: Gott ist ein Abenteurer, 155.

Kapitel, das einzige Wesen auf Erden, dem die Gottheit Gottes bewußt werden kann, so daß nicht nur Gott sich ihm offenbaren und für ihn sich bestimmen kann, sondern umgekehrt auch der Mensch diese Zuwendung Gottes als solche wahrzunehmen und Gott ausdrücklich anzuerkennen vermag."[18]

Zum anderen – und dieser Punkt hängt engstens mit dem erstgenannten zusammen – ist es gerade die Denkform des freien Ich, bzw. der durch sie formulierte Möglichkeitsaufweis, der gerade aufgrund seiner Eigenart als „Möglichkeitsaufweis" und dem damit verbundenen bescheidenen Anspruch der Vernunft genügt, eben nicht *mehr* als solcher zu sein. Durch diese Bescheidenheit aber immunisiert er sich selbst gegen den Vorwurf u. a. des Anthropomorphismus:

„Durch den Möglichkeitsaufweis der Existenz Gottes als freier, von Welt und Mensch verschiedener Wirklichkeit, den es auf der Basis seines Prinzips – des freien Ich – erstellt, schafft sich das Freiheitsdenken selber die Chance, sich als Denkform für die durch die biblische Überlieferung begründete Rede von Gott auch theologisch zu bewähren sowie umgekehrt diese Rede vor ihrer Herabsetzung als *bloß anthropomorph* [Hervorhebung: A. H.], philosophisch insuffizient usw. zu schützen."[19]

Es ist also gerade auch die biblisch schon als gesichert geltende Gottebenbildlichkeit, die den Möglichkeitsaufweis in der Instanz des freien Ich begründet und umgekehrt damit den Kern der Gottebenbildlichkeit bestärkt, den Pröpper in Kapitel 3 der TA formuliert.[20]

Zusammengefasst ergibt sich der Ertrag für den OT *in dieser Hinsicht* daraus, dass der Vorwurf des Anthropomorphismus seiner Aussagen dadurch entkräftet oder zumindest relativiert ist, je mehr seine Aussagen sich dem Freiheitsdenken zuordnen lassen. Indem seine „dogmatischen" Aussagen, die im kontinental-europäischen Denken einer Gotteslehre (inhaltlich, noch nicht dem Umfang nach) ähneln, sich als kompatibel mit dem Freiheitsdenken erweisen und sich synthetisch zuvor noch mit dem philosophischen Ansatz verbinden lassen, der gewählte Ansatz Pröppers sich also insgesamt mit dem OT kompatibel erweist, ist der Vorwurf des Anthropomorphismus gegen den OT mindestens teilweise unzulässig. Denn auf Basis der bisherigen Erkenntnisse der vorliegenden Studie könnten die Vertreter des OT entgegnen, dass ihre Aussagen sich idealerweise

---

18 TA, 491. Vgl. auch TA, 489.
19 TA, 602. Direkt an diesen Passus schließt Pröpper zur Erläuterung „drei *essentials* des christlichen Glaubens (...) [an, die; A. H.] die Angemessenheit des Freiheitsdenkens als theologischer Denkform noch andeutungsweise konkretisieren." (TA, 602). Diese Unternehmung wurde im entsprechenden Abschnitt der Studie geleistet.
20 Vgl. TA, 489.

nicht in unreflektierter Weise einer unkritischen Exegese verdanken, sondern einem einheitlichen Denken, das als Freiheitsdenken philosophisch legitimiert ist und sich als theologische Aussage mit ihm verbinden lässt. Eben darin lag ja wie gesehen der Gesamtansatz von Pröppers Theologischer Anthropologie begründet: eine zumindest formale Trennung von Philosophie und Theologie, die aber gerade durch diese Unterscheidung als solche ihr Potenzial in Form des Freiheitsdenkens vollends aufdeckt – und wovon darum auch gerade der OT als *bibeltheologische* Reformbewegung profitieren kann.

Neben dieser eher „ad extra" zu klassifizierenden jedoch gleichwohl dem OT zuträglichen Funktion im Horizont des Anthropomorphismusproblems tritt aber noch ein anderer Aspekt. Denn wie Schmid bemerkt, ist es im OT ein noch ungelöstes Problem, nach welcher Kriteriologie überhaupt der Weg von der *exegetischen zur systematischen* Theologie beschritten wird.

> „Schon die Auseinandersetzung mit dem Anthropomorphismus-Problem im Teil 0 dieser Arbeit hat aber gezeigt, dass sich die Offenen Theisten nicht einig sind in der Frage, was es genau bedeutet, die biblische Gottesrede ‚ernst' zu nehmen und wie die disparaten Beschreibungen Gottes in ein stimmiges theologisches Bild integriert werden können."[21]

M. E. rührt dieses Problem aber insbesondere gerade daher, dass die Vertreter des OT gerade unter Ausschluss philosophischen Denkens die Gültigkeit biblisch-theologischer Gehalte reklamieren wollen. Somit aber – dies sollten die vorangegangenen Überlegungen deutlich gemacht haben – verspielt der OT Möglichkeiten zur Bewährung seiner Aussagen und büßt damit Plausibilität ein.

> „Es wird im Offenen Theismus mit anderen Worten nicht hinreichend deutlich, nach welchen methodischen Schritten der *Übergang* von der exegetischen zur systematischen Arbeit erfolgt und nach welchen Kriterien die Beobachtungen an den Bibeltexten in Aussagen über das Wesen und die Eigenschaften Gottes überführt werden können."[22]

Wenn nun der OT sich die Gottebenbildlichkeitsaussage Pröppers aneignen würde, die sich ja mit der Betonung der Beziehung zwischen Gott und Mensch[23] sehr gut in das Bild des OT einpassen lässt, könnte der Weg offenstehen, Unklarheiten und Desiderate im Denken des OT zu beheben. Denn ausgehend von diesem Beziehungsgedanken und insbesondere der Differenzierung zwischen dem

---

21 SCHMID: Gott ist ein Abenteurer, 221.
22 SCHMID: Gott ist ein Abenteurer, 221.
23 Vgl. TA, 178 f.

ansprechbaren Menschen einerseits und Gott als dem Initiator dieser Beziehung andererseits muss der OT seine Aussagen nicht relativieren und kann zugleich einen exegetischen Leitfaden bereitstellen, an dem weitere biblischen Aussagen des OT gemessen werden können. Ob sich auf diesem Wege auch die für den OT typischen Aspekte wie etwa die Reue Gottes noch aufzeigen ließe, wäre eine andere Frage. Sicherlich trifft dies aber für den Gedanken einer offenen Geschichte zu, der wie gesehen sowohl für den OT als auch für Pröpper sehr zentral ist. Der Übergang zur systematischen Entfaltung könnte dann auf dem oben skizzierten Weg stattfinden.

Zusammengefasst: Der OT kann zur Überwindung obiger Schwierigkeiten die Gottebenbildlichkeitsaussage aufnehmen, diese als hermeneutischen Schlüssel für seine biblischen Aussagen verwenden und sie dann versuchen philosophisch zu reformulieren und sie mit theologischen Aussagen zu verbinden. Alternativ könnte er die Gottebenbildlichkeitsaussage Pröppers übernehmen, sie mit den philosophischen Implikaten des Begriffs der Ansprechbarkeit abgleichen und schlussendlich prüfen, ob sie mit dem Freiheitsdenken als theologischer Aussage kompatibel sind. Auch wenn dies vorab nicht garantiert werden kann – auch dies ist ein Kennzeichen des Freiheitsdenkens – so ist jedoch der „Grundsatz" gewahrt, dass „beide Aufgaben in angemessener, nämlich systematischer Weise nur zu erfüllen [sind; A. H.], wenn dabei derselbe philosophische Ansatz zum Zuge gelangt und die Denkmittel einem einheitlich-kohärenten Denken entstammen."[24]

Die Möglichkeit, dem OT mit dem Denken Pröppers eine aussichtsreiche theologisch-anthropologische Basis zuzuordnen, kann dem OT sicherlich auch dabei helfen, sich vor bestimmten Vorwürfen seiner Kritiker zu schützen und diesen leichter zu begegnen. So kann gerade der häufig sehr polemisch und auch erbittert geführte Streit, der bspw. zwischen OT und anderen eher traditionellen theologischen Positionen geführt wird, seine Vehemenz verlieren und stattdessen den Fokus auf die theologisch relevanten Argumente legen, wie es ja auch redliche wissenschaftliche Praxis sein soll.

V.4.2 Gegen den Verdacht eines „deus ridiculus"

Dadurch, dass die Konzeption des OT grundsätzlich für eine systematische Vermittlung mit dem Denken von Pröpper geeignet ist, ist auch der Vorwurf abzuweisen, der OT entwerfe das Bild eines *deus ridiculus*, eines lächerlichen Gottes. Denn das Gottesbild, das durch das Freiheitsdenken gezeichnet wird, ist ja gerade *nicht als Diminutivum* einer prinzipiell noch größeren und mächtigeren Wirklichkeit

---

24 TA, 493.

gezeichnet, sondern Ergebnis philosophisch-theologischer Reflexion in der Instanz transzendentallogischer Methodik. An dieser Stelle zeigt sich erneut die
Bedeutung des Abweises anthropomorpher Kritik, denn die Transzendentallogik
denkt nicht anthropomorph, sondern reduktiv. Hierin besteht ihre methodologische Eigenart, die Pröpper selbst ja als „bescheiden" bezeichnete, insofern sie die
in Frage stehenden (theologischen) Inhalte unangetastet lasse.

Zugleich ist hiermit der Weg eröffnet, Gott in seinen Eigenschaften als sich
selbst zurücknehmend denken zu müssen, damit der Mensch sich ihm schenken kann und Gott nur so „sicherstellen" kann, dass es wirklich die Liebe des
Menschen ist, die er auf diese Weise gewinnen kann. Dem Vorwurf eines deus
ridiculus wäre also zu entgegnen, dass Gott sehr wohl *prinzipiell* andere Mittel
hierzu zur Verfügung stehen. Aufgrund des „Gesetzes der Liebe" kann Gott, der
der Gott der Liebe ist, aber nur Mittel der Liebe „anwenden", worin sich die besondere Ernstnahme der menschlichen Freiheit ja gerade zeigte. Auf diese Weise
kann dann auch die Treue Gottes – ein zentrales Motiv sowohl bei Pröpper als
auch im OT – verstanden werden, da gerade durch den Foltertod Jesu Christi
einsichtig gemacht werden kann, dass Gott auch bis aufs Äußerste niemals Mittel
anwendet, die *keine* Mittel der Liebe sind. Er gibt sich selbst damit in das Gesetz
der Liebe hinein, damit andere Freiheit und damit Liebe sein kann. Gott geht
diesen Weg der „*Schwachheit*" nicht, weil er nicht den Weg der „*Starkheit*" wählen *könnte*, sondern weil er sich als Gott der Liebe *mitteilen* will. Er musste dem
Menschen Freiheit zubilligen, ohne die sein Liebesangebot letztlich buchstäblich
„haltlos" würde, da ihr der Anknüpfungspunkt und ihre vielleicht zentralste
conditio sine qua non fehlen würde. Durch diese Vermittlung ist gedanklich
gerechtfertigt, dass Gott notwendigerweise sich selbst zurücknehmen musste,
um menschliche Freiheit wirksam werden zu lassen, damit wiederum die Bedingung der Möglichkeit bestehen könne, dass der Mensch die Würde eigener
Zustimmung zur Gottesbeziehung erhält und sich frei Gott zuwenden kann. Nur
so könne also freiheitstheoretisch nicht nur der tatsächlichen Gottesbeziehung,
sondern auch den Bedingungen ihrer Möglichkeit – ihre nach philosophischer
Rechenschaft verlangenden Implikate – genüge getan werden.

Dieser oben angedeutete Aspekt, der besonders aus fundamentaltheologischer Sicht von Relevanz ist, sei noch eräutert: Bestimmte Kritiker wie Bruce
Ware betonen in ihren Werken, dass die Revision traditioneller Gotteseigenschaften nicht dazu beiträgt, bestimmte Zusammenhänge von Widersprüchen
zu befreien, sondern lediglich eine ungerechtfertigte Limitation göttlicher
Eigenschaften zur Folge habe, sodass der Eindruck eines „lächerlichen Gottes"
entstehen könnte:

„It is clear that the God of open theism is a limited God. Compared to the
exalted fullness of God revealed in Scripture and affirmed in the classical

tradition, the openness God has limited knowledge, limited power, limited wisdom, limited control, limited sovereignty, and hence, limited glory."[25]

Auch wenn dem Großteil der hier gemachten Aussagen bereits begegnet werden konnte, so gibt es m. E. doch noch einen Aspekt, der besondere Beachtung verdient und auf dem Denken Pröppers basiert. Denn der hier verübte „„Anschlag"" auf die Göttlichkeit und Herrlichkeit *(glory)* Gottes"[26] ist haltlos, wenn man sich vergegenwärtigt, dass nach Pröpperschem Verständnis ja die Göttlichkeit, Herrlichkeit und Ehre Gottes nur einem Menschen in der Instanz seiner Freiheit bewusst wird und gerade auf diese Weise für Gott das höchste ist. Anders formuliert: Ohne die Freiheit, die der OT in Übereinstimmung mit seinen Revisionen formuliert (und die hier mit dem Freiheitsverständnis Pröppers erst zu ihrer vollen Geltung kommt), kann Gott das ihm gebührende höchste, die Achtung seines Ruhms und seiner Herrlichkeit in menschlicher Freiheit, gar nicht erst erbracht werden:

> „Christliche Existenz ist Teilhabe an der Auferstehungsmacht Christi, dies freilich noch innerhalb des Lebens und gebunden an den Weg Jesu. Also ist sie, und dies schon jetzt, Unterbrechung der alles beherrschenden Macht des Todes über das Leben: widerstehende Überwindung der das Dasein lähmenden und die Liebe hindernden Angst. Sie ist – mit einem Wort – die Freiheit, lieben zu können. *In solcher Freiheit erscheint die Herrschaft und Herrlichkeit des Gottes der Liebe, in ihr gewinnt in eins der geschöpfliche Mensch seine Erfüllung und Ehre: Gottes Liebe – die Ehre des Menschen; Gottes Ehre – der frei ihm entsprechende Mensch* [Hervorhebung: A. H.]."[27]

Damit ließe sich also ein Kriterium festmachen, das die Freiheit als einen Wert erscheinen lässt, der besonders die *Proportionalität* der Freiheiten der Menschen und der Gottes in ihrer *Konvergenz als gemeinsame singuläre Höchstform* aufscheinen lässt.

> „Wenn nämlich nur ein freies Geschöpf seinen Gott als Gott anerkennen und deshalb Gott auch nur ihm das Höchste: in seiner Liebe sich selbst, schenken kann, dann schließt ihre Mitteilung, um in der menschlichen Zustimmung zum Ziel kommen zu können, auch *Gottes Achtung der menschlichen Freiheit* ein."[28]

---

25 WARE: Gods Lesser Glory, 146.
26 KREINER: Antlitz Gottes, 366.
27 TA, 194.
28 TA, 489.

Gott kann gar nicht anders, als Freiheit zu gewähren, um den Menschen als echten, das heißt nun in diesem spezifischen Zusammenhang *würdigen, zustimmenden* Partner zu gewinnen. Eine Studie, die sich mit theologischer Anthropologie beschäftigt, kann also einen Beitrag dazu leisten, den von Ware vorgebrachten Vorwurf zu entkräften, indem mit Pröpper einsichtig gemacht werden kann, dass Gott gerade *aufgrund der Achtung der Freiheit* den Menschen gewinnen will und er nur so erst die ihm höchste Herrlichkeit zuteilwerden lassen kann.

V.4.3 Gegen den Verdacht eines „zockenden" Gottes

So kann dann auch nicht davon die Rede sein, dass Gott ein „gambler"[29] ist, der in einem willkürlichen Akt die Geschöpfe mit Freiheit beschenkt, um dann in einer rein beobachtenden Art und Weise zuzusehen, wie diese Geschöpfe wohl mit dieser Freiheit umgehen. Diese Auffassung würde in der Tat ein sehr zweifelhaftes Gottesbild voraussetzen, dass ja gerade die menschliche „Würde ihrer Zustimmungsfähigkeit"[30] übergehen und missachten würde. Ein „gambler" ist Gott, wie es Sanders vorgeworfen wurde, schon deshalb nicht, weil es nach allem bisher Gesagten kein purer *Zufall* ist, was die Gnade Gottes zustande kommen lässt. Der Vorwurf eines „zockenden Gottes" im Open Theism kann allerdings leicht als verstärkt und bestätigt betrachtet werden, wenn man festhält, dass die Gnade Gottes nach Pröppers Denken nicht unfehlbar zustande kommt. Denn wie gesehen ist ihm gemäß sowohl die Freiheit des Menschen als auch die freie Gnade Gottes vonnöten. Eine Zugabe an die *Kritiker* des OT ist dies darum nur scheinbar: Denn nach Pröpper ist die Freiheit als Wesenskonstitution des Menschen die einzige Möglichkeit auch für einen allmächtigen Gott, die Liebe des Menschen zu gewinnen, warum er sich zur Achtung der Freiheit verpflichten „muss": Die Würde der Zustimmungsfähigkeit zur göttlichen Liebe stellt damit auch hier den hermeneutischen Schlüssel zum rechten Verständnis geschöpflicher und göttlicher Freiheit bereit. Noch einmal anders formuliert: Wenn man aus der Perspektive Pröpperschen Denkens auf den Einwand antworten will, den die Kritiker des OT mit ihrem Vorwurf des „zockenden" Gottes vorbringen, so muss zwar zugegeben werden, dass die Gnade nicht unfehlbar zustande kommt, Gott sich aber *freiwillig* zu diesem Umstand entschieden hat. Gerade auf dieser Grundlage hat er die Anlage des Menschen zur Empfänglichkeit für ihn geschaffen, damit die Freiheit der Gnade *als freie Gnade* angenommen werden kann. Unter dieser Voraussetzung kann aber nicht mehr von einem Gott als „gambler" geredet werden, da er sich geradezu dazu verpflichten „musste", die

---

29 Vgl. SANDERS: The God Who Risks, 174.
30 TA, 490.

Gnade aufgrund ihrer seinsollenden Freiheit wirklich als solche beim Menschen ankommen zu lassen. Die Freiheit der Gnade musste Gott dazu veranlassen, sie in einer offenen Geschichte und darum nicht unfehlbar wirksam werden zu lassen, was sich aber von einer *„Willkür der Gnade"* unterscheidet und damit einer polemischen Rede vom zockenden Gott die Berechtigung nimmt.

V.4.4 Zur Möglichkeit eines weiteren Diskurses und zur Neubewertung des OT

Die Untersuchungsergebnisse der Vermittlungsarbeit in der vorliegenden Studie können als Initialzündung für einen noch nicht stattfindenden wissenschaftlichen Dialog zwischen OT und TA, bzw. Pröpperschule dienen. Einer der hierfür besonders einschlägigen Aspekte wird der von beiden Seiten vorausgesetzte Freiheitsbegriff sein. Der von Pröpper vertretene Freiheitsbegriff wies ein hohes Maß an Ähnlichkeit mit dem Libertarismus auf, bedenkt man etwa nur die Möglichkeit zu Alternativen, seine ethische Trag- und Belastbarkeit sowie nicht zuletzt die in beiden Begriffen enthaltene Charakterisierung der *Unbedingtheit.*[31]

Die vorliegende Studie hat versucht, einige Anknüpfungspunkte für einen Dialog zwischen der englisch- und der deutschsprachigen systematischen Theologie aufzuzeigen. Die wichtige Unterscheidung zwischen philosophischer und theologischer Reflexion sollte bei der Identifikation von Kongruenzen bleibend bedacht werden. Wie gut sich ein Gespräch zweier Denkformen ausnimmt, muss noch nichts darüber aussagen, dass eine dieser Denkformen für sich genommen auch schon ertragreich ist.[32] Eine entsprechende „nüchterne Offenheit", die dem Freiheitsdenken ohnehin zu eigen ist[33], sollte dann auch in den Diensten guter und verantworteter wissenschaftlicher Praxis stehen. Nicht nur dadurch, dass sich die konkreten theologischen Inhalte des OT mit dem Denken Pröppers ins Gespräch bringen lassen, sondern grundsätzlicher noch, dass der OT sich dadurch insgesamt auch als kompatibel mit dem Freiheitsdenken erweist, kann er weitere Beachtung im internationalen theologischen Diskurs gewinnen. Denn durch die Vermittlungsarbeit aufgewiesene Verwandtschaft im Denken mit einem schulbildenden Theologen wie Pröpper, der dem deutschsprachigen und

---

31 Bei Pröpper ist dies leicht ersichtlich am Begriff der formal unbedingten Freiheit, beim OT u. a. anhand des Anderskönnens unter identischen Voraussetzungen.

32 Gerade Pröpper hat die Autonomie und das Denken der Philosophie gewürdigt und seine Relevanz für die Theologie stark zu machen versucht. Jedoch zeigt es einen anderen Aspekt, den Pröpper in diesem Zusammenhang auch betont hat, mit umso größerer Deutlichkeit: Dass man als Theologe gerade auch im philosophischen Denken Stellung beziehen muss und die Ergebnisse unmittelbare Folgen für das theologische Nachdenken besitzen.

33 vgl. TA, 493 f.

damit weltweit führendem Segment systematischer Theologie zugehört, kann sich der OT auf eine stützende Kraft für seine Ansichten berufen.

Der Durchgang durch die Transzendentallogik hat dafür sensibilisiert, die Freiheit des Anderen als unbedingt zu achtende zu verstehen, sodass plausibel wird, warum auch Gott diese „Logik" anerkennen müsse, insofern ja diese Freiheit aufs Engste mit dem Geschehen der Liebe verknüpft ist. Von hier aus wird dann auch der Gedanke gangbar, dass Gott sich *in seiner Allmacht* frei zur Achtung menschlicher Freiheit entschieden hat und aufgrund dieses transzendentallogischen Erweises auch der Vorwurf seine argumentative Stärke verliert, dass der OT Gott limitieren bzw. seine Allmacht beschneiden oder illegitimerweise umdeuten würde.

Während sich resümieren lässt, dass die Aussagen des OT sich unter theologisch-anthropologischen Voraussetzungen bei Pröpper gut in Deckung bringen lassen, hat die synoptische Betrachtung beider Denkarten auch gezeigt, dass das Denken Pröppers sich als explikativ für den OT bzw. für bestimmte zentrale Aussagen erwiesen hat. Gilt aber, dass im Christentum an einen Gott der Liebe geglaubt wird, wird man ebenso wenig leugnen können, dass Liebe und Freiheit Begriffe sind, die zumindest einseitig voneinander abhängig sind: Ohne Freiheit keine Liebe, Liebe ohne Freiheit kann per definitionem keine Liebe sein, da sie die Möglichkeit nicht mehr zu denken vermag, dass beide Partner sich in Freiheit für diese Liebe *entschieden* haben. Die Tatsache, dass im Falle des Christentums Gott ein Partner dieser Beziehung ist, ändert daran nichts: Was unter den Geschöpfen gilt, muss sogar dann erst recht für Gott gelten, da dieser ja als Urheber der Beziehung gilt insofern, als er als der Schöpfer und gleichermaßen stets als beziehungswillig gilt.[34] Für die Theologie als Wissenschaft kann dieser Befund die aussichtsreiche Folge haben, dass der *Open Theism weiter mit der deutschsprachigen Theologie vermittelt wird* und der Beziehungsgedanke zwischen Gott und Mensch neues Forschungsinteresse findet.

Wenn bestimmte Aussagen des OT prinzipiell mit dem Denken Pröppers (bzw. mit seiner Anthropologie) kompatibel sind, kann die (deutschsprachige) Theologie sich umso weniger der Beschäftigung mit dem OT verweigern, je größer die Bezogenheit beider Konzeptionen gedacht werden kann, genauer: Wenn ausgewiesen werden kann, dass die Aussagen Pröppers mit der Konzeption des OT nicht nur kompatibel sind, sondern sich als anthropologischer Unterbau dieser Konzeption ausweisen lassen, desto berechtigter und auch gebotener ist die Ernstnahme des OT als theologische Richtung und, in Konsequenz, eine Revision des traditionellen Gottesbildes zumindest in der Form, in der der OT es als Abgrenzungsfolie zeichnet.

---

34 Vgl. SATTLER, Dorothea: Verstrickungen im Lebenslauf und Erlösung in Christus Jesus, in: Nach Gott im Leben Fragen. Ökumenische Einführung in das Christentum, Gütersloh 2004, 191–217, 198.

Ließe sich die Kompatibilität des Pröpperschen Denkens mit dem OT zudem so aufzeigen, dass sie den Beziehungsgedanken zwischen Gott und Mensch und damit die Aussagen „Gott ist die Liebe" oder „Deus vult condiligentes" widerspruchsfreier oder mindestens ebenso kohärent wie der ihr gegenüber stehende klassische Theismus zu denken vermag, desto ernst zu nehmender wird die Konzeption des OT. Hier wird man natürlich einwenden können, dass das Pröppersche Denken natürlich prinzipiell nicht dem klassischen Theismus in jeglicher Hinsicht widerspreche. Es verdient derjenige Aspekt besondere Beachtung, der bei Pröpper insgesamt Leitgedanke seines anthropologischen Denkens ist: die Beziehung zwischen Gott und Mensch. Je konsistenter diese gedacht werden kann und sich als stimmig mit ihren Aussagen über Gott erweist, desto mehr Überzeugungskraft darf sie m. E. beanspruchen. Denn es genügt nicht, Aussagen über Gott in Übereinstimmung mit einer noch so überzeugenden Metaphysik zu machen, ohne auch anthropologische Überlegungen ins Kalkül zu ziehen. Die Ergebnisse der vorliegenden Studie dürften deutlich gemacht haben, dass philosophische Erkenntnisse wie die der Metaphysik zweifelsohne ihre Berechtigung besitzen, was sich bereits aus ihrer Funktion als Hauptbezugsdisziplin der Theologie erschließt. Dies impliziert jedoch auch anthropologische Einsichten, insofern diese ja ihrerseits ebenfalls aus philosophischer Perspektive aus erlangt werden können. Von der Frage, wie in einem Konflikt mehrerer divergierender philosophischen Ansichten zu entscheiden ist, ist dies grundsätzlich unberührt.

Eine weitere zentrale Einsicht wie auch ein Verweis auf weitere Forschungsarbeit stellt die Verhältnisbestimmung der erreichten Ansichten dar. Wenn dargelegt werden konnte, dass etwa der vom OT vertretene Aspekt der Treue Gottes mit der Modifikation des Allmachtsbegriffs in engem Zusammenhang steht – Gott hat sich in seiner Allmacht als treu gegenüber seiner Zusage erwiesen, indem er die menschliche Freiheit achtete – dann kann dies für den OT zwar dahingehend von Nutzen sein, dass die Aufklärung über den inneren Zusammenhang beider Größen ihm auf dem Weg zu einer *eigenen Gotteslehre* sicherlich zuträglich ist. Trotzdem gibt es noch weitere Paradigmen[35], deren Relation noch weiterer Forschung bedarf. Zudem kann der Abschnitt über die Konvergenzen des OT mit Pröpper im Hinblick auf die Aspekte der Gotteslehre als Untermauerung dafür stark gemacht werden, dass die Offenen Theisten in der Tat nicht intendierten, bloße Eigenschaften Gottes schroff abzulehnen oder zu leugnen, sondern in dieser Hinsicht eine Akzentverschiebung, eine Plausibilisierung oder Korrektur vorzunehmen.[36]

Der OT betrachtet wie gesehen das antike philosophische Denken, insbesondere in seinen Ausprägungen bei Platon und Aristoteles, zumeist als hinderlich

---

35 Vgl. die Ausführungen zu den offengebliebenen Fragen.
36 Vgl. Rice: The Future of Open Theism, 3.

für die Explikation christlicher Wahrheiten. Relativieren sollten die Offenen Theisten eine entsprechende Kritik aber dort, wo sie meinen, dass *exklusiv ihnen* die Rolle eines Vorreiters in der Theologie zukommt, der diesen Widerspruch vermeintlich zuerst wahrgenommen und Konsequenzen gezogen hätte. Denn gerade der Durchgang durch die Theologische Anthropologie Thomas Pröppers hat ja sehr deutlich gemacht, dass auch in der deutschsprachigen Theologie die im Hintergrund stehenden Probleme und Aporien mit der philosophischen Antike aufmerksam wahrgenommen wurden. Unzulässig wäre es indes, aus der hieraus entstehenden Unstimmigkeit in einer unkritisch-naiven Art Anlässe zu sehen, das antike philosophische Milieu unreflektiert zu ignorieren, um eine möglichst „chemisch reine" Scheidung von eben diesen Einflüssen vorzunehmen.[37] Denn eine Kritik, so berechtigt sie sein kann, sagt noch nichts über die Plausibilität der eigenen Position aus, die ihr gegenübergestellt wird. Vielmehr sollte ein Vorbehalt gelten, wenn es sich bei diesem Modell um eine neue theologische Richtung handelt, die einerseits gültige Elemente der Tradition aufnehmen will, andererseits aber neue Akzente setzen will.

Der OT hat auch pastoraltheologische Anfragen eines traditionellen Gottes-bildes zum Anlass für sich genommen, über in diesem Kontext problematische Aspekte (etwa die Schwierigkeit, einen unbewegten Beweger als Adressat des Bittgebets zu denken) neu nachzudenken. Diese können zwar einen Anlass dafür sein, theologische Wahrheiten zu hinterfragen. Die in diesem Kontext aber hintergründig wirksame Frage ist aber, ob theologische Wahrheiten schon dann infrage gestellt werden dürfen, wenn sie dem Denken Unbequemlichkeiten zumuten. Die Wahrheit, mit der sich das Christentum beschenkt versteht, darf aber nicht zugunsten einer möglichst adäquaten Beschreibung Gottes für den Menschen beliebig weichen oder angepasst werden. Vielmehr scheint es auch zum Christsein dazuzugehören, Spannungen im Denken zumindest teilweise auszuhalten. Auf diese Weise kann m. E. die Versuchung entstehen, theologi-sche Wahrheiten gegeneinander auszuspielen, in diesem Fall etwa ein pastoral-theologisch und für die Seelsorge griffiges, leicht zugängliches Gottesbild *gegen* das eines zwar sicherlich vom antik-griechischen Denken geprägten, aber im christlichen Denken fest verwurzelten. Wird also die oben genannte Differenz ignoriert oder aufgeweicht, ist im Extremfall die Gefahr der Projektion gegeben:

---

37 Diese Ambivalenz kann man anerkennen, wenn man sie analog zu den Begriffen der *Inkulturation* und *Exkulturation* beschreibt, die ein wechselseitiges Beeinflussen beider Größen annehmen und darum dabei helfen können, die oben genannten Gefahren zu unterlaufen, indem sie etwa nur eine einseitige Prägung der jeweiligen Relata anneh-men, vgl. im historischen Kontext hierzu: Fürst, Alfons: Das frühe Christentum im antiken Mittelmeerraum, in: Bischof, Franz Xaver / Bremer, Thomas / Collet, Gi-ancarlo / Fürst, Alfons (Hgg.): Geschichte des Christentums, Freiburg i. Br. u. a. 2014, (durchgesehener Nachdruck der Ausgabe 2012), 41 – 61, 44 f.

Gott ist nicht mehr Gott, sondern der Gott, den der Mensch braucht und den er *darum* anbetet. Gott ist dann nicht mehr der geheimnisvolle, das menschliche Denken übersteigende Wesen, sondern in dessen Kategorien womöglich nur das dem Menschen gemäße höchste Wesen, was aber den Anselmschen Grundsatz des IQM ignoriert, dass Gott letztlich auch größer als das Denken ist.

De facto macht der OT bestimmte dogmatische Themen explizit zum Thema seines Nachdenkens und scheut damit den kritischen Diskurs nicht. In ihm wird deutlich, dass die Wahl zum Gottesbild unmittelbare Konsequenzen für Anschlussthemen hat. Umgekehrt werden Positionen in der Gotteslehre durch anthropologische Vorannahmen (mit)bestimmt. Die Tatsache aber, dass das Denken Pröppers bereits als mindestens kompatibel mit dem Gott des OT gedacht werden kann, wird für dessen Rezeption ohne Zweifel von Vorteil sein und dazu beitragen können, ein undifferenziertes und vorschnelles Urteil über den OT zu vermeiden. Besonders stark fällt ins Gewicht, dass Pröpper zufolge die synthetisch gewonnenen Einsichten der Dogmatik mit einer philosophisch plausiblen Anthropologie vereinbar sein müssen und diese ihr keinesfalls widersprechen dürfen. Man wird dafür plädieren können, dass dies für zentrale Inhalte im Rahmen dieser Arbeit ausgewiesen werden konnte, auch wenn natürlich der OT nicht die einzige denkerische Richtung ist, auf die dies zutrifft. Dass zumindest an bestimmten Punkten eine Abkehr von der traditionellen griechischen Metaphysik und den mit ihr verbundenen gewinnbaren theologischen Aussagen gut legitimiert zu sein scheint, hat ja gerade auch Pröpper besonders beim Gnadenstreit und der Offenbarungstheologie aufgezeigt. Da auch der OT diese Ansicht teilt, liegt in dieser Übereinstimmung der Kritik für ihn eine Möglichkeit zur Möglichkeit: Es besteht die Aussicht, dasjenige, was nach dem Ende der TA1 als Minimalbestimmung erscheint, für den OT weiter fruchtbar zu machen, sein Gottesbild mit dieser vorläufigen Begriffsbestimmung zu synthetisieren.

Hiervon zu unterscheiden ist die Frage, wie sich etwa die TA2 zu den Erkenntnissen verhält, die sich durch die Bezugnahme der TA1 auf den OT ergaben: Wenn die Erschließungskraft der Pröpperschen Anthropologie bzw. des Freiheitsdenkens für die geltende katholische Dogmatik konstatiert ist, stellt sich die Frage, was dies im Hinblick auf die Ergebnisse der vorliegenden Studie bedeutet: Wenn Pröpper auch für den OT eine Erschließungskraft aufweist, kann man einen erneuten Versuch unternehmen, den OT und die katholische Dogmatik einander gegenüberzustellen. Das tertium comparationis wäre dann die Vereinbarkeit bzw. Kompatibilität mit den Inhalten der TA2. Im Rahmen eines solchen Vergleichs wäre dann m.E. eine Metaebene bzw. Kriteriologie einzuführen, die verdeutlicht, nach welchen Prioritäten dieser Vergleich vorgenommen wird. Sicherlich richtig wäre es, im Lichte der TA die generelle und gesamte Kohärenz der Position im Blick zu behalten, bzw. dasjenige, was sich durch diese Perspektivierung ändert bzw. plausibler oder weniger plausibel erscheint. In diesem Zusammenhang wird dann auch die Frage virulent, inwiefern unter dieser Voraussetzung erneut eine eventuelle Modifizierung bestimmter Gotteseigenschaften erfolgen kann.

Innerhalb des Darstellungsteils hat die Orientierung an der menschlichen Freiheit, bzw. die Betrachtung unter dieser Prämisse das Phänomen des OT und seiner Ansichten als ähnlich einem Panoptikum zu denken erlaubt, welches ja ganz im Sinne des Zitats „freedom as a kind of grid"[38] die Freiheit als den (ge-danklichen) Aussichts- oder Ausgangspunkt der Konzeption zu denken vermag. Anders gewendet: Gerade mit der Freiheit als hermeneutischem Prinzip lässt sich der OT samt seiner Ansichten als eine freiheitliche Konzeption in Form eines Panoptikums erst in *vollem Ausmaß* verstehen, denn das zuvor genannte Zitat von Frame suggeriert nur eine negativ-korrigierende Funktion der Frei-heit, nicht aber auch eine positiv-heuristische, wie es aber nach Behandlung des Pröpperschen Denkens klar sein sollte. Das Bild des Panoptikums ist dazu in der Lage, sämtliche Aspekte des OT „denkerisch neutral" erreichen zu können, da es nicht so sehr auf eine positive oder negative Engführung abzielt.

V.4.5 Schlusswort

Ruft man sich die Ausgangsfrage der vorliegenden Arbeit in Erinnerung, darf resümiert werden, dass das Denken von Thomas Pröpper sich insgesamt als äu-ßerst hilfreich und ertragreich für die Position des OT erwiesen hat. Dabei ließ sich zunächst der zugrunde gelegte *Ansatz* der Theologischen Anthropologie als aussichtsreich aufweisen: Der erste Teilband, der vor allem als *philosophisch-fundamentaltheologische* Fundierung des Pröpperschen Denkens fungierte, konnte dem OT in der Frage nach den Bedingungen der Gottesbeziehung Antwortmöglichkeiten aufzeigen. Zentrale Einsichten Pröppers – zusammen-gefasst mit dem Begriff der *Ansprechbarkeit* des Menschen – hinsichtlich der Beziehung zwischen Gott und Mensch zeigten ihre Relevanz für den OT gerade vor dem Hintergrund, dass dieser seine These der gewollten Beziehung erst noch philosophisch-anthropologisch einlösen muss. Zudem sollte die Bedeutung der beiden Aufweise der TA für den OT deutlich gemacht werden.

Bei der Behandlung des zweiten Teilbandes zeigte sich dann, dass bestimmte Aspekte der Gottesbeziehung des Menschen selbst als „bestätigende Testfälle" im Sinne des Open Theism galten: Auch der Pröppersche Gott ist etwa in gnaden-theologischer Betrachtung ein „Risk-Taker". In dieser Hinsicht verhielt es sich dann eher so, dass die Aussagen des OT schon dasjenige vorzeichneten, was die TA nur als denkerische Möglichkeit aufzeigte und daher besonders behutsam

---

38 FRAME: No Other God, 119.

argumentierte: Dass man vor dem Hintergrund einer unbedingten und alternativenoffenen Freiheit in der Tat die Unfehlbarkeit der Gnade sowie eine gewisse Hinsicht eschatologischer Freiheit des Menschen preisgeben müsse, sollte im entsprechenden Kapitel der Studie aufgezeigt werden. Damit ist lediglich ausgesagt, dass eine *Gewissheit*, ein „verfügbares" Geschehen nicht mehr aufrecht erhalten werden kann – während die Möglichkeit, auf den eschatologisch positiven Ausgang der zugrundeliegenden freiheitlichen Entscheidungen weiterhin mit guten Gründen gehofft werden darf.

So löblich und intellektuell redlich es ist, dass der OT überhaupt einen Freiheitsbegriff bzw. eine durch sie ermöglichte Beziehung zu Gott zum Zentrum seines Denkens macht, so gewinnbringend kann trotzdem noch ein Gespräch mit dem Denken von Thomas Pröpper sein: Der OT geht davon aus, mit der bloßen Sicherstellung der möglichen Ablehnung der Gottesbeziehung (negativ formuliert), bzw. mit der Freiwilligkeit ihrer Bejahung (positiv formuliert) libertarische Freiheit hinreichend als systematisches Fundament ihrer Position in Anschlag gebracht zu haben. Der OT wäre angreifbar insofern, als er entweder nur als Abgrenzung etwa zum kompatibilistischen Freiheitsbegriff gewählt wurde, um so die mit ihm einhergehenden Probleme zu vermeiden, was aber die Entscheidung zum Libertarismus nur als „ex negativo" getroffen erscheinen lässt. Auch wenn sein Lösungspotenzial in bestimmten Hinsichten ersichtlich ist und darum ein gutes Argument für die Wahl zum Leitgedanken der eigenen Position darstellt, stellt ein *philosophischer,* sozusagen *vor-theologischer* Gang im Dienste der Begründung seiner Wahl ein offenes Desiderat im OT dar. So erklärt sich dann auch, warum der OT zumindest in dieser Hinsicht einem circulus vitiosus verfallen kann: Denn er setzt die Existenz Gottes bereits voraus, was geradezu schon als Indiz für die womöglich nicht ausreichende Beachtung philosophischen Denkens (besonders der Neuzeit) bewertet werden darf, war sie es doch, die den Gottesgedanken bzw. die menschliche Beziehung zu ihm als gültige Voraussetzung modernen Denkens in ihrem Kern in Frage stellte – was Pröpper gerade in seiner TA aufgezeigt hatte.

Dem OT könnte also vorgeworfen werden, dass er „rückwärtsgewandt" ein philosophisches Konzept als Basis für seine Aussagen vermissen lässt, während er andererseits „vorwärtsgewandt" durchaus zutreffende theologische Schlüsse aus der vorausgesetzten libertarischen Freiheit zieht. So hat die Zusammenschau beider Größen auf geradezu bezeichnende Weise gezeigt, dass es sich bei inhaltlichen Konvergenzen häufig genau um solche handelt, die sowohl vom OT als auch von Pröpper selbst schon angesprochen werden, *ohne* dass es zuvor einen Bezug zwischen beiden gegeben hat. Dies kann m. E. durchaus als Indiz dafür gewertet werden, dass ein starker Begriff von Freiheit Wege theologischer Begriffsbildung vorzeichnet.

Nichtsdestoweniger scheint aber bei der Diskussion um die Freiheitsbegriffe des OT und der TA als richtungsangebender Ausgangspunkt der jeweiligen

Konzeption auch eine geeignete Stelle vorzuliegen, um einen Rückbezug zum *Titel* der vorliegenden Studie herzustellen: Als theologische Grammatik, theologische Basiskategorie oder auch *Ureigenes der Theologie* ist die Freiheit vor allem ein Prinzip, das die *Vorzeichen des Theologietreibens* anzugeben vermag. Dies tut sie, indem sie das theologische Fragen leitet und als regelgebendes Prinzip fungiert, dessen Gebrauch und Anwendung in seiner konkreten Erscheinung nicht einfach beliebig ist, sondern dem auch vor allem eine Folgerichtigkeit inhärent ist, die sich womöglich auch im Ergebnis der angestellten Überlegungen anders ausnehmen kann, als eingangs vermutet wurde und daher mitunter auch zu unbefriedigenden Erträgen führen kann. Als ein zentraler Aspekt hat sich gezeigt, dass einmal von Gott gewährte Freiheit nicht willkürlich und vorschnell wieder revidiert werden darf. Die vorliegende Studie hat versucht aufzuzeigen, dass dieser Aspekt in gewisser Hinsicht auch für die theologische Wissenschaft gilt: Wird das Freiheitsdenken erst einmal zugrunde gelegt, um neue Erkenntnisse zu generieren, darf seine Gültigkeit nicht schon dann revoziert werden, wenn die (wissenschaftlichen) Folgen unbequem oder ungewohnt sind.

Wenn zudem gilt, dass das anthropologische Denken von Thomas Pröpper sich als geeignet erwiesen hat für die Ansichten des OT, kann die vorliegende Studie auch ein Plädoyer für eine internationale Forschungsarbeit sein: die deutschsprachige systematische Theologie würde dann nämlich im Denken von Thomas Pröpper Kategorien für den OT bereitstellen, die für dessen Explikation grundsätzlich geeignet sind.

> *„Eine Theologie, die sich auf das Freiheitsdenken einläßt, ist bei ihrer ureigenen Sache. Wenn nämlich (...) das Grunddatum des christlichen Glaubens und mit ihm die Grundwahrheit christlicher Theologie darin zu erkennen ist, daß Gott in der Geschichte Jesu seine unbedingt für die Menschen entschiedene Liebe erwiesen und in ihr sich selbst geoffenbart hat, dann ist dies, soll das Wort Liebe nicht unverstanden bleiben oder mit beliebigen Inhalten aufgefüllt werden, in Kategorien der Freiheit zu explizieren.“*[39]

Dieses Diktum kann sowohl für den Open Theism als auch für die Theologische Anthropologie von Thomas Pröpper je für sich genommen Geltung beanspruchen. Seine volle Geltung erlangt es nach Ansicht des Verfassers erst, wenn das Freiheitsdenken auch als identifizierendes, korrigierendes, stützendes, explizierendes, falsifizierendes und generell als eine Art *regelgebendes, inneres Prinzip theologischen Denkens* ausgewiesen werden kann. Dass der Versuch einer Zusammenschau zwischen OT und TA als besonders geeignetes Beispiel hierfür dienen kann, hat die vorliegende Studie aufzuzeigen versucht.

---

39 TA, 494.

VI. LITERATURVERZEICHNIS

Die Abkürzungen biblischer Bücher richtet sich nach den *Loccumer Richtlinien*. [Deutsche Bischöfe u. a. (Hgg.): Ökumenisches Verzeichnis der biblischen Eigennamen nach den Loccumer Richtlinien, in: Ökumenische Rundschau 22 (1973)]. Bibelzitate sind der Einheitsübersetzung (revidierte Fassung 2016) entnommen, Übersetzungen aus dem Lateinischen sind, sofern nicht aus dem jeweiligen Werk übernommen, vom Verfasser selbst vorgenommen worden.

Patristische und mittelalterliche Quellen

ANSELM VON CANTERBURY: Proslogion. Untersuchungen, lateinisch-deutsch, übersetzt von SCHMITT, Franciscus Salesius (Hg.), Stuttgart ²1984.

AUGUSTINUS: Bekenntnisse/Confessiones, lateinisch-deutsch, übersetzt von THIMME, Wilhelm; mit einer Einführung von FISCHER, Norbert, Düsseldorf/Zürich 2004.

BÁÑEZ, Domingo: Tractatus de vera et legitima concordia liberi arbitrii creati cum auxiliis gratiae Dei efficaciter moventis humanem voluntatem, in: BÁÑEZ, Domingo: Comentarios inéditos a la prima secundae de Santo Tomás. Tomo III: De gratia Dei (qq. 109–114), DE HEREDIA, Vicente Beltrán (Hg.), Salamanca 1948.

BOETHIUS: Trost der Philosophie/Consolatio philosophiae, lateinisch-deutsch, übersetzt von GIGON, Olof/GEGENSCHATZ, Ernst (Hgg.), Düsseldorf ⁶2002.

DUNS SCOTUS: Opera omnia, PERANTINO, Pacifico (Hg.), Band 10: Opus Oxoniense [Ordinatio], Civitas Vaticana 2007.

JOHANNES A SANCTO THOMA: Cursus Philosophicus Thomisticus: Naturalis philosophiae: IV. pars: De ente mobili animato, REISER, Beatus (Hg.), Taurini ²1948.

MOLINA, Luis de: liberi arbitrii cum gratiae donis, divina praescientia, providentia, praedestinatione et reprobatione concordia, RABENECK, Johannes (Hg.), Madrid 1953.

PICO DELLA MIRANDOLA, Giovanni: De dignitate hominis. Über die Würde des Menschen, lateinisch-deutsch, übersetzt von BAUMGARTEN, Norbert/BUCK, August (Hg.), Hamburg 1990.

RICHARD VON ST. VIKTOR: Über die Dreieinigkeit, aus dem Lateinischen übersetzt von BALTHASAR, Hans Urs von (Hg.), Einsiedeln 1980.

Thomas von Aquin: Summa Theologiae. Vollständige, ungekürzte deutsch-lateinische Ausgabe der Summa Theologica, übersetzt von Dominikanern und Benediktinern Deutschlands und Österreichs, Band 1: Gottes Dasein und Wesen, I: 1–13, Graz/Wien/Köln [3]1934.

Thomas von Aquin: Summa Theologiae. Vollständige, ungekürzte deutsch-lateinische Ausgabe der Summa Theologica, übersetzt von Dominikanern und Benediktinern Deutschlands und Österreichs, Dominikanerprovinz Teutonia e. V., (Hg.), Band 7: Erschaffung und Urzustand des Menschen, I: 90–102, München/Heidelberg 1941.

Internetquellen

http://www.alanrhoda.net/blog/2006/02/four-versions-of-open-theism.html [letzter Zugriff: 4.6.2023].

https://iep.utm.edu/o-theism [letzter Zugriff: 4.6.2023].

Kirchenamtliche Dokumente und Quellensammlungen

Hünermann, Peter/Denzinger, Heinrich (abgekürzt DH) (Hgg.), Enchiridion symbolorum definitionum et declarationum de rebus fidei et morum. Kompendium der Glaubensbekenntnisse und kirchlichen Lehrentscheidungen, Freiburg i. Br. [43]2010.

Sonstige Literatur

Auer, Johann: Das Evangelium der Gnade. Die neue Heilsordnung durch die Gnade Christi in seiner Kirche, Regensburg [3]1980.

Baab, Florian: „Freiheit", in: Dürnberger, Martin/Dockter, Cornelia/Langenfeld, Aaron (Hgg.): Theologische Grundbegriffe. Ein Handbuch, Paderborn 2021, 62 f.

Basinger, David: The Case for Freewill Theism. A Philosophical Assessment, Downers Grove 1996.

Benjamin, Walter: Gesammelte Schriften. Band I.2: Abhandlungen, Tiedemann, Rolf/Schweppenhäuser, Hermann (Hgg.), Frankfurt a. M. 1980.

Bernhardt, Reinhold: Was heißt „Handeln Gottes"? Eine Rekonstruktion der Lehre von der Vorsehung, Gütersloh 1999.

Boyd, Gregory: God of the Possible. A Biblical Introduction to the Open View of God, Grand Rapids 2000.

BOYD, Gregory: Is God to Blame? Beyond Pat Answers to the Problem of Suffering, Downers Grove 2003.

BOYD, Gregory: Satan and the Problem of Evil. Constructing a Trinitarian Warfare Theodicy, Downers Grove 2001.

BREUL, Martin / LANGENFELD, Aaron: Was ist Freiheit? Ein Versuch zur Klärung begrifflicher Missverständnisse, in: Theologie und Philosophie, 92 (2017), 346 – 370.

CAMUS, Albert: Die Pest, Bad Salzig 1949.

COBB, John B. Jr. / PINNOCK, Clark (Hgg.): Searching for an Adequate God: A Dialogue Between Process and Free Will Theists, Grand Rapids 2000.

DOSTOJEWSKI, Fjodor: Die Brüder Karamasoff. Roman in vier Teilen mit einem Epilog, Darmstadt 1968.

EKSTROM, Laura: God, Suffering, and the Value of Free Will, Oxford 2021.

ENXING, Julia / MÜLLER, Klaus (Hg.): Perfect changes. Die Religionsphilosophie Charles Hartshornes, Regensburg 2012.

ESSEN, Georg: Die Freiheit Jesu. Der neuchalkedonische Enhypostasiebegriff im Horizont neuzeitlicher Subjekt- und Personphilosophie, Regensburg 2001.

EWERSZUMRODE, Frank: Der Geist, der uns mit Gott verbindet: Ein Entwurf zur Verbindung von Pneumatologie und Soteriologie, Paderborn 2021.

FICHTE, Johann Gottlieb: Grundlage der gesamten Wissenschaftslehre als Handschrift für seine Zuhörer (1794), JACOBS, Wilhelm (Hg.), Hamburg ³1979.

FISCHER, John Martin: The Metaphysics of Free Will. An Essay on Control, Oxford 1994.

FRAME, John M.: No Other God. A Response to Open Theism, Phillipsburg 2001.

FRANKFURT, Harry: Alternate Possibilities and Moral Responsibility, in: The Journal of Philosophy, 66 (1969), 829 – 839.

FÜRST, Alfons: Das frühe Christentum im antiken Mittelmeerraum, in: BISCHOF, Franz Xaver / BREMER, Thomas / COLLET, Giancarlo / FÜRST, Alfons (Hgg.): Geschichte des Christentums, Freiburg i. Br. u. a. 2014 (durchgesehener Nachdruck der Ausgabe 2012), 41 – 61.

GEACH, Peter: Providence and Evil, Cambridge 1977.

GESENIUS, Wilhelm: „ruach", „רוּחַ", in: Hebräisches und aramäisches Handwörterbuch über das Alte Testament, Berlin ¹⁸2013, 1225 – 1227.

GRESHAKE, Gisbert: Geschenkte Freiheit. Einführung in die Gnadenlehre, Freiburg i. Br. 1992.

GRÖSSL, Johannes: „Allmacht", in: DÜRNBERGER, Martin / DOCKTER, Cornelia / LANGENFELD, Aaron (Hgg.): Theologische Grundbegriffe. Ein Handbuch, Paderborn 2021, 18 f.

GRÖSSL, Johannes: Die Freiheit des Menschen als Risiko Gottes – Der Offene Theismus als Konzeption der Vereinbarkeit von göttlicher Allwissenheit und menschlicher Freiheit, Münster 2015.

GRÖSSL, Johannes: Gott als Liebe denken – Anliegen und Optionen des Offenen Theismus, in: Neue Zeitschrift für Systematische Theologie und Religionsphilosophie, 54 (2012), 469 – 488.

HARNACK, Adolf von: Die Entstehung der christlichen Theologie und des kirchlichen Dogmas, Gotha 1927.

HASKER, William: A Philosophical Perspective, in: PINNOCK, Clark / RICE, Richard / SANDERS, John / HASKER, William / BASINGER, David (Hgg.): The Openness of God. A Biblical Challenge to the Traditional Understanding of God, Downers Grove 1994, 126 – 154.

HASKER, William / SANDERS, John: Open Theism – Progress and Prospects, in: Theologische Literaturzeitung, 142 (2017), Sp. 859 – 872.

HEINRICHS, Johannes: Ideologie oder Freiheitslehre?, in: Theologie und Philosophie, 49 (1974), 395 – 436.

HENRICH, Dieter: Denken und Selbstsein. Vorlesungen über Subjektivität, Frankfurt a. M. 2007.

HENRICH, Dieter: Der Grund im Bewußtsein. Untersuchungen zu Hölderlins Denken (1794 – 1795), Stuttgart 1992.

JÜNGEL, Eberhard: Der Gott entsprechende Mensch. Bemerkungen zur Gottebenbildlichkeit des Menschen als Grundfigur theologischer Anthropologie, in: JÜNGEL, Eberhard: Entsprechungen: Gott – Wahrheit – Mensch, München 1980, 290 – 317.

KANE, Robert: The Significance of Free Will, New York / Oxford 1996.

KANE, Robert: The Intelligibility and Significance of a Traditional Libertarian Free Will in the Context of Modern Science and Secular Learning, in: STOSCH, Klaus von / WENDEL, Saskia / BREUL, Martin / LANGENFELD, Aaron (Hgg.): Streit um die Freiheit. Philosophische und theologische Perspektiven, Paderborn 2019, 5 – 21.

KANT, Immanuel: Werke, II. Kritik der reinen Vernunft, WEISCHEDEL, Wilhelm (Hg.), Darmstadt [8]2016.

KANT, Immanuel: Werke, IV. Grundlegung zur Metaphysik der Sitten. Schriften zur Ethik und Religionsphilosophie, WEISCHEDEL, Wilhelm (Hg.), Darmstadt [8]2016.

KANT, Immanuel: Werke, VI. Über Pädagogik. Schriften zur Anthropologie, Geschichtsphilosophie, Politik und Pädagogik, WEISCHEDEL, Wilhelm (Hg.), Darmstadt [8]2016.

KEIL, Geert: Besteht libertarische Freiheit darin, beste Gründe in den Wind zu schlagen?, in: STOSCH, Klaus von / WENDEL, Saskia / BREUL, Martin / LANGENFELD, Aaron (Hgg.): Streit um die Freiheit. Philosophische und theologische Perspektiven, Paderborn 2019, 23 – 39.

KEIL, Geert: Willensfreiheit, Berlin / Boston [3]2017.

KLEEBERG, Florian: Bleibend unversöhnt – universal erlöst? Eine Relecture von römisch-katholischen Konzepten zur Frage der Allversöhnung im Gespräch mit psychotraumatologischen Ansätzen, Münster 2016.

KREINER, Armin: Das wahre Antlitz Gottes – oder was wir meinen, wenn wir Gott sagen, Freiburg i. Br. 2006.

KREINER, Armin: Gott im Leid. zur Stichhaltigkeit der Theodizee-Argumente, Freiburg i. Br. 1997.

KRINGS, Hermann: System und Freiheit. Gesammelte Aufsätze, Freiburg i. Br. / München 1980.

KRINGS, Hermann: Transzendentale Logik, München 1964.

LANGENFELD, Aaron: Selbstmitteilung Gottes im Kontext theologischer Anthropologie, in: LERCH, Magnus / LANGENFELD, Aaron: Theologische Anthropologie, Paderborn 2018, 167 – 185.

LANGENFELD, Aaron: Zur Frage nach der Ansprechbarkeit des Menschen für Gott, in: LERCH, Magnus / LANGENFELD, Aaron: Theologische Anthropologie, Paderborn 2018, 145 – 166.

LERCH, Magnus: All-Einheit und Freiheit. Subjektphilosophische Klärungsversuche in der Monismus-Debatte zwischen Klaus Müller und Magnus Striet, Würzburg 2009.

LERCH, Magnus: Empfänglich für Gott? Der (mögliche) Gottesbezug des Menschen, in: LERCH, Magnus / LANGENFELD, Aaron: Theologische Anthropologie, Paderborn 2018, 73 – 91.

LERCH, Magnus: Freiheit des Menschen und Wirksamkeit der Gnade – Verbindung von transzendentaler und existenzieller Perspektive in gnadentheologischer Absicht, in: LERCH, Magnus / LANGENFELD, Aaron: Theologische Anthropologie, Paderborn 2018, 213 – 242.

LERCH, Magnus: Jesus Christus: Gegenwart Gottes und Erschließung wahren Menschseins?, in: LERCH, Magnus / LANGENFELD, Aaron: Theologische Anthropologie, Paderborn 2018, 108 – 123.

LERCH, Magnus: Selbstmitteilung Gottes. Herausforderungen einer freiheitstheoretischen Offenbarungstheologie, Regensburg 2015.

LERCH, Magnus: Täter und Opfer zugleich? Der Sünder zwischen Macht und Ohnmacht, in: LERCH, Magnus / LANGENFELD, Aaron: Theologische Anthropologie, Paderborn 2018, 92 – 107.

LERCH, Magnus: Wie kommt der Glaube zustande? Die Verhältnisbestimmung von Gnade und Freiheit, in: LERCH, Magnus / LANGENFELD, Aaron: Theologische Anthropologie, Paderborn 2018, 124 – 140.

LESSING, Gotthold Ephraim: Die Erziehung des Menschengeschlechts, Leipzig 1855.

MENKE, Karl-Heinz: Sünde und Gnade: dem Menschen innerlicher als dieser sich selbst?, in: BÖHNKE, Michael / BONGARDT, Michael / ESSEN, Georg / WER-

BICK, Jürgen (Hgg.): Freiheit Gottes und der Menschen. Festschrift für Thomas Pröpper, Regensburg 2006, 21–40.

MOLTMANN, Jürgen: Gott in der Schöpfung. Ökologische Schöpfungslehre, München ²1985.

MÜLLER, Gerhard Ludwig: Katholische Dogmatik, Freiburg i. Br. ¹⁰2016.

MÜLLER, Klaus: Glauben – Fragen – Denken, Band 1: Basisthemen in der Begegnung von Philosophie und Theologie, Münster ²2012.

MÜLLER, Klaus: Glauben – Fragen – Denken, Band 2: Weisen der Weltbeziehung, Münster 2008.

MÜLLER, Klaus: Glauben – Fragen – Denken, Band 3: Selbstbeziehung und Gottesfrage, Münster 2010.

MÜLLER, Klaus: Gottes Dasein denken. Eine philosophische Gotteslehre für heute, Regensburg 2001.

MÜLLER, Klaus: Rez. zu GRÖSSL, Johannes: Die Freiheit des Menschen als Risiko Gottes. Der offene Theismus als Konzeption der Vereinbarkeit von menschlicher Freiheit und göttlicher Allwissenheit. Münster 2015, in: Theologische Literaturzeitung, 141 (2016), Sp. 677–679.

NIETZSCHE, Friedrich: Werke. Kritische Gesamtausgabe, COLLI, Giorgio / MONTINARI, Mazzino (Hgg), Abteilung 5, Band 2: Idyllen aus Messina, Berlin 1973, Die fröhliche Wissenschaft, Viertes Buch.

NIETZSCHE, Friedrich: Werke. Kritische Gesamtausgabe, COLLI, Giorgio / MONTINARI, Mazzino (Hgg), Abteilung 6, Band 2: Jenseits von Gut und Böse, Berlin 1968, Jenseits von Gut und Böse, Drittes Hauptstück, das religiöse Wesen.

NITSCHE, Bernhard: Christologie, Paderborn 2012.

NITSCHE, Bernhard: Endlichkeit und Freiheit. Studien zu einer transzendentalen Theologie im Kontext der Spätmoderne, Würzburg 2003.

NITSCHE, Bernhard: Eschatologie als dramatische Nach-Geschichte?, in: NITSCHE, Bernhard (Hg.): Von der Communio zur kommunikativen Theologie. Bernd-Jochen Hilberath zum 60. Geburtstag, Berlin 2008, 99–109.

NITSCHE, Bernhard: Ewigkeit und Raum-Zeit. Transzendentale Orientierungsversuche, in: SCHÄRTL-TRENDEL, Thomas / GÖCKE, Benedikt Paul (Hgg.), Freiheit ohne Wirklichkeit? Anfragen an eine Denkform, Münster 2020, 291–326.

NITSCHE, Bernhard: Zeit und Ewigkeit: Vorläufige Bemerkungen zur Unveränderlichkeit Gottes angesichts der menschlichen Freiheitsgeschichte, in: RUHSTORFER, Karlheinz (Hg.), „Unwandelbar?" Ein umstrittenes Gottesprädikat in der Diskussion (Beihefte zur Ökumenischen Rundschau), Leipzig 2016, 142–174.

OEING-HANHOFF, Ludger: Metaphysik und Freiheit. Ausgewählte Abhandlungen, KOBUSCH, Theo / JAESCHKE, Walter (Hgg.), München 1988.

OORD, Thomas Jay: The Uncontrolling Love of God: An Open and Relational Account of Providence, Downers Grove 2015.

PANNENBERG, Wolfhart: Grundzüge der Christologie, Gütersloh ⁴1972.

PEREBOOM, Derek: Theological Determinism and the Relationship with God, in: McCANN, Hugh (Hg.): Free Will and Classical Theism. The Significance of Freedom in Perfect Being Theology, New York 2017, 201–219.

PESCH, Otto Hermann: Das Konzil von Trient und die Folgen, in: PESCH, Otto Hermann/PETERS, Albrecht: Einführung in die Lehre von Gnade und Rechtfertigung, Darmstadt 1981, 169–221.

PESCH, Otto Hermann: Katholische Dogmatik aus ökumenischer Erfahrung, Band 1: Die Geschichte der Menschen mit Gott, Ostfildern 2008.

PINNOCK, Clark: Most Moved Mover. A Theology of God's Openness, Carlisle 2001.

PINNOCK, Clark: Systematic Theology, in: PINNOCK, Clark/RICE, Richard/SANDERS, John/HASKER, William/BASINGER, David (Hgg.): The Openness of God. A Biblical Challenge to the Traditional Understanding of God, Downers Grove 1994, 101–125.

PRÖPPER, Thomas: Erlösungsglaube und Freiheitsgeschichte. Eine Skizze zur Soteriologie, München ²1988.

PRÖPPER, Thomas: Gott hat auf uns gehofft. Theologische Folgen des Freiheitsparadigmas, in: PRÖPPER, Thomas: Evangelium und freie Vernunft. Konturen einer theologischen Hermeneutik, Freiburg i. Br. 2001, 300–321.

PRÖPPER, Thomas: Theologische Anthropologie, Band 1 und 2, Freiburg i. Br. 2011 (beide Bände als Sonderausgabe 2015 seitenidentisch erschienen).

RAHNER, Karl: „Theologische Anthropologie", in: Sämtliche Werke, Band 17/1: Enzyklopädische Theologie, LEHMANN, Karl/METZ, Johann Baptist/RAFFELT, Albert/VORGRIMLER, Herbert/BATLOGG, Andreas R. (Hgg.), Freiburg i. Br. 2002, 120–129.

RAHNER, Karl: Bemerkungen zum dogmatischen Traktat „De Trinitate", in: Sämtliche Werke, Band 22/1b: Dogmatik nach dem Konzil, LEHMANN, Karl/METZ, Johann Baptist/RAFFELT, Albert/VORGRIMLER, Herbert/BATLOGG, Andreas R. (Hgg.), Freiburg i. Br. 2013, 512–568.

RAHNER, Karl: Theologie und Anthropologie, in: Sämtliche Werke, Band 22/1a: Dogmatik nach dem Konzil, LEHMANN, Karl/METZ, Johann Baptist/RAFFELT, Albert/VORGRIMLER, Herbert/BATLOGG, Andreas R. (Hgg.), Freiburg i. Br. 2013, 283–300.

RHODA, Alan: Generic Open Theism and Some Varieties Thereof, in: Religious Studies, 44 (2008), 225–234.

RHODA, Alan: The Fivefold Openness of The Future, in: HASKER, William/OORD, Thomas Jay/ZIMMERMAN, Dean (Hgg.): God in an Open Universe. Science, Metaphysics, and Open Theism, Eugene 2011, 69–93.

RICE, Richard: Biblical Support for a New Perspective, in: PINNOCK, Clark/RICE, Richard/SANDERS, John/HASKER, William/BASINGER, David (Hgg.): The Openness of God: A Biblical Challenge to the Traditional Understanding of God, Downers Grove 1994, 11–58.

RICE, Richard: The Future of Open Theism. From Antecedents to Oppurtunities, Downers Grove 2020.

SANDERS, John: Historical Considerations, in: PINNOCK, Clark / RICE, Richard / SANDERS, John / HASKER, William / BASINGER, David (Hgg.): The Openness of God. A Biblical Challenge to the Traditional Understanding of God, Downers Grove 1994, 59 – 100.

SANDERS, John: The God Who Risks: A Theology of Divine Providence, Downers Grove ²2007.

SATTLER, Dorothea: Der Ewige und seine Zeit für uns. Überlegungen zu einer Grundfrage der christlichen Gotteslehre, in: Geist und Leben, 73 (2000), 37 – 48.

SATTLER, Dorothea: Erlösung? Lehrbuch der Soteriologie. Freiburg i. Br. 2011.

SATTLER, Dorothea: Verstrickungen im Lebenslauf und Erlösung in Christus Jesus, in: LINK-WIECZOREK, Ulrike u. a.: Nach Gott im Leben Fragen. Ökumenische Einführung in das Christentum, Gütersloh 2004, 191 – 217.

SCHELLING, Schelling, Friedrich Wilhelm Joseph: Urfassung der Philosophie der Offenbarung, Hamburg 1992.

SCHMELTER, Denis: Gottes Handeln und die Risikologik der Liebe. Zur rationalen Vertretbarkeit des Glaubens an Bittgebetserhörungen, Marburg 2012.

SCHMID, Manuel: Bewährte Freiheit. Eine Rekonstruktion und Weiterführung des theologischen Freiheitsbegriffs im Offenen Theismus, in: STOSCH, Klaus von / WENDEL, Saskia / BREUL, Martin / LANGENFELD, Aaron (Hgg.): Streit um die Freiheit. Philosophische und theologische Perspektiven, Paderborn 2019, 365 – 391.

SCHMID, Manuel: Gott ist ein Abenteurer. Der Offene Theismus und die Herausforderungen biblischer Gottesrede, Göttingen 2019.

SCHMID, Manuel: Kämpfen um den Gott der Bibel: Die bewegte Geschichte des Offenen Theismus, Gießen 2020.

SCHOONENBERG, Piet: Ein Gott der Menschen, Zürich / Einsiedeln / Köln 1969.

SCHULTE, Raphael: Wie ist Gottes Wirken in Welt und Geschichte theologisch zu verstehen?, in: SCHNEIDER, Theodor / ULRICH, Lothar (Hgg.): Vorsehung und Handeln Gottes, Freiburg i. Br. 1988, 116 – 167.

SENNETT, James F.: Is There Freedom in Heaven?, in: Faith and Philosophy: Journal of the Society of Christian Philosophers, 16 (1999), 69 – 82.

STEGMÜLLER, Friedrich: Geschichte des Molinismus, Band 1: Neue Molinaschriften, Münster 1935.

STICKELBROECK, Michael: Das Heil des Menschen als Gnade, Regensburg 2014.

STOSCH, Klaus von: Einführung in die Systematische Theologie, Paderborn ⁴2019.

STOSCH, Klaus von: Freiheit als Basiskategorie?, in: Münchener theologische Zeitschrift, 58 (2007), 27 – 42.

STOSCH, Klaus von: Gott – Macht – Geschichte. Versuch einer theodizeesensiblen Rede vom Handeln Gottes in der Welt, Freiburg i. Br. 2006.

STOSCH, Klaus von: Impulse für eine Theologie der Freiheit, in: STOSCH, Klaus von / WENDEL, Saskia / BREUL, Martin / LANGENFELD, Aaron (Hgg.): Streit um die Freiheit. Philosophische und theologische Perspektiven, Paderborn 2019, 195 – 224.

STOSCH, Klaus von: Theodizee, Paderborn 2013.

STREMINGER, Gerhard: Gottes Güte und die Übel der Welt. Das Theodizeeproblem, Tübingen 1992.

STRIET, Magnus: Offenbares Geheimnis. Zur Kritik der negativen Theologie, Regensburg 2003.

STRIET, Magnus: Streitfall Apokatastasis. Dogmatische Anmerkungen mit einem ökumenischen Seitenblick, in: Theologische Quartalschrift, 184 (2004), 185 – 201.

STRIET, Magnus: Versuch über die Auflehnung. Philosophisch-theologische Zugänge zur Theodizeefrage, in: WAGNER, Harald (Hg.): Mit Gott streiten. Neue Zugänge zum Theodizee-Problem, Freiburg i. Br. 1998, 48 – 89.

TEUCHERT, Lisanne: Gottes transformatives Handeln. Eschatologische Perspektivierung der Vorsehungslehre bei Romano Guardini, Christian Link und dem „Open theism", Göttingen 2018.

TÜCK, Jan-Heiner: In die Wahrheit kommen. Das Gericht Jesu Christi: Annäherungen an ein eschatologisches Motiv, in: HERKERT, Thomas / REMENYI, Matthias (Hgg.): Zu den letzten Dingen. Neue Perspektiven der Eschatologie, Darmstadt 2009, 99 – 122.

VERWEYEN, Hansjürgen: Gottes letztes Wort. Grundriß der Fundamentaltheologie, Regensburg ³2000.

WALD, Berthold: Freiheit von sich selbst? Zur Ambivalenz des Freiheitsbegriffs der Moderne und ihrer Überwindung, in: NISSING, Hanns-Gregor (Hg.): Was ist Wahrheit? Zur Kontroverse um die Diktatur des Relativismus, München 2011, 177 – 201.

WARE, Bruce: God's Lesser Glory. The Diminished God of Open Theism, Wheaton 2000.

WENDEL, Saskia: Affektiv und inkarniert. Ansätze Deutscher Mystik als subjekttheoretische Herausforderung, Regensburg 2002.

WERBICK, Jürgen: Den Glauben verantworten. Eine Fundamentaltheologie, Freiburg i. Br. ³2016.

WESTERMANN, Claus: Genesis, Band 1: Genesis 1 – 11, Neukirchen-Vluyn ²1976.

WOLFF, Hans Walter: Anthropologie des Alten Testaments, München 1973.